AS ORIGENS DO CRISTIANISMO

UM GUIA

ROMANO PENNA
(ORG.)

AS ORIGENS DO CRISTIANISMO

UM GUIA

Tradução
Orlando Soares Moreira

Edições Loyola

Título original:
Le origini del cristianesimo. Una guida
© 2014; 2018 by Carocci editore, Roma
Viale di Villa Massimo, 47 – 00161 Rome – Italy
ISBN 978-88-430-9008-2

Questo libro è stato tradotto grazie a un contributo del Ministero
degli Affari Esteri e della Cooperazione Internazionale Italiano.

Obra traduzida com a contribuição do Ministério das
Relações Exteriores e da Cooperação Internacional da Itália.

Dados Internacionais de Catalogação na Publicação (CIP)
(Câmara Brasileira do Livro, SP, Brasil)

As origens do cristianismo : um guia / organização Romano Penna ;
tradução Orlando Soares Moreira. -- 1. ed. -- São Paulo :
Edições Loyola (Aneas), 2025. -- (História do cristianismo)

Vários autores.
Título original: Le origini del cristianesimo : una guida.
ISBN 978-65-5504-425-6

1. Cristianismo - História I. Penna, Romano. II. Série.

24-245312   CDD-270

Índices para catálogo sistemático:
1. Cristianismo : História   270
Aline Graziele Benitez - Bibliotecária - CRB-1/3129

Diretor geral: Eliomar Ribeiro, SJ
Editor: Gabriel Frade

Capa: Ronaldo Hideo Inoue
Diagramação: Sowai Tam
Preparação: Paulo Fonseca

Capa montada a partir do detalhe de um afresco do
interior das Catacumbas de San Gennaro, antigo sítio subterrâneo
paleocristão escavado no tufo da encosta de Capodimonte,
em Nápoles, Itália. Imagem editada a partir do original
de © Gianpiero (Adobe Stock).

Trabalho executado com utilização de fontes BW (BibleWorks)*.

*BW (BibleWorks) PostScript® Type 1 and TrueType fonts
Copyright ©1994-2015 BibleWorks, LLC. All rights reserved.
These Biblical Greek and Hebrew fonts are used with permission
and are from BibleWorks (www.bibleworks.com).

Edições Loyola

Rua 1822 nº 341, Ipiranga
04216-000 São Paulo, SP
T 55 11 3385 8500/8501, 2063 4275
editorial@loyola.com.br, **vendas**@loyola.com.br
loyola.com.br, 🌐 @edicoesloyola

Todos os direitos reservados. Nenhuma parte desta obra pode ser reproduzida ou transmitida
por qualquer forma e/ou quaisquer meios (eletrônico ou mecânico, incluindo fotocópia e gravação)
ou arquivada em qualquer sistema ou banco de dados sem permissão escrita da Editora.

ISBN 978-65-5504-425-6

© EDIÇÕES LOYOLA, São Paulo, Brasil, 2025

Sumário

Prefácio 11
Romano Penna

1. As origens cristãs e o judaísmo do Segundo Templo 13
Paolo Sacchi

Introdução 13
O exílio 17
O retorno dos exilados à pátria 20
Neemias e Esdras 21
As correntes judaicas de oposição 24
Textos qumrânicos e textos apócrifos; a apocalíptica 25
O henoquismo 28
Israel entre 400 a.C. e 141 a.C.: o helenismo na Palestina 37
A cultura hebraica do período helenístico: a área essênia 41
O qumranismo 42
O essenismo 46
Israel sob os asmoneus 47
Os fariseus e os saduceus 50
Israel sob os procuradores 53
Os judeus depois da catástrofe 55

2. O helenismo, segundo âmbito das origens cristãs 57
Romano Penna

Notas metodológicas 57

> O conceito de helenismo, 59 / O helenismo na Palestina, 61 / O judaísmo helenístico, 62 / O evangelho em ambiente helenístico, 63

Dimensões religioso-culturais do ambiente helenístico 66
    A religião olímpica e os cultos mistéricos, 67 / O culto dionisíaco, 69 / Os santuários oraculares, 70 / Os deuses curadores, 72 / O culto ao soberano, 73 / O destino, 74 / A religião dos filósofos, 76
Gnose e gnosticismo 80

3. Qumran, Jesus e as primeiras comunidades cristãs 83
Giovanni Ibba

Introdução 83
As categorias da impureza e do pecado em Qumran
e no Novo Testamento 85
O Templo 94
Breve conclusão 100

4. O contexto político e sociocultural nas origens do cristianismo 101
David Álvarez Cineira

O contexto político: o império romano 102
O contexto social: a sociedade mediterrânea 108
    Valores da sociedade mediterrânea, 108 / A casa e o grupo familiar, 111 / A estrutura familiar, 115 / A mulher no grupo familiar, 117 / A aldeia e a cidade, 119
Correntes filosóficas helenísticas 123
Grupos e estratificações sociais 127
A economia no império romano 131
    Características econômicas na Palestina romana, 134

5. Jesus de Nazaré: a vida e as obras 139
Daniel Marguerat

As fontes documentais sobre a vida de Jesus 141
    As fontes, 141 / Os critérios de autenticidade, 151
Nascimento e morte de Jesus: o problema da cronologia 153
A situação social e religiosa da Palestina no século I 156
    Tensões sociais na Galileia, 157 / A resistência religiosa em relação à romanização, 160 / Jesus, discípulo de João?, 164
No centro da mensagem de Jesus: o reino de Deus 167
    O reino de Deus já está presente, 168 / Uma prática terapêutica, 168 / Esconjurar a desilusão, 169 / Um reino no horizonte da história, 171

Refundar a lei 172
    Respeitar ou transgredir a lei, 173 / O princípio do amor, 175
Jesus e o seu grupo 178
    Escolhas de solidariedade social, 178 / Discípulos e seguidores, 180 / O Deus de Jesus, 182
A crise e a cruz 182
    As razões da crise, 183 / Um fim anunciado?, 187 / O processo, a sentença, o suplício, 189
A experiência visionária da Páscoa 192

6. O movimento de Jesus entre a Páscoa e a missão de Paulo 195
Claudio Gianotto

Introdução 195
Os primeiros desdobramentos do movimento de Jesus 197
    As aparições do ressuscitado e seu significado, 199 / A pregação itinerante, 205 / As comunidades locais da Galileia e a tradição sapiencial, 207
Tiago e a comunidade de Jerusalém 209
    O primado de Tiago, 211 / A comunidade de Jerusalém, 220
Os "helenistas" e a comunidade de Antioquia 223
O concílio de Jerusalém 229
A vida das primeiras comunidades dos seguidores de Jesus 234
    O nome, 234 / O batismo e a refeição comum, 235

7. Paulo de Tarso, o imprevisto 239
Romano Penna

Uma vida movimentada 240
    Antes de Damasco, 241 / A "conversão", 243 / O apóstolo incansável, 247
Escritor ocasional 252
A originalidade do pensamento 261
Proximidades e contrastes com a Igreja primitiva e com o judaísmo 262
    O ponto focal, 264 / Hermenêutica soteriológica e universalista da figura de Jesus, o Cristo, 266 / Cristo e/ou *Torá*, 270 / A comunidade dos crentes em Cristo, 273 / Projeção para o futuro, 274
Os componentes helenísticos 277

Esclarecimentos metodológicos, 278 / O condicionamento cultural de Tarso, 281 / O conceito grego de "inculturação", 282 / Paulo e o estoicismo, 284 / Conceitos de várias proveniências, 293 / Analogias com os cultos mistéricos?, 300 / Tradição e novidade, 301 / A comunhão com o deus cultual, 302 / Conclusão, 309

8. O "joanismo" 311
Rinaldo Fabris

O joanismo e o quarto evangelho 312
Para quem e com que finalidade foi escrito o quarto evangelho?, 313 / Quem é o discípulo amado?, 315 / As "fontes" do quarto evangelho, 317 / A "comunidade" joanina, 318 / O ambiente religioso e cultural, 321 / O autor do quarto evangelho conhece e usa os evangelhos sinóticos?, 323

O joanismo além do cânone 324
Um evangelho "gnóstico"?, 325 / Quem é "João" de Éfeso?, 327

Três cartas sob o nome de João 329
Uma "homilia" e duas cartas, 329 / A quem são dirigidas?, 330 / Confronto entre as cartas e o quarto evangelho, 332 / João é o "presbítero"?, 333

O joanismo no Apocalipse 334
Quem é o "profeta" João?, 335 / O risco do compromisso nas Igrejas da Ásia, 336 / Do evangelho ao Apocalipse, 339

9. A passagem do século I ao século II 341
Enrico Norelli

Depois dos apóstolos 341
As cartas dos anos 60-140 345
As cartas pseudopaulinas, 345 / As cartas "católicas" (exceto 1, 2 e 3Jo), 350 / A carta de Clemente de Roma aos coríntios, 353 / As cartas de Inácio de Antioquia, 355

A redação dos evangelhos 358
Marcos e a invenção do evangelho como livro, 359 / A forma-evangelho em João e em Marcos, 363 / Uma outra forma: a coleção de sentenças de Jesus, 365 / Mateus: um evangelho para a Igreja, 367 / Lucas: o tempo da difusão do evangelho como época autônoma, 370 / Outras histórias de Jesus: os evangelhos judeu-cristãos, 374 / Outras "memórias" de Jesus: o evangelho dos egípcios e o evangelho de Pedro, 378

Interpretação das Escrituras, antijudaísmo e identidade cristã 380
    As Escrituras como alegoria e prefiguração. A *Carta de Barnabé*, 386 / Os cristãos como povo novo. Novas práticas: a *Didaqué*, 388 / Glória e queda dos profetas cristãos. A *Ascensão de Isaías*, 391

Os primeiros apocalipses cristãos e sua compreensão do tempo presente 394
    Um apocalipse "diferente": o *Pastor* de Hermas, 399

Conclusão. Pápias de Hierápolis e a crise da tradição 400

10. Unidade e diversidade no Novo Testamento: fecundidade de uma dialética 405
Yann Redalié

Um monólito caído do céu 405
"Visto que muitos empreenderam compor uma narração..." 407
"Muitos sinais que não estão consignados neste livro". Diversidade e unidade na conclusão do evangelho de João 409
Diversidade na situação, unidade no projeto? 410
"Ensinando-as a guardar tudo o que vos ordenei".
    A trajetória de Mateus 411
"É preciso que se cumpra tudo o que foi escrito sobre mim
    na Lei de Moisés, nos Profetas e nos Salmos" 413
"Segundo as Escrituras" 415
Ainda que o evangelho nasça de modo oral 417
Diversidade e unidade segundo o evangelho e o apóstolo 418
A ocasião das cartas 419
Qual unidade para as comunidades paulinas? 420
Somente cartas, todavia... 422
A formação do cânone: o *Fragmento de Muratori* 424
Quatro evangelhos 425
Da ocasionalidade à Escritura: a universalidade das cartas apostólicas 427
Uma pluralidade limitada 429
A diversidade garantida 431
O espaço de um diálogo 435

11. A arqueologia do cristianismo primitivo 437
Jerome Murphy-O'Connor

A Terra Santa 438
Síria 442

Estradas romanas 444
A Ásia Menor ocidental 446
Grécia 458
Roma 463

Referências bibliográficas 469

Índice de nomes 501

Os autores 509

Prefácio

A questão das origens cristãs é sempre atual e não cessa de apaixonar até mesmo quem tem um mínimo de curiosidade intelectual. O estudo pode ocorrer com resultados diferentes, como demonstra certa bibliografia, até recente. Este livro, por sua vez, retoma a edição anterior, de cerca de dez anos, mas a reelabora e a renova, modificando um tanto o enfoque do material, inclusive com a contribuição de novos colaboradores. Acrescenta-se à revisão do primeiro capítulo, sobre o indispensável quadro do judaísmo do Segundo Templo, uma específica contribuição sobre a comunidade de Qumran. Também o quadro do contemporâneo ambiente greco-romano foi substancialmente reelaborado com uma dupla descrição da situação religiosa e político-social. Os delineamentos da figura histórica de Jesus de Nazaré foi completamente renovado. Depois do importante capítulo 6 sobre o judeu-cristianismo, a personalidade de Paulo de Tarso foi integrada com a ilustração dos componentes helenísticos do seu pensamento. Vários retoques foram acrescentados aos capítulos seguintes sobre o joanismo, sobre a passagem do século I para o século II, sobre a unidade e a diversidade do Novo Testamento e sobre a arqueologia do primeiro cristianismo.

Continua verdadeira, porém, a observação fundamental segundo a qual "se se observam as coisas em sua evolução desde a origem, pode-se ter delas a melhor visão". A verdade dessas palavras não depende apenas do fato de que são de Aristóteles, mas, mais ainda, de uma constituição profunda do homem e das eventualidades que marcam sua história. Como nenhum de nós nasce no hiperurânio, é necessário reconhecer que ninguém vive numa abstração ideal, nem fechado num recinto tal que exclua formas de simbiose ou de dialética com o ambiente circunstante. A história, que é, afinal, o devir da vida, marca-nos indelevelmente. E a anamnese é necessária em vista de uma sua apropriação consciente, fecunda de maturidade.

Para além das micro-histórias individuais, o mesmo vale para os grandes movimentos ideais que caracterizam a macro-história. O cristianismo não é exceção. Antes, em continuação homogênea com o judaísmo e diferentemente do platonismo e das grandes religiões asiáticas, as quais dão preferência aos chamados "universais", ele tem em grande conta o *particular*, a singularidade dos homens e dos acontecimentos. E, diferentemente do Islã, o cristianismo considera que a verdade não caiu do céu já pré-confeccionada, mas que é também fruto das experiências e das lidas da história. Não é à toa que ele fala de "encarnação", significando com isso que a verdade é também filha do seu tempo: isto é, pelo menos a sua formulação está ligada a homens, momentos, lugares e culturas.

Por exemplo, como se poderia compreender a messianidade de Jesus de Nazaré e, mais ainda, o seu componente divino, se não se conhecesse antes a concretude da sua dimensão humana, profundamente inserida no judaísmo dos primeiros decênios do século I? E como poderíamos falar do enraizamento do mal em nós (e da sua superação!), se Paulo de Tarso não tivesse defendido as próprias teses, mesmo a custo de lutar contra incompreensões e hostilidades?

O livro quer oferecer, em suma, uma introdução atualizada e sintética à historicidade do cristianismo considerado em sua primeira aparição. Por isso, fala-se aqui dos seus traços característicos, fornecidos por personagens e ambientes, escritos e ocorrências, inícios e desdobramentos, arqueologia e valores ideais. Os autores dos diversos capítulos dão ampla garantia de competência e de capacidade ao transmitirem em síntese os resultados da pesquisa hodierna. Desse modo, a leitura destas páginas será certamente de grande utilidade para quem quiser se aventurar com o estudo fascinante de uma insubstituível matriz da nossa cultura atual.

ROMANO PENNA
Natal de 2013

1
As origens cristãs e o judaísmo do Segundo Templo[1]

Paolo Sacchi

Introdução

O cristianismo nasceu com a pregação da morte e ressurreição de Jesus de Nazaré, apresentado ao povo como filho do homem, perante o sinédrio

---

1. Siglas dos textos não canônicos usados nestas páginas:
1H, Henoc etiópico. O livro é a união de cinco livros originariamente independentes. Como a numeração usada é contínua, indica-se entre parênteses a qual dos cinco livros pertence o texto citado. Por exemplo, 1H (LV) 22,4 significa que o versículo 4 do capítulo 22 do livro de Henoc etiópico pertence ao *Livro dos vigilantes*.
1H (EE), *Epístola de Henoc* (meados do século I a.C.)
1H (LA), *Livro da astronomia* (século IV a.C.)
1H (LP), *Livro das parábolas* (circa 30 a.C.)
1H (LS), *Livro dos sonhos* (circa 160 a.C.)
1H (LV), *Livro dos vigilantes* (século IV a.C.)
2H/A, Henoc eslavo, recensão tardia (século V d.C.)
2H/B, Henoc eslavo, recensão antiga (meados do século I d.C.)
1QH, *Hinos de Qumrân*
1QS, *Regra da comunidade* (inícios do século I a.C.)
1QSa, *Regra anexa* (inícios do século I a.C.)
1Hod, *Hodayot*, Hinos qumrânicos (inícios do século I d.C.)
ApSof, Apocalipse de Sofonias (meados do século I d.C.)
bSukkah, tratado *Sukkah* no *Talmud* babilônico
Jub, *Jubileus* (meados do século II a.C.)
pHab, *Pesher Habacuque*
RT, *Rótulo do Templo* (data imprecisa, provavelmente do século II a.C.)
TestJudá, *Testamento de Judá* (século I a.C.)
TestLevi, *Testamento de Levi* (século I a.C.)

como messias e reconhecido como tal pelos seus discípulos. A primeira pregação cristã apoia-se na convicção de que Jesus tinha morrido e ressuscitado. Para São Paulo, se Jesus não tivesse ressuscitado, seria vã a nossa fé. Se a morte de Jesus faz parte da história comum da humanidade, a sua ressurreição lhe escapa: os historiadores não falam da ressurreição como de um fato, mas preferem afirmar ser um fato a fé na sua ressurreição.

Como na vida de todo ser humano, no caso de Jesus existem tanto as coisas ditas, e, no caso dele, também ensinadas, como as que foram feitas. As primeiras podem ser facilmente estudadas e inseridas no correr da história do pensamento hebraico do século I: a formação de Jesus, Jesus e os seus discípulos, Jesus e as pessoas, os discípulos de Jesus e o povo; mas as segundas, se oferecem um sentido somente à luz da cultura do século I palestino, têm, todavia, a característica de oferecer um significado não a partir da estrutura de um discurso, mas a partir do próprio ato.

Jesus, antes de enfrentar a sua paixão, pregou sempre, obviamente, a respeito de temas em discussão no século I palestino, mas o centro e o sentido último da sua obra não se encontram nas suas palavras nem, muito menos, nos seus ensinamentos. O sentido da obra de Jesus, a sua intenção, acha-se, mais do que naquilo que disse, no que ele fez. E entre as ações de Jesus tem destaque excepcional, até único, a sequência dos gestos da chamada última ceia. O sentido daqueles gestos é compreensível somente no bojo da cultura judaica, mas a intenção de Jesus vai além dos limites do seu tempo e da sua cultura. Ele aproveita as bênçãos usuais no banquete pascal para proporcionar duas bênçãos de modo todo particular. Apresento somente a segunda, porque mais significativa. Lê-se em Marcos 14,24: "Isto é meu sangue da aliança, derramado por muitos". Jesus retoma a cena do Êxodo 24,4-10: Moisés que firma a aliança com Deus com base em todas as palavras (os mandamentos) que leu antes ao povo. Sela-se a aliança por meio do sangue dos vitelos borrifado sobre o altar, onde Jhwh era invisível, e sobre o povo. Moisés disse: "Este é o sangue da aliança que Jhwh firmou convosco, com base em todas estas palavras". Jesus retomou o esquema e o valor da ceia mosaica, mas com duas diferenças fundamentais: a primeira é que, no lugar do sangue dos animais, há o seu sangue, a segunda é que foi omitida a frase "com base em todas estas palavras". Em outros termos, a aliança de Jesus, diferentemente da de Moisés, não tem cláusulas e, portanto, não tem condições. Observe-se, além disso, que a falta da palavra "novo" dá à aliança de Jesus um sentido absoluto.

A história do homem Jesus termina poucos dias depois da última ceia, mas a estipulação da aliança está voltada para todas as gerações futuras. Não me parece possível deixar de vincular o cristianismo a essa vontade do homem Jesus de criar uma relação do homem para com Deus e de Deus para com o homem que valeria também depois da sua morte. A aliança de Jesus não continha cláusulas, como tampouco indicações precisas referentes a estruturas futuras. Dada a consciência da morte iminente, a aliança de Jesus, único, eterno, não podia senão se referir ao futuro de todos os homens que haveriam de viver nos tempos vindouros após sua morte.

Nessa aliança nasceram as primeiras comunidades cristãs com suas diferenças e com suas falhas (veja-se a comunhão dos bens tentada por Pedro na comunidade de Jerusalém). Se a novidade cristã, considerada sob o ponto de vista dos elementos fundantes, é absoluta, ela é muitas vezes, se não sempre, no âmbito da pregação de Jesus, a tomada de posição dele em meio a ideias debatidas por toda uma sociedade.

Os conceitos fundamentais para entender as ideias dos primeiros cristãos são característicos da cultura e da religião hebraicas. Palavras como pureza e impureza, culto e sacrifício, expiação e purificação, profeta e messias, ressurreição e salvação, filho do homem e fim dos tempos, não têm sentido hoje se não nos reportarmos à nossa tradição cristã, que as herdou da cultura e da religião hebraicas do tempo de Jesus, ainda que, muitas vezes, com a modificação do valor originário de cada termo.

Na época de Jesus, o hebraísmo tinha às suas costas uma longa história, a qual, com o exílio da Babilônia, tinha passado por uma contravolta humanamente dolorosa mas rica de aprofundamentos e desdobramentos. Não é à toa que os historiadores dão dois nomes diferentes à religião hebraica antes e depois do exílio. Antes do exílio costuma-se falar de hebraísmo em sentido estrito; depois do exílio, de judaísmo.

A história que vai do exílio à destruição de templo de Jerusalém, em 70 d.C., define-se como história do Segundo Templo; o primeiro foi o de Salomão[2]. A pregação de Jesus e a primeira difusão do cristianismo são parte integrante da história judaica do Segundo Templo.

---

2. A história do Segundo Templo está subdividida pelos estudiosos em períodos deduzidos ou da história geral do período ou da história interna de Israel. Segundo o primeiro

Diferentemente da história anterior ao exílio, para a qual temos um relato continuado em fontes hebraicas – o que está documentado pelos relatos dos livros de Samuel e dos Reis –, não temos para a história do Segundo Templo nenhum relato continuado dos acontecimentos em obras hebraicas que remontem a uma época bastante próxima dos acontecimentos. Somente por volta do fim do século I d.C. é que nasceu uma narração continuada dos acontecimentos feita pelo historiador Flávio Josefo, que compôs em grego as suas *Antiguidades judaicas*, nas quais contava toda a história de Israel a partir, como a Bíblia, da criação do mundo até o início da revolta contra Roma, em 66 d.C.

A história do pensamento judaico do Segundo Templo tem uma importância para entender o ambiente no qual pregou Jesus, os temas de que tratou, as posições que tomou perante seus interlocutores. Todavia, essa história das teologias hebraicas, que depois continua nas cristãs das origens, não explica a origem do cristianismo, fundamentada num acontecimento que, se apresenta formas pertencentes somente à cultura judaica, em particular do século I, tem causas, todavia, que vão além da chamada necessidade histórica.

A história da relação necessariamente existente entre a interpretação que de Jesus tinha e comunicava cada um dos autores neotestamentários e a sua própria formação hebraica ocorrida necessariamente antes do seu encontro com Jesus não foi ainda estudada; mais cedo ou mais tarde, porém, tornar-se-á tema fundamental da pesquisa.

Esta premissa foi escrita para evitar o equívoco de que a história possa explicar o nascimento do cristianismo. A história explica a cultura e a formação de Jesus, não o valor do que ele fez.

---

esquema, temos o período persa (538-333 a.C.), o período helenístico grego (333-63 a.C.), o período helenístico romano (a partir de 63 a.C. até a destruição de Jerusalém e depois). Segundo o critério interno, temos depois do exílio o período sadoquita (515 a.C.-*circa* 170 a.C.), ou seja, o período dominado pelo sacerdócio sadoquita, o período macabaico (170-142 a.C.), o período da luta pela independência, seguido pelo período asmoneu (143-37 a.C.) e pelo período dos Herodes (de 37 a.C. à destruição de Jerusalém e depois; a morte de Agripa II ocorre em 93 d.C.). Os dois sistemas para identificar os períodos da história do Segundo Templo são muitas vezes usados contemporaneamente, conforme o assunto ponha em evidência um ou outro aspecto da história.

O exílio

Durante o século VI a.C. – o tempo do exílio – houve em Israel duas culturas separadas e paralelas, a dos exilados, que viviam unidos na baixa Mesopotâmia, para onde tinham sido deportados sem que as unidades sociais fossem destruídas e onde conseguiam manter a própria identidade nacional e cultural, e a dos judeus que permaneceram na pátria. Dado que os exilados representavam a classe culta do país e tiveram a possibilidade de viver imersos na grande cultura babilônica, a cultura hebraica na Mesopotâmia teve um forte desenvolvimento motivado por dois grupos separados pelo espaço e pela diferente posição diante do governo babilônico. No Sul estavam os deportados, entre os quais se distinguiu a obra cultural e teológica de Ezequiel e dos sacerdotes do seu grupo; na cidade da Babilônia estava a corte do rei judeu no exílio, que tinha à sua disposição alguns ministros e intelectuais. O rei judeu[3] fazia para a Babilônia o papel de governador da Judeia; tinha, por isso, contatos com todos os que se encontravam na pátria, que tinham ficado como seus súditos. Ao contrário, as relações com os deportados, se houve, podiam ser apenas pessoais, porque os deportados não eram mais cidadãos judeus. Parece, todavia, que houve contatos, mas não bons. O motivo se encontra no fato de que as terras, as casas e os direitos sacerdotais, que outrora pertenciam aos deportados, estavam agora nas mãos de outros judeus, que eram legítimos súditos da monarquia davídica. Os deportados não aspiravam somente a voltar à pátria, mas queriam recuperar os bens que lhes tinham sido confiscados pelos babilônios e distribuídos a outros[4].

A astronomia mesopotâmica fez compreender aos judeus a complexidade, mas também a unidade do cosmos e a importância do fato de que tinha leis precisas[5]. Nasceu provavelmente, justamente no círculo de Ezequiel, o

---

3. O primeiro vassalo-governador (*nasí'-péḥah*) judeu foi Yehoyakin, morto depois de 561 a.C.

4. Cf. Jeremias 39,10: "Nabuzaradan, chefe da guarda pessoal [do rei Nabucodonosor] deixou na terra parte da população indigente que nada possuía e, ao mesmo tempo, entregou a eles vinhas e campos"; cf. também 2 Reis 25,12 e Ezequiel 33,21-27.

5. Sobre o pensamento babilônico que pode ter tido influência sobre Ezequiel, cf. SACCHI, P., Le origini del giudaismo: tradizione e innovazione, in: CAMPOS SANTIAGO, J.; PASTOR JULIÁN, V. (ed.), *Biblia. Memoria histórica y encrucijada de culturas*, Zamora, Asociación Bíblica Española, 2004, 24-48 (com bibliografia), agora reproduzido em *Tra*

característico calendário judaico antigo, diferente do pré-exílico e do lunissolar, o qual se tornará depois o calendário hebraico usado ainda hoje. Esse antigo calendário, fundamentado apenas no movimento do sol, era de 360 dias, e era, portanto, independente das fases lunares. O número de 360 harmonizava os dias do ano com os graus do horizonte (o sistema numérico mesopotâmico era sexagesimal!) e os dias necessários para completar a revolução solar estavam fora do cômputo; de fato, deles foram levados em consideração apenas quatro, para fazer começar o ano sempre com o mesmo dia, a quarta-feira, dia da criação dos astros e da medida do tempo[6]. A existência, todavia, do 365º dia não é excluída, ainda que tivesse de ficar fora do cômputo e sem nome: o fato de Henoc, o patriarca perito a respeito do céu e das estrelas, ter tido, por tradição, uma vida de 365 anos[7] deixa-nos pensar que se sabia bem que o ano durava 365 dias.

Como o espaço carregava em si sinais da glória divina, assim também o tempo tinha seus ritmos que repercutiam na liturgia do ano e na compreensão global da história. A liturgia inseria o homem nas maravilhas do espaço e do tempo, que tinham uma unidade própria na qual se refletiam a unidade de Deus e a sua vontade. Foi sobre esse pano de fundo cultural que Jhwh começou a ser o Deus único de todo o universo.

Na segunda metade do século VI a.C., um historiador que viveu na corte durante o exílio[8] juntou a grande história do seu povo e do mundo, que começava por Adão para continuar até 561 a.C., ano no qual se encerra. Esse historiador descobriu que o ano 3600[9] da criação do mundo coincidia exatamente com o ano do saque de Jerusalém e do Templo, ou seja, do fim do

---

giudaismo e cristianesimo. Riflessioni sul giudaismo antico e medio, Brescia, Morcelliana, 2010, 99-126.

6. O número 364 é divisível por 4 e assim obtêm-se quatro períodos todos iguais de 91 dias cada um. É divisível por 7 e se obtêm assim 52 semanas precisas para cada ano, 13 para cada período.

7. Cf. Gênesis 5,23.

8. Na realidade, deve ter se tratado de um grupo de intelectuais que vivia na corte do rei judeu na Babilônia. Indico esse grupo com a sigla R1. R1 corresponde, mais ou menos, ao deuteronomista do Norte, mas desprovido justamente do Deuteronômio, que é dominado por uma ideologia muito diferente do resto da obra que lhe é atribuída.

9. O significado do número 3.600 deriva do fato de ser o quádruplo de 60, que no sistema sexagesimal tem a mesma posição do 10 no sistema decimal.

Estado hebraico independente. Para nós, o ano 587 a.C. representa, de per si, um número desprovido de significado; é um número como um outro na série infinita dos anos; para o historiador da corte era o ano que marcava o fim de um período e abria um novo, numa perspectiva que via o tempo como medida, com um sentido derivado do próprio número: como a natureza continha a marca da maravilha da criação, assim o tempo trazia em si os sinais interpretáveis da mão criadora. Os 3600 anos eram um período que recebia o seu valor por ser um período na história do cosmos; um cosmos estruturado segundo números[10].

Em 538 a.C., a Babilônia foi conquistada pelos persas, mas a grande cultura babilônica continuou a sua estrada também sob o novo domínio. Os persas se apoderaram da cultura babilônica, pouco lhe acrescentando, como demonstram alguns estudos[11]. Entretanto, foi nos inícios do domínio persa que o Segundo Isaías, um profeta da corte, fez as suas afirmações claras sobre a unicidade de Deus[12]. Jhwh é aquele que suscitou Ciro, que não era judeu e não vivia na terra de Israel, mas Jhwh pôde chamar Ciro de seu "ungido"[13], porque Jhwh é Deus de toda a terra (2Is 41,2-3). A partir daquele momento, o judaísmo foi caracterizado pela convicção de que o seu Deus era o Deus de todos os povos, o Deus que, senhor do espaço e do tempo, tinha predito desde tempos antigos, por meio dos seus profetas, os acontecimentos futuros: a história realizava um plano divino (2Is 41,26; 46,10).

---

10. Cf. MARTONE, C., Cronologie bibliche e tradizioni testuali, *Annali di Scienze Religiose*, v. 6 (2001) 167-190.

11. Cf. GNOLI, G., Presentazione della storia e identità nazionale nell'Iran antico, in: GABBA, E. (org.), *Presentazione e scrittura della storia: storiografia, epigrafi, monumenti. Atti del Convegno di Pontignano (abril 1996)*, Como, New Press, 1999, 77-100, especialmente 86. Vejam-se também as atas do congresso de Assis, setembro de 2011 (= *Ricerche storico bibliche*, v. 25 [2013]).

12. Isaías 44,6: "Sou eu o primeiro, sou eu o último, fora de mim não há deuses". Cf. também 45,14; 46,9.

13. Ungido é aquele que age em nome daquele que o ungiu. O uso da unção foi também egípcio e hitita: cf. ZACCAGNINI, C., *Lo scambio dei doni nel Vicino Oriente durante i secoli XV-XIII*, Roma, Centro per le antichità e la storia dell'arte del Vicino Oriente, 1973, 32-40 e 105 ss.

O retorno dos exilados à pátria

Tenha existido ou não (muito provavelmente não) o edito de Ciro que autorizava os deportados judeus a voltarem para a pátria, o primeiro retorno de que temos notícia ocorreu, de fato, somente com Dario I, em 521 a.C. O retorno não foi tão simples, nem pacífico, como a expressão "retorno à pátria" poderia fazer pensar. Quem retorna com autorização persa pretendia a recuperação dos bens outrora confiscados. Dessa situação nasceu uma guerra civil, no fim da qual a dinastia davídica, que devia apoiar os que tinham permanecido na pátria, perdeu o trono: o estado vassalo de Judá tornou-se uma república dirigida por uma dinastia de sumos sacerdotes e por governadores, normalmente judeus, que sucediam o poder real dos davídicos, o último dos quais foi Zorobabel[14].

Embora a dinastia davídica tenha sido alijada do trono, a estrutura do estado de Judá não mudou totalmente, porque o rei foi substituído por um governador normalmente judeu, mas nomeado de tanto em tanto pela Pérsia[15]. Todavia, a figura do governador não teve a autoridade da do rei, pelo menos porque o sinal da continuidade do poder e da tradição pertenceu, de fato, à dinastia dos sumos sacerdotes (cargo então constituído) descendentes de Josué, que foi o primeiro sumo sacerdote. A dinastia de Josué é chamada sadoquita: ela manteve o poder até os inícios da época dos macabeus, ou seja, até aproximadamente 170 a.C. O Templo tornou-se o centro espiritual do povo hebraico em vez do Palácio; foi o centro espiritual não somente dos judeus da Judeia, mas também dos que viviam no exterior sob outras autoridades. Essa espécie

---

14. Vestígios dessa guerra civil ficaram sobretudo no capítulo 12 do livro de Zacarias. Cf. SACCHI, P., *Storia del Secondo Tempio*, SEI, Torino, 1994, 41-42 e SMITH, M., *Gli uomini del ritorno*, Verona, Essedue, 1984, 140-141 [1. ed. 1971].

15. A existência desses governadores é atestada no século V a.C. pela própria Bíblia: cf. Neemias que menciona os governadores que o precederam (Ne 5,15). Os selos desses governadores foram publicados, mas a autenticidade deles não é segura. Cf. AVIGAD, N., *Corpus of West Semitic Stamp Seals*, completed by SASS, B., Jerusalem, Israel Academy of Sciences and Humanities-Israel Exploration Society-Institute of Archaeology, 1997. Cf. também Id., *Bullae and Seals from a Post-Exilic Judean Archive*, Jerusalem, Hebrew University Press, 1976. Para os primeiros governadores, que foram muito provavelmente de descendência davídica, cf. LEMAIRE, A., Histoire et administration de la Palestine à l'époque perse, in: LAPERROUSAZ, E. M. (ed.), *La Palestine à l'époque perse*, Paris, Cerf, 1994, 11-53.

de diarquia, que, com terminologia moderna, poderíamos definir como de poder sacerdotal e de poder laico, caracterizou a história de Israel em todo o período da história do Segundo Templo.

Em diferentes épocas houve situações históricas que puderam ocorrer justamente com base nessa antiga divisão de poderes, que certamente houve, embora não seja possível delinear hoje os âmbitos das respectivas autoridades, que, talvez, não tenham sido nunca sequer esclarecidos. Mas o certo é que o judeu que vivia no exterior, na chamada diáspora, tinha o seu centro espiritual no Templo de Jerusalém, cujas leis respeitava e ao qual podia se dirigir no caso de incerteza sobre a data da Páscoa e, talvez, também por outros motivos.

Neemias e Esdras

A situação de compromisso entre as duas facções – a dos deportados e a dos que permaneceram na pátria – durou pouco. Na segunda metade do século V a.C., o governador Neemias excluiu dos direitos civis os descendentes dos judeus que tinham permanecido na pátria[16]. A partir de então pôde-se dizer com o Cronista[17] que os judeus tinham ido todos para o exílio e que na pátria não tinha ficado ninguém. De fato, Neemias expulsou do Templo todos os sacerdotes e todos os levitas que não foram capazes de demonstrar sua descendência de antepassados que tivessem estado no exílio. Não temos nenhuma notícia do que esses sacerdotes fizeram depois de terem sido expulsos do culto, mas o surgimento de um movimento de oposição, por volta de 400 a.C., pode ser posto em relação precisamente com essa expulsão.

---

16. "A cidade [Jerusalém] era espaçosa e grande, mas, no interior, o povo não era numeroso e não se reconstruíam casas. O meu Deus me deu a ideia de reunir os *horim* [proprietários de terra], os *seganim* [notáveis] e o povo para deles fazer um recenseamento". Pode parecer que Neemias quisesse recensear todos os habitantes, mas a continuação do discurso esclarece o propósito de identificar um preciso tipo de judeus: "Encontrei o livro do censo daqueles que haviam subido no início, e nele encontrei escrito o seguinte: Aqui estão os da província [a Judeia] que entre os cativos deportados por Nabucodonosor subiram novamente e voltaram a Jerusalém" (Ne 7,4-6). Quem não podia demonstrar ser descendente de exilados era excluído dos encargos (Ne 7,64).

17. "Ele [Nabucodonosor] deportou para Babilônia os que a espada poupara, a fim de que se tornassem escravos seus e de seus filhos" (2Cr 36,20).

Neemias deu ao Estado hebraico um aspecto que permanecerá como dele por séculos. Era um Estado aberto a todos os judeus onde quer que morassem e fechado a todos os que não podiam voltar à categoria de judeus como fora determinada por Neemias.

Esse ideal de Estado permaneceu como um fator característico da história hebraica até nossos dias. Jerusalém e a Palestina sempre foram, no imaginário hebraico, o centro do hebraísmo. Mesmo no tempo de Jesus, ao lado dos judeus da Palestina, que falavam hebraico ou aramaico, havia florescentes colônias hebraicas em todo o mundo civil de então, que falavam a língua do lugar em que se encontravam, mas que continuavam a reconhecer a Jerusalém e a seu Templo uma importância toda particular.

Menos durável, porém, foi outro aspecto da obra política de Neemias. Na esteira do Deuteronômio, Neemias considerou como base do Estado de Judá a aliança com Deus. Não era mais a aliança do Sinai ou do Horeb, mas uma aliança que foi materialmente firmada, ou seja, subscrita por todos os maiores de Israel, os sacerdotes, os levitas e os chefes leigos do povo: a primeira assinatura foi a de Neemias. Os mandamentos da lei tinham valor enquanto se tornavam, como no Deuteronômio, cláusulas da aliança. A infração deles significaria a ruptura da aliança por parte do povo. Veja-se Neemias 10,1-30 e, em particular, o versículo 30: "Comprometeram-se por juramento a andar segundo a Lei de Deus, dada por intermédio de Moisés, servo de Deus, a fim de observar e pôr em prática todos os mandamentos de Jhwh, nosso Senhor, suas normas e suas leis". Essa fórmula devia criar alguma dificuldade aos judeus da diáspora, cuja relação com Deus não era mediada pelo Estado hebraico.

Outra importante iniciativa de Neemias foi a coleção dos livros da sua tradição. Pode-se dizer que a primeira edição dos livros bíblicos remonta a seu tempo. Como narra 2 Macabeus (2,13), "nesses escritos e nas memórias de Neemias narra-se, além desses mesmos fatos, que fundou uma biblioteca, na qual reuniu os livros respeitantes aos reis, os escritos dos profetas e de Davi, e ainda as cartas dos reis sobre as oferendas". Parece que com o nome de "livros dos reis" o autor queira indicar o conjunto Samuel-Reis; para os escritos dos profetas não há problemas sobre o objeto indicado; com "os escritos de Davi" indicava certamente os salmos. Não é absolutamente claro, porém, o que poderia estar oculto sob a dicção "as cartas dos reis sobre as oferendas". Nessa obra, que podemos definir de interesse histórico, oculta-se provavelmente o primeiro núcleo de obras canônicas.

À rigidez da ação de Neemias faz-se remontar também a origem do cisma samaritano. Para evitar as influências de populações não hebraicas sobre os habitantes da Judeia, impôs a Manassés, filho do sumo sacerdotes Eliashib, que repudiasse sua mulher, que era filha de Sanbalat, governador da Samaria, ou de renunciar à sucessão do pai. Manassés fugiu do sogro e para junto dele vieram também os que se sentiram perseguidos pelas disposições de Neemias. Nasceu assim um núcleo hebraico, guiado por um sacerdote de estirpe legítima, que se desenvolveu com autonomia em relação a Jerusalém e que manteve até hoje a descendência dos sacerdotes legítimos do Templo de Jerusalém. Cerca de um século depois da fuga de Manassés para a Samaria, os judeus samaritanos ergueram um templo para eles no monte Garizim, perto de Siquém. O cisma estava sancionado, porque os judeus deviam ter um só templo. À ação de Neemias é associada a de Esdras, cuja datação é incerta e cuja real existência é frequentemente posta em discussão. Atenho-me aqui à datação que considero a mais provável e que é também a mais seguida[18]. Esdras continuou a política de Neemias, radicalizando-a. Se esse último tinha posto obstáculos aos matrimônios mistos nos altos cargos do Estado, Esdras foi radical e estendeu a proibição de núpcias mistas a todos os judeus, lei que permaneceu válida através dos séculos e é imposta ainda hoje. Para permitir aos judeus viverem também no exterior segundo a lei hebraica, obteve do rei persa que a legislação do Estado de Judá fosse, de algum modo, reconhecida e proclamada pelo rei como lei que dizia respeito a todos os judeus (obviamente residentes nos confins do império persa). A fórmula era que a lei de Deus era também a lei do rei (Esd 7,6). Essa medida ajudava os judeus a manter sua identidade nacional; de outra parte, o fato de a lei se tornar lei do rei era um conceito destinado a enfraquecer aquele conceito de lei entendida como soma das cláusulas da aliança de Israel com Deus. Era um conceito político e religioso ao mesmo tempo que podia ser vivido somente onde a autoridade política e a religiosa, de certo modo, coincidissem. Na diáspora, isso era impossível. A fratura entre a esfera do religioso e a esfera do político não podia deixar de ser percebida.

---

18. A ação de Neemias começa em 445 a.C. e, com um intervalo, prossegue até o fim do século V a.C., ou, talvez, um pouco mais. Esdras, segundo essa cronologia, chegou a Jerusalém em 398 a.C.

A divisão entre esfera religiosa e esfera política, que, de certo modo, vimos ser característica do judaísmo desde suas origens, dará o rosto à situação política de Jerusalém no tempo dos asmoneus e, depois, sob os romanos, entre o fim do século II a.C. e a destruição do Templo ocorrida em 70 d.C. Quando muitos judeus, os mais ligados à tradição religiosa, perceberam a política da monarquia dos asmoneus como inconciliável a suas exigências religiosas, puderam separar sua vida religiosa da esfera política, com um movimento intelectual que foi absolutamente natural na ideologia hebraica. É uma situação que manterá juntos fariseus e qumrânicos, essênios e cristãos: a obediência à autoridade não significa nem pertencimento a quem detém a autoridade, nem adesão à sua ideologia.

As correntes judaicas de oposição

Tanto a Bíblia quanto obras não canônicas mostram que o regime sadoquita teve opositores. Certa crítica ao sistema sadoquita está presente nos livros de Rute, de Jó e de Jonas (séculos V-IV a.C.). O livro de Rute critica a ideia então dominante de que, para ser verdadeiro judeu, se deva ser descendente somente de judeus: até Davi tinha uma avó moabita. O livro de Jó critica outra ideia central da sociedade sadoquita, ou seja, que a felicidade e o destino dependem da retidão do comportamento. O livro de Jonas conta, com uma fábula, que os pagãos podem estar mais prontos à penitência do que os judeus.

Se os livros mencionados acima foram transmitidos dentro da tradição sadoquita, a ponto de se tornarem canônicos, outros livros escritos por volta de 400 a.C. ou não muito depois testemunham o surgimento de uma teologia judaica nitidamente diferente da sadoquita e destinada a ter influência, mesmo na sua forma mais antiga, sobre a formação das primeiras teologias cristãs.

Na sistematização dos textos da tradição sadoquita ocorrida no tempo de Neemias, houve o cuidado de sublinhar que o texto da lei não era uma invenção humana, mas que remontava a Deus; o revelador da lei, Moisés, tinha tido uma revelação superior à dos profetas, porque tinha falado com Deus "face a face" (Nm 12,6-8).

Por volta de 400 a.C. surgiu em Israel outro revelador, Henoc, que deveria ter sido até um patriarca pré-diluviano. Segundo uma ideia então comum, quanto mais antiga a origem de uma tradição, tanto mais válida e respeitável. Além disso, se Moisés falou com Deus sobre a terra, Henoc falou com Deus voando diretamente ao céu. Uma vez que na tradição hebraica há várias obras que têm como revelador Henoc e são caracterizadas por uma teologia particular, não redutível de modo algum ao zadoquismo de Jerusalém, essa corrente foi definida pelos modernos como henoquismo, segundo o nome do revelador.

Textos qumrânicos[19] e textos apócrifos; a apocalíptica

Dispomos hoje, para o período a partir de 400 a.C., de uma documentação relativa à história do pensamento hebraico, embora não à dos acontecimentos, muito mais ampla do que a que possuíamos até uns cinquenta anos atrás. A nova documentação refere-se a todo o período que vai de aproximadamente 400 a.C. até o tempo de Jesus. O aumento da documentação é devido à descoberta dos manuscritos de Qumran, entre os quais se encontraram fragmentos, até amplos, de apócrifos, que acreditávamos compostos em época mais tardia do que a que os fragmentos de Qumran permitem afirmar. Esses apócrifos nos forneceram uma documentação, em termos quantitativos, ainda mais vasta do que a oferecida pelos manuscritos de Qumran.

Com a expressão "apócrifos do Antigo Testamento" entende-se uma coleção de escritos conhecida da Igreja desde os primíssimos tempos, que continha obras excluídas do cânone, tanto hebraico como cristão. São obras escritas sempre por judeus, as mais antigas em aramaico, todas henóquicas, depois também em hebraico e em grego, que chegavam até nós não na língua original, mas sempre em traduções feitas pelas Igrejas antigas, as quais, evidentemente, julgavam importante a leitura delas. Os apócrifos do Antigo Testamento foram-nos transmitidos em múltiplas línguas, como o siríaco, o grego, o copta em seus dialetos, o latim, o *ge'ez* ou etiópico antigo, o georgiano, o armênio, o paleoeslavo e o árabe. Esses textos, antes da descoberta dos manuscritos de Qumran, eram considerados, em geral, contemporâneos ou pouco anteriores

---

19. Num primeiro momento a expressão "manuscritos de Qumran" equivalia à de "manuscritos do Mar Morto", porquanto o local de Qumran (nome moderno de *wadi*, em cuja foz estava a aldeia) situa-se às margens do Mar Morto. Hoje, as duas expressões diferem, porque foram descobertos outros locais com grutas que continham manuscritos da mesma época. Contudo, a grande maioria dos textos provém de Qumran. Uma coleção dos textos do Mar Morto não provenientes de Qumran está em preparação.

ao tempo de Jesus e não eram levados em consideração pelos estudiosos, salvo raras exceções. Ainda em 1948, Angelo Penna escrevia na *Enciclopedia cattolica*, obra de vasta difusão, que os apócrifos "não merecem, literariamente, consideração particular", porque têm a mania do maravilhoso e são inverossímeis, diferentemente dos escritos canônicos; lamenta até que "alguns padres e algumas igrejas particulares tenham atribuído uma consideração indevida a escritos desse gênero"[20].

A razão da rejeição encontra-se, em parte, nos motivos adotados por Angelo Penna e, em parte, talvez mais consistente, no fato de que foram empregados, a partir – pelo menos – do século XVIII, por estudiosos iluministas, ateus ou considerados como tais, com o objetivo de demonstrar que o cristianismo era uma religião histórica como todas as outras. Os motivos teológicos que, às vezes, unem os apócrifos aos textos neotestamentários foram interpretados pelos iluministas como sinal de um desenvolvimento puramente histórico do Antigo Testamento em direção ao Novo. Isso provocou, por parte dos estudiosos cristãos, uma desconfiança em relação a esses textos, superada somente depois da descoberta dos manuscritos de Qumran. A presença de fragmentos em língua original de quatro apócrifos[21] na biblioteca de Qumran demonstrou a antiguidade pelo menos desses quatro, enquanto a atmosfera cultural mudada vê caírem os escrúpulos que estiveram ativos no seu estudo até meados do século passado. Agora, os apócrifos do Antigo Testamento são objeto de numerosos estudos, e traduções foram feitas nos últimos cinquenta anos em todas as principais línguas.

As primeiras descobertas de manuscritos foram feitas em algumas grutas[22] adjacentes ao Mar Morto em meados do século passado. Nas margens nordestinas do Mar Morto, na foz do *wadi* Qumran, havia na época de Jesus uma pequena vila, que devia hospedar uma estranha comunidade de pessoas que tinham se dedicado a Deus, vivendo na solidão, "separadas", como eles diziam, do resto do judaísmo, segundo uma moral diferente da estabelecida

---

20. *Enciclopedia cattolica*, Firenze, Sansoni, 1948, v. I, col. 1631.

21. Os quatro apócrifos são o *Livro dos vigilantes* (séculos IV-III a.C.), o *Livro da astronomia* (praticamente contemporâneo), o *Livro dos sonhos* (*circa* 160 a.C.) e os *Jubileus* (meados do século II a.C.).

22. As grutas exploradas são cerca de 250; os manuscritos foram descobertos somente em onze.

pela lei de Jerusalém. Quando os romanos atravessaram a região deles durante as operações contra Jerusalém, em 68 d.C., os habitantes do lugarejo esconderam seu vastíssimo patrimônio de livros em grutas praticamente inacessíveis e abandonaram a região, na esperança de, evidentemente, poder voltar para lá e recuperar os livros. Na realidade, não voltaram e os livros foram encontrados por nós.

Como as grutas foram fechadas em 68 d.C., é claro que todos os livros aí encontrados foram escritos antes daquela data. Isso tem uma importância importantíssima, pois exclui a possibilidade de remanejamentos posteriores. Há fragmentos escritos materialmente até no século III a.C.

Os livros descobertos na biblioteca de Qumran podem ser assim divididos: livros bíblicos, já conhecidos por nós, livros apócrifos, igualmente já conhecidos, mas somente em tradução, livros antes desconhecidos, cuja maior parte foi composta pelos próprios habitantes daquela vila.

A importância dos textos bíblicos, em geral fragmentários, consiste em nos fornecer um texto mais de mil anos mais antigo que o mais antigo manuscrito bíblico completo que possuíamos[23]. Isso é importante para a história do texto bíblico. Se o maior número de fragmentos bíblicos pode ser considerado a montante da tradição hebraica medieval – o chamado texto massorético –, outros fragmentos, embora escassos em número, mostram um texto hebraico a montante do da tradução grega. Consequentemente, o texto grego adquire uma importância histórica que antes não tinha. Não somente é um texto que tem valor para os cristãos, porquanto foi o usado pelos Padres da Igreja, mas tem valor pela compreensão mesma do judaísmo do Segundo Templo.

De fato, foram encontrados em Qumran quase todos os livros e quase todos os versículos do texto bíblico[24].

Muito interessantes pelos problemas que põem são também textos que narram episódios bíblicos de forma suficientemente semelhante para ser identificada, mas muito diferente para ser considerada uma variante textual. Nesses casos, fala-se de textos "para-bíblicos", mas é apenas uma palavra que

---

23. O manuscrito mais antigo de uma Bíblia completa que possuímos é o códice de São Petersburgo B 19 A, escrito em 1008 d.C.

24. Cf. MARTONE, C., *The Judaean Desert Bible*, Torino, Zamorani, 2001. É notável a ausência dos livros de Esdras e de Neemias, com exceção da coleção de documentos no início do livro de Esdras.

esconde a nossa incapacidade de resolver o problema: variações sobre temas bíblicos ou texto bíblico ainda no estado fluido?

Para os apócrifos, pareceu logo que alguns eram muito mais antigos do que se pensava. A teologia deles deveria ser estudada não tendo como pano de fundo o judaísmo da época cristã, mas o do judaísmo sadoquita e helenístico.

Muitos apócrifos são compostos num estilo particular. Essas obras foram chamadas de apocalipses (do grego *apokálypsis*, "revelação") por sua semelhança estilística com o apocalipse por excelência, o cristão, de João. Procurou-se por muito tempo qual seria o denominador comum da teologia dos apocalipses, como se fossem obras derivadas de um mesmo ambiente religioso e cultural. Na realidade, os apocalipses são apenas obras compostas num determinado estilo, que é representado pelo fato de ocultar o objeto do pensamento por meio de símbolos de vários gêneros. Os primeiros apocalipses podem ter usado esse meio para dizer "com língua de carne"[25] coisas que o intelecto humano intuía, mas não podia exprimir com conceitos claros; o estilo apocalíptico foi o predileto do henoquismo, mas foi próprio também de outras teologias, como o sadoquita livro de Daniel ou o cristão Apocalipse de João. Outros apocalipses teologicamente muito relevantes, como o *Apocalipse* siríaco de Baruc ou o *Quarto livro de Esdras* (ambos posteriores a 70 d.C.), estão ainda à espera de serem colocados num quadro coerente do pensamento hebraico.

O henoquismo

O henoquismo se nos mostra como uma teologia já plenamente formada com a obra *Livro dos vigilantes*, que deveria remontar a uma data situada por volta de 400 a.C., mas as origens do movimento poderiam ser ainda mais antigas e serem encontradas provavelmente na expulsão por parte de Neemias de todos os sacerdotes que não puderam demonstrar sua descendência de antepassados que tinham estado no exílio. Uma vez surgido, porém, o henoquismo durou por muito tempo e, certamente, existia ainda no tempo de Jesus, dado

---

25. Cf. 1H (LV) 14,2: "Eu vi durante o sono aquele de quem agora falo com língua de carne".

que uma obra henóquica foi escrita em meados do século I d.C., o *Livro dos segredos de Henoc*[26].

Cinco obras principais da tradição henóquica foram reunidas, em data imprecisa, mas provavelmente em época já cristã, num único livro, o qual chegou até nós apenas em tradução *ge'ez* (etiópico clássico). É possível que a coleção tenha sido feita pela própria cultura etiópica. As cinco obras são *Livro dos vigilantes*[27] (*circa* 400 a.C.[28]), *Livro da astronomia* (século IV a.C.), *Livro dos sonhos* (*circa* 160 a.C.), *Epístola de Henoc* (forma definitiva por volta de 50 a.C.), *Livro das parábolas* (*circa* 30 a.C.[29]). Além das cinco obras principais, o Henoc etiópico compreende também alguns pequenos acréscimos, mas antigos. A unidade da tradição é garantida pela presença em todas as cinco obras do nome do mesmo revelador: Henoc. As diferenças teológicas entre um livro e outro são devidas essencialmente ao longo arco cronológico durante o qual o henoquismo se desenvolveu. Existem já diferenças entre o *Livro dos vigilantes* e o *Livro dos sonhos*. Se a primeira obra tem uma visão das coisas de tipo cósmico e místico, a visão das coisas do henoquismo, a partir da segunda faz-se essencialmente histórica. O encontro/desencontro com o zadoquismo, a manutenção por ele de vários elementos e, em meados do século II a.C., a procura da afirmação sobre o zadoquismo, levaram a adaptações várias, mas alguns elementos do primeiro henoquismo tornaram-se comuns a todo o judaísmo, enquanto outros permaneceram vivos somente internamente, durante todo o arco da sua história, a qual continuou também depois do fim do Estado judaico em ambientes cristãos.

No *Livro dos vigilantes* aparece pela primeira vez a crença de uma alma imortal. A novidade henóquica não consiste no fato de os outros judeus não crerem numa forma de sobrevivência, mas, antes, por conceberem a sobrevivência de maneira totalmente diferente. No Israel clássico, a alma era chamada

---

26. Um problema todo particular é situar na história da cultura e da religião a tradição dessa obra, que teve depois, no mundo cristão, ampliações várias e gozou até de uma discreta difusão no mundo eslavo, a qual durou por toda a Idade Média e além.

27. Vigilantes significa somente anjos, como os que não têm necessidade de dormir.

28. Assim Sacchi e Boccaccini. Collins e Nickelsburg preferem diminuir em um século a data.

29. No Henoc etiópico, o *Livro das parábolas* encontra-se em segundo lugar, entre o *Livro dos vigilantes* e o *Livro da astronomia*, mas a data tardia é segura.

de *'ob*, traduzida normalmente por "espectro", "sombra" e era concebida do mesmo modo como no mundo grego ou no mesopotâmico; ou seja, uma entidade destinada, depois da morte, a descer para baixo da terra, a viver uma vida triste nas trevas. Em todo caso, o destino do espectro era igual para todos nós: não havia diferença entre um destino dos bons e um dos maus. Deus não julgava o espectro dos mortos, que se recolhiam ao *sheol*, distantes para sempre da luz do sol e de Deus[30]. Jó, para escapar à perseguição de Deus, pensa se refugiar no mundo dos mortos, porque lá a ira de Jhwh jamais o atingirá (Jó 14,13).

É óbvia a consequência da concepção henóquica da alma, a primeira confusa crença na existência do paraíso e do inferno (1H [LV] 22).

Outro ponto fundamental da teologia henóquica foi a convicção de que o mal não era somente a consequência da infração da lei divina por parte da livre vontade humana, como era crença antiga em Israel e como continuavam a julgar os sadoquitas. No Israel sadoquita, a morte que chega em plena velhice não é um mal, e os males que podem afligir a vida são fruto da punição divina pelas culpas do indivíduo ou da sua família[31].

O discurso henóquico não nega nem a liberdade de escolha do homem, nem a sua responsabilidade, mas vê o problema de maneira muito mais complexa do que os sadoquitas. O mal deriva, sim, da transgressão, mas a sua raiz primeira, a sua origem, deve ser procurada numa transgressão acima do humano. No quarto dia da criação, quando Deus criou os astros que deviam servir com seu movimento para medir o tempo, os anjos que deviam guiar os sete planetas em torno da terra levaram-nos para órbitas estabelecidas por eles, diferentes das que Deus tinha querido[32]. Desse modo, o cosmo henóquico não é uma ordem, a desejada por Deus, mas uma desordem, produto da soberba de

---

30. Cf. Isaías 38,18: "O Sheol não pode louvar-te, nem a Morte celebrar-te. Os que desceram à tumba não esperam mais na tua fidelidade".

31. Ainda que Ezequiel (capítulo 18) tivesse afirmado que as culpas dos pais, a partir daquele momento, não cairiam mais sobre os filhos, mas cada qual pagaria por suas culpas, a ideia, todavia, de que as culpas dos pais podem cair sobre os filhos deve ter permanecido na mentalidade hebraica. Cf. o episódio do cego de nascimento e da pergunta dos discípulos a Jesus em João 9,2.

32. Há também um primeiro relato henóquico do pecado angélico muito mais simples. É o relato da queda dos anjos, do qual há também vestígios no texto canônico de Gênesis 6,1-4. Um grupo de anjos viu do alto dos céus as mulheres e, seduzido pela beleza delas, desceu à terra para esposá-las. Da união dos anjos com as mulheres nasceram

anjos que não quiseram aceitar a vontade divina. Foi um pecado de soberba, pecado que atingiu, com todas as consequências, o cosmos inteiro; as estrelas, por não estarem no lugar querido por Deus, enviavam sobre a terra somente influências más. Os sadoquitas consideravam que o cosmos estivesse em ordem, a estabelecida pela criação; para os henóquicos mais antigos o mundo estava cheio de mal, porque não era como Deus o tinha desejado.

Bem cedo, porém, o henoquismo abandonou a ideia do cosmos entendido como desordem, e a astronomia, que no *Livro dos vigilantes* era considerada um segredo celeste que não devia ser revelado aos homens, tornou-se, depois, com raras exceções, a ciência fundamental do bom saber. Assim, já no *Livro da astronomia*, o cosmos é ordem. A seguir, será sempre concebido como ordem em todas as correntes judaicas, talvez com fortes presenças demoníacas, como em *Jubileus* 5,11-12; 10,7-10.

O homem, que vem ao mundo nessa condição, é, sim, responsável por suas ações, mas o mal lhe é preexistente e o condiciona. O sentido da limitação, ou, pelo menos, do condicionamento da liberdade humana, foi herdado pela mais antiga teologia cristã, a paulina (Rm 7,19). Paulo, todavia, deslocou o primeiro pecado de Satanás a Adão, mas a função na história provinda da existência de um pecado cometido antes da história e que envolve todos os homens é a mesma, ou muito semelhante, no henoquismo e em Paulo.

É notável que os henóquicos em sua crença sobre a origem do mal – a ser encontrada numa situação anterior ao homem histórico – não tenham nunca se apoiado no relato do Gênesis do pecado de Adão. Antes; no *Livro dos sonhos*, obra henóquica composta por volta de 160 a.C., Adão é declarado justo. Não há espaço algum no relato das origens para a existência do jardim do Éden. O primeiro pecado foi angélico e o homem foi sua primeira vítima, desde o tempo de Adão.

Outro trecho que caracteriza de maneira constante o henoquismo, a começar pelo *Livro dos vigilantes*, é a ausência de qualquer referência à lei de Moisés[33]. A ausência da lei no henoquismo é uma característica fundamental do grupo. O henoquismo conhece, mas no antigo *Livro dos vigilantes* não há

---

os *nefilim*, traduzido em grego por *gigantes*, mas não se trata de gigantes, e sim dos espíritos malignos.

33. O henoquismo conhecia certamente o Pentateuco, mas, evidentemente, o considerava história e não lei.

vestígio algum disso, um códice de leis particular, que estava escrito nas "tábuas celestes". As tábuas celestes eram tábuas misteriosas, ocultas em algum lugar do céu, onde estava escrito tudo o que dizia respeito ao mundo: as leis físicas que o governavam e a sua história toda, da criação até o momento do fim. Essas tábuas foram lidas somete por poucos eleitos, em particular Henoc. A mais antiga menção das tábuas celeste está em 1H (LA) 81,1, mas o vidente leu ali apenas a história dos homens. As tábuas celestes são nomeadas com frequência no livro dos *Jubileus* (*circa* 150 a.C., cf. infra, p. 46). A menção deles aparece ainda na *Epístola de Henoc* (1H 99,2), onde se fala de lei eterna, evidentemente a ser contraposta à lei mosaica. Depois da *Epístola de Henoc* não há mais vestígio das tábuas celestes em nenhuma corrente teológica judaica. De fato, no henoquismo a ética parece se apoiar mais no que nós hoje chamaríamos de "sendo comum da moral" do que num código preciso.

No texto mais recente do henoquismo que possa ainda ser considerado um "apócrifo veterotestamentário", o *Livro dos segredos de Henoc*, o fundamento único da ética é o amor (2H/B[34] 44,4; 50,5-6; 52,7-13; inclusive em relação aos animais: 58,6), que é chamado de "piedade e doçura", formalmente com base em Provérbios 31,26 (cf. 2H 42,13), mas o ponto de vista do autor de 2H é muito diferente. Outra virtude fundamental de 2H é a paciência.

Como nas obras henóquicas, a lei de Moisés está ausente, não há sequer aceno algum à existência das normas de pureza. A exceção é a proibição de beber o sangue, que é lembrado várias vezes (1H [LV] 7,5; Jub 7,31; 1H [EE] 98,11), e a genérica referência às ofertas impuras de 1H (LS) 89,73. Seja como for, o impuro existe realmente na natureza como consequência do pecado angélico. O pecado angélico representa a origem do mal permanente na história, seja por meio da impureza, seja pela própria obra diabólica.

Quanto ao culto e ao templo, parece que essas duas comuns funções de toda religião eram estranhas à teologia henóquica. Os henóquicos, portanto, não tiveram templo. Uma posição particular tem o *Livro dos sonhos*[35], cuja

---

34. O *Livro dos segredos de Henoc* chegou até nós em duas redações: a mais antiga é a que nos interessa aqui (meados do século I d.C.). A outra recensão é muito mais tardia e pertence a um ambiente diferente.

35. No Henoc eslavo fala-se de um templo, chamado Azuchan, mas não tem nada a ver com o de Jerusalém. Não é claro se se tratava de um templo real, situado em alguma parte da Palestina, ou se era um templo puramente imaginário.

redação obedece a critérios fortemente influenciados pela situação política. Os henóquicos, por volta de 160 a.C., tinham a intenção, com toda a probabilidade, de assumir o controle da sociedade judaica. Mas, se esse era seu objetivo, era preciso também que reconhecessem alguma função no Templo de Jerusalém; com efeito, reconheceram uma função no Templo, embora como remédio à falta de um culto e de uma religiosidade superiores. Davam-se conta de que a estrutura religiosa que quisesse dominar Israel jamais poderia fazê-lo sem o Templo. Era preciso, de um lado, justificar a necessidade de um templo na própria teologia, uma vez que a religiosidade henóquica dela jamais tivera necessidade e, de outro lado, explicar aos outros judeus que o templo histórico não era adequado e era preciso outro diferente.

Na espiritualidade das guerras macabeias, quando a intervenção divina na história era esperada com impaciência e se procuravam sinais adequados a medir o tempo que ainda faltava para o momento da intervenção, como aparece no contemporâneo livro de Daniel, grandes subversões eram esperadas. Uma delas se referiria, segundo as esperanças henóquicas, ao Templo de Jerusalém.

A explicação da necessidade do templo se encontrou na narração de modo um tanto diferente do que está na Escritura transmitida pelos sadoquitas, a que para nós hoje é a Bíblia, da aventura dos judeus em fuga do Egito (1H [LS] 89,28-36 passim). Quando estavam no meio do deserto, Henoc viu do alto do céu, onde se encontrava em visão, a morte dos egípcios ao se afogarem no Mar Vermelho; depois viu que "as ovelhas[36] passaram para além da água e saíram num deserto onde não havia nem água nem erva, e começaram a abrir seus olhos e olhar. E eu [Henoc] vi o Senhor das ovelhas [que] as apascentava e lhes dava água e erva". A terra onde se encontravam os judeus depois da passagem do Mar Vermelho era uma espécie de paraíso na terra; não havia absolutamente nada; todavia, aos judeus não faltava nada, porque a tudo provia milagrosamente o próprio Deus.

Na visão, Henoc vê "o Senhor das ovelhas que estava diante delas – e o seu aspecto era majestoso e forte", mas os judeus se voltaram para Aarão, dizendo: "Não podemos [ficar] diante de nosso Senhor nem olhar para ele". Assim, os judeus começaram a se tornar cegos: não entendiam mais que tudo lhes vinha de Deus. Tiveram medo dele. Moisés subiu ainda ao monte e de lá desceu.

---

36. Na metáfora do autor do *Livro dos sonhos*, as ovelhas representam os judeus. Outros povos são indicados por meio da imagem de outros animais.

> O Senhor das ovelhas se irritou contra elas com grande ira e aquela ovelha [Moisés] se deu conta disso; desceu do alto da pedra, veio para junto das ovelhas e percebeu que a maior parte delas estava cega e que elas tinham se enganado[37] em seu caminho. (34) E, quando o viram, tiveram medo e tremeram diante da sua face e quiseram voltar para seu redil. (35) E aquela ovelha tomou consigo outras ovelhas e entrou no meio das ovelhas que tinham se enganado [de caminho] e, depois, começou a matá-las e as ovelhas temeram seu rosto e aquela ovelha fez com que voltassem as ovelhas que tinham se enganado e elas entraram no redil delas.
>
> (36) E eu vi, lá, a visão até que aquela ovelha se tornou um homem e construiu a casa do Senhor das ovelhas e pôs todas as ovelhas naquela casa.

Portanto, Moisés subiu ao monte para se encontrar com Deus, mas de lá desceu sem lei. Os judeus estavam em contato direto com Deus; podiam vê-lo e deviam entender que eram guiados e providos de bens somente por ele. Mas tiveram medo do divino e procuraram alguma coisa menos tremenda. Daí a ira de Deus. Moisés se vingou, mas os judeus supérstites não voltaram mais a ver Deus. Moisés, então, construiu a "casa do Senhor", sem metáfora o tabernáculo, e, com isso, o henoquismo reconhecia para os seus a necessidade de um templo e para os outros judeus a validade do Templo de Salomão, do qual o tabernáculo construído por Moisés era tipo.

Quanto ao Templo contemporâneo, o henoquismo o rejeitou claramente, declarando-o explicitamente amaldiçoado e destinado à ruína. Lê-se em 1H (LS) 91,28-29:

> E fiquei [eu, Henoc] a observar até quando [o fogo] atingiu aquela casa velha[38] e foram arrancadas[39] todas as colunas e todas as traves, e os ornamentos

---

37. Ou seja, desviado.
38. Ainda que uma imagem possa ter valores múltiplos, parece-me que o autor esteja designando aqui um templo; veja a série "colunas, traves, ornamentos". Se pode indicar também Jerusalém (ou até toda a terra de Israel e, depois, o mundo inteiro), é apenas na possível extensão do símbolo. Essa interpretação é também de UHLIG, S., *Das Äthiopische Henochbuch*, Gütersloh, Mohn, 1984, no comentário a 1H (LS) 89,36 e 90,28. Outros julgam que a imagem da metáfora seja uma cidade e, portanto, a casa seja símbolo de Jerusalém.
39. Isaac (in: CHARLESWORTH, J. H. (ed.), *The Old Testament Pseudepigrapha*, v. 1, Garden City, Doubleday, 1983) traduz "fizeram sair" por "were pulled out" e põe em nota "they pulled out". O sujeito oculto são os anjos.

daquela casa foram envolvidos por ele [isto é, pelo fogo] e a fizeram sair e lançaram num lugar à direita[40] da terra. E vi o Senhor das ovelhas até que fez vir uma casa nova, maior e mais alta do que a anterior e a pôs no lugar da primeira que foi envolvida e todas as suas colunas eram novas, os seus ornamentos eram novos, e era maior do que a primeira, do que a velha, que ele tinha levado embora e todas as ovelhas estavam no meio dela.

As esperanças de predomínio dos henoquitas desapareceram com a ascensão de Simão Macabeu ao sólio pontifical, em 152 a.C. A partir desse momento, o henoquismo voltou a honrar o Senhor sem templo e sem lei.

Não muito depois daqueles anos, deve ter sido composto o *Apocalipse das semanas*, um texto que chegou até nós como primeira parte da *Epístola de Henoc*, que, porém, é do século seguinte. No *Apocalipse das semanas* todo o tempo do mundo está dividido em períodos, chamados semanas, que foram ordenadas por Deus. A humanidade encontra-se agora na sétima semana, no fim da qual a justiça começará a se afirmar. Será o início do juízo. A justiça continuará a se afirmar durante a oitava semana, no fim da qual será construída a casa para o grande rei. Durante a nona semana "será manifestado a todo o mundo o juízo da justiça, o mundo estará adscrito na destruição e todos os homens olharão para a vida da retidão" (1H [EE] 91,12-14). Com a décima semana, começará o juízo eterno e o mundo do *éschaton*, que se imagina estar dividido também em semanas, destinadas a desembocar em semanas eternas. Somente nesse momento final é que "o pecado não será mais mencionado pela eternidade" (1H [EE] 91,17). Afirma-se assim a ideia da existência de um pre-determinismo divino no âmbito puramente histórico. Essa periodização da história reaparecerá sobretudo em dois apocalipses do fim do século I d.C., embora pertencentes a uma diferente área teológica, a farisaica (*Apocalipse siríaco de Baruc* e *Quarto livro de Esdras*).

Quanto ao messianismo, é documentado no henoquismo apenas na fase mais tardia, com o *Livro das parábolas* (*circa* 30 a.C.), e tem caráter super-humano. A figura de Henoc nos livros anteriores não é a de um messias de salvação, mas apenas a de um revelador, ainda que de mistérios de salvação. Somente no *Livro das parábolas* é que Henoc, homem nascido e não morto (cf. o texto canônico de Gn 5,24), é declarado messias (1H [LP] 48,10; 52,4). É um

---

40. Ou seja, no Sul. Entendo ao sul do Templo, ou seja, na Geena.

messias que vive no céu, de onde jamais descerá sobre a terra, onde, porém, já é um ativo "bastão dos justos" (48,4) e onde, no fim dos tempos, fará o grande juízo (46,3-6).

É notável que o *Livro das parábolas* não apresente, diferentemente dos livros henóquicos anteriores, a figura de Henoc desde o início do livro, mas apenas no fim: somente em 1H 71,14, quarto antes do último versículo do livro, é que se leem estas palavras na boca de um anjo: "Tu, [Henoc], és o Filho do Homem, nascido para a justiça, e a justiça fez morada em ti, e a justiça do Chefe dos Dias [Deus] não te abandonará". Até esse versículo revelador, o livro tinha sempre falado de uma figura misteriosa, que tinha recebido os epítetos de justo, de eleito e, enfim, de filho do homem; no final da leitura dessa obra, fica na mente do leitor que a figura dominante é aquela chamada de filho do homem. De resto, a frase reveladora citada acima fala do filho do homem, como se o aspecto fundamental da figura misteriosa, criada antes do tempo e destinada a proteger os justos durante o tempo da história e a fazer o grande juízo no fim, fosse ser ele o "filho do homem". A identificação com Henoc parece, de qualquer modo, secundária.

Como esse livro foi composto por volta do fim do século I a.C.[41], é certamente pré-cristão e a sua contribuição para a compreensão do próprio Jesus, mais do que das origens cristãs, é evidente, porque Jesus se apresentou sempre como filho do homem. Os textos neotestamentários se reportam explicitamente, para o título de filho do homem, ao livro de Daniel, mas a existência da figura do filho do homem no imaginário hebraico do tempo de Jesus é documentada somente pelo *Livro das parábolas*. Segundo a interpretação mais difundida dos estudiosos do século XX, o filho do homem, do livro de Daniel, era mera metáfora para indicar o povo de Deus. Hoje, volta-se a ver na figura do filho do homem do capítulo 7 de *Daniel* um ser angélico[42], talvez o arcanjo Miguel, que se tornaria o chefe, o rei dos judeus depois que Deus tivesse feito o grande juízo. Sob esse aspecto, o filho do homem daniélico tem as mesmas funções de rei universal do contemporâneo *Livro dos sonhos*: ambos são destinados a governar o mundo futuro sem mal.

---

41. A datação do *Livro das parábolas* é discutida, mas os limites cronológicos estão entre a metade do século I a.C. e 70 d.C. No âmbito histórico a relação entre Jesus e o *Livro das parábolas* se impõe. Uma data por volta da virada das eras é a mais seguida.

42. Cf. COLLINS, J. J., *Daniel*, Minneapolis, Fortress Press, 1993, 304-310.

Em todo caso, o filho do homem do *Livro das parábolas*, enquanto bastão dos justos e destinado a fazer o grande juízo, distingue-se nitidamente, pelas funções, do de Daniel: é uma grande figura intermédia entre Deus e o homem durante o tempo da história. A existência desse filho do homem devia ser crença difundida, porque, normalmente, ninguém pergunta a Jesus quem é, como ninguém pergunta o que é um profeta ou um escriba. Era uma palavra clara para os judeus do tempo de Jesus. É precisamente em referência à sua função de juiz universal, com a autoridade de condenar e de absolver, que Jesus pode dizer: "Para que saibais que o filho do homem tem o poder sobre a terra para perdoar os pecados, eu te digo: 'Levanta e caminha'"[43].

No *Livro das parábolas*, a salvação parece ligada exclusivamente ao arrependimento, que pode ocorrer também depois da morte (1H [LP] 50; 63; 68,5; cf. também o apocalipse de Sofonias, obra não henóquica, *ApSof* 10,11).

O henoquismo produziu ainda outra obra antes da queda do Templo, o Henoc eslavo ou *Livro dos segredos de Henoc*, mas os sucessos de Henoc continuaram ainda por muito tempo, como demonstram a reescrita da obra, ocorrida em ambiente cristão alguns séculos depois, bem como o sucesso que o apócrifo teve no mundo eslavo[44].

Israel entre 400 a.C. e 141 a.C.: o helenismo na Palestina

É comum considerar o ano 333 a.C., data do início da conquista do Oriente por parte de Alexandre Magno, como ano do início do helenismo. Na realidade, o helenismo já estava no Oriente, porque as trocas culturais prosseguem mesmo sem os exércitos. O helenismo é, por definição, a fusão de elementos da civilização ocidental com a oriental. Se o Oriente exportou para o Ocidente muitas atitudes religiosas, o helenismo, ao contrário, sob o ponto de vista do Oriente, caracterizou-se pela absorção de valores mais característicos da civilização ocidental, como a concepção do homem que se realiza na sua liberdade. Nesse sentido de liberdade, capaz de gerar autonomia espiritual, radicava-se

---

43. Marcos 2,11 e passagens paralelas. Cf. também João 5,27.

44. A figura de Henoc também se encontra na literatura hebraica da alta Idade Média, mas não pertence ao mundo dos apócrifos veterotestamentários, e sim ao da mística hebraica chamada *Hekalot* (palácios). Cf. Rosso Ubigli, L., La fortuna di Enoc nel giudaismo antico, *Annali di Storia dell'Esegesi*, v. 1 (1984) 153-163.

a confiança do grego em todas as forças humanas, fossem elas intelectuais ou políticas. O homem que vinha do Ocidente era sempre, de maneira mais ou menos consciente, medida de todas as coisas, ao passo que o homem oriental sabia que a medida das coisas é Deus. O livro de Jó, certamente anterior a 333, é documento de um homem que se põe diante da tradição, julgando-a à luz do próprio raciocínio. É por experiência que Jó pode negar que exista uma retribuição sobre a terra capaz de testemunhar a justiça de Deus, pelo menos entendida no sentido humano do termo e, em todo caso, como era entendida então por muitos, inclusive pelos amigos que vão consolá-lo de suas desgraças.

Embora a data da conquista do Oriente por parte de Alexandre seja considerada o início de uma grandíssima revolução, destinada a envolver toda a humanidade, não parece, todavia, que os judeus, que foram atacados pelo exército de Alexandre, tenham se dado conta da mudança profunda que aquela época estava atravessando. Com efeito, Alexandre deixou inalterada a estrutura do estado hebraico. Os judeus devem ter tido a impressão de que apenas havia mudado o grande rei: antes era persa, agora é grego, mas herdeiro do império anterior. Já era costume secular dos judeus pensar que Deus exerce a sua autoridade em Israel por meio de um grande rei estrangeiro. De resto, Deus era rei de toda a terra e não foi à toa que também Ciro, rei da Pérsia, fora considerado pela tradição hebraica como "ungido" de Jhwh.

Como se sabe, o império unitário de Alexandre Magno não sobreviveu à morte do seu fundador e se partiu em muitos reinos, sobre cada um dos quais se pôs um general de Alexandre. A Judeia passou ao Egito, depois da vitória de Ptolomeu sobre Demétrio Poliórcetes, de 312 a.C. No trono dos faraós sentou-se o general Ptolomeu, que fundou uma dinastia destinada a durar até o tempo de César e de Otaviano. Por ocasião da vitória de Ptolomeu sobre Demétrio, Ptolomeu deportou muitos judeus para Alexandria para os punir por terem sido partidário de Demétrio. Mas em pouco tempo a diáspora alexandrina repetiu a sorte da diáspora babilônica e em Alexandria se desenvolveu uma colônia hebraica e tomou vida uma forma de judaísmo culto e de língua grega que teve numerosos intelectuais, o mais famoso dos quais será o filósofo Fílon de Alexandria, que viveu de 30 a.C. até aproximadamente 45 d.C.

Em 200 a.C., os ptolomeus foram derrotados na batalha do Pânias (ao norte de Jerusalém) por Antíoco III, rei da Síria, o mesmo que foi derrotado pelos romanos em Magnésia, em 197 a.C. Após essa batalha, a Judeia mudou sua órbita de vassalagem, passando da esfera egípcia à síria, mas a mudança ocorreu de modo lento e foi constelada por violentas contraposições de judeus contra judeus. Por um complicado jogo de compromissos, a Judeia se viu pertencente politicamente aos sírios, enquanto continuava a pagar as taxas aos egípcios, porquanto esse rédito devia ser considerado dote de Cleópatra, filha de Antíoco e que se casou com Ptolomeu V.

Nessa situação de confusa dependência de dois Estados diferentes formaram-se na Judeia partidos favoráveis a um ou a outro Estado, de acordo com os interesses pessoais. A longa dinastia dos sacerdotes sadoquitas terminou em 173 a.C., quando o último sadoquita legítimo, Onias III, egiptófilo, foi obrigado pelo irmão Jasão, sirófilo, a abandonar a sede pontifical e se refugiar em Dafne, onde foi assassinado alguns anos depois, enquanto o filho de Onias III, ou seja, Onias IV, se refugiou no Egito, onde construiu o templo de Leontópolis, que acabou sendo um templo irregular, com relação à norma deuteronômica, a qual impunha a unicidade do culto, embora sendo oficiado por sacerdotes legítimos de estirpe sadoquita. O sumo pontificado foi ocupado por Jasão por alguns anos, até que, por sua vez, foi destituído, em 167 a.C., por Menelau, que nem sequer era mais da estirpe sadoquita. Os rebeldes usavam comprar do rei estrangeiro o sumo sacerdócio; isso podia ocorrer porque Israel estava habituado havia séculos a considerar a suma autoridade como naturalmente posta fora do Estado hebraico. Jasão e Menelau foram chefes de um autêntico movimento helenizante.

Os helenizantes eram não só mais abertos em relação à cultura grega, mas consideravam a *Torá* como uma legislação ultrapassada. Contemporaneamente, não mostravam a mesma vontade de fechamento em relação ao paganismo dos tradicionalistas. Os nomes dos atores dessa tragédia dinástica – Onias, Jasão e Menelau, nome hebraico o primeiro e grego os outros dois – escondem uma dilaceração profunda que fora se criando no tecido da sociedade hebraica de então. Havia quem quisesse se adequar aos usos helenísticos e quem desejasse permanecer ligado às tradições pátrias. Os mais abertos ao helenismo eram os sirófilos. Esse amor pela cultura e a sociedade de tipo helenístico podia ser um modo para se distinguir e tinha uma bandeira pela qual combater, mas ocultava um problema concreto: era evidente que as sociedades helenísticas eram superiores à hebraica por instrumentos de todo tipo, comerciais, culturais, administrativos, militares[45]. A escolha era, ou parecia

---

45. Cf. HENGEL, M., *Judentum und Hellenismus*, Tübingen, Mohr, 1969, 8-107. Cf. também Id., *Ebrei, greci e barbari*, Brescia, Paideia, 1981 [1. ed. 1976].

ser, entre tradição e modernização; entre ser arrastado pela história e pelo progresso ou ficar fiel à tradição e a Deus.

Menelau resolve o problema da legislação antiquada, inscrevendo os judeus de Jerusalém nas listas civis de Antioquia: eram assim submetidos à lei helenística da Síria e não mais à hebraica. Quanto às relações com o paganismo, é documentada uma oferta hebraica de dinheiro para as celebrações de Hércules[46]. Todavia, também a parte tradicionalista não podia evitar certa mistura com os pagãos. Os soldados eram recrutados sem levar em consideração a circuncisão e, quanto ao sábado, foi abolida a norma que impedia até de combater nesse dia (1Mc 2,41-43).

As duas tendências entraram em choque em 167 a.C. e como chefia dos fiéis à tradição foram postos os membros de uma família sacerdotal, a dos macabeus. O primeiro foi Matatias; depois, após sua morte, sucederam-se no comando dos tradicionalistas os seus cinco filhos, o último dos quais, Simão, levou de fato Israel à independência da Síria (141 a.C.). Simão, com efeito, em vez de se fazer nomear sumo sacerdote pelos sírios, fez-se investir do cargo pelo próprio povo hebraico, do qual se tornara chefe absoluto, assumindo para si os cargos de sumo sacerdote e de "chefe do povo". Interrompeu-se assim o antigo costume em vigor desde o início da república, segundo o qual o Estado hebraico era sempre governado por duas autoridades, a civil e a sacerdotal.

A guerra dos macabeus contra os judeus helenizantes e contra os sírios passou para a história como guerra de libertação do estrangeiro. Na realidade, foi uma guerra de judeus contra outros judeus, dos tradicionalistas contra os helenizantes, apoiados esses últimos até militarmente pela Síria, à qual a terra de Israel pertencia.

O momento mais confuso desse período remonta a meados do século, quando por bem sete anos, de 159 a.C. a 152 a.C., a sede pontifical fica vacante. O fato pode ser explicado de dois modos: ou na confusão produzida pelas guerras não se conseguiu nomear um sumo sacerdote, ou o sumo sacerdote nomeado, ao pertencer a um grupo que não soube manter o poder, sofreu em seguida a *damnatio memoriae*. Somente documentos externos poderão resolver o problema de maneira decisiva. A situação política interna de Jerusalém permite ambas as explicações.

---

46. Por parte de Jasão: cf. 2 Macabeus 4,19.

Com efeito, três obras sobre a época, o livro de Daniel, o *Livro dos sonhos* e o livro dos *Jubileus*, parecem procurar, indo de um lado a outro, pontos de ideologia ou de teologia comuns, afirmando, porém, o que a cada parte parecia irrenunciável. Daniel exprime-se em muitas passagens em estilo apocalíptico, como os henóquicos; aceita a existência de uma vida além da morte na forma da ressurreição; especula, como o contemporâneo *Livro dos sonhos*, sobre o tempo que ainda falta para o fim da história, sentida como iminente; pensa no mundo que surgirá após o juízo divino e o vê guiado por uma figura celeste, chamada de filho do homem, o qual, junto com todos os judeus, dominará o mundo.

Já vimos que o *Livro dos sonhos* partilha com Daniel de certas estruturas fundamentais do imaginário, porque também o autor do *Livro dos sonhos* esperava o juízo no curto prazo; também ele estava convencido de que haveria um personagem super-humano que governaria o mundo que surgiria do juízo, mas via todos os homens de modo igual. Daniel defendia os valores da lei. O autor do *Livro dos sonhos* não conhece nenhuma *Torá*.

Seguindo a descrição dos acontecimentos, encontramo-nos diante de defensores da tradição e defensores das inovações helenísticas. Podemos pensar com ótimas razões que sob as bandeiras dos macabeus estariam os defensores da tradição, os que a tradição transmitiu com o nome de assideus; mas os sadoquitas e seus *clientes* deviam estar mais do lado dos helenizantes: são os sacerdotes que aceitaram Jasão e Menelau no Templo e cujos descendentes aceitaram a política guerreira e expansionista dos reis judeus, como Hircano e Alexandre Janeu. Seus descendentes, no tempo de Jesus, estarão do lado dos romanos. Com os dados que possuímos não somos capazes de estabelecer de que parte pudessem estar o henóquicos. Os documentos históricos usam nomes que não sabemos utilizar em relação à documentação literária. As fontes falam de um partido dos assideus que combateu com os macabeus. Mas que obras do século II a.C. podem ser atribuídas a esses assideus?

A cultura hebraica do período helenístico: a área essênia

A presença do helenismo em Jerusalém já é documentável na obra de Coélet da segunda metade do século III a.C. Os problemas começam a ser enfrentados de maneira filosófica, que os autores judeus não conheciam antes. A influência do helenismo se percebe sobretudo na tendência de levar à extrema consequência os problemas no campo do pensamento e, no âmbito político, na imposição dos mercenários, chefes de exércitos que podiam combater por Israel, mas também se pôr a serviço de soberanos da região.

Durante o século II a.C., o henoquismo passou por uma profunda crise, dividindo-se em vários grupos, de acordo com as posições que eram tomadas em relação a vários problemas. Os henóquicos viviam cada vez mais em contato com a cultura sadoquita e a osmose entre as duas culturas foi robusta: se algum elemento, como a imortalidade da alma, de henóquica se tornou sadoquita e quase panjudaica, muito mais frequente foi o caso oposto, de ideias sadoquitas que foram absorvidas de diferentes maneiras por grupos henóquicos, de modo que nasceram grupos e seitas diferentes. Podia-se levar às extremas consequências o conceito de onipresença divina, caminhando para formas de predeterminismo, como em Qumran; aceitar de algum modo, mas com reservas e limitações sempre diferentes as leis mosaicas; aceitar a espera messiânica, mas com imagens do messias muito diferentes umas das outras; rejeitar o Templo de Jerusalém totalmente ou pensar apenas em modificações do culto e do sacerdócio; desenvolver formas de *halakah* diferentes em relação ao sacrifício, ao matrimônio e às relações com os estrangeiros: podia-se ser maximamente nacionalista, como em Qumran, ou universalista, como os *Testamentos dos doze patriarcas*.

Ao conjunto das obras surgidas dessa fragmentação do henoquismo dá-se comumente o nome de essenismo. A atribuição do nome é feita com base nas informações dos essênios que nos deram Fílon de Alexandria e Flávio Josefo. Dada a multiplicidade dos grupos que emergiram da crise do henoquismo, é evidente que o termo "essênios" é um tanto vago em relação a cada um dos grupos. Por isso, é oportuno, talvez, falar de área essênia, mantendo o nome de essênios em sentido estrito para os grupos que pareciam corresponder melhor e de modo mais pleno às informações de Fílon e de Flávio Josefo. Penso ser oportuno não compreender o henoquismo na área essênia, dadas as características que o mantêm único no quadro das seitas judaicas. Na área essênia tem uma posição clara o movimento qumrânico.

O qumranismo

Indico com esse nome o grupo de judeus de origem henóquica que começou a ter personalidade própria por volta de 200 a.C. e que durante a segunda metade do século II a.C. acabou por se distanciar dos outros henóquicos e de todos os outros grupos judeus, para se retirar à solidão, às margens do Mar Morto, junto do *wadi* Qumran atual, onde queria viver separado, à espera da grande intervenção de Deus que desse início à batalha definitiva contra Satanás e contra todos os anjos e homens que o seguiam. Esse grupo, desde as primeiras descobertas dos manuscritos, foi identificado com os essênios, como nos foram apresentados por dois judeus que escreveram em grego, Fílon de Alexandria e Flávio Josefo. A identificação foi mantida pela maior parte dos estudiosos (inclusive o autor destas páginas), apesar de grandes incongruências, sendo a maior delas o fato de que os essênios das fontes indiretas viviam em grupos esparsos em todo o território de Israel, enquanto o grupo qumrânico vivia separado num ponto das margens do Mar Morto.

Um dado ano, por volta de 100 a.C., foi de capital importância na vida do grupo de Qumran. Com efeito, as obras judaicas mais antigas em relação a essa data estão todas na biblioteca de Qumran; depois dessa data, encontram-se na biblioteca somente obras ignoradas pelo resto dos judeus: em geral, as obras características do grupo, as que nos fornecem as suas ideias mais particulares.

O qumranismo é, portanto, uma espécie de heresia henóquica, com uma teologia que foi se distinguindo cada vez mais da henóquica, seja porque acolheu motivos sadoquitas, seja porque levou às últimas consequências motivos henóquicos.

O qumranismo acreditava no predeterminismo absoluto, quer histórico, quer individual. Deus criou dois anjos: para amar um e as suas obras e para odiar outro e as suas obras. São os dois anjos chamados Príncipe da luz e Príncipe das trevas, cada um dos quais está na chefia de seu reino (1QS III 20-21). O homem, no momento do nascimento é destinado por Deus a um ou a outro reino, com ato obviamente imperscrutável.

Os qumrânicos aceitaram plenamente a lei de Moisés (1QS V 8): não há vestígios no qumranismo das tábuas celestes. Em Qumran está documentada uma tentativa de unificação das normas da lei de Moisés: procurava-se eliminar suas contradições. Ao lado da lei documentada no Pentateuco encontra-se também lá uma lei unificada e escrita numa obra conhecida como *Rótulo do Templo*. Não é clara qual seja a relação entre essa lei e a autêntica da *Torá* mosaica. Provavelmente, o texto unificado representa um primeiro estágio do qumranismo, ou seja, pertencia ao grupo que não se tinha ainda separado conscientemente do henoquismo. Todavia, a lei mosaica, embora tendo valor definitivo e absoluto, tem necessidade de ser interpretada e completada: a lei na sua forma escrita apresenta os "mandamentos revelados", mas, na realidade, contém também, escondidos, outros mandamentos, que devem ser descobertos. Um dos objetivos da seita era investigar a escritura, mediante o estudo e a oração assíduos, a fim de chegar à iluminação divina que, de um lado, fizesse conhecer novos mandamentos e, de outro, concedesse a reta interpretação dos revelados.

Ao aceitar a lei mosaica, o qumranismo aceitou também toda as normas relativas à impureza, mas exasperou o valor delas. No qumranismo, impureza e mal coincidem claramente. O homem é pecador e impuro desde a concepção (1QH XII [4][47] 29-30). Dessa impureza, que é congênita com seu ser, o homem pode se libertar somente ao aderir ao ensinamento da seita. Não existe nenhuma outra purificação possível a respeito dessa impureza ôntica. A purificação torna-se expiação[48] e a expiação é feita pelo próprio espírito divino, que vive na seita[49].

O conceito de expiação, enquanto realizada diretamente por Deus sem o instrumento de nenhum rito, leva a teologia qumrânica à criação de um conceito, de algum modo, de justificação, que encontra uma expressão fortíssima na mística do hino inserido ao pé da *Regra da comunidade* do manuscrito 1QS: o iniciado diz a Deus: "Tu és a minha justiça" (1QS X 11). Nesse caso a união do homem com Deus atinge uma intensidade tal que Deus, se realizasse o juízo, julgaria a si mesmo.

---

47. A coluna numerada hoje como n. 12 era outrora n. 4. Depende das edições.

48. A palavra "expiação" tem no mundo hebraico valor diferente do que tem hoje. "Expiar" hoje equivale a "redimir-se de uma culpa, aceitando a punição correspondente", a mesma coisa, portanto, que "sofrer as consequências". Então, o acento estava na eliminação real de alguma coisa concreta que estava no homem. Sobre o problema da expiação, cf. PESCE, M., Gesù e il sacrificio ebraico, *Annali di Storia dell'Esegesi*, v. 18 (2001) 129-168.

49. Cf. 1QS 3,6-9: "Com efeito, é por meio do espírito da Assembleia fundada na Verdade de Deus que são expiadas todas as ações do homem, [7]todas as suas culpas, de modo que ele possa contemplar a Luz da Vida. Por meio do espírito santo da comunidade fundada na sua Verdade ele é purificado de todas [8]as suas culpas. O seu pecado será expiado em espírito de retidão e de humildade; com a humildade do seu ânimo diante de todos os mandamentos de Deus será purificado [9]o seu corpo, quando é aspergido com água lustral e é santificado com a água da contrição".

O homem pode se tornar justo somente com a purificação/expiação que é produzida pela adesão à seita. Por sua vez, a adesão à seita depende somente do misterioso plano de Deus sobre a história. A salvação é, portanto, por pura graça (1QS XI 3[50]). Além disso, o qumranismo tende a dar à fé ('*emunah*) em Deus conteúdos ideológicos precisos (cf. pHab VIII 3). Todos esses motivos encontram algum eco nas primeiras teologias cristãs.

Quanto ao calendário, os qumrânicos ficaram sempre fiéis ao calendário tradicional, ou seja, o solar, como, de resto, os henóquicos.

Como os henóquicos, os qumrânicos continuaram a não reconhecer o Templo de Jerusalém e, também como os henóquicos, criam na existência da alma imortal; mais; segundo os qumrânicos, a alma dos aderentes à seita já vivia no eterno; assim, a morte quase não tinha realidade. Essa ideia pode ser confrontada com certa teologia cristã das origens. Veja-se João 5,24; e Efésios 2,5-6.

Diferentemente do henoquismo, teve particular desenvolvimento em Qumran a espera messiânica. O esquema mais provável parece ser este: virá um profeta que anunciará a vinda de dois messias, um laico, descendente de Jacó Israel, e um sacerdote, descendente de Aarão[51]. O messias sacerdotal será o sumo sacerdote da seita que for a autoridade no momento da revelação do messias laico. Esse último é dito gerado por Deus[52] e, uma vez reconhecido, pôr-se-á à disposição do sumo sacerdote, que virá a saber, assim, ser o outro messias. O descendente de Judá será, por assim dizer, o braço secular do messias sacerdote, ao qual caberá o grau mais alto.

Ao lado desses messias, existe um terceiro em Qumran, uma figura angélica, cujo nome é Melquisedeque, "rei de justiça", que terá tarefas altíssimas, como fazer os judeus se arrependerem e os reunir na pátria, realizar, talvez, o grande juízo e, certamente, aplicar suas sentenças. Não é clara a relação

---

50. Cf. Zurli, E., La giustificazione "solo per grazia" in 1QS X, 9 – XI e 1QH^a, *Revue de Qumran*, v. 20 (2002) 445-478; Id., *La giustificazione 'solo per grazia' negli scritti di Qumran: analisi dell'inno finale della* Regola della comunità *e degli* Inni, Napoli, Chirico, 2003.

51. "Eles [os membros da seita de Qumran] serão governados segundo as primeiras disposições nas quais começaram a ser instruídos os homens da comunidade, até que cheguem um profeta e os messias de Aarão e de Israel" (1QS IX 10-11).

52. Cf. 1QSa 2,11-12: "Quando [Deus] gerar o messias entre eles": assim literalmente. É interpretado como "Quando Deus fizer nascer", mas o texto me parece muito mais complexo.

entre as funções dos dois messias mencionados antes e que agirão em contato recíproco e as funções de Melquisedeque angélico, até porque não existem textos nos quais se fale do messias celeste, contemporaneamente aos outros dois messias.

O essenismo

Da crise do henoquismo que se produziu em meados do século II a.C., surgiu, além do qumranismo, também um movimento que se desenvolveu de modo muito amplo em todo o território de Israel e que parece ser o que melhor corresponde à descrição dos essênios como ela se encontra nos escritos de Fílon e de Flávio Josefo. As raízes do essenismo devem ser procuradas provavelmente na teologia do livro dos *Jubileus*, que se apresenta claramente com a vontade de criar uma teologia de base henóquica, mas com absorção do maior número possível de elementos sadoquitas, a começar pela língua, que foi o hebraico (e não mais o aramaico), como atestam os numerosos, embora pequenos, fragmentos de Qumran. É a obra que continha a ideologia que poderia ter fundado o novo Israel, se o projeto henóquico tivesse se firmado.

Os *Jubileus*[53], chamados também de *Pequeno Gênesis*, contam sem nenhum revelador – portanto, com a mesma estrutura dos livros sadoquitas – que Moisés subiu ao monte Sinai para receber as tábuas da lei, mas que, na realidade, o anjo de Deus lhe contou também toda a história que precedeu aquele momento, a partir da criação do mundo e lhe revelou, por alto, também o futuro destino de Israel. O livro dos *Jubileus* exalta a figura de Moisés e reconhece explicitamente a sua lei, mas a subordina à das tábuas celestes, que é eterna[54]. A tradição sadoquita é aceita, mas subsumida na teologia henóquica. Os *Jubileus* reconhecem também o Templo e parecem esperar como messias um descendente de Judá que será rei de Israel (31,18-20).

O essenismo seguinte desenvolve o messianismo como o qumranismo, mas, diferentemente do qumranismo, não conhece o messias angélico. Há um messias de Levi e um messias de Judá, que correspondem evidentemente aos

---

53. Os jubileus são os períodos nos quais se divide a história, cada um com 49 anos.

54. A definição das leis das tábuas celestes como eternas aparece em 1H (EE) 99,2 (tradução de Fusella).

de Aarão e de Israel dos qumrânicos, e a superioridade do sacerdotal é claríssima: "Como o céu é mais alto do que a terra, assim o sacerdócio de Deus é mais alto do que o reino terreno" (TestJudá 21,4). O messias de Levi terá a missão de dar a interpretação definitiva da lei, bem como a suprema de atar Satanás. Esse sacerdote do futuro não tem nada a ver com o sacerdócio histórico de Israel. Haverá um sacerdócio novo:

> Então, o Senhor fará surgir um sacerdote novo, ao qual todas as palavras do Senhor serão reveladas. Ele realizará sobre a terra um juízo de verdade [ou seja; governará com justiça] [...]. Em seus dias os céus exultarão [...]. A glória do Altíssimo será pronunciada acima dele e o espírito de santidade e de inteligência repousará sobre ele [...]. Ele não terá sucessores, de geração em geração e para sempre [...]. Sob o seu sacerdócio desaparecerá o pecado [...]. Dará de comer da árvore da vida aos santos [...]. Belial será atado por ele (TestLevi 18,1-12, passim).

Israel sob os asmoneus

A partir de 141 a.C., Israel voltou a ser, exceto por breves períodos, um Estado independente, governado pela família dos asmoneus, descendentes diretos dos macabeus. A tradição judaica mais tardia, que foi farisaica, considerava os macabeus heróis nacionais, mas nos asmoneus, a começar por João Hircano, viu somente opressores; daí o costume de chamar a mesma dinastia com dois nomes diferentes, que refletem o diferente julgamento moral sobre o comportamento deles. A independência hebraica durou até a conquista romana ocorrida em 63 a.C.

O primeiro descendente de Simão foi João Hircano (134-104 a.C.); a ele seguiram Aristóbulo I (104-103 a.C.), Alexandre Janeu (103-74 a.C.), Alexandra Salomé (76-67 a.C.), Aristóbulo II (67-63 a.C.).

Os asmoneus foram muito abertos à cultura helenística e, como os soberanos helenísticos, visaram à glória das armas e às conquistas. Foi exatamente por esse motivo que entraram em conflito com a parte do povo que tinha sido favorável a seus antepassados macabeus e considerava a guerra necessária somente até o momento em que tivesse obtido a liberdade de se comportar segundo os costumes pátrios.

No tempo de João Hircano na Judeia, formaram-se e eram ativos os dois partidos que dominarão a cena nos evangelhos: os saduceus e os fariseus.

Sob os asmoneus, o estado hebraico atingiu mais ou menos os antigos confins do reino davídico da tradição. Povos que havia tempo tinham sido independentes de Jerusalém, como os idumeus ao sul, foram hebraizados à força e incorporados ao Estado hebraico. Ao norte, o poder asmoneu chegou até a Samaria, que foi destruída.

O reino de Alexandre Janeu foi caracterizado por uma longuíssima guerra civil, que viu alinhados nos campos opostos fariseus e saduceus, apoiados, esses últimos, pelo rei. Com a morte do rei, o Estado estava em péssimas condições e a rainha Salomé manteve em suas mãos o controle do exército e da política externa, mas entregou a um sinédrio composto, em geral, por fariseus a administração do povo. Sendo mulher, não pôde exercer o cargo de sumo sacerdote e fez com que o assumisse o filho mais velho, Hircano II. Com a morte da rainha Salomé estourou outra guerra civil entre Hircano II e o irmão Aristóbulo II. Com efeito, Hircano, com a morte da mãe, tinha assumido também o título de rei, mas o irmão não concordou. Na batalha de Jericó, Aristóbulo levou vantagem e Hircano lhe cedeu todos os seus direitos em troca de uma renda. Tudo provavelmente teria terminado assim se não tivesse intervindo um capitalista idumeu, certo Antípatro, descendente dos judeus convertidos à força, o qual se fez paladino da causa de Hircano. Aristóbulo representava os interesses da nobreza agrária, enquanto Hircano parecia mais aberto a soluções políticas diferentes, em maior sintonia com as políticas econômicas de Roma. Em todo caso, devia ser mais maleável do que o irmão.

Foi por ocasião desses episódios que Pompeu, que se encontrava no Oriente para concluir a guerra contra Mitrídates, ocupou Jerusalém, apoiando Hircano.

A partir desse momento, a Judeia ficou submissa ao domínio romano, embora gozando de certa independência. Ela era ainda governada por um soberano judeu, que teve o título de etnarca. Nos anos seguintes, a terra de Israel não conheceu a paz. Aristóbulo e seu filho Alexandre conduziram novas revoltas contra Hircano e Antípatro, até que outro descendente de Aristóbulo, Antígono, conseguiu fazer com que os partas interviessem contra Jerusalém e contra Roma, desde que ele fosse elevado ao trono. Nessas circunstâncias, emergiu a figura de um filho de Antípatro, destinado a ser mencionado no evangelho de Mateus numa luz particularmente cruel: Herodes, que passou à história como Herodes o Grande.

Herodes obteve dos romanos o título de rei e lhe foram atribuídas algumas legiões para que pudesse libertar a Palestina dos partas. Em 37, Herodes atingiu seu objetivo e deu início a um reino que foi avaliado de modo diferente pela tradição judaica e pela helenística; um péssimo rei para a primeira, ótimo para a segunda. Ele dispôs do seu reino por via testamentária, como se fosse um bem de família e o dividiu em três partes: com a sua morte (4 a.C.), Arquelau ficou com a parte mais vasta e melhor do reino: a Judeia, a Samaria e a Idumeia; coube a Herodes Antipas a Galileia e a Pereia; a Filipe, a Transjordânia, ao norte do rio Jarmuque.

Em 6 d.C., Arquelau foi deposto por Otaviano, a pedido dos seus próprios súditos, que não estavam satisfeitos com seu governo. A Judeia teve então uma administração particular, que é a que encontramos espelhada nos evangelhos, criada para permitir a gestão de uma região que, por motivos diversos, era difícil de governar. Ela foi anexada à província romana da Síria e, portanto, a autoridade suprema era ali exercida pelo governador da Síria. Na realidade, outro funcionário imperial residia na Cesareia, às margens do mar, com o título de *praefectus*, depois transformado, sob o imperador Cláudio, no puramente administrativo de *procurator*. No tempo de Jesus, Pilatos administrava a Judeia com o título de *praefectus*. Como tal, era o comandante das tropas estanciadas na Judeia, responsável pela cobrança dos tributos e da manutenção da ordem pública. Certamente dele dependia condenar à morte os rebeldes contrários a Roma. Não é claro se somente ele é que tinha o poder de emitir sentenças de morte por qualquer motivo. Dado que a pena de morte era praticamente a única existente ao lado da flagelação, parece improvável que devesse estar ocupado com todos os processos que se faziam na Judeia nos quais houvesse uma acusação com previsão de pena de morte[55].

Os judeus puderam manter sua administração e seus órgãos estatais, dos quais o mais alto era o sinédrio. O chefe do sinédrio era o sumo sacerdote, cuja eleição, desde o tempo da revolta macabeia, cabia ao soberano estrangeiro. De fato, foi Quirino, governador da Síria, à qual pertencia a Judeia, quem nomeou Anás como sumo sacerdotes, provavelmente porque devia ter sido um dos mais ativos adversários de Arquelau e, portanto, seguro apoiador do domínio romano. Ele foi sumo sacerdote de 6 d.C. a 15 d.C.; depois, o sumo sacerdócio

---

55. Cf. SCHÜRER, E., *Storia del popolo giudaico al tempo di Gesù Cristo*, Brescia, Paideia, 1985, 464, [1. ed. 1973], reedição de *Geschichte des jüdischen Volkes im Zeitalter Jesu Christi* (publicada com esse título na segunda edição, de 1886-1890).

passou a outros membros da sua família, entre os quais chama a nossa atenção especialmente o nome de Caifás, seu genro, porque diretamente ligado ao processo de Jesus.

Os romanos procuraram respeitar ao máximo as exigências da *Torá*. Dado que a lei proibia as imagens, os soldados romanos não introduziam seus estandartes em Jerusalém. Assim, as moedas cunhadas na Judeia não estampavam a efígie do imperador, mas apenas o seu nome; deve-se dizer, porém, que na Judeia podia-se cunhar somente moedas de bronze; as de mais valor deviam, portanto, trazer alguma efígie, porque não provinham da casa da moeda da Judeia (Mc 12,15-16). Alguma contaminação com o paganismo era inevitável. Os judeus foram, além disso, exonerados de prestar culto ao imperador, como, ao contrário, era usual em outras províncias orientais.

Os fariseus e os saduceus

A cena dos evangelhos é dominada por dois únicos movimentos judaicos do tempo: os fariseus e os saduceus. Os fariseus aparecem pela primeira vez na história na época de João Hircano. Eram provavelmente os descendentes dos assideus que tinham apoiado com as armas as batalhas dos macabeus, mas que se viam incomodados com a política expansionista dos asmoneus.

Durante um banquete para o qual tinha convidado expoentes da corrente farisaica, Hircano decidiu esclarecer a sua posição com referência aos fariseus, fazendo-lhes uma pergunta[56] muito mais precisa do que aparece na forma aparentemente genérica: pediu que lhe dissessem claramente, dado o amor dele pela justiça e pela ação em conformidade dos desejos de Deus, "se eles achavam que ele fazia alguma coisa errada e se se afastava do caminho reto". Recebeu, naturalmente, o desejado coro de louvores; um só, certo Eleazar, que Flávio Josefo considera "homem de má índole e satisfeito por criar dissensões", expressou parecer diferente. Censurou abertamente Hircano por desempenhar o sumo sacerdócio e o convidou a se contentar em governar o povo. Eleazar foi condenado à morte e os fariseus passaram, se se pode falar assim com termos modernos, à oposição. Os asmoneus se apoiaram, então, nos saduceus e essa situação durou até a morte de Alexandre Janeu.

---

56. *Antiguidades judaicas*, 13,288 ss.

Embora não tenhamos notícias diretas das doutrinas farisaicas das origens e as que temos do tempo de Jesus sejam deduzidas a partir do Novo Testamento e da *Mishná*, que é ainda mais tardia, algumas exigências fundamentais, todavia, da doutrina deles são suficientemente certas.

1. No centro da doutrina estava o valor da lei mosaica, tanto escrita como oral[57]. As normas da lei diziam respeito então somente ao indivíduo; dada a situação política, a velha concepção do Deuteronômio e de Neemias – segundo a qual a lei era considerada como soma das cláusulas da aliança que ligava a Deus o Estado e, portanto, a sociedade hebraica como um todo – estava superada. 2. Criam na plena liberdade de escolha entre bem e mal por parte do homem e, portanto, na sua plena responsabilidade. 3. Criam na ressurreição e/ou imortalidade da alma. 4. Viam, provavelmente já no tempo de Jesus, o juízo depois da morte como cômputo dos atos de observância e de transgressão da lei (*Pirqe Avot* 3,16). 5. No tempo de Jesus eram favoráveis ao uso, inclusive no Templo, do calendário lunissolar helenístico e laico (provavelmente somente a partir da segunda metade do século I a.C.). 6. Não é claro, porém, como interpretavam as normas de pureza. No fim do século I d.C., havia a tendência de as considerar simples mandamentos a serem observados, do mesmo modo como todos os outros, sem que a impureza tivesse uma realidade específica. Em todo caso, no tempo de Jesus, o problema da realidade do impuro era muito sentido.

Como se vê, o farisaísmo se contrapõe nitidamente ao henoquismo (e mais ainda ao qumranismo) num ponto fundamental: a relação entre a obra de Deus e a do homem na criação da salvação. A intervenção de Deus é maior nas obras da área essênia do que nas de tendência farisaica. No farisaísmo, o homem salva a si mesmo por meio da observância dos mandamentos, porque os atos de observância cancelam os atos de transgressão e a justiça praticada (*tsedaqah*, o que nós chamaríamos de "as obras boas") cancela a injustiças cometidas (*bSukkah* 49b[58]). No henoquismo (*Livro das parábolas*, 30 a.C.), as injustiças cometidas só podem ser perdoadas por mera bondade divina, desde que o pecador se arrependa.

---

57. Os fariseus aceitavam, ao lado da lei de Moisés, uma segunda lei, chamada lei oral, que, segundo a tradição, remontaria também ela ao próprio Moisés, pelo menos para algumas formulações. Da lei oral, chamada "tradição dos pais, ou dos antigos" há menção também no Novo Testamento: cf. Marcos 7,3.8.13; Mateus 15,2.36.

58. Cf. COHEN, A., *Il Talmud*, Bari, Laterza, 1935, 140-146 e 266-274.

Dos saduceus sabemos pouco, devido à escassez das informações que dizem respeito a eles, escassez essa oriunda um pouco do aristocrático afastamento deles, e um pouco do fato de a teologia deles ir se nivelando com a farisaica. Vale a pena, todavia, lembrar que não reconheciam a validade da lei oral e, com muita probabilidade, limitavam a escritura somente à *Torá*; não aceitavam nem a existência da alma imortal e destinada ao juízo, nem a ressurreição; sobre a liturgia do Templo tinham uma tradição que discordava em parte da que era usada no tempo de Jesus, a qual devia corresponder à teologia farisaica. Os indícios existem, mas são fragmentários[59].

Também no campo das origens cristãs, a revolução provocada pela descoberta dos manuscritos do Mar Morto fez sentir as suas consequências. O quadro tradicional das origens cristãs via Jesus pregar a sua religião aos judeus, os quais teriam tido todos, mais ou menos, uma mesma teologia, cujos expoentes mais doutos e mais ativos eram os fariseus. De Flávio Josefo, o já citado historiador judeu que escreveu em grego lá pelo fim do século I d.C., sabíamos que ao lado dos fariseus havia igualmente os saduceus, mencionados abundantemente também no Novo Testamento, bem como os essênios. Mas a nossa consciência direta das três seitas era muito desigual. Dos essênios não tínhamos nenhum escrito; dos saduceus, notícias esporádicas; da literatura rabínica dos primeiros séculos de derivação essencialmente farisaica, ao contrário, podíamos ter notícias da ideologia farisaica.

A maior parte das informações referentes aos fariseus nos vem da *Mishná*, uma coleção de discussões e de ditos rabínicos redigida nos inícios do século III pelos herdeiros mais ou menos diretos dos fariseus do tempo de Jesus. O uso das fontes rabínicas era facilitado aos estudiosos do Novo Testamento por uma obra de grandes dimensões e de uso relativamente fácil, inclusive para os não especialistas: o *Kommentar zum Neuen Testament aus Talmud und Midrasch*[60]. A obra apresenta ao pé do texto do Novo Testamento, versículo por versículo, as referências pontuais a todos os textos rabínicos que possam ter alguma semelhança com a forma ou o conteúdo do versículo

---

59. ROFÉ, A., Gli albori delle sette nel giudaismo postesilico, in: *Correnti culturali e movimenti religiosi del giudaismo. Atti del V Congresso Internazionale dell'AISG, 12-15 novembre 1984*, Roma, Carucci, 1987, 25-35.

60. STRACK, H. L.; BILLERBECK, P., *Kommentar zum Neuen Testament aus Talmud und Midrasch*, München, Beck, 1922-1928, 6 v.

neotestamentário. A consequência da disponibilidade dessa documentação foi a criação de comentários que deram uma imagem necessariamente distorcida do cristianismo, como se Jesus e todos os representantes das origens cristãs se movessem tendo como pano de fundo um judaísmo que coincidia, de fato, com o farisaísmo. Toda a área essênia, com todas as suas variantes e esfumaturas, estava ausente. Portanto, tudo o que distinguia Jesus do farisaísmo era interpretado como novidade cristã.

Hoje, como se vê, a situação mudou profundamente, porque temos uma abundante documentação direta do pensamento da área essênia, antes desconhecida ou ignorada. Jesus e os primeiros cristãos moviam-se em meio a ideias divergentes que diziam respeito, como pudemos observar, a quase todos os campos do pensamento de então. Provavelmente, as mesmas diferenças que se encontram entre um autor neotestamentário e outro têm, em parte, suas raízes na diferente formação herdada da específica forma de hebraísmo em que tinham crescido e tinham sido educados.

Israel sob os procuradores

A Judeia teve ainda um rei da dinastia de Herodes, ou seja, o imperador romano Cláudio (41 d.C.-54 d.C.) concedeu o título de rei a Agripa I, que era neto de Herodes. Sob o seu breve governo, a região teve tranquilidade, mas com sua morte, ocorrida em 44, Cláudio recusou conceder ao filho de Agripa I, Agripa II, a sucessão nos domínios do pai. Concedeu-lhe, porém, por volta do ano 50, o título de rei para governar o pequeno reino de Cálcis, na Celessíria: depois recebeu as terras que outrora tinham sido de Herodes Filipe. Todavia, Agripa II podia residir em Jerusalém e teve também a autoridade de eleger os sumos sacerdotes. Viveu até o fim do século e foi o mediador entre judeus e romanos, procurando inutilmente evitar o pior nos anos que vão até 67, quando estourou a grande revolta contra Roma.

A partir de 44, ano da morte de Agripa I, a Judeia foi governada por procuradores romanos que Flávio Josefo acusa de incapacidade e de desonestidade. Não sei se os governadores romanos da Judeia terão sido piores do que os que Roma mandava para as outras províncias; o certo é que na Judeia a animosidade contra Roma e contra os compatriotas filorromanos cresceu ano após ano, sobretudo sob o impulso do partido zelota, nascido provavelmente depois da deposição de Arquelau (6 d.C.). O movimento zelota distinguia-se dos outros partidos hebraicos do tempo porque estava decidido a usar a força contra Roma. Distinguia-se, portanto, não só dos elementos saduceus geralmente filorromanos, mas também dos fariseus, normalmente contrários ao uso da força. Além dos indivíduos que podiam provir de todas as ideologias, os zelotas encontraram, enfim, apoio também nos essênios, que pensavam que o tempo do fim tivesse chegado, o tempo do grande choque decisivo entre as forças da luz e as das trevas. O movimento zelota tira seu nome de um episódio do livro dos Números (capítulo 25) no qual se narra que o sacerdote Fineias matou um judeu que estava transgredindo a lei e que esse gesto tinha sido aprovado pelo próprio Deus. Zelosos da lei eram chamados, já a partir do tempo das guerras macabeias, aqueles que estavam dispostos a matar, desde que fosse para fazer respeitar a lei.

O ódio acumulado contra os romanos explodiu em 67 por uma série de inúteis malversações e humilhações que o procurador Géssio Floro impôs aos judeus: a gota que fez transbordar o vaso foi a obrigação de tributar um acolhimento triunfal a duas coortes romanas, depois que os romanos tinham saqueado um bairro de Jerusalém em represália contra os insultos feitos a Floro. A revolta começou a se espalhar, sem um líder definido. Os zelotas ocuparam as fortalezas herodianas que não tinham fortes guarnições; também o Templo foi ocupado pelos rebeldes e foi decretado o fim do sacrifício em favor do imperador. Boa parte dos fariseus e do sacerdócio, bem como Agripa II, procuraram, em vão, se opor: quem se opunha era perseguido e morto, de modo que a guerra de libertação nacional foi também uma guerra civil. Uma primeira intervenção do governador da Síria, Céstio Galo, que tinha à disposição uma só legião, acabou numa completa derrota romana, o que encorajou ainda mais os rebeldes a insistirem em sua política de força.

O imperador Nero (54-68 d.C.), dada a gravidade da situação, mandou para a Judeia um exército sob o comando do general Vespasiano, que se aproximou rapidamente de Jerusalém. Com a morte de Nero em 68, Vespasiano aguardou para ver o que acontecia em Roma, onde em um ano se sucederam três imperadores, Galba, Oto e Vitélio. No fim de 69, as tropas de Vespasiano proclamaram imperador seu general, que deixou o Oriente para se dirigir a Roma, deixando ao filho Tito o comando das tropas que operavam na Palestina. Tito, em 70 d.C., depois de um duríssimo assédio, conquistou a cidade, combatendo por meses quarteirão por quarteirão. Afinal, Jerusalém foi completamente tomada e destruída. A guerra continuou ainda até 74, para eliminar as fortalezas periféricas que se recusavam a se render. A última a cair foi a da Masada, às margens do Mar Morto.

Os judeus depois da catástrofe

Os romanos combateram contra os judeus como povo rebelde, mas não os perseguiram no âmbito religioso. Em outros termos, a religião hebraica permaneceu como *religio licita*, como era antes de 70. Na verdade, os romanos nem sequer se opuseram a que um mestre fariseu, Yohanan ben Zakkai, constituísse em Jâmnia, junto ao mar, uma academia hebraica, a qual foi a base da sobrevivência de Israel, como povo e como religião. Com Yohanan, o farisaísmo começou a se transformar no judaísmo *tout court*, porque os outros grupos foram se dispersando, com exceção, obviamente, do cristão, que estava, porém, se tornando uma religião nova.

Foi em Jâmnia que se fechou definitivamente o cânone hebraico da Escritura e foi em Jâmnia que o farisaísmo levou até as últimas consequências o judaísmo de Esdras, fundado na lei, independentemente do Estado e do templo. A justiça do comportamento humano, ou seja, do comportamento segundo a *Torá*, substitui o sacrifício e se afirma como valor para além do Estado. São esses os princípios que sustentaram os judeus até hoje, permitindo-lhes permanecer como um povo, mesmo sem terra, e de continuar as funções do sacrifício, mesmo sem o templo.

2
O helenismo, segundo âmbito das origens cristãs

Romano Penna

Notas metodológicas

Ainda que o cristianismo, com Jesus de Nazaré e os seus primeiros discípulos, tenha nascido e começado a se desenvolver no âmbito judaico-palestino, no sentido tanto geográfico como cultural do termo[1], todavia não tardou a se encontrar com os grandes horizontes do mundo helenístico, pelo qual, aliás, devia ficar amplamente marcado[2].

Todavia, o fenômeno do "helenismo" é complexo e multifacetado, além de dificilmente redutível a um denominador comum. Sob esse aspecto não há, como no judaísmo, um dado tão compendioso quanto normativo e, portanto, unificador, como o princípio monoteístico com a conexa consciência de uma eleição, isso para não falar da *Torá* e do único Templo. O próprio politeísmo é um fator muito ambíguo, se nos lembrarmos, por exemplo, que o *Hino a Zeus*, de Cleante, deixa transparecer uma concepção do divino de tendência

---

1. O próprio Jesus de Nazaré permaneceu substancialmente estranho à cultura, bem como à língua grega; cf. PENNA, R., Elementi di grecità in Gesù di Nazaret? I termini della questione, in: Id., *Gesù di Nazaret nelle culture del suo tempo. Alcuni aspetti del Gesù storico*, Bologna, EDB, 2012, 111-129.

2. Além de A.-J. Festugière, FABRE, P., *Il mondo greco-romano al tempo di Gesù Cristo*, Torino, SEI, 1955; cf. FERGUSON, J., *Le religioni nell'impero romano*, Roma-Bari, Laterza, 1989; ADINOLFI, M., *Ellenismo e Bibbia. Saggi storici ed esegetici*, Roma, Dehoniane, 1991; JEFFERS, J. S., *Il mondo greco-romano all'epoca del Nuovo Testamento*, Cinisello Balsamo, San Paolo, 2004.

unitária[3] (para não falar também da extraordinária religiosidade de Epiteto[4]) num ambiente no qual, a partir de Tales, se julgava que "tudo está cheio de deuses"[5]. Além disso, a marca do mundo helenístico não é dada somente pelos componentes religiosos da sociedade, mas também e mais ainda pelos culturais; decerto, essa distinção reflete mais a nossa hodierna mentalidade cartesiana do que a do homem antigo, o qual (à parte a rara profissão de ateísmo)[6] não via fraturas entre fé e razão, devido ao reconhecimento de uma radical *syngéneia* existente entre o divino e o humano em todas as suas expressões. Os *Diálogos* de Platão já estabeleciam um nexo muito estreito entre o divino e o bem, o belo, o verdadeiro, o justo, sendo tudo neste mundo uma simples sombra de um mundo superior[7]. Todavia, precisamente a filosofia, a arte (especialmente a estatuária) e as ciências naturais, para não falar dos jogos pan-helenísticos, não encontram paralelo no âmbito judaico; e são elas, como a religião em sentido cultual e talvez mais ainda do que ela, que contribuem para desenhar os traços específicos de uma "espiritualidade" helenística que, com razão e em síntese, pode ser sumariamente definida como humanística.

---

3. Leiam-se estes versos: "A ti este cosmos todo obedece, para onde quer que o conduzas, e de bom grado a ti se submete [...]. Todas as coisas, com efeito, juntaste em unidade, boas e más, de modo que para todas as coisas houvesse um único *lógos* sempre presente, ele, a quem os mortais que são maus, fugindo, abandonam" (7-8.19-21). Sobre o conjunto, cf. Thom, J. C., *Cleanthes' Hymn to Zeus. Text, Translation, and Commentary*, Tübingen, Mohr, 2005.

4. Cf., por exemplo, *Diatribe* 2,17.22: "Não querer outra coisa senão o que Deus quer"; 3,24,15; "Nenhum homem é órfão, mas de todos sempre e continuamente é o Pai (Zeus) que cuida".

5. Diógenes Laércio, *Vida dos filósofos* 1,27.

6. Algumas referências em Penna, R., Idolatria e ateismo negli scritti del Nuovo Testamento, *Hermeneutica* (2012) 193-213.

7. Cf. O mito da caverna em *Rep.* 7,1-3. Sobre o tema específico, cf. Des Places, É., *Syngeneia. La parenté de l'homme avec Dieu d'Homère à la Patristique*, Paris, Klincksieck, 1964.

O conceito de helenismo

O conceito foi cunhado no século XX por Johann Gustav Droysen[8], no sentido de mistura da civilização grega com as orientais, que se seguiu à epopeia de Alexandre Magno (morto na Babilônia, em 323 a.C.) e que se estendeu até a ocupação romana do Egito ptolemaico (em 30 a.C.). Geralmente, o período posterior a 31 a.C. é rotulado como civilização romana ou era imperial. Mas, em sentido lato, pelo menos os primeiros séculos do império são também caracterizados como "helenismo", como já se exprimia o próprio Droysen[9]. De resto, até um filósofo judeu, como Fílon de Alexandria, elogiava Augusto por ter "aumentado a Hélade com muitas outras Hélades" (*Leg. ad C.* 147)[10].

A distância do helenismo com relação ao período clássico anterior tem duas notas distintivas. Uma é a objetiva superação do particularismo cultural e político das antigas cidades-estados. Depois de Alexandre, afirma-se um cosmopolitismo que subtrai o indivíduo às estreitas dimensões da sua *polis* e o projeta para vastos horizontes geográficos e culturais[11]. Sinal disso são alguns fatores importantes: os grandes reinos (Ptolomeu no Egito, selêucidas na Síria,

---

8. DROYSEN, J. G., *Geschichte des Hellenismus*, I-II, Hamburg, Perthes, 1836-1843. Sobre a história do conceito, cf. CANFORA, L., *Ellenismo*, Roma-Bari, Laterza, 1987. Cf. também TARN, W.; GRIFFITH, G. T., *Hellenistic Civilisation*, London, Methuen, ³1966, 360.

9. Citado em MOMIGLIANO, A., Genesi storica e funzione attuale del concetto di Ellenismo, in: Id., *Contributo alla storia degli studi classici*, Roma, Edizioni di Storia e letteratura, 1979, 164-193, aqui 187. Antes, segundo HENGEL, M., *Ebrei, Greci e Barbari. Aspetti dell'ellenizzazione del giudaismo in epoca precristiana*, Brescia, Paideia, 1981, "sob o ponto de vista cultural, a época do helenismo não cessa com a batalha de Áccio, mas justamente então começa a sua ação em profundidade" (p. 91).

10. Sobre o helenismo em geral, cf. também FESTUGIÈRE, A.-J., *La vie spirituelle en Grèce à l'époque hellénistique, ou Les besoins de l'esprit dans un monde raffiné*, Paris, Picard, 1977; PRÉAUX, C., *Le monde hellénistique*, 1-2, Paris, PUF, 1978; WALBANK, F. W., *Il mondo ellenistico*, Bologna, il Mulino, 1983 (com ótima bibliografia nas páginas 279-294; mas o autor segue um conceito estreitíssimo de helenismo no seu arco histórico: praticamente até o fim de 133 a.C.). Cf. também WENDLAND, P., *La cultura ellenistico-romana nei suoi rapporti con giudaismo e cristianesimo*, ed. it., FIRPO, G. (org.), com apêndice bibliográfico, Brescia, Paideia, 1986 [1. ed. Tübingen, 1912].

11. Belo e significativo é o que Plutarco escreve sobre Alexandre: "Ele unificou as coisas mais variadas, misturando como numa taça da amizade as vidas e os costumes e os matrimônios e os modos de viver; ele ordenou que todos considerassem como pátria toda a ecúmena [...] e que o grego e o bárbaro não se distinguissem nem pelo manto, nem pelo escudo, nem pela espada, nem pela capa, mas que o gênero grego se mostrasse tal pela

atálidas em Pérgamo, antigónidas na Macedônia) que confluíram depois para o único senhorio de Roma; a fundação e a variegada vitalidade de novas cidades (entre as quais se destacam Alexandria no Egito e Antioquia na Síria), centros de irresistível interesse; um geral florescimento das artes, das letras, das ciências, da filosofia, pela qual a própria civilização romana ficará indelevelmente marcada[12]. Desse universalismo é também um sinal inconfundível a nova língua comum, a grega, enriquecida e modificada por várias contribuições locais (*koiné diálektos*), menos refinada do que o antigo ático, mas que se tornou vínculo linguístico da nova sociedade.

Depois, e consequentemente, tomou corpo uma inédita atitude individualista, favorecida pela diminuição da paixão política e expressa, por exemplo, no realismo naturalista da arte estatuária[13]. Sobretudo, aflorou à consciência humana uma nova necessidade de seguranças morais e religiosas, que era o sinal da uma experiência de desorientação diante das dimensões macroscópicas da nova realidade política e cultural. Esse sentimento de incerteza levou à construção de novos sistemas filosóficos e à procura de novas vias religiosas de salvação (cf. infra).

Trata-se, portanto, de um ambiente em grande fermentação, do qual o cristianismo, além de contribuir para delineá-lo com seu próprio surgimento, se aproveitará, no melhor sentido do termo, encontrando nele uma espécie de *praeparatio evangelica*, que, de uma parte, lhe fornecerá diversos elementos constitutivos e, de outra, lhe permitirá se difundir de modo universal.

---

virtude e o bárbaro pela maldade [...] e que todos os homens se mostrassem como um só povo" (*De Alexandri Magni fortuna aut virtute* 6,8.9).

12. Cf. HORÁCIO, *Epist.* II,1,156-157: *Graecia capta / ferum victorem cepit et artes intulit agresti Latio*.

13. A escultura não está mais reservada a templos e santuários ou a celebrações públicas, mas entra também no âmbito privado com a afirmação da arte do retrato. Além disso, procura-se a novidade dos assuntos, com inspiração em representações realistas ou da vida cotidiana (como a velha bêbada ou a criança que brinca com o ganso), tratadas com consumada habilidade técnica.

O helenismo na Palestina

Um mal-entendido historiográfico do passado diz respeito a uma hipotética e permanente oposição entre judaísmo e helenismo. Essa falsa contraposição de culturas, se acaso existiu, cessou ou, pelo menos, foi redimensionada extraordinariamente depois dos empreendimentos de Alexandre; tanto assim que adquiriu a categoria de "judaísmo helenístico", para designar uma aceitação natural de língua, conceitos e mentalidade gregos por parte do judaísmo, sobretudo alexandrino (cf. infra). Mas, além disso, vários estudos dos últimos decênios lançaram luz sobre os múltiplos aspectos de helenização verificáveis também na mãe-pátria palestina[14]. Aí, embora a aristocracia sacerdotal de Jerusalém, desejosa de helenizar a cidade e a vida judaica em harmonia com o rei selêucida Antíoco IV Epifanes, tenha sido obrigada a renunciar a isso, devido à sublevação armada dos macabeus na primeira metade do século II a.C., todavia, a seguir, quer a monarquia asmoneia, quer a dinastia dos Herodes fizeram próprios vários aspectos de helenização, da língua à arte (doméstica e funerária) e ao estilo pessoal de vida. Ainda que o fenômeno caracterizasse sobretudo as classes sociais mais elevadas[15], não deixou de se infiltrar também entre o povo em geral, como demonstram certos nomes gregos das pessoas (cf. André e Filipe entre os doze apóstolos) ou o simples costume de "estar à mesa" (assim Jesus em Mc 2,15; 14,3.18). O próprio tipo de pregação itinerante praticado por Jesus de Nazaré foi posto em paralelo com a prática dos filósofos cínicos ambulantes, inclusive sua vida de renúncia (sobre a qual cf. também EPITETO, *Diatr*. III,22,46-48), embora a hipótese não tenha podido e não possa se impor totalmente.

---

14. Cf. sobretudo LIEBERMAN, S., *Hellenism in Jewish Palestine*, New York, JThS, ²1962; TCHERIKOVER, V., *Hellenistic Civilisation and the Jews*, New York, Hendrickson, 1961; SCHÜRER, E.; VERMES, G.; MILLAR, F.; BLACK, M., *Storia del popolo giudaico al tempo di Gesù Cristo (175 a.C.-135 d.C.)*, II, Brescia, Paideia, 1987, 23-233; HENGEL, J., *Giudaismo ed ellenismo. Studi sul loro incontro, con particolare riguardo per la Palestina fino alla metà del II secolo a.C.*, Brescia, Paideia, 2001.

15. FLÁVIO JOSEFO nos informa que Herodes o Grande edificou em Jerusalém um teatro, um anfiteatro e um hipódromo com os respectivos espetáculos, tudo "estranho aos costumes dos Judeus" (*Ant*. 15,268-279).

O judaísmo helenístico

Saindo da terra de Israel, o cristianismo não encontrou diante de si apenas o mundo pagão, mas continuou por certo tempo a caminhar nos trilhos do judaísmo da diáspora ocidental[16], que foi um fenômeno consistente e vivo, pelo menos até os inícios do século II (depois teve grande vitalidade o rabínico da diáspora oriental mesopotâmica). No século I, segundo cálculos confiáveis, os judeus representavam de 7 a 10 por cento da população total do império romano, que contava de 50 milhões a 60 milhões de habitantes, ou seja, representavam entre 4 milhões e 5 milhões (dos quais apenas 500 mil a 700 mil residentes na Palestina). Flávio Josefo escreve com certo orgulho: "Não é fácil encontrar um só lugar no mundo que não hospede esse povo e onde ele não tenha autoridade" (*Ant.* 14,115; cf. *Bell.* 2,398). Somente no Egito, segundo Fílon de Alexandria (*In Fl.* 43), chegavam a um milhão. Mas já no século II a.C., conforme 1 Macabeus 15,15-24, eles estavam presentes na Síria, Chipre, Anatólia (Capadócia, Panfília, Cária, Lídia, Pérgamo), Grécia, Cirene e nas ilhas egeias de Creta, Delos, Rodes, Quios, Samos. Ademais, atesta-se que uma das sinagogas mais antigas e que remonta a depois de 88 a.C. (cf. *CII* 725-731) estava precisamente em Delos. Depois nos informam que em Éfeso, por volta de 13 a.C., Herodes o Grande obtém de Marco Vipsânio Agripa uma importante intervenção em favor dos direitos dos judeus das cidades jônicas da Ásia Menor (cf. FLÁVIO JOSEFO, *Ant.* 12,125-127; 16,27-61). Além disso, depois de 63 a.C., a presença hebraica se implanta também na Itália, especialmente em Roma, Pozzuoli e Óstia. Todas essas comunidades mantinham um vínculo concreto com a cidade-mãe Jerusalém mediante o pagamento de uma taxa anual de "meio siclo" (duas dracmas antigas). É natural, portanto, que a convivência com o ambiente pagão comportasse tipologias diferentes de relação, que consistia, todavia, numa mais ou menos acentuada helenização[17].

---

16. Cf. em geral: ACFEB (Association catholique française pour l'étude de la Bible), *Études sur le judaïsme hellénistique*, Paris, Cerf, 1984; Borgen, P., *Early Christianity and Hellenistic Judaism*, Edinburgh, T&T Clark, 1996.

17. Além de Hengel, M., *Ebrei, Greci e Barbari. Aspetti dell'ellenizzazione del giudaismo in epoca precristiana*, Brescia, Paideia, 1981, especialmente 137-170, cf. Feldman, L. H., *Jew and Gentile in the Ancient World. Attitudes and Interactions from Alexander to Justinian*, Princeton (NJ), Princeton University Press, 1993; Levine, L. I., *Judaism and Hellenism in Antiquity: Conflict or Confluence?*, Washington, University of Washington Press, 1998; Barclay, J. M. G., *Diaspora. I giudei nella diaspora mediterranea da*

Esse judaísmo, que tinha em Alexandria do Egito o seu núcleo mais dinâmico, caracterizou-se por uma ampla produção literária, que, além do empreendimento da versão grega de todo o Antigo Testamento hebraico (denominada LXX), foi marcada por uma forte contribuição de pensamento por muitos autores[18]. Além do livro canônico da Sabedoria e dos apócrifos *3 Esdras, 3 Macabeus e 4 Macabeus, Oração de Manassés, 2 Henoc*, lembramos autores e obras maiores: Aristóbulo, a *Carta de Aristeia*, os *Oráculos Sibilinos*, as *Sentenças* do Pseudo-Focilides, o romance de José e Asenat; destacam-se entre todos, porém, o filósofo místico Fílon de Alexandria, contemporâneo de Jesus e o historiador Flávio Josefo, ativo em Roma sob os Flávios. Desses últimos, o primeiro instaurou um diálogo efetivo com as filosofias do platonismo e do estoicismo na leitura das Sagradas escrituras, que nos atesta a prática de uma marcada interpretação alegórica. Além disso, ele oferece paralelos iluminadores para a interpretação de importantes conceitos neotestamentários[19], como o joanino de *lógos* e expressões várias, quer de Paulo (como *dynamis* divina ou a relação entre homem psíquico e pneumático), quer da carta aos judeus (como o tratamento de Melquisedeque ou a função sacerdotal levítica). O segundo, além de nos informar amplamente sobre a guerra judaica dos anos 66-70, é a única fonte a nos oferecer a história da dinastia dos Herodes, mas nos dá também uma interessante informação sobre o próprio Jesus[20].

O evangelho em ambiente helenístico

Quando os primeiros pregadores cristãos (em primeiro lugar os do círculo de Estêvão e depois, especialmente, Paulo de Tarso) deixaram a terra da

---

Alessandro a Traiano (323 a.C.-117 d.C.), Brescia, Paideia, 2004. Sobre as reações hostis, cf. SCHÄFER, P., *Giudeofobia. L'antisemitismo nel mondo antico*, Roma, Carocci, 1999.

18. Cf. KRAUS REGGIANI, C., *Storia della letteratura giudaico-ellenistica*, Milano-Udine, Mimesis, 2008; CALABI, F., *Storia del pensiero giudaico ellenistico*, Brescia, Morcelliana, 2010.

19. Cf. CALABI, F., *Storia del pensiero giudaico ellenistico*, 39-94; RUNIA, D. T., *Philo in Early Christian Literature: A Survey*, Assen, Van Gorcum, 1993. Uma breve seleção de textos pode ser encontrada em PENNA, R., *L'ambiente storico-culturale delle origini cristiane*, Bologna, EDB, ⁵2006, 83-86.

20. Cf. BÖTTRICH, C.; HERZER, J., (ed.), *Josephus und das Neue Testament. Wechselseitige Wahrnehmungen*, Tübingen, Mohr, 2007.

Palestina para adentrar o típico ambiente de cultura grega (primeiro ao norte: Antioquia da Síria; depois cada vez mais para oeste: a Jônia, a Grécia, até a Itália; para não falar do Egito), tiveram, inevitavelmente, de se encontrar e se confrontar com as ideias e até com as estruturas religiosas e culturais locais. E foi um confronto em parte necessariamente polêmico (sobre o modelo do já existente judaísmo helenístico), como nos atesta, por exemplo, a antiga formulação de 1 Tessalonicenses 1,9: "Vos voltastes para Deus, abandonando os ídolos, para servir ao Deus vivo e verdadeiro" (cf. também 1Cor 8,4-5). Todavia, embora jamais seja confessado abertamente (cf., porém, a declaração ecumênica de Fl 4,8), uma grande porção do cristianismo primitivo[21] demonstrou uma flexível atitude de disponibilidade, que já encontra uma documentação eloquente no discurso de Paulo no Areópago de Atenas (segundo Lucas, em At 17,22-31)[22].

A acusação de helenização do cristianismo, que remonta a Adolf von Harnack (que, aliás, considerava o fenômeno somente a partir da metade do século II)[23], corre o risco de setorizar o cristianismo, fechando-o na sua matriz cultural judaica e impedindo seu desenvolvimento *ad extra*, inclusive de partilhar de outras categorias culturais. Está "mais certo quem vê na helenização da mensagem cristã não a sua deformação devido à influência da cultura grega, mas antes o resultado de um processo de adaptação, processo inevitável e natural, embora muito laborioso e sofrido"[24].

---

21. Com efeito, é preciso esclarecer que o movimento cristão não estava todo ele em consonância. Os mais refratários ao ambiente helenístico foram os setores que hoje têm o nome de "judeu-cristianismo", sobre os quais cf. GIANOTTO, C., *Ebrei credenti in Gesù. Le testimonianze degli autori antichi*, Milano, Paoline, 2012; além disso: DUNN, J. D. G., *Unity and Diversity in the New Testament. An Inquiry into the Character of Earliest Christianity*, London, SCM Press, 1977, 235-267 (XI: "Jewish Christianity") e 268-308 (XII: "Hellenistic Christianity").

22. Cf. PENNA, R., Aperture universalistiche in Paolo e nella cultura del suo tempo, in: Id., *Vangelo e inculturazione. Studi sul rapporto tra rivelazione e cultura nel Nuovo Testamento*, Cinisello Balsamo, San Paolo, 2001, 323-364; Id., *Paolo nell'Agorà e all'Areopago di Atene (At 17,16-34): un confronto tra vangelo e cultura*, ibid., 365-390.

23. Cf. HARNACK, A. VON, *Das Wesen des Christentums*, Stuttgart, Klotz, 1900, especialmente 122-124. Cf. também BARTOLOMEI, M. C., *Ellenizzazione del cristianesimo. Linee di critica filosofica e teologica per una interpretazione del problema storico*, L'Aquila, Japadre, 1984.

24. SIMONETTI, M., *Cristianesimo e cultura greca*, Roma, Borla, 1983, 8. Cf. também JOSSA, G., Giudaismo ellenistico e cristianesimo ellenistico, *Ricerche storico-bibliche*, v. 23, n. 2 (2011), 15-26.

De resto, o Mestre Galileu tinha também sentenciado que não é preciso remendar com um pano cru um vestido gasto ou derramar vinho novo em odres velhos (cf. Mc 2,21-22) e tinha até preconizado a passagem da vinha do Senhor para "outros vinhateiros" (Mt 21,41). Além disso, a proclamação do anúncio cristão no âmbito helenístico exigia *a priori* alguma inculturação da Palavra, ou seja, uma sua, pelo menos parcial, adaptação às categorias de compreensão próprias dos novos ouvintes, sendo válido o fato de que, em boa retórica, o auditório é um dos três componentes necessários para quem fala ou escreve[25].

É assim, por exemplo, que, à parte o conceito joanino de *lógos*, Paulo fala de *comunhão cultual* (sacramental) com Cristo na celebração eucarística; esse conceito não pertence à tradição judaica, a qual não conhece a ideia de uma união direta com Deus no sacrifício cultual, mas, antes, à grega, referente, sobretudo, a Dioniso[26]. Analogamente, poder-se-ia estabelecer um confronto entre o tema paulino da união batismal com o Cristo morto e ressuscitado e a prática helenística dos vários cultos mistéricos[27]. A mesma coisa vale também a propósito das várias exortações éticas em relação ao pano de fundo filosófico do ambiente, sobretudo em referência ao estoicismo, seja nos conteúdos, seja nas formas literárias[28].

Essa variada exemplificação deixa entrever que é absolutamente importante o conhecimento do ambiente greco-romano sobre a mudança de época: não só para pontuar a distância dos dois interlocutores, mas também para descobrir que, na realidade, o evangelho se faz cultura, não em antítese, mas em

---

25. Cf. ARISTÓTELES, *Retorica*, I,3,1358a-1358b: "O discurso é constituído por três elementos: por aquele que fala, por aquilo de que se fala e por aquele ao qual se fala; e o fim está voltado para esse último".

26. Cf. KLAUCK, H.-J., *Herrenmahl und hellenistischer Kult. Eine religionsgeschichtliche Untersuchung zum ersten Korintherbrief*, Münster/W., Aschendorff, 1982, 258-272.

27. A esse propósito, cf. WAGNER, G., *Pauline Baptism and the Pagan Mysteries. The Problem of the Pauline Doctrine of Baptism in Romans VI. I-II, in the Light of its Religio-Historical "Parallels"*, Edinburgh-London, Oliver & Boyd, 1967; WEDDERBURN, A. J. M., The Soteriology of the Mysteries and Pauline Baptismal Theology, *Novum Testamentum*, v. 29 (1987) 53-72.

28. Cf., por exemplo, POHLENZ, M., Paulus und die Stoa, *Zeitschrift für die neutestamentliche Wissenschaft*, v. 42 (1949) 69-104; JAGU, A., Saint Paul et le stoïcisme, *Revue des Sciences Religieuses*, v. 32 (1958) 225-250; SPANNEUT, M., *Permanence du stoïcisme. De Zénon à Malraux*, Gembloux, Duculor, 1973, 130-138.

osmose com o seu novo *milieu* vital, assim como o Verbo se fez carne (cf. Jo 1,14). Certamente não se pode mais hoje sustentar seriamente as posições sincretistas da chamada "Escola religionista" do início do século XX[29]. Todavia, a comparação do Novo Testamento com a vertente helenística é imprescindível e, de fato, é estabelecida em bases científicas de grande valor, como demonstra a série pós-bélica dos estudos concernentes ao *Corpus Hellenisticum Novi Testamenti*[30].

Dimensões religioso-culturais do ambiente helenístico

Na era helenística continua a sobreviver a antiga religião homérica da *polis* grega, que agora se estende amplamente por todo o Oriente Médio. Isso ocorre mediante a chamada *interpretatio graeca*, um processo de identificação dos deuses olímpicos com os dos vários países que passaram a fazer parte da nova órbita religioso-cultural: assim Zeus com Amon no Egito (cf. também os templos de Zeus em Baalbek, em Gerasa etc.); diga-se o mesmo de Afrodite com Astarte; assim o pós-olímpico Dioniso se identifica com Osíris no Egito, com Sabácio na Ásia Menor, com Adônis junto aos fenícios. A situação, todavia, é bem complexa[31]. De uma parte, surgem novos cultos e, de outra, ganha cada vez mais espaço uma crítica radical aos tradicionais sistemas religiosos. Subdividamos essa situação em sete pontos: a religião olímpica e os cultos mistéricos; o culto dionisíaco; os santuários oraculares; os deuses curadores; o culto ao soberano; o destino; a religião dos filósofos.

---

29. Ela estava ligada aos nomes de A. Deissmann, R. Reitzenstein, W. Bousset, A. F. Loisy e, na Itália, aos de E. Buonaiuti, A. Omodeo, P. Gentile, A. Donini.

30. Publicada em Leiden (Holanda) pelo editor E. J. Brill. Instrumento de primária importância é também o *Reallexikon für Antike und Christentum* (até agora 23 volumes) publicado a partir de 1941 pelo editor A. Hiersemann, de Stuttgart. Datado, mas sempre útil é CLEMEN, C., *Religionsgeschichtliche Erklärung des Neuen Testaments. Die Abhängigkeit des ältesten Christentums von nichtjüdischen Religionen und philosophischen Systemen*, Berlin-New York, de Gruyter, 1973.

31. Cf. o estudo clássico de NILSSON, M. P., *Geschichte der griechischen Religion*, II: *Die hellenistische und römische Zeit*, München, Beck, ³1967, segundo o qual se assiste também a um fenômeno de "cansaço" cultural e, assim, o típico racionalismo grego desliza sempre para o maravilhoso e, num outro sentido, para a ética (cf. ibid., 712).

A religião olímpica e os cultos mistéricos

O aspecto talvez mais característico da religiosidade helenística é dado pelo fenômeno dos *cultos mistéricos*, que são matéria de uma complexa tipologia[32]. Eles se desenvolvem ao lado e até no lugar da tradicional religião cívica baseada no culto dos clássicos doze deuses olímpicos (com os correspondentes nomes latinos), impassíveis e até distantes da vida dos indivíduos[33]. Essa religião continua a caracterizar o culto público das cidades.

Os *mistérios* são celebrações esotéricas (derivadas dos respectivos mitos), concernentes a divindades e áreas geográficas diferentes: dos já pré-helenísticos de Perséfone-Cora, na Elêusis, aos de Cibele-Átis, na Frígia, de Ísis e Osíris, no Egito, de Adônis, na Síria e Fenícia, de Mitra proveniente da Pérsia. Enquanto os primeiros, porém, estão ligados ao santuário local (assim também o culto dos "grandes deuses", na Samotrácia), os outros conhecem uma difusão "missionária" que os estabelecem em toda a bacia do Mediterrâneo[34].

---

32. Para maiores esclarecimentos, cf. SABBATUCCI, D., *Il misticismo greco*, Roma, dell'Ateneo & Bizzarri, ²1979; SFAMENI GASPARRO, G., Dai misteri alla mistica: Semantica di una parola, in: ANCILLI, E.; PAPAROZZI, M. (org.), *La mistica, fenomenologia e riflessione teologica*, I, Roma, Città Nuova, 1984, 73-113, especialmente 91-93. Cf. uma coleção de textos em PENNA, R., *L'ambiente storico-culturale delle origini cristiane*, 149-166. Sobre o conjunto, cf. CUMONT, F., *Les religions orientales dans le paganisme romain*, Paris, Geuthner, ⁴1963; VERMASEREN, M. J. (ed.), *Die orientalischen Religionen im Römerreich*, Leiden, Brill, 1981; BIANCHI, U.; VERMASEREN, M. J., *La soteriologia dei culti orientali nell'Impero romano*, Leiden, Brill, 1982; TURCAN, R., *Les cultes orientaux dans le monde romain*, Paris, Les Belles Lettres, 1992.

33. Os doze deuses são: Zeus/Júpiter, Hera/Juno, Poseidon/Netuno, Atenas/Minerva, Apolo, Artêmis/Diana, Afrodite/Vênus, Hermes/Mercúrio, Deméter/Ceres, Dioniso/Baco, Hefesto/Vulcano, Ares/Marte. A eles se acrescentam as divindades ctônias: Ades/Plutão, Perséfone, Hécate; têm uma dupla identidade ctônio-olímpica Héracles, os Dióscuros e Asclépio. Há também as divindades menores (como Estia, Latona, Tétis, Eros, Pan), as associações de deuses (mênades, ninfas, sátiros, górgonas, musas, ciclopes, titãs [entre os quais Cronos]), e as divindades da natureza (Gaia, Urano, Eólio, Hélio, Selene). Um último grupo é o dos heróis ou semideuses, venerados com uma tumba específica (como Aquiles, Teseu, Atreu, *Idomeneu*). Sobre o todo, cf. BURKERT, W., *I Greci – Età arcaica, Età classica (sec. IX-IV)*, II, Milano, Jaca Book, 1983, 85-316; KERÉNYI, K., *Gli dei e gli eroi della Grecia*, I-II, Milano, Garzanti, 1984. Sobre a importância e o valor do mito, cf. KIRK, G. S., *La natura dei miti greci*, Laterza, Roma-Bari, 1984; VERNANT, J.-P., *Mito e pensiero presso i Greci. Studi di psicologia storica*, Torino, Einaudi, 2001.

34. Em especial sobre Mitra, cf. BIANCHI, U. (ed.), *Mysteria Mythrae*, Roma-Leiden, Brill, 1978.

Todos esses cultos, além da religião tradicional, oferecem aos iniciados a certeza de uma proteção especial da divindade sobre o indivíduo, de dimensão quer terrestre, quer ultraterrena (em APULEIO, *Metam.* 11,6 Ísis diz a Lúcio: *Vives in mea tutela gloriosus*)[35]. Assim, já se lê em Sófocles: "Três vezes feliz são aqueles mortais que viram essas consagrações e assim chegam ao Ades: somente para eles há vida lá embaixo, para os outros haverá toda sorte de infortúnios" (fr. 837); e ainda sobre uma inscrição tumular da época imperial se lê de um iniciado que aprendeu "que a morte não é um mal, mas alguma coisa boa" (IG II/III (2) 3661).

Diferentemente dos deuses olímpicos, as divindades dos mistérios conhecem um destino de sofrimento e de morte. Precisamente a sua "paixão" (*páthe*: cf. HERÓDOTO, *Histórias* 2,171 a propósito de Osíris; LUCIANO, *De dea syria* 6) os aproxima mais dos mortais, os quais veem neles o próprio paradigma.

> As *teletái* (cerimônias iniciáticas) são a transcrição de nível ritual [...] dos sofrimentos (*pathēmata*) divinos, cuja recordação, enquanto oferece um treinamento aos homens e um modelo de comportamento inspirado na *eusébeia*, os "consola" e aplaca com a perspectiva de uma boa solução nas suas análogas, sofridas adversidades existenciais. Na prática cultual realiza-se, portanto, um encontro, uma comunicabilidade de experiência entre homem e divindade com base naqueles sofrimentos que, peculiares do destino humano, foram, todavia, apanágio do próprio deus numa fase crítica, felizmente superada, aliás[36].

Temos de esclarecer, todavia, que aquela experiência de infortúnio não tem nenhuma densidade histórica, mas lembra apenas o ciclo anual da vegetação que morre e renasce, como reconhece explicitamente, entre os pagãos, no século IV d.C., o filósofo Saturnino S. Salústio: "Essas coisas jamais aconteceram, mas sempre são" (*De diis et mundo* 4,9).

Os cultos tiveram um êxito enorme e exerceram uma poderosa força de atração. E, se não conhecemos na antiguidade exemplos de conversão à religião tradicional, temos, porém, o caso, embora romanesco, da "conversão"

---

35. Sobre as (escassas) crenças na sobrevivência no âmbito popular no período imperial, cf. sobretudo FESTUGIÈRE, A.-J., *L'idéal religieux des Grecs et l'évangile*, Paris, Gabalda, 1982, 143-160; FERGUSON, J., *Le religioni dell'impero romano*, Roma, Laterza, 1974, 132-149.

36. SFAMENI GASPARRO, G., *Dai misteri alla mistica*, 95.

de Lúcio ao culto de Ísis no livro XI das *Metamorfoses* de Apuleio de Madaura (época de Marco Aurélio)[37]. Diferentemente do período clássico, no qual o homem tinha apenas de observar exatamente as obrigações rituais, temos aqui o exemplo de um indivíduo que está também à procura de um guia e de uma especial iluminação (cf. ibid., 11,25: "Tu ofereces aos miseráveis em dificuldades o doce afeto de uma mãe"). Provavelmente, a espiritualidade dos mistérios afunda as suas raízes no mito órfico da culpa anterior, que consistia na "descida" da alma ao corpo (cf. PLATÃO, *Tim.* 42a; *Fedro* 248c); daí uma soteriologia de (re)divinização[38].

O culto dionisíaco

Precisamente Dioniso teve a maior importância fora da Grécia clássica: "Se um deus grego tivesse sido chamado a conquistar todo o mundo, tal deus teria sido certamente Dioniso"[39]. E isso é confirmado por numerosos grupos privados (*thiasi*, clubes religiosos) surgidos em seu nome, de Alexandria a Roma, os quais sobreviveram pelo menos até o século II d.C.[40]. O deus "de mil alegrias" (*polygethés*: HESÍODO, *Teog.* 941) não podia senão ser o mais favorito entre os deuses: símbolo de energia vital e espiritual não condicionada pela razão, ele era o inspirador da poesia e da música, animador das festividades. Também as mulheres tinham no seu culto (como no seu mito) uma grande parte, diferentemente da lenda apolínea, na qual esse elemento é secundário[41]. Eurípedes, em *As bacantes* já lhe reconhecia os títulos de "senhor", "guia", "salvador", "igual para o rico e para o pobre", "o deus de profundo arrepio", "o deus do entusiasmo", "mais terrível do que qualquer outro e, com os homens, o mais manso". Ao ritual do seu culto, celebrado em *transe* extático, pertencem

---

37. Cf. NOCK, A. D., *La conversione. Società e religione nel mondo antico*, Roma-Bari, Laterza, 1974, 109-121.
38. Cf. BIANCHI, U., *Prometeo, Orfeo, Adamo. Tematiche religiose sul destino, il male, la salvezza*, Roma, dell'Ateneo & Bizzarri, 1976.
39. TARN, W.; GRIFFITH, G. T., *Hellenistic Civilisation*, 339. Sobre o assunto, cf. JEANMAIRE, H., *Dioniso. Religione e cultura in Grecia*, Torino, Einaudi, 1972, 414-478.
40. Cf. ainda os estatutos de uma associação dionisíaca em Atenas, anteriores a 178 d.C., referidos em SIG 1109 (extratos em PENNA, R., *L'ambiente storico-culturale delle origini cristiane*, 164-165).
41. Cf. JEANMAIRE, H., *Dioniso*, 331 ss.; sobre a "paixão" de Dioniso, cf. ibid., 371-389.

o sacrifício por laceração (*diasparagmós*) da vítima viva ou ainda palpitante (um touro? um cabrito? um veado novo?) e a imediata consumação da carne e do sangue (*omofagía*), com que se estabelecia uma comunhão com o deus[42]. E Timóteo (poeta ditirâmbico de Mileto, que viveu entre os séculos V e IV a.C.) já definia o vinho como "sangue de Baco" (*haima Bakchíou*: fr. 7), embora, depois, o cético Marco Túlio Cícero pense que se trate apenas de uma imagem e que não seja razoável considerar como um deus a substância material que alimenta (cf. *Nat. deor.* 3,41).

Os santuários oraculares

Na época helenística continuam com sucesso sua função vários santuários oraculares, entre os quais emerge sobre todos o centro interpolítico de Delfos, consagrado a Apolo, na Acaia (mas cf. também Dodona, Cólofon e Dídimos, na Ásia). Aí é praticada uma mântica que não é a homérica de tipo técnico (segundo a qual alguns "especialistas" leem os sinais da vontade divina no voo dos pássaros, em prodígios vários, nos sonhos, nas vísceras dos animais esquartejados), mas é de tipo extático ou de inspiração. De "oráculos" não cultuais fala várias vezes Heródoto (cf. *Histórias* 7,6; 8,20.77; 9,42-43)[43]. Eis como se exprime Platão sobre a dignidade da atividade oracular:

> Os maiores dons nos provêm justamente do estado de delírio (*manía*), que nos é dado por dom divino. Porque, precisamente, a profetisa de Delfos, as sacerdotisas de Dodona, justamente naquele estado de exaltação, obtiveram para a Grécia muitos benefícios, seja para os indivíduos, seja para as comunidades; mas quando estavam em si fizeram pouco ou nada. Deixo de falar ainda da Sibila e de todos os outros que profetizam por inspiração divina, os quais com suas antecipações indicaram muitas vezes e a muitas pessoas um caminho certo para o futuro (*Fedro* 244a-b).

É sobretudo em Delfos que se desenvolve a atividade mais prestigiosa nesse sentido; lá está o *ómphalos*, o umbigo do mundo. O santuário programa

---

42. Cf. KLAUCK, H.-J., *Herrenmahl und hellenistischer Kult*, 106-118; JEANMAIRE, H., *Dioniso*, 249-267.

43. Cf. COSTANZA, S., *La divinazione greco-romana. Dizionario delle mantiche: metodi, testi e protagonisti*, Udine, Forum, 2009.

o comportamento das cidades e de cada indivíduo mediante a exaltação divina de um corpo feminino, a Pítia (sacerdotisa de Apolo Pítico, ou seja, o matador do píton primordial), cujos pronunciamentos informais têm nos sacerdotes-exegetas seus intérpretes autorizados; é "uma especialização e, ao mesmo tempo, um controle preciso da mais importante das técnicas do sobrenatural, a adivinhação", que desses santuários faz autênticos "centros de manipulação do poder"[44]. Com efeito, o deus não é sempre claro nos seus pronunciamentos: ele, como dizia Heráclito, "não diz e não oculta, mas indica/significa/sugere" (fr. 120: *oúte légei oúte krýptei allà semaínei*). Em Roma, pelo menos no período republicano, essa função era exercida pelo colégio dos *áuguri*; a sua importância e, ao mesmo tempo a contravolta decisiva na responsabilidade dessa precisa esfera do sagrado, emerge e fica evidente quando Otaviano, em 27 a.C., faz atribuir a si o título de *augustus*, afirmando assim com clareza que era agora o único e exclusivo depositário de todo auspício, para evitar surpresas pouco agradáveis[45].

Talvez seja também por isso que lá pelos inícios da era cristã o exercício dos oráculos e o recurso a seus serviços estivesse em baixa; a ponto de o mais famoso sacerdote de Delfos que conhecemos, Plutarco de Queroneia (50-125 d.C.), acabar se sentindo no dever de escrever uma obra intitulada *De defectu oraculorum* para explicar o fenômeno (a razão, segundo ele, estaria no fato de a população não ser mais tão numerosa como outrora!). Há, contudo, pelo menos dois motivos que marcam sua duradoura e prestigiosa influência religiosa e cultural. Antes de tudo, a adivinhação oracular deu ocasião, a partir especialmente do século I a.C., a um interessante desenvolvimento da pneumatologia; nesse contexto, com efeito, o conceito grego de *pneuma*, "espírito", desmaterializa-se cada vez mais, associando-se, ao contrário, aos de dom, potência, inspiração divina (cf. PSEUDO-PLATÃO, *De virtute* 379C; ANÔNIMO, *Do sublime* 13,2; e mais tarde JÂMBLICO, *De mysteriis* 3,11-12), encontrando assim alguns contatos com a ideia bíblico-cristã de "Espírito de Deus", embora predominante no sentido carismático do termo. Em segundo

---

44. Chirassi Colombo, I., *La religione in Grecia*, Roma-Bari, Laterza, 1983, 75; cf. também 84-85.

45. Cf. Scheid, J., *La religione a Roma*, Roma-Bari, Laterza, 1983, 146. Sobre os *Libri Sibillini*, cf. Bloch, R., *Prodigi e divinazione nel mondo antico*, Roma, Newton Compton, 1977, 83-97.

lugar, é absolutamente digna de nota a herança sapiencial do oráculo de Delfos, com os seus nobilíssimos ideais éticos, de grande destaque na antiguidade pagã. Com efeito, as famosas exortações gravadas no templo de Apolo são também preceitos morais, de validade insuperável: "Evita o excesso" (*medén ágan*: "Nada de excessivo") e "Conhece-te a ti mesmo" (*gnothi sautón*). Esse último em especial teve longo e merecido êxito também fora do mundo pagão, seja no judaísmo helenístico, seja na tradição cristã[46]. Mais do que qualquer outra máxima, ele representa do melhor modo o ideal grego que reconhece no homem o mistério maior da natureza e, ao mesmo tempo, o campo do mais difícil exercício de exploração e de educação (cf. Menandro, fr. 944: "Como és um homem, procura sê-lo e sempre te lembres disso")[47]. Esse tipo de alta espiritualidade era justamente possível em conexão com o deus Apolo, que Plutarco define como "amante da sabedoria, o qual criou no ânimo um grande desejo que leva à verdade" (*De E apud Delphos* 384F), "imortal e de natureza eterna, [...] sem idade e sempre jovem" (ibid., 388F, 389B).

Os deuses curadores

Um papel importante na vida cotidiana do homem grego ou romano era exercido pelos *santuários de cura*, dedicados seja a Asclépio (especialmente em Epidauro e Pérgamo; o deus se instalou também em Roma, na Ilha Tiberina, já desde 290 a.C.), seja a Serápis (deus de origem ptolemaica, com santuários em Alexandria e Mênfis, mas também em todo o Oriente Médio, inclusive em Jerusalém, até na Grécia e na Itália)[48]. Os dois deuses chegaram depois a se identificarem, pelo menos sob o comum título de "salvador" (*sotér*). Segundo uma crença bastante difundida, eles curavam não somente os corpos (cf. os muitos ex-votos no santuário de Epidauro), mas libertavam também a alma das opressões do mal. Trata-se de divindades de natureza sumamente filantrópica, as

---

46. Cf. COURCELLE, P., *Conosci te stesso, da Socrate a san Bernardo*, Milano, Vita e Pensiero, 2001.

47. Cf. BETZ, H. D., Humanisierung des Menschen: Delphi, Plato, Paulus, in: *Neues Testament und christliche Existenz. Fs. H. Braun*, Tübingen, Mohr, 1973, 41-55. Em particular, cf. FESTUGIÈRE, A.-J., *L'idéal religieux des Grecs et l'évangile*, 17-41.

48. Cf. DUPREZ, A., *Jésus et les dieux guérisseurs. A propos de Jean V*, Paris, Gabalda, 1970.

quais, prescindindo de qualquer promessa de vida futura, fazem deste mundo e desta vida terrena o campo intransponível, mas ardentemente desejado da sua ação benéfica. Talvez ninguém mais do que Élio Aristides, no século II, d.C., tenha expressado a típica religiosidade conexa com o deus curador, instaurando com Asclépio uma relação especialíssima, que vai do pedido de um socorro contínuo até a exaltação mística:

> Faz parte, com efeito, da minha experiência ter a sensação de tocá-lo e perceber distintamente a sua chegada e permanecer num estado intermediário entre o sono e a vigília e querer fixar o olhar sobre ele e temer por uma sua prematura despedida e voltar o ouvido para o escutar [...] e derramar lágrimas de alegria e sentir leve o peso da mente (*Discursos sagrados* 2,32). A fé na ajuda divina não exclui o recurso à medicina humana; mas os remédios que os médicos conseguem imaginar revelam-se quase sempre inadequados, e todas as vezes que os limitados conhecimentos humanos entram em conflito com a infinita sabedoria divina, Aristides não hesita em reconhecer que Asclépio é "o verdadeiro médico" e em reafirmar a própria certeza de não ter outro médico fora dele[49].

Essas divindades se impuseram não pela nobreza dos seus preceitos éticos, mas pela simples segurança que ofereciam a seus fiéis quanto ao bem-estar do corpo e da mente. Recorrer a ele não implicava nenhuma adesão a uma particular mensagem salvífica, senão apenas a confiança no seu poder taumatúrgico. Estamos aqui, substancialmente, diante de uma das formas do típico individualismo da época helenístico-imperial[50].

O culto ao soberano

O culto dos soberanos helenísticos e, depois, do imperador romano representa um fenômeno exclusivamente helenístico e imperial. Começado com Alexandre Magno na Babilônia (cf. PLUTARCO, *Alex.* 74,2-3), o fenômeno marcou profundamente a espiritualidade do homem helenístico[51]. Se, de um

---

49. NICOSIA, S., Introduzione, in: ELIO ARISTIDE, *Discorsi sacri*, Milano, Adelphi, 1984, 45.
50. Cf. uma série de textos em PENNA, R., *L'ambiente storico-culturale delle origini cristiane*, 141-149.
51. Cf. ibid., 166-174.

lado, era sinal de uma indubitável queda da religião tradicional[52], ele representava, de outro, também a sacralização do poder político, que se tornou autócrata e cada vez mais alheio às antigas formas democráticas. O título de "deus" foi conferido tanto aos antigónidas da Macedônia como aos selêucidas da Síria e aos ptolomeus do Egito. Depois da conquista romana do Mediterrâneo oriental, o fenômeno se transferiu gradualmente para o *imperator* de Roma, já a partir de Júlio César, que, em 48 a.C., em Éfeso, foi saudado como "deus manifesto e comum salvador da humana existência" (SIG 760). Instaurou-se assim um verdadeiro culto, o qual, em relação ao nascente cristianismo, exerceu um duplo e contrastante efeito. De uma parte, deu início a todo um setor da própria linguagem, referente sobretudo a uma série de títulos cristológicos (filho de Deus, senhor, rei, salvador; cf. também os termos conexos de evangelho, epifania, adoração, parusia)[53], favorecendo um significativo processo de inculturação. De outra parte, dele brotou com o tempo um inevitável choque ideal, que por parte do império romano chegou até a uma sistemática perseguição e, da parte da igreja, à imolação de não poucos mártires. O cristão, com efeito, diferentemente do homem helenístico pagão, não podia aceitar que outro homem fora de Cristo fosse saudado como "o Senhor de todo o mundo" (assim Nero em SIG 814,31) e até como *Dominus ac Deus noster* (assim Domiciano, em SUETÔNIO, *Dom.* 13). O súdito de Roma, porém, chega a reconhecer que agora Júpiter se libertou da incumbência de se ocupar com os destinos do homem, "depois que te estabeleceu, para que tu faças as suas vezes em relação a todo o gênero humano" (PLÍNIO O JOVEM, *Panegírico de Trajano* 80,4).

O destino

Nova e poderosa divindade suprema no período helenístico é *Týche* (o acaso, a sorte, o destino). Eurípedes já se pusera o dilema: "Se há a Tique, que necessidade há dos deuses? E se o poder é dos deuses, a Tique não é mais nada" (fr. 109); mas no século III a.C., com um conceito análogo, o poeta Filetas

---

52. "Quando desmoronam os deuses de outrora, os tronos vazios reclamam alguém que os substitua" (DODDS, E. R., *Greci e l'irrazionale*, apud WALBANK, F. W., *Il mondo ellenistico*, 227).

53. Cf. DEISSMANN, A., *Licht vom Osten. Das Neue Testament und die neuentdeckten Texte der hellenistisch-römischen Welt*, Tübingen, Mohr, 41923, 287-324.

sentencia numa epigrama: "A poderosa Necessidade (*anágke*) impera sobre o homem, que nem sequer teme os Imortais" (fr. 6). Mais tarde, Plínio o Velho afirma que essa divindade de incertas decisões "é a única invocada e celebrada em todo o mundo, em todos os lugares, em cada hora e com as vozes de todos os homens" (*Nat. Hist.* 2,22). No fenômeno, pode-se perceber uma espécie de iluminismo *ante litteram*, que erige a humana razão no lugar dos deuses olímpicos. "As certezas de outrora tinham se esvaído e ainda que continuassem com zelo a frequência aos rituais de culto, numa ótica segundo a qual a tradição estava a salvo, muitíssimos eram agora, na prática, os agnósticos e até os ateus"[54]. No âmbito da historiografia, é sobretudo em Políbio que aparece a importância do conceito com a ideia da racionalidade da história (entendida como propedêutica ao comportamento político), de modo que, estudando o passado, dever-se-ia aprender a agir eficazmente no presente: fazendo da história a mestra da vida (cf. também CÍCERO, *De orat.* 2,9,36), tendia-se a premunir o homem contra a ambiguidade da Sorte, procurando dominar sua imprevisibilidade e, ao mesmo tempo, se traía o inevitável declínio de confiança numa nova e resolutiva intervenção dos deuses.

No âmbito mais popular, mas de modo geral, dominava a astrologia. Segundo uma concepção difundida, os corpos celestes exercem arcanas influências sobre o destino humano, de modo que uma "sim-patia" universal liga o céu à terra num único contexto, que não deixa lugar ao imprevisto (cf. os *Astronômica*, de Manílio, sob Augusto e Tibério). Trata-se de "uma certeza que induz ao fatalismo, ao afastamento de toda forma de culto: a oração e a esperança são negadas a quem crê que a vontade dos deuses já tenha predisposto desde o nascimento o destino de cada um; e que seja imutável"[55]. Com efeito, o destino é literalmente in-exorável (cf. VIRGÍLIO, *Eneida* 6,376: "Abandona a esperança de dobrar os decretos dos deuses com as orações"). Ao contrário, desenvolve-se enormemente a prática da magia, com o inevitável recurso a técnicas precisas, como ritos particulares, filtros, esconjurações, feitiços, evocações, fórmulas etc.[56].

---

54. WALBANK, F. W., *Il mondo ellenistico*, 221. Cf. especialmente MAGRIS, A., *L'idea di destino nel pensiero antico*, I-II, Udine, Del Bianco, 1984-1985.
55. STORONI MAZZOLANI, L., *Tiberio, o la spirale del potere*, Milano, Rizzoli, 1981, 66 s.
56. Cf. LUCK, G., *Il magico nella cultura antica*, Milano, Mursia, 1994; BETZ, H. D. (ed.), *The Greek Magical Papyri in Translatio*, Chicago, Chicago University Press, 1986.

A religião dos filósofos

O que mais contribuiu para purificar o politeísmo greco-romano e para nobilitar muitíssimo os ideais morais na era helenístico-imperial foi a filosofia[57]. Isso foi reconhecido abertamente por um intelectual cristão como Clemente de Alexandria: "Era, portanto, necessária aos gregos a filosofia, porque chegaram à justiça antes que o Senhor viesse [...]. A filosofia abre o caminho que Cristo leva a acabamento" (*Strom.* 1,5,6). Na mudança de era, o termo "filosofia" não significa apenas exercício da inteligência em forma especulativas, mas implica ainda mais uma ideia de vida simples, austera, sábia e feliz. Ela corresponde mais ou menos ao compendioso conceito cristão de "evangelho". Depois que Epicuro tinha programaticamente enunciado o princípio segundo o qual "é vazio o discurso daquele filósofo que não consegue curar nenhuma paixão do homem" (USENER, H., *Epicurea* fr. 221), também Sêneca proclama: "Pelo próprio fato de o homem servir à filosofia, ele é livre" (*Epist.* 8,7), pois, mediante ela, "não só se é purificado, mas também transfigurado" (ibid., 6,1).

Agora, mais que a Academia platônica e o Perípato aristotélico, dominam as escolas do cinismo (especialmente com Diógenes de Sinope), do epicurismo (na sua interpretação mais séria e não na vulgar) e, sobretudo, do estoicismo (com Zenão, Crisipo, Cleante, Sêneca, Musônio, Epiteto, Marco Aurélio); mas a mesma coisa vale, analogamente, para o neopitagorismo de Apolônio de Tiana e o medioplatonismo de Plutarco. A filosofia da época helenística torna-se predominantemente ética; assim, é sábio aquele que pratica um verdadeiro "exercício" (*áskesis*) sobre si[58]. Mais do que os deuses, agora é o homem que ocupa o centro da atenção. De resto, enquanto a religião clássica era fundamentalmente culto e rito, a ponto de não exigir uma profissão de fé ou um credo, cabia ao filósofo e não aos sacerdotes refletir sobre os deuses e sobre o porquê da existência humana. E o objetivo pretendido pela filosofia é o de proporcionar ao homem a felicidade, a qual, porém, jamais está separada da crítica das comodidades, dos prazeres e da superstição, como afirma Crisipo: "A felicidade dos sábios não tem nada a invejar a felicidade de Zeus"

---

57. Cf. REALE, G., *Storia della filosofia antica. III. I sistemi dell'età ellenistica*, Milano, Vita e Pensiero, 1976, 3-20; também PENNA, R., *L'ambiente storico-culturale delle origini cristiane*, 114-141.

58. Cf. PADOVESE, L., *Cercatori di Dio. Sulle tracce dell'ascetismo pagano, ebraico e cristiano dei primi secoli*, Milano, Mondadori, 2002, 36-67.

(VON ARNIM, fr. 54). E é a esse propósito que, com razão, se pode falar de "conversão" no âmbito do próprio paganismo[59]. Era célebre na antiguidade a conversão do jovem ateniense Polêmon (que se tornou depois quarto Escolarca da Academia, de 314 a.C. a 270 a.C.), que nos refere Diógenes Laércio:

> Desde a juventude descomedida e dissipada [...], um dia, de acordo com seus jovens amigos, bêbado e com a cabeça coroada, caiu na escola de Xenócrates. Sem se descompor, Xenócrates continuou o seu discurso como antes: o assunto era moderação (*sofrosýne*). O jovenzinho ouviu e, pouco a pouco, deixou-se conquistar [...]. Desde quando começou a se dedicar à filosofia, adquiriu tal força de caráter que se comportou sempre do mesmo modo, com composta firmeza [...]. Costumava dizer que era preciso se exercitar nos fatos – concretos – da vida e não nas especulações dialéticas, para evitar ser como alguém que, tendo aprendido de memória um manual de harmonia musical, não sabe executá-la e, também, para evitar granjear admiração pela habilidade dialética e ser incoerente consigo mesmo ao dispor da própria vida (*Vidas dos filósofos* 4,16.17.18; trad. M. Gigante).

Ao século I d.C., porém, pertence Dion de Prusa, que apresenta em si mesmo outro caso de conversão, desta vez ao cinismo, após uma atitude anterior de aberta zombaria dos filósofos e da vida deles (cf. *Discursos* 13,11 ss.). E é nesse nível, ou seja, da filosofia, que se pode falar, sem hipérbole, de santos pagãos; com efeito, os nomes de Pitágoras, Platão, Diógenes, Epiteto influenciaram de vários modos a própria espiritualidade cristã, a partir da patrística; e não sem razão Tertuliano falará de *Seneca saepe noster* (*De anima* 20,1). "Quem escutava Musônio Rufo ou Epiteto em Roma era o mais próximo equivalente de quem, nos séculos seguinte, escutaria uma pregação cristã"[60]. E Epiteto chega a formular esta icástica definição: "Senhores, a sala onde o filósofo ensina é um hospital (*iatreîon*)" (*Diatr.* 3,23,30). Tal equiparação do filósofo ao médico (que se encontra em Mc 2,17) está explícita também em Dion de Prusa: "Como

---

59. Cf. Nock, A. D., *La conversione*, 140 e passim. Em particular, cf. até mesmo a personificação da *Metanoia* na anônima "tábua de Cebes": Pesce, D. (org.), *La Tavola di Cebete*, Brescia, Paideia, 1982. Segundo a *Anthologia Palatina* 14,71, na entrada de um templo a água lustral serve pouco para um homem bom, ao passo que "nem sequer o oceano inteiro pode purificar o malvado" (apud Nilsson, M. P., *Geschichte der griechischen Religion*, II, 304).

60. Nock, A. D., *La conversione*, 189. De modo geral, cf. também Morgan, T., *Popular Morality in the Early Roman Empire*, Cambridge, Cambridge University Press, 2007.

o bom médico vai aonde há muitos enfermos, para lhes oferecer ajuda, assim o homem sábio vai aonde são mais numerosos os estultos, para repreender e censurar a insensatez deles" (*Orat.* 8,5); a comparação é referida a propósito de Diógenes o Cínico, o qual, tendo ido aos jogos ístmicos, maravilhava-se com o fato de que, se tivesse se apresentado como dentista ou como médico dos olhos ou do baço ou da gota ou do resfriado, todos acorreriam a ele:

> Mas quando dizia que quem o seguisse deixaria a ignorância, a maldade e a intemperança, ninguém se lhe aproximava nem pedia para ser curado por ele, [...] como se fosse pior para o homem sofrer do baço inchado e do dente cariado do que de uma alma tola, inculta, vil, atrevida, amante dos prazeres, destituída de liberdade, irascível, indelicada, enganosa e totalmente corrupta (ibid., 8,8)[61].

A crítica à religião tradicional já tinha começado no século V a.C., com os duros ataques da sofística, que tinha gerado uma disposição de ceticismo em relação às crenças religiosas mais comuns. O próprio Aristóteles tinha exaltado a razão humana como algo divino, de modo que a simples "vida conforme a razão será divina em confronto com a humana" (*Etic. Nicom.* 10,7). Será sobretudo a Stoa que irá recolher tal herança tendencialmente anticultualista. O estoicismo, com efeito, que não tinha nada de ateu, faz forte apelo à interioridade e, portanto, à superação do exteriorismo religioso. Assim lemos em Sêneca: "É estultice implorar a sabedoria, quando podes obtê-la por ti mesmo. Não é preciso erguer as mãos para o céu [...]: Deus está próximo de ti, está contigo, está em ti" (*Epist.* 41,1). Até um poeta satírico como Pérsio, contemporâneo de São Paulo e de claras influências estoicas, faz-se porta-voz dessas posições:

> Com que retribuição acreditas, afinal, comprar os ouvidos dos deuses? [...]. Ó almas que se arrastam sobre a terra e que ignoram o céu, para que serve introduzir nos templos os nossos costumes e estabelecer o que agrada aos deuses com base na nossa criminosa culpa? [...]. E vós, pontífices, dizei alguma coisa: o que faz o ouro nos ritos? [...]. Uma harmonia interior de leis humanas e divinas e os segredos puros do coração e um sentimento bem cozido em generosa honestidade: que eu possa levar isso aos templos (*Sat.* 2,29.61-63.69-75)[62].

---

61. Cf. PENNA, R., Osservazioni sull'anti-edonismo nel Nuovo Testamento in rapporto al suo ambiente culturale, in: Id., *Vangelo e inculturazione*, 771-794.

62. Esse tipo de polêmica seria mais bem avaliado se conhecêssemos mais o desenvolvimento das liturgias pagãs oficiais. Todavia, conhecemos toda uma série de interdições,

São textos que inconscientemente ecoam a polêmica já antiga dos profetas de Israel em relação às liturgias do templo hierosolimitano; e nessa linha, posicionam-se, mais ou menos explicitamente, não só Jesus, mas também a Igreja pós-pascal. Também o cristianismo nasceu como movimento religioso não cultual e profundamente diferente dos cultos tradicionais, não somente pagãos, mas também judaicos. Certamente nenhum cristão encontraria muito a objetar sobre como Epiteto meditava poder se dirigir a Deus depois da morte:

> Terei transgredido em algum ponto as tuas ordens? [...]. Terei, talvez, te acusado alguma vez? Terei criticado o teu governo? Fiquei doente quando tu quiseste: também os outros, mas eu, de boa vontade. Passei pela pobreza, mas com alegria. Não tive poderes, porque tu não quiseste; nunca ambicionei cargos. Será que por isso me viste mais triste? Não me aproximei sempre de ti com o rosto radiante, pronto a qualquer ordem tua, a qualquer aceno teu? Agora queres que eu me afaste da festa: eu vou embora e te agradeço profundamente, porque me julgaste digno de tomar parte na festa contigo, de ver as tuas obras e de compreender o teu governo (*Diatr.* 3,5, 8-10).

Textos desse gênero põem-nos diante de uma religiosidade de altíssimo nível. Uma sua típica expressão é dada pelo tema da assimilação a Deus, que percorre toda a filosofia grega, pelo menos a partir de Platão (cf. sobretudo *Teet.* 176a-b: "Eis, portanto, o esforço que se impõe: fugir do que é baixo, daqui, para o alto. E fugir é assemelhar-se a Deus na medida do possível; e assemelhar-se a Deus é tornar-se justo e santo e, ao mesmo tempo, sábio"). Esse supremo ideal, de evidentes conotações místicas, caracteriza de diversas formas todas as escolas filosóficas do helenismo. Assim, os cínicos, com Diógenes, afirmam que nos tornamos semelhantes aos deuses quando procuramos ter na vida necessidade de pouquíssimas coisas, pois é próprio dos deuses não ter necessidade de nada (cf. DIOG. LAÉRCIO 6,105). Até Epicuro exalta a vida do sábio como a de "um deus entre os homens, pois em nada é semelhante a um ser mortal o homem que vive entre os bens imortais" (*Epist. Menec.* in Diog. Laércio 10,135). Mas é sobretudo a Stoa que insiste nessa temática, a qual é enriquecida pelo princípio da presença de um *lógos* divino em todas as

---

prescritas a qualquer um que entrasse nos templos: elas vão das alimentares (como vinho, carne suína, favas) às sexuais (também no período de três dias antes) e outras de vários gêneros (como a abstinência do corte do cabelo, do banho público, estar de calçado); cf. CUMONT, F., *Les religions orientales*, 217, nota 39.

coisas, a ponto de reduzir o todo a uma harmoniosa unidade (cf. SÊNECA, *Dei benefici* 4,7,1: "Que outra coisa é a natureza senão Deus?"). Assim, Epiteto vê o fim mais alto do indivíduo humano em "se tornar um deus a partir de homem que se era" (*Diatr.* 2,19,27); e Marco Aurélio, considerando o cosmos segundo a pura tradição estoica como *ingens animal* (cf. *Meditações* 4,23: "Para mim, ó Natureza, é sagrado tudo o que trazem consigo as tuas estações: de ti tudo vem, em ti tudo é, a ti tudo retorna"), considera "possibilíssimo tornar-se um homem divino [...]; com efeito, vive com os deuses quem lhes mostra ser feliz com a sorte a ele atribuída" (ibid., 7,67; 5,27). Eis, por isso, que toma corpo a típica fórmula do *sequere naturam*, que alerta o homem a uma coerente fidelidade ao próprio distintivo mais específico, que é a razão e a seu fim moral mais nobre, que é a virtude ("Nada é mal do que acontece segundo a natureza": MARCO AURÉLIO, ibid., 2,17); e, como se exprime Musônio Rufo, "o homem vive segundo a natureza não quando vive no prazer, mas na virtude [...], pois o homem, único entre os seres terrenos, é imagem de Deus" (*Diatr.* 17)!

Gnose e gnosticismo

O nascimento do cristianismo é acompanhado pela formação de um novo movimento, a ele de algum modo ligado, mas, na realidade, alternativo. A isso dedicamos aqui apenas alguns acenos, uma vez que o fenômeno não pertence ao âmbito helenístico puro e simples. Com efeito, trata-se de um movimento religioso-cultural[63] de ascendências e de ramificações muito diversificadas. Ele certamente, além de se referir em igual medida ao judaísmo (cf., por exemplo, o conceito de Demiurgo mau, identificado com o Deus do Antigo Testamento), afeta amplamente o cristianismo, já a partir dos textos neotestamentários, e o problema é há muito objeto de ampla bibliografia[64].

---

63. Além de BIANCHI, U. (org.), *Le origini dello gnosticismo*, Leiden, Brill, 1967, vejam-se FILORAMO, G., *L'attesa della fine. Storia della gnosi*, Roma-Bari, Laterza, 1983; MAGRIS, A., *La logica del pensiero gnostico*, Brescia, Morcelliana, 1997; RUDOLPH, K., *La gnosi. Natura e storia di una religione tardoantica*, Brescia, Paideia, 2000.

64. Cf. JONAS, H., *Lo gnosticismo*, Torino, SEI, 1973 [1. ed., Boston, 1958]; GRANT, R. M., *Gnosticismo e cristianesimo primitivo*, Bologna, il Mulino, 1976 [1. ed., New York-London, 1959]; MCLACHLAN WILSON, R., *Gnosis and the New Testament*, Oxford, Blackwell, 1968; LOGAN, A. H. B.; WEDDERBURN, A. J. M. (ed.), *The New Testament and Gnosis*:

Torna-se central agora a *gnósis*. Mas se o termo é grego, o conceito já representa uma superação de toda a tradição clássica e helenística, pois o "conhecimento" é agora absolutizado como único meio de salvação, que consiste na tomada de consciência da própria verdadeira identidade, da própria realidade mais profunda, do Si ontológico que a constitui e a fundamenta. "Poderia parecer que assistimos a uma simples retomada do dito délfico 'conhece-te a ti mesmo' [...]. A mudança, porém, não poderia ser mais radical"[65]. De fato, o gnosticismo é uma reação, sob o signo do pessimismo cosmológico e antropológico, contra a visão substancialmente serena e otimista do mundo e do homem, própria do helenismo. Sua base fundamental é o conceito de uma degradação ontológica do divino. Assim, ao *pléroma* da perfeição divina opõe-se de modo dualista "este mundo" material, entendido como reino das trevas e do erro, "plenitude do mal" (*Corpus Hermeticum* 6,4). O homem vive nele como um ébrio, um adormecido, como alguém perdido dentro de um labirinto ou um prisioneiro; e isso depois de uma queda primordial, não do homem, mas dos Éons intermédios que o condicionam. Numa tal situação, é determinante saber: "Quem éramos e em que coisa nos tornamos, onde estávamos e onde fomos lançados, para onde corremos e de que fomos libertados, o que é a geração e o que é a regeneração" (CLEMENTE DE ALEXANDRIA, *Excerpta ex Theodoto* 78,2)[66]. Com efeito, o homem tem em si uma centelha divina, que o liga ontologicamente ao *pléroma* superior. Mas, como este mundo lhe impede o conhecimento disso, é necessário o socorro de um Revelador, que lhe reproponha a sua verdadeira identidade e o estimule à ascese, ou seja, à união com

---

Essays in honour of Robert McL. Wilson, Edinburgh, T&T Clark, 1983; TRÖGER, K.-W. (ed.), *Gnosis und Neues Testament. Studien aus Religionswissenschaft und Theologie*, Gütersloh, Mohn, 1973; e sobretudo WEISS, H.-F., *Frühes Christentum und Gnosis. Eine rezeptionsgeschichtliche Studie*, Tübingen, Mohr, 2008.
    65. FILORAMO, G., *L'attesa della fine*, 65.
    66. Observa com razão DODDS, E. R., *Pagani e cristiani in un'epoca di angoscia. Aspetti dell'esperienza religiosa da Marco Aurelio a Costantino*, Firenze, La Nuova Italia, 1993; essas não são perguntas "que sejam levados a dirigir a si mesmos os homens felizes: uma vida feliz parece ter em si mesma a própria justificação. Foi somente no tempo do Império que tanto os filósofos quanto os homens da rua começaram a considerá-las um problema capital [...]. O ressentimento contra o mundo torna-se, ou carrega consigo, o ressentimento contra o ego, que Sêneca chamava de a *displicentia sui*" (20 s., 27; a citação de Sêneca é tirada do *De tranq. an.* 2,10).

o mundo celeste: "Levanta-te e lembra-te, pois tu és aquele que ouviu, e segue a tua raiz!" (*Apokryfon de João*: NHC II, 31,14 s.).

Estamos agora diante de uma soteriologia que prescinde dos comuns cultos religiosos, mas que renuncia também ao emprego sóbrio e linear da razão humana, para se aventurar, ao contrário, em especulações desenfreadas, em que a coisa mais clara é o esoterismo do seu destino. Não importa mais nem mesmo o que Jesus fez ou sofreu, mas o que ele disse, pois é nas suas palavras que o homem encontra a verdade sobre si mesmo. Precisamente o conceito exasperado de revelação representa a superação de toda pesquisa filosófica racional. E se essa ideia, de uma parte, vincula ao fenômeno até o cristianismo, de outra, o distancia, pelos próprios conteúdos anticósmicos e anti-históricos.

3

Qumran, Jesus e as primeiras comunidades cristãs

Giovanni Ibba

Introdução

Este capítulo analisa um âmbito importante da história do Segundo Templo: a biblioteca de Qumran. Uso essa expressão para indicar as onze grutas, descobertas a partir de 1947, que contêm centenas de manuscritos com obras de vários tipos que mostram toda a literatura judaica – com exclusão da helenística – composta pelo menos até o fim da metade do século I a.C., embora reproduzida depois em manuscritos posteriores datáveis até o século I d.C., ou seja, no momento da destruição do Templo de Jerusalém.

No capítulo 1, Sacchi considera a pregação de Jesus e a primeira difusão do cristianismo como parte integrante da história judaica do Segundo Templo, ou seja, a história que vai do exílio até a destruição do Templo de Jerusalém em 70 d.C. Portanto,

> palavras como pureza e impureza, culto e sacrifício, expiação e purificação, profeta e messias, ressurreição e salvação, filho do homem e fim dos tempos, não têm sentido hoje se não nos reportarmos à nossa tradição cristã, que as herdou da cultura e da religião hebraicas do tempo de Jesus, ainda que, muitas vezes, com a modificação do valor originário de cada termo.

Como se pode entender, se é verdade que a biblioteca de Qumran contém todo o saber judaico, é evidente, então, que ela representa uma riquíssima mina de informações sobre as categorias judaicas utilizadas na pregação de Jesus e nas origens cristãs. Essa literatura está muito mais próxima, tanto cronologicamente como ideologicamente, de Jesus e da primitiva comunidade cristã do que a literatura rabínica.

Para entender melhor a contribuição que esses escritos podem dar à compreensão das ideias desenvolvidas até de modo original por Jesus e pelas primeiras comunidades cristãs é bom lembrar brevemente a tipologia das obras descobertas nas grutas. Antes de tudo, foram encontrados em Qumran livros bíblicos, com a exclusão, naturalmente, dos que pertencem ao Novo Testamento. A hipótese de que na gruta 7 haveria um fragmento do evangelho de Marcos, entre outros, é totalmente insustentável[1].

Além dos livros bíblicos, foram encontrados muitíssimos textos – a maior parte – denominados pelos estudiosos como "parabíblicos", uma vez que contêm assuntos e personagens presentes nos livros que chamamos de Antigo Testamento. Entre eles há, por exemplo, o *Pequeno Gênesis*, indicado mais comumente como livro dos *Jubileus*. Há, além disso, outros escritos de caráter exegético que contêm interpretações de trechos bíblicos. Geralmente, uma primeira tipologia desses escritos exegéticos é indicada pela palavra que os caracteriza: *pesher* (plural: *pesharim*), "interpretação". Entre os mais conhecidos há o *Pesher Abacuc* (1QpHab) e o *Pesher Isaia*$^{a-e}$ (4QpIsa^{a-e}/4Q161-165). Em Qumran, foram encontrados também *targumim*, uma segunda tipologia de escritos exegéticos que consiste em traduções e em paráfrase de textos bíblicos. Por exemplo, o *targum* do Levítico (4QtgLev/4Q156) e o *targum* de Jó (11QtgGb/11Q10). Uma terceira categoria de textos exegéticos é representada, enfim, por outros tipos de composição, geralmente indicados como *midrashim* temáticos ou *pesharim* temáticos. Estes são de extremo interesse, porquanto se trata de coleções temáticas de trechos bíblicos seguidos de exegese. Entre eles, alguns, que se apresentam sob a forma de uma compilação de textos tirados de mais obras, como o Êxodo e o Deuteronômio, têm desdobramentos tão originais (mas também omissões) que os tornam dificilmente classificáveis. Hoje, os estudiosos veem esse último tipo de textos como possíveis cópias de textos bíblicos em determinado momento de formação, como um elo que falta na história da transmissão textual de obras bíblicas (por exemplo, *4QReworked Pentateuch*).

Nas grutas foram encontradas também obras com horóscopos e calendários, textos poéticos e litúrgicos, textos sapienciais, narrações e textos

---

1. Cf. a conhecida tese de O'Callaghan, J., Papiros neotestamentarios en la cueva 7 de Qumràn?, *Biblica*, v. 53 (1972) 91-100 retomada depois, especialmente por Thiede, C. P., 7Q – Eine Rückkehr zu den neutestamentlichen Papyrusfragmenten in der Siebten Höle von Qumràn, *Biblica*, v. 65 (1948) 538-559.

históricos – no sentido de interpretação teológica da história de Israel –, textos apocalípticos e escatológicos, como as obras da literatura henóquica, com exclusão do *Livro das parábolas de Henoc*. E ainda, textos de diversas naturezas, como os que se referem à magia e à adivinhação, documentos, um texto com uma lista de tesouros (o *Rótulo de cobre*), cartas, exercícios caligráficos e muitos fragmentos com obras não classificáveis. Entre as obras encontradas, enfim, há as Regras, escritos que se referem a regulamentos para grupos judaicos particulares e cuja paternidade é geralmente atribuída aos essênios dos quais falava, no século I d.C., Flávio Josefo. Entres elas, destacamos a *Regra da comunidade* e o *Documento de Damasco*. Todo esse material permite termos à disposição documentos, muitas vezes inéditos, que permitem jogar luz quer sobre o judaísmo do Segundo Templo e, em especial, sobre o que vigorou a partir do século II a.C., quer sobre Jesus e sobre as primíssimas comunidades dos seus seguidores.

Naturalmente, quando se fala de Qumran, podem ser indicadas também obras que não foram escritas pela comunidade ou pelas comunidades que viveram junto desse lugar ou tidas como essênias. O importante, porém, é ter presente que se em Qumran foram conservadas todas essas obras, isso provém do fato de que elas eram consideradas dignas de serem lidas e comentadas, ainda que escritas antes da formação do grupo que as reuniu. Nos itens que seguem foram desenvolvidos dois temas, entre outros possíveis, que foram considerados significativos para o objetivo do livro. Todavia, deverão ser considerados como pouco mais do que uma espécie de um apontamento, pois, na realidade, exigiriam muito mais espaço.

As categorias da impureza e do pecado em Qumran e no Novo Testamento

Creio que a mensagem de Jesus deva ser posta no âmbito da questão muito propalada do pecado, ou seja, do que produz no homem uma espécie de obscurecimento que o torna incapaz de agir segundo aquilo para que foi feito. Substancialmente, não só de ser incapaz de viver a justiça e de estar em paz, mas de a elas se opor. Entre as preocupações mais fortes do pensamento do judaísmo do Segundo Templo parece evidente, mesmo após uma leitura rápida dos textos qumrânicos, que seriam justamente as do pecado e do mal. Com efeito, nos textos de Qumran a questão do pecado é discutida muitas vezes.

Temos de nos lembrar que o mal não deve ser entendido numa acepção abstrata, que indica apenas uma realidade presente de fato no curso da vida dos homens, diante da qual não se pode fazer nada senão aceitá-la historicamente, mas como uma realidade operante que tem sua própria vontade e força às quais é preciso opor resistência. Essa realidade é com frequência associada ao príncipe das trevas, Belial[2] (Beliar em 2Cor 6,15) e a seus anjos. Para explicar melhor a ideia do pecado convém começar com uma tentativa de análise da categoria do impuro, pois essa última representa um elemento importante, quer nos manuscritos qumrânicos, quer nos neotestamentários, e é muitas vezes posta em relação com a primeira. Com respeito ao Novo Testamento, tender-se-ia, hoje, a considerar a categoria do impuro superada pelo ensinamento de Jesus, sobretudo a partir de um tipo de interpretação de Marcos 7, mas, se considerarmos também muitos estudos[3], a questão deve ser retomada. Trata-se de um fundamento do pensamento judaico do Segundo Templo, que apresenta notáveis elementos de discussão.

Os fundamentos do conceito de impureza encontram-se em especial no livro do Levítico (11 ss.), texto citadíssimo tanto de modo direto como indireto

---

2. O nome "Belial" aparece diversas vezes nos manuscritos qumrânicos; por exemplo, 12 vezes no *Rótulo da guerra* (1QM/133), 11 vezes nos *Hinos* (1QH), 4 vezes na *Regra da comunidade* (1QS), para citar apenas alguns (cf. o Apêndice Gli angeli del RG, in: IBBA, G., *Il "Rotolo della Guerra". Edizione critica*, Torino, S. Zamorani Editore, 1998, 247-255, especialmente 253-255).

3. Cf., para citar apenas alguns estudos significativos, NEUSNER, J., The Idea of Purity in Ancient Judaism, *Journal of the American Academy of Religion*, v. 43, n. 1 (1975) 15-26; KLAWANS, J., *Impurity and Sin in Ancient Judaism*, Oxford, Oxford University Press, 2000; HARRINGTON, H. K., *The Purity Texts*, New York, T&T Clark, 2004; POORTHUIS, M. J. H. M.; SCHWARTZ, J., *Purity and Holiness. The Heritage of Leviticus*, Leiden, Brill, 2000; KAZEN, TH., *Jesus and Purity Halakhah. Was Jesus Indifferent to Impurity?*, Stockholm, Almqvist & Wiksell, 2002; DUNN, J. D. G., Jesus and Purity: An Ongoing Debate, *New Testament Studies*, v. 48 (2002), 449-467; WATSON, A., Leviticus in Mark: Jesus' Attitude to the Law, in: SAWYER, J. F. A., (ed.), *Reading Leviticus. A Conversation with Mary Douglas*, Sheffield, Sheffield Academic Press, 1996, 263-271; LAMBRECHT, J., Jesus and the Law: An Investigation of Mark 7,1-23, *Ephemerides Theologicae Lovanienses*, v. 53 (1977) 24-82; Para uma resenha detalhada de vários estudos sobre o assunto: BOOTH, R. P., *Jesus and the Laws of Purity*, Sheffield, ISOT, 1986, 55-112. Para uma introdução ao assunto, cf., sem dúvida, SACCHI, P., *Sacro/profano; impuro/puro nella Bibbia e dintorni*, Brescia, Morcelliana, 2007.

nos manuscritos qumrânicos[4], mas também mencionados em muitos outros textos bíblicos e não bíblicos. Uma coisa evidente, a partir do Levítico, é que o homem pode se encontrar numa condição não idônea para estar no sagrado: há elementos em particular que podem-no enfraquecer a ponto de fazê-lo arriscar a vida se, tendo entrado em contato com eles, tenta ter acesso ao sagrado. Tais impurezas são, sobretudo, de ordem fisiológica: as doenças, em especial aquelas que se mostram com sinais cutâneos evidentes, como a lepra (Lv 13), ou as transmitidas sexualmente (Lv 15,1-15); o sangue como tal; o ciclo menstrual (Lv 15,19-30); a puérpera (Lv 12,1-8); o esperma (Lv 15,16-17); o cadáver do homem ou o animal morto; certos animais, em particular os carnívoros, como as aves de rapina (Lv 11,13-19; cf. também Lv 11,1-12) ou outros, como o porco, as serpentes e os peixes sem escamas. Os animais impuros não devem ser comidos (Lv 11,46-47). Mas essa impureza, definível por comodidade como "impureza ritual", porque aplicada sobretudo aos sacerdotes que devem oficiar, é estendida a todo o povo, porquanto também ele deverá ter atenção com essa força. A puérpera terá uma regulamentação cuidadosa (Lv 12,2 ss.; cf. *Jubileus* 3,9-14), como também quem deverá sepultar um morto. Em todo caso, a impureza "ritual" não deve ser considerada "pecado" ou, mais ainda, causa dele, como parecem querer dizer os fariseus diante de Jesus a respeito da questão das mãos, que devem ser lavadas antes da refeição (cf. Mc 7,1-13; Mt 15,1-9; Lc 11,38). No Antigo Testamento, o livro de Isaías 6,7 parece indicar com a impureza o pecado, mas é um caso muito isolado e, além disso, versa sobre alguma coisa profunda, ligada ao que exprime a palavra 'awon[5].

Também nos manuscritos de Qumran estão presentes obras nas quais se faz a impureza coincidir com o pecado. Mas esse último pode ser definido

---

4. Cf. MARTONE, C., *The Judaean Desert Bible. An Index*, Torino, S. Zamorani Editore, 2001, 34-41; WASHBURN, D. L., *A Catalog of Biblica passages in the Dead Sea Scrolls*, Leiden-Boston, Brill, 2003, 36-47.

5. Sacchi observou (Isaia 6 e la concezione di impurità nel Medio giudaismo, *Vivens Homo*, v. 13, n. 1 (2002) 55-77; Id., *Gesù e la sua gente*, Cinisello Balsamo, San Paolo, 2003, 63) que em Isaías 6,7 já se podia vislumbrar na aparição ao profeta uma conexão profunda entre o pecado e a impureza; o serafim tem nas mãos com tenazes um carvão aceso e toca os seus lábios, dizendo as seguintes palavras: "A partir do momento em que isto tocou os teus lábios, a tua falta está removida". A respeito, Sacchi escreve que João cria "firmemente na existência da impureza como realidade consequente ao pecado; impureza que, como todas as impurezas, devia ser removida com um rito purificador" (ibid.).

como "impureza moral", que é coisa diferente da que é ritual, com outra causa que não provém do fato de haver infringido as leis do Levítico 11. Mas sempre se trata da impureza; assim, se o pecado é definido como algo impuro, então é evidente que também ele tem necessidade de ser purificado (cf. Is 6,7). Diferentemente do sangue, do esperma e do cadáver, ele não contamina por contato. O que, de fato, produz é um endurecimento do coração, uma incapacidade maior de pôr em prática os preceitos divinos. O homem se vê como imobilizado pelo peso dos seus pecados, os quais o tornam impuro. Num manuscrito da gruta 11 (11Q5/11QSalmi^a XXIV 7-13)[6], já conhecido na versão siríaca como salmo III, lê-se o pedido por parte do fiel para ser purificado por Deus, a fim de que não seja oprimido pelos pecados: "Purifica-me, Jhwh, da chaga do mal [a fim de que] não chegue até mim. Seca as suas raízes em mim e não permitas que floresçam suas [folha]gens em mim". O texto mostra indiscutivelmente a crença numa força interna no homem capaz de tomar todo o espaço da vontade e da consciência; é necessária uma purificação por parte de Deus para que essa impureza interior seja extirpada, seguindo a alegoria da planta que cresce e que se acomoda dentro de nós. Mas não só: essa impureza interior produz o pecado, entendido aqui como efeito externo desse mal. O pecado deixa uma pegada no homem e o contamina.

No *Documento de Damasco* (III 17-19) lê-se que os filhos de Noé "tinham se contaminado com o pecado humano e com os caminhos da impureza". Mas Deus "expiou por seus erros e perdoou os seus pecados. E construiu para eles uma morada segura em Israel", ou seja, constituiu para eles a comunidade (cf. XX 10-13). Agora, é interessante aqui que a impureza do pecado seja "expiada" e "perdoada". Parece se desenvolver no judaísmo, além disso, uma ideia muito importante, para a qual a água tinha se tornado um instrumento de purificação dos rastos do pecado. Na *Regra da comunidade*, obra redigida depois do *Documento de Damasco*, lê-se (III 8-9) que o corpo do fiel será purificado quando for espargido com água lustral e santificado com a água da contrição. Mas a purificação com a água, segundo a *Regra da comunidade*, não é suficiente para aquele que tem o coração endurecido e que não adere às normas do grupo. É necessária também a contrição. Lê-se (III 4-5) que, se não

---

6. SANDERS, J. A., *Discoveries in the Judaean Desert*, v. IV, *The Psalms Scroll of Qumrân Cave 11 (11QPs^a)*, Oxford, Clarendon Press, Quadro XV.

se arrepender da sua conduta moral, ele não será incluído na fonte dos perfeitos; não poderá ser purificado pelos ritos expiatórios, não se tornará puro pela água lustral e não se tornará santo pela água dos mares, nem pela dos rios; enfim, não se tornará puro nem mesmo com todas as águas de ablução. O homem de coração endurecido não poderá nunca ser purificado pela água. A *Regra da comunidade*, com efeito, explica que os maus não podem entrar na água enquanto para eles não houver a purificação. A única possibilidade de usufruir da água para se purificar é que haja uma verdadeira conversão do coração (V 13-14)[7]. Numa tal perspectiva, pode-se compreender o motivo pelo qual o Batista, de quem todos os quatro evangelhos canônicos não podem deixar de falar, prega um batismo de conversão, conexo à sincera intenção de mudança interior (cf. Mc 1,4s.; Mt 3,1s.; Lc 3,3s.; Jo 1,19s.).

Mas a água é capaz de purificar não somente essas manchas geradas no homem pelo pecado, mas também de lavar o que produz a rebelião a Deus? No livro de Ezequiel (36,25-26; cf. Zc 13,1; 1QS IV 12-23) lê-se que Deus assim proclamou: "Farei sobre vós uma aspersão de água pura e ficareis puros; eu vos purificarei de todas as vossas impurezas e de todos os vossos ídolos". Deus, mediante o profeta, continua afirmando que assim, com efeito, "eu vos darei um coração novo e porei em vós um espírito novo; tirarei de vosso corpo o coração de pedra e vos darei um coração de carne". Marcos faz o Batista dizer que o batismo que trará o salvador não será feito com água, mas com o espírito santo (1,8: *en pneúmati agío*). Esse batismo que João prenuncia deveria ter uma função semelhante à descrita por Ezequiel e pela *Regra da Comunidade* (IV 12-23). A purificação operada por Deus em Ezequiel e na *Regra da comunidade* ocorre para mudar o coração do homem, a fim de que possa, finalmente, aderir a ele de modo pleno e sem mais interferências.

Em *Midrash escatológico*[b] (4Q177), fr. 11, col. ii, linha 9-10[8], fala-se da purificação que deverá acontecer um dia no coração dos homens pertencentes à comunidade. O manuscrito, lacunoso, fala de espírito no contexto dessa purificação. Em todo caso, se olharmos para a substituição de água por espírito realizada pelo João de Marcos, vê-se indiscutivelmente a separação entre o

---

7. Cf. 4Q177 fr. 11, col. ii, linha 9-10 (ALEGRO, J. M., *Discoveries in the Judaean Desert*, v. V, *Qumrân Cave 4.I [4Q158-4Q186]*, Oxford, Clarendon Press, 1968, Quadro XXIV-XXV): fala-se da purificação do coração dos homens.
8. ALLEGRO, J. M., *Discoveries in the Judaean Desert*, v. V, Quadros XXIV-XXV.

que é a fonte da vida, Deus, o espírito, e a água, que é coisa criada. O espírito, ou seja, Deus, é o único que pode transformar o homem em profundidade, e é o que caracteriza a mensagem central do evangelho: Jesus é a "boa-nova", o evangelho (Mc 1,1)[9], com relação à expectativa de uma mudança radical no homem. Para que essa definitiva purificação e inovação possa ocorrer, é necessária a confissão dos pecados, a purificação dos vestígios deles presentes na pessoa, que a tornam substancialmente impura e, portanto, incapaz de estar na correta disposição de ânimo para acolher a intervenção seguinte, dessa vez não por mão do batizador, mas por mão de quem é "mais forte" do que ele e que vem "depois" dele (Mc 1,7). O "depois"[10] indica a consequência entre a ação de João mediante a água (Mc 1,4) e a do espírito mediante Jesus (Mc 1,8).

Na *Regra da comunidade* lê-se que um dia (IV 12-13) as iniquidades do homem serão lavadas pelo espírito santo, assim como faria a água lustral. Isso parece significar que a comunidade esperava um batismo definitivo, dessa vez por obra direta de Deus, e que o que praticava podia também não o ser. Lê-se no texto:

> Deus purificará todas as obras do homem por meio da sua verdade e purificará para si a estrutura do homem, destruindo todo espírito mau do íntimo da sua carne e purificando o homem por meio do espírito de santidade de todas as obras más. Ele aspergirá sobre ele o espírito de Verdade como água lustral, para purifica-lo de todas as abominações da Mentira, com as quais se contaminou pelo espírito de impureza[11].

Portanto, para a *Regra da comunidade* a purificação para a entrada na aliança não é definitiva: permanecem ainda coisas – até no fiel e membro da comunidade – que continuam a contaminá-lo, que o tornam incapaz de ver e de praticar plenamente a verdade. Tais causas da impureza interior são indicadas pelo texto como "estrutura do homem", "espírito mau", "obras más",

---

9. Marcos 1,1: "Início do evangelho de Jesus Cristo", onde "início", *arché*, indica o ponto de origem, o Batista, do percurso salvífico que se completa com Jesus. Esse é o motivo pelo qual os quatro evangelhos não puderam deixar de inserir João, dando a ele grande destaque.

10. A palavra *opíso*, que se encontra seis vezes no evangelho de Marcos, tem aqui valor de preposição imprópria (com o genitivo), apresentando, sem dúvida, um sentido temporal ("a seguir/depois").

11. Tradução de Sacchi, P., *Regola della comunità*, Brescia, Paideia, 2006, 110-111.

"abominação da Mentira" (ou seja, o diabo, Belial), "espírito de impureza", que provavelmente coincide com o descrito algumas linhas antes, ou seja, um dos dois espíritos presentes no ser humano que estimula o homem a cometer o mal. Talvez João pretenda exprimir uma ideia semelhante, a saber, que o espírito santo, ou seja Deus em pessoa, fará uma vez por todas a purificação definitiva e cabal no homem. Aquele que é mais forte do que ele, que opera com o (ou no) espírito, realizará um batismo desse gênero.

Também nos *Hinos* é dito algo semelhante, embora de modo mais geral. O autor, depois de ter pedido ao Senhor que o impeça de pecar e que não o deixe desistir diante dos espíritos diabólicos, quer agradecer a Deus por ter derramado o seu espírito santo sobre ele (IV 26). Mais significativo e conexo com essa argumentação é o que se lê mais adiante (VIII 19-20), onde o autor afirma que

> eu sei que ninguém é justo, exceto tu. Tranquilizei o teu semblante com o espírito que tu me deste para tornar plena a tua graça com o teu servo para [sempre], para purificar-me com o teu espírito santo, para me aproximar da tua vontade segundo a grandeza da tua piedade.

Também nessa passagem é evidente a conexão entre purificação e espírito santo, como é igualmente claro que o homem é justificado somente mediante a intervenção direta de Deus, ou seja, com o seu espírito santo. É também evidente, pois, que nos *Hinos* a iniquidade inerente ao homem (ninguém é justo) é vista como máquina impura, que somente Deus pode tolher, mediante a sua ação salvífica, que é expressa com "espírito santo". Portanto, pode-se pensar que para Marcos a purificação de João servia para predispor o homem ao outro batismo; no batismo de João tornava-se possível a ação do espírito a todos aqueles que se faziam purificar por ele. Jesus manifestará claramente isso e, ao mesmo tempo, depois de ter sido elevado pelo mesmo espírito ao deserto, começará a sua pregação e a "purificação" do homem feita "com" o espírito.

Pode-se observar uma espécie de paralelismo entre a lista feita por Jesus (Mc 7,21-23; cf. Rm 1,29-32; cf. também Rm 1,24) daquilo que o coração produz e que contamina a pessoa e a que se encontra nas *Regras da comunidade* (IV 9-11)[12]. Deve-se dizer que o texto faz derivar essa iniquidade do diabo,

---

12. Também na *Mulher demoníaca* (4Q184): ALLEGRO, J. M., *Discoveries in the Judaean Desert*, v. V, Quadro XXVIII; para uma melhor reconstrução do texto, cf. IBBA, G.,

chamado "espírito da perversidade". No manuscrito qumrânico lê-se que o diabo provoca no homem impiedade, orgulho, falsidade e laxismo, crueldade, impaciência, grande estultícia e zelo arrogante, impudicícias, impurezas, blasfêmias, cegueira e surdez[13]. Todavia, temos de ressaltar que na *Regra da comunidade* se explica que o homem tem no seu coração o espírito da rebelião contra Deus (III 18-19) e que é nele que o diabo se apoia. Jesus fala, também ele, de alguma coisa que estimula o homem a coisas más, indicadas como furtos, homicídios, adultérios, cupidez etc. (cf. Mc 7,22). Esse núcleo situado no coração do homem, do qual provêm os pecados, é para Jesus fonte de impureza. Não se trata, porém, de uma impureza como a que definimos ritual, mas de uma impureza que contamina o homem a partir de dentro. Para Jesus é a impureza mais perigosa e a que mais deve ser temida.

Em substância, nos evangelhos, e em particular em Marcos, um primeiro conjunto de impurezas que se deduzem e que devem ser separadas das morais – que na época de Jesus eram percebidas e levadas em consideração –, são, a meu ver, as impurezas relacionadas nos textos bíblicos e depois retomadas abundantemente pelas regras qumrânicas, em particular as que se encontram no livro do Levítico, a partir do capítulo 11. Jesus realiza curas, diferentemente do que podemos ver nos manuscritos de Qumran, onde jamais se fala disso, e essas curas acontecem com pessoas que têm uma impureza presente no conjunto das relacionadas acima, como o leproso (Mc 1,40-44; cf. Mt 8,2-4; Lc 5,12-16), a mulher hemorroíssa (Mc 5,25-34; cf. Mt 9,18-26; Lc 8,40-56), a menina morta (Mc 5,22-24; 5,35-43; cf. Mt 9,18-26; Lc 8,40-56). Outra ordem de impureza é a da presença do "espírito impuro" ou "demônio impuro" no corpo de uma pessoa (cf. Mc 1,21-27; Lc 4,33). É provável que esse espírito, denominado por Marcos como "impuro", tenha a ver com a impureza causada por sua origem, a qual é considerada derivada do corpo dos gigantes gerados com a união impura entre os anjos e as mulheres (*Jubileus* 10; *1 Henoc* 10,9; cf. Gn 6,4; cf. *1 Henoc* 15,4-12)[14]. Esses espíritos impuros são chamados no manuscrito *4Q Cânticos do*

Annotazioni su alcuni temi enochici a Qumran, in: HILHORST, B. A.; PUECH, E.; TIGCHELAAR, E. J. C. (ed.), *Flores Florentino: Dead Sea Scrolls and Other Early Jewish Studies in Honour of Florentino García Martínez*, Leiden, Brill, 2007, 307-323, especialmente 312-315.

13. Cf. a tradução de Sacchi, in: *Regola della Comunità*, 108.

14. É provável que na época de Jesus fosse conhecida essa literatura ou, pelo menos, o núcleo da narração dos vigilantes que ela contém, visto o considerável número de cópias encontradas nas grutas qumrânicas que a transmitiu.

Sábio[a15] de "espíritos bastardos", onde por "bastardos" se entende o que deriva dos gigantes. Além disso, esses espíritos são imundos também porque parece que devam residir somente em lugares e em seres vivos impuros (cf. Mc 5,1-20: o episódio do endemoninhado que habita nos sepulcros, lugar impuro, e o corpo dos porcos, animais impuros)[16]. Jesus realiza os exorcismos sem precisar tocar no endemoninhado, como, ao contrário, faz quase sempre com os doentes. A presença desses espíritos denota a crença de uma realidade preter-humana impura, que se combina (ou se manifesta), porém, com a impureza de que se falou acima.

Outra impureza diferente das fisiológicas e da do espírito impuro é o que João o Batista purifica com a água do Jordão (cf. Mc 1,4; Mt 3,5; Lc 3,3; Jo 1,28). É a consequência da impureza de que falava Jesus no capítulo 7 de Marcos (cf. Mt 15,1-20; Lc 11,37-52), ou seja, os rastos dos pecados que tornam o homem contaminado e impossibilitado de acolher a graça de Deus. O batismo, precedido pela confissão dos pecados (Mc 1,5; Mt 3,6), serve para preparar outra purificação, a que Jesus, mediante o espírito que desceu sobre ele no Jordão (Mc 1,10; Mt 3,16; Lc 3,22; Jo 1,32), praticará diretamente no coração do homem (o batismo com o "espírito", cf. Mc 1,8; Mt 4,11; Lc 3,16), tornando-o assim livre para aderir plenamente à nova vida. Para Jesus, portanto, as impurezas não devem ser rejeitadas, mas separadas por periculosidade. Ao lermos o capítulo 7 de Marcos, temos a ideia de que Jesus, portanto, queira interpretar corretamente a Escritura, estando atento não nas opiniões dos homens (cf. Mc 7,13), mas na vontade de Deus, que é coincidente com a realidade (cf. Mc 7,13). Quer fazer com que os fariseus compreendam que não se pode criar grandes problemas a respeito de uma impureza que nem sequer é descrita na *Torá* e, até mesmo, pô-la no mesmo nível de um pecado ou do que o pecado deixa no homem. Se se deve falar de impuro, do impuro que realmente contamina o homem de modo grave, deve-se falar, então, daquele que o coração do homem

---

15. BAILLET, M., *Discoveries in the Judaean Desert*, v. VII, *Qumrân Grotte 4 III (4Q482-4Q520)*, Oxford, Clarendon Press, 1982, 215-219, Quadro LV; cf. NITZAN, B., Hymns from Qumran – 4Q510-4Q511, in: DIMANT, D.; RAPPAPORT, U. (ed.), *The Dead Sea Scrolls. Forty Years of Research*, Leiden, Brill, 1992, 53-63; IBBA, G., The Evil Spirits in Jubilees and the Spirit of the Bastards in 4Q510 with Some Remarks on Other Qumran Manuscripts, *Henoch*, v. 1 (2009) 111-116.

16. Além disso, em Levítico 19,19, proíbe-se juntar animais de espécies diferentes, de semear no campo duas espécies de semente, de portar roupas com duas espécies de tecidos diferentes. Os espíritos impuros derivam dos gigantes, os quais são fruto de uma mistura de duas espécies diferentes, humana e angélica.

produz, uma vez que é dele que provêm as piores maldades, as quais deixam nele, de fato, uma cicatriz.

Em outras palavras, para Jesus os fariseus, com essa extrema atenção às normas (humanas), acabam por fazer as pessoas crerem que exista coincidência entre impureza moral (pecado) e impureza ritual, coisa que, segundo minha conclusão, não acontece nos manuscritos de Qumran. Portanto, à luz do que se vê nos manuscritos qumrânicos examinados e do que se consegue entender dos evangelhos sinóticos, Jesus (Mc 7,1-13; cf. Mt 15,1-9; Lc 11,38) parece entrar em polêmica com quem não distingue mais as impurezas, não só tornando morais os rituais, mas até inventando novas impurezas, como a provinda de não ter lavado as mãos antes de comer.

O Templo

Qual terá sido o julgamento ou a ideia de Jesus e de João Batista a respeito do Templo de Jerusalém é, ainda hoje, objeto de discussão. Um instrumento para a pesquisa sobre a questão pode estar no conteúdo de algumas obras encontradas em Qumran. Nelas, como se sabe, a posição a respeito do Templo de Jerusalém é bem hostil, mas não tanto em relação à função do Templo quanto em relação aos sacerdotes que ali operavam e que o tornaram impraticável. De fato, a acusação mais grave que, talvez, se possa encontrar nesses manuscritos é a que se lê no *Pesher Abacuc* (1QpHab XII 7-9; cf. *Documento de Damasco* VI 11-20): o Templo de Jerusalém tornou-se impuro. Isso equivale a dizer que ele não só não é utilizável, mas que dele é preciso manter a devida distância. No *Documento de Damasco* (IV 15-18) lê-se que são três as redes de Belial de que tinha falado Levi (cf. *Testamento de Levi* IX 9): fornicação, riqueza, contaminação do templo. Na mesma obra, a riqueza é depois ligada ao Templo num trecho de grande interesse até por outros motivos, quase todos vinculados a temas neotestamentários (VI 11 ss.).

> Todos aqueles que são introduzidos na aliança não entrarão no templo para incendiar em vão o seu altar. Eles serão os que fecham a porta, como disse Deus: "Será que enfim se encontrará entre vós alguém para fechar a porta, para que não incendieis em vão meu altar? (Ml 1,10)". A menos que eles tenham o cuidado de agir segundo a exata interpretação da lei para a época da impiedade: separar-se dos filhos da cova; abster-se da riqueza ímpia que contamina, com a promessa ou com o voto e da riqueza do templo[17].

---

17. Tradução de C. Martone, in: GARCÍA MARTÍNEZ, F. (ed.), *Testi di Qumran*, ed. it. MARTONE, C. (org.), Brescia, Paideia, 1996, 120-121.

Como se lê, o Templo tornou-se um lugar no qual se sacrifica em vão sobre o altar, onde foi acumulada riqueza ímpia. É impuro e está cheio de riqueza iníqua. Não sei se se pode dizer que o Templo é impuro porque acumulou riquezas, mas as duas palavras "templo" e "riqueza" e, depois, a expressão "riqueza ímpia que contamina" poderiam parecer que levam a interpretar assim. A acusação refere-se a alguma coisa muito concreta, como parece emergir também em Marcos (11,15-19; cf. Mt 21,12-13.17; Lc 19,45-48; Jo 2,14-16) no episódio dos vendedores expulsos do templo por Jesus, com citação do livro de Isaías 56,7 para explicar o motivo da sua cólera (o Templo deve ser casa de oração para todas as nações). Parece por esse motivo que então a comunidade a que se refere o *Documento de Damasco* e, depois, a da *Regra da comunidade* (cf. IX 4-6) desenvolveriam uma espécie de templo sem muros; o templo é a própria comunidade, a qual, junto com os anjos do céu, ora a Deus, exatamente como teria de acontecer no Templo, ainda que, às vezes, não haja mais vestígios de sacrifícios violentos.

Chega-se assim a desenvolver uma verdadeira liturgia celeste, da qual temos vestígios numa extraordinária obra contida em alguns manuscritos encontrados nas grutas de Qumran[18] e em Masada[19]: *Cantos do holocausto do sábado*. O grande número de cópias desse texto testemunha a séria atenção a seu conteúdo por parte dos fiéis que viveram naquelas regiões. A cópia mais antiga é materialmente datável na metade do século I a.C. e a mais recente, a encontrada em Masada, na metade do século I d.C. O texto é composto por treze cantos (*shirim*), a serem recitados cada um num sábado, tendo cada um deles uma fórmula fixa, exceto o último. Os protagonistas desses cantos são os anjos: são eles que os recitam. Fala-se de sacerdócio angélico e se menciona também Melquisedeque entre esses anjos sacerdotes[20]. Quem escreveu esses

---

18. 4Q400-407: Newsom, C., in: Eshel, E. et al., *Discoveries in the Judaean Desert*, v. XI, *Qumran Cave 4.VI. Poetical and Liturgical Texts: Part I*, Oxford, Clarendon Press, 1998, 173-401, Quadros XVI-XVIII; XX-XXXI; 11Q17: García Martínez, F.; Tigchelaar, E. J. C.; van der Woude, A. S., *Discoveries in the Judaean Desert*, v. XXIII, *Qumran Cave 11.II: 11Q2-18, 11Q20-30*, Oxford, Clarendon Press, 1998, 257-304, Quadros XXX-XXXIV.

19. Masada ShirShabb: Newsom, C., *Songs of the Sabbath Sacrifice: A Critical Edition*, Atlanta, Scholars Press, 1985, 239-252, Quadro XIX.

20. Como faz observar Newsom (ibid., 134), tratar-se-ia da única vez em que aparece na obra o nome de um anjo. O nome (no fr. 11 de 4Q401) deriva da reconstrução de uma lacuna na linha 3; assim, não há a segurança absoluta da sua presença. Se a conjectura é

cantos atribui, portanto, aos anjos funções sacerdotais que devem ser exercidas periodicamente segundo um calendário litúrgico. Esses anjos sacerdotes realizam uma grande liturgia, que está unida à dos sacerdotes homens, como se deduz do canto para o segundo sábado.

No sétimo canto, porém, há uma elaborada exortação ao louvor, ao qual se seguem os louvores feitos pelas partes constitutivas do templo celeste. Tais partes são vivas, como vivo é o templo. Assim, evidencia-se um templo vivo, que é comparável a um organismo, cujos membros são os anjos e os homens da comunidade. Templo vivo e não mais de pedra. Talvez se possa entrever nessa ideia a imagem do Templo de Jerusalém como a expõe Jesus quando afirma que dele não permanecerá pedra sobre pedra (cf. Mt 24,1-2; Mc 13,1-2; Lc 21,5-6; Jo 2,19), significando, porém, o seu corpo que será destruído e depois reconstruído em três dias (Jo 2,21). O seu corpo é o templo; mas é também a comunidade, que assim se tornou mediante a doação do seu corpo e do seu sangue durante a última ceia (cf. Mc 14,22-25; Mt 26,26-29; Lc 22,15-20; 1Cor 11,23-25). Paulo dirá (1Cor 12,12): "Como de fato o corpo (*sóma*) é um e tem vários membros; e todos os membros do corpo (*toû sómatos*), por serem muitos (*pollá ónta*), são um só corpo (*én estin sóma*), assim acontece com o Cristo". Para Paulo, o elemento unificador e que produz esse corpo é o batismo, mediante um só espírito (1Cor 12,13).

No episódio do batismo de Jesus (cf. Mc 1,11) mostra-se que ele batizará com espírito e não com água. Viu-se que Jesus poderá desempenhar seu ministério a partir da descida do espírito sobre ele. O papel da comunidade no culto é, realmente, o de constituir um templo celeste. Em 1 Pedro 2,4-5 lê-se:

> Aproximando-se dele [de Jesus], pedra viva, rejeitada pelos homens, mas escolhida e preciosa diante de Deus, como pedras vivas vós mesmos entrais na construção do edifício espiritual, para um sacerdócio santo e para oferecer sacrifícios espirituais agradáveis a Deus mediante Jesus Cristo.

Cada componente tem a sua função, a qual tem sentido somente se unida à do outro. Essa ideia é bem visível no culto do templo celeste, com a descrição dos diversos hábitos dos oficiantes. No décimo terceiro canto (manuscrito 4Q405,

---

válida, poder-se-ia, então, fazer uma ligação com o papel de Jesus com relação à comunidade, no sentido de que ele é apresentado pela carta aos hebreus como um sacerdote à maneira de Melquisedeque (Hb 7,1-7).

fr. 23, coluna 11, linha 7-10), no qual se trata do sumo sacerdócio angélico e de quem colabora com ele, descreve-se o vestido de cores e de luz de cada um:

> No maravilhoso espaço deles há espíritos com veste de várias cores, semelhante à obra [produzida por] tecelão, [feita] com incisões; com decorações de madrepérolas. No meio da gloriosa aparição escarlate [as] cores da luz do espírito do santo dos santos fixam-se na santa posição deles diante do [r]ei. São espíritos de [puras] cores no meio da aparição de branco salpicado. Imagem do espírito glorioso é como o produto de obras de ouro de Ofir, que difunde [lu]z.

Essa descrição fala de entidades angélicas, indicadas como "espíritos com veste de várias cores", postas no templo celeste, cada uma colocada no seu sagrado e preciso espaço ("maravilhoso espaço"). Juntos formam uma imagem maravilhosa, semelhante a um tecido ricamente bordado (a comunidade, que é, portanto, belíssima). A função de cada anjo é autônoma e, ao mesmo tempo, indispensável a todo o templo celeste. Cada um deles é uma parte do único templo e única liturgia: há um anjo ("espírito do santo dos santos") que tem a função de sumo sacerdote, o qual irradia uma luz que se fixa sobre cada um dos anjos a ele submetidos no serviço do templo celeste, numa cor particular, embora mantendo também uma parte da totalidade cromática contida no branco, o qual continua a se irradiar, com menos força, desses anjos. A visão é chamada escarlate, talvez porque a cor dominante seja o vermelho, mas se fala também de luz em sentido geral. Além disso, diz-se que a cor predominante do espírito do santo dos santos, que deveria ser a do sumo sacerdote, é de ouro puro ("ouro de Ofir": cf. Jó 22,24). Seguindo essa dinâmica, pode-se dizer que a luz vem de Deus e é refletida pelo anjo que está no santuário ("santo dos santos") com cor de ouro; ela se reflete depois sobre os outros espíritos e cada um resplandece com cor diferente, de acordo com a função que tem.

A luz, portanto, no contexto do templo celeste, é a manifestação do amor de Deus, que tudo vivifica e ordena. Os anjos refletem a luz em todos o seu espectro, de modo a demonstrar a ordem exata da liturgia e das funções sacerdotais, vistas como indispensáveis à salvação do homem. A *Regra da comunidade*, embora não falando do Templo de Jerusalém, exprime bem a função do templo celeste, ou seja, da perfeita comunidade, no sentido da expiação dos pecados sem a carne dos holocaustos e sem a gordura dos sacrifícios. "A oferta dos lábios" (IX 4) é que será eficaz para a expiação. Interpretando a profecia de Natan (2Sm 7,11), o *Midrash escatológico*[a] (4Q174)[21] afirma que deverá ser

---

21. ALLEGRO, J. M., *Discoveries in the Judaean Desert*, v. V, Quadros XIX-XX.

construído um "templo do homem" (*mqdš 'dm*), expressão que, provavelmente, indica um grupo particular de pessoas: trata-se sempre de um templo não de pedra, mas de homens[22].

Todavia, está também presente em Qumran a ideia de que um dia a comunidade teria voltado a Jerusalém, onde encontraria o Templo, desta vez novo. A obra que mostra essa expectativa recebeu o título de *Nova Jerusalém* e se encontra em sete manuscritos de pergaminho, respectivamente encontrado nas grutas 1, 2, 4, 5 e 11. Os manuscritos que conservaram os restos da obra são: 1Q32[23]; 2Q24[24]; 4Q554[25]; 4Q554a[26]; 4Q555[27]; 5Q15[28]; 11Q18[29]. A datação

---

22. Sobre o conceito de "comunidade-templo" e sobre a expressão *mqdš 'dm* que se encontra em 4Q*Florilegium*, cf. DIMANT, D., 4QFlorilegium and the Idea of the Community ad Temple, in: CAQUOT A. et al. (ed.), *Hellenica et Judaica. Hommage à Valentin Nikiprowetzky*, Leuven-Paris, ב״ו-Peeters, 1986, 165-189.

23. Fim do século I a.C. (22 fragmentos muito pequenos): MILIK, J. T., *Discoveries in the Judaean Desert*, v. I, *Qumran Cave 1*, Oxford, Clarendon Press, 1955, 134-135, Quadro XXXI.

24. Primeira metade do século I d.C. (11 fragmentos, um maior com palavras que se referem à distribuição dos pães): BAILLET, M., *Discoveries in the Judaean Desert*, v. III, *Les "petites grottes" de Qumrân*, Oxford, Clarendon Press, 1962, 84-89, Quadro XV.

25. Segunda metade do século l a.C.: o manuscrito é composto principalmente por dois grandes fragmentos, cada um dos quais contendo partes de três colunas em sucessão. Uma parte do manuscrito apresenta uma descrição dos muros e das portas da cidade, da entrada de um quarteirão e das escadas, do recinto do templo e da batalha final. Cf. DI-TOMMASO, L., *The Dead Sea New Jerusalem Text*, Tübingen, Mohr Siebeck, 2005 (o texto contém também uma atualizada bibliografia sobre o assunto, 195-214). Cf. PUECH, E., *Discoveries in the Judaean Desert*, v. XXXVII, *Textes araméens, deuxième partie: 4Q550-575, 580-582*, Oxford, Clarendon Press, 2008. Cf. GARCÍA MARTÍNEZ, F., Letteratura di contenuto escatologico, in: PÉREZ, G. A.; GARCÍA MARTÍNEZ, F.; FERNÁNDEZ, M. P., *Letteratura giudaica intertestamentaria*, Brescia, Paideia, 1998, 69-70 [1. ed., *Literatura judía intertestamentaria*, Estella, Editorial Verbo Divino, 1996]. A descrição dos manuscritos que segue tira as informações do próprio texto citado.

26. Contém uma escrita muito semelhante à anterior, embora o corpo das letras seja menor.

27. Segunda metade do século I a.C.: três fragmentos de pequenas dimensões.

28. Final da metade do século I a.C.: 19 fragmentos isolados de pequenas dimensões + uns vinte fragmentos que fazem parte de duas colunas consecutivas e que descrevem as estradas da cidade, os quarteirões e as casas; cf. MILIK, J. T., *Discoveries in the Judaean Desert*, v. III, *Les "petites grottes" de Qumrân*, Oxford, Clarendon Press, 1962, 184-193, Quadros XL-XLI.

29. Primeira metade do século I d.C.: 25 fragmentos provenientes de um rótulo encontrado completo, mas em tal mau estado de conservação que se pôde recuperar dele

paleográfica dos manuscritos vai, pois, da primeira metade do século I a.C. até a primeira metade do século I d.C. Vale também para essa obra o que se disse para os *Cantos do holocausto do sábado*, ou seja, vistas as várias testemunhas, que ela devia ser muito conhecida. Provavelmente, o início da obra está presente no manuscrito 4Q554, onde se encontra a descrição dos muros e das portas da cidade, da entrada de um quarteirão e das escadas; do recinto do templo dessa nova Jerusalém e, enfim, de material que poderia ser inserido na crença de uma batalha escatológica contra os povos inimigos de Israel, de modo semelhante ao que se lê no *Rótulo da guerra* (1QM/1Q33: referência aos Kittim, aos povos de Edom, Moab e de Amon[30]). A *Nova Jerusalém* tem algumas características comuns com o *Rótulo do Templo* (11QT[31]), sobretudo na preocupação de descrever cuidadosamente o Templo e o culto, embora com diferenças.

A *Nova Jerusalém* não é o único texto descoberto em Qumran que fala ou que alude a uma Jerusalém nova ou a um novo templo. Há, além dos textos bíblicos dos livros de Ezequiel, Isaías, Zacarias e Tobias, também o *Rótulo do Templo* e o manuscrito 4Q365a[32]. Esses últimos dois contêm expressões que se referem a uma monumental nova Jerusalém-Templo. Outras referências são: o livro de Isaías 49,16; Êxodo 25,8-9 (utensílios, tabernáculo); 1 Coríntios 28,19 (Templo de Salomão); *Jubileus* 1,17.26-29; 25,21. A reconstrução do Templo de Salomão, segundo o que se lê na *Nova Jerusalém*, terá também características semelhantes às descritas em Isaías 54,11-13; Zacarias 2,5-8 e Tobias 13,17-18, que descrevem brevemente o esplendor da Jerusalém futura. Também no

---

somente uma pequena parte. Contêm restos de descrição de elementos arquitetônicos, mas, em sua maior parte, aspectos relativos ao culto do templo, às cerimônias, aos sacrifícios, aos utensílios e aos paramentos do sumo sacerdote. Cf. GARCÍA MARTÍNEZ, F.; TIGCHELAAR, E. J. C.; VAN DER WOUDE, A. S., *Discoveries in the Judaean Desert*, v. XXIII, 305-356, Quadros XXXV-XL, LIII.

30. Cf. IBBA, G., *Il "Rotolo della Guerra"*.

31. (11Q19-20), YADIN Y., *The Temple Scroll*, 3 v. + supl., Jerusalem, Israel Exploration Society, The Institute of Archaeology of the Hebrew University of Jerusalem, The Shrine of the Book, revised English edition (from Hebrew, 1977), 1983; para a edição italiana, cf. VIVIAN, A., *Il Rotolo del Tempio*, Brescia, Paideia, 1990.

32. Sobretudo fr. 2 ii: Tov, E., in: ATTRIDGE, H. et al., *Discoveries in the Judaean Desert*, v. XIII, *Qumran Cave 4, VIII: Parabiblical Texts, Part I*, Oxford, Clarendon Press, 1994, Quadros XXXIII-XXXIV.

manuscrito 4Q*Palavras de Miguel* (4Q529)[33], fala-se de uma Jerusalém futura. Com relação aos *Cantos do holocausto do sábado*, a *Nova Jerusalém* mostra, porém, um evidente desejo de encontrar o Templo de Jerusalém, mas não no sentido de que nele não serão feitos mais sacrifícios cruentos. O novo Templo será maior, mas terá sempre a mesma função do histórico. O texto, que contém um assunto escatológico, mostra basicamente uma nova Jerusalém com um novo templo para acolher, por doze portas nos muros da cidade, todas as tribos de Israel dispersas. Com relação a essa obra, pode ser que os sacerdotes tenham vislumbrado em Jesus um dos que tinham esperança na destruição de Jerusalém, e do seu Templo, e da sua reconstrução faraônica, como é descrita a cidade futura na obra (cf. Jo 2,19-20; Mt 24,1-2; Mc 13,1-2; Lc 21,5-6).

Breve conclusão

Os dois temas abordados deveriam ter dado uma ideia de como a biblioteca de Qumran pode ajudar o estudo dos textos neotestamentários e permite penetrar melhor nas problemáticas sentidas pelos primeiros seguidores de Jesus, homem que, embora tenha trazido elementos de novidade absoluta, sobretudo a respeito do que fez, deve ser considerado, com toda razão, um filho do judaísmo do Segundo Templo. Há outros assuntos que deveriam ser desenvolvidos à luz da literatura qumrânica, como a estrutura das primeiras igrejas e a das comunidades descritas nas Regras, a antropologia cristã e a que emerge de algumas obras encontradas nas grutas, a interpretação da *Torá*, a questão do sábado, a correção fraterna dentro da comunidade, o diabo, a escatologia, a apocalíptica, a vidência, a angelologia[34]. Deve-se observar, enfim, que a bibliografia sobre as relações entre os conteúdos de alguns textos qumrânicos e algumas passagens dos evangelhos ou de outras obras do Novo Testamento já apresenta um número considerável de contribuições. Não obstante isso, fica evidenciado que falta ainda um trabalho sistemático de confronto entre essa literatura e o Novo Testamento.

---

33. PUECH, E., *Discoveries in the Judaean Desert*, v. XXXI, *Qumran Cave 4.XXII: Textes araméens, première partie: 4Q529-549*, Oxford, Clarendon Press, 2001, Quadro I.

34. Permito-me remeter, para alguns desses temas, a IBBA, G., *Qumran. Correnti del pensiero giudaico (III a.C.-I d.C.)*, Roma, Carocci, 2007.

4
O contexto político e sociocultural nas origens do cristianismo

David Álvarez Cineira

O movimento cristão dá seus primeiros passos por volta de 26 d.C., com a aparição púbica de Jesus de Nazaré, profeta itinerante e mestre popular judeu na Galileia. Não entraram em seu raio de ação nem as cidades herodianas da Galileia nem os centros urbanos dos seus arredores (Tiro, Sidon, a Decápole). Entre seus destinatários encontramos os pescadores e os camponeses das pequenas aldeias da margem setentrional do lago de Tiberíades. Trata-se, portanto, de um movimento rural e camponês. Além disso, a única cidade visitada por Jesus, Jerusalém, será o lugar da sua morte, ocorrida por mão dos romanos. A seguir, todavia, nascem comunidades cristãs nos centros urbanos da área mediterrânea, de modo que o cristianismo se torna um movimento decididamente urbano.

Para entender bem a sua gênese e a sua expansão, é preciso levar em conta o contexto político, religioso, sociocultural e econômico no qual surge e se desenvolve esse movimento. O império romano, formado por um conjunto de povos, religiões e culturas, constitui a moldura interpretativa que obriga os discípulos de Jesus a se confrontar constantemente com Roma, para esclarecer e defender a própria identidade. Portanto, entender o mundo greco-romano no qual os cristãos viveram e que esboçaram nos próprios escritos, bem como interpretar a atitude cristã diante do ambiente social, político e religioso, é fundamental para ter um quadro autêntico das complexas e tensas interações entre o novo movimento emergente na Palestina e os outros povos do Mediterrâneo. Para tudo isso é essencial conhecer o mundo romano, imperial e provincial, que modulou as relações internas e externas e configurou o ambiente de expansão do cristianismo, bem como a situação das comunidades hebraicas no império, porquanto é precisamente no seu interior que nasce o movimento dos discípulos de Jesus.

As fontes para estabelecer as origens do cristianismo pressupõem o conhecimento da configuração social, política, religiosa e cultural da época; assim, a consciência dos códigos socioculturais e religiosos implícitos nos permitirá avaliar a sua inserção e a sua expansão dentro do mundo romano. Esse movimento viu a luz numa época caracterizada por valores sociais e culturais muito distantes dos de hoje. Ignorando essas diferenças, pode-se cair no anacronismo ou no etnocentrismo. Como entender a cultura e a sociedade do século I d.C.? Nos últimos decênios, os estudiosos da sociedade e da antropologia cultural analisaram na nossa época quer a história marginal, quer a cultura do Mediterrâneo. Essa pesquisa, para além das diferenças locais, fornece um conjunto de traços e modelos culturais que repetem e encarnam a cultura mediterrânea daquele tempo. O grupo cristão irá definindo pouco a pouco a própria identidade, graças ao diálogo e ao confronto com esse conjunto de categorias e de valores culturais, sociais e econômicos.

O contexto político: o império romano

As representações do mundo social do cristianismo primitivo encarnam o lugar comum da *pax romana* como contexto positivo para o nascimento e expansão do próprio cristianismo: viagens relativamente tranquilas pelas ótimas vias de comunicação (estradas romanas e portos marítimos), mares livres de piratas e portos seguros; além disso, a preponderância da cultura e da língua grega tornava fácil a difusão do evangelho e da comunicação entre as diversas comunidades das margens mediterrâneas. O bom governo de Augusto teria criado essa estabilidade e segurança gerais.

Essa descrição edílica, porém, é apresentada pelas fontes epigráficas e literárias que pertencem logicamente à classe privilegiada. Os dois recursos romanos para instaurar e manter a submissão dos povos conquistados eram o medo da espada e a arte retórica. Por esse motivo, é natural que o tema principal na oratória no início do principado tenha sido a paz, estabelecida e conservada pelo imperador, em benefício da segurança e do bem-estar dos habitantes do império. A retórica pública elevava também as relações de poder no império. Como documentação dessa teologia imperial temos quer os autores¹ de poemas publicitários que enaltecem a figura de Augusto e a sua *pax augusta*, quer as moedas, a arte e a arquitetura, testemunhas mudas, mas muito incisivas na sociedade².

Os imperadores usarão com habilidade a magistratura, as honras e a administração pública para produzir coesão social, mediante uma rede de trocas de relações pessoais baseada no sistema do patronato enraizado nelas desde sua origem, chegando a todos os ambientes da vida política, social e religiosa. Esse sistema complexo de relações pessoais poderia ser definido adequadamente como um código de honra. Entre o imperador e a elite local os vínculos do patronato pessoal constituíam caminhos sólidos para o fluxo de poder, o qual vai do centro (Roma) até as autoridades periféricas, regionais e locais. Esse sistema hierárquico de poder era outro modo para manter a ordem pública e exercer o controle sobre os súditos. Além disso, pela estreita conexão entre religião e Estado, esse sistema era garantido por poderes divinos. É assim que o patronato como sistema político, econômico e social interagia constantemente com o sistema político religioso dos sacrifícios e com o culto tributado ao imperador.

A concessão da cidadania, as festas, as moedas, as imagens imperiais e os rituais políticos tiveram um papel importante quando ia se compondo o mosaico de raças e culturas que constituía o império. Roma legitimou o seu poder graças a uma ideologia que inconscientemente idealizava o império como uma coletividade capaz de acolher a todos, relativizando as diferenças culturais e de classe, e reforçando a assimilação das relações pessoais com o imperador³. A própria Roma fornecia a articulação inicial dos valores que serviam aos súditos para orientar sua vida como membros de uma comunidade; depois, seria a confiança na partilha geral desses valores que forneceria legitimidade à ordem social estabelecida por Roma. Tal sociedade apoiava-se no sistema piramidal de relações entre império, imperador, províncias, cidades e

---

1. Cf. TOWNEND, G., Literature and Society, in: BOWMAN, A. K.; CHAMPLIN, E.; LINTOTT, A. (ed.), *The Cambridge Ancient History. X: The Augustan Empire, 43B.C.-A.D. 69*, Cambridge, Cambridge University Press, ²2004, 905-929.

2. Cf. ZANKER, P., *The Power of Images in the Age of Augustus*, Ann Arbor, University Michigan Press, 1988.

3. Cf. ANDO, C., *The Imperial Ideology in the Roman Empire*, Berkeley, University of California Press, 2000, 19-48, aqui 40.

indivíduos, e fornecia a seus membros a consciência coletiva de pertencimento a uma realidade superior, mas, ao mesmo tempo, exigia dos súditos a obrigação da submissão, aceitação e lealdade a Roma, a qual era considerada como avalista da estabilidade política e econômica.

Apesar de tudo isso, sabemos hoje, com os novos estudos históricos, que tal situação idílica do império interessava apenas às classes privilegiadas. Os romanos e a aristocracia dos povos conquistados, cujo poder e cuja autoridade foram ratificados e aumentados por Roma, perpetuaram uma ordem política e econômica que assegurava o poder com os seus privilégios. Infelizmente, porém, a grande maioria da população sofria as consequências opressivas de tal ordem[4]. Não é de espantar, por isso, que os povos submetidos não aceitassem docilmente a nova ordem imperial e que algumas disposições estabelecidas pelos romanos incrementassem ainda mais os conflitos locais. As cartas paulinas, as obras do historiador judeu Flávio Josefo e do filósofo Fílon de Alexandria concordam sobre o fato de que "a nova ordem mundial" estabelecida pelos romanos da época de Augusto era sentida pela maioria nas províncias como uma "des-ordem". Essa condição opressiva não será indicada pela historiografia romana, porquanto as fontes apresentam em geral a perspectiva dos opressores. Será suficiente levar em consideração a história da Palestina nos primeiros dois séculos da nossa era para ver que a *pax romana* era para os seus habitantes um pesadelo sem fim. Os movimentos da resistência eram sufocados pelos governantes com mão firme, porquanto vistos como ameaças seja para a ordem imperial, seja para o próprio *status*. Chegou-se a confrontos sangrentos, como consequência tanto das tentativas fanáticas de manter as formas tradicionais de religiosidade, quanto das tentativas dos governantes de enfrentar drasticamente a resistência; duas guerras de libertação contra os romanos levaram à repressão, à destruição e ao pagamento do *fiscus iudaicus*. Essas circunstâncias de exploração, agitação, subversão e repressão podem ser deduzidas dos relatos de Paulo (cf. Gl 1,13; Fl 3,4-6) e dos Atos dos Apóstolos (cf. 4–5; 7,54–8,3) sobre os discípulos de Jesus em Jerusalém e na diáspora.

A estabilidade política imposta pelo poder imperial tinha como contraparte para muitos habitantes a insegurança, como demonstram as deportações

---

4. Cf. WENGST, K, *Pax Romana. Anspruch und Wirklichkeit. Erfahrung und Warhnehmungen des Friedens bei Jesus und im Urchristentum*, München, Chr. Kaiser Verlag, 1986.

que atingiram os povos conquistados e colonizados, os quais sofreram o jugo da ocupação e da dominação romana. Além disso, deve-se acrescentar a isso a escravidão, um dos pilares da ordem econômica e social romana, bem como as taxas que dessangravam as míseras economias locais. E tudo isso recebia o apoio da divindade com a propiciação deles.

A ideologia da paz e da segurança instaurada pelos deuses de Roma através da própria Roma servirá de véu para cobrir e mascarar a crueldade do imperialismo. Paz e segurança foram os sucessos de Augusto. O império celebra essa "paz" como resultado das vitórias militares, porquanto a *pax romana* pesava sobre os povos submetidos: fundamentava-se na guerra e na conquista que obrigavam o povo submetido ao pacto seguinte. A mensagem do "evangelho" de Augusto era clara: justiça e paz, os dons dos deuses, manifestaram-se sobre a terra mediante a ordem e segurança estabelecidas por Roma. Essa propaganda augustana não poupou nenhum meio – poesia, escultura e cultura em geral – para levar adiante uma reforma religiosa, política e social que queria chegar a todos os ambientes da existência humana. Foi assim que o próprio Augusto ficou preso na complexa rede de cultos, instituições e, eventualmente, até de divindades.

Esse imperador renovou a moral e os valores tradicionais, as virtudes e os ideais romanos[5]. No novo organograma religioso resultante, o próprio Augusto ocupará o lugar central na vida política, religiosa e social romana[6]. Mesmo depois de seu desaparecimento, foi o paradigma de ação para os príncipes seus sucessores, sobretudo para Tibério e Cláudio. Augusto deu início a uma dinastia e a um sistema político novo (o principado), motivos pelos quais será objeto de veneração comum, sobretudo depois da sua morte, mediante o culto do imperador.

Os imperadores Augusto, Tibério e Cláudio farão esforços para proteger a antiga religião romana. Os cultos estrangeiros eram submetidos a Roma e à ideologia imperial, de modo que fossem, ao mesmo tempo, religião e Estado,

---

5. Cf. LIEBESCHUETZ, J. H. W. G., *Continuity and Change in Roman Religion*, Oxford, Clarendon Press, ²1996, 55-100; BEARD, M.; NORTH, J.; PRICE S. (ed.), *Religions of Rome. Volume 1: A History*, Cambridge, Cambridge University Press, 1998, 313-363.

6. Cf. PRICE, S. R. F., The Place of Religion: Rome in the Early Empire, in: BOWMAN, A. K.; CHAMPLIN, E.; LINTOTT, A. (ed.), *The Cambridge Ancient History. X: The Augustan Empire, 43B.C.-A.D. 69*, 820-847.

contribuindo para a paz que as divindades conferiam (*pax deorum*) e para a segurança que Roma impunha (*pax romana*). É verdade que ao incorporar os novos povos conquistados para seu império, o costume romano era de reconhecer o *status quo*, os usos, as estruturas e os direitos estabelecidos pelos soberanos locais, sempre que não se tratasse de populações fortemente conflitantes. No âmbito religioso, o peso da tradição dos antepassados (*auctoritas maiorum*) e o respeito pelos costumes consolidados (*longa consuetudo*) foram a atitude romana em relação aos cultos estrangeiros com tradições ancestrais. Portanto, a política religiosa, em razão do pluralismo étnico e cultural foi marcada pela tolerância.

Mas essa "magnanimidade" romana não era nem absoluta nem incondicional; a permissividade tinha os seus limites. Quando as religiões estrangeiras favorecem a libertinagem, causam desordens públicas, põem em risco a segurança do Estado ou infectam o império, os romanos são implacáveis. Conhecemos algumas medidas tomadas contra ritos estrangeiros: a supressão em 186 a.C., em Roma, dos Bacanais (cf. LÍVIO, XXXIX,8-19) e a proibição, em 19 d.C., com Tibério, do culto de Ísis (cf. TÁCITO, *Anais* II,85; SUETÔNIO, *Tib.* 36). Além disso, foram periodicamente expulsos de Roma astrólogos, druidas, filósofos e vários embusteiros, sob a acusação de exercerem práticas subversivas e atividades abomináveis (*flagitia*). Augusto promulgou a *lex Iulia* para obrigar ao reconhecimento imperial e senatorial toda associação voluntária (*collegium*). Por sua conta, Tibério quis intervir contra os ritos egípcios e hebraicos. Igualmente, Cláudio (41-54 d.C.) introduz no seu programa imperial várias medidas contra os cultos não romanos na Itália, embora as sanções romanas contra os seguidores dos ritos proibidos fossem esporádicas e de breve duração.

Na situação imperial assim descrita, as comunidades judias da diáspora mantiveram uma relativa autonomia no plano social e religioso, a qual lhes permitiu preservar a própria identidade. A permissão concedida aos judeus de poderem organizar a vida de acordo com as próprias leis e costumes é reconhecida por todos em cada região e durante toda a existência do império[7]. Essa

---

7. Sobre os privilégios dos judeus no império, cf. ÁLVAREZ CINEIRA, D., *Die Religionspolitik des Kaisers Claudius und die paulinische Mission*, Freiburg-Basel-Wien, Herder, 1999, 160-170.

tolerância por parte do governo romano podia fazer crer que os privilégios e os direitos dos judeus fossem mantidos pela lei e que o judaísmo como tal fosse considerado um *collegium licitum*. Ao contrário, a preservação dos privilégios baseava-se mais na capacidade de manter boas relações com as autoridades imperiais, provinciais e locais, porque não havia nenhuma *magna charta* judaica dentro do império que estipulasse formal e legalmente o *status* jurídico dos judeus da diáspora. Os judeus, portanto, deverão lutar constantemente no âmbito local para fazer valer essa tradição.

Justamente por isso, nas relações entre os judeus e Roma, não faltarão desencontros e tensões durante o século I da nossa era. O judaísmo da diáspora tinha um *status* precário e vulnerável. Durante o principado de Tibério, de Calígula e Cláudio, as relações foram frequentemente tensas. Flávio Josefo, Tácito, Suetônio e Dião Cássio fazem menção a algumas medidas tomadas contra os judeus de Roma em 19 d.C. No reino de Calígula (36-41 d.C.) essas relações cresceram ainda mais, devido à sua pretensão de erigir uma estátua sua no Templo de Jerusalém. A inimizade desse imperador em relação aos judeus foi o pretexto para os gregos de Alexandria confinarem os judeus da cidade no primeiro *gueto* historicamente datado (cf. FÍLON DE ALEXANDRIA, *Leg.* 120-161; FLÁVIO JOSEFO, *Ant. jud.* XVIII,261-304), embora em 41 d.C. a paz tenha se estabelecido na mesma cidade, mediante uma carta benévola do imperador Cláudio. Todavia, essa carta prescreve que os judeus não levantem mais problemas (cf. *CPJ* II 153.98-100). Esse imperador deverá advertir os judeus de Roma no mesmo ano (cf. DIÃO CÁSSIO, LX 6,6) e alguns anos depois (49 d.C.) decretará a expulsão dos judeus que tinham provocado tumultos em Roma (cf. SUETÔNIO, *Claud.* 25,4; At 18,2). Do mesmo modo, a atitude de suspeição e rejeição foi permanente, seja na plebe, seja entre os escritores romanos, devido, sobretudo, ao exclusivismo religioso judaico e a alguns costumes rituais bizarros, como o repouso sabático e a circuncisão.

A tolerância e o tácito consentimento em relação aos privilégios judaicos pela parte romana são justificados pelo pragmatismo político do Estado e têm o objetivo de manter firme a *pax romana*. Encontramo-nos no século I d.C., quando a garantia legal para os judeus não é totalmente estável, mas instável em relação a lugares, governantes e circunstâncias, com uma alternância entre períodos de tolerância e outros de oposição, de respeito e de perseguição. Como no caso dos outros grupos, os romanos serão tolerantes quando não há risco para a *pax romana*. É assim que se compreende o interesse das comunidades hebraicas da diáspora de preservar esse *status* jurídico e social habitual, mantendo-se fora de qualquer atividade que chamasse a atenção ou de procedimentos repressivos das autoridades. Nessa situação precária e vulnerável sob o ponto de vista político e religioso, as agregações voluntárias (*collegia*) e as comunidades hebraicas podiam ser atingidas pela opressão do Estado com punições governativas[8]. Por isso, a expansão do cristianismo não se explica sozinha, com as relações entre os grupos dos discípulos de Jesus ou com outros grupos judaicos, mas com um conjunto de circunstâncias e de forças históricas não controláveis por eles. Contudo, todas essas interrelações políticas ocorrem dentro da própria sociedade e cultura mediterrânea, sem particularismos regionais.

O contexto social: a sociedade mediterrânea

A antropologia sociocultural de hoje oferece um conjunto de modelos heurísticos para entender a cultura mediterrânea, que é o lugar próprio de socialização dos autores e leitores do Novo Testamento. Brevemente tentaremos delinear o contexto com alguns dados que nos permitam evitar o etnocentrismo e o anacronismo.

Valores da sociedade mediterrânea

A sociedade mediterrânea do século I d.C. foi coletivista e voltada para o grupo. A personalidade diádica[9], segundo a qual os indivíduos percebem e configuram a própria imagem de modo especular à percepção dos outros sobre si, tem necessidade, para a própria sobrevivência psicológica, das imagens produzidas pelos outros. Assim, a própria percepção é modelada e determinada pela imagem fornecida pelas personalidades mais significativas do grupo social. Os traços do grupo são representativos do indivíduo, de tal modo que, únicos e distintos, não são os indivíduos, mas os grupos. De outra

---

8. Cf. BAUMGARTEN, A., Graeco-Roman Voluntary Associations and Ancient Jewish Sects, in: GOODMAN, M. (ed.), *Jews in a Graeco-Roman World*, Oxford, Clarendon Oxford Press, 1998, 93-111.

9. MALINA, B. J., *El mundo del Nuevo Testamento. Perspectiva desde la antropología cultural*, Estella, Verbo Divino, 1995, 90.

parte, cada pessoa vê a si mesma dentro desses tipos de sociedade, enquanto parte e subordinada ao grupo em si, e se representa com relação aos grupos de pertencimento ao assumir e defender os valores e as atitudes próprias dos membros do grupo. Todos os membros desse grupo único e distinto formam um grupo primário interior. O pertencimento a esses grupos endógenos não é estabelecido por decisão pessoal, mas com base na inserção social, que escapa ao controle individual: gênero, nascimento, residência, nacionalidade, situação social. O *status* designado é mais determinante do que o *status* desejado. Nesse âmbito, a família é o grupo mais importante, embora outras agregações, como a aldeia, o país ou a cidade, a tribo ou a etnia desempenhem ao mesmo tempo um papel importante.

Apesar de tudo, uma pessoa pode se ligar a um grupo secundário (agregações por eleição), de acordo com a própria vontade e até, muitas vezes, por pura necessidade. Ocasionalmente, esses grupos são chamados de "associações voluntárias". Nas civilizações coletivistas a conduta da maior parte das pessoas é determinada pelos objetivos do grupo, que exigem sucessos para melhorar o estatuto do próprio grupo. As culturas coletivistas tendem a conservar a integridade da família, a solidariedade e a honra do endogrupo e adotam certos valores como a obediência aos anciãos, o respeito da tradição, a vontade de partilhar os bens com os outros membros do grupo e a tendência forte a representar o grupo nas competições que se verificam com outros grupos.

Outro valor central da sociedade mediterrânea é constituído pela honra, ou seja, pela reivindicação do próprio valor e pela aceitação social de tal pretensão por parte de um grupo importante[10]. O seu antônimo, a vergonha, indica, em sentido positivo, a sensibilidade em relação à própria reputação na opinião dos outros. A honra pode ser atribuída (a uma pessoa em virtude do nascimento, das relações familiares, da sua posição) e adquirida (o valor que a pessoa deseja e obtém ao superar outros na interação social, na luta social de desafios e contendas entre os indivíduos socialmente iguais). A procura da honra explica a maior parte das interações entre os indivíduos e os grupos que os representam.

A orientação grupal e a importância da honra interagem num duplo modo. De uma parte, enquanto os indivíduos, que procuram a honra para si

---

10. Ibid., 70: "Honra significa o sentimento que uma pessoa ou um grupo tem do próprio valor e o reconhecimento público e social que é dado a esse valor".

mesmos, tornam mais honrado o próprio grupo; de outra, enquanto a consistência do grupo fica subordinada à opinião de um outro grupo social mais amplo. A cultura mediterrânea foi terrivelmente "agnóstica". Essa competitividade social cresceu com os "bens limitados", ou seja, com os recursos à disposição quer da pessoa, quer da sociedade; esses recursos limitados são, frequentemente, também indivisíveis, de modo que a acumulação por parte de alguns de um excedente de qualquer tipo de bem, honra inclusive, não pode senão prejudicar a disponibilidade para os outros. A competitividade marca assim todas as interações sociais externas à família, exceção feita para o matrimônio de conveniência, ao passo que as relações com os parentes são caracterizadas por confiança e altruísmo.

O gênero está estreitamente ligado à honra e à vergonha, especialmente onde as mulheres devam se submeter à autoridade dos homens, quer se trate de pais, irmãos ou maridos, de modo que eles possam preservar a própria honra. A eventual desonra da mulher recai sobre o homem e toda a sua família e requer a vingança para restabelecer o *status quo*. Para evitar a vergonha na família mantém-se uma constante vigilância sobre as mulheres, especialmente as solteiras, relegando-as até para um ambiente privado da casa, se a posição econômica o permite. Casada independentemente da sua vontade, porque os matrimônios são combinados entre os homens, a mulher é submetida à família do marido e deve preservar sua honra. Em todo caso, as núpcias fundam a honra das duas casas e representam uma aliança entre os respectivos interesses comerciais, porquanto a família constitui também, normalmente, uma unidade de produção. Nesse contexto, onde não contam os interesses individuais do casal, o divórcio implica a dissolução acrimoniosa de uma união social e econômica potencialmente vantajosa para as duas famílias.

Outro traço típico da cultura mediterrânea é a instituição da relação entre patrono e cliente[11], que se apoia na desigualdade estrutural e na diferença de poder entre os sócios que tornam possível a troca de recursos diferentes e muito desiguais. Em geral, um membro da elite urbana partilhará com pessoas de nível social inferior os seus recursos sociais, econômicos e políticos (inclusive consulta jurídica) em troca de manifestações de lealdade e de reverência.

---

11. GARNSEY, P.; SALLER, R., *The Roman Empire. Economy, Society and Culture*, Berkeley-Los Angeles, University of California Press, 1987, 149.

Habitualmente, um intermediário torna possível o intercâmbio de serviços entre clientes e patrono. As relações entre cliente, intermediário e patrono tendem a superar a estratificação rígida própria da sociedade mediterrânea e a natureza limitada dos seus recursos. Além disso, o sistema clientelista atribui aos indivíduos não pertencentes à mesma família alguns traços de reciprocidade e até vínculos emocionais próprios das relações familiares. Nesse sentido, as relações patrono-cliente constituem uma espécie de falsa parentela.

A troca de bens e de serviços, recíproca, mas assimétrica, entre as pessoas na instituição clientelista opõe-se às associações horizontais e à reciprocidade baseada na parentela típica das sociedades rurais. De sua parte, o Novo Testamento mostra como funciona esse sistema no âmbito local, na Palestina, em particular no relato de Lucas sobre o centurião de Cafarnaum, que tem um servo doente (cf. Lc 7,1-10). Mais explícito aparece esse tipo de relação social nas divisões e facções de Corinto, onde a comunidade se relaciona com os apóstolos, conformando-se à relação patrono-cliente. Além do impacto negativo na comunidade do surgimento de divisões, essa tendência estabelece uma estrutura de hierarquias estáticas que se viam na condução de lutas intestinas pelo poder e o domínio. Paulo se opôs a esses modelos dominantes de relações sociais dentro da sociedade romana imperial.

Os estudos de antropologia social mostram que no Mediterrâneo havia um conjunto de traços distintivos naturais e culturais que deixaram vestígios no cristianismo primitivo. Isso não significa, todavia, que devamos subestimar a grande variedade de funções sociais de caráter regional e local.

A casa e o grupo familiar

Dentro da sociedade diádica, a identidade individual situa-se no grupo familiar, na parentela e na aldeia e, por isso, representa um grupo de relações sociais. As interações têm lugar numa área concreta determinada não apenas socialmente, mas também espacialmente: a casa, o pátio, o vilarejo. O lugar e o espaço habitado pelo grupo familiar constituem o instrumento heurístico que permite identificar a área destinada a cada um, as relações internas entre os membros e a hierarquia social, que, por sua vez, refletem pressupostos mentais, expectativas ideológicas e tradições familiares, porquanto a casa se identifica com a história e a tradição do grupo familiar. Os estudos sobre a parentela levam em consideração grupos familiares de estruturas maiores, como a tribo ou o clã, e o grupo familiar interage com a mais ampla comunidade parental, de vizinhança e de vilarejo.

A casa, bem longe de ser um refúgio puramente privado, fornece a interface entre a esfera pública e privada, sendo delimitada estritamente pelo código social (cf. VITRÚVIO VI,5.1). Na Palestina, a casa era parte integrante da vida urbana e rural e, assim, tornou-se um ponto de encontro e de referência para as estruturas familiares e de clã. O conceito de "casa" significa muito mais do que um espaço puramente arquitetônico; envolve todos aqueles (grupo familiar) que nela habitam e inclui escravizados, posses e bens; em síntese, toda a propriedade do patrão da casa. Isso comporta categorias funcionais, econômicas e jurídicas: a casa é o centro de produção e de gestão do lar, com um sistema institucionalizado de organização em que está no ápice o *pater familias*. É, portanto, um grupo de convivência e de partilha de todas as tarefas necessárias para o apoio e a manutenção do grupo.

No que diz respeito à arquitetura, a arqueologia identificou vários tipos de edifícios no mundo greco-romano e na Palestina, analisando não somente a estrutura das construções, mas também sua função social e seu significado. A construção de novas áreas residenciais orienta-se segundo os princípios da "urbanística segundo Hipódamo", cujo ideal teórico é representado por um plano de desenvolvimento com um percurso ortogonal de estradas simétricas e uma distribuição regular das áreas residenciais em outros tantos blocos de andares (*insulae*). Nas cidades dispõem-se de casas com paredes próximas entre si, com o objetivo de poupar espaço. No âmbito da cultura romana, as famílias nobres geralmente possuíam palácios ou casas de campo, ou seja, casas com átrio em torno do qual se organizam os cômodos. Na cultura grega os compartimentos estão dispostos em torno de um peristilo (*peristylium*), um pátio interno parcialmente coberto com colunas alpendradas. Os edifícios maiores apresentam outros elementos arquitetônicos: lojas (*taberna*) à esquerda e à direita da entrada, cozinhas e depósitos (*culina*) ou uma entrada auxiliar para os servos (*posticum*). Na cidade são frequentes os blocos de edifícios (*insulae*) com as lojas dispostas ao rés do chão, enquanto nos andares superiores se encontram os andares para aluguel, em geral para as pessoas de baixa renda.

Nas áreas rurais há edifícios de grandes dimensões, de propriedade de pessoas com grande patrimônio, e uma agricultura orientada ao comércio, símbolo do poder dos proprietários. Os complexos residenciais agrícolas dos senhores parecem ser projetados segundo a antiga tradição das casas com pátio, enquanto os palácios nobres nas cidades refletem a influência da arquitetura grega contemporânea, caracterizada por edifícios de luxo, que encontram sua expressão arquitetônica padronizada na "casa com peristilo".

Na Palestina, onde a casa era o lugar de residência e de trabalho, existem dois tipos principais de habitação: a *casa de piso simples*, um pequeno edifício quadrado dividido em duas ou mais salas, típico das zonas rurais, e a *casa com pátio interno*, que se encontra em instalações de tipo urbano. Em volta do pátio, centro da casa e da vida familiar, estão dispostas habitações subdivididas em cômodos, com entrada direta pelo pátio (cf. Mt 26,57). Na Galileia, pode-se ver uma escadaria de acesso que vai do pátio à casa. O pátio era o lugar de trabalho, um espaço para homens, mulheres e crianças, onde se integravam gêneros e idades. Era o lugar de encontro para vizinhos e parentes. No interior da casa, a sala de jantar e de estar eram áreas muito importantes e estavam reservadas aos homens quando havia hóspedes (cf. Mc 14,15; Lc 22,12). Os cômodos menores serviam como dormitórios ou para os afazeres domésticos. É um exemplo de como uma sociedade configurava o espaço doméstico por meio da sua arquitetura, mediante a maneira como as casas eram construídas e nas quais era partilhado o espaço. Mas esse espaço comum era também moldado por atividades igualmente comuns, como a partilha do trabalho, dos serviços e dos empréstimos e o consumo coletivo das refeições, sobretudo entre parentes.

As tipologias dos edifícios refletem as diferenças em termos de recursos econômicos e de *status* social e deles se podem deduzir também as diversas dimensões e a composição das famílias que neles habitavam. Durante o período romano, a elite hebraica adota edifícios em estilo romano, vivendas com diversos cômodos em torno de um pátio. Esses edifícios refletem a cultura, o estilo de vida e a riqueza da classe superior, e são capazes de hospedar grande número de parentes, dependentes e escravizados. Além disso, nas áreas rurais do país encontramos a casa de campo ou a grande herdade, entendida principalmente como lugar para a produção agrícola, bem como a *herdade-torre* (cf. Mt 21,33; Mc 12,1; Lc 14,28), justamente em forma de torre, que podia ser utilizada como celeiro ou habitação na época da colheita. Enfim, foram encontradas *insulae* com lojas (*tabernae*), típicas das médias e grandes cidade do império. Essas lojas funcionavam como uma oficina, com um cômodo na parte posterior ou superior empregada como habitação dos trabalhadores.

Com base nos diversos tipos de casa e nos testemunhos literários, Santiago Guijarro propôs uma divisão da população da Galileia em quatro tipos de família[12]: estendida, múltipla, nuclear e dispersa. Na parte de cima está a elite, que consistia numa pequena porção da população (um por cento), ou seja, Antipas, a sua família e os altos funcionários, os quais viviam em casas de campo, com grupos familiares grandes e estendidos que controlavam grande parte da renda da térrea. Os habitantes das casas com pátio incluíam os administradores de nível baixo (arrecadadores), burocratas da elite e pequenos proprietários de imóveis e pescadores. Dentro da casa com pátio podiam viver duas ou mais famílias aparentadas que se apoiavam mutuamente nos momentos de dificuldade. Esse grupo podia constituir cerca de dez por cento da população. Grande parte dela, porém, vivia numa "casa simples", habitação de um único grupo familiar. A maior parte dos grupos familiares era composta por gente simples e de poucos recursos econômicos que se ocupavam com a agricultura e artesanato ou eram assalariados rurais. Enfim, havia um grande grupo de desalojados e mendicantes, pessoas que tinham perdido seu pedaço de chão e não tinham trabalho e cujas famílias estavam destinadas à dispersão, dado que não podiam ficar juntos.

A casa e o grupo familiar foram o lugar primário da formação da identidade de Jesus. A casa foi um importante lugar de encontro de Jesus com os seus discípulos e com o grupo de ouvintes[13]. Em suas viagens, as casas particulares é que eram usadas para pregar e realizar os milagres, para ter as refeições e onde ficar. É interessante o fato de Jesus ter permanecido fiel à tradição hebraica de evitar o ingresso nas casas dos não judeus. Somente em ocasiões excepcionais é que se dispunha a assumir a impureza ritual de quem frequenta a casa dos gentios (cf. Mt 8,5-13; Lc 7,1-10; At 10,1–11,18). Portanto, Jesus, embora frequentasse a casa de republicanos, sempre se movimentou dentro do mundo hebraico, com o seu rígido código de conduta e jamais pôs em discussão o sistema de valores a ele associado. A casa reflete, pois, não apenas o *status* social dos seus habitantes, mas também sua identidade étnica e religiosa.

---

12. GUIJARRO OPORTO, S., *Fidelidades en conflicto. La ruptura con la familia por causa del discipulado y de la misión en la tradición sinóptica*, Salamanca, Universidad Pontificia, 1998, 89-95.

13. MOXNES, H., *Poner a Jesús en su lugar. Una visión radical del grupo familiar y el reino de Dios*, Estella, Verbo Divino, 2005.

A estrutura familiar

A família constitui a estrutura social básica do mundo antigo. Na Grécia, como associação de pessoas, o *oikos* compreende o pai, sua mulher, os filhos em comum e os escravizados. É, pois, um núcleo familiar como comunidade de vida e unidade econômica. Nela, o pai tem o papel de *despótes* (proprietário), *oikonomos* (administrador) e *kyrios* (senhor da justiça) e exerce uma função dominante sobre os outros membros da família, reforçando os papéis de gênero. A literatura grega sobre o *oikos* enquanto gestão da "casa" concebeu essa última como uma estrutura de pessoas com vínculos diversos com o *pater familias*. Assim designa Aristóteles três tipos de pares relacionais: marido e mulher, pais e filhos, patrão e servos (cf. *Polit.* I 3 [1253b 4-11]). Esse gênero de literatura recomenda como articular as relações de modo que, além de serem um benefício econômico para toda a família, elas estejam isentas de tensões e se consiga otimizar as qualidades de todos os "subalternos". O *pater familias* assume o papel de um sábio administrador da própria casa. Como parte da economia doméstica, as áreas de competência entre os sexos são determinadas com base na natureza deles. Assim, o homem assume a responsabilidade das atividades agrícolas e da guerra (o domínio público), enquanto a mulher tem características inatas que a tornam mais qualificada para o papel de dona de casa e de mãe, cujo campo de ação é a casa (cf. XENOFONTE, *Oecon.* 7,20-43). Todavia, pede-se que a instrução seja partilhada entre os filhos (7,12) e se encoraja o aumento e a preservação de maneira comum da riqueza da família (7,15).

Em relação aos escravizados, aconselha-se ao patrão que lhes dê um tratamento adequado sobre o trabalho, procurando estimular a motivação deles e de lhes fornecer o necessário sustento. Se o servo comete um malfeito, a pena deve ser proporcional ao erro cometido. Os textos conservados falam de modo marginal sobre a relação entre pai e filhos, limitando-se a encorajar o respeito pelos próprios pais e o cuidado com eles na velhice (cf. ibid., 7,19)[14].

O ideal romano da família é uma estrutura jurídica que se propõe como uma pirâmide em cuja parte superior está o *pater familias* que detém a *patria potestas* na administração da casa sobre a mulher, seus filhos reconhecidos

---

14. Cf. LACEY, W. K., *The Family in Classical Greece*, Ithaca (NY), Cornell University Press, 1984.

segundo a lei[15], bem como sobre netos na linha masculina (*agnates*), sem esquecer os libertos e os escravizados. Todos juntos constituem a sua família e ele, como um autocrata, tem absoluta liberdade de ação em três áreas, onde opera como ente jurídico independente (*sui iuris*) e como representante dos seus subordinados (*alieni iuris*): 1. a economia: faculdade de adquirir, utilizar e vender os bens da família; 2. a competência jurídica: direito sobre a vida e a morte dos membros submetidos à sua autoridade; e 3. o culto. De outra parte, deve também se sujeitar às obrigações familiares, entre as quais o aumento dos imóveis e dos bens sociais (prestígio), o cuidado e a manutenção dos filhos, a proteção jurídica e social de todos os membros da família e dos próprios clientes. Na sociedade romana, o lar da elite foi o centro da vida pública. Em vez da dicotomia grega entre público e privado, houve em Roma uma passagem gradual do completamente público ao completamente privado.

No judaísmo, no tempo do Novo Testamento, as grandes famílias – com os filhos casados, seus cônjuges e filhos, servos e domésticos (cf. Mt 13,27; 21,33-46; Lc 15,11-32) – eram uma exceção. Como regra geral, a família era composta por pais e filhos, fundada no respeito da posição dominante do pai. Todavia, a insegurança econômica dos camponeses, devida ao desenvolvimento comercial e à concentração da propriedade nas mãos da elite, enfraqueceu a autoridade do patriarca, o qual não era mais capaz de garantir a sobrevivência dos seus e de envolver os filhos nas tarefas familiares. Os camponeses começaram a emigrar e isso levou à parcial desagregação seguinte da família. A posição das mulheres em geral tinha se deteriorado, embora, como donas de casa e mães, fossem ainda respeitadas e amadas pelos próprios filhos. O valor desses últimos permanecia, dada a importância da descendência: o abandono ou a venda dos filhos eram severamente proibidos.

De sua parte, Jesus desafiou explicitamente a instituição do grupo familiar, rompendo com a própria família enquanto estrutura social e isso representava um deslocamento do lugar mais importante para a configuração da identidade e uma sua recolocação numa situação periférica. Com seu ideal de uma comunidade baseada no amor e no perdão, ele criticou a estrutura da família patriarcal. Consequentemente, não tinha boa reputação na própria

---

15. Para a adoção podiam adquirir o *status* de "filho" pessoas sem laços de sangue. Além disso, o pai podia deserdar os seus "filhos" ou declará-los pessoas jurídicas independentes. A paternidade é um conceito jurídico.

família ou na sua aldeia, até porque tinha desafiado os valores fundamentais da comunidade local, representada pela sinagoga. Esses valores não eram abstratos, mas pertenciam ao papel da tradição, da autoridade dos anciãos e de honra da comunidade (Mc 3,1-6).

A mulher no grupo familiar

A literatura apresenta a distribuição social dos papéis entre homens e mulheres na antiguidade clássica como natural e estabelecida pelos deuses. Sempre que possível, procurava-se manter em casa e distante do mundo externo as mulheres jovens, em especial, porque eram as depositárias da honra masculina. Todavia, a prática não correspondia ao ideal do isolamento da mulher em casa; era decisivo o seu estado social, porque podia lhe ser exigido contribuir para sustentar a família com o seu trabalho fora de casa.

A separação realizada entre a vida pública da *polis*, de um lado, e a casa, de outro, fornece um quadro estrutural que pode servir para distinguir os lugares próprios dos homens e das mulheres nas sociedades antigas. A distinção das responsabilidades e dos papéis das mulheres e dos homens, em casa e na vida pública, era orientada e organizada, no início, em sentido especificamente sexual. Manifesta-se claramente a assimetria dos sexos e o domínio dos homens. No setor da administração doméstica parece, todavia, que a repartição das responsabilidades e dos papéis entre homens e mulheres tenha expressado uma distribuição complementar entre os dois sexos. Os textos ilustram a contraposição espacial entre homens e mulheres e as consequências políticas dessa distribuição (cf. FÍLON DE ALEXANDRIA, *Spec. Leg.* 3,169). É central na distinção das esferas por sexo a exclusão geral das mulheres – independentemente de seu estado social – da direção política e da administração da cidade. Mas o fato de as mulheres terem sido excluídas, em princípio, dos cargos políticos e dos conselhos de direção da *polis* não quer dizer que não tenham influenciado a política. É nas famílias dominantes da sociedade romana que melhor se manifestou essa influência: mães e esposas de imperadores romanos e de altos funcionários que dirigiam a aristocracia ocuparam-se com a política, porque, como conselheiras de maridos ou de filhos, exerceram influência sobre eles, apareceram ao lado deles em público, participaram das discussões e, provavelmente, também de conjuras políticas. Todavia, são sempre uma força na retaguarda da política de primeira linha.

Mais que na vida política, as mulheres ricas da elite tinham uma intensa atividade social e religiosa, e a participação delas nas celebrações cultuais era tanto passiva quanto ativa: como sacerdotisas nas cidades gregas (o papel delas na religião romana era mais marginal), por ocasião de eventos oficiais (teatro) e no exercício de funções de patronato (benfeitoras), porquanto tinham próprios bens. Eram também admitidas aos encontros dos *collegia* e nos banquetes da família. Mas a presença pública delas continuava limitada em relação à dos homens ou era desaconselhada, porque expostas à suspeição de serem consideradas disponíveis sob o ponto de vista sexual, sobretudo nos banquetes.

Ao lado das mulheres de elite, havia mulheres abastadas que administravam de modo autônomo seus bens e a riqueza patrimonial (proprietárias de terrenos e de empresas). Sobre as ocupações do estrato inferior da população feminina, temos menos informações: algumas comerciantes tinham uma pequena empresa artesanal, outras se dedicavam aos trabalhos em pousadas ou tabernas, outras eram parteiras, enfermeiras, bailarinas e musicistas. Todavia, a maior parte das mulheres pobres nas áreas rurais pertencentes ao estrato inferior, além da ocupação em trabalhos domésticos, devia participar do trabalho agrícola, seja no terreno da família, seja como assalariadas rurais ou servas. No setor dos serviços e do artesanato parecem predominantes as atividades tradicionais das mulheres: no pequeno comércio, no mercado, na padaria, no serviço doméstico, na produção têxtil e nos serviços pessoais (criadas). Portanto, uma aplicação rígida da separação dos sexos ou o confinamento das mulheres em casa era impossível por razões econômicas. Além disso, na família palestina que constituía o grupo de trabalho, todos trabalhavam juntos dentro de casa, no pátio e nos campos, de modo que não havia nenhuma distinção entre público e privado, nem separação do espaço em função dos papéis de homens e de mulheres.

Estudos feministas do Novo Testamento tentaram reconstruir com particular atenção a história das mulheres no cristianismo primitivo, pondo em evidência a presença delas entre os seguidores de Jesus e o papel importante que tinham na difusão do cristianismo no mundo greco-romano. No movimento de Jesus as mulheres tiveram experiências carismáticas; as que o seguiam pertenciam, como os homens, aos estratos mais baixos da sociedade e o comportamento delas em público provavelmente as expunha ao risco de serem consideradas prostitutas ou pouco recomendáveis (cf. Mc 2,15). A participação delas em banquetes e, sobretudo, a sua associação a um grupo de homens com os quais se mostravam continuamente em público podia fazê-las passar por mulheres "públicas". O comportamento delas distancia-se, portanto, dos parâmetros culturais das áreas rurais da Galileia, transgredindo a instituição social fundamental da casa e da família. De outra parte, nas comunidades cristãs urbanas as mulheres desempenharam um papel importante. Uma percentagem significativa dessas mulheres é judia ou tem uma relação estreita com as sinagogas da diáspora. O ingresso delas no cristianismo pode ser devido ao sucesso da missão em relação aos judeus da diáspora e à conversão de suas famílias. Além disso, algumas mulheres presidem as comunidades domésticas (Lídia, Prisca, Ninfa, talvez Cloé). Quanto à sua extração social, é possível que algumas mulheres pertencentes à elite local tenham sido defensoras das comunidades cristãs, mas a maior parte das crentes em Cristo provinha da camada social inferior. A gama das posições sociais variava das mulheres que viviam sós e administravam uma pequena atividade ou uma casa, e até escravizados. O grupo mais necessitado socialmente era formado pelas viúvas. As mulheres aderiam à maior parte dos dons carismáticos da comunidade dos crentes em Cristo, seja no desempenho de funções missionárias, seja no exercício de algumas responsabilidades nas comunidades locais ou na participação ativa nas reuniões da *ekklesía*. As comunidades domésticas ligadas à casa ofereciam às mulheres a possibilidade de uma participação ativa.

A aldeia e a cidade

Embora, no início, o movimento de Jesus na Palestina tivesse um caráter predominantemente rural, ele se tornou um fenômeno urbano ao se integrar com o mundo social da antiga cidade greco-romana. Assim, o Novo Testamento (com exceção dos Atos dos Apóstolos e das cartas paulinas) oferece um perfil de vida rural e camponesa na Síria e na Palestina e, talvez, na Ásia Menor. Isso não surpreende, se considerarmos que a atividade de Jesus e dos seus seguidores ocorria em aldeias e pequenos vilarejos da Palestina, como ocorria para 90 por cento da população do império. Somente uma pequena parte vivia na cidade ou em outros assentamentos rurais (herdades). Embora o conceito de vilarejo seja difícil de definir, algumas de suas características podem ser citadas: dimensões, número de habitantes, dependência de corporações ou instituições superiores (habitualmente, uma cidade) e estatuto jurídico inferior, diferenciação limitada entre os seus habitantes e preponderância da produção agrícola com uma projeção local. A estrutura social de um vilarejo antigo podia ser complexa, conforme as regiões. Na Palestina, os negócios internos eram regulados pelos chefes das famílias, que constituíam um conselho de anciãos. Todavia, um papel importante na administração cotidiana local será desempenhado pelos escribas, não só porque eram uma elite local instruída sobre os temas da tradição e da Bíblia, mas por causa do conhecimento que tinham da lei e porque sabiam escrever. De sua parte, as autoridades romanas ou, no caso, os reis clientes, não intervinham normalmente nas controvérsias locais sobre a propriedade da terra, as querelas pessoais ou a organização da vida econômica.

O Novo Testamento pressupõe estreitos contatos entre cidades e vilarejos. A vida urbana adotou elementos da vida rural e, por sua vez, os bens de consumo e a cultura urbana chegaram até as regiões rurais; há uma simbiose entre cidade e campo. Essa modernização leva a um incremento das tensões sociais, porquanto a ordem social e econômica provocava desequilíbrios: as cidades eram privilegiadas e diferenciadas em termos jurídicos e culturais, mas os fundamentos econômicos da sociedade eram ainda representados pelos vilarejos e pela agricultura.

É também complexa a definição de cidade. Foi muito importante a que foi proposta por Max Weber, que assemelhou a cidade ao mercado, distinguindo entre "cidade de produtores" e "cidade de consumidores" e outros tipos mistos[16]. As pesquisas atuais[17] sobre a cidade são mais cautelosas ao definirem o conceito e evidenciam as peculiaridades locais; trabalha-se com os parâmetros mais flexíveis de várias orientações disciplinares:

a) parâmetro situacional;
b) parâmetro político: a cidade mostra-se na antiguidade como uma construção política, geralmente descreve espaços que envolvem estruturas de poder, que comportam funcionários, administração, impostos etc.;

---

16. O seu conceito foi aprofundado nos estudos de FINLEY, M. I., *The Ancient Economy*, Berkeley-Los Angeles, University of California Press, 1973, 123-149; RICH, J.; WALLACE-HADRILL, A., (ed.), *City and Country in the Ancient World*, London-New York, Routledge, 1991, VIII-X.

17. Cf. BENDEMANN, R. VON; TIWALD, M. (ed.), *Das frühe Christentum und die Stadt*, Stuttgart, Verlag W. Kohlhammer, 2012.

c) parâmetro social: a cidade é uma estrutura social particular, na qual as relações humanas vão passando por mudanças significativas; as ligações sociais são estabelecidas para além do grupo de pertencimento familiar, étnico, religioso e de trabalho;

d) parâmetro econômico: a cidade é um lugar de "mercado" que não gera produtos agrícolas ou alimentares, mas é abastecida mediante uma circunstante área rural ou rede comercial e, por sua vez, gera bens culturais.

Outros parâmetros são os edifícios civis (praças, templos, edifícios administrativos, teatro, *gymnasium*), os parâmetros jurídicos[18], tecnológicos, educativos e sanitários, religiosos e de *urbanitas*.

Uma cidade é, portanto, uma entidade territorial constituída por um centro urbanizado (*civitas*) e um *territorium* a ele associado, onde vige o mesmo sistema jurídico. O império romano se apresenta como um vasto conjunto de cidades – cerca de 2 mil no momento da sua máxima expansão. Roma defendia o princípio de autonomia local, que exigia também um pessoal administrativo menor. Esse princípio, todavia, não era aplicado quando surgiam conflitos que exigissem a intervenção direta do governador central.

A vida social urbana gira em torno do mercado, da praça ou do fórum, locais de encontro para todos os tipos de contatos. Outros lugares de interação social eram os santuários e os templos, o *gymnasium* com as suas ricas ofertas para a atividade física e a educação musical, os banhos públicos etc. Além disso, as associações voluntárias, algumas com lugares próprios de encontro, ofereciam uma rede de integração social para além da família, compensando, às vezes, as perdas causadas pela pobreza pela escravidão ou pela imigração. Essas associações eram redes sociais, cujos membros se reuniam de modo voluntário para exercer atividades em vista de objetivos comuns. Grosso modo, elas podiam ser diferenciadas em agregações religiosas, étnicas e profissionais. As atividades das associações incluíam banquetes e celebrações cultuais. A escolha entre o vasto leque de associações reflete as preferências individuais, a devoção

---

18. Nas *poleis* gregas não havia nenhuma distinção jurídica entre as cidades. Isso se reflete no uso do conceito de "cidade": *polis* ocasionalmente diferenciada de aldeias (*komai*) e dos pequenos assentamentos agrícolas (*agroi*); cf. Mateus 9,35, Marcos 6,56, Lucas 13,22. Os romanos, porém, inventaram um sistema diferenciado de várias categorias jurídicas urbanas (colônia, município, prefeitura, *forum* e *conciliabulum*).

às divindades protetoras de uma profissão ou a origem étnica dos seus membros. Particularmente importantes eram os *collegia* dos cultos mistéricos para venerar Dioniso, ou Ísis ou os do culto imperial. De sua parte, as associações profissionais estabeleciam serviços acordados, preços convencionados e relações comerciais. Eram populares os *collegia* funerários, que asseguravam uma sepultura digna aos membros, além de facilitar uma vida social mediante festas cultuais e banquetes. Normalmente, as associações necessitavam da aprovação por parte do Estado ou da cidade. Entre essas ofertas sociais, o cristianismo desempenhou um papel importante a partir do fim do século I d.C.

A composição das associações era diversificada. Alguns *collegia* incluíam exclusivamente expoentes das classes superiores; outros eram agregações de escravizados, outros ainda eram mistos. Alguns eram compostos exclusivamente por homens; em outros, as mulheres desempenhavam um papel importante no culto e, em certos casos, até os tinham fundado. Em princípio, todos os membros eram iguais e cada qual tinha a possibilidade de escalar posições dentro da associação. Na prática, todavia, essas possibilidades eram limitadas, porquanto muitas posições de responsabilidade supunham uma contribuição financeira.

Talvez as comunidades cristãs paulinas fossem consideradas por seus concidadãos e pelas autoridades civis como associações religiosas. Embora não se possa afirmar que essas comunidades tivessem como modelo as associações civis nem que tenham se inspirado na organização da sinagoga, elas, todavia, foram influenciadas pelo contexto associativo descrito, que é o contexto social em que emergiram as comunidades domésticas.

O impacto da urbanização romana levou à "romanização", com a concessão da cidadania romana à classe dirigente e a difusão dos cultos imperiais e do estilo de vida romano (*humanitas*). Aos olhos dos romanos, ela era o único modo para superar a heterogeneidade dos povos conquistados, bem como para neutralizar e superar o ódio das classes dirigentes dos povos conquistados em relação aos vencedores. A urbanização romana comportava certa "helenização", porquanto a língua grega era a língua franca e administrativa do império do Oriente[19]. Isso não significa que todos pudessem falar grego. Deve-se pressupor

---

19. Portanto, quando os missionários cristãos, que, além de seus dialetos nativos, falavam grego, queriam ser compreendidos, tinham a possibilidade de pregar apenas nas

uma diferenciação no nível de domínio do grego entre a cidade e o campo e, na cidade, entre os dirigentes e as classes populares. O movimento cultural helenístico, que tinha tido início no Oriente, com Alexandre Magno, é particularmente patente nos ambientes da educação, da arte, da literatura, da filosofia e nas formas cultuais religiosas. Diante da impossibilidade de analisar todos os aspectos culturais do helenismo, vamos nos ater às correntes filosóficas.

Correntes filosóficas helenísticas

A unidade política e cultural no mundo mediterrâneo tornou possível crescentes contatos recíprocos entre as várias ideologias filosóficas e a propagação das ideias religiosas, determinando desse modo um período de criatividade cultural e mudanças no terreno da religião e da filosofia. Temos de considerar que a religião para os antigos era um elemento inseparável da cultura; representava até uma série completa de ideias e de práticas que permeavam todos os aspectos da vida e do pensamento. Essas tradições intelectuais e usos religiosos helenísticos constituíam as forças que produziram e estimularam as primeiras experiências do pensamento e de práticas, que, a seguir, se tornaram conhecidas coletivamente como "cristianismo" e forneceram o crisol no qual os primeiros cristianismos foram definindo a própria identidade. Dado que o tema da religião (e das religiões mistéricas) é objeto de outro capítulo deste volume, apresentamos aqui somente as correntes filosóficas da época.

Diante da filosofia clássica, que pressupõe uma comunidade ordenada como *polis*, o período greco-romano passou por uma mudança de condições políticas, sociais e culturais essenciais, mas também por uma combinação de culturas, fascinante e, ao mesmo tempo, desafiadora, entre Oriente e Ocidente, que comportou uma incerteza palpável, ou seja, a desorientação e a crise do papel do homem num mundo cada vez mais confuso e complexo. Portanto, mudam as questões fundamentais das diversas correntes filosóficas greco-romanas (Stoa, cinismo, epicurismo, platonismo, pitagorismo, aristotelismo, ceticismo): contra o puro prazer da contemplação desinteressada da existência enquanto tal e das suas múltiplas concreções, a filosofia torna-se a pesquisa e a

---

grandes cidades e, mesmo ali, à parte as comunidades hebraicas da diáspora, somente entre a classe culta.

prática do melhor modo possível de vida (*eudaimonia*) para o indivíduo no âmbito da liberdade cosmopolita. Assim, a filosofia no período greco-romano enfrentará questões teóricas e práticas típicas das religiões, desempenhando uma função religiosa e pastoral, a fim de superar a alienação do mundo da vida real ou a indiferença política. Esse trânsito ético para a *eudaimonia* pelo qual passaram os estudos lógicos, metafísicos e cosmológicos não deveria ser considerado como um empobrecimento improdutivo com relação à filosofia clássica, mas sim percebido na sua impressionante produtividade criativa e de erudição.

Nos períodos helenístico e romano, as mais influentes escolas filosóficas foram o estoicismo, o epicurismo e o ceticismo (ou pirronismo), que partilharam de diversas perspectivas fundamentais.

1. Fundadas durante um período da história do Mediterrâneo em que os indivíduos e as sociedades estavam muitas vezes submetidos a forças externas sobre as quais não tinham nenhum controle, as três escolas filosóficas se concentrarão na vida interior da mente, sobre a qual os sujeitos podem exercer o controle.

2. Além disso, enquanto as escolas clássicas tinham habitualmente três preocupações diferentes, mas correlatas – física, lógica e ética –, essas três principais filosofias helenísticas punham uma particular ênfase na ética orientada para uma vida virtuosa.

3. As três escolas poderiam aceitar a definição de "filosofia" como atividade que permite uma vida feliz mediante argumentos e discussões.

4. Enfim, as três escolas fizeram amplo uso de um modelo médico: o filósofo agia como um médico compassivo com a tarefa de diagnosticar o sofrimento humano vivido pelas pessoas e de fornecer uma adequada terapia filosófica que lhes permitisse recuperar-se e levar uma vida feliz. Para os filósofos helenísticos, portanto, a filosofia é antes um modo de vida que uma disciplina teórica.

Uma das filosofias mais influentes da época é o estoicismo. A física estoica caracteriza-se pela concepção de Deus e do universo material como essencialmente idênticos, sendo o físico e o divino os diversos aspectos de uma mesma realidade. Assim como a alma permeia o corpo humano e é dotada de razão (a faculdade que permite aos seres humanos pensar, planejar e falar), assim Deus é identificado com o divino ("razão" ou "Mente"), que permeia o cosmo e se encontra também nos deuses e nos seres humanos. O homem, com uma alma racional e um corpo físico, é um microcosmo do universo, que, por sua vez, é uma estrutura racionalmente organizada. Os seres humanos são governados pelo destino ou providência e não são capazes de controlar os eventos externos, mas podem apenas aceitá-los. Sob o ponto de vista estoico, viver segundo a razão significa viver em harmonia com a ordem divina do universo. Os estoicos afirmavam que todas as paixões ou emoções, entre as quais sobressaem o prazer, a ansiedade, o desejo e o medo, são danosas e, portanto, deveriam ser erradicadas. O bem maior é o de levar uma vida feliz, que pode ser alcançado mediante a virtude, que é o viver voluntariamente de acordo com a razão, ou seja, viver segundo a natureza, porque a natureza é o critério do racional e tudo o que é contrário à natureza deve ser considerado irracional. As paixões ou emoções são sempre consideradas negativas; então o ideal é a *apátheia* (libertação das paixões ou emoções). Os indivíduos são responsáveis, todavia, pelas próprias ações, que podem ser controladas pela própria disciplina.

Epicuro, de sua parte, considera que o objetivo principal da filosofia é o de permitir às pessoas que cheguem à felicidade individual nesta vida: uma felicidade que deve ser entendida de modo fisiológico, como gozo do prazer e ausência de dor, e, por consequência, concentrada na filosofia moral. É impossível viver uma vida feliz sem viver bem, com sabedoria e justiça, e é impossível viver bem, com sabedoria e justiça, sem viver de modo feliz. A justiça baseia-se num contrato social implícito que impede que uma pessoa seja golpeada e ferida por outra. Todavia, é mais correto definir o bem maior dos epicureus como "a ausência de dor no corpo e de angústia na alma". Se é verdade que o prazer é o início e o fim de uma vida feliz, deve-se fazer uma distinção entre os prazeres, optando pelos que comportam o mínimo de dor. Procurar mais prazer do que aquele que já se tem quer dizer estragar o prazer que se tem com a dor do desejo insatisfeito. Portanto, obtém-se a tranquilidade da alma ao se evitar todo sofrimento físico e a ansiedade causada pelo medo do futuro possível sofrimento. A condição ideal de vida é a *ataraxia* ("imperturbabilidade") e o melhor modo de chegar lá é por meio da filosofia, convivendo com os amigos, longe da política. Para Epicuro, as emoções são complexos tipos de sentimentos que se baseiam em dois gêneros de percepção: o prazer e a dor. Segundo os epicureus, os deuses gozam de uma vida de felicidade eterna, livres das paixões e distantes do mundo e, desse modo, oferecem um modelo ideal para as comunidades epicureias. Por esse motivo, Epicuro considera inúteis a oração e o sacrifício. O epicurismo caracterizou-se por seu zelo missionário e pela vida em comunidade dos seus membros, traços que caracterizam também o cristianismo.

Outra corrente filosófica é a do ceticismo helenístico, que tem duas características distintas. A primeira é a sua convicção radical de que suspender o assentimento e se resignar com a ignorância não é um recurso aviltante, mas, ao contrário, é uma conquista intelectual fortemente desejável. A segunda característica é a coleção sistemática de argumentos contra a possibilidade do conhecimento. O ceticismo é uma capacidade ou atitude mental que opõe as aparências a qualquer tipo de juízo, com a consequência de que, por causa da força igual e contrária dos objetos e dos motivos tão opostos, chega, antes, à suspensão do juízo e, depois, a um estado de tranquilidade. Para os céticos, partilhas ou compromissos constituem uma doença que impede as pessoas de viver uma vida feliz e tranquila. Um mote fundamental do ceticismo poderia ser: "para todo argumento há um argumento igual e contrário".

Muitas outras tradições filosóficas plasmaram o mundo cultural helenístico e romano. Entre elas sobressaem o neoplatonismo, que contribuiu muito para a formulação teórica do cristianismo; e o cinismo, que, mais do que uma escola estritamente filosófica, se apresenta como uma conduta de vida marginal em estilo crítico, que alguns aplicaram até ao estilo de vida rebelde de Jesus. Concluamos, todavia, afirmando que no Novo Testamento não há nenhum assunto ou confronto explícito com qualquer escola filosófica, nem há vestígios de uma influência direta, apesar de algumas analogias e algumas referências estruturais e de conteúdo. O diálogo e a interação serão desenvolvidos, porém, pelos apologetas cristãos, que atribuíam a busca da *eudaimonia* em todo esforço humano, em última análise, a uma providência divina. Com eles, o cristianismo conseguirá com sucesso conjugar a procura de segurança e de guia, num mundo política e culturalmente complicado, com o desejo de segurança, de paz e de tranquilidade, bem como o desejo de "calma" na alma e a imperturbabilidade com a fé cristã no criador, redentor e salvador do mundo. Além disso, a fé cristã partilha com as diversas escolas filosóficas do respeito e do "culto" da verdade, embora rejeitando o pseudoconhecimento sofista ou a sabedoria vã, e é orientada, tanto quanto possível, a explicar a certeza da sua existência concreta seguindo os parâmetros do *lógos*. Todavia, os dilemas filosóficos não foram a preocupação principal na vida cotidiana dos cristãos do século I, os quais provêm sobretudo dos estratos sociais mais baixos, enquanto a instrução e a formação helenística atingiam de modo particular os estratos sociais altos, que, como veremos agora, compreendiam uma pequena parte da população.

Grupos e estratificações sociais

Na antiguidade, os nobres gozavam da máxima estima e a eles se associavam as riquezas, as honras e a posição social, bem como a saúde e a beleza. Também Paulo reflete esse ponto de vista, quando cita poderosos e nobres como exemplos de uma mais alta consideração social, enquanto põe os membros da comunidade de Corinto entre os subestimados (cf. 1Cor 1,26ss.). Mas vejamos um pouco mais de perto as distinções sociais.

A análise da estratificação pressupõe uma disparidade social, com os membros de uma sociedade que ocupam diversas posições com base em determinados fatores. Os principais indicadores para estabelecer a posição social de uma pessoa era o nascimento livre e o direito de cidadania, a participação no poder político e a riqueza material. Esses elementos conferiam honra e dignidade. Assim, a aristocracia está sempre associada, na visão sociopolítica, à classe dirigente, que detém o poder, o prestígio e os privilégios, unidos à propriedade de terras e de bens. Ao contrário, se um indivíduo não possui esses traços ou alguns deles, é considerado como não elite ou massa. Todavia, essa estrutura básica das sociedades antigas não cria diferenças evidentes dentro do mesmo grupo. Por esse motivo, foram propostos modelos de análise para estabelecer a posição social com base em diversas variáveis.

Os modelos mais importantes, mas não únicos, são o do nível de grupo (estratos superiores e estratos inferiores) proposto por Géza Alföldy[20], e o dos "grupos de nível superior (elite) e grupos de nível inferior (não elite ou massa)" proposto pelos irmãos Stegemann. Ambos os modelos são dicotômicos e piramidais. Alföldy estabelece as três *ordines* com a casa imperial no vértice da pirâmide e as classes inferiores divididas entre cidade e campo, escravizados e livres. A inconsistência de *status*, que se verifica sobretudo na *familia caesaris* e entre os libertos ricos, resolve-se com a construção de uma pirâmide dentro da pirâmide. Os quatro critérios principais para a inserção de uma pessoa nos

---

20. Cf. ALFÖLDY, G., *Römische Sozialgeschichte*, Wiesbaden, Steiner, 1975; Id., *Die Rolle des Einzelnen in der Gesellschaft des Römischen Kaiserreiches. Erwartungen und Wertmaßstäbe*, Heidelberg, Universitätsverlag Carl Winter, 1980.

estratos superiores ou inferiores são a riqueza, o poder, o prestígio e o pertencimento a uma *ordem* (uma das três classes: senadores, cavaleiros, decuriões). Segundo o modelo heurístico de Stegemann[21], pertencem ao grupo de nível superior: *a)* os membros das *ordines* romanas (e suas famílias), os membros das casas reinantes e as famílias sacerdotais e laicas que têm em suas mãos o poder dos Estados vassalos e das províncias; *b)* os ricos sem cargos políticos de direção, independentemente do sexo ou do *status* jurídico. Esses dois grupos formarão o vértice da pirâmide, separado do grupo específico seguinte, embora ainda na parte superior; *c)* as pessoas que formavam o séquito ("retainers"), um grupo muito heterogêneo composto por homens livres, escravizados e libertos independentes em posições importantes de direção, nas gestões administrativas, culturais e militares em nome dos grupos de nível superior. Poder, privilégio e prestígio são os critérios decisivos para os dois grupos do estrato superior. Viviam todos eles predominantemente na cidade e só esporadicamente no campo. De sua parte, os grupos do estrato inferior dividem-se segundo o nível sociogeográfico em grupos urbanos e grupos rurais, com base nos respectivos lugares de vida e de trabalho, bem como segundo critérios econômicos, culturais e de outra natureza, entre os quais o gozo da riqueza relativa (rendimentos) e de privilégios, e a posse de um *status* de prestígio. Assim, a base da pirâmide social consistiria em: *a)* os relativamente pobres, aqueles que vivem acima do limiar da pobreza, ou seja, que têm um domicílio adequado, alimento e vestiário suficiente, e *b)* os desesperadamente pobres, aqueles que vivem no limite ou abaixo da linha de pobreza e estão privados dos bens necessários à própria subsistência (alimento, moradia, vestiário). Teríamos de levar em consideração as diferenças entre áreas urbanas e rurais. Os grupos de classe inferior experimentavam uma ruptura pelo limite do mínimo vital, no qual a riqueza relativa, a pobreza relativa e a pobreza absoluta são os critérios de distinção.

Esse modelo de sociedade caracteriza-se pela pouca ou nenhuma mobilidade social. Os romanos eram a elite das cidades da Itália e das *poleis* da Grécia e da Ásia Menor ocidental. Também a aristocracia municipal – com todas

---

21. Cf. STEGEMANN, E. W.; STEGEMANN, W., *Urchristliche Sozialgeschichte. Die Anfänge im Judentum und die Christusgemeinden in der Mediterranen Welt*, Stuttgart-Berlin-Köln, Kohlhammer, 1995, 58-94.

as suas deficiências locais – goza da riqueza mediante a propriedade da terra, que era um pré-requisito para sua posição (*ordo decurionum*) e seus cargos (*cursus honorum*). Como magistrados urbanos e sacerdotes, como patronos e benfeitores que financiavam edifícios públicos, banquetes, fundações alimentares, jogos etc., adquiriam um prestígio (*dignitas*) tão grande a ponto de poder subir para a *ordo* seguinte, quando obtinham os demais requisitos (cidadania, integridade, nascimento na liberdade, riqueza etc.). O império dependia do *euergetismus* da elite tanto quanto do sistema clientelar, que se baseava numa relação recíproca mas assimétrica de lealdade entre o patrono e o cliente, devido à ausência de uma rede social pública. A importância econômica e social desse sistema é claramente demonstrada na tutela voluntária que os ricos patronos exercem em relação a seus clientes necessitados de sustento.

Depois da anexação da Judeia e da Samaria, no ano 6 d.C., os prefeitos romanos vendiam ou alugavam em parte a particulares as ex-propriedades reais. Na Galileia prolongam-se até o ano 40 d.C. as antigas estruturas de propriedade e de governo da dinastia herodiana, a maior propriedade de terras da região. Ricos proprietários de terras aparecem nas parábolas de Jesus, mas não têm uma posição dominante. O dono da vinha que tem o seu administrador, provavelmente um escravizado, e pode fazer trabalhar para si grande número de trabalhadores rurais é um homem rico (cf. Mt 20,1-16; Lc 12,16-21; 16,1-8). A mesma coisa vale para o pai do filho pródigo, que possui escravizados, rebanho e campos e pode contratar trabalhadores diaristas e que, apesar de ter dividido parte de seu patrimônio com seu filho mais novo, continuou a viver na prosperidade (cf. Lc 15,11-32). Jesus fala também dos senhores, dos funcionários locais (cf. Lc 7,2; Jo 4,49) que possuem certo número de servos e de terrenos (cf. Mt 24,45-50; Mc 13,33-36). Todos parecem pertencer aos grupos inferiores da classe alta e aos grupos superiores das classes baixas. O patrão de um servo que exerce trabalhos agrícolas e faz trabalhos domésticos (cf. Lc 17,7-10) deve ser inserido no grupo dos pequenos agricultores nas classes baixas. À mesma classe social deveria pertencer o administrador livre de um homem rico, cujo senso de vergonha é tão grande em relação à sua escala social que perdoa aos devedores (clientes) do seu dador de trabalho parte do débito, temendo ser rebaixado socialmente ao nível de trabalhador rural, no limiar da subsistência embaraçosa (mendicância) (cf. Lc 16,1-4). Uma menção especial requer o grupo social dos escravizados, o estrato mais baixo da escala social, que pairava como um fantasma sobre grande parte dos trabalhadores rurais e dos mendicantes.

A origem da escravidão está na prática do butim de guerra, na pirataria, no rapto e no desterro de homens livres. Além disso, as crianças nascidas de mãe escravizada tornam-se escravizados, pois herdam o estado da mãe. Os cidadãos romanos livres das classes inferiores, se não tinham ligação social com uma família abastada ou uma relação de patronato, podiam descer abaixo do nível de subsistência, devido às dificuldades econômicas e aos débitos contraídos, e não se excluíam em raros casos o abandono dos recém-nascidos, a venda dos filhos e até da própria pessoa. Os caminhos da descida social acabavam na escravidão e, depois, era muito difícil a reconquista da liberdade. Se uma pessoa, com base no *ius gentium* (prisioneiro de guerra, escravizado por nascimento) ou no *ius civile* (escravidão por venda de si mesmo, sequestro de pessoa ou por punição), se tornava escravizada, podia ficar livre segundo o direito dos cidadãos ("cidadania"), latino ("libertação pretoriana") ou romano (*manumissio vindicta, manumissio censu, manumissio testamento*). Como cidadão romano, o liberto goza de todos os direitos e deveres dos cidadãos, mas fica excluído dos cargos de governo estatal e local.

Sem contar a exceção constituída pelos escravizados e libertos da casa imperial, os quais, graças a seu trabalho qualificado e profissional na administração, exerciam mais influência e eram mais ricos do que alguns senadores, os escravizados, habitualmente, encontravam-se no fundo da pirâmide social. Todavia, entre os escravizados havia notáveis diferenças. Os que estavam a serviço de ricas famílias romanas, quer nas áreas urbanas, quer nas áreas rurais, tinham, com a permissão de seus patrões, a oportunidade de formar uma família e poder administrar um pecúlio com que adquirir a liberdade. Podiam, além disso, aderir às associações profissionais ou religiosas, que podiam ajudá-los a readquirir a liberdade ou pagar sua sepultura. A libertação (*manumissio*) deles, todavia, dependia exclusivamente do patrão, cujo direito era tal que os escravizados e as escravizadas jovens eram usados como objetos sexuais. As atividades profissionais dos servos eram várias. Muitos exerciam na cidade profissões que pressupunham certa formação ou particulares habilidades: conselheiros legais, administradores, médicos, educadores, artistas, escribas, filósofos, artesãos etc. Nas áreas rurais, os servos estavam ocupados em trabalhos agrícolas. Não há dúvida de que a escravidão era um dos pilares sobre os quais se fundamentava a prosperidade econômica dos grandes proprietários de terras. De outra parte, o tratamento reservado aos escravizados é muito diversificado de acordo com seus patrões. Devido aos frequentes e cruéis maus-tratos, não eram raras as insurreições e as fugas de escravizados; assim, foi instituída uma espécie de legislação protetiva para ambos: quer para os escravizados, a fim de evitar as revoltas que ameaçavam a estabilidade social local e econômica do patrão, quer para seus senhores, de modo que os servos fossem executados se o seu patrão fosse assassinado e eles não o tivessem defendido.

Também os judeus conheciam a escravidão, mas com leis muito mais indulgentes para seus servos (cf. Ex 21,26-27; Dt 5,14; 21,10-14). A escravidão para os débitos não tinha sido abolida, mas o escravizado judeu devia ser libertado no sétimo ano e tinha de lhe ser destinado um capital para iniciar a sua nova vida (cf. Dt 15,12-18). Essas normas, todavia, não se aplicavam aos escravizados estrangeiros não judeus (cf. Lv 25,44-46). A instituição da escravidão era uma realidade na época de Jesus, que aceita a hierarquia dos patrões e dos escravizados como um axioma (cf. Mt 10,24; Lc 17,7-10; Jo 14,16), e em suas parábolas muitas pressupõem a escravidão (cf. Mt 24,45-51; Lc 12,41-48; 16,1-8). Em termos análogos se exprimem Paulo e as epístolas pastorais. Aos servos é recomendada a obediência e a submissão a seus patrões, ainda que "pagãos" (cf. Ef 6,5-8; 1Tm 6,1; Tt 2,9). Por causa da igualdade de todos perante Deus (cf. Cl 3,11), é exigida dos patrões uma atitude justa em relação aos escravizados (cf. Ef 6,9; Cl 4,1). A libertação deles, porém, não é imposta nem por Jesus nem pelos seus discípulos. É conhecido o caso de Onésimo, escravizado fugitivo, que Paulo enviou de novo ao patrão dele, Filêmon, com o pedido de não o punir, mas de o receber como irmão no Senhor.

Em Roma, como na Grécia, o escravizado não era uma pessoa, mas uma propriedade, e a sociedade romana dependia fortemente dos escravizados para o próprio desenvolvimento econômico. Como vimos, a economia é um dos aspectos que determinam o contexto sociocultural: a política imperial que abrangia os bens das províncias, os bens limitados, a casa como símbolo de riqueza, o *pater familias* como proprietário e administrador dos bens da família, o impacto econômico da urbanização sobre as aldeias, a riqueza como fator determinante de estratificação social... Por esse motivo, dedicaremos agora particular atenção à esfera econômica.

A economia no império romano

A antropologia econômica e os estudos das sociedades camponesas forneceram importantes conhecimentos sobre a natureza das economias nas sociedades pré-industriais. Três principais fatores definem a economia no mundo mediterrâneo[22]: a sociedade agrária, a aristocrática e a camponesa.

1. Sociedade agrária. A economia está baseada na propriedade da terra e na produção agrícola. No plano tecnológico, é uma economia rural avançada, graças ao uso do arado, que permite o cultivo de grandes áreas de terra e, junto com a diversificação do trabalho e à melhoria da comercialização, facilita a produção de superávit agrícola para satisfazer as exigências nutricionais das cidades. Além disso, a maior parte da força produtiva é investida na agricultura e no setor da transformação dos seus produtos. De outra parte, a posse do terreno cultivável determina a riqueza e o poder.

2. Sociedade aristocrática. Em geral, a classe dirigente (2 a 5 por cento da população) possui a maior parte da terra arável, exerce a autoridade sobre grande número de camponeses e tira um extraordinário proveito do superávit da produção agrícola para manter certo estilo de vida, muitas vezes pomposo, e os cultos centralizados na cidade. Um ganho que permite alimentar o considerável número dos "colaboradores" que servem, direta ou indiretamente, as exigências da elite, ou seja, os fâmulos e os escribas, artesãos e mercadores sem-terra, muitos dos quais vivem na cidade. Assim, proliferam as comunidades urbanas (10 por cento da população). Os aristocratas, entendidos como proprietários não *in loco*, vivem na cidade, enquanto suas terras são cultivadas pelos servos, escravizados ou trabalhadores rurais, ou são arrendadas a preços elevados (cf. a parábola de Mc 12,1-8). Além de controlar a economia e os meios de produção, a classe superior detém o poder político e religioso, bem como o monopólio virtual sobre a alfabetização mediante o controle dos escribas.

3. Sociedade agrária camponesa. Os camponeses, 90 por cento da população, residem em pequenas aldeias ou vilarejos e cultivam a terra, mas não se beneficiam do superávit da produção. A terra deles (se são proprietários ou locatários) e seu trabalho constituem o sustento de toda a família e o que a mantém unida. Nessa situação de subsistência, uma péssima colheita para o agricultor significaria pedir um empréstimo aos proprietários de terra, com juros altíssimos e garanti-lo com o empenho da colheita seguinte ou da própria terra. Se não consegue reembolsar o empréstimo, o credor requisita a terra;

---

22. Cf. LENSKI, G., *Poder y privilegio. Teoría de la estratificación social*, Barcelona, Paidós, 1998, 192-210 [1. ed., 1966], que cita doze características comuns nas sociedades agrárias.

assim, era frequente os agricultores serem obrigados a abandonar suas terras e se tornar arrendatários, trabalhadores rurais sem-terra ou mendicantes. Se um camponês perdia a terra e não tinha outros meios alternativos de produção (artesanato), podia se ver obrigado a emigrar e, portanto, a perder os próprios laços familiares. Essa dinâmica levava à concentração das terras agrícolas nas mãos das elites ("latifúndios").

Sob o ponto de vista dos camponeses, a vida é um desafio contínuo ao conjugar as exigências dos poderosos sobre a produção agrícola com as necessidades de subsistência da família. A melhora da tecnologia e das práticas agrícolas traz um pequeno lucro, o qual, porém, acaba nas mãos da classe dirigente, mediante a arrecadação da renda e os impostos, que são para os agricultores um peso acachapante. Essa sociedade camponesa está marcada, portanto, por uma radical bifurcação, porquanto um pequeno grupo da aristocracia se confronta com a grande massa dos agricultores e, consequentemente, são frequentes os protestos no campo.

O mundo greco-romano multicultural é composto por esse tipo de sociedade agrícola acima descrito. Com a sua expansão a partir do século III a.C., Roma se tornará uma potência econômica internacional, orientada para a maximização do lucro controlado por uma pequena classe dirigente. Bens materiais, além dos milhares de escravizados provenientes dos territórios conquistados confluem na Urbe. Assim, as províncias servem à exploração imperial, facilitada pelo apoio de uma economia monetária. Graças à maior riqueza das províncias, cresce o número de cidades que, unidas por uma vasta rede de comunicações, tornam-se pontos nevrálgicos do império com escopos militares e econômicos. Todavia, não há nenhuma política econômica imperial em sentido moderno. Antes, toda relação econômica específica se desenvolve principalmente em consequência da política do poder, de um lado, e da necessidade de satisfazer exigências elementares da população, de outro. Portanto, havia certa liberdade de ação com grandes diferenças regionais, administradas pelos diversos governantes de vários modos. Eles conseguiram chegar a cargos provinciais graças às suas riquezas e, às vezes, também se endividando. Não é de surpreender, pois, que tentassem recuperar o investimento e obter mais dinheiro em suas novas posições, utilizando a pressão fiscal abusiva sobre a população local (cf. SUETÔNIO, *Tib.* 32,2).

Durante o principado aplicavam-se dois tipos de arrecadação fiscal nas províncias: os impostos diretos e os indiretos. Os impostos diretos eram subdivididos em *tributum soli*, que taxava terrenos e imóveis, e *tributum capitis* ou imposto pessoal, cujo recolhimento era estipulado segundo os recenseamentos (cf. Lc 2,1-3), que estabeleciam a riqueza e a população sujeita a impostos. Além disso, havia uma vasta gama de impostos indiretos sobre o consumo, as importações, as exportações e o trânsito das mercadorias. A arrecadação deles era confiada aos *publicani*. Essa era a situação pela qual passou a Judeia quando esteve sob a direta administração romana[23].

Características econômicas na Palestina romana

A economia da Palestina, apesar das peculiaridades regionais, partilha dos elementos acima mencionados e se orienta para uma economia de mercado interno e de exploração, a fim de pagar os impostos. Além disso, a crescente urbanização e as infraestruturas de comunicação favorecem o envolvimento dos proprietários de terra hebraicos no desenvolvimento econômico do Mediterrâneo, fazendo com que adquirisse importância a economia monetária e de mercado. Embora o nosso conhecimento da realidade econômica palestina do século I d.C. tenha aumentado, abordaremos agora diversos temas sobre os quais ainda se discute: a natureza agrária da economia, a importância relativa do comércio, a distribuição ou a propriedade da terra e as condições socioeconômicas dos camponeses, entre os quais o impacto dos impostos.

Em primeiro lugar, a economia palestina é uma economia agrícola baseada principalmente na produção alimentar, por meio da agricultura de subsistência. Todavia, observa-se a presença de diversas formas paralelas de produção. De uma parte, havia os grandes latifúndios de propriedades das elites políticas e sociais (a família real, os aristocratas, os líderes religiosos e alguns sacerdotes). Essas terras eram administradas (cf. Lc 16,1-8) ou cultivadas quer por servos e trabalhadores rurais, quer por rendeiros, que aravam a terra para seu próprio proveito mediante aluguel. Seus proprietários, porém, estavam habituados a viver na cidade. Além disso, encontramos pequenas e médias empresas agrícolas familiares (pequenos proprietários) que cultivavam a terra para o sustento das suas famílias com a produção de mercadorias básicas. Há também uma variedade de camponeses sem-terra que trabalhavam como

---

23. Cf. Álvarez Cineira, D., El impuesto al César (Mc 12,13-17) y la labor redaccional del evangelista, *Estudio Agustiniano*, v. 47 (2012) 449-492.

assalariados rurais ou se ocupavam em outras atividades, como o banditismo. Agricultura e criação de animais eram os setores econômicos que empregavam a maior parte da população. Os evangelhos fazem menção de artesãos (carpinteiros) e de pescadores, esses últimos na região do Mar da Galileia.

A distribuição da produção e da riqueza era desigual. Os camponeses, por meio dos impostos, dos arrendamentos e dos dízimos, sustentavam uma estrutura socioeconômica caracterizada pela distribuição assimétrica da riqueza a favor da elite, que propiciava o afluxo da riqueza para os centros urbanos, sobretudo Jerusalém (e o Templo), por objetivos diferentes da satisfação das exigências dos agricultores. Esses últimos não recebiam nenhum bem material em troca do fluxo das mercadorias. Uma particularidade da Palestina era o Templo, que, além de ser um lugar de culto, era um lugar essencial da economia regional: como tesouraria nacional, detinha grandes lotes de terra cultiváveis e era a maior empresa fornecedora de postos de trabalho. Numa economia primitiva como essa, a relação da cidade com o campo era sobretudo parasitária e negativa. Esse modelo de "cidade consumidora", que explora os recursos rurais e deles se vale, mediante os impostos e as receitas, tornou-se a visão dominante nas pesquisas, embora seja suscetível de revisão. O debate teórico sobre a natureza da antiga economia leva-nos à próxima questão.

Em segundo lugar, também o *comércio* era importante, embora a economia palestina estivesse centrada na agricultura. As mercadorias circulavam. A sociedade agrícola desenvolvia mercados para a comercialização de produtos do artesanato local, como as cerâmicas e os utensílios, e produtos agrícolas e marítimos. Parte da dificuldade em avaliar a extensão e o grau da potência comercial em escala local ou "internacional" reside na falta de informações de tipo qualitativo e quantitativo que oferecem as fontes. Todavia, pode-se distinguir entre comércio interno e comércio internacional, sendo esse último o mais debatido. Depois de ter analisado os dados relativos a importações e exportações (cf. FLÁVIO JOSEFO, *Bell. Iud.* 591; *Vita* 74-76), Shimon Applebaum conclui que, embora haja indícios de trocas limitadas, a atividade econômica na Palestina era "predominantemente interna"[24]. Muitos produtos colhidos pelos proprietários de terra seriam vendidos às populações não camponesas

---

24. APPLEBAUM, S., Economic Life in Palestine, in: SAFRAI, S.; STERN, M. (ed.), *The Jewish People in the First Century: Historical Geography, Political History, Social, Cultural and Religious Life and Institutions*, Philadelphia, Fortress Press, 1976, 631-700.

da cidade no âmbito local. Os projetos de construção (portos, estradas etc.) empreendidos por Herodes podem lançar as bases para o crescimento do comércio internacional para a Palestina, da Palestina e através dela no século I d.C. Todavia, poder-se-ia considerar responsável pela limitação do comércio internacional o tipo de economia orientada para o autoconsumo da produção agrícola, seja na Palestina, seja em outras partes do império. Além disso, a situação econômica dos camponeses não era favorável a regular a aquisição de bens importados, que estavam reservados sobretudo às elites. Sob esse aspecto, a Palestina não era diferente de outras províncias do império romano.

Uma terceira questão diz respeito à evolução do conceito de propriedade da terra. Muitos estudiosos afirmam que se verifica a tendência a uma maior concentração da terra nas mãos de poucos grandes proprietários de terra, à custa dos camponeses. Mediante o sistema hereditário, as pequenas empresas se fragmentavam, obrigando o proprietário a arrendar outros terrenos ou a trabalhar mais, como trabalhador rural nas grandes propriedades. Além do mais, o pequeno camponês não possuía suficientes recursos para enfrentar uma colheita ruim sem deixar endividadas as próprias propriedades. Essa tendência a fragmentar as grandes propriedades poderia ter obrigado os pequenos agricultores a descer até o nível de rendeiros ou trabalhadores rurais. Enquanto os arrendatários se dirigiam aos senhores para arrendar a terra deles para o próprio ganho (cf. Mt 21,33-41; Mc 12,11; Lc 20,91), os trabalhadores rurais eram contratados como mão de obra necessária, sobretudo durante a vindima e para cuidar do gado (Mt 20,1-15; Jo 1,10-16). Habitualmente, esses operários provinham de famílias rurais pobres e a situação econômica e social deles era incerta, porquanto seus rendimentos dependiam da necessidade de um trabalho e de um salário. Os escravizados e os servos, nesse ínterim, trabalhavam quer nos campos, quer na casa do patrão. Uma consequência dessa prática na posse da terra era o aumento dos camponeses sem-terra e, portanto, de trabalhadores rurais e desterrados. Mais uma vez, essa concentração da propriedade da terra na Palestina era um reflexo do que estava acontecendo no resto do império.

O tema dos camponeses sem-terra leva-nos a um quarto ponto, ou seja, as condições socioeconômicas dos camponeses da Palestina. A maior parte dos estudiosos reconhece que a situação econômica dos agricultores era precária devido a uma agricultura de subsistência, de muitas despesas (impostos, regras de arrendamento e sementes) e da ameaça de catástrofes naturais e carestias. Segundo as estimativas de Sanders, o agricultor gastava de 28 a 33 por cento da própria colheita para enfrentar os impostos, aluguéis e outras despesas[25]. Mas nem todos os pequenos agricultores podiam produzir em excesso a fim de pagar os impostos; isso nas áreas rurais da Judeia constituirá um constante perigo de desordens, que levará a tentativas de queimar ou falsificar os arquivos das dívidas (cf. Mt 18,24-30).

O mundo econômico descrito nos evangelhos apresenta uma estrutura relativamente simples: um mundo rural de pobres camponeses, pastores e pescadores. Os ricos aparecem somente de modo tangencial (cf. a parábola do jovem rico: Mt 19,16-22). Fora dos evangelhos permanece a atividade edilícia promovida pelos herodianos. Todavia, o livro dos Atos dos Apóstolos descreve as condições econômicas urbanas e menciona os bens de luxo e, também, seus produtores (cf. Lídia ou os ourives de Éfeso: At 16,14; 19,24-25).

Depois de ter descrito as condições dos camponeses, é importante fazer observar que a Palestina, quanto à capacidade de subsistência, não era uma exceção com relação às outras províncias do império.

---

25. Cf. SANDERS, E. P., *Judaism. Practice and Belief, 63 B.C.E.-66 C.E.*, London-Philadelphia, SCM-Trinity Press International, 1992, 146-169; HAMEL, G. H., *Poverty and Charity in Roman Palestine: First Three Centuries*, Berkeley, University of California Press, 1990, 129-148; OAKMAN, D. E., *Jesus and the Economic Questions of His Days*, Lewiston-Queenston, Edwin Mellen, 1986, 61-66; HANSON, K. C.; OAKMAN, D. E., *Palestine in the Time of Jesus. Social Structures and Social Conflicts*, Minneapolis, Fortress Press, 1998, 99-129. Os estudiosos consideram que Antipas recebia dos camponeses de 10 a 12 por cento dos impostos. Em troca, o agricultor recebia "proteção" quer do tetrarca, quer dos senhores aristocratas, ou seja, os vários serviços administrativos, como as leis, a paz, os rituais, as cerimônias, além dos conselhos médicos.

5
Jesus de Nazaré: a vida e as obras

Daniel Marguerat

O cristianismo nasceu *com* Jesus ou *depois* de Jesus? A vida de Jesus de Nazaré pertence ao judaísmo antigo ou ao cristianismo nascente? É da resposta a essas duas perguntas que depende a nossa compreensão do nazareno no quadro histórico das origens cristãs. Como devemos considerar Jesus? Como o fundador do cristianismo ou como um judeu, sobre cuja lembrança se construiu depois a identidade de uma nova religião[1]?

É evidente que o movimento cristão não nasceu de improviso, nem a partir de um gesto de Jesus. O percurso que o levou a emergir do judaísmo "sectário" até adquirir uma forma institucional autônoma não se realizou antes do século II. Temos de levar em consideração dois fatos, aparentemente contraditórios. De uma parte, não podemos falar de "cristianismo" antes do desenvolvimento de uma pregação articulada sobre a pessoa de Jesus – a começar pelo anúncio da sua ressurreição. A Páscoa, nesse sentido, representa um verdadeiro divisor de águas, transformando o nazareno de *sujeito* de uma pregação (ou seja, propagador ativo de uma mensagem) em *objeto* de uma pregação (ou seja, a própria substância da mensagem). É nesse momento que podemos situar, no mínimo, o nascimento do cristianismo. De outra parte, porém, a fé cristã vive da referência obrigatória e permanente ao homem de Nazaré; seria totalmente irrazoável negar essa origem, da qual depende a própria legitimação do cristianismo.

---

1. G. Barbaglio, ao dar à sua pesquisa o título de *Gesù ebreo di Galilea* (Bologna, EDB, ⁴2003, cf. 111-181), optou de maneira muito clara pela segunda dessas soluções.

Eis, então, o paradoxo: a vida de Jesus pertence, de direito, à história hebraica, mas constitui, ao mesmo tempo, o pressuposto ineludível para uma história do cristianismo. Figura central do cristianismo, Jesus de Nazaré escapa a qualquer tentativa de reconstrução histórica que pretenda subtraí-lo ao judaísmo, unindo-o a um sistema religioso que nele se fundou. Para o historiador, o que está em jogo é importantíssimo, pois não se trata simplesmente de responder sobre o caráter hebraico de Jesus, mas também de explicar, de algum modo, a profunda originalidade na qual se inspirará o movimento dos seus primeiros seguidores.

Nestas páginas, tentaremos reconstruir a vida do Jesus histórico. Isso significa que nos basearemos, antes de tudo, nas fontes documentais "verificadas", ou seja, despidas, quanto possível, de qualquer tendência imputável à subjetividade das testemunhas (à fé ou à atitude hostil deles). Esse tipo de pesquisa – da qual o alemão Hermann Samuel Reimarus é, geralmente, considerado iniciador – tem o propósito de examinar criticamente toda a documentação antiga sobre Jesus, com o objetivo de tirar dela os elementos úteis a uma sua reconstrução histórica[2].

A análise[3] começará, pois, com um exame das fontes mais antigas que conhecemos, para fixar, a seguir, os extremos cronológicos dos acontecimentos biográficos de Jesus. Depois de uma rápida discussão sobre a situação social

---

2. A obra póstuma de Reimarus, *Von dem Zwecke Jesu und seiner Jünger*, foi publicada em 1778 graças ao interesse de Gotthold E. Lessing. A respeito da história da pesquisa sobre a vida de Jesus, cf. em especial BARBAGLIO, G., *Gesù ebreo di Galilea*, 17-36; FUSCO, V., La quête du Jésus historique. Bilan et perspectives, in: MARGUERAT, D.; NORELLI, E.; POFFET, J. M. (ed.), *Jésus de Nazareth. Nouvelles approches d'une énigme*, Genève, Labor et Fides, 1998, 23-57; THEISSEN, G; MERZ, A., *Der historische Jesus. Ein Lehrbuch*, Göttingen, Vandenhoeck & Ruprecht, 1996, 21-33 (trad. it.: *Il Gesù storico. Un manuale*, Brescia, Queriniana, 22003, 13-29); MARGUERAT, D., La Troisième Quête du Jésus de l'histoire, *Recherches de Science religieuse*, v. 87 (1999) 397-421 (agora in: Id., *L'aube du christianisme*, Paris-Genève, Bayard/Labor et Fides, 111-136); CHARLESWORTH, J. H; POKORNY, P., (ed.), *Jesus Research: An International Perspective*, Grand Rapids, Eerdmans, 2009; HOLMÉN, T; PORTER, S. E. (ed.), *Handbook for the Study of the Historical Jesus*, Leiden, Brill, 2010, 4 v.

3. Reportar-me-ei a algumas de minhas contribuições sobre o Jesus histórico, especialmente a respeito do exposto em Jésus le sage et Jésus le prophète, in: MAYEUR, J.-M. et al. (ed.), *Histoire du christianisme*, v. 1, *Le nouveau peuple (des origines à 250)*, Paris, Desclée, 2000, 7-58 (agora in: MARGUERAT, D., *L'aube du christianisme*, 19-79).

e religiosa da Galileia no século I, abordaremos o problema da mensagem religiosa de Jesus, concentrando o olhar sobre dois aspectos concretos da sua ação: a tentativa de "refundar" a lei e a constituição do seu grupo de seguidores. Procuraremos, enfim, compreender os motivos que levaram à condenação de Jesus à morte, concluindo com algumas observações sobre as experiências visionárias ligadas à Páscoa.

As fontes documentais sobre a vida de Jesus

Duas importantes questões metodológicas se impõem imediatamente. Em primeiro lugar: a documentação de que dispomos é, realmente, tão ampla e confiável a ponto de nos permitir reconstruir a biografia de Jesus? Em segundo lugar, como podemos proceder para avaliar a fidedignidade histórica das fontes? As próximas páginas servirão para clarear ambos os pontos.

As fontes

As mais antigas fontes documentárias sobre Jesus de Nazaré provêm de três âmbitos diferentes: romano, judaico e protocristão (incluindo nesse último rótulo tanto o Novo Testamento quanto a literatura extracanônica)[4].

Fontes romanas

O quadro que se obtém dessa primeira categoria de fontes é bem decepcionante: a figura de Jesus não parece ter provocado interesse algum junto aos historiadores romanos[5]. A atenção deles, de modo previsível, concentrou-se

---

4. Para uma análise das fontes não cristãs, cf. MEIER, J. P., *A Marginal Jew: Rethinking the Historical Jesus*, v. 1, New York, Doubleday, 1991, 56-111 (trad. it.: *Un ebreo marginale. Ripensare il Gesù storico*, v. 1, *Le radici del problema e della persona*, Brescia, Queriniana, 57-105); VAN VOORST, R. E., *Jesus Outside the New Testament*, Grand Rapids, Eerdmans, 2001 (trad. it.: *Gesù nelle fonti extrabibliche*, Cinisello Balsamo, San Paolo, 2004); MARKSCHIES, C.; SCHRÖTER, J. (ed.), *Antike christliche Apokryphen in deutscher Übersetzung*, I.1, Tübingen, Mohr Siebeck, 2012, I.1, 209-218.

5. Cf. STANTON, G. N., *Parole d'Evangile? Un éclairage nouveau sur Jésus et les évangiles*, Paris-Montréal, Cerf/Novalis, 1995, 155 [1. ed., *Gospel Truth? New Light on Jesus and the Gospels*, Harrisburg, Trinity Press International, 1995; trad. it.: *La verità del vangelo*.

sobretudo nos grandes eventos da história política e militar do império. Podemos presumir, nesse sentido, que a história de um agitador religioso vivido na remota e periférica Palestina não tenha lhes parecido como particularmente digna de nota. A fé dos primeiros cristãos, de qualquer modo, é assinalada aqui e ali como existente, especialmente pelas desordens sociais ligadas à sua difusão.

No início do século II, por volta de 116-117, Tácito reevoca nos seus *Anais* (XV,44) o célebre episódio do incêndio de Roma. A sua atitude em relação aos cristãos é ambivalente. De um lado, ele parece partilhar do geral desprezo a respeito deles: o povo considerava que os cristãos fossem movidos por "ódio contra o gênero humano" (*odium generis humani*) (XV,44,4). De outro lado, o historiador não deixa de criticar o modo como Nero procurou se furtar à acusação de ter ele próprio fomentado o incêndio, entregando à vingança popular "aqueles que, por suas infâmias, eram detestados por todos e que as multidões chamavam de cristãos. O nome deles vinha de Cristo, que, sob o reino de Tibério, foi condenado ao suplício por ordem do procurador Pôncio Pilatos" (XV,44,2-3). É interessante, nessa passagem, a menção do *supplicium* infligido a Cristo (*Christus*) por Pilatos[6].

Por volta do ano 111, numa carta endereçada a Trajano, Plínio o Jovem alude à veneração dos cristãos da Bitínia, os quais "cantam hinos a Cristo como a um deus" (*Epist.* X,96,7). O nome de Cristo aparecerá de novo, dez anos depois, sob a pena de Suetônio, entre os motivos que teriam levado o imperador Cláudio a publicar uma medida de expulsão dos judeus da Urbe: "Os judeus que tumultuavam continuamente, por instigação de Cresto (*Chrestus*), ele [Cláudio] os expulsou de Roma" (*Vida de Cláudio* 25,4). *Chrestus* é, com muita probabilidade, uma variante ortográfica de *Christus*. Suetônio fala dele como de um agitador judeu. A indicação é valiosa e nos permite intuir a

---

Dalle recenti scoperte nuova luce su Gesù e i vangeli, Cinisello Balsamo, San Paolo, 1998]. Esse desinteresse explica, talvez, a sentença lapidar de C. M. Martini: "Os autores não cristãos dos séculos I-II calam-se quase todos e quase totalmente sobre Jesus" (Il silenzio dei testimoni non cristiani su Gesù, *La Civiltà Cattolica*, v. 113, n. 2 (1962) 341-349, aqui 341). Não é necessário subavaliar, todavia, a exceção apresentada pelas fontes judaicas, em particular pelo *Testimonium Flavianum* (cf. infra, p. 144-145).

6. Tácito comete um pequeno erro, ao atribuir a Pilatos o título de *procurator* (que descreve mais a função), ou seja, na época de Augusto e de Tibério, o procurador da província da Judeia era chamado de *praefectus*.

existência, antes de 49, de um incipiente conflito entre judeus e judeu-cristãos em Roma.

Mais explícito é o testemunho do orador Luciano de Samósata, o qual, no seu irônico *pamphlet* sobre a morte de Peregrino (datável em 169-170) faz referência "àquele grande homem que foi empalado[7], na Palestina por ter dado início a um novo culto" (*Peregrino* 11). Luciano, além disso, descreve Jesus como um "sofista", cujas "leis" os cristãos ainda seguem (ibid., 13).

Um balanço bem fraco, portanto. Todavia, embora fragmentárias, essas informações situam o personagem Jesus na história, ligando-o aos nomes de Tibério e de Pilatos, evocando sua execução capital e tratando a sua morte como uma coisa relevante para a jurisdição de Roma. Outra coisa notável: nenhum autor romano expressa dúvidas, de modo significativo, sobre a existência histórica de Jesus.

Fontes judaicas

Dentro da *Mishná*, o *corpus* normativo que reúne os ensinamentos dos sábios de Israel para os dois primeiros séculos da era cristã, não encontramos nenhuma menção explícita de Jesus. As fontes seguintes, como o *Talmud* de Jerusalém e o *Talmud* da Babilônia, apresentam, por outro lado, algumas observações polêmicas em relação ao nazareno, com o objetivo primário de pôr em dúvida o nascimento virginal[8]. Uma passagem do tratado *Sanhedrin* (*Talmud* babilônico) merece especial atenção. Nele se fala de certo *Yeshu*, que

> foi dependurado na noite da vigília da Páscoa. Um arauto, por quarenta dias, tinha proclamado: "Este será lapidado, porque praticou a magia, instigou Israel e o corrompeu. Qualquer um que conheça alguma coisa para o

---

7. O verbo grego utilizado por Luciano é *anaskolopízein*, que significa, literalmente, "empalar", não "crucificar". Se a referência não for irônica, podemos supor que Luciano considerasse a crucifixão como uma forma de tortura semelhante à empalação (ou derivada dela).

8. A polêmica talmúdica em relação à virgindade de Maria, mãe de Jesus (cf. *b. Shabb.* 104b), encontra-se ampliada nos contos medievais das *Toledoth Yeshu*, que insistem na impureza do nascimento do nazareno (o assunto é abordado por THOMA, C., Jésus dans la polémique juive de l'Antiquité tardive et du Moyen Age, in: MARGUERAT, D.; NORELLI, E.; POFFET, J. M. [ed.], *Jésus de Nazareth*, 477-487).

desculpar apresente-se e dê seu testemunho!". Mas nada foi dito em sua defesa; por isso, o dependuraram na noite da vigília da Páscoa (*b. Sanh.* 43a)[9].

Observamos aqui uma acusação de magia, que atribui a Jesus uma atividade de tipo taumatúrgico (embora contestando sua origem divina); podemos, além disso, ressaltar que a decisão da sua condenação à morte seja atribuída inteiramente a Israel.

No conjunto, o silêncio dos rabinos sobre Jesus explica-se com o precoce surgimento de polêmicas, com muita frequência envenenadas, entre judeus e cristãos. O judaísmo, de per si, não tinha interesse em se expressar diretamente sobre Jesus, enquanto a figura central de um sistema religioso rival; e a pressão dos cristãos, de outra parte, não podia senão reforçar uma atitude de substancial autocensura.

É muito surpreendente, porém, descobrir duas menções diferentes do nazareno que não têm nada de polêmico nos escritos do historiador judeu Flávio Josefo. Ambas se encontram nas *Antiguidades judaicas*, obra publicada por volta de 93-94. A primeira é bastante expedita: fala-se unicamente de Tiago, "irmão de Jesus, chamado o Cristo" (20,200). Não há necessidade, nesse caso, de supor um retoque seguinte. A expressão "chamado o Cristo" é, de per si, neutra, e um copista cristão jamais teria feito alguma emenda no texto nesses termos (mas poderíamos sempre pensar num falsário particularmente hábil). No que diz respeito à segunda menção, a do chamado *Testimonium Flavianum*, a presença de uma glosa de escribas é, porém, dificilmente contestável. Eusébio de Cesareia, no século IV[10], referia-se a essa passagem, atribuindo-a integralmente a Josefo, mas será preciso esperar a época moderna para que alguém comece a contestar sua autenticidade. A hipótese mais provável, de qualquer modo, não é a de uma falsidade, mas de uma interpolação efetuada numa passagem presente no texto original[11]. Estamos diante de um claro testemunho

---

9. Para a tradução da passagem, baseio-me em THOMA, C., *Jésus dans la polémique juive*, 481. O texto se apresenta como uma *baraita*, ou seja, como uma tradição (oral) contemporânea da *Mishná* (anterior a 220), mas que não encontrou lugar dentro dela.

10. Cf. *História eclesiástica* I,11,7-8; *Demonstração evangélica* III,3,105-106.

11. Os argumentos a favor da presença da passagem no texto originário de Josefo são os seguintes: *a*) a conformidade do léxico ao vocabulário e aos procedimentos literários típicos do autor; *b*) a posição do trecho no contexto geral da obra; *c*) o paralelismo com o retrato de João Batista. Para um estudo aprofundado do problema, cf. MEIER, J. P., *A*

do interesse que um personagem como Jesus podia causar aos olhos de um historiador de origem judaica:

> Viveu nessa época Jesus, homem sábio, *se é que se pode defini-lo homem*. Realizou, com efeito, ações extraordinárias e foi mestre de homens que acolhem com prazer a verdade, e assim atraiu a si muitos judeus e até muitos gregos. *Ele era o Cristo*. Mesmo quando, por denúncia dos que entre nós são os chefes, Pilatos o fez crucificar, todos os que antes o tinham amado não deixaram de o amar. *Ele lhes apareceu de novo vivo, no terceiro dia, segundo os profetas tinham predito dele, e mil outras maravilhas*. Ainda hoje subsiste o gênero dos que dele tiveram o nome de Cristãos (*Antiguidades judaicas* 18,63-64)[12].

Em itálico foram reproduzidas passagens nas quais a hipótese da alteração é mais verossímil: privado desses acréscimos, o texto corresponde, quase que literalmente, à versão transmitida pelo bispo árabe Agápio de Hierápolis na sua *História cristã universal* (século X)[13]. A importância da passagem é enorme, obviamente. Ela confirma com maior precisão, em relação aos historiadores romanos, muitos elementos essenciais para a biografia de Jesus: a ligação com Pilatos, a morte na cruz, a atividade taumatúrgica e do ensinamento, a formação de um grupo de seguidores, mas também o papel problemático desempenhado por alguns notáveis judeus ("dos que entre nós são os chefes") na condenação à morte.

Novo Testamento

No *corpus* dos escritos neotestamentários o primeiro testemunho sobre Jesus em ordem cronológica provém das cartas de Paulo, compostas entre os

---

Marginal Jew, 56-88 (trad. it.: 57-85); THEISSEN, G.; METZ, A., *Der historische Jesus*, 75-82 (trad. it.: 88-100); BARDET, S., *Le Tetimonium Flavianum. Examen historique, considérations historiographiques*, Paris, Cerf, 2002.

12. É usada aqui a tradução italiana de M. Simonetti, M. (in: GIUSEPPE FLAVIO, *Storia dei Giudei. Da Alessandro Magno a Nerone* [*Antichità giudaiche*, XII-XX], SIMONETTI, M. (ed.), Milano, Mondadori, 2002).

13. Sobre a importância da citação de Agápio, cf. PINES, S., *An Arabic Version of the Testimonium Flavianum and its Implications*, Jerusalem, The Israel Academy of Sciences and Humanities, 1971.

anos 50 e 58 do século I. Todavia, se excluirmos os numerosos acenos à morte e à ressurreição, a correspondência do apóstolo contém bem pouco sobre a história terrena do nazareno. Entre as esparsas indicações que se concluem encontramos uma referência à judaicidade de Jesus (Gl 4,4; Rm 9,5) e a seu pertencimento à estirpe de Davi (Rm 1,3), além de uma fugaz alusão ao fato de que ele teria sido "entregue" à noite (1Cor 11,23) e que os judeus teriam tido alguma responsabilidade na sua morte (1Ts 2,15). Em quatro ocasiões diferentes, Paulo lembra também uma "palavra do Senhor", mas a formulação que ele oferece, em cada um desses casos, não corresponde literalmente a nenhum dito referido nos evangelhos (cf. 1Cor 7,10; 9,14; 1Ts 4,16-17; Rm 14,14)[14]. O apóstolo, além disso, parece conhecer pequenas coleções de ditos de Jesus, aos quais remete sem perceber a necessidade de citar expressamente sua origem. Podemos, todavia, reconhecer em Paulo a estrutura fundamental da mensagem ética de Jesus, fundada no princípio do amor (cf. Gl 5,14, que corresponde a Mc 12,29-31). Nas cartas encontramos também a ideia de uma coerência substancial entre a vida e a morte de Jesus (2Cor 8,9; Gl 1,3; Rm 3,24-25). No todo, porém, a contribuição documentária parece modesta. A clareza com que Paulo fala de Jesus implica que as suas comunidades tinham acesso a tradições específicas sobre o nazareno, mas o apóstolo, provavelmente, não julgava necessário se referir a elas de maneira explícita.

A segunda fonte neotestamentária, sempre em ordem cronológica, é constituída por uma verdadeira coleção de palavras de Jesus, que os estudiosos rebatizaram de *fonte dos ditos Q*. É opinião comum entre os exegetas que esse documento, hoje perdido, esteja na base dos atuais evangelhos de Mateus e de Lucas. A sua composição julga-se remontar a ambientes palestinos, por volta dos anos 50-60. O texto teria reunido uma série de ditos sapienciais de Jesus, centrados sobre o tema principal do reino de Deus; boa parte do célebre discurso da montanha (Mt 5-7; cf. Lc 6,20-49), por exemplo, proviria daí[15].

---

14. Por exemplo, o dito sobre o divórcio de 1 Coríntios 7,10 é semelhante ao de Marcos 10,9; o dito sobre a recompensa que cabe aos que anunciam o evangelho, em 1 Coríntios 9,14, lembra Lucas 10,7 (embora não partilhe com ele do mesmo teor); a descrição da parusia que encontramos em 1 Tessalonicenses 4,16-17, porém, faz pensar em Marcos 13,26-27; já o dito sobre o puro e o impuro, de Romanos 14,14, é muito próximo de Marcos 7,15.

15. De modo totalmente hipotético, atribuem-se à fonte Q as seguintes passagens, apresentadas na ordem em que aparecem em Lucas: Lucas 3,7-9.16-17; 4,2-13; 6,20-49;

Um terceiro grupo de fontes é representado pelos mais antigos textos evangélicos, os chamados evangelhos sinóticos. O evangelho de Marcos (redigido com verossimilhança por volta do ano 65) integra pela primeira vez o ensinamento de Jesus com uma exposição detalhada da sua vida. O autor baseia-se em fontes anteriores e compõe o seu texto, juntando relatos de milagres, de parábolas e de ditos que lhe chegam da tradição e que, talvez, já conhecesse numa primeira apresentação escrita. O evangelista pôde certamente contar, além disso, com um ciclo narrativo dos eventos da paixão, fixado a partir dos anos 40 nos ambientes de Jerusalém, para comemorar a morte de Jesus: esse ciclo irá compor os capítulos 14–15 do seu evangelho. Ao lado da obra de Marcos, encontramos depois os evangelhos de Mateus e de Lucas, que integram o texto do predecessor deles com os materiais da fonte Q. A composição deles pode ser datada entre os anos 70 e 85.

Uma quarta fonte é constituída pelo evangelho de João, cuja redação final não pode ser colocada antes do ano 90. Esse texto se apresenta como uma extraordinária releitura teológica da vida de Jesus. Diferentemente dos sinóticos, porém, ele nos transmite uma quantidade bem exígua de informações historicamente confiáveis.

Literatura cristã extracanônica

Sob essa denominação encontra-se um número enorme de textos, cuja redação se distribui entre os séculos II e VI. O que os une é o simples fato de não ter encontrado lugar entre os escritos que a Igreja decidirá incluir no seu cânone de textos normativos (o Novo Testamento). Esses documentos, chamados também de "apócrifos", chegaram até nós integralmente ou de forma fragmentária; trata-se de evangelhos, de atos de apóstolos, de apocalipses ou de textos de natureza catequética[16]. Entre os escritos fragmentários lembramos de

---

7,1-10.18-35; 9,57-60; 10,1-15.21-22; 11,2-4.9-26.29-35.39-52; 12,1-12.22-59; 13,18-30.34-35; 14,5.16-27.34-35; 15,4-7; 16,13.16-18; 17,1-6.22-37; 19,12-27; 22,28-30. Para uma reconstrução de Q, cf. ROBINSON, J. M.; HOFFMANN, P.; KLOPPENBORG, J. S. (ed.), *The Critical Edition of Q*, Leuven, Peeters, 2000.

16. Em tradução italiana podem ser consultadas as coleções preparadas por ERBETTA, M., *Gli Apocrifi del Nuovo Testamento* (I.1, *Vangeli. Scritti affini ai vangeli canonici. Composizioni gnostiche. Materiale illustrativo*; I.2, *Vangeli, Infanzia e passione di Cristo*.

modo particular o *Papiro de Oxirrinco 840*, que traz o episódio de uma visita de Jesus e dos seus discípulos ao Templo, o *Papiro de Oxirrinco 1224*, que contém alguns ditos de Jesus e o relato de uma controvérsia, e o *Papiro Egerton 2*, que transmite outros episódios de controvérsias e uma breve história centrada na cura de um leproso. No número dos textos fragmentários podemos incluir também o evangelho dos nazarenos, o evangelho dos ebionitas e o evangelho dos hebreus, que conhecemos de modo indireto, mediante as citações presentes em autores da era patrística. Todos esses textos refletem de maneira muito evidente a exacerbação do conflito entre Igreja e Sinagoga que se seguiu aos episódios da segunda revolta judaica de 135.

Decididamente mais importantes são o evangelho de Pedro, datável na primeira metade do século II, e o evangelho de Tomé, redigido por volta de 170. Do primeiro possuímos um longo fragmento, com um relato da crucifixão e da ressurreição de Jesus. O segundo texto, que sobreviveu totalmente em copto (e só parcialmente em grego), reúne, porém, uma sequência de palavras de Jesus, interpretadas em sentido espiritualizado. A esses dois textos se junta o protoevangelho de Tiago (segunda metade do século II), primeiro evidente exemplo de *ficção* teológica, com o relato lendário da infância de Maria e de Jesus. Dessas três obras, o evangelho de Tomé é, sem dúvida, a mais útil sob o ponto de vista histórico. Muitos ditos que ali aparecem são o fruto de reformulações tardias, mas alguns deles apresentam notáveis pontos de contato com a tradição sinótica. Dois exemplos: "Quem está próximo de mim está próximo do fogo, e quem está longe de mim está longe do reino" (evangelho de Tomé 82; cf. Lc 12,49); "Um profeta não é aceito em sua aldeia; um médico não cura aqueles que o conhecem" (evangelho de Tomé 31; cf. Lc 4,24)[17]. Não podemos excluir de modo algum que o texto de Tomé nos tenha transmitido

---

Assunzione di Maria; II, *Atti e leggende*; III, *Lettere e apocalissi*), Torino, Marietti, 1966-1981 e por MORALDI, L., *Apocrifi del Nuovo Testamento*, Torino, UTET, 1975, 2 v. Sobre a utilização das fontes apócrifas para o estudo de Jesus, cf. KAESTLI, J.-D., L'utilisation de l'Evangile de Thomas dans la recherche actuelle sur les paroles de Jésus, in: MARGUERAT, D.; NORELLI, E.; POFFET, J. M. (ed.), *Jésus de Nazareth. Nouvelles approches d'une énigme*, 373-393; NORELLI, E., *Le Papyrus Egerton 2 et sa localisation dans la tradition sur Jésus. Nouvel examen du fragment 1*, ibid., 397-435; DUBOIS, J.-D., *Jésus apocryphe*, Paris, Mame-Desclée, 2011.

17. Para a tradução italiana desses versículos, cf. GROSSO, M. (org.), *Vangelo secondo Tommaso. Introduzione, traduzione e commento*, Roma, Carocci, 2011, 77-97 (N. do T.).

algumas palavras autênticas de Jesus, ignoradas ou reformuladas pelos próprios sinóticos.

Balanço

Dessa rápida panorâmica podemos tirar pelo menos três conclusões. Em primeiro lugar, no que diz respeito ao Jesus histórico, possuímos um leque surpreendentemente amplo de informações. Essa riqueza se deve seja à variedade das fontes (cartas de Paulo, textos evangélicos, escritos judaicos), seja à proximidade cronológica deles de Jesus (apenas uns vinte anos separam a mais antiga carta de Paulo da morte do nazareno). Nenhum personagem da antiguidade pode contar com uma documentação igualmente rica, sob um ponto de vista qualitativo e quantitativo. Mas o entusiasmo deve ser acompanhado de certa cautela: se prescindirmos do *Testimonium Flavianum* e das referências acidentais da historiografia romana, a parte preponderante das nossas fontes deriva, com efeito, de ambientes protocristãos. Isso expõe os textos à razoável suspeita de uma atitude apologética, sem considerar que nenhuma das nossas fontes pode ser definida como um documento "de primeira mão": não temos textos diretamente atribuíveis a testemunhas oculares de Jesus.

Em todo caso, e essa é a segunda observação, não seria correto pensar que o cristianismo das origens nos tenha transmitido somente lembranças arbitrárias ou tendenciosas de Jesus. Os primeiros cristãos, ao contrário, estavam absolutamente convencidos a respeito do fato de o Senhor deles não poder ser (re)conhecido como tal sem um adequado conhecimento da sua vida terrena. Mais precisamente, dado que o interesse primário em relação à história de Jesus não residia no seu aspecto "factual" quanto, especialmente, no seu caráter fundamental, a relação que os primeiros cristãos mantiveram com ela foi substancialmente de tipo dialético: a preocupação historiográfica se juntou sempre a uma certa liberdade hermenêutica, sobretudo quando se tratou de adaptar a mensagem de Jesus à situação concreta das várias comunidades. No caso dos evangelhos, o interesse pela história de Jesus não tinha nada de arqueológico: os evangelistas se limitaram a registrar aqueles fatos e aquelas palavras que podiam dispor de um significado imediato para seus destinatários. O estudioso moderno, na sua pesquisa sobre o "Jesus da história", deve levar em consideração esse fato, e é chamado a submeter as próprias fontes a um cuidadoso exame crítico e documentário, cujos objetivos não coincidem com a perspectiva teológica e edificante que orientou a composição desses textos.

Chegamos assim a uma terceira observação, que decorre da análise do quadro narrativo predisposto pelos evangelistas: o estudo dos evangelhos demonstrou amplamente que ele deriva, com muita frequência, da atividade criadora de seus autores[18]. A memória dos evangelhos ocorreu sobretudo sobre as palavras de Jesus, muito mais do que sobre as circunstâncias concretas em que foram pronunciadas. A impossibilidade de determinar com exatidão onde e quando teriam acontecido cada um dos episódios da vida de Jesus tem uma consequência importante: não podemos de modo algum pretender, hoje, reconstruir um quadro biográfico completo para Jesus. Isso significa que a maior parte das palavras e das ações que os evangelhos atribuem ao nazareno não pode ser colocada numa moldura espaçotemporal bem definida. Todavia, alguns eventos centrais da biografia de Jesus são seguros: o seu batismo, que as fontes colocam no início da atividade pública; o desenvolvimento da pregação na Galileia[19]; as frequentes práticas de cura; o crescente conflito com as autoridades religiosas de Israel, que culminou no último período em Jerusalém; o suplício da cruz, imposto pelos romanos sob instigação judaica. Para além desses dados, uma localização precisa dos materiais da tradição de Jesus, sob um ponto de vista cronológico e geográfico, fica um tanto difícil. Tudo isso torna ainda mais urgente a necessidade de verificar a credibilidade histórica das fontes. Mas de que modo o podemos fazer?

---

18. Essa constatação, como se sabe, deu origem ao método da *Formgeschichte* ("história das formas"), proposto pela primeira vez por SCHMIDT, K. L., *Der Rahmen der Geschichte Jesu*, Darmstadt, Wissenschaftliche Buchgesellschaft, 1969 (1. ed. 1919). Os estudiosos tendem, hoje, a redimensionar os resultados da *Formgeschichte*; observa-se, com razão, que algumas palavras de Jesus jamais poderiam ser conservadas sem uma referência até mínima ao lugar ou ao contexto em que foram pronunciadas. Mas está comprovado que uma datação delas, numa hipotética biografia de Jesus, estaria destinada a ficar puramente conjectural.

19. Não somos absolutamente capazes de reconstruir em detalhe os deslocamentos efetuados por Jesus e por seu grupo de discípulos, mas as localizações fornecidas pela tradição evangélica remetem todas, de maneira muito clara, a uma precisa área da Galileia, quer dizer, às margens norte-ocidentais do lago de Genesaré (Cafarnaum, Betsaida, Corazim).

Os critérios de autenticidade

A pesquisa histórica sobre Jesus elaborou e progressivamente aprimorou uma ampla série de critérios de "autenticidade" que são capazes de nos ajudar no exame dos diversos testemunhos. Mas é evidente que falar de critérios de autenticidade não teria nenhum sentido sem um esclarecimento preliminar sobre o que podemos definir, em termos epistemológicos, como "autêntico". Sabemos que Jesus não nos deixou nada escrito; na ausência de documentos autográficos, portanto, é absolutamente necessário nos interrogar sobre o grau de certeza a que se pode chegar no campo histórico. Como podemos avaliar, por exemplo, a autenticidade de materiais que chegaram até nós quase totalmente em língua grega, mas que pretendem transmitir os ensinamentos de um homem que falava aramaico? Nesse caso, a autenticidade deverá ser considerada sob um ponto de vista semântico, mais do que sob um ponto de vista estritamente verbal. O que os textos nos transmitem não é *a* palavra de Jesus, mas *uma* palavra de Jesus, mediante testemunhas e recomposta sempre em forma literária. "Autêntico", nesse sentido, não é o que somos capazes de reconstruir da afirmação original de Jesus, mas o que mais se aproxima da substância e das intenções das suas palavras e dos seus gestos[20].

Os estudiosos, em seu esforço de chegar até as camadas mais antigas da tradição sobre Jesus, valem-se geralmente de quatro critérios principais aos quais se juntam dois secundários. Nenhum deles podem ser aplicados de maneira autônoma; somente seu emprego conjugado é que garante a possível autenticidade de um dado tradicional[21].

---

20. Isso não nos impede, todavia, de identificar alguns traços específicos da linguagem de Jesus, como a fórmula "Em verdade, eu vos digo" (*amen legô hymin*), ou a utilização do termo "pai" (*abba*), em referência a Deus. Os historiadores, todavia, renunciaram há muito à pretensão de chegar às *ipsissima vox Jesu*, objetivo que esteve no centro dos trabalhos de um estudioso como J. Jeremias (cf. *Neotestamentliche Theologie*, v. 1, *Die Verkündigung Jesu*, Gütersloh, Gütersloher Verlagshaus, 1971; trad. it.: *Teologia del Nuovo Testamento*, v. 1, *La predicazione di Gesù*, Brescia, Paideia, 1976).

21. Para uma discussão aprofundada dos critérios de autenticidade, cf. MEIER, J. P., *A Marginal Jew*, 167-195 (trad. it.: 157-184) e THEISSEN, G.; WINTER D., *The Quest for the Plausible Jesus: The Question of Criteria*, Louisville, Westminster John Knox, 2002 [1. ed. *Die Kriterienfrage in der Jesusforschung. Vom Differenzkriterium zum Plausibilitätskriterium*, Göttingen, Vandenhoeck & Ruprecht, 1997].

1. O primeiro critério é o da *atestação múltipla das fontes*: consideram-se como autênticos todos os ditos ou fatos que encontramos atribuídos a Jesus em pelo menos *duas* fontes diferentes, desde que *independentes* entre si; por exemplo, podemos considerar autêntico um episódio atestado de maneira independente das cartas de Paulo e do evangelho de Marcos, ou dos evangelhos de Mateus e de João, ou do evangelho de Lucas e do de Tomé.

2. O segundo critério é o da *perplexidade* (*por parte da Igreja primitiva*). Segundo esse critério, consideram-se autênticas as palavras ou as ações de Jesus que foram transmitidas pelas fontes, apesar da perplexidade e das dificuldades que teriam podido criar. O batismo de Jesus (Mt 3,13-17), por exemplo, coloca o nazareno numa posição subordinada em relação ao Batista e podemos supor que a sua lembrança tenha criado certo mal-estar entre os primeiros cristãos, especialmente nas situações de conflito e de rivalidade com os grupos batistas; mas podemos citar entre os dados "incômodos" também o relativo à espera, por parte de Jesus, de uma chegada eminente do reino (Mc 9,1) que não encontrou realização enquanto os seus primeiros discípulos estavam ainda em vida.

3. O terceiro critério refere-se à *originalidade* ou à *dessemelhança*; assim, considera-se autêntico todo dado tradicional que não se apresente como uma simples reelaboração de motivos preexistentes no judaísmo da época, ou como efeito de uma releitura cristã posterior[22]. Aplicando o critério literalmente, poder-se-ia descartar como inautênticos os muitos apelos de Jesus à autoridade das Escrituras (práticas comuns no movimento farisaico e em outros

---

22. A sua aplicação autônoma pode levar a resultados decididamente problemáticos. Käsemann definia o da *descontinuidade* (ou dessemelhança) como o "príncipe" dos critérios de autenticidade: "Em certo sentido, movemo-nos num terreno sólido somente num caso, ou seja, quando uma tradição, por qualquer motivo, não pode ser inferida do judaísmo nem atribuída à comunidade primitiva, em especial quando o judeu-cristianismo tenha atenuado como muito audaz ou remanejado a tradição que tinha recebido" (Das Problem des historischen Jesus, in: *Exegetische Versuche und Besinnungen*, v. 1, Göttingen, Vandenhoeck & Ruprecht, 1964, 187-214, aqui 205; trad. it.: Il problema del Gesù storico, in: *Saggi esegetici*, Casale Monferrato, Marietti, 1985, 30-58). A aplicação exclusiva desse critério, todavia, corre o risco de separar artificialmente Jesus quer do seu ambiente de origem, quer da tradição seguinte; por esse motivo ele deve ser sempre temperado pelo critério de plausibilidade histórica que é seu exato oposto e que constitui o mais eficaz antídoto a uma sua utilização unilateral.

grupos judaicos da época), bem como os diversos ensinamentos relativos à organização interna das comunidades (que poderiam depender, com efeito, das exigências percebidas pelos grupos cristãos seguintes). Discurso totalmente diferente pode ser feito pelo mordaz enunciado de Jesus: "Deixa os mortos enterrarem os seus mortos" (Lc 9,60); dado que o dito não tem praticamente paralelos no mundo antigo (não obstante certa proximidade com algumas posições expressas pelos filósofos cínicos), isso pesa, sem dúvida, a favor da sua autenticidade.

4. O último critério se refere à *plausibilidade histórica*, mas a sua aplicação correta não pode ser obtida sem uma adequada interação com os anteriores. Temos de considerar, de um lado, o que é plausível no contexto judaico palestino do século I (plausibilidade "a montante") e, de outro, o que é capaz de explicar os desdobramentos de uma determinada tradição no período pós-pascal (plausibilidade "a jusante"). No primeiro caso, manter-se-á como autêntica a posição crítica de Jesus em relação às leis de pureza (Mc 7): o debate sobre esse tema, na época, estava ainda muito aberto. No segundo caso, a atividade de Jesus como curador não poderá ser confirmada pela difusão de uma prática análoga nos ambientes do primeiro cristianismo.

A esses quatro critérios principais, como se disse, acrescentam-se dois secundários:

5. O *critério de coerência* parte do pressuposto de que Jesus não pode ter agido de maneira completamente absurda ou contraditória: temos de nos esforçar por encontrar uma lógica, a mais coerente possível, por trás de suas palavras e de suas ações, bem como nos seus discursos.

6. O *critério da explicação necessária*, enfim, parte da constatação de que a condenação à morte de Jesus não pode ter ocorrido por acaso: temos de presumir que alguns elementos da pregação de Jesus ou do seu modo de agir tenham desencadeado uma grave situação de conflito com as autoridades políticas e religiosas da época.

Nascimento e morte de Jesus: o problema da cronologia

É difícil determinar com exatidão a data do nascimento de Jesus. Nossas únicas informações a respeito provêm dos evangelhos canônicos, os quais nos oferecem, todavia, dois pontos de referência absolutamente incompatíveis sob o ponto de vista cronológico: de uma parte, temos o reino de Herodes (Mt 2,1) e, de outra, a informação de um recenseamento publicado por Quirino, governador da Síria (Lc 2,1-2). Mas Herodes o Grande morreu em 4 a.C., enquanto Quirino, na posição de *legatus Augusti pro praetore*, não pôde proceder a um recenseamento da Judeia antes de 6 d.C., ano da deposição de Arquelau[23]. É possível que Lucas tenha confundido dois períodos muito próximos entre si, marcados ambos por uma forte situação de agitação messiânica, devida precisamente ao desaparecimento de Herodes e à remoção de Arquelau.

Outro ponto de referência cronológica é dado por Lucas, o qual situa a vocação profética de João Batista no "décimo quinto ano do governo de Tibério César" (Lc 3,1). Jesus, segundo o evangelista, "ao iniciar seu ministério, tinha cerca de trinta anos" (Lc 3,23), e o início da sua atividade pública remontaria ao momento de seu encontro com o Batista. Esse dado não pode ser aceito sem reservas[24], mas nos permite estabelecer que o nascimento de Jesus ocorreu *antes* do início da era cristã. O fato de a tradição ter sempre ligado o nascimento de Jesus à lembrança de Herodes o Grande leva-nos a privilegiar os últimos anos do reino desse último personagem, imaginando assim uma data compreendida entre o ano 7 a.C. e 4 a.C. (maior precisão não é possível). Os cálculos efetuados no século VI por Dionísio o Exíguo, que faziam coincidir o nascimento de Jesus com o ano 1, não podem ser considerados senão como errôneos[25].

---

23. O censo é afirmado por Flávio Josefo, *Antiguidades judaicas* 17,355; 18,1; 18,26. Considerando a divisão dos poderes nesse período, é inverossímil que Quirino tenha podido executar um recenseamento da Judeia durante o reino de Herodes e dentro do seu território.

24. Poderia, com efeito, ter um valor simbólico. Para os biógrafos antigos, os trinta anos indicavam convencionalmente a maturidade de um homem (para Davi, cf. 2Sm 5,4; para José, cf. Gn 41,46; cf. também Nm e 1Cr 23,3).

25. A proposta de Dionísio remonta a 532, mas começa a ser aceita apenas a partir do século VIII. O célebre monge fixou o nascimento de Jesus no oitavo dia das calendas de janeiro do ano 753 a.U.c. (depois da fundação de Roma); na realidade, dado que o calendário romano começava com o mês de março, o ano 1 correspondia ao ano 753 somente para os três primeiros meses e, para o resto, em 754. Com fundamento exclusivo nos testemunhos da historiografia romana e na indicação-chave de Lucas 3,1-2, Dionísio deixou, além disso, de confrontar os próprios dados com os da historiografia hebraica (reino de Herodes). Sobre o problema da data de nascimento de Jesus, cf. Mussies, G., The Date of Jesus' Birth, *Journal for the Study of Judaism*, v. 29 (1998) 416-437.

O lugar do nascimento que os evangelhos atribuem a Jesus é Belém, a "cidade de Davi" (Lc 2,11). É possível que essa localização tenha sido inspirada pela lembrança de um oráculo do profeta Miqueias, que tinha indicado justamente em Belém o futuro local do nascimento do messias filho de Davi (cf. Mq 5,1, citado em Mt 2,5). Se assim fosse, o filho de José teria nascido em Nazaré, onde a tradição coloca a sua infância. Mas não é nada certo que a escolha de Belém deva ser interpretada como um puro expediente teológico; o historiador Eusébio de Cesareia, no século IV, fala de alguns familiares (sobrinhos) de Jesus que foram obrigados a se apresentar diante do imperador Domiciano sob a acusação de pertencer à "estirpe de Davi"[26]. A filiação da família de Jesus à descendência davídica poderia, pois, refletir um dado autêntico, que a tradição (em particular Mateus) teria interpretado teologicamente a partir do livro de Miqueias 5,1.

Se os evangelhos concordam em situar o suplício de Jesus em Jerusalém, num período próximo à Páscoa, o testemunho deles sobre o dia da morte não é unânime. Marcos (15,42) fala de uma sexta-feira na qual teria se celebrado a Páscoa, solenidade que a tradição fixava no dia 15 do mês hebraico de Nisan. João (19,14) opta, porém, pela tarde do dia 14 de Nisan, na vigília da Páscoa, portanto. A cronologia de João parece mais verossímil: é difícil pensar que a condenação de Jesus à morte, mas sobretudo a sua crucifixão, tenham ocorrido num dia de festa solene. Com base nisso, os cálculos astronômicos nos permitem considerar pelo menos duas datas como possíveis: sabemos, com efeito, que o dia 14 de Nisan cai numa sexta-feira em 7 de abril do ano 30 e em 3 de abril do ano 33. Considerando que o início da vida pública de Jesus ocorreu por volta dos trinta anos de idade (Lc 3,23) e acrescentado à conta os dois ou três anos de pregação[27], a data de 7 de abril do ano 30 mostra-se como a mais plausível.

---

26. Eusébio (*História eclesiástica* III,20,1-2) cita uma tradição que remonta a Hegésipo (século II).

27. Também o cálculo da duração total da pregação de Jesus baseia-se em João; o evangelista menciona em três ocasiões a ocorrência da Páscoa (Jo 2,13; 6,4; 11,55), enquanto o conjunto de indicações cronológicas que encontramos em Mateus reduz a atividade pública do nazareno a uma questão de poucos meses. Deve-se dizer, porém, que a preferência concedida à cronologia de João não implica, de modo algum, a aceitação do itinerário que o seu texto faz Jesus realizar. João, com efeito, cita três viagem ("subidas") a

A situação social e religiosa da Palestina no século I

A ocupação romana da Palestina remonta à intervenção militar de Pompeu (63 a.C.)[28]. A partir dessa data, a história da Palestina parece fortemente ligada, de modo direto ou indireto, aos acontecimentos em Roma. Pompeu pôs fim ao domínio da dinastia hebraica dos asmoneus, cuja revolta, capitaneada por Judas Macabeu (166-160 a.C.), levara à expulsão do rei selêucida Antíoco IV Epifanes.

Para garantir pleno controle sobre o território, Roma confiou o governo de toda a Palestina a Herodes o Grande, que oportunamente conseguira obter os convenientes apoios junto à corte romana, durante o conflito entre Marco Antônio e Otaviano. Embora dotado de plena autonomia na gestão interna do reino, Herodes devia total fidelidade às autoridades romanas. Em 40 a.C., obteve o título de "rei da Judeia", sob a condição de sujeitar militarmente a área, coisa que sucedeu, três anos mais tarde, em 37, com a tomada de Jerusalém e a deposição de Antígono. O seu reino durará até o ano 4 a.C., um tempo não curto, marcado por uma relativa prosperidade e por projetos arquitetônicos de certo destaque (o porto de Cesareia, o Templo de Jerusalém, as fortalezas de Masada e de Maqueronte), mas constelado também por uma longa sequência de imoderações políticas devidas à morbosa obsessão do soberano em relação aos possíveis rivais (e isso explica a lembrança negativa que ficaram impressas nas fontes judaicas)[29].

A sucessão ao trono, depois da sua morte, não foi nada simples. Augusto ratificou o testamento de Herodes, que previa a divisão do reino entre os seus três filhos: Arquelau obteve o título de etnarca e a autoridade sobre a Judeia,

---

Jerusalém, mas sobre esse ponto é melhor nos atermos aos sinóticos, que falam, todavia, de uma única viagem, situada no fim da vida terrena de Jesus.

28. Sobre os acontecimentos desse período, cf. PAUL, A., *Le monde des Juifs à l'heure de Jésus*, Paris, Desclée, 1981, 159-226 (trad. it.: *Il mondo ebraico al tempo di Gesù*, Roma, Borla, 1983). Sobre o contexto sociorreligioso, cf., porém, LEVINE, A. J.; ALLISON, D. C.; CROSSAN, J. D. (ed.), *The Historical Jesus in Context*, Princeton, Princeton University Press, 2006.

29. O episódio evangélico da matança dos inocentes (Mt 2,16), apesar do tom lendário, reflete bem o sentimento popular em relação a Herodes, que não hesitou em exterminar boa parte da sua família, dominado pelo contínuo temor de conjuras e de maquinações (veja-se o relato do fim tremendo que coube a Mariamne, uma das mulheres de Herodes, referido por FLÁVIO JOSEFO, *Guerra judaica* 1,441-444).

a Samaria e a Idumeia; Herodes Antipas tornou-se tetrarca da Galileia e da Pereia; já a Filipe foi atribuído o cargo de administrador dos territórios no Nordeste, de maioria não hebraica (Bataneia, Gaulanítide, Traconítide e Auranítide). Augusto, em 6 d.C., fez depor Arquelau por manifesta incapacidade, exilando-o para as Gálias (em Vienne). Judeia e Samaria tornaram-se assim uma única província senatorial, cujo prefeito residia em Cesareia Marítima. É nesse lapso de tempo que se situa a chegada de Quirino, vindo da Síria, com o mandato de proceder, junto com o procurador da Judeia, Copônio, a um recenseamento dos habitantes da nova província (FLÁVIO JOSEFO, *Antiguidades judaicas* 18,1; cf. Lc 2,1-2). Herodes Antipas reinou até 39, ou seja, até o seu exílio para Lion, imposto pelo imperador Calígula. O seu território foi, então, atribuído à regência de Agripa I, neto de Herodes o Grande, que restituiu ao jugo romano o reino do seu ilustre antepassado, administrando-o de 41 a 44[30].

Galileia e Judeia, no período da juventude e da atividade pública de Jesus, conheceram, portanto, dois diferentes governos. Primeiro, fizeram parte de um reino aliado, dirigido por uma administração hebraica sob a tutela romana; depois viveram um verdadeiro regime de ocupação, garantido por um prefeito a serviço dos romanos, com a complacência de um sinédrio e de um sumo sacerdote, cujas funções eram relegadas à pura gestão dos assuntos religiosos. A dominação estrangeira de Israel, efetuada de maneira direta ou mediante a cumplicidade de soberanos aliados, deu ensejo a numerosas tentativas de revolta popular.

Tensões sociais na Galileia

A situação política da Palestina sob o reino de Tibério é descrita por Tácito em termos quase idílicos: *sub Tiberio quies* ("sob Tibério, reina a calma": *Histórias* V,9,2). É verdade, porém, que a região, entre as desordens que marcaram a morte de Herodes o Grande e o estouro da guerra judaica de 66-70, conheceu um período de relativa calma. O historiador romano, todavia,

---

30. Um retrato do pacífico reino de Agripa I encontra-se em SCHWARTZ, D. R., *Agrippa I: The Last King of Judea*, Tübingen, Mohr, 1990. A conspícua série de procuradores que o sucederam contribuiu para exacerbar os humores do povo, levando à explosão do conflito, em 66-70.

mostrou-se insensível à existência de outras tensões, de ordem socioeconômica e religiosa, das quais encontramos vestígios quer nos escritos de Flávio Josefo, quer nos evangelhos. Ambas as fontes nos permitem assim reconstruir, pelo menos parcialmente, o completo tecido social da Galileia nos tempos de Jesus.

A área era conhecida pela sua enorme prosperidade[31]. O sistema econômico da Galileia apoiava-se principalmente em atividades ligadas à agricultura e à pesca. A terra era fértil e a região vivia de exportação. A administração das colheitas fundamentava-se essencialmente numa economia distributiva: o papel principal era exercido pelos grandes proprietários, que confiavam a administração das terras a seus subalternos. Existia também uma rede de pequenas propriedades familiares que viviam dos próprios produtos.

A vida econômica era organizada entre dois polos: de uma parte os ricos proprietários e, de outra, a grande massa dos trabalhadores precários, geralmente pequenos camponeses ou trabalhadores rurais, que prestavam serviço como diaristas. A tensão social podia ser altíssima, em especial entre proprietários e gerentes. Esses últimos eram convocados a depositar uma parte até mesmo significativa de sua colheita, como se deduz da parábola dos vinhateiros homicidas (Mc 12,1-7). Quem, porém, prestava serviço diário dependia inteiramente da convocação dos dadores de trabalho, como demonstra a parábola dos operários da undécima hora (Mt 20,1-15). Quanto aos pequenos camponeses, seu destino estava sempre exposto aos riscos de uma colheita má, ou à ruína econômica que poderia se seguir à impossibilidade de saldar eventuais débitos; nesse caso a perspectiva comum era a de acabarem vendidos como escravizados. O sistema de arrecadação dos tributos devia alimentar pelo menos

---

31. Segundo a descrição de Josefo, a Galileia "é toda ela fértil e rica em pastos e árvores de toda espécie; desse modo, por tal fecundidade, seduz até quem é menos propenso ao trabalho do campo. Por isso, é toda cultivada pelos habitantes e não há canto algum sem ser cultivado; ademais, há também muitas cidades e, por toda parte, grande número de aldeias densamente habitadas devido à abastança, de modo que a menor delas tem mais de quinze mil habitantes" (*Guerra judaica* 3,42-43; trad. it. de G. Vitucci). O retrato, apesar do tom um tanto pomposo, reflete bem a prosperidade da região. R. A. Horsley, todavia, contestou, recentemente, os números de Josefo, calculando para a Galileia uma taxa de urbanização muito mais reduzida, com cerca de 1.000 habitantes para Cafarnaum e 500 para Nazaré (*Galilee: History, Politics, People*, Valley Forge, Trinity Press International, 1995, especialmente 166-167 e 193-195).

três caixas: a do ocupante romano, a de Herodes Antipas e bem cedo também a do Templo[32].

A Galileia conheceu também fortes tensões entre cidade e campo. A riqueza, por definição, concentra-se quase sempre nas cidades e suscita com frequência sentimentos de desforra. A cultura urbana, portadora de novidades, contrapõe-se, além disso, à mentalidade tendencialmente conservadora das aldeias. Essa tensão encontra-se em todas as sociedades agrárias do mundo mediterrâneo antigo. E não pode ser por acaso que os evangelhos se limitam a registrar o nome de Cafarnaum, centro da atividade de Jesus, sem mencionar as mais importantes cidades à volta: Séforis (a 6 km de Nazaré) e Tiberíades (a 16 km de Cafarnaum). Não podemos, todavia, excluir que Jesus, que costumava se deslocar como todo bom artesão da época (Mc 6,3), tenha decidido oferecer a própria mão de obra num dos grandes canteiros urbanos da região. Flávio Josefo ressalta a crescente hostilidade popular em relação ao povo de Séforis ou de Tiberíades[33], e o silêncio dos evangelhos sobre as cidades da Galileia reforça inevitavelmente a impressão de um Jesus como homem de aldeia, mais que de cidade. Como tal, Jesus não podia deixar de partilhar da cultura e das preocupações de camponeses e pequenos artesãos. De outra parte, é justamente um mundo de camponeses, arrendatários e pescadores que encontramos com frequência nas parábolas. Além disso, Jesus não se dirige em primeiro lugar a pessoas abastadas, mas a indivíduos para quem até a perda de apenas um centavo pode representar um drama (Lc 15,8-10).

Sob o ponto de vista religioso, junto aos vizinhos da Judeia, a reputação dos homens da Galileia era notoriamente péssima: "Verás que da Galileia não surge profeta" (Jo 7,52). Essa má reputação remonta à época em que a população da Galileia era composta predominantemente por não judeus. Depois, graças às políticas coloniais perseguidas sob o reino de Arquelau (105-104 a.C.), a região conheceu uma efetiva e capilar judaização. No século I, a maior parte

---

32. Sobre o funcionamento desse tríplice sistema de impostos, cf. APPLEBAUM, S., Economic Life in Palestine, in: SAFRAI, S.; STERN, M. (ed.), *The Jewish People in the First Century*, Assen, Van Gorcum, 1976, 631-700. A sua visão é contestada por E. P. Sanders, que supõe um sistema mais simples de taxação dupla (civil e religiosa): *Judaism: Practice and Belief, 62 BCE-66 CE*, London-Philadelphia, SCM/Trinity Press, 1992, 149-169 (trad. it.: *Il giudaismo. Fede e prassi. 63 a.C.-66 d.C.*, Brescia, Morcelliana, 1999).

33. Cf. FLÁVIO JOSEFO, *Vida* 39; 375-378; 381-384.

dos habitantes da Galileia pertencia, de fato, ao judaísmo, e se exprimia comumente em aramaico. Os fortes laços com o Templo são comprovados pelo pagamento regular do imposto para as necessidades dos sacerdotes, mas também – e, diria, sobretudo – pela maciça participação da peregrinação anual a Jerusalém. Flávio Josefo, mais uma vez, refere o episódio de um protesto organizado por alguns judeus de Tiberíades contra uma tentativa de profanação do Templo urdido por Calígula[34]. Na Galileia, porém, encontramos também vestígios de uma adesão à lei que parece muito mais "liberal" com respeito aos padrões da Judeia.

A resistência religiosa em relação à romanização

A *pax romana* conseguiu se impor nos territórios do império a um alto preço, correspondente à intensa campanha de integração cultural e econômica que atropelou princípios e valores. É um processo que poderíamos definir, segundo as medidas da época, como "globalização romana". Ao longo das margens do Mediterrâneo, já não é possível contar os costumes e os hábitos progressivamente abandonados, ou descurados, a favor da nova ordem imperial.

A essa poderosa estratégia de integração cultural o povo hebraico opõe-se com uma firmeza maior do que outros[35]. Entre 26 d.C. e 36 d.C., a administração política de Pilatos suscita reações violentas: a sua tentativa de introduzir as efígies imperiais em Jerusalém provoca uma sublevação popular, enquanto a proposta de utilizar o tesouro do Templo para financiar a construção de um aqueduto dá início a uma verdadeira insurreição, que termina no proverbial

---

34. Cf. Id., *Antiguidades judaicas* 18,269-272.

35. Para uma análise dessa situação de crise, cf. a excelente contribuição de THEISSEN, G., Jésus et la crise sociale de son temps, in: MARGUERAT, D.; NORELLI, E.; POFFET, J. M. (ed.), *Jésus de Nazareth*, 125-155; cf. também THEISSEN, G.; MERZ, A., *Der historische Jesus*, 125-146 (trad. it.: 163-192); RICHES, J. K., *The World of Jesus: First Century Judaism in Crisis*, Cambridge, Cambridge University Press, 1990 (²1991). De outra opinião é S. Freyne, o qual afirma que a Galileia, por não ter logo um regime direto de ocupação (diferentemente da Judeia), permaneceria uma região relativamente tranquila durante o ministério de Jesus (*Galilee: From Alexander the Great to Hadrian 323 BCE to 135 CE*, Edinburgh, T&T Clark, ²1998, especialmente 205-255). Do mesmo autor veja-se também o livro *Jesus: A Jewish Galilean*, London, Continuum, 2004.

banho de sangue (Lc 13,1)[36]; a indignação suscitada por um enésimo massacre de fiéis no monte Garizim levará uma delegação de judeus a solicitar e, enfim, obter a remoção do prefeito por parte de Roma.

A história da Judeia na virada para a era cristã reflete esse embate feroz, a um só tempo cultural e religioso, onde o que está em jogo é, antes de tudo, a defesa da identidade hebraica. O desafio da integração, com efeito, envolve, em primeiro lugar, a manutenção das antigas tradições de Israel. Daí o desencadear de um sentimento messiânico de vingança, cujas esperanças inflamam as camadas mais baixas da população; e não é de admirar, considerando a substancial complacência das aristocracias da Judeia e da Galileia (inclusive os saduceus) em relação ao jugo romano.

A virulência do conflito é testemunhada pelo aparecimento em cena, ao longo de todo o século I, de uma série de figuras carismáticas portadoras de uma mensagem de protesto. A pregação deles, de tons milenaristas, inflama os ânimos à luta, reunindo as multidões em torno de um programa ideal de restauração da "santidade" do país. Alguns pregam abertamente a violência, outros a rejeitam. Os nomes não inúmeros.

Com a morte de Herodes o Grande (4 a.C.), o vazio no poder desencadeou as reivindicações de muitos pretendentes ao trono. Durante essa "guerra de bandidos" foi um certo Atrongeu, um simples pastor, que assumiu o título de rei e guiou a revolta[37]. Um ex-escravizado de Herodes, Simão, apropriou-se da coroa, estimulando os próprios seguidores a incendiar e saquear as salas do palácio real[38]. Depois foi a vez de certo Judas, filhos de Ezequias, que tomou de assalto o palácio, assumindo a chefia de uma multidão de miseráveis, todos provenientes de Séforis[39]. Todas essas revoltas tinham em comum reivindicações de teor teocrático: os rebeldes se imaginavam como uma espécie de braço armado de Deus. A repressão por parte dos romanos foi, obviamente, impiedosa.

---

36. Segundo o relato de Flávio Josefo, Pilatos ordenou a alguns soldados que se infiltrassem em meio à multidão, apresentando-se com roupas comuns: ao sinal combinado, os sicários começaram o massacre dos manifestantes (*Antiguidades judaicas* 18,60-62). Parece que o número dos mortos foi enorme. Lucas refere um caso análogo, falando de uma matança de galileus (Lc 3,1).
37. Cf. FLÁVIO JOSEFO, *Antiguidades judaicas* 17,278 e 280-281.
38. Ibid., 17,273-276.
39. Ibid., 17,271-272.

Em 6 d.C., a deposição de Arquelau deu início a uma campanha de recusa fiscal, chefiada por Judas o Galileu. Podemos identificar nesse personagem o precursor ideal dos zelotas, embora a existência de um movimento zelota, de fato, não seja testemunhada antes da guerra judaica. Judas irrompe contra Roma, em nome de uma teologia do pertencimento da terra ao Deus de Israel: se o país pertence a Deus, o povo hebraico deve obediência somente a ele[40]. Os impostos pagos ao imperador, nessa perspectiva, são interpretados como uma violação do primeiro mandamento. Esse ideal teocrático consegue conquistar grande número de apoiadores, mas a insurreição desemboca bem cedo na repressão e no sangue. O nacionalismo antirromano e o fervor messiânico continuarão a ebulir na piedade popular.

Alguns anos depois da morte de Jesus, as fontes registram o grave incidente no monte Garizim, cuja cruel repressão custou o posto de Pilatos: um profeta samaritano tinha conduzido até o monte uma multidão de adeptos, com a promessa de lhes mostrar os vasos sagrados que Moisés tinha enterrado ali[41]. Outro profeta dos "novos tempos", o egípcio de que falam também os Atos dos Apóstolos (21,38), levou as multidões ao Monte das Oliveiras, predizendo que dali poder-se-ia assistir ao espetáculo da queda dos muros de Jerusalém, como nos tempos de Jericó[42].

Esses profetas da restauração anunciavam todos o advento de um "sinal", que faria reviver a experiência do êxodo e do ingresso na terra prometida; trazendo a lume os vasos sagrados de Moisés ou relembrando a epopeia de Jericó, não se fazia outra coisa do que reevocar de modo tipológico toda a história da salvação. Invocava-se o retorno do povo à pureza das origens. O livro dos Atos dos Apóstolos (5,36) conserva a lembrança de um homem de nome Teudas, que conseguiu ganhar para a causa messiânica bem quatrocentos homens, prometendo-lhes que atravessariam o rio Jordão sem se molhar. Esses episódios de revolta indicam o envolvimento de toda a população, abrindo caminho, de maneira lenta, mas inevitável, aos eventos da guerra judaica do ano 66.

É a partir desse contexto que temos de analisar a questão da visibilidade social do primeiro movimento de Jesus. A mensagem do nazareno podia ser

---

40. Cf. Id., *Guerra judaica* 2,117-118. Cf. também *Antiguidades judaicas* 18,4-10.
41. Cf. Id., *Antiguidades judaicas* 18,85-87.
42. Id., *Guerra judaica* 2,261-263.

confundida com essas formas de messianismo revolucionário? Alguns momentos da vida de Jesus recebem dessa situação uma luz singular. O seu discurso sobre a chegada iminente do reino de Deus, por exemplo, coloca-se em um cumprimento de onda semelhante à dos profetas da restauração. As suas curas, os seus exorcismos podiam ser entendidos como uma antecipação da libertação futura. O caprichoso milagre da multiplicação dos pães (Mc 6,35-44), num ambiente desértico, apresentava às multidões um claro substituto do maná; não seria, talvez, um sinal de que a história do êxodo estava para ser revivida? Foi dirigida a Jesus até uma candente pergunta sobre o tributo a ser pago a César (Mc 12,13-17). E foi-lhe solicitado que desse um "sinal" (Mc 8,11), embora o nazareno tenha respondido com uma nítida recusa. E é justamente essa recusa que nos permite medir a sua distância do movimento de revolta que apresenta tantas afinidades com o seu projeto religioso, pelo menos no papel. Diferentemente de todos esses profetas, Jesus jamais vincula as próprias ações à memória do êxodo; qualquer imaginação de uma reconquista política do país lhe é estranha. Os seus discursos não dão margem a um messianismo de tipo nacionalista.

O perfil religioso de Jesus, sob o ponto de vista sociológico, aproxima-se muito do de um profeta escatológico (ou messiânico). De resto, é justamente o título de profeta que o povo, segundo os evangelhos, lhe atribui com maior frequência[43]. Os estudiosos sugerem a comparação também com outras figuras de referência: o rabi fariseu, o zelota, o *chassid* (piedoso), ou o sábio, talvez de tendência cínica; mas as analogias não são nunca convincentes[44].

---

43. Cf. Marcos 6,15; 8,28; Mateus 21,11.46; Lucas 4,24; 7,26.39; 22,64; 24,19.

44. A possibilidade de reduzir a figura de Jesus à de um "rabi" foi defendida de modo especial por FLUSSER, D., *Gesù*, Brescia, Morcelliana, 1997 [1. ed. *Jesus in Selbstzeugnissen und Bilddokumenten*, Reinbek, Rowohlt, 1968; ed. rev. ingl.: *Jesus*, Jerusalem, Magnes Press, 1997]. As ligações com o judaísmo carismático estão, porém, no centro da releitura atenta de VERMES, G., *Jesus the Jew: A Historian's Reading of the Gospels*, London, SCM, 1983, especialmente 77-108 (sobre esse problema, vejam-se as observações de JAFFÉ, D., L'identification de Jésus au modèle du Hasid charismatique galiléen. Les thèses de Geza Vermes et de Shmuel Safrai revisitées, *New Testament Studies*, v. 55 (2009) 218-246). A comparação com os filósofos sínicos itinerantes deve-se em particular a DOWNING, F. G., *Christ and the Cynics: Jesus and Other Radical Preachers in First Century Tradition*, Sheffield, Sheffield Academic Press, 1988, e a CROSSAN, J. D., *The Historical Jesus: The Life of a Mediterranean Peasant*, San Francisco, HarperSanFrancisco, 1991.

Jesus, discípulo de João?

À constelação de grupos messiânicos rebeldes, unidos por um programa de restauração e de reforma de Israel, pertence também João Batista. Como as figuras proféticas que citamos pouco antes, João partilha do protesto contra a impureza do país, provocada pela ocupação romana. O que torna única e original a sua proposta religiosa é, porém, a ideia de que uma volta à ordem moral possa ser conseguida mediante um rito de purificação, o batismo.

Como já vimos, um dos eventos mais seguros da biografia de Jesus é precisamente o do batismo, que o nazareno teria recebido por mão de João nas águas do Jordão, no início da atividade pública (Mc 1,9-11). Os quatro evangelhos canônicos, ao falarem de João e de Jesus, fazem do primeiro um "precursor" do segundo. A tradição protocristã verá na mensagem do Batista o próprio anúncio da chegada de Jesus: "Depois de mim vem o que é mais forte do que eu, e eu não sou digno de, inclinando-me, desatar-lhe a correia das sandálias" (Mc 1,7). Todavia, sob o ponto de vista histórico, a relação que se observa entre os dois é precisamente ao contrário: João foi o mestre e Jesus, o discípulo.

O fato de Jesus ser ter se apresentado a João para se fazer batizar implica, com efeito, necessariamente, a permissão do nazareno em relação à pregação do profeta batizador. Mas há mais. Segundo o quarto evangelho, o Batista teria exercido a sua atividade às margens do Jordão num local desértico chamado Betânia (Jo 1,28), antes de se transferir para Enom, perto de Salim, na Samaria (Jo 3,23). É ainda o quarto evangelho que conserva a lembrança de uma atividade batismal de Jesus na Judeia (Jo 3,22), com a curiosa observação segundo a qual Jesus "fazia mais discípulos e batizava mais gente do que João" (Jo 4,1)[45]. Dado que os evangelhos não atribuem nunca ao grupo dos discípulos de Jesus um costume desse tipo, somos levados a pensar que o nazareno, pelo menos no início, tenha exercido a prática batismal dentro do movimento batista. A atividade de Jesus, consequentemente, poderia ter tido uma ligação muito estreita com a de João e dos seus seguidores. Somente num segundo momento é que o nazareno teria se separado dele, para empreender uma missão autônoma.

---

45. Para garantir certa segurança com o relato dos sinóticos (que não mencionam nenhuma atividade batismal de Jesus), o evangelista se apressa em esclarecer: "na verdade, Jesus mesmo não batizava, mas os seus discípulos" (Jo 4,2). A observação contradiz inesperadamente o que foi dito em 3,22.

Mas qual era o significado do batismo de João? A sua eficácia para a remissão dos pecados (Mc 1,4) revela, sem dúvida, o seu valor sacramental, ou seja, o rito proporcionava a salvação[46], e preservava o indivíduo, de uma vez por todas, da ira iminente de Deus[47]. Infelizmente, a pregação de João, que previa também um rito de conversão, é conhecida por nós somente de modo parcial, graças a algumas indicações fragmentárias que encontramos dispersas nos evangelhos e em Flávio Josefo (*Antiguidade judaica* 18,116-119)[48]. É evidente, todavia, que o núcleo central da sua mensagem era escatológico, pois estava centrado na convicção de que o dia do juízo viria bem cedo sobre Israel: "O machado já está pronto para cortar a raiz das árvores; toda árvore, portanto, que não der bom fruto será cortada e lançada ao fogo" (Lc 3,9).

A alta estima que Jesus tinha pelo próprio mestre deixou, todavia, diversos traços: o seu batismo, diz o nazareno, vem "do céu" e não dos homens

---

46. Flávio Josefo, na realidade, confere ao batismo de João uma função purificadora mais simples (*Antiguidades judaicas* 18,117). Mas a interpretação do historiador hebraico deve ser entendida com muito cuidado: Josefo tem todo interesse em defender o primado dos sacrifícios expiatórios efetuados no Templo. Mas é necessário notar que Josefo fica totalmente calado sobre a dimensão apocalíptica da mensagem de João.

47. O Batista foi muitas vezes comparado aos essênios de Qumran, por se retirar ao deserto e pelo papel determinante atribuído às lavações de purificação. Mas a absoluta originalidade do rito instituído por João consiste em seu caráter único: trata-se, com efeito, de um "batismo de conversão" (Mc 1,4), que rompe com a repetição das abluções rituais às quais se submetiam os judeus piedosos, sobretudo em Qumran. O seu batismo, como já se disse, salva o indivíduo uma vez por todas. Essa peculiaridade do rito não impede, todavia, de se reconhecer a presença em João, como entre os membros de Qumran, de uma ligação simbólica entre água, espírito, perdão e conversão: "uma vez que pelo espírito do verdadeiro conselho de Deus são expiados os caminhos do homem, todas as suas iniquidades, a fim de que possa contemplar a luz da vida; pelo espírito santo da comunidade, pela sua verdade, é purificado de todas as suas iniquidades; pelo espírito de retidão e de humildade é expiado o seu pecado; na humildade da sua alma em relação a todos os estatutos de Deus é purificada a sua carne, aspergida com a água lustral e santificada com águas puras" (1QS III 6b-9a; trad. de L. Moraldi, in: Id. (org.), *I manoscritti di Qumran*, Torino, UTET, 1971, 140). Sobre a ligação entre João e os essênios, cf. PERROT, C., *Jésus*, Paris, PUF, 1998, 47-51.

48. Para uma reconstrução da sua figura e da sua mensagem, cf. BECKER, J., *Johannes der Taüfer und Jesus von Nazareth*, Neukirchen, Neukirchener Verlag, 1972; WEBB, R. L., *John the Baptizer and Prophet: A socio-Historical Study*, Sheffield, JSOT Press, 1991; MURPHY, C. M., *John the Baptist: Prophet of Purity for a New Age*, Collegeville, Liturgical Press, 2003.

(Mc 12,30-32) e Israel deveria respeitar João "como alguém mais do que um profeta" (Lc 7,26; cf. Mt 11,9). Apesar disso, depois de ter inicialmente aderido ao movimento dele e de ter participado pessoalmente das suas atividades, Jesus se despede do Batista. As razões precisas dessa ruptura nos escapam; mas alguns pontos de atrito emergem das fontes com suficiente clareza. Pessoalmente, identifico quatro deles.

1. Jesus não é um asceta. Enquanto João pratica uma ascese que envolve o vestuário (seu hábito é feito de peles de camelo), a alimentação (nutre-se de gafanhotos e de mel silvestre) e a moradia (escolhe viver em lugares desertos), Jesus é um homem das aldeias, que não despreza o contato com o povo e que dirige sua pregação a todos. Chegarão até a censurá-lo por não jejuar e o acusarão de ser um "beberrão" (Lc 7,33-34). O único ponto de contato entre os dois, sob esse ponto de vista, consiste na escolha comum de não contrair matrimônio. Mas o celibato de Jesus se apresenta, mais que outra coisa, como um sinal de marginalidade social e não é acompanhado por rejeição a respeito do mundo feminino.

2. O Deus de Jesus é um Deus de graça, um Deus do amor ilimitado, que ama tanto os bons como os maus (Mt 5,45). Embora mantendo a perspectiva de um juízo iminente, Jesus inverte a mensagem do próprio mestre, que se concentrava na expectativa de uma vingança final por parte de Deus.

3. As fontes não atribuem gestos de cura a João, ao passo que para Jesus esse tipo de prática se revela como um traço distintivo. Os milagres em Jesus são acompanhados por uma nítida convicção de que o reino de Deus estava em ação – e se manifesta – em seu próprio modo de agir.

4. O nazareno não introduz a prática batismal no grupo dos discípulos; a Igreja é que vai retomá-la depois da morte de Jesus. O seu apelo à conversão, portanto, não implica a exigência do batismo. O abandono do rito exprime também a desconfiança de Jesus em relação a outras práticas de purificação: atesta, além disso, o poder que Jesus se atribui de perdoar os pecados, até então considerado prerrogativa exclusiva de Deus (Mc 2,7). Rompendo com a ideia de um rito de imersão que preserve do pecado, Jesus transfere o perdão para o plano das relações interpessoais, onde encontra expressão em gestos de comunhão e de compaixão recíproca.

Definitivamente, João se apresenta como aquele que anuncia um novo dia: o seu batismo é a última possibilidade que resta para quem quiser sobreviver à catástrofe iminente. Jesus, ao contrário, é um pregador carismático, dotado de uma excepcional capacidade de atração, plenamente convencido de que os sinais da salvação anunciados pelos profetas estão encontrando cumprimento na sua ação (Mt 11,2-6). A sua particular experiência de Deus leva a uma substancial reorientação da mensagem de João, embora conservando seu forte sentimento de urgência escatológica.

No centro da mensagem de Jesus: o reino de Deus

No centro de todos os discursos e de todas as ações de Jesus encontra-se um conceito que nunca é definido de maneira explícita: o de reino de Deus. Não é definido porque os seus contornos semânticos, pelo menos no ambiente judaico, são bastante claros e compreensíveis por todos. A espera de um reino divino, permanente e eterno, apresenta-se pela primeira vez no livro dos Salmos, onde a realeza universal do Deus de Israel é celebrada em primeiro lugar pela corte dos anjos e pelo culto celeste deles, que encontra um reflexo visível na liturgia do Templo de Jerusalém[49]. Com o profeta Isaías, durante o exílio, desenvolve-se a ideia complementar de um restabelecimento da soberania de Deus sobre toda a criação, a qual ocorrerá no fim dos tempos. Essa soberania é compreendida sob um ponto de vista simultaneamente temporal e espacial; é por esse motivo que podemos falar tanto do "reino de Deus" como de "reinado de Deus". A oração hebraica do *Kadish*, muito próxima do pai-nosso, exprime bem essa espera espasmódica de redenção:

> Seja exaltado e santificado o seu grande nome no mundo, que ele criou segundo o seu beneplácito. Que ele estabeleça o seu reino, faça germinar a salvação e faça chegar o messias para redimir o seu povo (e que isso ocorra) nas vossas vidas e nos vossos dias e nos dias de toda a casa de Israel, no momento presente e no tempo vindouro[50].

---

49. Para o que segue, remeto-me aos trabalhos de CHILTON, B., *The Kingdom of God in the Teaching of Jesus*, London, SPCK, 1985 e *Pure Kingdom: Jesus' Vision of God*, Grand Rapids, Eerdmans, 1996. O autor identifica cinco dimensões próprias da realeza de Deus: o seu caráter escatológico (o reino está presente, mas é também futuro), a sua natureza transcendente (o reino se manifesta com poder), a implicação do juízo final (o reino exprime uma exigência de justiça), a pureza (o reino exprime a santidade de Deus) e a capacidade difusiva (a manifestação do reino envolve todos os povos da terra); cf. *Pure Kingdom*, 31-42.

50. A tradução italiana segue a versão francesa de J. Bonsirven, citada pelo autor, com algumas modificações (N. do T.).

O reino de Deus já está presente

Jesus partilha da comum esperança dos judeus do seu tempo na iminente manifestação do Deus-Rei. Mas vive também na certeza de que o reino de Deus já esteja presente com ele: "Se é pelo dedo de Deus que eu expulso os demônios, então o Reinado de Deus já vos alcançou" (Lc 11,20). O profeta de Nazaré comenta desse modo a sua atividade exorcista: se o poder de expulsar os demônios lhe provém realmente de Deus, isso quer dizer que o reino está para se realizar. A batalha conclusiva entre Deus e as forças do mal, esperada para o fim dos tempos, já teve início. O poder de Deus está em ação em Jesus e chega até os homens para os salvar da perdição.

Outra palavra nos restitui, de maneira ainda mais vibrante, a experiência concreta de Jesus. Aos setenta e dois discípulos que retornam de sua missão e que lhe relatam o sucesso obtido com os exorcismos deles Jesus responde com alegria: "Eu via Satanás cair do céu como o relâmpago" (Lc 10,18). A mensagem é clara: a vitória contra os espíritos do mal prefigura a ruína de Satanás, a queda do seu poder, sua derrota definitiva. E se o príncipe do mal é defenestrado do mundo, significa que Deus já está procedendo à instauração do seu reino.

Uma prática terapêutica

Essa visão de Jesus não brota do nada, mas é um reflexo da sua própria atividade; é por meio da prática da cura que o profeta de Nazaré atrai a si os próprios discípulos. Os evangelhos lhe atribuem cinco tipologias de milagres: curas (inclusive a reanimação de mortos), exorcismos (por meio dos quais um indivíduo volta a si, livre da possessão de um espírito mau), milagres que justificam um particular modo de agir (por exemplo, a transgressão do repouso sabático), prodígios de solidariedade (como a multiplicação dos pães) e, enfim, milagres ligados aos fenômenos naturais (como o célebre episódio da tempestade acalmada, quando Jesus derrota o temor dos discípulos).

Nenhuma dessas tipologias é desconhecida do mundo greco-romano ou dos textos da literatura judaica. Também os romanos tiveram suas curas, como Apolônio de Tiana, enquanto entre os judeus eram conhecidos os empreendimentos taumatúrgicos de personagens como Honi, o "traçador de círculos", ou o Rabi Hanina ben Dosa. Jesus não era o único a praticar curas. Marcos, por exemplo, acena à indignação dos discípulos diante de um exorcista que utilizava o nome de Jesus para expulsar os demônios (Mc 9,38). O nazareno, aliás, valeu-se, às vezes, das próprias competências de outros realizadores de prodígios: a técnica que lhe é atribuída para a cura de um surdo-mudo – ao lhe colocar o dedo na orelha, ao lhe tocar a língua com a saliva – parece estar em linha com alguns procedimentos terapêuticos conhecidos na época (Mc 7,33)[51].

Mas isso significa que as curas realizadas por Jesus fazem parte dos costumes da antiga medicina popular? Na realidade, não. Embora a confiança em relação aos milagres seja muito forte no mundo antigo, dado que "os limites entre medicina e magia não estão ainda bem definidos"[52], a compreensão do milagre depende sempre do significado e do valor que o seu contexto lhe confere. As curas de Jesus, quando se verificam, são um efeito da misericórdia de Deus, da qual Jesus se faz instrumento: é o poder de Deus que age nos homens, mediante o nazareno. Reparem – parece dizer Jesus – que todos eles são "sinais": os cegos readquirem a visão, os coxos caminham, os leprosos são purificados (Mt 11,2-5). Eram todas curas que o judaísmo da época, também em Qumran[53], espera para o fim dos tempos.

Esconjurar a desilusão

Jesus realiza no presente o que os seus contemporâneos esperavam para o futuro. Mas como se pode afirmar que o reino já está presente, se a estrutura

---

51. A tradição evangélica eliminou muitos vestígios nesse sentido, preferindo insistir no valor terapêutico da *palavra* de Jesus: isso é evidente na omissão sistemática, por parte de Mateus e de Lucas, de numerosos detalhes presentes no texto de Marcos, que, porém, atestam a utilização de diferentes técnicas terapêuticas. Basta pensar na reescrita dos episódios relativos às curas do surdo-mudo (Mc 7,31-37; cf. Mt 15,29-31) e da sogra de Simão (Mc 1,29-31; cf. Lc 4,38-39).

52. LACOSTE, J. Y., Miracle, in: Id. (ed.), *Dictionnaire critique de théologie*, Paris, PUF, 1998, 737-774, especialmente 737.

53. "Dado que o Senhor respeitará os piedosos e chamará por nome os justos e pousará o seu Espírito sobre os humildes, e com a sua força renovará os fiéis, porque prestará honras aos piedosos num trono de realeza eterna, livrando os prisioneiros, dando a vista aos cegos, endireitando os encurvados [...] e o Senhor fará ações gloriosas que já existiram, como dis[se], porque curará os feridos e fará reviver os mortos e dará o anúncio aos humildes, cumulará os [pobr]es, guiará os exilados e engrandecerá/convidará ao banquete os esfaimados" (4Q521; trad. it. de GARCÍA MARTÍNEZ, F., *Testi di Qumran*, ed. it. di MARTONE, C. (org.), Brescia, Paideia, 1996, 608-610; cf. PUECH, E., *La croyance des Esséniens en la vie future: immortalité, résurrection, vie éternelle?*, v. II, Paris, Gabalda, 1993, 633).

da sociedade continua imutável? E como se pode aceitar a ideia de que a realeza de Deus – que todo o judaísmo aspirava contemplar no seu advento glorioso, com o desaparecimento de todos os sofrimentos e até da morte, com a punição final dos maus e a peregrinação dos povos em direção à cidade santa[54] –, como se pode aceitar e pensar que tudo isso possa se realizar graças à obra de um pobre pregador galileu e de seu punhado de seguidores? Obviamente, a objeção é lançada a Jesus. E a resposta foi dupla.

De um lado, diversas parábolas reagem diretamente à possibilidade de uma decepção. A parábola do grão de mostarda compara o reino de Deus à menor das sementes, a qual, porém, ao se desenvolver, torna-se uma árvore tão grande que os pássaros fazem ninhos entre seus ramos (Mt 13,31-32). O mesmo conceito aflora com a imagem do fermento, do qual é suficiente uma quantidade mínima para fazer levedar a massa (Mt 13,33). O reino, nesses casos, não é descrito simplesmente como uma realidade dinâmica, mas como uma estrutura completa de oposição: a situação inicial, embora com todas as suas dificuldades, já patenteia a promessa do próprio cumprimento. A futura grandeza do reino se percebe precisamente na pobreza e na incerteza dos seus exórdios[55]. E quando Jesus confirma aos discípulos que a eles "é dado o mistério do Reinado de Deus" (Mc 4,11), pretende dizer que eles já são capazes de ter acesso à misteriosa presença da realeza de Deus, mediante as suas palavras e os seus gestos.

De outra parte, Jesus desvia a atenção do calendário previsto para os eventos do fim, orientando-a, antes, para a realidade operante do reino. É aí que Jesus se afasta irremediavelmente da sensibilidade apocalíptica, a qual remete a salvação para o futuro, e emite o seu juízo negativo sobre o mundo presente, já nas mãos das forças do mal[56]. Aos fariseus que lhe perguntam: "Quando vem o Reinado de Deus?", o profeta de Nazaré responde com uma

---

54. O *Salmo de Salomão* 17 oferece um bom exemplo da espera escatológica que estava difusa no que os estudiosos definem como "judaísmo comum" (*Common Judaism*), na passagem para a era cristã.

55. A mesma estrutura de contraste regula as parábolas ligadas à ideia de crescimento: o semeador (Mc 4,3-9), a semente que cresce sozinha (Mc 4,26-29), o grão de mostarda (Mc 4,30-32), o fermento (Lc 13,21), a cizânia (Mt 13,24-30).

56. Para uma boa apresentação do movimento apocalíptico e de suas características essenciais, veja-se a contribuição de ROCHAIS, G., L'influence de quelques idées-forces de l'apocalyptique sur certains mouvements messianiques et prophétiques populaires juifs

sentença de difícil interpretação: "O Reinado de Deus não vem como um fato observável. Não se dirá: 'Ei-lo aqui' ou 'Ei-lo ali'. Com efeito o Reinado de Deus está entre vós" (Lc 17,20-21). A possibilidade de "ver" a que se refere Jesus é o eixo em torno do qual roda a atitude dos apocalípticos, com sua procura de sinais que preconizem a catástrofe final. A essa fascinação pelos eventos futuros Jesus contrapõe a constatação de uma presença: o reino é uma realidade que se manifesta "entre vós", quer dizer, no modo como se acolhe – e se partilha – a salvação de Deus; ou está "dentro de vós", ou seja, no modo como nos aproximamos de Deus[57].

A atividade taumatúrgica e o ensinamento em parábolas estão estreitamente ligados. Onde o milagre encarna a chegada do reino, a parábola o ilustra. A parábola revela a misteriosa presença de Deus, enquanto as curas demonstram sua ação no corpo dos homens.

Um reino no horizonte da história

Até aqui limitamos o discurso à dimensão presente do reino, na consciência e na prática de Jesus. Mas as nossas fontes têm também uma abundância de referências a um reino futuro. "Pai, dá a conhecer a todos quem tu és! Faze vir o teu Reinado": é assim que começa a oração que exprime a identidade do grupo dos seguidores de Jesus (Lc 11,1). O mestre de Nazaré pronunciou-se também sobre o fim dos tempos (Mc 13) e não faltam as parábolas que representam a irrupção de Deus mediante a imagem do homem que retorna de uma viagem (Mc 13,34-36) ou do patrão da casa que retoma a posse dos seus bens (Mt 25,14-30). A irrupção do reino representa o horizonte último da história, mas se trata de um horizonte próximo, cuja manifestação é prevista num futuro já próximo: "Na verdade, eu vos digo, dentre os que aqui estão, alguns não morrerão antes de ver o Reinado de Deus vindo com poder" (Mc 9,1). A chegada do reino "com poder" indica o advento triunfal e definitivo de Deus,

---

du 1er siècle, in: MARGUERAT, D.; NORELLI, E.; POFFET, J. M. (ed.), *Jésus de Nazareth*, 177-208.

57. A construção grega *entós hymîn* permite as duas traduções, com uma leve prevalência do significado "dentro de vós". Os Padres da Igreja com frequência o interpretaram desse modo, bem como o evangelho copto de Tomé. Mas o acento na dimensão comunitária, mais que na interioridade, corresponde melhor ao tom geral da pregação de Jesus.

que aniquilará os inimigos e exaltará os justos. O futuro do reino comporta inevitavelmente a perspectiva de um juízo final de Deus sobre as obras dos homens – sobre esse ponto Jesus não se afasta da tradição hebraica.

Como conciliar, então, dimensão presente e dimensão futura? Jesus não o explica, senão por meio das parábolas de contraste que mencionamos acima. Em última análise, podemos dizer que o reino, para Jesus, inscreve-se numa particular forma de temporalidade, cujo limite passa "entre o presente, caracterizado pela novidade, e o passado. O presente e o futuro estão fundamentalmente unidos pelo mesmo valor"[58]. O reino de Deus não é um particular segmento do calendário, mas uma força dinâmica que Jesus põe em movimento. O futuro de Deus pressiona a tal ponto o presente que já o invadiu. A história passará; antes, ela já passou, porque Deus está à porta. Instado não pelo passado, mas pelo futuro (Jesus inverte a costumeira perspectiva apocalíptica), o presente exige medidas fortes. O novo não suporta mais o velho: "Para vinho novo, odres novos" (Mc 2,22). Ao tempo novo correspondem assim novas atitudes, novos estilos de vida. A interpretação da *Torá* torna-se para o homem de Nazaré o principal terreno de choque para a definição dessas novas atitudes.

Refundar a lei

A compreensão de Deus proposta por Jesus cristaliza-se em torno da *Torá*, o escrínio milenar que encerra a vontade de Deus para Israel. O motivo é óbvio: na incrível variedade de tendências e de movimentos que caracterizam o judaísmo do tempo de Jesus, cada grupo, sem exceção, define a si mesmo a partir da sua relação com a lei[59]. Mais do que o Templo, a *Torá* exerce um papel identitário de primeira linha, como atesta a enxurrada de perguntas a que os adversários e interlocutores expõem Jesus[60]. Para eles, trata-se, em primeiro

---

58. SCHLOSSER, J., *Jésus de Nazareth*, Paris, Noesis, 1999 (Paris, Agnès Viénot, ²2002), 151.

59. Reelaboro aqui alguns resultados do meu estudo Jésus et la Loi dans la mémoire des premiers chrétiens, in: MARGUERAT, D.; ZUMSTEIN, J. (ed.), *La mémoire et le temps. Mélanges P. Bonnard*, Genève, Labor et Fides, 1991, 55-74.

60. Para se limitar a Marcos, cf. Mc 2,6.16.18.24; 3,2; 7,5; 8,11; 10,2.17; 11,28; 12,13-14.18.28 etc.

lugar, de compreender o perfil desse estranho mestre, a partir das clássicas questões que agitavam os doutores da lei.

Mas como se coloca Jesus nesse particular cenário intelectual e religioso? Jesus aprova ou rejeita a autoridade da lei? E como podemos avaliar a originalidade das suas posições com relação às de intérpretes autorizados da *Torá* como eram os fariseus[61]?

Respeitar ou transgredir a lei

Se examinarmos as intervenções de Jesus sobre as questões relativas à lei, surgem imediatamente duas considerações.

Em primeiro lugar, podemos constatar que os mais antigos estratos da tradição não conservaram nenhum pronunciamento direto de Jesus sobre a autoridade ou a validade da lei[62]; desse fato deduzimos que ele costumava abordar as diversas questões caso a caso, de maneira circunstancial, movendo-se dentro de um espaço em que a lei era uma realidade que não podia ser posta em discussão, e cujo caráter normativo era reconhecido por todos.

Em segundo lugar, a tradição nos transmitiu a lembrança de como as multidões ficavam impressionadas perante Jesus, "porque ensinava como quem tem autoridade e não como os escribas" (Mc 1,22). O texto não vê a necessidade de explicitar a diferença entre Jesus e os escribas, mas podemos intuí-la. Jesus rompe com as práticas rabínicas em pelo menos dois pontos: não se põe como chefe de alguma escola legal e não participa de maneira direta no debate sobre a regulamentação dos preceitos, ou seja, sobre a *halacá*[63]. No

---

61. A questão se põe muito mais pelo fato de que, como sabemos, o cristianismo seguinte apelará a Jesus para defender duas posições opostas: de uma parte, uma avaliação crítica da lei, com Paulo e Marcos; de outra, uma defesa da autoridade da lei, com Mateus e Tiago. A propósito, tomo a liberdade de me referir novamente a meus *Jésus et la Loi dans la mémoire des premiers chrétiens*.

62. E as provas são: *a)* a ausência do termo *nomos* (lei) no evangelho de Marcos e na mais antiga coleção de ditos de Jesus (Q, a fonte das palavras de Jesus); *b)* a falta de qualquer referência à *Torá* na mesma fonte Q.

63. O objetivo da *halacá* é o de estabelecer uma norma que oriente o comportamento do fiel numa determinada situação, com base numa interpretação da *Torá* ou de uma revelação pessoal. Cf. Luz, U., *Das Gesetz im Frühjudentum; Das Neue Testament*, in: Smend, R.; Luz, U., *Gesetz*, Stuttgart, Kohlhammer, 1981, 61-64.

centro do debate, como demonstra a *Mishná* havia, sobretudo, a exigência de determinar com a maior precisão possível as condições de validade e de cumprimento de cada uma das prescrições legais. Jesus, como veremos, rejeita esse modo de proceder e reivindica uma liberdade de interpretação praticamente sem igual no panorama do judaísmo antigo ("Foi dito…, mas eu vos digo").

Sabe-se muito bem que o debate entre o nazareno e os escribas foi inflamado a respeito da questão do sábado; o evangelista Marcos parece até indicar nessa controvérsia a causa da morte de Jesus (Mc 3,6). Sem sombra de dúvida, o nazareno quis provocar os seus contemporâneos e escolheu simbolicamente o sábado para realizar curas ou exorcismos que podiam ser tranquilamente adiados para o dia seguinte. Ao chefe de uma sinagoga que observou isso (Lc 13,14) Jesus respondeu, indicando o sentido da provocação: a cura da mulher curvada servia para exprimir o autêntico significado do sábado, que era uma mensagem de libertação (13,16).

Visto de perto, o gesto de Jesus não era assim tão inovador; que o repouso sabático pudesse ser transgredido para salvar uma vida era questão já debatida no século I e até os essênios, mais rigorosos ainda do que os fariseus, admitiam exceções à regra se isso servisse para salvar um homem caído num poço (*Documento de Damasco* XI 16-17). Os mestres fariseus, de sua parte, calculavam a possibilidade de contornar o preceito com base no grau de risco de que se devia esquivar. A unicidade de Jesus, sob esse ponto de vista, não consistia tanto na transgressão em si quanto no substancial desinteresse em relação à necessidade de uma codificação legal. A alternativa que justificava a transgressão, a seus olhos, era de uma simplicidade desarmante: o repouso sabático podia ser violado diante de uma questão de vida ou de morte (Mc 3,4). Nesse caso, a transgressão do preceito devia ser inevitável.

Também o desinteresse de Jesus em relação às regras de pureza, baseadas no conjunto de preceitos do Levítico, causou surpresa a seus correligionários em mais de uma ocasião. Jesus não rejeitava o contato com os leprosos (Mc 1,41) e não ficava perturbado se alguma mulher em estado de impureza se aproximava dele para tocá-lo (Mc 5,25-34; Lc 7,37-39). Além disso, costumava sentar-se à mesa com publicanos e pecadores, impuros por definição. Isso não podia passar despercebido, uma vez que para todos os judeus, e em particular para os fariseus, a pureza ritual era um poderoso indicador de identidade. Evitar toda forma de contaminação era um dever primário; a própria presença, na *Mishná* de doze tratados consagrados a problemáticas ligadas ao puro e ao impuro já é, de per si, eloquente e revela a importância que esse tema tinha assumido até mesmo antes de 70. Nessa perspectiva, não há dúvida de que na opinião de Jesus a defesa de um estado de pureza tinha de dar lugar ao imperativo do amor: a preocupação com a pureza era abertamente superada por uma moral do acolhimento.

Temos então de pensar que o profeta de Nazaré tinha intenção de privar a *Torá* da sua dimensão ritual, cuja função principal era justamente a de preservar a santidade do povo de Deus? O dito de Marcos 7,15 faz pensar em algo parecido: "Não há nada exterior ao homem que, penetrando nele, o possa tornar impuro, mas o que sai do homem, eis o que torna o homem impuro". Há nessa frase mais do que o suficiente para arruinar todo um código de pureza: é a própria possibilidade de uma contaminação proveniente de fora que é excluída. Mas Jesus queria dizer isso[64]? A sentença, construída com uma imagem hiperbólica, quer, antes, ressaltar uma prioridade: as palavras que provêm do coração do homem são mais perigosas e "contaminadoras" do que qualquer alimento impuro. Jesus exprime desse modo a sua total desconfiança em relação a uma legislação que estimula os fiéis a defender a própria integridade religiosa, tolerando formas de agressividade verbal em relação ao próximo; nesse sentido, as prescrições de pureza permitem um desvio do imperativo do amor. Percebe-se aí o axioma fundamental a partir do qual o nazareno pretende "refundar" a lei: todos os preceitos da *Torá* visam ao amor do próximo; quando isso não ocorre, toda prescrição legal deve estar subordinada a essa exigência primária.

Eis-nos, pois, diante do princípio do amor, norma suprema para a interpretação jesuana das Escrituras.

O princípio do amor

Que o princípio do amor governe a compreensão que Jesus tem da lei é um fato bem conhecido. Dado que Deus "faz nascer o seu sol sobre os maus

---

64. Marcos entendeu exatamente desse modo, como eliminação de qualquer escrúpulo alimentar (Mc 7,19). A posição de Jesus é, pois, radicalizada, para invalidar as leis de pureza. Alguns indícios, todavia, nos fazem pensar que Jesus não teria intenção de demolir, com a sua crítica, todo o sistema das normas de pureza (cf. Mt 5,24 e 23,26). A posição tolerante de Paulo em relação às normas alimentares poderia também refletir uma ligação ininterrupta de Jesus com as leis de pureza (cf. 1Cor 8, Rm 14).

e os bons e cair a chuva sobre os justos e os injustos" (Mt 5,45), o discípulo é chamado, por sua vez, a acolher o próximo, sem favoritismos. Se a lei não leva ao amor, é a lei que deve cair. A questão do sábado faz com que o entendamos claramente: quando se trata de salvar uma vida, o sábado pode e até deve ser violado, porque a lei é feita para o homem e não o homem para a lei (cf. Mc 2,27). A *Torá* não deve ser seguida por si mesma, mas na medida e no caso em que serve ao amor. O amor é "característica autêntica da ética de Jesus"[65]. Essa atenção extrema em relação ao amor encontra o seu ápice na exortação a amar os inimigos, que o evangelista Mateus põe precisamente no cume da sua sequência de antíteses (Mt 5,43-48). Mas se a importância do princípio do amor está fora de discussão, temos de entender tudo isso como um traço distintivo de Jesus ou como uma expressão típica da religiosidade hebraica? Resumir as exigências da lei no duplo mandamento do amor de Deus (Dt 6,5) e do amor do próximo (Lv 19,18) não constitui, com efeito, uma novidade absoluta no panorama do judaísmo da época[66]: foi demonstrado, com efeito, que o judaísmo helenístico já havia se lançado bem à frente nessa direção. Não é tanto a ideia de recapitular a *Torá* nesse duplo preceito para marcar a originalidade de Jesus, quanto a força e a radicalidade do seu apelo. Jesus leva às extremas consequências um dado já presente na tradição.

Além disso, diferentemente dos rabinos fariseus, o mestre de Nazaré não formaliza a obediência. A parábola do bom samaritano (Lc 10,29-37) é bem exemplar: a culpa do sacerdote e do levita não consiste na ignorância da lei, mas na falta de piedade; o samaritano, tomado de compaixão pelo homem ferido que encontra ao longo da estrada, socorre-o com todos os gestos típicos da medicina popular. Pôr em prática a vontade de Deus inscrita na lei, segundo Jesus, não exige explicações científicas: trata-se simplesmente de se deixar guiar pelo amor, mesmo que seja só para cumprir os mais elementares gestos de misericórdia[67]. Eis por que Jesus pode dizer: "Sim, o meu jugo é fácil de carregar

---

65. GNILKA, J., *Jesus von Nazareth*, Freiburg, Herder, 1990, 242.
66. Nessa perspectiva não é de modo algum estranho ter Lucas atribuído a formulação do duplo preceito a um doutor da lei, e não a Jesus (Lc 10,25; cf. Mc 12,29 e Mt 22,37).
67. O afresco do juízo final que encontramos em Mateus 25,31-46 afirma a mesma coisa: os que Cristo premiará no fim dos tempos são os que terão feito gestos elementares de compaixão em relação à humanidade sofredora, ou seja, dando de comer aos famintos e de beber aos sedentos, vestindo os nus, visitando os doentes.

e o meu fardo é leve" (Mt 11,30). A *Torá*, com Jesus, não diminui o teor das próprias exigências: o crente, quando muito, pode decidir agora sobre a própria obediência à lei, sem passar pela mediação erudita das discussões entre os mestres. Nessa recomposição agápica da *Torá* percebe-se o desejo de Jesus de "libertar" a obediência: é uma libertação que representa uma espécie de democratização, a favor do povo humilde e inculto, do *am ha-aretz* (literalmente, o "povo da terra", ou seja, a população camponesa), ao qual Jesus confere a capacidade de compreender a vontade de Deus sem passar pelo saber dos doutores da lei[68].

Não é difícil entender esse ponto: até no momento em que Jesus toma alguma licença em relação aos preceitos, a sua intenção não é a de destruir todo o edifício da *Torá*. Também na sua nítida recusa em codificar a obediência, ele jamais põe em discussão a autoridade da lei. Mas a obra do nazareno não se limita a isso. Para ele não basta se subtrair à cadeia dos antigos intérpretes da lei, ou sentir certa aversão a validar as próprias opiniões com a fórmula direta "Moisés disse...". Jesus vai muito mais além e põe em primeiro plano o seu "eu": "Ouvistes que foi dito... *Eu, porém, vos digo...*" (Mt 5,21-48)[69]. O próprio fato de passar por cima da lei desse modo não tem precedentes na tradição hebraica. Até o grande rabi Hilel, cuja atitude liberal apresenta muitos pontos de contato com a de Jesus, se absteve sempre de dar tal passo. Vemos, pois, que o profeta de Nazaré não revoga de modo algum as Escrituras. Antes, ele se arroga o direito de interpretá-las de maneira autônoma e soberana, servindo-se de uma autoridade que não lhe vem de Moisés nem da tradição oral, mas da urgência iminente do reino de Deus[70].

Em resumo, Jesus refunda a *Torá* na exigência incondicional do amor, mas é apenas a sua palavra que legitima tal refundação. O seu "eu", que recorre

---

68. U. Luz insiste muito sobre essa atitude libertadora em relação ao "povo da terra"; o estudioso o imputa ao fato de que o próprio Jesus teria pertencido a essa categoria de pessoas, muito desprezada pelos fariseus (cf. SMEND, R.; LUZ, U., *Gesetz*, 74).

69. Atribuo a Jesus a fórmula de Mateus 5,21-22.27-28.33-34; as outras três ocorrências se devem, porém, à mão do evangelista. Cf. LUZ, U., *Das Evangelium nach Matthäus (Mt 1-7)*, Düsseldorf-Neukirchen, Benziger-Neukirchener, ⁵2002, 325-326. Para um *status quaestionis*, cf. também DUMAIS, M., *Le Sermon sur la montagne. Etat de la recherche. Interprétation. Bibliographie*, Paris, Letouzey et Ané, 1995, 182-190.

70. Esse primado apocalíptico na interpretação jesuana da lei foi oportunamente ressaltada por MERKLEIN, H., *Jesu von der Botschaft Gottesherrschaft*, Stuttgart, KBW, 1983, 93 ss.

imperiosamente à necessidade de pôr no centro da lei a solicitude pelo outro, exprime o surpreendente grau de liberdade e de autoridade que Jesus atribui a si mesmo. Esse "eu" afirma ser superior a todos os esquemas da tradição oral; é Jesus que, pessoalmente, promulga uma *Torá* centrada no amor, enquanto a tradição hebraica se fundamenta num movimento que é exatamente o oposto: é somente a *Torá* que pode fundamentar a autoridade de quem a interpreta.

A primazia do amor, todavia, não constitui o simples objeto dos discursos de Jesus. É também o que guia suas ações, inclusive a escolha de praticar uma forma radical de solidariedade e de recrutar os próprios seguidores, partindo dela. Veremos agora com quais modalidades.

Jesus e o seu grupo

O trato de Jesus com as pessoas ilustra o seu programa de refundação da lei: a perturbadora liberdade nas relações sociais e a própria composição do seu círculo de discípulos são uma consequência direta do primado do amor. A descrição dessas práticas sociais nos permitirá chegar até o fundamento da mensagem moral de Jesus, até a sua particular concepção de Deus.

Escolhas de solidariedade social

Os evangelhos e o *Talmud* concordam em reconhecer a extraordinária liberdade que estava na base das relações sociais de Jesus, que manifestou sempre um sentimento de profunda solidariedade em relação às categorias de pessoas que eram marginalizadas da sociedade hebraica da época, por motivos de ordem social, política ou religiosa, ou seja, os incultos (o "povo da terra"), as crianças, os cobradores de impostos, os samaritanos, os doentes.

Os fariseus ficaram incomodados com essa sua abertura ao "povo da terra", sob cuja denominação estava incluída grande parte da população rural, incapaz de se ater ao rigoroso código de pureza farisaica e de pagar os impostos sobre os vários produtos. É por esse motivo que os fariseus se mantinham distantes: para evitar serem contaminados. Jesus, por sua vez, chamou para junto de si pescadores galileus, para que fizessem parte do seu grupo de discípulos. Diferentemente dos mestres de extração farisaica, que reservavam a transmissão do conhecimento aos próprios alunos mais chegados, Jesus se dirigia a multidões, derrubando as divisórias entre quem era instruído na lei e quem não o era.

A sua atitude de acolhimento em relação às crianças é testemunhada por um dito no qual proclama a proximidade delas com Deus (Mc 10,13-16). A perspectiva é perfeitamente coerente. A criança, no quadro da sociedade hebraica da época, encontra-se num estado de minoridade, é aquele que, por definição, não pode atingir o bem supremo, ou seja, o conhecimento da *Torá*. Declarar a proximidade deles de Deus significa relativizar a importância da lei, que, para Jesus, não representa mais o único meio de que os homens dispõem para chegar à divindade.

Também os cobradores de impostos eram malvistos pela população, sobretudo por causa de suas opressões fiscais[71]; Jesus, todavia, demonstra não partilhar desse ostracismo (cf. Lc 19,1-10; Mt 11,19). O nazareno, aliás, admite também que as mulheres façam parte do próprio *entourage* (Lc 8,2-3), rompendo com a desqualificação religiosa que as atingia; o parto e as menstruações punham-nas regularmente numa condição de impureza e, portanto, às margens da lei. Jesus mostra também num samaritano, desprezado por causa do cisma religioso que o separa dos judeus, o exemplo mais perfeito de amor ao próximo (Lc 10,30-37; 17,11-19). Mas se deixa também tocar, como já dissemos, pelos doentes e, com a cura deles, propõe sua plena reintegração no povo santo.

Em geral, o homem de Nazaré mostra-se atento a todos os que sofrem formas de marginalização social. A sua decisão de partilhar a refeição com personagens marginalizadas ou com mulheres de reputação dúbia representa o sinal mais eloquente da sua rejeição a qualquer exclusivismo (Mc 2,15-16; Lc 15,2). Partilhar a mesa, na antiguidade, é uma demonstração de fraternidade; é a chancela com a qual os membros de um grupo se distinguem dos externos. Desafiar as convenções sociais na prática convivial significa desafiar a própria

---

71. Os romanos, nas províncias, tinham privatizado a cobrança dos impostos. O publicano (*publicanus*), como o Zaqueu, citado em Lucas 19,2, era geralmente um homem rico e de elevada condição social, empreendedor e desinibido que se punha de acordo com as autoridades políticas da região para aumentar a carga fiscal. Depois de ter confiado o cargo de coletar taxas e impostos a algum cobrador de sua confiança e depois de ter chegado a um acordo sobre o percentual dos ganhos, procurava com frequência obter uma margem de lucro cada vez maior. Esses abusos tornavam-no uma figura extremamente impopular, o que é compreensível.

ordem da sociedade, contrapondo a ela uma ordem alternativa. O estar à mesa de Jesus antecipa o banquete escatológico (Mt 8,11-12), em torno do qual se reúnem desde já, no presente, todos os que serão aceitos no reino futuro. A comensalidade aberta de Jesus revela também a sua esperança num reino que invista toda a sociedade daquele tempo; e é precisamente essa esperança que contradiz a estruturação da vida religiosa em compartimentos estanques que a sociedade hebraica da época tinha edificado sobre o duplo fundamento da *Torá* e do Templo.

A ideia de sociedade alternativa, que se concretiza na prática jesuana das refeições em comum, implica uma rejeição a toda forma de discriminação religiosa; temos, pois, de avaliar atentamente seus efeitos, e a composição mesma do seu grupo de seguidores sob esse ponto de vista demonstra-se significativa.

Discípulos e seguidores

Contrariamente à imagem transmitida pelos evangelhos de um grupo de doze discípulos, unidos em torno de seu mestre, a *entourage* de Jesus era formada por três círculos concêntricos de pessoas. O círculo interno era o dos doze, todos homens, todos originários da Galileia, cujos nomes variam um pouco nas fontes, mas incluem sempre Pedro e André (dois irmãos), Tiago e João (outra dupla de irmãos) e Judas[72]. No segundo círculo encontramos os outros discípulos, junto com as mulheres que seguiam Jesus: Maria de Magdala, Joana, mulher de Cusa (indicado pelas fontes como administrador de Herodes), Susana, Salomé (cf. Lc 8,1-3; Mc 15,40-41). No círculo mais externo estão os simpatizantes e os admiradores, de José de Arimateia a Nicodemos, até as irmãs Marta e Maria, de Betânia.

Esse amplo espectro de pessoas é o oposto do que poderíamos definir como uma "seita". Diferentemente do mestre de justiça, fundador da comunidade de Qumran, Jesus não dá vida a um círculo restrito de seguidores e tampouco escolhe se retirar ao deserto para preservar a pureza do próprio grupo. A composição dos doze confirma essa escolha de constituir um grupo aberto: nele encontramos o cobrador de impostos, o zelota, personagens com nomes gregos e com nomes hebraicos (cf. Mc 3,16-19). Todos, ou quase todos, provêm

---

72. Comparem-se as listas em Marcos 3,16; Mateus 10,2-4; Lucas 6,14-16.

do tal "povo da terra", que se vê relegado aos confins da lei. Essa composição fundamentalmente antielitista é bem mais surpreendente se pensarmos que o número doze, escolhido como clara referência às doze tribos de Israel, presta-se à ideia de uma reconstituição simbólica de todo o povo de Deus (Lc 22,30); o círculo dos doze prefigura o Israel escatológico, a família de Deus. Para reunir esses indivíduos no seu reino, o Deus de Jesus não procede de maneira seletiva, mediante uma série de graduações, mas se limita a acolher os que se reconhecem na exigência do seu perdão.

A estratégia de Jesus apresenta-se assim como uma reviravolta em relação à dos fariseus, de um João Batista ou dos vários profetas da restauração de Israel. Esses últimos procedem por exclusão, por seleção, com o objetivo de constituir o "puro" de Israel. Jesus, ao contrário, adota uma atitude de integração. Não funda uma seita de nazarenos, um resto de Israel, ou uma sinagoga separada das outras, que se dispõe, talvez, a se tornar "a Igreja". A sua ambição suprema é a de proceder a uma reforma da fé hebraica que rompa com todos os extremismos que alimentavam a esperança num reino terreno de Deus. O grupo dos doze simboliza e leva a cumprimento uma salvação da qual ninguém é excluído *a priori*.

Com exceção de duas incursões nos territórios limítrofes, que as fontes evangélicas porão escrupulosamente em evidência[73], Jesus não deixa nunca a terra de Israel. A sua mensagem e a sua ação dirigem-se exclusivamente ao povo de Abraão. Ultrapassar esse espaço limitado será a missão que se proporão os primeiros cristãos e o motor dessa guinada estará nas missões propagadas pelos crentes de Antioquia. Isso não significa, porém, que a teologia do Deus universal, que os seguidores de Jesus desenvolverão a seguir[74], não encontre as suas premissas ideais no Deus de Jesus.

---

73. Veja-se, por exemplo, Marcos 7,24–8,10.

74. Entre as suas clássicas formulações: Atos dos Apóstolos 10,34b-35 ("Na verdade, eu me dou conta de que Deus é imparcial e de que, em toda nação, quem quer que o tema e pratique a justiça é acolhido por ele") e Romanos 1,16 (o alegre anúncio do evangelho é definido como "o poder de Deus para a salvação de todo aquele que crê, do judeu primeiro e, depois, do grego").

O Deus de Jesus

Qual é a imagem de Deus que brota da mensagem de Jesus? É, antes de tudo, a de um Deus que ama de maneira incondicional e cuja bondade não privilegia ninguém em prejuízo de outro. E mais: o Deus de Jesus é um Deus cuja benevolência precede qualquer iniciativa por parte do homem. É justamente aqui que reside o ponto de desentendimento com os fariseus: enquanto a teologia farisaica faz da conversão o pressuposto necessário para a reintegração do pecador, Jesus antepõe a ela uma graça divina que age sem pôr condições[75].

Diversas parábolas põem em cena essa prioridade da ação de Deus a respeito da reação do fiel; pensemos nas parábolas do banquete nupcial (Mt 22,1-10; Lc 14,16-24), do servo cruel (Mt 18,23-35) e da figueira estéril (Lc 13,6-9) ou nas do tesouro no campo e da pedra preciosa (Mt 13,44-46). Esses relatos demonstram que para Jesus é a graça que se manifesta primeiro, convidando à ação. O Deus de Jesus é um Deus do amor incondicional: é essa convicção que guia Jesus na sua prática da comensalidade aberta, no seu convite a chamar Deus com o nome familiar aramaico de *abba*, ou seja, "papai" (Mc 14,36), ou na sua exortação ao amor ilimitado em relação ao próximo (Mt 5,43-48).

A crise e a cruz

Depois de dois ou três anos na Galileia, Jesus decide subir até Jerusalém. Ao se aproximar do término desse último período da sua vida, o historiador vê-se em dificuldades cada vez maiores. A reconstrução dos fatos torna-se insidiosa e os relatos se apresentam, muitas vezes, sobrecarregados de interpretações ditadas pela fé.

---

75. Sanders insistiu muitíssimo sobre esse ponto, apresentando-o como o único fator verdadeiro de contraste entre Jesus e os piedosos (*chasidim*), entre os quais, em primeiro lugar, deveríamos incluir os fariseus (*Jesus and Judaism*, London, SCM, 1985, 174-211; trad. it. *Gesù e il giudaismo*, Genova, Marietti, 1992, 226-276). O autor adota uma posição minimalista; o conflito teria sido possível de evitar, a seu ver, se Jesus tivesse aproveitado dos seus encontros com os pecadores para os redarguir e os converter, antes de partilhar com eles da mesma mesa. Pode-se acrescentar também outro motivo de contraste: o acolhimento dos pecadores reflete certo distanciamento da ideia de pureza, que passa do nível ritual, caro aos fariseus, ao nível moral e relacional propugnado por Jesus; a pureza deve ser procurada principalmente na justa relação com os outros (Mc 7,20-23), o que representa uma novidade inaceitável para a teologia farisaica.

As razões da crise

A reconstrução dos eventos que levaram à morte de Jesus é constelada de pontos obscuros, em particular no que diz respeito à identificação das verdadeiras razões da condenação e do papel exercido nessa ocorrência pelos judeus.

Um ponto sobre o qual todas as fontes concordam – sejam elas judaicas, romanas ou cristãs – é que a pena foi infligida pelos romanos (com sentença emitida por Pilatos), enquanto a iniciativa da prisão se deveu a uma intervenção das autoridades judaicas. Não há dúvida alguma sobre essa divisão de responsabilidades: se a execução de Jesus for imputada aos ocupantes, a denúncia, todavia, foi de matriz hebraica[76]. Mas como se chegou a tudo isso? Podemos imaginar que o sinédrio, a corte suprema dos judeus, tenha se reunido de maneira oficial? Foi um processo plenamente regular? E o sinédrio tinha, talvez, a competência para uma condenação desse tipo? E quais acusações foram lançadas contra Jesus?

A ideia de um processo executado diante do sinédrio, com a consequente condenação à morte de Jesus por sua (auto)proclamação messiânica (Mc 14,53-65), é, na realidade, fruto de uma reconstrução cristã. Os primeiros cristãos viram-se obrigados a recompor uma cena à qual nenhum dos discípulos tinha podido assistir! Era uma cena que encontrava o seu vértice retórico no diálogo entre Jesus e o sumo sacerdote Caifás:

> De novo o Sumo Sacerdote o interrogava; disse-lhe: "És tu o Messias, Filho do Deus bendito?" Jesus disse: "Eu o sou, e vereis o Filho do homem assentado à direita do Todo-poderoso e vindo com as nuvens do céu". O Sumo Sacerdote rasgou as vestes e disse: "Que necessidade temos ainda de testemunhas? Ouvistes a blasfêmia" (Mc 14,61-64).

Como teria podido a acusação soar desse modo? Para os primeiros cristãos, era evidente que a controvérsia entre Igreja e Sinagoga ocorre toda ela em torno da messianidade de Jesus. Mas declarar-se messias, no judaísmo do século I, não comportava, de modo algum, a pena capital. A fé hebraica

---

76. Cf. supra, p. 143-145. A ideia de um conluio entre Caifás e Pilatos, segundo o qual ambos teriam enviado uma escolta própria para prender Jesus (Jo 18,1-12), é insustentável sob o ponto de vista histórico.

demonstrava a respeito uma enorme tolerância. Diversos falsos messias surgiram antes e depois de Jesus, mas nenhum deles foi alguma vez acusado de blasfêmia[77]. De outra parte, é também muito improvável que Jesus tenha se declarado como "o messias". O nazareno recusou sempre fazer-se prender num título; podemos imaginar que nos últimos instantes da vida tenha decidido ir contra a essa sua firme determinação? Teria, talvez, podido aceitar, naquela circunstância, um título decididamente recusado antes? A sua declaração ao sumo sacerdote corresponde totalmente a uma confissão de fé cristã[78].

A recusa de Jesus, portanto, não proveio do fato de ter se apresentado como messias, mas de acusações muito mais substanciais e, sobretudo, mais vitais para a lógica interna do judaísmo. Foram essas acusações que determinaram a condenação unânime do sinédrio. Sabemos que Anás foi deposto do cargo de sumo sacerdote por ter condenado à morte Tiago, o irmão do Senhor, sem o pleno consenso do Conselho, em 62. Caifás, porém, permaneceu no cargo por dezenove anos, de 18 a 36, precisamente em virtude da sua notável habilidade diplomática: não podemos lhe imputar um erro estratégico desse teor.

As únicas acusações que o sinédrio teria podido fazer convergir sobre Jesus diziam respeito, de um lado, à sua atitude em relação ao Templo e, de outro, às suas posições sobre a lei. E podemos observar que são justamente essas duas acusações que de novo afloram no processo contra Estêvão, o primeiro

---

77. Durante a segunda guerra judaica, de 132-135, o líder dos rebeldes recebeu a alcunha de (Simão) Bar Kochba, "filho da estrela". Rabi Akiba, conforme as fontes rabínicas, interpretou o sobrenome em referência a Números 24,17 (ser "filho da estrela" fazia parte das prerrogativas messiânicas). De fato, no breve período em que conquistaram o poder, os rebeldes começaram a cunhar moedas que continham dizeres como "Simão, príncipe de Israel" e "Ano I da libertação de Israel".

78. A afirmação combina, de fato, duas diferentes citações escriturísticas, cuja importância se revelará decisiva para os primeiros cristãos: o Salmo 110,1, que evoca a imagem de quem "se senta à direita de Deus", e Daniel 7,13, que descreve a vinda do filho do homem. Grappe propõe precisamente distinguir entre uma messianidade explicitamente reivindicada por um só indivíduo (messias *pretendente*) e uma messianidade atribuída a alguém pelo próprio ambiente, em virtude da sua conformidade com categorias messiânicas predefinidas (messias *suposto*). Jesus faz parte do segundo desses casos, dado que as suas ações espelham, pelo menos em parte, as expectativas messiânicas da época – e isso apesar de sua recusa do título de messias, provavelmente associado a vieses nacionalistas que lhe eram estranhos (cf. GRAPPE, C., Jésus: Messie prétendu ou Messie prétendant?, in: MARGUERAT, D.; NORELLI, E.; POFFET, J. M. (ed.), *Jésus de Nazareth*, 269-291).

mártir cristão, de quem os Atos dos Apóstolos apresentarão um relato da morte claramente inspirado nos eventos da paixão de Jesus (cf. At 6,13)[79].

Primeira acusação: o Templo

Foi a célebre atitude de Jesus no Templo, quando revirou as mesas dos cambistas e dos vendedores de animais, que deu início à reação negativa dos sumos sacerdotes e dos escribas, levando-os à decisão de o eliminar (Mc 11,15-18). Atacar o Templo, símbolo da presença de Deus e a própria garantia da sua presença em Israel, equivalia a um crime irreparável. O Templo era um emblema de unidade nacional, sobre o qual os ânimos se exaltavam muito facilmente. Atentar contra a sua integridade significava atentar contra a identidade de Israel. Disso temos pelo menos uma prova indireta. Flávio Josefo, cujo testemunho se revela sempre valioso para a nossa compreensão do contexto palestino do século I, refere na sua *Guerra judaica* o caso de Jesus ben Ananias. Esse último, quatro anos antes de estourar o conflito com os romanos (66-70), teria ido a Jerusalém para profetizar a ruína da cidade e do santuário. Os magistrados judeus o teriam, então, entregado ao governador romano, para que o punisse; a semelhança com o tratamento reservado a Jesus é evidente. Nesse caso, porém, o governador em exercício, Albino, teria julgado o profeta como um simples louco e o teria soltado. Mas Jesus não foi julgado como tal..., sinal de que seu comportamento devia ter sido percebido como uma ameaça concreta. A informação de Josefo permite-nos também entender que se alguém blasfemasse contra o Templo podia ser entregue às autoridades romanas por motivos políticos; da parte dos judeus, porém, a lei previa que o falso profeta devia ser condenado à morte (Dt 18,20). Tudo leva a julgar que o sinédrio, afinal, tenha avaliado o caso de Jesus justamente sob essa última luz: "Alguns puseram-se a cuspir nele, a velar-lhe o rosto, a dar pancadas e dizer-lhe: 'Banca o profeta'" (Mc 14,65).

---

79. Lucas relata que os adversários de Estêvão convocaram, diante do sinédrio, "falsas testemunhas que diziam: 'Este homem não cessa de proferir palavras hostis contra o Lugar santo e contra a Lei'" (At 6,13; cf. Mc 14,57-58).

Segunda acusação: a lei

Essa acusação não consta, estranhamente, no relato do processo e parece substituída pela imputação de messianidade. Todavia, a autoridade que Jesus se arrogava em relação aos preceitos não podia ser totalmente ignorada. Podia ser, no máximo, tolerada, mas estava claro para todos que a desvalorização dos aspectos rituais da lei tinha levado Jesus a frequentações que quebravam os tabus e que representavam uma autêntica ameaça para a estabilidade da ordem social. Algumas escaramuças com os escribas sobre a questão do sábado, ainda que o consenso comum estivesse do lado deles, não podiam, todavia, ser decisivas; o desacordo entre os mestres sobre problemáticas legais, como vimos, estava na ordem do dia. Mas Jesus tinha infringido as próprias regras do jogo. Com o seu "Ouvistes o que foi dito... *eu, porém, vos digo...*" tinha desafiado a lei de Moisés, ultrapassando todo limite de tolerância. Radicalizando o primado do amor e ultrapassando os limites da lei em nome do reino, Jesus corria o risco de fazer explodir todo o delicado sistema de preceitos que se apoiava sobre o debate dos mestres entre si. Não se pode permutar impunemente o saber acumulado nos séculos através de inteiras gerações pelo testemunho, ainda que imperioso e arrasador, do amor. Isso era um golpe no coração da identidade hebraica[80].

A decisão de eliminar o profeta de Nazaré baseou-se, portanto, em outros elementos que não a sua pretensa messianidade; ao pôr em discussão o Templo e a lei, Jesus estava atacando, por assim dizer, os dois locais sagrados da fé hebraica. A possibilidade de um sucesso popular para a sua pregação tinha de parecer intolerável à elite saduceia. Se o escândalo dos mercadores expulsos do Templo ocorreu realmente no início dos sete dias passados em Jerusalém, o incidente não podia senão acender o rastilho e levar ao paroxismo a tensão com as autoridades. Mas se a condenação era tão previsível, o que temos de pensar de Jesus? Tinha ele, talvez, consciência do que estava para lhe acontecer? E nunca falou disso a seus discípulos?

---

80. Conforme Klausner, o judaísmo viu-se obrigado a se desvencilhar dele: Jesus, de um lado, seria um extremista, por sua interpretação radical da *Torá* e, de outro, por sua própria prática religiosa, que corria o risco de comprometer seriamente a unidade nacional. Com as suas provocações, Jesus daria um "beijo mortal" no judaísmo (KLAUSNER, J., *Jésus de Nazareth. Son temps, sa vie, sa doctrine*, Paris, Payot, 1933, 542). Entre os motivos da rejeição contra Jesus, Klausner inclui também a sua excessiva liberdade na interpretação da lei.

Um fim anunciado?

Em poucas palavras: Jesus previu a sua morte? O leitor que tiver alguma familiaridade com o texto dos evangelhos conhece bem o peso de certas declarações postas nos lábios do mestre: "A seguir, ele começou a lhes ensinar que era necessário que o Filho do Homem sofresse muito, que fosse rejeitado pelos anciãos, os sumos sacerdotes e escribas, que fosse morto e, três dias depois, ressuscitasse" (Mc 8,31; cf. também 9,31; 10,33-34). Declarações como essas, dependem, infelizmente, de modo até muito evidente, da fé pascal. Podemos dizer até que elas encarnam o coração mesmo da convicção cristã; assim, o fim miserável de Jesus não teria sido mero incidente, nem mesmo uma derrota, mas o cumprimento inexorável da sua missão. Esclareçamos melhor esse ponto. O nosso veredicto de inautenticidade não exclui que essas previsões se baseiem em algumas trocas de palavras efetivamente ocorridas entre Jesus e os seus discípulos, quando o nazareno poderia ter expressado muito bem o pressentimento ou o temor de um fim cruento. Ora, os evangelhos deveriam ter conservado disso algum vestígio, por mínimo que fosse. E os indícios, afinal de contas, não faltam.

A própria decisão de ir a Jerusalém indica, talvez, uma vontade precisa, por parte de Jesus, de forçar os acontecimentos, quem sabe com o objetivo de desencadear a crise que faria precipitar a história em direção à irrupção do reino. É a célebre hipótese formulada por Albert Schweitzer, nos inícios do século XX[81]. Não há nada que confirme a suposição, mas o ponto de partida está correto: abandonar o porto seguro da nativa Galileia para subir a Jerusalém, sem ser obrigado, e, ainda por cima, fazer isso na época da Páscoa não podia ficar sem ter consequências. Jesus teria se exposto a um risco enorme. Sabia bem quanta indignação e quanto escândalo as suas atitudes provocavam (do perdão concedido aos pecadores às várias liberdades em relação à lei). O que podia ser a custo tolerado no âmbito de Israel não o podia ser, decerto, no coração da cidade santa. E qual podia ser o preço de uma oposição frontal ao *establishment* religioso, Jesus era capaz de o intuir a partir do destino que coube a seu mestre João (Mc 6,17-29).

Podemos, pois, considerar que Jesus tenha levado em conta a inevitabilidade do próprio fim? Dois indícios, a meu ver, levam a pensar que sim. O

---

[81]. Cf. SCHWEITZER, A., *Le secret historique de la vie de Jésus* (1901), Paris, Albin Michel, 1961, especialmente 165-192.

primeiro é o famoso dito a respeito do fogo lançado sobre a terra: "É o fogo que eu vim trazer à terra, e como quisera que já estivesse aceso! É um batismo que eu tenho de receber, e quanto me pesa até que seja consumado" (Lc 12,49-50). O fogo aceso de Jesus é o do reino. Quanto à referência ao batismo, não se trata de uma alusão ao rito batismal, mas do anúncio – de sabor bíblico – de que Jesus está para ser lançado num abismo de angústia[82]. É esse mergulho na morte que Jesus confessa temer.

O segundo indício encontra-se na resposta de Jesus a uma advertência dos fariseus: "Vai-te embora, parte daqui, pois Herodes quer-te fazer morrer". Esta é a réplica: "Ide dizer a essa raposa: eis que eu expulso demônios e realizo curas hoje e amanhã, e no terceiro dia chego ao termo" (Lc 13,31-32). Nessa perífrase indubitavelmente arcaica, onde o "terceiro dia" não alude ainda à ressurreição, Jesus se refere à própria morte, para confirmar que a sua vida não depende do soberano, mas está nas mãos de Deus; a sua missão é a de realizar curas e somente quando essa tarefa for cumprida é que chegará o momento final.

Mas quando é que Jesus chega a uma plena consciência do fato de a sua fidelidade a Deus o levar irremediavelmente à morte? Quando é que se deu conta de que lhe caberia também o mesmo destino dos profetas e dos enviados mortos em Jerusalém (Lc 13,34)? Dado o silêncio das fontes, uma resposta segura está fora do nosso alcance. Que Jesus tenha falado de modo claro da própria morte iminente é muito improvável; de outro modo, não se explicaria a fuga dos discípulos diante da cruz. De outro lado, não podemos sequer pensar que entre o mestre e os discípulos tenha havido um completo silêncio sobre esse assunto. O risco era real. Jesus pode ter falado a respeito a partir do Salmo 22, onde retorna o tema do justo sofredor, não por acaso a base mais antiga para os relatos da paixão.

A última refeição feita com os seus, na véspera da prisão, deu azo a um enésimo gesto de solidariedade e de comunhão. Provavelmente, não se tratou de uma ceia pascal (faltava o cordeiro), apesar das muitas interpretações propostas nesse sentido pelos primeiros cristãos. Mais que o pão partido, foi o pão partilhado que criou uma plena solidariedade entre os convidados. Beber do mesmo cálice significava declarar-se pronto a sofrer o mesmo destino. As palavras pronunciadas por Jesus exprimem a espera e a esperança de uma reconciliação

---

82. Esse motivo está presente no livro de Jó (9,31) e nos Salmos (69,3).

escatológica: "Em verdade, eu vos digo, nunca mais beberei do fruto da videira até o dia em que o beber, de novo, no Reino de Deus" (Mc 14,25). A lembrança dessa última refeição levará os discípulos, a seguir, a projetar nela o sentido da cruz; mas não há razão para duvidar que Jesus, na noite anterior à sua prisão, tenha querido instituir um rito convivial destinado a sobreviver-lhe.

O processo, a sentença, o suplício

O governador romano não fez mais que se adequar à *cognitio extra ordinem*, um procedimento legal bem comum nas províncias e sujeito a regras bem rígidas[83]. O procedimento previa, antes de tudo, que se desse a palavra aos querelantes, representados nesse caso pelas autoridades religiosas hebraicas, recrutadas na aristocracia e nos grupos saduceus (as fontes se calam sobre a eventual presença de fariseus). Os notáveis relataram a Pilatos algumas ações reprovadas pela legislação romana: perturbação da ordem pública, pretensões messiânicas.

Depois dessa primeira fase, a palavra passava aos imputados. Jesus, pelo que se vê, não se valeu de nenhum dos muitos estratagemas utilizados para levar à compaixão o juiz e que consistiam geralmente em se vestir de negro ou em adotar uma atitude de súplica. O nazareno, ao contrário, preferiu ficar em silêncio, o que não deixou de assustar muito Pilatos (cf. Jo 19,9 ss.).

Certamente, Pilatos, que a custo ocultava o seu desprezo pelos judeus, preferiu o costumeiro uso de libertar um prisioneiro por ocasião da Páscoa. Isso lhe permitiria oferecer a opção entre Jesus de Nazaré e o zelota Barrabás, cujo primeiro nome, deturpado pela maior parte dos manuscritos, era o mesmo de Jesus (Mt 27,17)[84]. A escolha, portanto, estaria entre dois Jesus: o nazareno e Barrabás.

A *entourage* do sumo sacerdote esperava, provavelmente, liquidar o caso do nazareno sem provocar muito ruído; daí a prisão realizada à noite, a convocação do sinédrio numa hora insólita, a madrugada, e, enfim, a transferência

---

83. Para um excelente estudo dos aspectos jurídicos da paixão, cf. o breve livro de BoVON, F., *Les derniers jours de Jésus*, Neuchâtel, Delachaux et Niestlé, 1974.

84. O nome de Jesus Barrabás (Mt 27,16) aparece na maior parte dos grandes manuscritos unciais (séculos IV-V) e nas traduções latinas, inclusive a Vulgata; encontramos também vestígios nos manuscritos chamados minúsculos e em algumas versões siríacas.

e apresentação do réu a Pilatos na mesma manhã. Tudo tinha de caminhar às pressas, de modo a liquidar o assunto antes de começar a Páscoa (sem considerar que os funcionários romanos tinham o costume de se reunirem pela manhã). Mas a multidão, que nesse ínterim se aglomerou, fez malograr o plano deles, provocando tumulto e gritando para que fosse concedida a anistia pascal. Foi nesse momento que as autoridades judaicas procuraram canalizar os sentimentos do povo contra aquele Jesus que tinham acabado de entregar aos romanos. Cedendo aos clamores que se erguiam da multidão ("Crucifica-o, crucifica-o!"), Pilatos se mostrou um hábil calculista: fingiu obedecer à vontade popular, dado que a decisão final cabia a ele e somente a ele. O processo foi assim concluído com a condenação à morte.

A escrita que indicava o crime, o *titulus* afixado na cruz, trazia, segundo os evangelhos, os seguintes dizeres: "O rei dos judeus". Podemos, pois, identificar, segundo o direito romano, a lei aplicada no caso de Jesus: tratava-se da *Lex Iulia Maiestatis*, que punia com a morte os que tivessem cometido alta traição em relação ao Estado. Era uma lei muitas vezes invocada pelos procuradores, como sabemos por Pilatos. O nazareno, por isso, foi condenado sob a acusação de rebelião contra a autoridade imperial.

Como de praxe, Jesus passou pela flagelação antes de ser crucificado. Os soldados encarregados da execução, inspirados no motivo da acusação, puseram em cena, para o próprio prazer, uma paródia grotesca das Saturnais, onde o costume era o de coroar qualquer um, por sorteio. Vestiram o prisioneiro com as roupas de um rei de carnaval: uma túnica vermelho-púrpura, um bastão em lugar do cetro, uma coroa de espinhos. A lembrança desse incidente permaneceu viva entre os primeiros cristãos, que viram na cruel farsa dos soldados não apenas um sinal grandiloquente dos sofrimentos por que passou o seu Senhor, mas também a confissão – certamente paradoxal – da sua dignidade real e messiânica (Jo 19,1-5).

Depois fizeram Jesus carregar a cruz, decerto não toda a cruz, mas apenas a parte transversal, o chamado *patibulum*. Foi obrigado a transportá-la nas costas por toda a subida do Gólgota, uma colina que se encontrava fora dos muros de Jerusalém, onde a haste vertical já estava pronta, fincada no chão. Esfalfado pelos golpes sofridos durante a flagelação, Jesus vacilava durante o trajeto. A escolta pensou, então, em pedir a intervenção de um certo Simão, originário de Cirene (na Líbia), que voltava do campo, cuja capacidade física pareceu, talvez, adequada para a ajuda ao condenado nos últimos momentos do trajeto (Mc 15,21). Algumas piedosas mulheres da cidade tinham o costume de oferecer uma bebida inebriante ao réu que ia morrer, para lhe dar um pouco de alívio, mas Jesus, segundo os evangelhos, o teria recusado (Mc 15,23).

A descoberta dos restos de um homem crucificado num ossuário de Jerusalém dá-nos alguns detalhes a mais sobre a tortura. O condenado era suspendido na trave com três pregos; dois eram fincados nos braços – e não na palma da mão, como na iconografia tradicional – e um na altura dos calcanhares (atados juntos antes). Um suporte de madeira sustentava a pelve, para evitar que o corpo do condenado ficasse arriado, mas também para prolongar a agonia, a qual podia durar por muito tempo. Quem passava por esse suplício procurava se alçar, para lutar contra a tetanização dos músculos e a asfixia. Sabe-se bem que os romanos tinham horror a esse suplício, unanimemente considerado como a pena mais infamante e cruel, pena que eles próprios, de outra parte, não tinham inventado, herdando-a dos persas, e que, de todo modo, não ousavam nunca cominar aos próprios cidadãos[85].

A agonia de Jesus foi relativamente breve, indício, talvez, de uma constituição não particularmente robusta. Pilatos ficou admirado (Mc 15,44). O célebre lamento atribuído a Jesus – "Meu Deus, meu Deus, porque me abandonaste?" (Sl 22,2) – é, provavelmente, o resultado de um acréscimo tardio, mas pode também ser um reflexo do desespero de Jesus nos últimos instantes antes da morte. Também o grito que poria fim à agonia (Mc 15,37) apresenta alguns problemas, porque, normalmente, o crucificado morria por dificuldades respiratórias; antes disso o seu coração já não teria resistido. A morte de Jesus, no fundo, não teve nada de extraordinário senão a rapidez. Se os relatos evangélicos se atêm aos pormenores do céu que se cobre de nuvens ou da terra que começa a tremer[86], é, na realidade, no coração das poucas testemunhas que esses eventos se deram; a morte de Jesus representou para eles uma espécie de eclipse de Deus, além do fracasso de seu mestre.

Jesus expirou no dia da preparação da Páscoa, na tarde de 14 de Nisan (Mc 15,34). As poucas pessoas que assistiram a seu fim tiveram de se apressar,

---

85. Uma pesquisa cuidadosa se deve a HENGEL, M., *Crocifissione ed espiazione*, Brescia, Paideia, 1988.

86. Cf. Marcos 15,33; Mateus 27,51. Mateus acrescenta uma referência à ressurreição dos justos, para ressaltar o caráter escatológico da morte de Jesus (cf. Mt 27,52-53).

porque no Templo já tinha começado a matança ritual dos cordeiros e as famílias se preparavam para partilhar das alegrias da ceia pascal. Mal tiveram o tempo de sepultar Jesus antes do pôr do sol.

A experiência visionária da Páscoa

Os acontecimentos da Páscoa marcam, sob o ponto de vista histórico, o verdadeiro início da tradição de Jesus. É a partir daí que o destino do homem de Nazaré se torna objeto de um anúncio de fé e é em torno desse anúncio, em primeiro lugar em Jerusalém, que se reúne um pequeno grupo de judeus devotos do messias Jesus. Impõe-se, então, uma última pergunta: o que podemos saber, *em termos estritamente históricos*, da ressurreição de Jesus?

Jesus realmente ressuscitou? Ou melhor, para citar a mais antiga profissão de fé judeu-cristã, Deus realmente o "ressuscitou dos mortos"[87]? O historiador, diante dessa interrogação, não é capaz de tomar posição. Os contornos do acontecimento são inatingíveis. De um lado, as fontes que dão testemunho disso são exclusivamente do lado cristão: diferentemente da crucifixão, que nos é descrita como um evento público, a ressurreição jamais é tratada com detalhe pelos evangelhos canônicos; os textos limitam-se a referir a notícia de que os seguidores de Jesus teriam sido os únicos a serem favorecidos com as aparições do ressuscitado[88]. De outra parte, as divergências entre as fontes parecem insuperáveis, excluindo *ipso facto* qualquer possibilidade de uma reconstrução cuidadosa dos acontecimentos[89].

---

87. Cf. Romanos 10,9; Atos dos Apóstolos 2,24.32; 3,15 etc.

88. Isso vale para todos os evangelhos canônicos, indistintamente. O primeiro escrito a romper com esse costume será o evangelho de Pedro, um apócrifo da primeira metade do século II. O texto menciona uma cena que teria acontecido diante dos olhos dos soldados que montavam guarda no sepulcro: "Do sepulcro saíram três homens, e dois deles sustentavam o terceiro, enquanto a cruz os seguia. E a cabeça dos dois homens chegava até o céu, enquanto a cabeça daquele que seguravam pela mão ia até além dos céus..." (*Evangelho de Pedro* 39-40). (A tradução italiana segue a versão francesa de É. Junod, citada pelo autor [N. do T.]).

89. O relato dos quatro canônicos sobre o túmulo vazio concorda somente em parte (cf. Mc 16,1-8; Mt 28,1-8; Lc 24,1-11; Jo 20,1-10). Quanto ao resto, sua discordância é total, seja no que diz respeito ao *lugar* das aparições (Jerusalém, Emaús ou a Galileia), seja no que diz respeito às *testemunhas* das aparições (os onze discípulos, um discípulo de nome

O único elemento comum, tanto aos relatos evangélicos quanto às primeiras confissões de fé, é a afirmação de que o Cristo "apareceu" (Lc 24,34; 1Cor 15,5-8; At 9,17; 13,31). A tradição cristã é unânime nesse ponto: a partir do terceiro dia depois da morte do mestre, os seguidores começaram a afirmar que o tinham visto aparecer, vivo. Eis o que não pode deixar indiferente o historiador: o período que se segue à crucifixão torna-se palco de experiências visionárias para os companheiros de Jesus (aos quais ele apareceu, ou seja, se fez *ver*). Essas experiências são múltiplas e variadas, mas a mensagem é sempre a mesma: Deus trouxe à vida aquele que os homens mataram. Deus se declara do lado daquele que foi condenado por blasfêmia. Se a historicidade dessas visões é dificilmente contestável, podemos, por seu conteúdo, confiar no testemunho dos que delas se beneficiaram.

A deontologia do historiador impõe, portanto, que se anote a existência desses testemunhos, embora subjetivas, e se constate que os eventos da Páscoa podem ser considerados como uma extraordinária experiência espiritual vivida pelos primeiros seguidores de Jesus. O efeito dessas experiências visionárias, pelo menos, pertence plenamente ao terreno da pesquisa do historiador. Porque as repercussões históricas da Páscoa são evidentes e objetivas: os discípulos encontravam-se em fuga; o temor deles transforma-se em coragem; a morte de Jesus não é mais vista como um fracasso, mas como prova da presença de Deus junto dos oprimidos; uma comunidade nasce em Jerusalém e começa a fazer proselitismo. Faz-se memória das palavras do mestre. Testemunhas de um evento inesperado, os discípulos organizam seu anúncio missionário em torno de uma afirmação retomada de toda a tradição seguinte: aquele que fora suspendido no lenho da cruz, Deus o ressuscitou, dando-lhe o nome de Senhor (At 2,23-24; 3,14-15; 4,10; 5,30; 10,39-40; 13,27-31).

A Páscoa, de agora em diante, torna-se o ponto focal para a releitura – ou melhor, para *as* releituras – de toda a história de Jesus. As palavras e as ações do profeta de Nazaré são reinterpretadas à luz da Páscoa e o sentido dessa operação pode ser assim resumido: Deus aprovou a ação de Jesus; o seu ministério, a sua palavra, os seus gestos são a revelação decisiva, última, escatológica do desígnio que Deus tem em mente para a humanidade.

Cléofas e um discípulo sem nome, Maria Madalena, Tomé) e às palavras que eles teriam trocado com Jesus.

A questão fundamental, improvisamente, torna-se a da identidade de Jesus: quem foi, afinal, esse homem que Deus se compraz em fazer ressurgir dos mortos? A essa pergunta a tradição cristã responderá de vários modos, com um conjunto de enunciados que irão formando, progressivamente, o que hoje definimos como cristologia.

6
O movimento de Jesus entre a Páscoa e a missão de Paulo

Claudio Gianotto

Introdução

Reconstruir a história do movimento de Jesus nos primeiros decênios depois da morte desse último apresenta algumas dificuldades intrínsecas. Das fontes à disposição do historiador apenas uma, os Atos dos Apóstolos, escritos com verossimilhança por Lucas como continuação e complemento do seu evangelho nos anos 80-90 do século I, cobre explicitamente o vintênio de que nos ocupamos aqui e que vai da morte de Jesus ao chamado concílio de Jerusalém (*circa* 49 d.C.)[1]. A história contada por Lucas apresenta duas características particulares: em primeiro lugar, ela é fortemente centralizadora, ou seja, preocupada, de um lado, em reduzir todos os episódios narrados ao grupo restrito dos discípulos que tinham seguido Jesus durante o seu ministério público e que, depois de sua morte, foram testemunhas das suas aparições e da sua ascensão e, de outro lado, em focalizar a atenção sobre a cidade de Jerusalém, considerada como o ponto de origem da irradiação missionária do evangelho; em segundo lugar, submete-se a uma tendência sabiamente harmonizadora, ou seja, voltada a atenuar e abrandar as tensões e os conflitos. Ora, o esquema da narração lucana é governado por um preciso projeto teológico, que abraça

---

1. Para um exame mais analítico dos fatos narrados por Lucas nos Atos dos Apóstolos, podemos nos referir a um dos numerosos comentários existentes; cf., por exemplo, BARRETT, CH. K., *Atti degli Apostoli*, Brescia, Paideia, 2003-2005, 2 v. Cf. também LÜDEMANN, G., *Das frühe Christentum nach den Traditionen der Apostelgeschichte. Ein Kommentar*, Göttingen, Vandenhoeck, 1987.

ambos os escritos da sua obra historiográfica: o alegre anúncio da salvação inicia, por boca de Jesus, em algumas desconhecidas aldeias da Galileia; depois se difunde progressivamente para a Judeia (Lucas amplifica num grande relato de viagem, que ocupa a parte central do seu evangelho, a passagem do anúncio de Jesus da Galileia a Jerusalém) e chega, enfim, à cidade santa; aí Jesus é condenado à morte, mas ressurge e aparece vivo aos seus discípulos por um período de quarenta dias, subindo ao céu depois disso; de Jerusalém os discípulos, depois de terem recebido o espírito, partem para anunciar o evangelho ao mundo inteiro (a irradiação missionária do evangelho conclui-se em Roma, a capital do império e o centro do mundo então conhecido). Na realidade, as coisas devem ter andado de outro modo: a reconstrução de Lucas, com efeito, além de apresentar algumas contradições internas, contrasta com o quadro, embora muito fragmentado, que emerge de outras fontes, e não permite explicar de modo satisfatório alguns desdobramentos seguintes. As informações dos Atos dos Apóstolos permanecem, decerto, valiosas, mas será preciso tentar uma obra de desconstrução, de desmontagem da narração e propor uma reconstrução diferente, a qual, embora permanecendo também ela, sob certos aspectos, hipotética e lacunosa, se esforce por ser mais aberta e flexível, capaz de englobar outras informações e explicar outros desdobramentos[2].

As outras fontes de que dispomos para a história desse período abordam em geral o tema que aqui nos interessa de modo indireto. Algumas informações nos chegam mediante as cartas de Paulo, escritas todas elas nos anos cinquenta do século I, e mediante os evangelhos canônicos (os sinóticos e o evangelho de João); além disso, dois escritos, um que não conhecemos diretamente, mas que podemos reconstruir pela crítica literária (a fonte Q dos ditos), e o evangelho de Tomé, não na redação que chegou até nós, mas nos materiais

---

2. Movem-se nesse sentido COLPE, C., Die erste urchristliche Generation, v. 1. Die älteste judenchristliche Gemeinde, in: *Die Anfänge des Christentums. Alte Welt und Neue Hoffnung*, Stuttgart, Kohlhammer, 1987, 59-79; VOUGA, F., *Il cristianesimo delle origini. Scritti, protagonisti, dibattiti*, Torino, Claudiana, 2001, sobretudo a primeira parte, *Dalla Pasqua agli inizi della missione paolinica: che cosa si può ricostruire dei primi tempi del cristianesimo*, 29-80; um pouco mais ligados ao esquema dos Atos dos Apóstolos são SCHENKE, L., *Die Urgemeinde. Geschichtliche und theologische Entwicklung*, Stuttgart, Kohlhammer, 1990, e TROCMÉ, E., Les premières communautés: de Jérusalem à Antioche, in: MAYEUR, J.-M. et al. (ed.), *Histoire du Christianisme*, v. 1, *Le nouveau peuple (des origines à 250)*, Paris, Desclée, 2000, 61-95.

mais antigos que ele contém e nas suas primeiras fases de formação, remontam com verossimilhança ao decênio imediatamente seguinte ao período de que nos ocupamos aqui[3]. O quadro que emerge de uma releitura das fontes na perspectiva aqui proposta é que, desde o início, o movimento de Jesus foi plural (diversos grupos, com ideias, sensibilidades e concepções diferentes, muitas vezes em competição entre si) e multicêntrico (desenvolvimento difuso na Galileia e na Judeia). Os escritos de que dispomos, naturalmente, concentram a atenção em alguns grupos e personagens particulares, que exercem o papel de protagonistas; em primeiro lugar, Pedro e os doze, que são os principais destinatários das aparições do ressuscitado e os primeiros continuadores da sua mensagem. Depois, faz-se referência, com frequência, aos "apóstolos", um termo polivalente que nem sempre designa um grupo preciso, mas lembra mais o mandato missionário dos que são enviados (é esse o significado etimológico do termo) a anunciar o evangelho de Jesus; faz-se, portanto, referência à sua mobilidade, a seu caráter itinerante. Outro grupo que emerge na cena é, enfim, o dos familiares de Jesus, entre os quais se destaca a figura de Tiago, irmão do Senhor; sob alguns aspectos, esse grupo se apresenta em competição com o grupo dos doze, guiado por Pedro. Ao lado dos atores protagonistas há, também, milhares de figurantes que as fontes não lembram por nome; são eles que constituíam o verdadeiro corpo do movimento de Jesus e é também a história deles que temos de procurar contar.

Os primeiros desdobramentos do movimento de Jesus

Jesus, durante o seu ministério público, deu origem a um movimento que foi, de diversos modos, interpretado pelos sociólogos da religião segundo o modelo da seita, o modelo milenarista ou o modelo carismático[4]. Esse

---

3. Para uma apresentação mais detalhada dessas fontes (composição literária, datação, ambiente de origem, teologia) remetemos a uma das numerosas introduções ao Novo Testamento existentes; entre as mais recentes, destacamos BROWN, R. E., *Introduzione al Nuovo Testamento*, Brescia, Queriniana, 2001; THEISSEN, G., *Il Nuovo Testamento*, Roma, Carocci, 2003; para o evangelho de Tomé, que não pertence ao *corpus* dos escritos do Novo Testamento, cf. KOESTER, H., *Ancient Christian Gospels. Their History and Development*, London, SCM Press, 1990, 75-128; GROSSO, M. (org.), *Vangelo secondo Tommaso*, Roma, Carocci, 2011.

4. Cf., em especial, para o modelo da seita, SCROGGS, R., The Earliest Christian Communities as Sectarian Movements, in: NEUSNER, J. (ed.), *Christianity, Judaism and*

movimento articulava-se em torno de dois eixos: de um lado, um grupo mais ou menos restrito de discípulos e seguidores, que partilhavam da vida itinerante do chefe carismático, Jesus, caracterizada pela falta de uma residência estável, pela renúncia aos vínculos familiares, pela renúncia ao trabalho e à consequente possibilidade de dispor dos meios de sustentação que dele derivam; de outro lado, um grupo mais amplo de simpatizantes sedentários, dispersos sobretudo nas diversas aldeias da Galileia, a região na qual Jesus tinha desenvolvido a maior parte do seu ministério público, os quais forneciam ao grupo mais restrito o apoio e o sustento de que, de tanto em tanto, podiam ter necessidade[5].

Das informações, embora um tanto fragmentárias, que nos vêm dos evangelhos canônicos, pode-se supor que a maior parte dos seguidores de Jesus provinha dos estratos inferiores da sociedade. Tratava-se de pescadores, artesãos, camponeses, trabalhadores braçais que viviam em condições econômicas bem precárias nas pequenas aldeias rurais da Galileia (as maiores áreas urbanas da região, Tiberíades e Séforis, não são mencionadas como locais da atividade pública de Jesus); com os estratos superiores da sociedade, os ricos e os detentores do poder, as relações eram críticas e a espera do advento iminente do reino de Deus, anunciado por Jesus, comportava também, sem dúvida, um componente de resgate social, de libertação da condição de indigência e de precariedade da época, percebida como injusta (a ideia de acabar com a condição social no futuro reino de Deus está subjacente a Mc 10,31 [e paralelos em Mt e Lc]; cf. Mt 19,30: "os últimos serão os primeiros e os primeiros, os últimos"). O estilo de vida característico do círculo restrito dos seguidores de Jesus, que implicava a rejeição dos vínculos socioeconômicos da sociedade e a dependência

---

Other Graeco-Roman Cults. FS Morton Smith, v. 2, Leiden, Brill, 1975 1-23; para o modelo milenarista GAGER, J. G., *Kingdom and Community: The Social World of Early Christianity*, Englewood Cliffs, Prentice-Hall, 1975; para o modelo carismático WEBER, M., *Economia e società*, Milano, Comunità, 1974; SCHLUCHTER, W., *Religion und Lebensführung*, v. II, *Studien zu Max Webers Religions – und Herrschaftstheologie*, Frankfurt a.M., Suhrkamp, 1988, 197-260; THEISSEN, G., *Gesù e il suo movimento. Storia sociale di una rivoluzione di valori*, Torino, Claudiana, 2007. Nós nos atemos aqui ao modelo carismático.

5. Sobre o ambiente social em que devem ser situados os primeiros desdobramentos do movimento de Jesus, cf. STEGEMANN, E. W; STEGEMANN, W., *Storia sociale del cristianesimo primitivo. Gli inizi nel giudaismo e le comunità cristiane nel mondo mediterraneo*, Bologna, EDB, 1998.

da ajuda dos outros para a própria subsistência, significava partilhar do destino dos mais pobres e marginalizados, participar dos sofrimentos e das frustrações dos desprivilegiados, enquanto se anunciava a superação dessa situação[6]. Essa característica, típica dos movimentos carismáticos, não apenas reforça a confiança da mensagem de que são portadores, mas favorece a sobrevivência do movimento, mesmo depois da morte do chefe carismático[7].

É o que ocorreu também com o movimento jesuano. Depois da execução de Jesus em Jerusalém pelo poder romano, o movimento reagiu prontamente ao choque provocado pela morte violenta do seu chefe carismático, a qual não foi percebida, apesar de algumas dispersões iniciais, como uma catástrofe, mas como uma confirmação da validade da mensagem por ele anunciada e da causa por ele promovida. Nos acontecimentos que se seguiram imediatamente à morte de Jesus, pode-se, de fato, constatar uma continuidade substancial no movimento e, ao mesmo tempo, o início da transformação do elemento carismático nas experiências estático-visionárias dos seus seguidores, em particular no círculo mais restrito dos discípulos e das discípulas.

As aparições do ressuscitado e seu significado

Com a morte violenta de Jesus, portanto, a esperança no advento do senhorio real de Deus que ele tinha anunciado não diminuiu, mas, antes, ficou fortalecido e se transformou, adaptando-se à nova situação, segundo as modalidades típicas de todos os movimentos carismáticos. A documentação de que dispomos, a qual parte de fórmulas muito sintéticas e de discursos explicativos um pouco mais amplos, para chegar a relatos muito precisos e detalhados, não permite, todavia, uma reconstrução completa e segura dos acontecimentos. As experiências estático-visionárias que caracterizam o período imediatamente seguinte à morte de Jesus são fenômenos extremamente complexos que escapam a uma precisa identificação e a uma interpretação unívoca por parte do historiador. O que se pode perceber é o esforço de tematizar esses fenômenos por parte dos autores das fontes escritas, de perceber seu profundo sentido

---

6. Os sociólogos chamam essa condição de autoestigmatização dos carismáticos; cf. LIPP, W., *Stigma und Charisma. Über soziales Grenzverhalten*, Berlin, D. Reimer, 1985.

7. Cf. STEGEMANN, E. W.; STEGEMANN, W., *Storia sociale del cristianesimo primitivo*, 331-332.

de elementos fundantes da nova situação que acabava de se criar depois do desaparecimento do chefe carismático; operação que se desdobra, obviamente, dentro de um quadro de referência cultural representada pela tradição religiosa do judaísmo do Segundo Templo.

A primeira reação do grupo mais restrito dos discípulos – que tinham seguido Jesus na sua ida a Jerusalém para as festas pascais – à prisão do mestre deve ter sido a de um retorno, muito apressado, à Galileia, onde podia contar com o apoio dos simpatizantes sedentários. Se seguirmos o enfoque dado pelos sinóticos, segundo o qual o ministério público de Jesus teria durado pouco mais de um ano e teria se realizado predominantemente na Galileia, com uma única subida a Jerusalém, ocorrida por ocasião da Páscoa e concluída com sua condenação à morte[8], parece claro que Jesus e os seus seguidores deviam ter poucos pontos de apoio em Jerusalém e na Judeia, já que se tratava de uma cidade e de uma região pouco frequentada por eles. Segundo os três relatos sinóticos da paixão, Jesus é abandonado pelos seus discípulos, à exceção de algumas mulheres que com ele permanecem e o acompanham até o lugar da sua execução. Segundo Marcos 14,50 e Mateus 26,56, os discípulos põem-se em fuga logo depois da prisão de Jesus no Getsêmani; somente Pedro parece segui-lo, quando Jesus é levado diante do sumo sacerdote (Mc 14,53-54; Mt 26,57-58) e ao sinédrio (Mc 14,55-65; Mt 26,59-68), mas o renega por bem três vezes (Mc 14,66-72; Mt 26,69-75) e depois foge (Mc 16,72; Mt 26,75 diz simplesmente: sai). À crucifixão assistem de longe, segundo Marcos 15,41 e Mateus 27,55-56, somente algumas mulheres do séquito de Jesus, as quais o tinham acompanhado a Jerusalém desde a Galileia. Remetem, além disso, à Galileia, sempre segundo Marcos e Mateus, também algumas predições das futuras aparições do ressuscitado (Mc 14,28 // Mt 26,32; Mc 16,7 // Mt 28,7). Lucas é um pouco mais conciliador: elimina a menção da fuga dos discípulos no relato da prisão de Jesus no Getsêmani (Lc 22,47-53); afirma também (Lc 23,49), usando um termo incomum, que à sua crucifixão assistiram de longe, além das mulheres que o tinham seguido desde a Galileia, também todos os seus "conhecidos" (*gnostoîs*); isso pareceria incluir os discípulos. Mas

---

8. Um quadro narrativo diferente, porém, é apresentado por João, que prevê três passagens de Jesus por Jerusalém, por ocasião da Páscoa (Jo 2,13; 6,4; 11,55; 13,1; 18,28), durante o seu ministério público, em grande parte na Judeia; sobre esse problema, cf., por exemplo, SANDERS, E. P., *Gesù. La verità storica*, Milano, Mondadori, 1995, 69-76.

a informação se revela pouco confiável, porquanto se trata de uma citação do Salmo 38,12. Análoga tendência conciliadora registra-se em João. No momento da prisão de Jesus no Getsêmani, os discípulos não fogem, mas é o próprio Jesus que, não querendo envolvê-los, convida os guardas a deixá-los ir embora (Jo 18,8); além disso, assiste à crucifixão não de longe, mas "junto da cruz", pelo menos o discípulo amado junto com as mulheres, entre as quais Maria, a mãe de Jesus (Jo 19,25-27).

Foi, portanto, na Galileia que o movimento de Jesus se consolidou, depois da morte cruenta do seu chefe carismático. O primeiro passo que se impunha era o de dar um sentido ao que ocorrera na semana da Páscoa e, com base nisso, projetar o futuro. Esse sentido foi elaborado, como acontece frequentemente nos movimentos carismáticos, mediante experiências estático-visionárias, interpretadas com inspiração no vasto patrimônio do imaginário coletivo e das representações da tradição religiosa judaica: arrebatamento ao céu de Henoc (Gn 5,24; *1 Henoc*) ou de Elias (2Rs 2,11; *Apocalipse de Elias*), sem uma morte propriamente dita; arrebatamento ao céu de Esdras (*4 Esdras* 14,9.48) ou de Baruc (*2 Baruc* 13,3) para a aquisição de segredos celestes; viagens celestes depois da morte (diversos apócrifos judaicos); ressurreição dos mártires (Dn 12,2; 2Mc 7,9.11.14.23).

Segundo a tradição mais antiga, atestada por Paulo em 1 Coríntios 15,3-8 (inícios dos anos cinquenta), Jesus teria aparecido (*óphthe*) a Pedro, aos doze e ainda a um grupo mais amplo de mais de quinhentas pessoas, a Tiago, a todos os apóstolos e, por último, ao próprio Paulo[9]. Os evangelhos trazem diversos relatos de aparições, ligando-os de certo modo aos relatos do sepulcro vazio[10]. Segundo Marcos e Mateus, só as mulheres é que vão ao sepulcro, as quais recebem dos mensageiros celestes a explicação da ausência do cadáver de Jesus e a indicação de que ele, de algum modo, se manifestará aos seus

---

9. Paulo introduz essa informação com uma formulação técnica (versículo 3): "Eu vos transmiti (*parédoka*) em primeiro lugar o que eu mesmo recebera (*parélabon*)", que remete a uma tradição que Paulo veio a conhecer depois da sua conversão, no período durante o qual fora introduzido e acolhido no grupo dos seguidores de Jesus; para uma análise da passagem, cf. THEISSEN, G.; MERZ, A., *Il Gesù storico. Un manuale*, Brescia, Queriniana, 1999, 595-599. O Tiago aqui mencionado é o irmão de Jesus.

10. Cf. THEISSEN, G.; MERZ, A., *Il Gesù storico*, capítulo 15, *Il Gesù risorto: la Pasqua e le sue interpretazioni*, 580-622; BARBAGLIO, G., *Gesù ebreo di Galilea. Indagine storica*, Bologna, EDB, 2002, 525-566.

discípulos na Galileia (Mc 16,7; Mt 28,7). Sucessivamente, no final longo[11], Marcos fala de uma aparição de Jesus a Maria Madalena (Mc 16,9-10), depois a dois discípulos (Mc 16,11-13) e, enfim, aos onze, todos juntos (Mc 16,14), mas sem uma explícita indicação do lugar. Segundo Mateus, Jesus aparece uma primeira vez às mulheres que voltam do sepulcro (portanto, em Jerusalém: Mt 28,9-10) e, depois, aos onze reunidos num monte da Galileia (Mt 28,16-20). Segundo Lucas e João, porém, também Pedro vai ao sepulcro, depois das mulheres (Lc 24,12), precedido pelo discípulo amado (Jo 20,2-10). Segundo Lucas, as aparições acontecem todas elas em Jerusalém ou nas adjacências da cidade: a dois discípulos (em Emaús: Lc 24,13-35); aos onze reunidos (Lc 24,36-49). Em João, temos uma localização dupla: em Jerusalém (Maria Madalena: Jo 20,11-18; os discípulos todos reunidos: Jo 20,19-23; Tomé: Jo 20,24-29) e na Galileia, no lago de Genesaré (Jo 21,1-23).

Com base nessas aparições de Jesus, forma-se a convicção de que Deus tenha intervindo de modo especial por ocasião da sua crucifixão, não o abandonando à morte, mas despertando-o (*egeíro*) dos mortos (1Cor 6,14; 15,15; 2Cor 4,14; Gl 1,1; Rm 4,2; 8,11; 10,9); de que Jesus tenha despertado de entre os mortos (Mt 28,6-7; Lc 24,6.34); de que Jesus tenha ressuscitado (1Ts 4,14) ou de que Deus o tenha ressuscitado (At 2,24.32) dos mortos (*anístemi*); de que Jesus esteja vivo (*záo*: Mc 16,11; Lc 24,5.23; At 1,3)[12]. Na documentação que conhecemos, a menção da ressurreição, em geral, precede a das aparições. Essa formulação, porém, já é fruto de uma interpretação racionalizadora, que dispôs os eventos em ordem cronológica. Na realidade, o evento originário é dado por experiências estático-visionárias que não têm como objeto direto a ressurreição de Jesus, mas aparições, em diferentes circunstâncias, de Jesus vivo. Essas aparições foram entendidas não como um retorno de Jesus à vida biológica, mas como uma sua manifestação a partir do céu. Nessa ótica, portanto, a ressurreição implica a glorificação de Jesus numa posição de comando, a sua elevação e exaltação à direita de Deus (cf. Sl 110; Jo 3,14, em referência à

---

11. O evangelho de Marcos fala de aparições de Jesus somente nos versículos finais do último capítulo (Mc 16,9-20), confirmados apenas por uma parte da tradição manuscrita e, provavelmente, não originários.

12. Sobre a linguagem das mais arcaicas confissões de fé, cf. PENNA, R., *I ritratti originali di Gesù il Cristo. Inizi e sviluppi della cristologia neotestamentaria*, v. I, *Gli inizi*, Cinisello Balsamo, Paoline, 1996, 173-223.

elevação no patíbulo da cruz). É nesse quadro que Jesus e a sua missão terrena estão situados na tradição do messianismo real de Israel (2Sm 7; Is 11; Jr 23,5) – assumindo ele o título de Cristo (*christós*), equivalente do hebraico *mashiaḥ*, que significa "ungido" (cf. Mc 12,35-37; 13,26; 14,42; Mt 28,28) – e na do messianismo apocalíptico (título de filho do homem: cf. Dn 7; *1 Henoc* [*Livro das parábolas*]; Q 12,8-9 [cf. Lc 12,8-9; Mt 10,32-33]; Mc 8,38; Lc 9,26)[13]. A nova condição do chefe carismático Jesus, agora sentado à direita de Deus no céu, necessita de uma instância mediadora para que ele possa restabelecer o contato com os seus seguidores na terra: o glorificado efunde do céu, já agora, o espírito escatológico.

Por isso, as aparições do ressuscitado aos onze, referidas nos evangelhos, terminam com um renovado encargo missionário e uma renovada efusão do espírito (Mt 28,16-20; Lc 24,44-49; Jo 20,21-23); nesse sentido, o relato de Pentecostes (At 2), que Lucas põe como articulação entre o período das aparições pós-pascais de Jesus, já concluído, e o novo período que se inaugura para os seus seguidores, que têm a intenção de continuar a sua missão, apresenta-se como uma efusão do espírito que cumpre as expectativas escatológicas dos profetas (cf. Gl 3,1-5; Is 59,21; Ez 39,29).

As experiências estático-visionárias, com o processo de interpretação e de racionalização dos eventos a que elas deram início (ressurreição e, portanto, sepulcro vazio; glorificação de Jesus; efusão do espírito como instrumento de comunicação e comunhão com o chefe carismático depois da sua morte), permitiram aos seguidores de Jesus repensar o passado e superar o trauma representado pela sua morte violenta. Como ressuscitado e glorificado diante de Deus, Jesus estava pronto a retomar a sua missão que, longe de ser considerada um fracasso, fora apenas interrompida temporariamente. O anúncio de Jesus continuava válido: o reino de Deus não tinha simplesmente chegado *ainda*; sua chegada fora apenas adiada. Na espera próxima da libertação, nada mudara. A missão de Jesus prosseguia, mesmo sem ele. Os eventos dramáticos da semana da Páscoa, que culminaram na crucifixão de Jesus, foram entendidos

---

13. Sobre os títulos atribuídos a Jesus e ao ambiente de origem deles é fundamental HAHN, F., *Christologische Hoheitstitel*, Göttingen, Vandenhoeck und Ruprecht, [5]1995; cf. também VERMES, G., *Gesù l'ebreo*, Roma, Borla, 1983, 152-223; SACCHI, P., *L'apocalittica giudaica e la sua storia*, Brescia, Paideia, 1990, 199-219; SCHENKE, L., *Die Urgemeinde*, 123-133; PENNA, R., *I ritratti originali di Gesù il Cristo*, v. I, 118-153.

como uma ulterior e decisiva etapa na história da salvação, na qual se reconhecia ao próprio Jesus o papel permanente e importante, exercido agora a partir do céu.

As experiências estático-visionárias permanecerão uma característica constante do movimento de Jesus. No que diz respeito mais especificamente às aparições do ressuscitado, elas desempenharam, sem dúvida, a função de legitimar e conferir autoridade aos destinatários, os quais podiam reivindicar uma investidura particular por parte do chefe carismático: é o caso de Pedro e dos doze, que pertenciam ao círculo mais restrito dos seguidores de Jesus durante o seu ministério público; de Tomé, irmão do Senhor, que pertencia ao grupo dos seus familiares. As duas listas paralelas de destinatários das aparições do ressuscitado, transmitidas por Paulo (1Cor 15,3-8: de um lado Pedro, os doze, mais de quinhentos irmãos de uma só vez, *ephápax*; de outro, Tomé, todos os apóstolos – falta aqui *ephápax*; a referência é, talvez, a aparições diferentes e sucessivas – e, por último, Paulo), junto com a falta de menção da aparição a Tiago, seja nos sinóticos, seja em João, induzem a pensar que subjacentes a esses elencos estejam tradições diferentes, talvez também em competição entre si. A aparição a mais de quinhentos pessoas ao mesmo tempo demonstra que o elemento carismático, depois da morte do chefe, tivesse passado a todos os seus seguidores, dado confirmado também pela efusão geral do espírito em Pentecostes[14]. É óbvio que o momento fundador das aparições do chefe carismático não podia se estender ao infinito no tempo. Lucas o delimita, nos Atos dos Apóstolos, a um período de quarenta dias (At 1,3)[15], explorando o valor simbólico do número, e o fecha com o evento da ascensão de Jesus ao céu (At 1,6-11), que, de um lado, reevoca o movimento ascendente da ressurreição (At 1,2) e, de outro, antecipa o descendente das línguas de fogo durante a efusão do espírito em Pentecostes sobre o grupo dos doze, reconstituído, depois da morte de Judas, com a eleição de Matias (At 1,15–2,3).

---

14. Cf. STEGEMANN, E. W.; STEGEMANN, W., *Storia sociale del cristianesimo primitivo*, 365-368.

15. Em outros escritos, sobretudo gnósticos, esse período tende a se dilatar, porquanto é considerado como um tempo em que o ressuscitado oferece ensinamentos esotéricos a um círculo mais restrito de discípulos; cf. IRINEU, *Contra as heresias* I,3,2; I,30,14 (valentinianos e ofitas: dezoito meses); *EpIac* (Nag Hammadi Codices, a partir de agora NHC I,2): 550 dias. *Pistis Sophia I,1*: onze anos; mas cf. também *Asc. Is.* 9,16: 545 dias.

A pregação itinerante

O grupo mais restrito dos seguidores de Jesus, tendo se reorganizado e reconsolidado na Galileia depois das aparições pascais, sentiu-se, portanto, legitimado e investido para prosseguir a missão do mestre, injustamente levado à morte, e para levar adiante a difusão da sua mensagem. O movimento retomou não apenas os conteúdos da mensagem de Jesus, mas também as suas modalidades. Marcos 6,7-13; Mateus 9,37-38; 10,1-14; Lucas 9,3-5; 10,4-11 conservaram-nos uma descrição deles[16]. Às diversas passagens, cujos relatos literários são bem complexos, está subjacente um esquema comum: começa-se com indicações relativas ao equipamento dos pregadores itinerantes; passa-se depois ao comportamento a ser tido nas casas hospedeiras e nas cidades; enfim, às reações a serem adotadas em caso de rejeição. Do equipamento comum do viandante – um bastão para caminhar e, eventualmente, se defender, um bornal para guardar o alimento para a viagem, as sandálias para caminhar – Marcos 6,8-9 admite apenas bastão e sandálias; mais drásticos, Mateus 10,10 e Lucas 9,3 e 10,4 até os excluem. Nada de alimento, de dinheiro, de mais mudas de roupa: os pregadores itinerantes devem confiar, absolutamente em relação a tudo, na hospitalidade dos residentes, como já acontecera com Jesus (cf. Mc 1,29-31; Lc 4,38-39; 8,1-3; 10,38). A renúncia deles à segurança social, garantida por um trabalho regular, à vida de família[17] e a uma morada fixa não era um fim em si mesmo, como se fosse regida por motivações ascéticas, mas funcional ao cumprimento daquela precisa missão. Sob esse aspecto, o movimento de Jesus apresenta analogias com os filósofos cínicos da tradição helenística[18]. O

---

16. Uma breve análise dessas passagens em SCHENKE, L., *Die Urgemeinde*, 219-225.

17. Segundo Marcos 10,29-30 e 1 Coríntios 9,5, a renúncia à vida familiar não comportava necessariamente o abandono definitivo da esposa, dos eventuais filhos e dos outros membros da família ampliada; além disso, a ruptura dos laços familiares não era tanto um requisito preliminar para o discipulado ou para a pregação itinerante quanto uma consequência dela, inevitáveis, em certos casos; cf. GUIJARRO OPORTO, S., *Fidelidades en conflicto. La ruptura con la familia por causa del discipulado y de la misión en la tradición sinóptica*, Salamanca, Universidad Pontificia, 1998.

18. Cf., por exemplo, DIÓGENES LAÉRCIO, *Vida dos filósofos* VI,10-13. O estilo de vida dos cínicos, esboçado por Diógenes Laércio fundamenta-se na convicção de que a renúncia aos vínculos sociais e às preocupações da vida cotidiana são o pressuposto para a consecução da verdadeira liberdade; no caso do movimento de Jesus, as renúncias se fundam mais na espera escatológica do reino de Deus por ele anunciado. Cf. DOWNING,

desarraigamento social de Jesus e dos seus seguidores mais restritos, todavia, não era um fenômeno isolado, mas sim partilhado, de diferentes formas, por todos os movimentos de renovação próprios do judaísmo da época (comunidade de Qumran, movimentos proféticos ou revolucionários etc.)[19]. Os pregadores itinerantes anunciam a proximidade do reino de Deus e nas cidades que os acolhem realizam curas, exatamente como já havia feito Jesus.

Graças a essa pregação itinerante, o ensinamento de Jesus é mantido vivo mediante a repetição e a transmissão oral. É claro que esse ensinamento deve ser, de algum modo, adaptado à nova situação, na qual o mestre não está mais fisicamente presente; assim, algumas explicações se tornam necessárias. Todavia, o eixo central da pregação itinerante dos seguidores de Jesus estava apoiado na sua mensagem, mais do que na sua pessoa: a causa que tinha promovido, o advento do reino que tinha anunciado, os ensinamentos que tinha propiciado, o radicalismo que tinha encarnado, tudo isso mantém intacta sua validade, apesar de sua morte violenta; antes, com maior razão, justamente por essa morte violenta, da qual Deus quis resgatá-lo por meio da ressurreição. As tradições dessa pregação itinerante confluíram, depois, em grande parte, para os evangelhos sinóticos.

Segundo os Atos dos Apóstolos 1-2, depois da ascensão de Jesus ao céu, os doze teriam se radicado em Jerusalém, onde teriam constituído uma comunidade unitária. É provável que, com essa reconstrução, Lucas projete no passado o próprio ideal de uma comunidade local, dirigida de modo colegiado. Sabemos de Paulo (Gl 1,18) que, quando ele foi pela primeira vez a Jerusalém, depois da conversão (por volta de 37), encontrou ali apenas Pedro; os outros não estavam lá. Quando para ali retornou, quatorze anos mais tarde (Gl 2,9), pôde ver apenas Pedro, Tiago e João. De Pedro, aliás, se diz que, com muita frequência, estava em viagem (At 8,14; 9,32; 10,1). É provável, portanto, que os doze tenham se dedicado, efetivamente, à pregação itinerante, espalhando-se por todas as direções, embora a documentação que temos não nos permita reconstruir em pormenor essa missão. A atividade do grupo dos doze foi

---

F. G., *Christ and the Cynics. Jesus and Other Radical Preachers in First Century Tradition*, Sheffield, Sheffield Academic Press, 1988; Id., *Cynics and Christian Origins*, Edinburgh, Clark, 1992.

19. Para uma análise mais detalhada do fenômeno, cf. THEISSEN, G., *Gesù e il suo movimento*.

progressivamente se exaurindo e eles foram cada vez mais considerados, por parte dos outros grupos dos seguidores de Jesus que receberam sua herança, como figuras lendárias, representantes e testemunhas do mítico período das origens. A pregação itinerante, todavia, continuou; ela caracterizou, decerto, a atividade do *entourage* de Estêvão e do grupo dos "helenísticos" (At 6), que deram os primeiros passos em direção a uma missão fora da terra de Israel e aberta também aos não judeus. Ainda lá pelo final do século I, um escrito, a *Didaqué*[20], conhece figuras de profetas, apóstolos e mestres itinerantes (*Didaqué* 11-13), que viajam de comunidade em comunidade, provavelmente na região da Síria, onde gozam de altíssimo prestígio e onde a função carismática deles se desdobra em paralelo com a das autoridades de residência fixa (bispos e diáconos: *Didaqué* 15,1-2); no século II, Luciano de Samósata descreve em um dos seus *Diálogos (Peregrino* 16), um desses profetas itinerantes, taxando-o de vagabundo parasita; e no século II, as duas cartas *Ad virgines*, de Pseudo-Clemente, dão testemunho da firmeza desse fenômeno, pelo menos na região da Síria.

As comunidades locais da Galileia e a tradição sapiencial

Como já se disse, nem todos os seguidores de Jesus, embora partilhando de seus ideais, ensinamentos e expectativas, tinham partilhado de seu estilo de vida, nem mesmo quando ele percorria toda a Galileia, durante o seu ministério público, nem depois de sua morte. Outro polo do movimento de Jesus era constituído pelos simpatizantes de residência fixa, que tinham dado um suporte logístico e financeiro ao próprio Jesus e a seus discípulos mais íntimos e continuavam a fazê-lo com os pregadores itinerantes. Esses ambientes tinham conhecido o radicalismo da pregação de Jesus, mas não o tinham efetivamente posto em prática, sem seguir o modelo de vida itinerante e socialmente dissidente do mestre, como tinham feito, por exemplo, Pedro e os doze. Nesses ambientes, o radicalismo de Jesus e dos seus seguidores mais íntimos tende a ser idealizado e apresentado como modelo utópico; prefere-se, ao contrário, deter-se em outros aspectos do ensinamento de Jesus, os que dizem respeito à vida concreta de todos os dias e que podem dar sugestões para melhorar as

---

20. Cf. VISONÀ, G. (org.), *Didaché. Insegnamento degli apostoli*, Cinisello Balsamo, Paoline, 2000.

condições de uma existência difícil e constantemente ameaçada, para enfrentar os problemas e as dificuldades sempre presentes. A pregação de Jesus sobre essas temáticas, expressa em ditos, aforismos e parábolas, com argúcia e gosto do paradoxo, é reelaborada e transmitida à luz das tradições da sabedoria popular. A convicção que baseia essa operação é que o ensinamento de Jesus é capaz de ajudar cada indivíduo a resolver quer os pequenos problemas da vida de todos os dias, quer as grandes questões existenciais e religiosas, desde que esteja disposto a pôr nisso o necessário esforço e empenho. O ensinamento de Jesus está orientado para a prática, não para a especulação. Sob esse ponto de vista, os ditos e as palavras de Jesus constituem a base de um estilo de vida com foco na sabedoria, que depois continuará a se desenvolver sob o seu nome. O resultado desse processo não tem nenhum caráter sistêmico: os diversos materiais são unidos entre si predominantemente com base associativa, embora, às vezes, pareça um esforço de coordenação de tipo temático. O que daí emerge é uma moral de vida, um *ethos*, que são apresentados como os indicados por Jesus.

Essas tradições, cuja coleção, em parte, deve ter começado quando Jesus ainda estava vivo, estão na origem de duas coleções de ditos de Jesus: a fonte dos ditos (chamada também de fonte Q) e o evangelho de Tomé. Com o nome de fonte Q foi designada uma coleção de palavras de Jesus (máximas, parábolas, breves relatos), reconstruída com base na análise literária[21], que Mateus e Lucas teriam conhecido e utilizado, independentemente um do outro, para a redação de seus evangelhos, junto com outra fonte, o evangelho de Marcos. É difícil estabelecer uma datação precisa para a fonte Q, a qual, além disso, parece conter internamente estratificações de material diferente[22]; pode-se, todavia, propor como hipótese um lapso de tempo que, grosso modo, pode ir de 40 a 60. Para essa coleção confluíram as tradições dos carismáticos itinerantes, que tinham retomado o modo de vida de Jesus e tinham reproposto sua ética

---

21. Cf. KLOPPENBORG, J. S., Literary Convention, Self-Evidence and the Social History of the Q People, *Semeia*, v. 55 (1991) 77-102; Id., The Sayings Gospel Q: Recent Opinion on the people Behind the Document, *Currents in Research: Biblical Studies*, v. 1 (1993) 9-34; FUSCO, V., *Le prime comunità cristiane. Tradizioni e tendenze nel cristianesimo delle origini*, Bologna, EDB, 1995, 123-151; PENNA, R., *I ritratti originali di Gesù il Cristo*, v. II, 26-44; ROBINSON, J. M. et al. (ed.), *The Critical Edition of Q. Synopsis, Including the Gospels of Matthew and Luke, Mark and Thomas with English, German, and French Translations of Q and Thomas*, Leuven, Peeters, 2000.

22. Cf. KLOPPENBORG, J. S., *The Formation of Q*, Philadelphia, Fortress Press, 1987.

radical, em função da espera do advento iminente do reino de Deus; mas essas tradições foram reelaboradas no crisol da tradição sapiencial judaica e progressivamente idealizadas, desmembrando-as da situação contingente, de modo a delas tirar ensinamentos de validade perene. É claro que, numa coleção como essa, temas como os da infância e da paixão de Jesus não têm nenhum significado particular; com efeito, Q não contém nem histórias da infância nem um relato da paixão; além disso, não está anexa, em perspectiva, à morte de Jesus nenhum valor salvífico: Jesus vai ao encontro do martírio como os enviados de Deus e os profetas do passado, por causa das próprias ações (Q 11,49-51; cf. Lc 11,49-51; Mt 23,34-36). Na mesma esteira da fonte Q coloca-se o evangelho de Tomé[23], uma coleção de 114 ditos de Jesus que chegou até nós de forma completa apenas numa tradução copta dentro do códice II de Nag Hammadi. A redação que conhecemos pode ser datada nos inícios do século II; mas pelo menos uma parte do material que contém é, com toda probabilidade, muito arcaica e, sob certos aspectos, independente da tradição sinótica e pode remontar ao próprio período da formação da fonte Q. Para essa coleção, Jesus é um grande mestre de sabedoria e a pesquisa do significado profundo das suas palavras e dos seus ensinamentos, por meio do esforço pessoal, é a via mestra que leva ao reino e ao repouso (*Evangelho de Tomé* 1). Esse reino não está ligado a uma espera do futuro, mas se apresenta como uma possibilidade concreta que se oferece, aqui e agora, a qualquer um que não se subtraia ao esforço da procura, pois aquele que procura com empenho certamente encontrará.

Tiago e a comunidade de Jerusalém

A pregação itinerante dos discípulos de Jesus deve ter tido como palco, pelo menos no início, sobretudo a Galileia, como já ocorrera para o ministério

---

23. Além da bibliografia indicada acima, nota 3, cf. LAYTON, B. (ed.), *Nag Hammadi Codex II, 2-7, together with XII, 2, Brit. Lib. Or. 4296 (1), and P. Oxy. 1, 654, 655, with Contributions by Many Scholars*, v. I, Gospel According to Thomas, Gospel According to Philip, Hypostasis of the Archons, and Indexes, Leiden, Brill, 1989 (edição do texto copto e dos fragmentos gregos, com tradução inglesa); PATTERSON, S. J., *The Gospel of Thomas and Jesus*, Sonoma, Polebridge, 1993; PATTERSON, S. J. et al., *The Fifth Gospel. The Gospel of Thomas Comes of Age*, Harrisburg, Trinity Press, 1998; DeCONICK, A. D., *Recovering the Original Gospel of Thomas. A History of the Gospel and its Growth*, London, T&T Clark, 2005.

público do mestre. É claro, porém, que bem cedo o anúncio dos seguidores de Jesus chega também a Jerusalém, seja pela importância da cidade como encruzilhada estratégica do movimento de pessoas e de mercadorias – portanto, capaz de atrair numerosas multidões de todas as partes do país e, também, da diáspora –, seja por seu significado simbólico e o seu valor religioso: a cidade era considerada como o palco dos eventos escatológicos. Como já se disse, a reconstrução dos fatos que nos apresentam os primeiros capítulos dos Atos dos Apóstolos não é muito confiável. Lucas não conhece as atividades dos discípulos de Jesus na Galileia depois da ressurreição; para ele, tudo se passa em Jerusalém. Desse modo, Lucas parece projetar sobre a comunidade hierosolimitana das origens a sua concepção da história da salvação, que organiza o ministério público de Jesus em torno da ideia de uma grande viagem (assim o evangelho de Lucas), que da Galileia levará o protagonista a consumar o seu destino terreno em Jerusalém e que designa o caminho missionário dos seguidores de Jesus como um movimento inverso (assim os Atos dos Apóstolos), que parte de Jerusalém para se difundir por todo o mundo então conhecido, até chegar ao coração do império, Roma. É verossímil que na Judeia, como testemunha Paulo (cf. Gl 1,22; 1Ts 2,14), teriam se constituído diversas comunidades, que teriam experimentado certa hostilidade por parte do judaísmo (cf. Gl 1,23). Além disso, sempre Paulo, na revocação dos acontecimentos de sua vida pessoal em Gálatas 1,12–2,14, atesta que se reconhecia uma autoridade proeminente à comunidade de Jerusalém e em especial a algumas personalidades que a dirigiam.

Com efeito, o elemento novo que se registra nas notícias sobre a comunidade de Jerusalém é a entrada em campo dos familiares de Jesus. Segundo as informações que podemos extrair dos evangelhos, Jesus tinha irmãos e irmãs, mas não parece que eles fizessem parte do círculo mais restrito dos seus seguidores; além disso, essas fontes traçam deles um retrato muito pouco lisonjeiro; isso, com toda probabilidade, deve ser atribuído a razões polêmicas. Sobre o fundo das informações tiradas dessas fontes, portanto, é difícil explicar como, afinal, desde o primeiro capítulo dos *Atos*, o grupo dos familiares de Jesus aparece junto dos apóstolos, quando esses últimos, depois da ascensão, voltam a Jerusalém e a eles se une em plena concordância (*homothymadón*) na oração (At 1,14); por isso, será preciso consultar outros testemunhos. Lucas não nos diz nada sobre a evolução da atitude dos familiares em relação a Jesus; praticamente ausentes durante o seu ministério, eles não são mencionados nem no momento da sua morte e da sua sepultura, nem por ocasião das aparições pós-pascais, mas reaparecem improvisamente junto dos apóstolos depois da ascensão. Lucas não fala deles de modo mais explícito na continuação dos Atos dos Apóstolos, embora dê a entender que eles partilharam, junto com os apóstolos, da experiência de Pentecostes. Sobre o papel deles na primitiva comunidade de Jerusalém, temos uma informação indireta de Paulo. Em 1 Coríntios 9,5, ao defender o seu apostolado contra os seus detratores, ele se pergunta se também ele não teria o direito de se comportar como "os outros apóstolos e os irmãos do Senhor e Cefas", levando consigo uma mulher-irmã cristã. Desse breve aceno pode-se perceber que, na atividade de pregação, os irmãos do Senhor deviam ser bem ativos. Enfim, de modo igualmente imprevisto, em Atos dos Apóstolos 12,17, aparece a figura de Tiago, irmão do Senhor, que se distingue por autoridade e importância dentro do grupo dos familiares de Jesus e desempenha um papel de guia na comunidade de Jerusalém.

O primado de Tiago

Apóstolo e destinatário de uma aparição do ressuscitado

Na tradição evangélica mencionam-se quatro irmãos de Jesus: Tiago, Joset, Judas e Simão (cf. Mc 6,3-4, onde se fala também de irmãs); a passagem paralela de Mateus 13,53-58 apresenta algumas pequenas variantes na ordem e na forma dos nomes, mas Tiago[24] ocupa sempre o primeiro lugar; Lucas 8,19-21 e João 2,12; 7,3-5 atestam o dado tradicional dos irmãos de Jesus, mas sem os mencionar por nome (assim também Mc 3,31-35)[25]. As cartas de Paulo acrescentam algumas informações que nos permitem entender as razões da

---

24. Sobre Tiago, irmão do Senhor, cf. PAINTER, J., *Just James. The Brother of Jesus in History and Tradition*, Columbia, The University of South Carolina Press, 1997; CHILTON, B.; EVANS, C. A. (ed.), *James the Just and Christian Origins*, Leiden, Brill, 1999; CHILTON, B.; NEUSNER, J. (ed.), *The Brother of Jesus. James the Just and His Mission*, Louisville, Westminster, 2001; GIANOTTO, C., *Giacomo, fratello di Gesù*, Bologna, il Mulino, 2013.

25. O termo "irmãos" devia ter, no contexto cultural do mundo semítico em que se colocam essas passagens, uma extensão semântica mais ampla do que tem nas línguas modernas do mundo ocidental; cf. RINGGREN, H., 'ah, in: *Grande Lessico dell'Antico Testamento*, I, 397-408. Para uma apresentação geral dos problemas, cf. VON SODEN, H., Adelfós, in: *Grande Lessico del Nuovo Testamento*, I, 385-392; BEUTLER, J., Adelfós, in: BALZ, H.; SCHNEIDER, G., *Dizionario esegetico del Nuovo Testamento*, v. I, Brescia, Paideia, 1995, 74-79.

proeminência de Tiago dentro do grupo dos irmãos de Jesus. Paulo conta que, depois de sua estada na Arábia e em Damasco, subiu a Jerusalém para conhecer Cefas e ficou com ele por quinze dias, sem ver, porém, nenhum outro dos apóstolos, com exceção de Tiago, irmão do Senhor (Gl 1,15-19). O testemunho de Paulo, apesar de algumas ambiguidades na expressão, parece implicar que ele considerasse Tiago como do grupo dos apóstolos. Nesse sentido fala também a lógica do discurso de Paulo na carta aos Gálatas: a esses últimos, que parecem contestar a legitimidade da sua função apostólica (Gl 1,1-10), Paulo pretende reafirmar a sua relação com Jerusalém e com todos os que foram apóstolos antes dele (Gl 1,17); nesse contexto, a menção de Tiago junto de Cefas explica-se melhor se também o primeiro pertencesse ao grupo dos apóstolos. Outra confirmação vem de 1 Coríntios 15,7, onde, ao relacionar as aparições do ressuscitado, Paulo menciona, depois da aparição a Cefas e aos doze, que vem em primeiro lugar (15,5), e da aparição aos mais de quinhentos irmãos, que se segue (15,6), uma aparição "a Tiago e, depois, aos apóstolos todos". O paralelismo entre o versículo 5 e 7 mostra-se evidente e parece indicar que, segundo a tradição referida por Paulo, era reconhecido a Tiago, dentro do grupo dos apóstolos, o mesmo primado que era atribuído a Pedro dentro do grupo dos doze. Mesmo se, no contexto de 1 Coríntios 15, as duas fórmulas dos versículos 5 e 7 obedeçam ao mesmo objetivo, ou seja, o de confirmar que também Paulo (15,8) fora destinatário de uma aparição do ressuscitado, exatamente como todos os personagens de maior ou menor importância mencionados por ele, é provável que, originariamente, elas fossem fórmulas concorrentes, voltadas a legitimar respectivamente a autoridade de Pedro e de Tiago, enquanto destinatários da primeira aparição do ressuscitado[26]. A aparição a Tiago, diferentemente da aparição a Pedro (Lc 24,34), não é contada nos evangelhos canônicos, mas aparece no evangelho dos hebreus[27]. Segundo esse evangelho

---

26. Cf. LÜDEMANN, G., *Paulus, der Heidenapostel*, v. II, *Antipaulinismus im frühen Christentum*, Göttingen, Vandenhoeck, 1983, 76-84. Segundo Lüdemann, os seguidores de Tiago teriam construído a fórmula de 1 Coríntios 15,7 à imitação da de 1 Coríntios 15,5 para reivindicar para Tiago, e não para Pedro, a honra da primeira aparição do ressuscitado.

27. JERÔNIMO, *Os homens ilustres 2*: "Et evangelium quoque quod appellatur secundum Hebraeos et a me nuper in graecum sermonem latinumque translatum est, quo et Adamantius saepe utitur, post resurrectionem Salvatoris refert: Dominus autem cum dedisset sindonem servo sacerdotis, iit ad Iacobum et apparuit ei; iuraverat enim Iacobus

apócrifo, Tiago, irmão do Senhor (para identificar o personagem nesse sentido contribui a alcunha tradicional de "justo")[28], teria participado da última ceia, durante a qual teria jurado que a partir daquele momento não comeria pão enquanto não tivesse visto o filho do homem ressuscitado dos mortos. O pano de fundo litúrgico do episódio faz pensar nas sucessivas modificações da tradição. A sua função, todavia, é a de demonstrar que Tiago fazia parte do grupo dos seguidores de Jesus já durante o seu ministério e que foi destinatário de uma aparição do ressuscitado. Além disso, a referência ao "sudário" que o Senhor entrega ao servo do sacerdote poderia, embora reste um tanto obscuro por falta de contexto, significar que a aparição a Tiago ocorreu imediatamente após a ressurreição e, portanto, implicar, analogamente à tradição subtendida em 1 Coríntios 15,7, o seu primado entre as testemunhas do ressuscitado[29].

Por ocasião da segunda visita de Paulo a Jerusalém, ocorrida quatorze anos depois da primeira (Gl 2,1), para discutir o problema da circuncisão dos gentios convertidos à fé em Jesus (At 15), a situação parece estar mudada. Se, por ocasião da primeira visita, o teor do testemunho de Paulo na carta aos gálatas parecia reconhecer em Cefas uma autoridade eminente na comunidade de Jerusalém, a personalidade mais importante agora parece ter se tornado Tiago. A razão dessa mudança, se é que efetivamente tenha existido, é geralmente identificada no abandono de Jerusalém por parte de Pedro, provavelmente a seguir às medidas repressivas introduzidas por Agripa I, as mesmas que, segundo Atos dos Apóstolos 12, teriam levado à morte de Tiago, filho de Zebedeu. Paulo menciona, em Gálatas 2,9, uma tríade de nomes, Tiago, Cefas

---

se non comensurum panem ab illa hora qua biberat calicem Domini, donec videret eum resurgentem a dormientibus; rursumque post paululum: Adferte, ait Dominus, mensam et panem. Statimque additur: Tulit panem et benedixit et fretit et dedit Iacobo iusto et dixit ei: Frater mi, comede panem tuum, quia resurrexit Filius hominis a dormientibus". O texto é retomado por diversos autores: Ps. ABDIAS, *Hist. Apost.* 6,1; GREGÓRIO DE TOURS, *Hist.* 1,22; SEDULIUS SCOTUS, *Collectanea in omnes B. Pauli epist. (In Epist. I ad Cor. 15)*; IACOBUS A VORAGINE, *Legenda Aurea* 67; cf. KLIJN, A. F. J., *Jewish-christian Gospel Tradition*, Leiden, Brill, 1992, 79-86.

28. Cf. EUSÉBIO, *História Eclesiástica* II,2,1-5 (com citação de dois fragmentos tirados das perdidas *Hypotyposeis*, de Clemente de Alexandria; identificação explícita de Tiago o justo com o irmão do Senhor mencionado por Paulo em Gl 1,19); 23,4.7 (Hegésipo); EPIFÂNIO, *Panarion* 78,7.

29. Assim entende, por exemplo, PAINTER, J., *Just James*, 183-186.

e João, que ele considera como as colunas (*stŷloi*)[30] da comunidade hierosolimitana. A metáfora faz pensar em alguma função de guia e de responsabilidade. Mas em que consistisse precisamente essa função e quais fossem as relações recíprocas entre as três "colunas" não nos é dado conhecer. Em todo caso, a ordem em que ocorrem os três nomes sugere que Tiago fosse a autoridade proeminente, ou que fosse considerado como um *primus inter pares*. A exatidão dessa hipótese parece confirmada pelo chamado "incidente de Antioquia" (Gl 2,11-21), quando Pedro se subtrai improvisamente à comunhão da mesa com os convertidos de origem gentia "por temor dos circuncisos", representados pelos emissários de Tiago.

Primeiro bispo de Jerusalém

A tradição sobre o primado de Tiago como "sucessor" de Jesus na guia do grupo dos seus seguidores, documentada esporadicamente nas cartas de Paulo e no evangelho dos hebreus, é retomada no evangelho de Tomé, em alguns escritos gnósticos, nas *Pseudoclementinas* e em Eusébio de Cesareia[31]. Segundo o evangelho de Tomé, 12, aos discípulos que o interrogam sobre quem seria o maior entre eles, quando ele fosse definitivamente embora, Jesus responde: "Para onde quer que fordes, ireis a Tiago o justo, para o qual foram feitos o céu e a terra". Esse dito corrobora o primado de Tiago o justo sobre todos os outros discípulos e o faz se reportar diretamente a Jesus. O dito ressalta a "justiça" de Tiago, como confirma também a expressão "para o qual foram feitos o céu e a terra", que lembra expressões análogas referidas, na literatura judaica, aos grandes "justos" do passado[32]. Análogo é o testemunho da *Epístola apócrifa de Tiago* (NHC I,2), na qual Tiago emerge como o guarda dos conhecimentos secretos transmitidos pelo revelador e como o chefe dos discípulos, que exerce a sua autoridade em Jerusalém. O primado de Tiago é atestado não apenas

---

30. Sobre o uso da metáfora, cf. em Qumran 1QS 5,5; 8,5; 1QH 6,26; 7,9; CD 3,19, onde os patriarcas são considerados como as colunas da comunidade; e *1Clem.* 5,2, onde os apóstolos são considerados as colunas da Igreja.

31. Todas as passagens relativas a Tiago, irmão de Jesus, podem ser lidas em tradução italiana em GIANOTTO, C. (org.), *Ebrei credenti in Gesù. Le testimonianze degli autori antichi*, Milano, Paoline, 2012.

32. Cf. *midrash Genesis Rabbah* 1,7; 12,9; *Talmud* babilônico *Sanhedrin* 98b; *2 Baruch* 14,19.

pelo papel de guia que ele exerce ao longo de todo o tratado, mas também pela autoridade que lhe é reconhecida ao enviar os outros discípulos para diversos locais, enquanto ele próprio se estabelece em Jerusalém (NHC I,16,5-11). O *Apocalipse de Tiago* I (NHC V,3), que identifica explicitamente Tiago com o irmão do Senhor (NHC V,24,10-16), atesta a presença de Tiago no séquito de Jesus, mesmo antes de sua paixão (NHC V,24,10-30,13), e o apresenta como depositário de revelações esotéricas, que devem ser transmitidas não publicamente, mas segundo uma cadeia secreta de transmissores. Além disso, dá testemunho de sua autoridade sobre os doze e sobre a primitiva comunidade (NHC V,42,20-24). Por fim, também o *Apocalipse de Tiago* II (NHC V,4), que se prolonga sobretudo na narração do martírio de Tiago, contém referências à exclusividade das revelações dele recebidas e ao seu primado sobre os outros seguidores de Jesus (NHC V,47,16-17). Esses textos gnósticos demonstram conhecer a tradição do primado de Tiago na guia do grupo dos seguidores de Jesus depois da sua ascensão; obviamente, eles a reinterpretam e a utilizam sobretudo em função polêmica para construir uma cadeia de tradição esotérica, a ser contraposta à da Grande Igreja, apoiando-se, não no grupo dos apóstolos, mas sobretudo nos familiares de Jesus e em algumas figuras femininas.

No chamado "documento judeu-cristão" contido nas *Recognitiones* 1,27-71 e, mais em geral, em todas as *Pseudoclementinas*, Tiago é apresentado como mestre importante, apesar de suas humildes origens (1,62,2), e chefe da Igreja de Jerusalém, com o título de bispo e chefe dos bispos (1,68,2; 70,3), investido em seu cargo pelo próprio Jesus (1,43,3). A sua autoridade se estende sobre os doze, os quais lhe prestam contas de suas ações (1,44,1) e, também, sobre Pedro, que recebe de Tiago o encargo de partir para Cesareia, para confutar as doutrinas de Simão Mago (1,72,1-8). A autoridade de Tiago e dos seus sucessores se estende também para além de Jerusalém: nenhum mestre deve ser aceito sem a sua aprovação (4,35,1-2). As *Pseudoclementinas* representam um ponto de vista particular, o de grupos de seguidores de Jesus provenientes do judaísmo e, portanto, o testemunho deles é partidário. Em todo caso, eles atestam em que termos a tradição do primado de Tiago se exprimia nos primeiros decênios do século III[33].

---

33. É essa a datação geralmente proposta para o chamado "escrito básico", que estaria na origem das duas recensões, mais tardias (século IV), da produção pseudoclementina

No segundo livro da sua *História eclesiástica*, Eusébio se propõe a examinar a obra dos apóstolos e os acontecimentos da primitiva Igreja cristã, da ascensão de Jesus até o martírio de Pedro e de Paulo; as fontes que utiliza são, de um lado, os escritos do Novo Testamento (*ek tôn theíôn grammátôn*, em especial as cartas de Paulo e os Atos dos Apóstolos, de Lucas) e, de outro, diversos documentos (*hypomnêmátôn*), de tanto em tanto, indicados (EUSÉBIO, *História eclesiástica* II, Pról. 2). Depois de ter acenado à substituição de Judas por Matias no grupo dos doze (At 1,15-26), à instituição dos sete helenistas (At 6,1-6) e ao martírio de Estêvão (At 7,54-60) Eusébio passa logo a falar de Tiago (*História eclesiástica* II,1,2), que apresenta como irmão do Senhor (com algumas reservas pessoais)[34] e justo, e dele diz que foi o primeiro, conforme a documentação à sua disposição, a quem foi atribuído o trono episcopal da Igreja de Jerusalém. Imediatamente depois, cita dois fragmentos extraídos dos livros 6 e 7 das *Hipotiposes*, de Clemente de Alexandria, uma obra que se perdeu. Conforme a primeira citação, depois da ascensão, Pedro, Tiago (com verossimilhança o filho de Zebedeu) e João, que tinham sido particularmente honrados por Jesus, porquanto tomados à parte para serem, somente eles, testemunhas da ressurreição da filha de Jairo (Mc 5,37-43), da transfiguração (Mc 9,2-10) e da angústia do Getsêmani (Mc 14,33-42), não disputaram entre si a glória do primado que lhes caberia com base nesse tratamento privilegiado por parte de Jesus, mas, de comum acordo, escolheram Tiago o justo como bispo de Jerusalém. O segundo fragmento, porém, afirma que Tiago o justo,

---

que chegaram até nós: as *Homiliae* (em grego) e as *Recognitiones* (em latim e parcialmente em siríaco e armênio); cf. Le roman Pseudo-clémentin: Homélies – Reconnaissances, in: *Ecrits apocryphes chrétiens II*, GEOLTRAIN P.; KAESTLI, J.-D. (org.), Paris, Gallimard, 2005, 1175-2003; no que diz respeito, em especial, ao chamado "documento judeu-cristão" contido em *Recognitiones* I,27-71 e datável alguns decênios antes do escrito básico pseudoclementino, cf. STANLEY JONES, F., *An Ancient Jewish Christian Source on the History of Christianity. Pseudo-Clementine "Recognitions" I,27-71*, Atlanta, Scholars Press, 1995; GIANOTTO, C. (org.), *Ebrei credenti in Gesù*, 599-648.

34. Eusébio exprime as próprias reservas, atenuando as afirmações com expressões como "dito", "chamado" etc. (no caso em questão: *tón toû kyríou legómenon adelphón*); isso provavelmente porque depende da interpretação que da passagem de Mateus 13,54-56, relativo aos irmãos de Jesus, tinha dado Orígenes (*Comentário a Mateus* 10,17), no qual o alexandrino parece acolher a tese do protoevangelho de Tiago (e do evangelho de Pedro), segundo a qual Tiago seria filho de José em um casamento anterior e, portanto, não um verdadeiro irmão de Jesus.

João e Pedro (portanto, não a tríade mencionada no fragmento anterior e dependente dos sinóticos, mas sim a de Gl 2,9) receberam do Senhor, depois da sua ressureição, a gnose (*tén gnôsin*), que, por sua vez, transmitiram aos outros apóstolos. Eusébio volta ao assunto outras vezes e se expressa mais ou menos nos mesmos termos: a Tiago, irmão do Senhor, foi atribuído pelos apóstolos o trono episcopal de Jerusalém (II,23,1); Tiago foi o primeiro a quem coube, depois da ascensão, o trono episcopal de Jerusalém (III,5,2); Tiago foi o primeiro a receber do salvador e dos apóstolos o episcopado da Igreja de Jerusalém (VII,19,1); "Ecclesiae Hierosolymarum primus episcopus ab apostolis ordinatur Iacobus frater Domini" (*Crônica*, p. 175, 24-26 Helm).

Todos os testemunhos referidos por Eusébio, seja quando cita uma fonte precisa, seja quando refere os dados sem indicar sua proveniência, concordam num ponto: Tiago foi o primeiro a exercer a autoridade episcopal em Jerusalém; a esse propósito, é mencionado várias vezes o *thrónos* de Tiago, que seria objeto de veneração em Jerusalém ainda na época de Eusébio (*História eclesiástica* VII,19,1). As divergências se manifestam, porém, sobre dois pontos: sobre o autor (ou os autores) da investidura de Tiago e sobre o momento em que essa investidura ocorreu. A respeito do primeiro ponto, algumas passagens parecem fazer remontar ao próprio ressuscitado a origem da autoridade e da liderança de Tiago (CLEMENTE DE ALEXANDRIA, fr. 2: Tiago, junto com João e Pedro, recebe do ressuscitado a gnose, que transmitirá aos outros apóstolos; *História eclesiástica* VII,19,1: Tiago recebeu do salvador e dos apóstolos o episcopado de Jerusalém); outros mencionam explicitamente os (ou alguns dos) apóstolos (CLEMENTE DE ALEXANDRIA, fr. 1: Pedro, Tiago e João escolhem Tiago o justo como bispo de Jerusalém; na *História eclesiástica* II,23,1 – cf. também VII,19,1 – e na *Crônica* são genericamente os apóstolos que fizeram a escolha); outros ainda não dizem nada a propósito (*História eclesiástica* II,1,2 e III,5,2). Quanto ao momento, porém, duas passagens colocam a investidura de Tiago depois da ascensão (CLEMENTE DE ALEXANDRIA, fr. 1; *História eclesiástica* III,5,2); uma passagem a situa no período entre a ressurreição e a ascensão (CLEMENTE DE ALEXANDRIA, fr. 2, no qual, porém, não se fala de uma verdadeira investidura, mas, antes, da transmissão da gnose); outras passagens não especificam o momento (*História eclesiástica* II,1,2, na qual, porém, o contexto parece levar a pensar num momento depois do martírio de Estêvão; III,23,1; VII,19,1). A variedade dos modos como a investidura de Tiago na direção da Igreja de Jerusalém é descrita nessas passagens faz pensar em modificações feitas pela tradição, por Eusébio ou por suas fontes, na tentativa de distinguir entre os grupos gnósticos que se reportavam a Tiago em função antiapostólica e/ou os grupos que estão por trás das *Pseudoclementinas*. Se se considera verossímil que essa atitude polêmica tenha podido determinar a introdução da mediação apostólica nas tradições relativas à investidura de Tiago[35], então se segue que Eusébio e as suas fontes não deviam conhecer nenhuma tradição segundo a qual o ressuscitado teria autorizado à sua sucessão outros senão Tiago.

O debate sobre a "verdadeira" família de Jesus

Desses testemunhos parece claro que, dos familiares de Jesus, pelo menos Tiago participou, de algum modo, da sua vida pública, juntando-se ao círculo mais estreito dos seus seguidores; seguiu-o em Jerusalém na semana crucial da paixão e, depois de sua morte, foi destinatário de uma aparição. À luz dessas informações, a notícia de Lucas, que vê Maria, a mãe de Jesus, e os seus irmãos unidos aos doze em Jerusalém depois da ascensão e com eles participantes da efusão do espírito em Pentecostes não parece mais tão surpreendente. É difícil avaliar em pormenor a credibilidade dessas informações, tão diferentes do quadro que emerge dos evangelhos e, em parte, também dos Atos dos Apóstolos. Apesar das tensões que normalmente se vêm a criar entre, de um lado, quem, como Jesus, tinha escolhido um estilo de vida radical, que precisamente previa a ruptura dos laços familiares comuns e a subversão das relações sociais habituais em função de uma causa a que se dedicar incondicionalmente, e, de outro, a família de proveniência, pode-se supor que alguns dos familiares de Jesus tivessem pelo menos mantido contato com ele e o círculo mais estreito dos seus seguidores, sem, todavia, a ele se juntar de modo indiferenciado, mas, antes, mantendo uma forte consciência da peculiaridade da própria relação de sangue com o chefe carismático. Desse modo, e levando em conta a enorme importância de que se revestem os laços de sangue dentro das sociedades do mundo antigo, compreende-se como, com a morte de Jesus, eles puderam expor a pretensão de se apresentarem como os verdadeiros herdeiros

---

35. Cf. LÜDEMANN, G., *Paulus, der Heidenapostel*, v. II, 217-222; PAINTER, J., *Just James*, 110-117.

e continuadores da sua causa. Mas Tiago não foi o único dos familiares de Jesus a exercer um papel de guia na primitiva comunidade de Jerusalém. Segundo o testemunho de Eusébio, que cita uma informação de Hegésipo (*História eclesiástica* IV,22,4), depois da morte de Tiago, ocorrida em 62, teria sido eleito bispo de Jerusalém um primo de Jesus, de nome Simeão; Judas, outro irmão de Jesus, é autor da epístola que, sob seu nome, passou a fazer parte do Novo Testamento; ainda segundo Hegésipo, citado por Eusébio (*História eclesiástica* III,19-20,6), ainda sob Domiciano (81-96) sobrinhos de Judas guiavam as igrejas como parentes de Jesus. Essa espécie de "califado"[36], como foi chamado por alguns, que se instituíra na comunidade de Jerusalém, não foi, evidentemente, aceito de bom grado por todos e deu origem a diversas contestações.

Um episódio contado por Marcos (Mc 3,20-21.31-35), no qual os familiares de Jesus procuram trazê-lo à razão, ilustra bem essa tensão. O evangelista constrói o seu relato, incluindo nele um debate com os escribas sobre a origem do poder taumatúrgico de Jesus (Mc 3,22-27), o qual o conclui com uma palavra severa de condenação dos que blasfemam contra o espírito santo (Mc 3,28-29). Os familiares de Jesus aparecem no versículo 22 como convencidos de que ele esteja tomado pela loucura. No contexto cultural em que operava Jesus, a loucura equivalia à possessão diabólica. Desse modo, os familiares de Jesus, bem como os escribas que o acusam de estar possuído por Belzebu, caem sob a maldição pronunciada nos versículos 29-30: para eles não há perdão, porque blasfemaram contra o espírito santo. A reação de Jesus (31-35), que chega a negar qualquer valor aos laços de sangue e aos vínculos de parentesco como critério de pertencimento à sua "verdadeira" família, em nome de um critério superior, o de fazer a vontade de Deus, ilustra bem os termos da questão. Por trás desse relato, literariamente tão bem construído, oculta-se uma competição muito áspera entre dois grupos, que procuram a legitimação de sua autoridade dentro do movimento de Jesus: de um lado, os seus companheiros mais íntimos, que o seguiram em seu radicalismo itinerante, partilhando de seu destino de marginalização; de outro, os seus familiares, que, embora não o tenham seguido durante o seu ministério público (Mc 3,31 ressalta que os parentes de Jesus estão "fora"), pretendem exercer uma autoridade dentro do

---

36. Cf. MEYER, E., *Ursprung und Anfänge des Christentums*, Stuttgart, Cotta, 1921-1923, v. III, 224; GOGUEL, M., *La Naissance du christianisme*, Paris, Payot, 1955, 129-138.

seu movimento depois de ele ter morrido[37]. Os verdadeiros herdeiros de Jesus são os primeiros, não os segundos[38].

Outro exemplo dessa competição pode ser encontrado no debate sobre a descendência davídica de Jesus. Diversas tradições apresentam ou pressupõem a descendência davídica de Jesus: a menção da "estirpe de Davi" numa antiga confissão de fé, referida por Paulo em Romanos 1,3-4; as "genealogias" de Jesus de Mateus 1,1-17 e Lucas 3,23-38; a localização em Belém, cidade de Davi, do nascimento de Jesus (Mt 2,1-18; Lc 1-2; Jo 7,42); as aclamações de Jesus como "filho de Davi" (Mc 10,47-48; Mt 9,27; 15,22; 20,30-31; 21,9-15; Lc 18,38-39). É verossímil pensar que essas tradições tenham se formado e afirmado em ambientes próximos de Tiago e dos familiares de Jesus. Com efeito, a existência de uma ligação de descendência entre o antigo rei de Israel e Jesus, além de legitimar a pretensão messiânica desse último, reforçava também a autoridade de Tiago, o qual, em virtude dos laços de parentesco com Jesus, podia reivindicar também para si mesmo o prestígio que provinha de um antepassado tão ilustre. Ora, uma anedota referida pelos sinóticos demonstra que também a descendência davídica de Jesus era posta em discussão por alguns (Mc 12,35-37; Mt 22,41-46; Lc 20,41-44) e é o próprio Jesus, com efeito, que, fazendo referência ao Salmo 110,1, contesta que o messias possa ser filho de Davi.

A comunidade de Jerusalém

Sobre a situação da comunidade de Jerusalém dirigida por Tiago sabemos muito pouco. A representação lucana da vida dessa comunidade que lemos nas "sínteses" ou "sumários" dos primeiros capítulos dos Atos dos Apóstolos (a fidelidade à pregação dos apóstolos; a intensa vida comunitária; a comunhão dos bens, a piedade profunda, que se realiza na assídua frequentação do Templo) é, em boa parte, uma reconstrução idealizada e, sob certos aspectos anacrônica, porquanto parece refletir as experiências do autor, que

---

37. Cf. SCHENKE, L., *Die Urgemeinde*, 242-243; VOUGA, F., *Il cristianesimo delle origini*, 68-71; TROCMÉ, E., *Les premières communautés*, 73-78.

38. As passagens paralelas em Mateus e em Lucas procuram evitar a impressão de um conflito ou, ao menos, diluí-lo. Em Mateus 12,46-50 o episódio torna-se um ensinamento sobre a necessidade de cumprir a vontade de Deus; em Lucas 8,19-21, transforma-se num discurso edificante sobre a necessidade de ouvir a palavra de Deus.

escreve alguns decênios mais tarde e mostra ter bastante familiaridade com a situação das comunidades de tipo paulino. Alguns traços, todavia, podem ser reconstruídos com certa verossimilhança, sobretudo quando se podem cruzar os testemunhos de fontes diferentes. A comunidade primitiva de Jerusalém, guiada por Tiago, irmão do Senhor, era certamente fiel às tradições do judaísmo e observava a lei. A narrativa dos Atos dos Apóstolos indica de modo claro que frequentava assiduamente o Templo (At 2,46: frequência diária do santuário; 3,1-26: cura de um doente no Templo e discurso de Pedro; 5,12.42: encontro sob o pórtico de Salomão; 5,21: os apóstolos ensinam no Templo; 21,23-26: quatro membros da comunidade fizeram voto de nazireado temporário e se purificam no Templo) e levava uma vida particularmente piedosa e devota. Essa particular ligação da comunidade de Jerusalém com o culto do Templo é ressaltada também por fontes mais tardias. Na informação de Hegésipo, referida por Eusébio (*História eclesiástica* II,23,6), Tiago é apresentado como o modelo do sacerdote ideal, o qual, só ele, pode entrar no Santo dos santos e interceder pelo povo; além disso, os relatos cristãos da morte de Tiago (HEGÉSIPO; *Apocalipse de Tiago* [NHC V,4]; *Recognitiones* I,66-70) colocam, todos eles, o evento no Templo, e o chamado "documento judeu-cristão" de *Recognitiones* I,27-71 apresenta o Templo como o lugar privilegiado da atividade missionária de Tiago e dos apóstolos. Em Atos dos Apóstolos 21,20, os cristãos de Jerusalém fazem notar a Paulo, que viera à cidade para entregar a Tiago a "coleta" para os pobres, que os judeus que creem em Cristo são muito numerosos e cheios de zelo pela lei, e o convidam a dissipar os boatos difamatórios que circulam a seu respeito, demonstrando com um gesto concreto ser ele um observante da lei. Enfim, também o epíteto de "justo", que a tradição atribui a Tiago (cf. a citação tirada do evangelho dos hebreus em JERÔNIMO, *Os homens ilustres* 2; EUSÉBIO, *História eclesiástica* II,1,2-5), parece pressupor a piedade e o particular zelo na observância da lei do chefe da comunidade de Jerusalém[39].

A frequentação do Templo comportava a observância de particulares normas de pureza ritual, sem as quais não seria possível participar do culto;

---

39. Cf. HENGEL, M., Jakobus der Herrenbruder – der erste "Papst"?, in: GRÄSSER, E.; MERK, O. (ed.), *Glaube und Eschatologie: Festschrift für W. G. Kümmel zum 80, Geburtstag*, Tübingen, Mohr, 1985, 71-104, em especial 80.

a essas normas atinha-se, evidentemente, a comunidade de Jerusalém, bem como os outros judeus. Que a observância de normas de pureza que permitiam o acesso ao Templo e ao culto compreendesse também normas alimentares se deduz indiretamente do episódio da visão de Pedro em Jope (At 11,1-18), cuja função é precisamente a de legitimar a superação das restrições alimentares previstas pela lei mosaica com base numa intervenção extraordinária do espírito de Deus. Que Tiago partilhasse dessa posição de fidelidade à observância da lei deduz-se claramente de uma passagem da carta que leva o seu nome (Tg 2,10-11) e que, embora com muita verossimilhança não tenha sido escrita pessoalmente por ele, reflete bem, todavia, o tipo de mentalidade, muito ligada ao patrimônio religioso tradicional do judaísmo, representado por Tiago e pela comunidade de Jerusalém[40].

No que diz respeito à condução da comunidade, Tiago estava cercado por um grupo de anciãos, segundo um modelo muito difundido no judaísmo da época (cf. também At 6,12). Tiago devia ser o primeiro no grupo dos anciãos, assim como Pedro o era no grupo dos doze, Estêvão no grupo dos sete (At 6,1-7), Barnabé no grupo dos cinco (At 13). Esses anciãos aparecem pela primeira vez em Atos dos Apóstolos 11,30, quando recebem de uma delegação de Antioquia o dinheiro recolhido para socorrer a comunidade de Jerusalém. Eles reaparecem no chamado concílio de Jerusalém (At 15,4.6.22) e são signatários, junto com Tiago, da carta que é endereçada às comunidades da Síria e da Cilícia (At 15,23). Esse fato atesta que Tiago e o grupo dos anciãos não se limitavam a guiar a comunidade de Jerusalém, mas exerciam uma autoridade e uma influência determinante também sobre comunidades e grupos constituídos fora da cidade santa; isso faz supor que também a comunidade de Jerusalém exercera e continuava a exercer uma função missionária. No que diz respeito aos desenvolvimentos da reflexão sobre o papel e a função de Jesus, pode estar unida ao *entourage* de Tiago e à primitiva comunidade de Jerusalém a apresentação de Jesus como profeta e porta-voz de Deus, também como seu messias, como encontramos atestado no chamado "documento judeu-cristão"

---

40. O fato de não haver na carta referências à observância das normas de pureza não prejudica a credibilidade da hipótese; cf. as argumentações em BROWN, R. E., *An Introduction to the New Testament*, New York, Doubleday, 1997, 739; cf. também MCKNIGHT, S., A Parting within the Way: Jesus and James on Israel and Purity, in: CHILTON, B.; EVANS, C. A. (ed.), *James the Just and Christian Origins*, 82-129, em especial 117-125.

contido nas *Recognitiones* I,27-71 e, também, no chamado "escrito de base" das *Pseudoclementinas*. Além disso, é provável que se possa ligar à comunidade de Jerusalém guiada por Tiago também o chamado relato pré-marcano da paixão, que está na base do relato de Marcos e dos outros dois sinóticos, sem explicar ainda, porém, como mais tarde eles farão, o valor salvífico da morte de Jesus pelos pecados dos homens[41].

Os "helenistas" e a comunidade de Antioquia

Importantes mudanças cheias de consequências para o movimento de Jesus na terra de Israel teve a agregação de membros provenientes do judaísmo da diáspora. A esse propósito, deve-se lembrar que a cidade de Jerusalém, sobretudo por ocasião das grandes festas religiosas, era destino de numerosíssimos peregrinos, provenientes não só da terra de Israel, mas também de toda a diáspora e em particular das grandes cidades helenísticas do Mediterrâneo, segundo o que é previsto pela lei[42]. É difícil estabelecer em que medida os judeus da diáspora, sobretudo os que residiam em países muito distantes, podiam cumprir essa exigência; é certo que essa prescrição movia, por ocasião das grandes festas, enormes massas que confluíam de todas as partes em direção à cidade de Jerusalém e multiplicavam várias vezes, pelo menos temporariamente, a população. Além dessas visitas ocasionais, é verossímil que alguns dos judeus da diáspora, aqueles que por suas atividades ou por outras razões tinham essa possibilidade, retornassem periodicamente a Jerusalém e, portanto, pudessem estabelecer com quem residia na cidade relações mais ou menos estreitas; outros ainda, deviam ter fixado na cidade santa sua residência permanente. Segundo Lucas, essa ampliação do grupo primitivo dos discípulos de Jesus teria ocorrido desde o início, como se conclui do relato da efusão

---

41. Cf. PENNA, R., *I ritratti originali di Gesù il Cristo*, v. II, 14-26; Id., Cristologia senza morte redentrice: un filone di pensiero del giudeocristianesimo più antico, in: FILORANO, G.; GIANOTTO, C. (org.), *Verus Israel. Nuove prospettive sul giudeocristianesimo. Atti del Colloquio di Torino, 4-5 novembre 1999*, Brescia, Paideia, 2000, 68-94, em especial 81-84.

42. A lei previa (Ex 23,14-19; Dt 16,9-17) que todos os adultos de sexo masculino levassem ao Templo de Jerusalém, três vezes ao ano, por ocasião das grandes festas dos Ázimos (= Páscoa, na primavera), das Semanas (por ocasião da colheita, no verão; no cristianismo, essa festa tornar-se-á Pentecostes) e das Tendas (festa da colheita, no outono).

do espírito sobre os numerosos peregrinos que da diáspora tinham vindo a Jerusalém, por ocasião da festa de Pentecostes (At 2). É possível que alguns desses judeus da diáspora tivessem ouvido falar de Jesus e das suas ideias já do tempo de suas passagens por Jerusalém e, em particular, de sua subida à cidade santa por ocasião das festas da Páscoa, durante as quais fora condenado à morte; outros poderiam ter entrado em contato com os grupos de seguidores de Jesus que mais tarde ficaram morando na cidade. Em todo caso, tratava-se de pessoas que não tinham seguido Jesus durante o seu ministério público na Galileia nem tinham dado, como simpatizantes não itinerantes, suporte logístico e assistência a ele e a seus seguidores; eles tinham, sim, aderido ao movimento num segundo momento, em geral depois do desaparecimento do chefe carismático. Era inevitável que a integração desses novos membros, com a bagagem de ideias, competências e sensibilidades diversas que carregavam, modificasse os equilíbrios do movimento e aumentasse também sua articulação e complexidade. Nessa nova situação, não tardaram a se manifestar algumas tensões e atritos entre os vários grupos que se ligavam a Jesus, tensões que levaram a conflitos e rupturas.

Lucas, em Atos dos Apóstolos 6, distingue na primitiva comunidade de Jerusalém dois grupos, que chama de hebreus (*hebraîoi*) e helenistas (*hellenistaí*). Discutiu-se muito sobre os pontos de referência históricos dessas duas denominações utilizadas por Lucas[43]; todavia, é provável que essa distinção – que se refere, sem dúvida, aos seguidores de Jesus dentro do mundo hebraico, uma vez que o anúncio aos pagãos não tinha ainda começado – aludisse, entre outras coisas, também à predominante diversidade de línguas (o aramaico para uns, o grego para outros) e de origem (a terra de Israel para uns, a diáspora helenística para outros). Entre os dois grupos nasce um conflito que leva, primeiro, a uma separação (instituição dos "sete", responsáveis pelo grupo dos helenistas, em contraposição aos doze, responsáveis pelo grupo dos judeus: At 6,1-7) e, depois, a uma expulsão dos helenistas de Jerusalém (At 8,1-4). As motivações adotadas por Lucas (queixas pelas ineficiências do serviço de assistência às viúvas: At 6,1) são fictícias e a divisão das tarefas sobre a qual

---

43. Cf., por exemplo, HILL, C. C., *Hellenists and Hebrews. Reappraising Division within the Earliest Church*, Minneapolis, Fortress Press, 1992; BODINGER, M., Les "Hébreux" et les "Hellénistes" dans le livre des "Actes des apôtres", *Henoch*, v. 19 (1997) 39-58.

se chega a um acordo (os sete deveriam se ocupar do serviço assistencial às viúvas, abandonado pelos doze, para deixar a esses últimos uma mais ampla disponibilidade para o serviço da palavra: At 6,2) está em evidente contradição com o que se afirma mais adiante (At 8 relata a atividade missionária de um helenista, Filipe, que, na Samaria, leva muitos ao batismo). Não é verossímil que os sete fossem simples assistentes sociais, que cuidavam das viúvas; antes, eles representavam um grupo particular dentro do movimento de Jesus, com língua, cultura e tradições próprias. Com base na apresentação que a respeito faz Lucas nos Atos dos Apóstolos, não é possível reconstituir de modo preciso a gênese e a evolução das suas ideias; todavia, cruzando os dados com outras fontes, consegue-se compor esse quadro, pelo menos em grandes linhas.

Os helenistas elaboraram um conceito novo da morte e da ressurreição de Jesus, o qual terá depois plena expressão em Paulo e terá consequências importantes sobre a interpretação da função salvífica da lei e do Templo. Lucas põe na boca de Estêvão, um dos helenistas, um discurso crítico em relação ao Templo, pronunciado pouco antes de ser lapidado (At 7,1-53). Segundo os seus acusadores, Estêvão teria anunciado a dissolução (*katalýsei*) do Templo e a modificação (*halláxei*) dos mandamentos de Moisés por parte de Jesus no tempo escatológico (At 6,13-14), discurso que foi percebido pelo auditório judaico como blasfemo e foi sancionado com a lapidação. O tema do Templo não construído por mãos do homem, a que Estêvão faz referência no seu discurso (At 7,48-50), era bastante comum no judaísmo da época. A ideia de que, nos últimos tempos, o Templo de Jerusalém seria substituído por uma nova morada está presente em numerosos textos (*1 Henoc [Livro dos sonhos]* 90,28-29; *Jub.* 1,15-18; *Test. Ben.* 9,2; *11 Q Templo* 29,8-10; *Oráculos Sibilinos* 5,414-433). Em alguns escritos, porém, fala-se de um Templo e de um culto celestes (*1 Henoc [Livro dos vigilantes]* 14,10-20; *Test. Levi* 3,1-10; *4 Q Cantos do holocausto do sábado*), que remetem à ideia segundo a qual o Templo de Jerusalém fora construído com base no modelo do que fora mostrado a Moisés ou a Salomão (Ex 25,4; 1Cr 28,19). Segundo essa concepção, o verdadeiro Templo é o Templo celeste, não a sua reprodução terrena. Com base nesse pressuposto, Fílon pôde interpretar alegoricamente o Templo de Jerusalém como a contraparte terrena de realidades espirituais, éticas ou escatológicas (cf. *Mos.* 2,74-76.97-99; *Somn.* I,215; II,231; *Quod det.* 160-161; *Cher.* 27-28). Paralelamente, foram se desdobrando no judaísmo especulações sobre algumas figuras mediatrizes, como a do filho do homem (*1 Henoc [Livro das parábolas]* 45-57) ou da Sabedoria

(Pr 3,19; 8,22-31; Sr 24,3-21; Sb 9,9), às quais era reconhecido um caráter super-humano[44]. É difícil reconstruir de modo preciso e detalhado a gênese da nova cristologia que vai sendo elaborada nos ambientes dos helenistas. É, todavia, sobre o pano de fundo dessas especulações e mediante o recurso a diversos instrumentos linguísticos e conceituais, como o resgate dos escravizados (cf. 1Cor 6,20; 7,23; Gl 3,13; 4,15; Mc 10,45), o rito da expiação (Lv 16; cf. Rm 3,25), a nova aliança (Jr 31,31; cf. 1Cor 11,25), o servo sofredor (Is 53), o mártir (2Mc 7,37-38; 4Mc 1,11; 6,28-29; 17,21-22) que eles chegam a interpretar a morte de Jesus como um evento escatológico único e irrepetível, que produz a remissão dos pecados (cf. 1Cor 15,3: "Cristo morreu por nossos pecados"; Rm 5,8; 1Ts 5,10: "Cristo morto por nós"; Rm 4,25: "Jesus, nosso Senhor, entregue por nossas faltas e ressuscitado para nossa justificação"; Gl 1,4: "O Senhor Jesus Cristo, que se entregou por nossos pecados")[45]. Isso representa uma verdadeira novidade na reflexão teológica sobre o sentido da vida de Jesus, porque, pela primeira vez, atribui um valor salvífico à sua morte, a qual, ao se tornar um evento escatológico único e irrepetível, comporta uma contravolta radical na história da salvação. Após esse evento, o velho Templo, construído por mãos humanas, perde a sua função e se dissolve a favor da sua contraparte celeste, que, nesse caso, na linha da interpretação alegórica, abundantemente atestada por Fílon, torna-se o redentor glorioso Jesus (cf. Mc 14,58; Jo 2,19-21). Nessa perspectiva, o discurso soteriológico acaba por se exaurir no cristológico e a figura redentora de Jesus tende progressivamente a deslegitimar as outras instâncias mediadoras da salvação próprias do judaísmo: o Templo e a lei. O discurso de Estêvão, retomando o tema do Templo não feito por mãos do homem (At 7,48-50), já põe potencialmente em discussão a função mediadora do santuário de Jerusalém e do sacerdócio que ali oficiava; reconhece, ao contrário, uma função positiva à lei, e acusa os judeus, que estão para enviá-lo injustamente à morte, como antes tinham feito em relação ao justo Jesus, de não a pôr em prática (At 7,51-53). Na perspectiva dos helenistas, a lei mosaica não perde o seu valor; antes, tende a ser radicalizada nas suas exigências éticas,

---

44. Cf. SCHENKE, L., *Die Urgemeinde*, 55-65 e 147-156; SACCHI, P., *L'apocalittica giudaica*, 206-219; CHIALÀ, S., *Il libro delle parabole di Enoc*, Brescia, Paideia, 1997.

45. Cf. FUSCO, V., *Le prime comunità cristiane*, 47-122 e 198-214; VOUGA, F., *Il cristianesimo delle origini*, 47-52; PENNA, R., *I ritratti originali di Gesù il Cristo*, v. II, 140-148.

na esteira do ensinamento e da autoridade de Jesus (cf. Mc 2,15-28; 7,1-23)[46]. Para uma formulação mais completa, nessa mesma perspectiva, do discurso crítico sobre a lei como instância de salvação, será preciso aguardar por Paulo. É fácil entender por que essa nova interpretação da morte redentora de Jesus, com as críticas às duas principais instituições judaicas, o Templo e a lei, que ela comportava, podia ser considerada blasfema e suscitar reações até violentas nos ambientes judaicos. Tensões e contrastes não menos violentos, todavia, ela deve ter provocado também dentro do movimento de Jesus, sobretudo no grupo de Tiago, que permanecia, porém, firmemente ligado à fidelidade à lei e ao culto do Templo, considerados como instâncias salvíficas plenamente eficazes. Sob o ponto de vista de Tiago e dos seus, se se reconhecia uma função salvífica ao personagem Jesus, ela não podia senão ser complementar, e não substitutiva, da do Templo e da lei.

Lucas apresenta o episódio da lapidação de Estêvão, à qual faz Paulo estar presente em atitude de aprovação (At 8,1), como um sintoma de uma tensão maior, no contexto da cidade de Jerusalém, entre alguns membros do movimento de Jesus, os helenistas, e as autoridades judaicas; tensão que desemboca, ainda segundo a representação lucana, numa verdadeira perseguição (*diogmós*), com a consequente fuga da cidade e dispersão do grupo dos helenistas[47]. Na perspectiva dos Atos dos Apóstolos, esse episódio representa uma reviravolta capital: o anúncio do evangelho de Jesus deixa Jerusalém, para se difundir fora da terra de Israel, antes aos samaritanos (At 8,5-40: atividade do apóstolo Filipe) e depois também aos gentios (*tá éthnê*, cf. At 10: Pedro na casa do centurião Cornélio, mediante uma visão e intervenção do espírito, legitima o batismo aos pagãos). Por trás da trama do relato lucano, dobrado, obviamente, às exigências de um preciso projeto teológico, o historiador pode, todavia, registrar alguns dados importantes. O grupo originário dos pregadores e missionários itinerantes, representado em particular pelo grupo dos doze, exaure progressivamente a própria atividade. Os grandes protagonistas da primeira hora, porém, não desaparecerão da cena; pouco a pouco,

---

46. Cf. THEISSEN, G.; MERZ, A., *Il Gesù storico*, capítulo 12: *Gesù maestro: l'etica di Gesù*, 429-495; VOUGA, F., *Il cristianesimo delle origini*, 60-62.

47. Essa perseguição não atinge, porém, os "apóstolos" (At 8,1), termo que alude, com toda probabilidade, a outro grupo da "Igreja de Jerusalém", quer dizer, o dos judeus (At 6,1), que, por sua vez, pode ser identificado no grupo de Tiago, irmão do Senhor.

tornar-se-ão personagens legendários e passarão a fazer parte do mito fundador das origens. Mas o impulso missionário não se exaure; em lugar deles vêm os helenistas, com sua particular sensibilidade e suas ideias novas: o anúncio do evangelho se difunde também fora da terra de Israel e se dirige também aos não judeus.

A missão dos helenistas chega rapidamente às cidades da diáspora. Sabemos pelo relato de Lucas que uma base importante dessa missão se constituiu em Antioquia (At 11,19-26). Capital da província da Síria e da Cilícia, a cidade era um importante centro econômico e comercial, além de administrativo e militar, do império romano. A sua população, muito numerosa (tratava-se da terceira maior cidade do império por dimensões, depois de Roma e de Alexandria), compreendia, além dos locais, uma densa comunidade judaica. Pela primeira vez, o movimento de Jesus entrava em contato com uma cidade cosmopolita, onde os judeus representavam uma minoria. Diferentemente do que poderia ocorrer numa cidade como Jerusalém, as relações dos judeus com os outros componentes étnicos da cidade deviam ser muito estreitas; sabemos, com efeito, que, em torno das numerosas sinagogas, movia-se um farto número de simpatizantes que, embora sem aderir de modo pleno ao judaísmo e às suas observâncias, era atraído, todavia, pela sua concepção monoteísta da divindade, pelos seus ideais éticos, pela renomada eficácia de certas práticas religiosas suas[48]. Não é de espantar que, num contexto como esse, o anúncio dos helenistas pudesse se voltar também para os pagãos (At 11,19-20)[49]. Decerto, o simples concurso de circunstâncias exteriores favoráveis não bastaria para explicar uma reviravolta tão importante no desenvolvimento do anúncio missionário do evangelho; mas a nova interpretação em sentido salvífico da morte de Jesus, elaborada pelos helenistas, dava a essa contravolta o fundamento e a legitimação necessários. O tema da salvação das nações tinha um espaço próprio na tradição judaica precisamente no contexto dos eventos dos últimos tempos (cf., por exemplo, o motivo da peregrinação escatológica do povo ao monte Sião, caro à tradição profética: Is 2,1-5; 25,6-10; 56,6-8; 60,11-14). Com esse pano de fundo, a eficácia salvífica da morte de Jesus, entendida como evento único e irrepetível, que opera a remissão dos pecados, não podia,

---

48. Cf. WANDER, B., *Timorati di Dio e simpatizzanti. Studio sull'ambiente pagano delle sinagoghe della diaspora*, Cinisello Balsamo, San Paolo, 2002.

49. Cf. FUSCO, V., *Le prime comunità cristiane*, 198-219.

na perspectiva dos helenistas, ficar restrita ao ambiente do povo hebraico; na morte redentora de Jesus tinha se realizado a reconciliação escatológica de todos os homens com Deus.

Uma figura importante da comunidade de Antioquia foi Barnabé, um personagem que Lucas tinha já introduzido ao falar da primitiva comunidade de Jerusalém (At 4,36-37). Foi ele que levou Paulo a Antioquia (At 11,25), dando-lhe ocasião de partilhar a nova aventura do anúncio aos pagãos, empreendida por aquela comunidade. A nova situação que se criara a seguir à missão dos helenistas comportou também novos problemas. Não faltaram os motivos de atrito com outros grupos dentro do movimento de Jesus, especialmente com o grupo de Tiago, com o qual a tensão já era aguda devido às diversas interpretações do papel salvífico de Jesus em relação ao da lei e do Templo. A prática da comunidade antioquena era a de acolher os pagãos, mediante o batismo, no grupo dos seguidores de Jesus, sem os obrigar a se tornarem antes judeus, ou seja, na prática, sem exigir que se fizessem circuncidar. O acolhimento de pagãos incircuncisos entre os seguidores de Jesus, os quais, até aquele momento, eram judeus praticamente todos e continuavam, de diferentes formas e graus, apesar das tensões e conflitos, a se reconhecerem na tradição religiosa do judaísmo, devia pôr não poucos problemas de convivência, pois o judeu observante era obrigado, por razões de pureza ritual, a adotar particulares meios de tipo limitativo na sua relação com os não judeus. Na comunidade de Antioquia, esses problemas foram bem resolvidos, sem que fosse necessário recorrer a diretivas oficiais e a formais tomadas de posição. Com o tempo, porém, o conflito se aguçou e para resolver as dificuldades foi necessária uma discussão formal do problema entre representantes da comunidade de Antioquia e os da comunidade mãe de Jerusalém.

O concílio de Jerusalém

Nos Atos dos Apóstolos, o relato da missão dos helenistas e da fundação da Igreja de Antioquia é seguido pelo relato de nove medidas repressivas opostas aos seguidores de Jesus da comunidade de Jerusalém; dessa vez, tais medidas envolvem não mais o grupo dos helenistas, mas o dos "apóstolos" e, em particular, Tiago de Zebedeu e Pedro, que acompanhavam Tiago, irmão do Senhor, na direção da comunidade. Em 42, Herodes Agripa I, rei da Judeia e da Samaria, faz condenar à morte Tiago de Zebedeu (At 12,1-2) e, depois, prender Pedro. Embora não sejam explicitadas as motivações desses dois atos, é claro que eles indicam um aguçamento da tensão e do conflito entre o grupo dos seguidores de Jesus e outros grupos judaicos em Jerusalém. Pedro consegue escapar à detenção e deixa a cidade para ir a uma localidade não muito bem definida (At 12,17); reaparecerá, junto com Tiago, irmão do Senhor, justamente por ocasião do chamado concílio de Jerusalém, para discutir com os delegados antioquenos o espinhoso problema da circuncisão dos convertidos provenientes da gentilidade. Uma proposta verossímil de reconstrução dos acontecimentos pressupõe que Atos dos Apóstolos 15 se refira a dois fatos distintos: o exame do quesito relativo à circuncisão dos convertidos de origem gentia, submetido pelos enviados de Antioquia, de um lado, e a formulação do chamado decreto apostólico com as suas quatro cláusulas, de outro[50].

Como se disse, a controvérsia nasceu em Antioquia na segunda metade dos anos quarenta. O início foi dado pela exigência, proposta por alguns, provenientes da Judeia, de submeter à circuncisão os convertidos de origem gentia (At 15,1). A prática missionária da comunidade antioquena fora, até então, a de acolher os convertidos da gentilidade sem impor a circuncisão e, portanto, Paulo e Barnabé, responsáveis pela missão, se recusaram a dar curso à exigência. Como não se conseguiu dirimir a controvérsia localmente, decidiu-se enviar uma delegação a Jerusalém, com representantes das duas partes, para submeter o caso aos responsáveis da Igreja-mãe. Lá se chegou a um acordo de compromisso, que previa, de um lado, o reconhecimento, por parte do grupo dirigente da comunidade de Jerusalém, da legitimidade da missão paulina às gentes sem a imposição da circuncisão e, de outro, o reconhecimento, por parte de Paulo e de Barnabé, da legitimidade da missão petrina aos judeus com a manutenção das observâncias (cf. Gl 2,9). Não se tratava, portanto, de uma rígida divisão dos setores de intervenção, no sentido de que Paulo e Barnabé teriam a exclusividade da missão aos pagãos e Tiago, Pedro e João da missão aos judeus, mas, antes, do reconhecimento da existência de dois tipos de missão, com características e modalidades diferentes[51]. Para selar o acordo e em sinal

---

50. Cf., entre os estudos mais recentes, WEHNERT, J., *Die Reinheit des "christlichen Gottesvolkes" aus Juden und Heiden. Studien zum historischen und theologischen Hintergrund des sogenannten Apostelldekrets*, Göttingen, Vandenhoeck und Ruprecht, 1997.

51. Cf. GOULDER, M., *Le due missioni: Pietro e Paolo*, Torino, Claudiana, 2006.

de respeito, Paulo e Barnabé prometeram prover aos pobres da Igreja-mãe com uma coleta de dinheiro nas comunidades deles (Gl 2,10).

O compromisso não tardou a revelar a sua fragilidade, porque as duas partes tinham entendido de modo diferente suas implicações. Paulo interpretou o acordo como uma aprovação sem reservas ao seu "evangelho", que ele considerava ter explicado com clareza a seus interlocutores (Gl 2,2) e que previa não apenas a dispensa da circuncisão para os convertidos vindos da gentilidade, mas a liberdade dos vínculos da lei mosaica para todos os crentes em Jesus, seja de origem gentia, seja de origem judaica. Tiago e os seus, porém, entenderam as coisas de modo bem diferente. O problema sobre o qual tinham discutido e deliberado em Jerusalém era preciso e limitado: tratava-se de estabelecer se era necessário ou não impor a circuncisão aos convertidos de origem gentia. O problema das relações entre os seguidores de Jesus das duas proveniências não estava na ordem do dia e o consenso dado por Tiago à posição de Paulo e de Barnabé estava estritamente circunscrito ao tema em questão. A facilidade com que Tiago e os seus aderiram às exigências de Paulo é facilmente compreensível se colocada no contexto dos debates dentro do judaísmo da época sobre o problema análogo dos prosélitos, a propósito dos quais, por exemplo, entre os rabinos se discutia se eles teriam necessariamente de ser submetidos também à circuncisão ou se era suficiente, no caso deles, o banho purificador[52]. Mas, para Tiago e a comunidade de Jerusalém, diferentemente do que para Paulo, a obrigação para todo judeu que tivesse aderido à fé em Jesus Cristo de continuar a observar os preceitos da lei mosaica não era absolutamente posto em dúvida. Aquilo sobre o que se podia discutir e encontrar um compromisso eram as condições de ingresso dos convertidos da gentilidade, não a fidelidade às observâncias por parte dos judeus, os quais permaneciam tais, mesmo depois da conversão. O chamado incidente de Antioquia (Gl 2,11-21) ilustra bem o mal-entendido que deve ter havido quanto à interpretação do acordo de Jerusalém. Pedro, num primeiro momento, aderiu à interpretação de Paulo e, consequentemente, não tinha dificuldade de dividir a mesa com os

---

52. Cf. HALL, R. G., Circumcision, in: *The Anchor Bible Dictionary*, 6 v., New York, Doubleday, 1992, v. I, 1025-1031; MIMOUNI, S. C., Aux origines du rituel d'adhésion au mouvement chrétien, in: VANNIER, M.-A. et al. (ed.), *Anthropos laïkos. Mélanges Alexandre Faivre à l'occasion de ses 30 ans d'enseignement*, Freiburg, Editions Universitaires, 2000, 179-190.

convertidos não circuncisos; mas quando chegaram a Jerusalém os representantes de Tiago, voltou atrás e se alinhou com as posições desses últimos, arrastando consigo também Barnabé. Paulo protestou inutilmente e prosseguiu sozinho pelo seu caminho. O problema fundamental viera à luz e as divergências entre a posição de Paulo e a de Tiago revelaram-se bem mais profundas do que, ilusoriamente, tinha feito pensar o acordo de Jerusalém. Não se tratava mais de uma disputa sobre o modo de entender a missão às gentes, mas de duas diferentes concepções do modo de aderir ao movimento de Jesus.

Entretanto, também a Igreja de Jerusalém ia estendendo cada vez mais a sua zona de influência e tinha também ela começado, provavelmente com Pedro, uma missão entre os não judeus. Nesse momento, o problema mais premente não era mais o enfrentado algum tempo antes com Paulo em Jerusalém sobre as condições de ingresso a ser imposto aos convertidos da gentilidade, mas o das relações entre cristãos de origem judaica e cristãos de origem gentia nas comunidades mistas. No que diz respeito ao primeiro problema, ativeram-se ao acordo estipulado com Paulo: a circuncisão não era necessária para os convertidos provindos da gentilidade; quanto ao segundo, porém, decidiu-se exigir dos convertidos provindos da gentilidade a observância de algumas normas mínimas de pureza, calcadas nas impostas no Israel antigo aos estrangeiros residentes (*gerym*), que permitissem a convivência dos cristãos das duas proveniências nas comunidades mistas. É esse o chamado decreto apostólico, enviado aos cristãos de origem gentia das Igrejas de Antioquia, Síria e Cilícia, por Tiago e pela Igreja de Jerusalém, o qual compreende, como se sabe, quatro exigências de abstenção: das carnes sacrificadas aos ídolos (*eidolothýtôn*; cf. Lv 17,3-7), do sangue (*haímatos*; cf. Lv 17,10-12), do sufocado (*pniktôn*; cf. Lv 17,13-16), da *porneía* (cf. Lv 18,6-23), que têm todas um paralelo em análogas normas, vinculantes também para os *gerym*, relacionadas em Levítico 17–18[53].

Os testemunhos da aplicação do decreto apostólico no âmbito da missão do grupo de Tiago e de Pedro aos pagãos vêm-nos sobretudo das *Pseudoclementinas* (*Homiliae* 7,4,2; 7,8,1-2; 8,19,1; *Recognitiones* IV,36,4)[54]. Os conceitos e as ideias próprias de Tiago e da comunidade de Jerusalém que emergem dessa reconstrução dos fatos e das fontes que a documentam apresentam algumas

---

53. Cf. WEHNERT, J., *Die Reinheit*, 209-238.
54. Para um exame dos outros testemunhos antigos, cf. ibid., 187-208.

características peculiares. O povo dos crentes em Jesus Cristo apresenta dois componentes: um judaico, que continua na observância dos preceitos da lei mosaica, e um gentílico, que dela é em parte desobrigada. Ambos os componentes mantêm sua identidade, embora na comunhão da fé em Jesus Cristo e na convivência fraterna. O modelo poderia ser procurado na concepção da salvação escatológica dos povos (não judeus) pela mediação de Israel, como está expressa pelos profetas (cf. Is 2,1-5; 25,6-10; 56,6-8; 60,11-14). Se a prática da lei, embora em diferentes medidas, é uma obrigação para ambos os componentes, isso significa que a ela se reconhece um valor, tendo em vista a consecução da salvação. A obra salvífica de Jesus, portanto, não substitui a lei, mas lhe é complementar. Como se pode facilmente constatar, essa concepção do pertencimento ao grupo dos seguidores de Jesus é muito diferente da de Paulo; antes, sob certos aspectos, a ela se contrapõe polemicamente. E a contraposição a Paulo será mais tarde uma das características de muitos grupos de seguidores de Jesus provenientes do judaísmo.

No livro dos Atos dos Apóstolos, a figura de Tiago é mencionada pela última vez no capítulo 21, por ocasião da terceira visita de Paulo a Jerusalém. O objetivo dessa visita era o de entregar pessoalmente o dinheiro recolhido para os pobres daquela comunidade (cf. 1Cor 16,2-3; Rm 15,25-26.30-31). Lucas, todavia, não faz menção da coleta de Paulo no seu relato, salvo em Atos dos Apóstolos 24,17 (onde é o próprio Paulo que fala), e isso levou alguns a pensarem que o dinheiro tivesse sido recusado pela comunidade de Jerusalém[55]. A suspeita e a hostilidade em relação a Paulo tinham produzido uma ferida muito profunda, difícil de fechar. De nada valeram os esforços de Paulo, a sua disponibilidade em se unir a quatro outros homens que tinham feito um voto, provavelmente de nazireado temporário, em se submeter a todos os ritos de purificação e em arcar com os custos seus e dos outros. Os boatos que circulavam a respeito dele acusavam-no de instigar os judeus a abandonar a lei e a não fazer mais circuncidar os meninos: outra prova de que os contrastes não versavam tanto, como talvez no início, sobre o problema da missão entre os gentios e sobre os requisitos para o ingresso a ser exigido desses últimos, mas sobre a necessidade de os seguidores de Jesus de origem judaica permanecerem fiéis às observâncias, que Tiago e a comunidade de Jerusalém julgavam ser um

---

55. Cf., por exemplo, LÜDEMANN, G., *Paulus, der Heidenapostel*, v. II, 94-102.

pressuposto irrenunciável. Quando Paulo foi preso no Templo e depois levado pela autoridade romana, ninguém da comunidade de Jerusalém moveu um dedo em seu favor e ele foi abandonado à própria sorte.

A vida das primeiras comunidades dos seguidores de Jesus

O nome

O movimento de Jesus, como se viu, foi, desde o início, um movimento plural, no sentido de que era formado por grupos diferentes por origem, sensibilidade, cultura, ideias, teologias e, sobretudo, porque elaborou a respeito da pessoa do chefe carismático, Jesus, e da causa por ele promovida, interpretações um tanto diversificadas. Essas características, todavia, não prejudicam a substancial unidade do próprio movimento, que, apesar das múltiplas variações, encontrava na ligação com Jesus, qualquer que fosse, um forte vínculo unitário. Os Atos dos Apóstolos usam, para indicar o movimento de Jesus, múltiplas denominações, as quais remetem a circunstâncias e situações diversas e refletem seja o ponto de vista interno dos adeptos do movimento, seja o de observadores externos: irmãos (At 1,15); crentes (At 2,44); discípulos (At 6,1); adeptos do Caminho (At 9,2); santos (At 9,13); cristãos (At 11,26); nazoreus (At 24,5). Na ausência de uma terminologia unitária nas fontes, os estudiosos, geralmente, aplicam sem muitas distinções o rótulo de "cristão" inclusive a essas primeiríssimas fases do movimento de Jesus. Ora, o termo "cristão", provavelmente aplicado aos seguidores de Jesus, mas vindo de fora, das autoridades romanas que neles tinham identificado um grupo particular, o qual se reportava a um chefe[56], é, na acepção comum, ambíguo, porque remete a uma religião bem definida, que não se tinha formado ainda, porquanto o movimento de Jesus, nessas primeiras fases, movia-se ainda e de modo totalmente consciente dentro do judaísmo, no qual se reconhecia plenamente[57]. Alguns

---

56. Cf. PETERSON, E., Christianus, in: Id., *Frühkirche, Judentum und Gnosis*, Freiburg, Herder, 1959, 64-87; ELLIOTT, J. H., *I Peter. A New Translation, with Introduction and Commentary*, New York, Doubleday, 2000, 789-794; BLANCHETIÈRE, F., *Enquête sur les origines juives du mouvement chrétien (30-135)*, Paris, Cerf, 2001, 147-148.

57. Cf., a esse propósito, as argutas observações de PESCE, M., Sul concetto di giudeo-cristianesimo, in: PITTA, A. (org.), *Il giudeo-cristianesimo nel I e II sec. d.C.*, Bologna, EDB, 2003, 21-44.

estudiosos, particularmente atentos às implicações hermenêuticas da terminologia usada pela historiografia, apresentaram propostas alternativas: Carsten Colpe sugeriu usar a denominação de "nazoreus" (*Nazaräer*), que é tirada de Jerônimo (*Comentário a Isaías* 40,9-10; *Comentário a Ezequiel* 6,13), mas, ao mesmo tempo, lembra o termo de nazoreus de Atos dos Apóstolos 24,5[58]; análoga proposta fez, mais recentemente, François Blanchetière (*Nazaréens*)[59]. Aqui se usou a locução "movimento de Jesus", o qual parece se adaptar bem ao fenômeno que quer descrever, mas tem o limite de pertencer exclusivamente à linguagem técnica de uma ciência moderna, a sociologia, sem correspondência nas fontes antigas. À espera de um amplo consenso entre os estudiosos, o problema continua aberto.

O batismo e a refeição comum

Já fizemos alguns acenos à organização interna das diversas comunidades que se reportavam a Jesus, bem como aos primeiros desdobramentos da reflexão teológica deles; procuraremos aqui ilustrar de modo mais difuso alguns aspectos da vida religiosa deles. Como se disse várias vezes, os seguidores de Jesus, sob o ponto de vista das crenças e das práticas religiosas, reconheciam-se plenamente nas diferentes formas que, no particular contexto histórico-cultural em que viviam, tinha assumido o judaísmo, embora, por diversos motivos e, em certos casos, mesmo reportando-se ao ensinamento de Jesus, podiam adotar uma atitude de crítica ou de dissidência em relação a ele. Sob esse ponto de vista, portanto, os seguidores de Jesus não se distinguiam dos outros judeus. Todavia, eles introduziram, desde o início, algumas práticas particulares que contribuíram para construir e marcar de modo profundo sua identidade religiosa.

A primeira prática é a do batismo. O rito da imersão na água, com fins purificatórios estava difundida no judaísmo. Nós a conhecemos entre os sectários de Qumran (por exemplo, 1 Q 3,5-9; 5,13); praticavam-na João Batista e Bano (FLÁVIO JOSEFO, *Antiguidades judaicas* 18,117; *Vida* 11); provavelmente

---

58. COLPE, C., Die erste urchristliche Generation, in: *Die Anfänge des Christentums. Alte Welt und Neue Hoffnung*, Stuttgart, Kohlhammer, 1987, 59-79, em especial 68.

59. BLANCHETIÈRE, *Enquête*, 133-152 e 183.

fazia parte dos ritos de admissão dos prosélitos (*Mishnāh Pesahim* 8,7; *Mishnāh Eduyot* 5,2; *Talmud* babilônico *Yebamot* 47ab)[60]. O próprio Jesus se submeteu ao batismo de João (Mc 1,9-11; Mt 3,13-17; Lc 3,21-22) e, segundo o quarto evangelho, ele próprio batizou (Jo 3,22). Os seguidores de Jesus retomam esse rito, que mantém um caráter purificatório, como no caso do batismo de João (Mc 1,4: promessa de remissão dos pecados), mas adquire também um novo significado de rito de iniciação ao novo grupo. Batiza-se em nome de Jesus (At 2,38; 8,16; 10,48), na força e no poder, portanto, do glorificado, como confirma o gesto de imposição das mãos em sinal de conferir o espírito; mas essa referência ao nome de Jesus torna-se também uma forte marca de identidade, porquanto sanciona o ingresso e o pertencimento do novo adepto ao grupo do chefe carismático.

A segunda prática é a da refeição comum. Os primeiros seguidores de Jesus não dispunham de lugares públicos de reunião, mas se encontravam nas casas particulares de alguns membros. Era esse o lugar mais importante de agregação, no qual se expressava a dimensão social e religiosa do grupo. A expressão "partir o pão", que aparece com frequência nas fontes (At 2,42; 20,7.11; cf. Mc 6,41; 8,5-6), ressalta, de um lado, um gesto fundamental, comum a todas as refeições, e, de outro, lembra um uso hebraico, o de pronunciar, no início da refeição, uma bênção, que acompanhava o gesto de partir o pão. Às refeições em comum, que no contexto do mundo antigo desempenhava uma importante função de afirmação da própria identidade religiosa, acrescenta-se a celebração da memória da última ceia consumada junto com Jesus, antes que ele fosse morto, na qual devia encontrar expressão a impaciente espera escatológica do seu retorno, como sugere a expressão aramaica *maranatha* ("Vem, Senhor Jesus": 1Cor 11,26; Ap 22,20; *Didaqué* 10,6). Também nesse contexto, há ligação com o esquema da refeição ritual judaica, com a oração inicial de santificação sobre o cálice e sobre o pão e a oração final de ação de graças (daí a "eucaristia") sobre o cálice. Como se pode ver, o movimento de Jesus não instituiu práticas cultuais radicalmente novas, mas, sim, retomou hábitos religiosos hebraicos ligados às refeições. Nos relatos da última ceia dos sinóticos e de Paulo (Mc 14,22-25; Mt 26,26-29; Lc 22,15-20; 1Cor 11,23-26) introduz-se, de modo

---

60. Cf. HARTMAN, L., Baptism, in: *Anchor Bible Dictionary*, v. I, 583-594. NODET, E.; TAYLOR J., *Essai sur les origines du christianisme*, Paris, Cerf, 1998, 53-81.

mais ou menos explícito, uma interpretação em sentido salvífico da morte de Jesus. Esse desdobramento se liga à reflexão teológica elaborada nos ambientes dos helenistas. A introdução da referência à morte redentora de Jesus abre uma nova perspectiva de desenvolvimento à celebração da ceia do Senhor, que será aceita sobretudo pelas comunidades paulinas, mas que ficou ausente em outras correntes do movimento de Jesus, como testemunha, por exemplo, um texto muito antigo, a *Didaqué* 9-10[61]. Bem cedo deve ter-se afirmado também a celebração do dia do Senhor (cf. Ap 1,10: o grego *kyriakê hêméra*, o latim *dies dominica*, de onde o italiano "domenica" e o português "domingo"), fixado no dia seguinte ao sábado, em comemoração da ressurreição de Jesus (Mt 28,1; Mc 16,9; Lc 24,1; Jo 20,1; At 20,7: "o primeiro dia da semana").

---

61. Cf. Visonà, G., (org.), *Didaché*, 155-188 e 322-331.

7

Paulo de Tarso, o imprevisto

Romano Penna

Segundo o parecer de Lutero, "nunca aconteceu no mundo algo tão audacioso quanto a pregação de Paulo"[1]. A ênfase, embora evidente nesta declaração, não pode, todavia, ocultar o dado histórico segundo o qual ele foi realmente o *enfant terrible* das origens cristãs[2], quase um importuno, a tal ponto que, de perseguidor da Igreja primitiva, ele se tornou depois um perseguido (cf. 1Cor 4,12; Gl 5,11), ou, pelo menos, foi fortemente hostilizado por alguns de seus setores (cf. infra). É como se os primeiros aderentes do movimento de Jesus, todos eles de matriz judaica, não esperassem por isso, como se ele os tivesse perturbado. O certo é que a sua figura gerou os juízos mais contrastantes. Se, de uma parte, é verdade que a Reforma luterana e protestante ocorreu em seu nome, de modo a ver nele a expressão mais pura da fé cristã[3], toda uma parte do cristianismo antigo, de outra, muito ligada à originária matriz judaica, julgava-o sem meios termos: "apóstata da lei"[4]; como tal é considerado

---

1. *Tischreden* II,277, cf. ibid. II,347: "Desde quando compreendi Paulo, não pude mais estimar nenhum doutor".
2. Cf. MARGUERAT, D., *Paul de Tarse. Un homme aux prises avec Dieu*, Paris, Editions du Moulin, 1999, 5.
3. Antes ainda de Lutero, já havia no século II quem afirmasse que "somente Paulo conheceu a verdade" (em IRINEU DE LIÃO, *Contra as heresias* III,13,1), e no século VIII houve até quem o considerasse como a encarnação do espírito santo (assim, na Espanha, um certo Migezio: cf. PL 96,862).
4. Assim os ebionitas, segundo o testemunho de IRINEU DE LIÃO, *Contra as heresias* I,26,2; sobre a rejeição a Paulo por parte dos elcasaitas, cf. EUSÉBIO DE CESAREIA, *História*

ainda hoje pelos setores até mais esclarecidos do judaísmo contemporâneo[5], embora não faltem tentativas de trazer de volta a casa o herético[6]. Acima de todos, domina o cruel juízo de Nietzsche, que taxa pejorativamente Paulo como "o eterno judeu *par excellence*", o qual, "com o atrevimento do rabino [...] fez do Evangelho a mais desprezível de todas as irrealizáveis promessas" etc.[7]. Não é de surpreender, portanto, que alguém tenha feito dele o fundador do cristianismo[8], embora convidando à prudência quem quiser estudar seu pensamento, uma vez que, paradoxalmente, "é mais fácil explicar a doutrina de Paulo a quem não o conhece de modo algum do que a quem o conhece pela metade"[9].

Procuraremos a seguir esboçar as linhas essenciais de um personagem tão atípico, distinguindo entre biografia, produção epistolar e pensamento.

Uma vida movimentada

Como muitos personagens da antiguidade, não conhecemos o ano exato do nascimento de Paulo e, muito menos, o da morte. Todavia, toda uma série de dados seguros e de vários indícios permitem-nos fixar com boa aproximação seja os extremos, seja as etapas intermediárias.

---

eclesiástica VI,38. Sobre o fenômeno do judeu-cristianismo, além de CIRILO, L, L'antipaolinismo nelle Pseudoclementine, *Ricerche Storico-Bibliche*, v. 1, n. 2 (1989), 121-137, cf. GIANOTTO, C., *Ebrei credenti in Gesù. Le testimonianze degli autori antichi*, Milano, Paoline, 2012.

5. Cf. SEGAL, A. F., *Paul the Convert. The Apostolate and Apostasy of Saul the Pharisee*, New Haven-London, Yale University Press, 1990.

6. Cf. MEISSNER, S., *Die Heimholung des Ketzers. Studien zur jüdischen Auseinendersetzung mit Paulus*, Tübingen, Mohr, 1996. De resto, "apóstolo dos heréticos" já era a qualificação dada a ele por volta de 200 por um cristão "conservador" como TERTULIANO, *Contra Marcião* III,5,4.

7. NIETZSCHE, F., *L'Anticristo. Maledizione del cristianesimo*, Milano, Adelphi, 1977, 54 s. e 89 s.

8. Cf. PENNA, R., Il fattore chiesa tra Gesù e Paolo. Rivisitazione del topos sul secondo fondatore del cristianesimo, in: Id., *Paolo e la chiesa di Roma*, Brescia, Paideia, 2009, 11-23.

9. Igualmente paradoxal é a afirmação de um estudioso do século XIX, Franz Overbeck, segundo o qual Paulo "teve um só discípulo que o compreendeu, Marcião [um herético!], o qual, porém, o entendeu mal" (citado por KUSS, O., *Paolo. La funzione dell'apostolo nello sviluppo teologico della chiesa primitiva*, Cinisello Balsamo, San Paolo, 1974, 369).

Antes de Damasco

Quando escreve a mensagem a Filêmon, provavelmente no ano 54 (ou, segundo uma cronologia distinta, por volta de 62), ele se declara "velho", em grego *presbýtes* (Fm 9); e quando Lucas, nos Atos dos Apóstolos, narra a lapidação de Estêvão no início dos anos trinta, anota também a presença de Saulo, que é qualificado como "jovem", em grego *neanías* (At 7,58). As duas denominações são, evidentemente, genéricas, mas, segundo as contas antigas a respeito da idade do homem, a primeira deveria indicar, grosso modo, um indivíduo por volta dos sessenta e a segunda algo por volta dos trinta[10]. Concluímos daí que ele deve ter nascido nos últimos anos da era pré-cristã e ser, portanto, poucos anos mais jovem que Jesus. Nascido em Tarso, na Cilícia (cf. At 22,3)[11], como judeu da diáspora de língua grega e com um nome latino (mudado por assonância de Saulo para Paulo) e, além do mais, distinguido com a cidadania romana (cf. At 22,25-28), ele se mostra na fronteira de três culturas diferentes e, talvez, até por isso mesmo, disponível a fecundas aberturas universalistas, como se revelará a seguir[12]. Talvez por ter aprendido com o pai, ele teve também um trabalho manual consistente no ofício de *skenopoiós*, literalmente "fabricante de tendas" (cf. At 18,3), provavelmente manipulador da lã grosseira de cabra para dela fazer esteiras ou tendas, talvez para uso militar, mas sobretudo particular (cf. At 20,33-35)[13]. De resto, na antiguidade, Tarso era famosa pelo

---

10. Segundo Hipócrates (citado por FÍLON DE ALEXANDRIA, *De opificio mundi* 105), a vida humana estaria dividida em sete fases: a criança, até os 7 anos (*paidion*), o rapazinho, até os 14 anos (*pais*), o adolescente, até os 21 anos (*meirakion*), o jovem, até os 28 anos (*neaniskos*), o homem, até os 49 anos (*anér*), o ancião, até os 56 anos (*presbýtes*) e o velho, depois dos 56 anos (*ghéron*); mas a divisão tem alguma coisa de artificial, pois está escandida segundo setenários. O próprio Fílon, alhures, qualifica como *presbýtes* quem já superou os sessenta anos (cf. *De special. legibus* 2,33). Cf. também ARZT-GRABNER, P., *Philemon*, Papyrologische Kommentare zum Neuen Testament 1, Göttingen, Vandenhoeck, 2003, 76-77.

11. A cidade era a capital administrativa da região e em 51 a.C. teve como procônsul Cícero. Dez anos depois, em 41, ela foi o lugar do encontro fatal entre Antônio e Cleópatra, que viera de propósito do Egito para homenagear o novo dono do mundo (depois dos Idos de março de 44 e depois da derrota de Cássio e Bruto, em Filipos, em 42).

12. Cf. PENNA, R., Aperture universalistiche in Paolo e nella cultura del suo tempo, in: Id., *Vangelo e inculturazione. Studi sul rapporto tra Rivelazione e cultura nel Nuovo Testamento*, Cinisello Balsamo, San Paolo, 2001, 323-364.

13. Cf. LAMPE, P., Paulus-Zeltmacher, *Biblische Zeitschrift*, v. 31 (1987) 256-261.

trabalho têxtil, especialmente de linho (cf. DIÃO DE PRUSA, *Discursos* 34,21); tanto que alguns papiros confirmam o adjetivo *tarsikários* para indicar um tecedor de linho[14]. Por volta dos doze ou treze anos, idade na qual o jovem judeu se torna *bar mitzvá* ("filho do preceito"), Paulo deixou Tarso e se transferiu para Jerusalém para ser educado aos pés do rabi Gamaliel o Velho[15] segundo as mais rígidas normas do farisaísmo (cf. Gl 1,14; Fl 3,5-6; At 22,3; 23,6; 26,5), imbuindo-se de um grande zelo pela *Torá* mosaica[16].

É com base numa forte ortodoxia religiosa ali adquirida que ele percebeu no novo movimento que se reportava a Jesus de Nazaré um grande risco para a identidade judaica. Além da recusa da crítica de Estêvão ao Templo de Jerusalém (cf. At 6,14; 7,47-50), ele não podia admitir um messias crucificado, que devia ser considerado apenas escândalo e maldição (cf. 1Cor 1,23; Gl 3,13); e se esse messias estava agora ligado de modo positivo com os que ignoravam a Lei (os *'ammê ha-'aretz*) e até com os pecadores, de tal modo que para ser justo diante de Deus era preciso crer em Jesus, então a *Torá* acabava por não ser mais nem suficiente nem, muito menos, necessária. Isso explica o fato de ele ter ferozmente "perseguido a igreja de Deus", como admitirá por três vezes em suas cartas (1Cor 15,9; Gl 1,13; Fl 3,6). Aliás, é difícil imaginar concretamente em que consistisse essa perseguição. Por exemplo, o que Lucas escreve em Atos dos Apóstolos 9,1-2 ("Saulo, que respirava contínuas ameaças e morticínios contra os discípulos do Senhor, foi pedir ao Sumo Sacerdote cartas para as sinagogas de Damasco. Se encontrasse lá adeptos do Caminho, homens ou mulheres, ele os traria presos a Jerusalém") torna difícil a harmonia com os dados históricos. De fato, sob os procuradores romanos, o sinédrio não tinha jurisdição fora da terra de Israel[17], nem Paulo podia gozar de um mandato oficial sem ser membro do próprio sinédrio. Supõe-se, por isso, que ele tenha sido simplesmente enviado a Damasco por uma sinagoga de judeus "helenistas" de

---

14. Cf. WILD, J. P., The tarsikarios, a Roman Linen-Weaver in Egypt, in: BIBAW, J. (ed.), *Hommages à Marcel Renard*, II, Bruxelles, Latomus, 1969, 810-819.

15. Sobrinho do grande Hilel, a ele é tributado um grande elogio: "com a sua morte, cessou a homenagem da lei e desapareceram a pureza e a abstinência" (*Mishná, Sota* 9,15).

16. Cf. PENNA, R., Un fariseo del secolo I: Paolo di Tarso, in: Id., *Vangelo e inculturazione*, 297-322.

17. Lembremo-nos de que nos inícios dos anos trinta o procurador era ainda Pôncio Pilatos (que o foi de 26 a 36).

Jerusalém, talvez com uma carta de recomendação por parte do sumo sacerdote, para alertar as sinagogas locais contra o perigo da nova heresia e exortá-las a tomar severas medidas[18].

A "conversão"

É certo que foi justamente na estrada para Damasco, no início dos anos trinta, talvez em 32, que se verificou o momento decisivo da vida de Paulo[19]. Aconteceu ali uma contravolta, ou seja, uma inversão de valores. Então, ele, improvisamente, começou a considerar como "dano" e "lixo" tudo aquilo que, antes, constituía para ele a razão de ser de sua existência (cf. Fl 3,7-8). O que acontecera? Temos a esse propósito dois tipos de fontes. O primeiro tipo, o mais popular, são os relatos devidos à pena de Lucas, o qual, por bem três vezes, narra o evento (cf. At 9,1-19; 22,3-21; 26,4-23), demorando-se em alguns detalhes pitorescos, como a luz vinda do céu, a queda ao chão[20], uma voz que chama, a nova condição de cegueira e a sua cura, como escamas caídas dos olhos, o jejum. É difícil que Paulo pessoalmente esteja na origem dessas narrativas, seja porque ele jamais fala a respeito nesses termos, seja porque em Gálatas 1,13 remete os seus leitores a um simples ouvir dizer. Por isso, é bem possível que Lucas tenha utilizado uma narrativa nascida provavelmente na comunidade de Damasco (cf. o colorido local dado pela presença de Ananias e dos nomes tanto da rua, quanto do proprietário da casa em que Paulo se hospeda: At 9,11), a qual compôs num primeiro momento um relato de conversão que punha em destaque a extraordinária transformação ocorrida no ex-perseguidor e que, depois, se tornou o relato da vocação de um novo evangelizador[21].

---

18. Cf. Hengel, M., *Il Paolo precristiano*, Brescia, Paideia, 1992, 177, e Rossé, G., *Atti degli apostoli. Commento esegetico e teologico*, Roma, Città Nuova, 1998, 370-371.

19. Cf. Hengel, M.; Schwemer, A. M., *Paul Between Damascus and Antioch. The Unknown Years*, London, SCM Press, 1997, 24-90 (*Damascus and the Turning Point in Paul's Life*). Cf. também Riesner, R., *Die Frühzeit des Apostels Paulus. Studien zur Chronologie, Missionsstrategie und Theologie*, Tübingen, Mohr, 1994, 2-26.

20. Esclareça-se que, apesar da iconografia seguinte, embora tornada clássica, os relatos não fazem menção alguma de um cavalo.

21. Cf. a excelente apresentação da problemática em Rossé, G., *Atti*, 366-367. Todavia, é curioso que os *Atos* apócrifos seguintes (entre os quais são bem conhecidos aqueles sob

O segundo tipo de fontes é o mais "autêntico", porquanto consiste no testemunho do direto interessado, as cartas do próprio Paulo. Com efeito, por várias vezes, ele se refere àquela extraordinária experiência, sempre com acenos muito breves, não descritivos, que visam apenas ao sentido do que então ocorrera (cf. Rm 1,5: "Por ele [Jesus Cristo] nós recebemos a graça de ser apóstolo"; 1Cor 9,1: "Acaso não vi Jesus, nosso Senhor?"; 1Cor 15,8: "Em último lugar, também me aparece a mim, o aborto"; 2Cor 4,6: "Pois o Deus que disse: brilhe a luz no meio das trevas, foi o mesmo que brilhou em nossos corações para fazer resplandecer o conhecimento da sua glória que resplandece no rosto de Cristo"; Fl 3,7: "Todas essas coisas que para mim eram ganhos, eu as considerei como perda por causa de Cristo"); o texto mais difuso se lê em Gálatas 1,15-16: "Mas quando aquele que me pôs à parte desde o seio de minha mãe e me chamou por sua graça houve por bem revelar em mim o seu Filho, a fim de que eu o anunciasse entre os pagãos, imediatamente, sem recorrer a nenhum conselho humano, nem subir a Jerusalém para junto daqueles que eram apóstolos antes de mim, parti para a Arábia e depois voltei a Damasco". Como se vê, em todas essas passagens ele não se demora em detalhes narrativos, mas interpreta sempre aquele momento não tanto como um fato de conversão, pois não emprega nunca o léxico específico (os verbos *metanoeîn-epistréfein* e derivados), mas como fundamento do seu apostolado, como encargo de evangelização e, portanto, como um evento de missão (com um léxico de visão/aparição, revelação, iluminação).

Podemos nos perguntar como explicar a mudança que se verificou em Paulo na estrada de Damasco. No clima romântico do século XVIII, preferia-se recorrer ao esquema do homem atormentado, que, finalmente, encontra uma saída em relação às próprias angústias, adotando uma solução extrema. Para isso, interpreta-se em sentido autobiográfico o que se lê em Romanos 7,7-25, em que Paulo fala na primeira pessoa do singular: "O que eu quero, não o faço, mas o que odeio […]. Eu me comprazo na lei de Deus, enquanto homem interior, mas em meus membros descubro outra lei que combate contra a lei que a minha inteligência ratifica; ela faz de mim o prisioneiro da lei do pecado que está nos meus membros" (v. 15.22.23). Mas a exegese hodierna dessa página

---

o nome de Paulo e Tecla, do fim do século II) não retomem o evento de Damasco, mas se ocupem apenas da sua vida apostólica e de seu martírio.

paulina é muito mais cautelosa e hesitante, seja porque o texto está escrito no presente (portanto, literalmente, deveria se referir não ao passado, anterior à conversão), seja porque a passagem pertence não a um contexto autobiográfico, mas a uma reflexão de princípio sobre o valor da lei (de modo que o que pode muito bem ser explicado pela figura retórica da enálage, de modo a incluir uma experiência universal), seja porque em outra passagem, certamente autobiográfica, Paulo diz, ao contrário, ter sido "quanto à justiça que se encontra na lei, tornado irrepreensível" (Fl 3,6: emerge aqui até mesmo o orgulho de uma identidade judaica vivida em plenitude como "um ganho")[22].

Mas as coisas são mais complexas. Os testemunhos pessoais de Paulo sobre o evento de Damasco estão constantemente centrados na precisa figura de Jesus Cristo. Ele não fala de outra coisa, a ponto de confessar até mesmo de ter sido "alcançado por Jesus Cristo" (Fl 3,12). Tratou-se, portanto, essencialmente, de um encontro de "pessoas", enquanto os conceitos, as "ideias", embora implícitas, exercem um papel secundário. Ele viu a glória de Deus brilhar no rosto de Cristo (cf. 2Cor 4,6). Sob esse ponto de vista, a experiência de Paulo deve ser explicada também em referência a certas categorias da mística judaica da *merkaváh*, ou seja, do "carro", que afunda suas raízes na visão do capítulo 1 do livro de Ezequiel[23]. Aí o profeta diz ter visto um carro puxado por quatro seres vivos, e "acima dessa semelhança de trono, uma semelhança com o aspecto de um homem [...]. Era o aspecto, a semelhança da glória do Senhor" (1,26.28), ou seja, ousa-se associar aqui a glória celeste de Deus a um ser humano, embora indeterminado, e isso explica as reservas do rabinismo a respeito dessa página[24].

---

22. Pode-se sempre pensar que o que ele escreve em Romanos 7,7-25 represente simplesmente a conscientização seguinte (cristã) de um velho conflito inconsciente em relação à lei, enquanto Filipenses 3,4-6 representaria somente a típica consciência do Paulo pré-cristão. Cf. THEISSEN, G., *Psychologische Aspekte paulinischer Theologie*, Göttingen, Vandenhoeck, 1983, 181-268.

23. Cf. a respeito SEGAL, A. F., *Paul the Convert*, especialmente 34-71 (*Paul's Ecstasy*); e NEWMAN, C. C., *Paul's Glory-Christology*, Leiden-New York, Brill, 1992. Mais em geral, cf. SCHOLEM, G., *Le grandi correnti della mistica ebraica*, Genova, il melangolo, 1986, 51-94.

24. Segundo a *Mishná*, o capítulo 1 de Ezequiel podia ser ensinado somente em condições bem precisas (cf. *Agigah* 2,1) e segundo a opinião de alguns rabinos devia ser excluído na leitura dos profetas durante a liturgia sinagogal (cf. *Megilah* 4,10).

Em todo caso, não se pode desprezar a dimensão psicológica da experiência de Paulo, muitas vezes tratada em termos de alucinação (embora, normalmente, falte aos historiadores e aos teólogos os estudos de psicologia, assim como os psicólogos são, em geral, desprovidos de técnicas historiográficas e de teologia). Um estudo de alguns anos atrás[25] procura esclarecer a matéria, quer distinguindo entre alucinação e ilusão, que não devem ser identificadas, quer esclarecendo honestamente que a não objetividade do fenômeno (visão, audição, olfato, tato etc.) diz respeito apenas ao observador externo, mas não ao sujeito que faz a experiência, quer ainda levando em consideração os condicionamentos socioculturais do sujeito interessado. Quanto a Paulo, deve-se notar que as suas declarações sobre o evento, como já foi dito, são raras e muito sóbrias; além disso, é preciso constatar que ele, diante dos próprios interlocutores, jamais fala da experiência por ele vivida, para fundamentar sobre ela a própria autoridade, nem para dar aval a alguma tese teológica, nem para reforçar algum posicionamento disciplinar; antes, eventualmente, ocorre precisamente o contrário[26]. Temos, por isso, de evitar julgar o evento do caminho de Damasco com categorias da psicologia. O único dado seguro no plano do fato histórico, em termos junguianos, é que ele teve uma função de prospectiva a ponto de determinar o resto da vida de Paulo e de o fazer de modo totalmente positivo e fecundo[27]: lá ele fez experiência de um encontro e amadureceu uma convicção que inverteu a sua existência, quer reiniciando todo o seu patrimônio ideal, quer reorientando as suas energias para um novo objetivo. Mas, definitivamente, a experiência no caminho de Damasco não teria sido possível se Paulo não tivesse feito antes a experiência, ainda que em termos polêmicos, da fé da comunidade cristã; foi nela que ele conheceu, pela primeira vez, Jesus de Nazaré, confessado como Cristo e Senhor e o lugar da remissão dos pecados; é

---

25. Cf. REICHARDT, M., *Psychologische Erklärung der paulinischen Damaskusvision?*, Stuttgart, Katholische Bebilwerk, 1999.

26. Assim, em 1 Coríntios 9,1, ele lembra ter visto o Senhor para dizer que poderia se valer desse evento para alegar direitos (fazer-se manter pela comunidade e levar consigo uma mulher), aos quais, porém, declara renunciar totalmente. E se em 2 Coríntios 12,2-4 lembra sua experiência de arrebatamento ao terceiro céu ocorrida quatorze anos antes (que não deve ser identificada, por motivos cronológicos, com o evento da estrada de Damasco), Paulo a ele faz referência apenas para dizer que deseja se vangloriar não dele, mas, paradoxalmente, das próprias fraquezas e enfermidades apostólicas.

27. Cf. REICHARDT, M., *Psychologische Erklärung*, 337.

como se disséssemos que, sem o contato com as Igrejas da Judeia (mencionadas em 1Ts 2,14; Gl 1,22), ele não teria dado o passo seguinte[28].

O apóstolo incansável

Com efeito, Paulo passou à história mais por quanto fez como cristão, ou melhor, como apóstolo, do que como fariseu[29]. Subdivide-se tradicionalmente a sua atividade apostólica com base nas três viagens missionárias, mais a quarta, da ida a Roma como prisioneiro, todas elas contadas por Lucas nos Atos dos Apóstolos[30]. A propósito dessas viagens, porém, temos de distinguir a primeira das outras duas. Da primeira, com efeito (cf. At 13-14), Paulo não tem direta responsabilidade, que cabe ao cipriota Barnabé; juntos, eles partiram de Antioquia, do Orontes, e depois de terem zarpado do porto de Selêucia na costa síria, atravessaram a ilha de Chipre de Salamina e Pafos; daí chegaram até a costa meridional da Anatólia e passaram pelas cidades da Antália, Perge da Panfília, Antioquia da Pisídia, Icônio, Listra e Derbe, de onde retornaram ao ponto de partida. Depois de um importante encontro ocorrido em Jerusalém com os apóstolos e os anciãos daquela Igreja, para decidir não impor aos pagãos convertidos a observância da lei mosaica (senão quatro abstenções indicadas em At 15,29: "abster-vos das carnes de sacrifícios pagãos, do sangue, dos animais asfixiados e da *porneía*"), Paulo se separa de Barnabé e escolhe Silas para iniciar a segunda viagem missionária, a primeira por ele conduzida (At 15,36-18,22). Por terra, ultrapassa a Síria e a Cilícia, revê as cidades de Derbe e Listra, onde acolhe consigo Timóteo (filho de uma judia e de um pagão, e o faz circuncidar), atravessa a Frígia, a Galácia, evita o território da Ásia e a sua capital, Éfeso, chega a Mísia, com a cidade de Trôade, de onde zarpa para a Macedônia, na Europa. Tendo desembarcado em Nápoles, chega a Filipos (onde,

---

28. Cf. supra, nota 8.

29. Temos também dele um retrato físico, que remonta, porém, aos *Atos de Paulo e Tecla*, do fim do século II, sobre cuja confiabilidade não podemos, decerto, jurar: "Pequeno de estatura, cabeça calva, pernas curvas, corpo bem formado, sobrancelhas unidas, nariz um tanto proeminente, cheio de bondade. Às vezes, parecia um homem, às vezes tinha a face de um anjo" (§ 3).

30. Cf. PENNA, R., Il tema del "viaggio" negli Atti lucani e nella letteratura dell'ambiente, in: Id., *Vangelo e inculturazione*, 110-144.

por ter libertado uma escravizada, é lançado na prisão) e depois a Tessalônica; dali, devido a algumas dificuldades postas pelos judeus, deve partir e, passando pela Bereia, chega a Atenas, onde prega, primeiro na ágora e depois no Areópago. Daí passa para Corinto, onde se detém por um ano e meio, conhecendo os cônjuges Áquila e Prisca.

O momento cronologicamente mais seguro da sua biografia situa-se no início dos anos cinquenta, justamente durante essa primeira estada em Corinto e refere-se ao ano do seu aparecimento como acusado diante do governador romano da província senatorial da Acaia, o procônsul Galião (irmão de Sêneca), a respeito de quem se lê em Atos dos Apóstolos 18,12. Uma inscrição encontrada em Delfos menciona justamente o procônsul que está no cargo durante a vigésima sexta aclamação do imperador Cláudio, datável no período que vai de janeiro-fevereiro de 52 a agosto do mesmo ano[31]. Dado que o proconsulado durava um ano (de abril a abril), o único problema está em saber se Paulo compareceu diante de Galião quando esse último estava no início ou no término do seu mandato (ou seja, respectivamente em 52-53 ou já em 51-52). Como Paulo ficou em Corinto por um ano e meio (cf. At 18,11) e levando em conta os acontecimentos anteriores, pode-se muito bem supor que esse período vá do fim do ano 50 aos inícios do ano 52. Depois, de Corinto, passando por Cencreia, o porto oriental da cidade, dirige-se para a Palestina por mar, passando por Éfeso para zarpar daí em direção de Cesareia Marítima, de onde sobe a Jerusalém, e voltar a Antioquia do Orontes.

A terceira viagem missionária (cf. At 18,23-21,16) começa, como sempre, de Antioquia e vai direto a Éfeso, capital da província da Ásia, onde Paulo fica morando por dois anos, exercendo um ministério que tem fecundas consequências na região. Instigada a população à revolta pelos ourives da cidade, pois viam diminuir seus ganhos com a redução do culto de Artêmis (a *Artemysion* de Éfeso era uma das sete maravilhas do mundo), Paulo teve de fugir para o norte: atravessa de novo a Macedônia e desce novamente à Grécia, provavelmente para Corinto, onde fica por três meses. Daí volta a seus passos anteriores: passa pela Macedônia, chega a Trôade por navio e, depois, a Asso,

---

31. Cf. um texto e uma sua primeira discussão in: PENNA, R., *L'ambiente storico-culturale delle origini cristiane. Una documentazione ragionata*, Bologna, Dehoniane, ⁶2012, 251-253.

diante de Lesbos, passa rapidamente pelas ilhas de Mitilene, Chios e Samos, chegando a Mileto (onde faz um importante discurso aos anciãos da Igreja de Éfeso); daí parte de novo, costeando as ilhas de Cós e de Rodes, passa por Pátara e veleja para Tiro, de onde chega a Cesareia Marítima, para subir mais uma vez a Jerusalém.

Põe-se aqui outro problema cronológico, que diz respeito à datação de sua prisão ocorrida precisamente em Jerusalém; dela depende a questão do seu envio a Roma como prisioneiro e, indiretamente, o ano da morte. A prisão foi devida a um mal-entendido, ou seja, alguns judeus tinham julgado serem pagãos outros judeus de origem grega conduzidos por Paulo à área do Templo reservada apenas aos israelitas: um fato que era punido com a morte, a qual, no caso de Paulo, foi evitada por intervenção do tribuno romano que estava de guarda na área do Templo (cf. At 21,27-36). Isso ocorreu quando era procurador imperial na Judeia Antônio Félix, e o envio a Roma sob custódia militar aconteceu sob o procurador seguinte, Pórcio Festo. O fato decisivo consistiu na possibilidade de determinar o ano em que se deu a troca entre os dois procuradores, o qual varia de acordo com a duração que se atribuía à magistratura de cada um dos dois; para Félix dois anos (52/53-54/55) ou sete-oito anos (52/53-59/60) e para Festo, que terminou o mandato em 62, respectivamente sete-oito anos (54/55-62) ou somente dois-três anos (59/60-62).

O texto de Atos dos Apóstolos 24,27 fala da conclusão de uma *dietía*, ou seja, um biênio: "Ao cabo de dois anos, Félix teve como sucessor Pórcio Festo". Pois bem, esse "biênio" deveria ser interpretado, no máximo, não segundo o cálculo tradicional que o põe em relação com a duração da prisão de Paulo (pois não explica como ele tenha se decidido a apelar para César – cf. At 25,11 – somente depois de dois longos anos no cárcere), mas como biênio da duração da magistratura de Félix. A datação limite para o fim da procuração de Félix (ou seja, 55) deveria ser a mais provável: ela é sugerida não só pelas notícias antigas de uma chegada de Paulo a Roma já no segundo ano de Nero (ou seja, 56)[32], mas também pelo fato de que a remoção de Félix como procurador

---

32. Com efeito, São Jerônimo, em *Os homens ilustres* 5,5, escreve que Paulo foi enviado a Roma como prisioneiro já "no segundo ano de Nero" (= outubro 55-outubro 56); assim, os dois anos de prisão transcorridos em Roma (At 28,30) levam-nos a 58, que já poderia ter sido o ano da execução do apóstolo (não relatada nos Atos dos Apóstolos).

está mais de acordo com a destituição em Roma de seu irmão Palante como ministro das finanças, ocorrida nos inícios do principado de Nero[33]. A viagem para Roma, com partida de Cesareia Marítima, passa por Mira de Lícia, Cnido, depois Creta, Malta, Siracusa, Reggio Calabria e Pozzuoli; os cristãos de Roma foram ao encontro dele, parte até o Fórum de Ápio (cerca de 70 km ao sul da capital) e parte até Tre Taverne (cerca de 40 km). O relato de Lucas termina com a menção de dois anos passados em Roma sob uma branda custódia militar, sem acenar nem a uma sentença de César (= Nero), nem, muito menos, à morte do acusado. Os comentaristas, porém, julgam que Lucas não tenha querido narrar o martírio de Paulo, para não ofuscar a única morte que conta para ele: a de Jesus, com quem o escritor concluiu o seu primeiro livro (ou seja, o evangelho); desse modo, ele pretenderia, todavia, aludir ao fim da vida terrena do apóstolo. A morte de Paulo, por isso, é datável no período do decênio de vai de 58 a 68, com base nas fontes antigas[34]. Tudo leva a crer que Lucas termine seu relato, calando, mas supondo a morte de Paulo no fim do biênio passado em Roma, e a data mais verossímil é o ano 58.

A datação mais baixa, porém, embora sendo tradicional, está fundada apenas numa série de hipóteses. Ou seja, supõe-se que o processo tenha tido uma solução favorável e que a morte esteja eventualmente ligada ao incêndio de Roma, em julho de 64. A seu favor jogaram sempre dois fatores; uma

---

33. De fato, segundo Tácito, em *Anais* XIII,14, Palante, ministro das finanças sob Cláudio, foi deposto por Nero pouco antes que este fizesse assassinar o pretendente de 13 anos Britânico (filho de Cláudio e de Messalina, assassinado entre dezembro de 55 e fevereiro de 56); no verão-outono de 55, por isso, Palante pôde ainda proteger o irmão Félix, o qual, porém, depois de sua remoção, não tinha mais apoio junto ao imperador (cf. FLÁVIO JOSEFO, *Ant*. 20,182); assim, também o *Chronicon*, de Eusébio. Sobre tudo isso, cf. RINALDI, G., Procurator Felix. Note prosopografiche in margine ad una rilettura di At 24, *Rivista Biblica*, v. 39 (1991) 423-466; cf. também SUHL, A., *Paulus und seine Briefe. Ein Beitrag zur paulinischen Chronologie*, Gütersloh, Mohn, 1975, 333-345; e BARRETT, C. K., *The Acts of the Apostles*, II, International Critical Commentary, Edinburgh, T&T Clark, 1998, 1116-1119.

34. Segundo Eusébio, em *Chronicon* 2, o martírio de Paulo teria ocorrido "no décimo quarto ano de Nero" (= outubro 67-outubro 68); o próprio Jerônimo, em *Os homens ilustres* 12,3, afirma que Pedro e Paulo morreram "dois anos depois" que Sêneca tinha sido morto por Nero, em 66 (mas o seu testemunho é problemático por motivo da associação dos dois apóstolos um uma data tão distante dos fatos do incêndio de Roma, em julho de 64).

viagem missionária de Paulo à Espanha e, depois, um retorno de Paulo ao Oriente, especificamente a Creta, a Éfeso e a Nicópolis, no Épiro (aparentemente pressuposto pela atribuição a Paulo das cartas chamadas pastorais: as duas a Timóteo e a carta a Tito). Ainda por hipótese, teria havido depois uma nova prisão (mas onde?) e um segundo cárcere em Roma (de onde teria escrito as três supracitadas cartas), com um segundo processo que lhe teria sido desfavorável. Todavia, uma série de motivos não permite que nos apoiemos nesses dois fatores. Em primeiro lugar, a viagem à Espanha é totalmente improvável, seja porque ela jamais foi narrada[35], seja porque Eusébio, na sua *História eclesiástica*, de modo algum conhece essa tradição[36]. Em segundo lugar, motivos literários, temáticos e de enquadramento histórico induzem-nos a considerar que as três supracitadas cartas sejam pseudoepigráficas, ou seja, escritas posteriormente em nome de Paulo por algum discípulo da segunda ou terceira geração (entre 70 e 120)[37]. A descrição do seu martírio em forma de decapitação nas Acque Salvie (hoje Tre Fontane) pertence a uma tradição tardia (*Atos de Pedro e Paulo* 80: não anteriores aos séculos IV-V). A sua sepultura, todavia, na via Ostiense (sob a atual Basílica de São Paulo Fora dos Muros) já é atestada por volta do ano 200[38].

---

35. Fala-se a respeito somente nos apócrifos *Atos de Pedro* (fim do século II), que em 1-3 menciona-se apenas a partida de Paulo do "porto" (assim também o Cânone Muratoriano 38-39) sem acenar nem à viagem nem ao desembarque: evidentemente, trata-se de uma simples referência ao efetivo desejo expresso por Paulo em Romanos 15,24.28.

36. Enumerando as razões confiadas à pregação dos apóstolos (Tomé em Pártia, André na Cítia, João na Ásia, Pedro no Ponto-Galácia-Bitínia-Capadócia-Ásia-Roma), de Paulo ele escreve apenas que "pregou o evangelho de Cristo de Jerusalém até o Ilírico e sofreu depois o martírio em Roma, sob Nero" (*História* 3,1, com citação de Orígenes como fonte). A frase de Clemente de Roma, *Aos coríntios* 5,7 ("Paulo [...] chegou até os confins do Ocidente") é hiperbólica e "não nos traz nenhuma certeza" (LONA, H. E., *Der erste Clemensbrief*, Göttingen, Vandenhoeck, 1998, 165). Todavia, em TAJRA, H. W., *The Martyrdon of St. Paul*, Tübingen, Mohr, 1994, considera-se que a viagem à Espanha tenha ocorrido.

37. Cf. a detalhada análise de MARCHESELLI-CASALE, C., *Le Lettere pastorali*, Bologna, Dehoniane, 1995, 35-44; também WEISER, A., *Der zweite Brief an Timotheus*, Zürich-Neukirchen, Benziger-Neukirchener, 2003, 51-61.

38. Trata-se do testemunho do presbítero romano Gaio: "Eu posso te mostrar os troféus dos apóstolos. Se fores ao Vaticano ou à via Ostiense, lá encontrarás os troféus dos fundadores da igreja" (in: EUSÉBIO, *História eclesiástica* II,25,7).

Escritor ocasional

Paulo não nascera com a vocação de escritor. Não tinha disposição para isso, até mesmo no sentido material de saber pegar uma pena (visto que as suas escassas intervenções desse gênero, conforme Gálatas 6,11, deviam ser incertas e pouco elegantes), nem mesmo em relação ao orgulho e ao prazer de saber redigir qualquer texto que fosse, talvez até mediante ditado a um escrivão, como habitualmente ocorria (visto que em 2 Coríntios 11,6, embora se deva levar em consideração aqui um ato de modéstia, ele se declara inexperiente na palavra). Um terceiro modo de escrever uma carta consistia em confiar a um secretário ou amanuense de confiança o pensamento a ser desenvolvido, deixando a ele a redação efetiva do texto; mas, antes da sua "conversão", Paulo não tinha, todavia, nenhum motivo para redigir qualquer texto escrito que fosse[39]. Com efeito, a educação farisaica que tinha recebido em Jerusalém, aos pés de Gamaliel, como demonstrará por muito tempo a tradição das escolas rabínicas (pelo menos até 200 d.C.), consistia essencialmente em saber ler os textos clássicos das Escrituras de Israel e na arte de explicá-los de viva voz, mas não em escrever comentários a respeito.

Contudo, ele passou à história não só como infatigável apóstolo, mas também, pelo menos ou igualmente, como autor de certo número de cartas que se tornaram, com razão, famosas. Além disso, a partir do século I, em que viveu, se prescindirmos de alguns breves e interessantíssimos textos epistolares em papiro original de proveniência popular, chegaram de fato até nós apenas as cartas de Sêneca, em latim, e as de Paulo, em grego; e talvez não seja sem significado que, depois, no século IV, tenha sido composto um epistolário fictício para documentar uma suposta correspondência entre os dois. Além

---

39. Importante, embora com algumas reservas, é ainda o estudo de ROLLER, O., *Das Formular der paulinischen Briefe. Ein Beitrag zur Lehre vom antiken Briefe*, Stuttgart, Kohlhammer, 1933, o qual calcula que era preciso a um escrivão um minuto para três sílabas e uma hora para 72 palavras (de modo que, por exemplo, para a carta aos romanos seriam precisas umas 98 horas); mas não leva em conta a diferença entre um ditado *syllabatim*, ou seja, conforme a lentidão da escrita, e um ditado *viva voce*, ou seja, de acordo com a velocidade de uma fala normal transcrita com uso da taquigrafia por parte do amanuense. Cf. também SCARPAT, G., Le Lettere nell'antichità, in: RINALDI, G.; DE BENEDETTI, P. (org.), *Introduzione al Nuovo Testamento*, Brescia, Morcelliana, ²1971, 844-861; STOWERS, S. K., *Letter Writing in Greco-Roman Antiquity*, Philadelphia, Westminster Press, 1986; RICHARDS, E. R., *The Secretary in the Letters of Paul*, Tübingen, Mohr, 1991.

disso, como reconhecem hoje alguns estudiosos judeus, seus escritos são também os únicos de um fariseu vivido no século I da nossa era[40]!

É preciso, porém, esclarecer que os seus escritos são produções da fase cristã da sua vida; isso equivale a dizer que, sem o evento da estrada de Damasco, Paulo, provavelmente, jamais teria tomado da pena ou ditado qualquer texto. Não que o fato de ser cristão esteja, por natureza, ligado a uma atividade de escritor. A ocasião, sim, é que fez dele um escritor. Com toda probabilidade, ele jamais se ocuparia dessa linha de frente se não lhe fosse repetidamente apresentada a necessidade de intervir nas situações das várias Igrejas, de acordo com as questões vitais que de tanto em tanto nelas ganhavam corpo[41]. Foi escritor por necessidade, movido por um forte sentimento de responsabilidade pastoral. E por sorte, diríamos nós, pois, de outra maneira, não teríamos conhecido o seu pensamento, a sua autêntica e personalíssima hermenêutica do evangelho, visto que tudo o que sabemos somente pelos Atos dos Apóstolos lucanos é absolutamente pouca coisa e, sobretudo, nem sempre corresponde plenamente ao que ele exprime pessoalmente nas suas cartas.

Além disso, temos também de reconhecer (Paulo é o homem de vários primados) que os seus escritos são absolutamente os primeiros na história do cristianismo: a literatura cristã documentada começa justamente por ele! Aliás, é sintomático que essa literatura tenha início precisamente com o gênero literário epistolar e não, digamos, com o gênero do tratado especulativo, ou do diálogo filosófico, ou do drama teatral, ou da poesia, talvez de consumo, nem com um empreendimento historiográfico, que, por sinal, seria utilíssimo (o qual seguirá, quer com os vários evangelhos, quer com os Atos dos Apóstolos, mas entre dez e cinquenta anos depois dele). A literatura cristã começa, por assim dizer, *in medias res*, ao se dar conta da existência e da vitalidade do novo fenômeno referente à existência de várias comunidades de batizados, espalhadas por diversos centros urbanos da bacia oriental do Mediterrâneo.

As cartas de hoje em dia, inclusive os *e-mails* (totalmente diferente é o sistema demasiado sucinto dos telegramas, dos SMS e dos *twittes*), seguem um esquema que não corresponde às cartas antigas. As de Paulo, em vez de trazer

---

40. Cf. Segal, A. F., *Paul the Convert*, XI.
41. Cf. Penna, R., Saint Paul, Pasteur et penseur: une théologie greffée sur la vie, in: Dettwiler, A.; Kaestli, J.-D.; Marguerat, D. (org.), *Paul, une théologie en construction*, Paris, Labor et fides, 2004, 365-391.

a assinatura do emitente no fim do texto epistolar, punham-na desde o início, até como primeira palavra. Só depois é que vinha o nome do destinatário, ao qual imediatamente se seguia uma fórmula de saudação, retomada com variações no fim do escrito. São muitos os casos de cartas ou de inteiros epistolários que chegaram até nós vindos da antiguidade: as de Platão e de Sêneca, equivalentes a verdadeiros ensaios sobre vários assuntos, cartas de Cícero a familiares e a amigos, cartas administrativas de Plínio o Jovem ao imperador Trajano, bem como toda uma série de cartas privadas populares, sem autoria: por exemplo, de um assalariado à sua esposa, de um filho arrependido à mãe, de um camponês a funcionários locais, de um soldado ao pai e, ainda cartas de recomendação, de conselho, de súplica etc.[42].

Entre as cartas antigas que nos chegaram estão também as de Paulo de Tarso. Exceto algumas provavelmente perdidas (talvez duas: cf. 1Cor 5,9; e 2Cor 2,4?), são treze as que levam o seu nome. Os estudos atuais, todavia, são orientados a afirmar que, com toda probabilidade, somente sete dessas cartas devem ser atribuídas diretamente a ele; em provável ordem cronológica, elas são a primeira aos tessalonicenses, as duas cartas aos coríntios, a carta aos filipenses e as dirigidas a Filêmon, aos gálatas e aos romanos. As outras seis (a segunda aos tessalonicenses, as enviadas aos colossenses e aos efésios, as duas cartas a Timóteo e a enviada para Tito), por razões literárias, teológicas e históricas, deveriam ser atribuídas a discípulos posteriores, segundo o difuso fenômeno das pseudoepigrafia[43]. A desanexação do epistolário paulino nessas duas partes é devida não ao desejo de estabelecer a autenticidade das primeiras, mas à constatação de que as segundas não concordam nem com o estilo do apóstolo (por exemplo, 2Ts remete a um futuro distante a parusia do Senhor, enquanto a 1Ts a supunha próxima; nas cartas pastorais afirma-se uma distinção de ministérios eclesiais entre bispos-presbíteros-diáconos, que está ausente nas outras cartas), nem com os acontecimentos de sua vida (por

---

42. Cf. também WHITE, J. L., *Light from Ancient Letters*, Philadelphia, Fortress Press, 1986; MALHERBE, A. J., *Ancient Epistolary Theorists*, Atlanta, Scholars, 1988; STIREWALT, M. L., *Studies in Ancient Greek Epistolography*, Atlanta, Scholars, 1993.

43. Cf. PENNA, R., Anonimia e pseudepigrafia nel Nuovo Testamento. Comparativismo e ragioni di una prassi letteraria, in: Id., *Vangelo e inculturazione*, 795-816; COLLINS, R. F., *Letters That Paul Did Not Write*, Wilmington, Glazier, 1988; BAUM, A. D., *Pseudepigraphie und literarische Fälschung im frühen Christentum*, Tübingen, Mohr, 2000; BROWN, R. E., *Introduzione al Nuovo Testamento*, Brescia, Queriniana, 2001, 593 e 774ss.

exemplo, Ef não contém nenhuma referência à Igreja de Éfeso, onde Paulo tinha ficado por dois anos). A constatação da existência de um grupo de cartas que não remontam a Paulo dá consistência à hipótese de uma "escola" paulina ou, pelo menos, de uma tradição que se remete ao apóstolo, o qual, por isso, não acaba sendo uma voz isolada nas origens cristãs[44]; é como se disséssemos que, como o judeu-cristianismo inicial teve uma continuação nas gerações seguintes, assim a herança de Paulo foi reunida por diversos escritores, embora com adaptações às novas situações eclesiais.

Sob o ponto de vista material, a média do tamanho das cartas paulinas supera amplamente a de todas as outras cartas antigas. Segundo uma contagem confiável[45], pode-se comparar o caso de Paulo com outros dois grupos característicos de cartas provenientes da antiguidade. O grupo maior é o das cartas privadas populares (com texto original em papiro), que chegam até a 14 mil exemplares; pois bem, elas vão de um mínimo de 18 palavras a um máximo de 209, de modo que, em média, contêm 87 palavras. Quanto às cartas de escritores profissionais, elas variam: as de Cícero têm um mínimo de 22 palavras e um máximo de 2.530, com uma média de 295; as de Sêneca vão de um mínimo de 149 a um máximo de 4.134, com uma média de 995. As cartas de Paulo, porém, contêm um mínimo de 335 palavras (a Filêmon) e um máximo de 7.094 (aos romanos), com uma média de 2.495.

Já sobre essa base temos de ser cautelosos ao aceitar uma célebre distinção do estudioso alemão do início do século XX, Adolf Deissmann, o qual fazia distinção entre "carta" e "epístola". A primeira, de estilo não literário, seria de natureza íntima e pessoal, um pedaço da vida, expressão somente da relação existente entre emitente e destinatário, válida, portanto, somente para seu particular mundo interpessoal, mas estranha ao interesse do grande público. A segunda, porém, seria uma forma de arte, um produto convencional adrede construído, e o seu conteúdo levaria em conta o grande público ao qual se dirige: "Se a carta é um segredo, a epístola é uma mercadoria exposta: qualquer um pode e deve lê-la"[46]. Pois bem, Deissmann julgava que a

---

44. Cf. SCHMELLER, T., *Schulen im Neuen Testament? Zur Stellung des Urchristentums in der Bildungswelt seiner Zeit*, Freiburg-Basel-Wien, Herder, 2001, 93-253.

45. Cf. RICHARDS, E. R., *The Secretary*, 213.

46. DEISSMANN, A., *Licht vom Osten*, Tübingen, Mohr, ^{4}1923, 195 [1. ed. 1908]; a referida distinção encontra-se nas páginas 193-208.

correspondência do nosso apóstolo não seria considerada como de epístolas, mas de cartas.

Mas Paulo não pode estar confinado no âmbito do privado. É verdade que nas suas cartas ele reflete exatamente o seu genuíno caráter impulsivo, generoso, forte e terno, ao mesmo tempo. Ou seja, ele não esconde, de modo algum, a própria humanidade por trás de um ato, talvez considerado oficial. Nada é burocrático nos seus escritos epistolares. Pelo contrário. Além disso, as suas cartas são também um espelho quer da vida concreta de cada comunidade destinatária, com seus multifacetados problemas internos (cujo exemplo mais interessante talvez seja 1Cor), quer de contrastes que podiam se configurar entre Paulo e as suas Igrejas (cf., sobretudo, 2Cor 10–13). Ele, porém, sabe escrever com uma autoridade que é somente sua e que lhe advém não somente do próprio Cristo, mas também e sobretudo da sua responsabilidade de reconhecido fundador e guia das mesmas Igrejas. As suas cartas exprimem, todavia, a autoridade apostólica do emitente, substituindo, de algum modo, sua presença viva[47]. Até na carta a Filêmon, brevíssima e aparentemente particular, ele exprime essa consciência, embora depois adote tons baixos: "Embora eu tenha, em Cristo, toda a liberdade de prescrever-te a tua obrigação, prefiro dirigir-te um pedido em virtude do amor" (8-9). A sua "solicitude por todas as Igrejas" (2Cor 11,28) confere-lhe uma autoridade de tal intervenção que estimulou bem cedo as gerações cristãs seguintes a reunir todas as suas cartas existentes ainda num *corpus* único, embora não seja fácil determinar onde e quando isso terá acontecido[48].

Uma questão à parte, de tipo formal, é o problema da língua e da linguagem empregadas por Paulo. A linguística moderna, pelo menos a partir de Ferdinand de Saussure[49], faz distinção clara entre significante e significado. O primeiro é dado pelas palavras empregadas, próprias de uma língua falada, ao passo que o segundo consiste no alcance semântico daquelas palavras,

---

47. A respeito, cf. um célebre ensaio de FUNK, R. W., The apostolic Parousia: Form and Significance, in: FARMER, W. R.; MOULE, C. F. D.; NIEBUHR, R. R. (ed.), *Christian History and Interpretation: Studies Presented to J. Knox*, Cambridge, Cambridge University Press, 1967, 249-268.

48. Desenvolvimentos mais amplos in: PENNA, R., L'origine del *corpus* epistolare paolino: problemi, analogie, ipotesi, in: Id., *Vangelo e inculturazione*, 612-641.

49. Cf. *Corso di linguistica generale*, Roma-Bari, Laterza, 1987 [1. ed. Paris, 1922].

que dá forma a uma linguagem enquanto faz parte de uma cultura. Pois bem, aplicando a distinção ao caso de Paulo, as duas coisas não correspondem aos nossos parâmetros atuais do século XXI (mas já deviam criar dificuldades às gerações seguintes). Os dois níveis, decerto, não devem ser separados da sua *forma mentis* pessoal, a qual, antes, explica ambos.

Como teve ocasião de escrever um dos maiores helenistas e críticos literários do século passado, Eduard Norden, nas cartas de Paulo "a língua escrita não é senão o sub-rogado da própria palavra falada, [...] e ele as escrevia [as cartas] numa época em que a arte da palavra era tudo e a sabedoria sem essa última não era nada"[50]. Entende-se bem, portanto, o que o próprio apóstolo declara em sua carta:

> Eu mesmo, quando fui ter convosco, irmãos, não foi com o prestígio da palavra ou da sabedoria que vim anunciar-vos o mistério de Deus [...]. Minha palavra e minha pregação nada tinham dos discursos persuasivos da sabedoria, mas eram uma demonstração feita pelo poder do Espírito, a fim de que a vossa fé não se fundasse na sabedoria dos homens, mas no poder de Deus (1Cor 2,1.4-5).

Mas o que ele diz de seu modo de falar vale igualmente para seu modo de escrever, não havendo diferença entre os dois momentos. Isso impressiona mais ainda, se se leva em consideração que no plano literário do século I predominava a tendência ao purismo linguístico, chamado aticismo. A sua língua grega, porém, tem características diferentes. De uma parte, ela emprega termos de cunho hebraico, que têm um equivalente apenas no grego da Bíblia dos Setenta (como carne, lei, glória, nome, ungido). De outra, recorre a palavras tipicamente gregas, as quais não têm um equivalente no semítico (como corpo, consciência, franqueza, parusia) ou estão entre os dois mundos (como a*gápe*, *ecclesía*, evangelho, Espírito, pecado, fé). Paulo até cunha neologismos, predominantemente formados com base na preposição "com" (como conformados, concrucificados, cossepultados, coimitadores). Ademais, apresenta algumas palavras que para um grego eram "bárbaras", ou seja, de origem hebraica ou aramaica (como *abbá, Maranathá, pascha, satanás*).

---

50. NORDEN, E., *La prosa d'arte antica, dal VI secolo all'età della rinascenza*, Roma, Salerno, 1986, 502-503 [1. ed. Stuttgart, 1898].

Se quiséssemos comparar Paulo com o filósofo contemporâneo seu, Fílon de Alexandria, também ele judeu da diáspora grega e versado nas escrituras de Israel, notaríamos um elevado desnível a favor do segundo, seja quanto à riqueza vocabular, seja quanto à elegância da construção sintática, seja quanto à densidade cultural constituída por variadas e substanciais dívidas em relação à tradição filosófica grega, platônica e estoica. Mas Fílon não escreveu cartas; suas obras são, como se diz, escritas em abstrato. Nas cartas de Paulo, porém, há uma paixão que deriva não somente do seu temperamento exuberante, mas também da imediatez, às vezes vibrante, da relação viva com os seus interlocutores e, mais ainda, pela eficácia do sinal deixado na sua vida por Jesus Cristo. Em todo caso, algumas passagens epistolares obtêm um eficaz resultado literário, como Romanos 8,31-39 (um hino ao amor, próprio de Deus) e 1Cor 13,1-13 (um hino ao amor cristão em geral).

Ele não cuida tanto da forma quanto do conteúdo; de modo que se compreende a exortação que lhe fez Sêneca segundo a citada correspondência apócrifa: "Gostaria que tu tivesses cuidado com as coisas que dizes, para que à sublimidade delas não falte o cultivo da fala"[51]. Às vezes, temos até a impressão de que a matéria que Paulo tem a comunicar excede de tal modo a possibilidade de transmissão verbal que acaba criando na sua mente uma espécie de obstrução conceitual, e, portanto, tal densidade se torna de difícil compreensão. Reconhecia-o já, entre os séculos I e II, o autor da chamada segunda carta de Pedro:

> Paulo, nosso irmão e amigo, vos escreveu consoante a sabedoria que lhe foi dada. Aliás, é outrossim o que diz em todas as suas cartas, em que trata destes assuntos: nelas se encontram passagens difíceis, cujo sentido pessoas ignorantes e sem formação deturpam (2Pd 3,15-16).

Mais recentemente e de maneira feliz, um paulinista do século passado teve ocasião de escrever a propósito do apóstolo:

> Não é a clareza o seu carisma, mas a novidade e a densidade [...]. Ele está sempre "a caminho" [...]. A sua tarefa é abrir novas estradas por toda parte, deixando a outros os caminhos normais; naturalmente, ele resolve não poucos problemas, mas, a um tempo, suscita outros tantos[52].

---

51. *Epístolas*, 13 e 17.
52. Kuss, O., *Paolo*, 341.

Eis por que tinha razão Wrede, estudioso das origens cristãs, no início do século XX, quando afirmava compreender melhor Paulo quem não o conhece de modo algum do que quem o conhece apenas pela metade. Mas uma coisa é certa: quem tem a paciência de o ler e se esforça por entendê-lo, talvez com pertinácia e, sobretudo, com disponibilidade interior, fica amplamente recompensado; com efeito, como já pôde admitir Lutero, no século XVI, é como se se abrissem para ele as portas do paraíso[53].

O estilo literário de Paulo é igualmente especial. Segundo um célebre e acertado aforismo, o estilo é o homem; ou seja, cada qual reflete a própria personalidade não só no modo de se comportar, mas também no modo de falar e de escrever. Pois bem; a imediatez da escrita de Paulo espelha exatamente a sua vitalidade isenta de afetações e de requinte. A agitação do pensamento reflete-se bem na escrita. Um indício a respeito são os anacolutos, que deixam algumas frases em suspenso, sem ficarem acabadas, embora isso devesse ser conferido com o original, visto que as traduções normalmente dão outro retoque por conta própria (apenas na carta aos romanos, cf. 2,17-20; 5,12; 8,3; 9,22-23). Outro indício é o uso de antíteses, um claro sinal de um pensamento efervescente, inclinado a contrapor conceitos e figuras para impressionar mais os leitores, como se vê nos casos de Adão-Cristo (Rm 5,14-21), carne-Espírito (Gl 5,16-25), fé-obras (Rm 3,21–4,25), sabedoria-estultícia (1Cor 2,18-25), fraqueza-poder (2Cor 12,7-10), homem velho-homem novo (Rm 6,6; 2Cor 5,17). A antítese, além disso, não isenta de hipérboles e até de ironias, e é também usada como simples mas eficaz figura literária, para descrever com tons autobiográficos as dificuldades da vida apostólica; verifica-se isso em algumas passagens célebres, como 1 Coríntios 4,10.12-13 ("Nós somos loucos por causa de Cristo, mas vós sois sábios em Cristo; nós somos fracos, vós sois fortes; vós sois objeto de consideração, nós somos desprezados [...]. Insultam-nos, nós abençoamos; perseguem-nos, nós suportamos; caluniam-nos, nós consolamos. Nós somos até agora, por assim dizer, o lixo do mundo, os detritos do universo") e, também, 2 Coríntios 6,4-10.

Uma questão à parte diz respeito à discutida dependência de Paulo das regras da retórica antiga, entendida como arte do bem falar, *ars bene dicendi*. Em Tarso, sem excluir Jerusalém, ele deve ter aprendido pelo menos os rudimentos do bem falar. E está fora de dúvida que ele, cultivando a *elocutio*,

---

53. Citado em MIEGGE, G., *Lutero giovane*, Milano, Feltrinelli, 1964, 115.

utiliza por várias vezes muitas das chamadas figuras retóricas: da lítotes (Rm 1,16: "Não me envergonho do Evangelho") à paronomásia (1Cor 5,3a: "Ausente de corpo, mas presente em espírito"), da paralipse (1Ts 4,9: "Sobre o amor fraterno, não há necessidade de que se vos escreva") à enálage (Rm 7,9-10: "Outrora, na ausência de lei, eu vivia. Mas veio o mandamento, o pecado tomou vida e eu morri" etc.), da repetição (Fl 2,17b-18: "eu me alegro e me rejubilo com todos vós, assim, também vós, alegrai-vos e rejubilai-vos comigo") à hipérbole (1Cor 8,13: "Se um alimento pode fazer cair o meu irmão, eu renunciarei para todo sempre a comer carne"), do sorites (Rm 5,2-5: "Orgulhamo-nos até em nossas tribulações, sabendo que a tribulação produz a perseverança; a perseverança, a fidelidade provada; a fidelidade provada, a fidelidade; a esperança não engana") à ironia (Gl 5,15: "Mas se vos mordeis e devorais uns aos outros, tomai cuidado: vós vos destruireis mutuamente"), do entimema (2Cor 5,14b: "um só morreu por todos e, portanto, todos morreram", subentendendo que a morte de Cristo tenha uma eficácia salvífica) à isocolia (1Cor 13,4-7: "O amor tem paciência, o amor é serviçal, não é ciumento, não se pavoneia, não se incha de orgulho, nada faz de inconveniente, não procura o próprio interesse, não se irrita, não guarda rancor, não se regozija com a injustiça, mas encontra a sua alegria na verdade. Ele tudo desculpa, tudo crê, tudo espera, tudo suporta). Até a referência aos jogos no estádio (em 1Cor 9,24-27: "Não sabeis acaso que, no estádio, os corredores correm todos, mas um só recebe o prêmio? Correi, pois, de modo a levá-lo [...]. Eu, portanto, corro assim: não vou às cegas; e o pugilismo, pratico-o assim: não dou golpes no vazio. Mas trato duramente o meu corpo e o mantenho submisso, a fim de que não ocorra que, depois de ter proclamado a mensagem aos outros, eu mesmo venha a ser eliminado") é um pequeno indício de conhecimento do mundo grego e de abertura a ele.

    Mais discutível é a eventualidade de ter ele elaborado o seu discurso seguindo as normas da *dispositio* retórica. Era ela habitual nos discursos orais pronunciados fundamentalmente em três ocasiões: nas assembleias deliberativas, nas judiciárias e nas celebrativas, que davam origem aos *tria genera* já codificados por Aristóteles. Nesses casos, o discurso estava estruturado normalmente em quatro partes: o *exordium* (que introduzia o assunto, eventualmente mediante uma *narratio* ou exposição do caso), a *propositio* (enunciação programática do tema), a *argumentatio* (demonstração do assunto, eventualmente com uma *refutatio* das teses contrárias) e a *peroratio* (que retomava o assunto, levando-o à conclusão). Todo o problema está em saber se também uma composição epistolar deveria estar submetida a essa disposição. Embora não o podendo excluir por princípio, dado que, por exemplo, o texto de Romanos 1,16-17 desempenha com muita clareza o papel de uma *propositio*, não parece que os teóricos da retórica tenham aplicado suas regras à epistolografia. Como se exprime muito bem um estudo específico, "os dois gêneros podem ter noivado, mas cônjuges jamais o foram"[54].

Para estudar as cartas de Paulo, não é preciso, por isso, aplicar-lhes a crivo apertado e sufocantes do chamado *rhetorical criticism*, como alguns fizeram, impondo às cartas paulinas a camisa de força da retórica antiga, mas é preciso nos ater mais ao estudo da efetiva e original argumentação desenvolvida por própria conta pelo apóstolo[55]. É a sua retórica literária que deve ser identificada, ou seja, o seu modo próprio de persuadir os leitores sobre determinadas questões concernentes quer à vida deles, quer à exposição da sua hermenêutica pessoal do evangelho.

A originalidade do pensamento

Como teve oportunidade de escrever o célebre Albert Schweitzer,

> Paulo assegurou para sempre no cristianismo o direito de pensar [...]. Ele não é um revolucionário. Parte da fé da comunidade, mas não admite ter de se deter onde ela termina [...]. Ele fundamenta para sempre a confiança de que a fé não tem nada a temer do pensamento [...]. Paulo é o santo protetor do pensamento do cristianismo[56].

Talvez sem o saber, Schweitzer, com essas palavras, reformula, de fato, aplicando-o a Paulo, o que já havia afirmado Santo Agostinho em termos mais gerais: "Se a fé não for pensada, é como se não existisse"[57].

---

54. REED, J. T., The Epistle, in: PORTER, S. E. (ed.), *Handbook of Classical Rhetoric in the Hellenistic Period 330 B.C.-A.D. 400*, Leiden, Brill, 1997, 171-193, aqui 192. Além disso, cf. também PENNA, R., La questione della *dispositio rhetorica* nella Lettera di Paolo ai Romani: confronto con la Lettera 7 di Platone e la Lettera 95 di Seneca, in: Id., *Paolo e la chiesa di Roma*, 71-98.
55. Cf. PITTA, A., *Lettera ai Galati*, Bologna, Dahoniane, 1996, 36-37.
56. SCHWEITZER, A., *Die Mystik des Apostels Paulus*, Tübingen, Mohr, 1930, 365-366.
57. AGOSTINHO, *De praedestinatione sanctorum* 2,5: "Fides, si non cogitetur, nulla est" (= PL 44,963).

Proximidades e contrastes com a Igreja primitiva e com o judaísmo

A teologia de Paulo não surgiu como um cogumelo dentro do cristianismo das origens, nem permaneceu confinada num esplêndido isolamento. De uma parte, com efeito, os débitos de Paulo em relação à Igreja primitiva são inegáveis, como se vê de vários elementos, tais como a sua preocupação pessoal em manter oportunas ligações com aqueles que tinham aderido a Cristo antes dele (cf. Gl 2,2.9: "por receio de estar correndo, ou ter corrido, em vão [...]. Deram-nos a mão, em sinal de comunhão"), algumas citações explícitas do credo comum (cf. 1Cor 15,3-5: "Eu vos transmiti, em primeiro lugar, o que eu mesmo recebera: Cristo morreu por nossos pecados, segundo as Escrituras. Foi sepultado, ressuscitou ao terceiro dia, segundo as Escrituras. Apareceu a Cefas, depois aos Doze") e a utilização de textos que a crítica literária atribui, com toda probabilidade, a âmbitos judeu-cristãos preexistentes (cf. a confissão cristológica de Rm 1,3b-4a: "Oriundo, segundo a carne, da estirpe de Davi, estabelecido segundo o Espírito Santo, Filho de Deus com o poder, por sua ressurreição de entre os mortos"; e a ampla composição hínica em Fl 2,6-11). Seria necessário, quando muito, esclarecer qual tenha sido a Igreja que mais lhe transmitiu a formulação dos elementos fundamentais da fé cristã, se Jerusalém ou Antioquia[58]. E há de se calcular o papel que em Jerusalém deverá ter desempenhado a seu respeito o grupo dos sete cristãos de proveniência judeu-helenista, representados por Estêvão e pela sua pregação (pelo menos segundo o relato de Lucas em At 6-7, visto que Paulo nas suas cartas jamais fala disso), cuja crítica ao Templo e à lei mosaica poderia ter representado para ele um ponto de partida, seja antes para a perseguição, seja depois para a mudança de opinião sobre a mensagem cristã. De outra parte, Paulo teve já em vida toda uma série de colaboradores que partilharam de seu pensamento, antes do que seu destino apostólico (homens como Barnabé, Timóteo, Tito, Epafras, Epafrodito, Tíquico, Clemente, Áquila; e mulheres, como Lídia, Prisca, Febe, Maria, Júnia, Trifena, Trifosa, Pérside, Júlia) e depois originou uma sucessiva

---

58. Decisivo para ele foi o triângulo formado por Jerusalém-Damasco-Antioquia do Orontes: como sabemos pouquíssimo de uma comunidade cristã em Damasco, os estudiosos se subdividem com base na preferência a ser dada ou a Jerusalém ou a Antioquia.

tradição teológica atestada quer pelas chamadas cartas deuteropaulinas (as seis acima identificadas), quer por alguns autores posteriores (como Inácio de Antioquia, Justino, Irineu de Lião).

Além disso, temos de reconhecer que ele não renegou de modo algum a sua matriz judaica. Decerto, jamais se professa "cristão", até porque o termo é provavelmente posterior (apesar de At 11,26). E não só se declara "circunciso no oitavo dia, da raça de Israel, da tribo de Benjamim, hebreu, filho de hebreus" (Fl 3,5), "estirpe de Abraão" (2Cor 11,22), mas chega até a desejar ser "anátema, ser eu mesmo separado de Cristo por meus irmãos, os da minha raça segundo a carne" (Rm 9,3), aos quais reconhece toda uma série de peculiaridades distintivas: "Eles que são os israelitas, a quem pertencem a adoção, a glória, as alianças, a lei, o culto, as promessas e os pais, eles, enfim, dos quais, segundo a carne, descende o Cristo" (Rm 9,4-5). Paulo partilha das mesmas Escrituras (Rm 1,2), da mesma fé monoteísta do *Shemá* (cf. 1Cor 8,6), da mesma espera do futuro "dia do Senhor" (1Cor 5,5; 1Ts 5,2 etc.), a mesma concepção fundamental sobre Israel como povo escolhido e amado por Deus, que o chamou de modo "irrevogável" (Rm 11,29). Ele, certamente, teria continuado a se chamar de um "judeu", embora um judeu "em Cristo".

Resta o fato de que Paulo foi, por sua vez, incompreendido e fortemente contestado. Isso se verificou já por parte dos judeus de fé hebraica, pelos quais foi repetidamente flagelado ("Dos judeus, recebi cinco vezes os trinta e nove açoites": 2Cor 11,24; cf. também 1Ts 2,14-16) e em vários lugares foi diversamente objeto de violência (cf. At 9,23, em Damasco; 29, em Jerusalém; 13,50, em Antioquia da Pisídia; 17,5, em Tessalônica; 13, na Bereia; 18,12-17, em Cafarnaum; 21,27, tentativa de lapidação em Jerusalém). Mas a oposição foi praticada, surpreendentemente, também pelos judeus que, por terem aderido a Jesus Cristo, partilhavam da mesma fé cristã, defendendo, porém, outra hermenêutica do evangelho. Ele os chama, ironicamente, de "superapóstolos" (cf. 2Cor 11,4-5.22-26) ou "falsos irmãos, intrusos que, tendo-se insinuado, espreitavam a nossa liberdade que nos vem de Jesus Cristo" (Gl 2,4-5; cf. Gl 2,11-15; 4,29; 5,11; Fl 3,2-3; Rm 16,17-18). Esses fatos suscitam uma interrogação inevitável: por que Paulo foi tão hostilizado? Põe-se aqui o complexo problema histórico e teológico do chamado "judeu-cristianismo", ou seja, aquele setor do primeiro cristianismo de proveniência judaica (da qual foi expoente Tiago, "irmão do Senhor", autor ou relator da carta homônima) que aceitou a fé em

Jesus Cristo, mas a combinou com uma duradoura observância da *Torá* ou de parte dela[59].

Tocamos, com isso, no ponto central da originalidade do pensamento paulino: um assunto que tem muitas facetas e que deve ser tratado por partes.

O ponto focal

Uma questão importante consiste em saber se a teologia de Paulo tem um centro e qual seria ele[60]. Enquanto a tese luterana clássica afirma a centralidade da justificação pela fé (assim Bultmann, Käsemann, Hübner), outros do próprio protestantismo preferem indicar a determinação da união mística com Cristo (Wrede, Schweitzer, Sanders); outros ainda ressaltam o valor da teologia da cruz (Wilckens, Becker) ou a dimensão apocalíptica da revelação de Deus em Cristo (Beker) ou a constante tensão para horizontes universalistas (Stendahl, Watson, Dunn) ou, enfim, mostram o próprio Cristo como o fator objetivo e desencadeador de toda a teologia do Paulo cristão (Cerfaux, Schnackenburg). Essa última escolha merece a nossa atenção, pois para Paulo é precisamente a descoberta da figura de Cristo e do seu valor soteriológico que constitui a causa, a origem, a fonte do seu multifacetado discurso sobre a fé, sobre a justificação, sobre a participação mística, sobre o evento cruz-ressurreição e sobre a destinação universal do evangelho.

Não que todos esses vários capítulos teriam ficado letra morta sem a adesão a Cristo. Da fé em Deus, por exemplo, certamente Paulo teria continuado a falar, até como simples judeu, vistas as celebrações que da fé (*'emunáh*) se

---

59. A propósito, cf. cap. 6. Aceitando a distinção proposta há alguns anos por R. E. Brown e J. P. Meier, na introdução a *Antiochia e Roma, chiese-madri della cattolicità antica*, Assisi, Cittadella, 1987, poderíamos subdividir em quatro grupos os judeus que aderiram a Jesus Cristo, de uma posição de direita a uma de esquerda: *a)* os que insistiam sobre a plena observância da lei mosaica, inclusive a circuncisão (cf. At 11,2; 15,5; Gl 2,4); *b)* os que não insistiam sobre a circuncisão, mas exigiam dos pagãos a observância de alguns preceitos judaicos (cf. At 15; Gl 2,11-14; Ap 2,14; inclusive as figuras de Tiago e, talvez, de Pedro); *c)* os que não insistiam nem sobre a circuncisão nem sobre nenhum outro preceito judaico (assim Paulo); *d)* os que não reconheciam mais nenhum significado ao culto e às festas judaicas (se não os sete de At 6,1-6, decerto o evangelho de João e a carta aos hebreus).

60. Cf., por exemplo, PLEVNIK, J., The Center of Pauline Theology, *Catholic Biblical Quarterly*, v. 51 (1989) 461-478.

fazem em vários escritos rabínicos[61]; assim também da revelação de Deus na história humana, especialmente de Israel, como se exprimem alguns textos rabínicos, embora estabelecendo uma nítida diferença com os pagãos[62]; além disso, embora o messianismo da época fosse um fenômeno muito complexo[63], Paulo, todavia, teria continuado a esperar na vinda do messias como libertador de Israel – se não da humanidade toda[64] –, embora, com base na sua formação farisaica, teria, antes, atribuído à *Torá* o peso maior como critério da identificação do verdadeiro judeu[65].

Mas em todos esses conceitos ele deu um verdadeiro *reset*, uma reconfiguração, de modo a reelaborá-los e fundi-los numa nova síntese; assim, cada um deles fica, afinal, caracterizado por uma semântica diferente da original.

---

61. Por exemplo, o *Talmud* babilônico sintetiza até 613 preceitos, dados, segundo a tradição, a Moisés, no único preceito da fé, citando Hab 2,4b: "Um justo vive por sua fidelidade" (cf. *Makkot* 24a).

62. O *midrash Genesis Rabbà* 52,5, ao pressupor uma revelação até fora de Israel, assim se exprime: "Que diferença há entre os profetas de Israel e os profetas dos pagãos? Pode-se instituir a comparação com um rei que se encontrava junto a um amigo numa sala, e um véu pendia entre eles: quando o rei desejava falar com o seu amigo, levantava-o; mas quando falou aos profetas dos pagãos, não ergueu o véu, mas se dirigiu a eles, estando por trás dele. Pode-se também comparar com um rei que tinha uma esposa e uma concubina: a primeira, ele a visitava abertamente, a outra, secretamente. De modo semelhante, o Santo, que seja bendito, falou aos profetas pagãos apenas por meias palavras, mas aos profetas de Israel falou com palavras inteiras, com linguagem de amor".

63. Cf. COLLINS, J. J., *The Scepter and the Star. The Messiahs of the Dead Sea Scrolls and Other Ancient Literature*, New York-London, Doubleday, 1995; OEGEMA, G. S., *The Anointed and his People. Messianic Expectations from the Maccabees to Bar Kochba*, Sheffield, Academic Press, 1998.

64. Cf. o apócrifo *Salmos de Salomão* 17,21-31 (século I a.C.): "Olha, Senhor, e faz surgir o rei deles, filho de Davi [...] e cinge-o de força de modo que possa quebrar os governantes injustos [...]. Terá os povos pagãos sob o seu jugo [...], de modo que juntarão nações da extremidade da terra para ver a sua glória". Eram, porém, reprovadas as tentativas de calcular o fim: "Malditos os que calculam o fim, porquanto demonstram que, tendo o fim chegado e o Messias não chegado, não virá nunca mais; ao contrário, esperai-o, como se disse: 'Se parece tardar, espera por ele' (Hab 2,3)" (*Sanhedrin* 97b).

65. O *Talmud* babilônico diz: "Todos os fins passaram (e o Messias ainda não veio); depende somente do arrependimento e das boas obras" (*Sanhedrin* 97b); e o *Talmud* palestino precisa: "Se Israel se arrependesse por um só dia, imediatamente viria o filho de Davi; se Israel observasse corretamente um só *Shabbat*, imediatamente viria o filho de Davi" (*Taanit* 64a).

Pois bem, a causa responsável pela inovação não é senão a percepção do alcance irresistível de Jesus Cristo, o qual, nada mais senão por sua identidade messiânica diferentemente concebida em relação às promessas judaicas, redefine quer a fé em Deus, quer a ideia da história da salvação etc. A intuição, portanto, é a de que a novidade do pensamento de Paulo deve ser absolutamente associada à determinante experiência dele feita no caminho de Damasco[66], à qual se juntará depois também o fato de algum desenvolvimento do pensamento[67], condicionado, de tanto em tanto, pelas diversas situações das Igrejas destinatárias das suas cartas.

Hermenêutica soteriológica e universalista
da figura de Jesus, o Cristo

Quem é, pois, Jesus Cristo segundo Paulo? A posição de quem gostaria de ver no apóstolo o verdadeiro fundador do cristianismo como religião de redenção, porquanto teria justamente transformado Jesus num redentor, choca-se, inevitavelmente, contra dois fatos indiscutíveis: o fato de que, já antes dele, Jesus era confessado como "morto pelos nossos pecados" (1Cor 15,3; citação de uma confissão de fé anterior ao apóstolo) e o fato de que ele nunca define Jesus nem como redentor[68], nem como salvador[69], enquanto a formulação abstrata e

---

66. Cf. DIETZFELBINGER, C., *Die Berufung des Paulus als Ursprung seiner Theologie*, Neukirchen-Vluyn, Neukirchener, 1985; KIM, S., *The Origin of Paul's Gospel*, Tübingen, Mohr, 1981; Id., *Paul and the New Perspective. Second Thoughts in the Origin of Paul's Gospel*, Grand Rapids-Cambridge, Eerdmans, 2002.

67. Cf., por exemplo, BENOIT, P., L'évolution du langage apocalyptique dans le corpus paulinien, in: *Apocalypses et théologie de l'espérance: ACFEB, Congrès de Toulouse 1975*, Paris, Cerf, 1977, 299-335; SCHNELLE, U., *Wandlungen im paulinischen Denken*, Stuttgart, Katholisches Bibelwerk, 1989. Veja-se também a respeito PENNA, R., Aspetti originali dell'escatologia paolina: tradizione e novità, in: Id., *Vangelo e inculturazione*, 581-611, especialmente 586-590.

68. Paulo emprega somente o substantivo abstrato "redenção" (*apolýtrosis*), raramente (só em Rm 3,24; 8,23; 1Cor 1,30) e sabendo bem que ele não é de origem cultual, mas profana-social (referido ao resgate de escravizados ou de prisioneiros).

69. Paulo emprega o título de "salvador" (*sotér*) somente uma vez (em Fl 3,20) e o faz em referência não à obra histórica ou atual de Cristo, mas apenas à sua vinda escatológica. Cf. JUNG, F., *SOTER. Studien zur Rezeption eines hellenistischen Ehrentitels im Neuen Testament*, München, Aschendorff, 2002 (sobre Fl 3,20, cf. as páginas 309-316).

de cunho cultural sobre a morte "pelos pecados" adquire nele um acento personalista com a expressão "por todos, por vós, por nós, por mim, pelos ímpios" (cf. respectivamente 2Cor 5,14s.; 1Cor 11,24; 1Ts 5,10; Gl 2,20; Rm 5,6).

O apóstolo partilha com o cristianismo primitivo, anterior a ele, a fé escandalosa de definir messias (*Christós*) e até Senhor (*Kyrios*)[70] não um soberano potente e glorioso, mas um condenado à ignomínia da cruz, cuja glória em termos paradoxais se considera que lhe advém somente pelo fato de ter dado a vida pelos outros e de ter sido, justamente "por isso" (assim, no hino pré-paulino de Fl 2,9), inesperadamente ressuscitado dos mortos pelo próprio Deus. Portanto, pelo menos em grande parte, os primeiros cristãos consideram que Jesus tenha sido "morto por nossos pecados" (1Cor 15,3)[71] e que, com a ressurreição dos mortos, tenha sido "estabelecido filho de Deus com poder" (Rm 1,4a). Além disso, algumas formas de missão (judeu-cristã, dentro de Israel) devem ter existido também antes de Paulo, embora limitadas e, sobretudo, isentas de comprovadas ênfases polêmicas em relação à matriz judaica[72]. Por isso, o judeu Paulo partilha com outros judeus (pois tais foram todos os primeiros discípulos de Jesus) uma fé que se refere também a outro judeu, certamente atípico, mas extremamente humano, culturalmente pertencente a uma não brilhante região palestina da época.

Além disso, de sua parte, Paulo considera que esse Jesus (Cristo e Senhor) é o iniciador de uma nova etapa da história e de uma nova identidade antropológica de consequências universais, eventualmente comparável não a um rei, como Davi, ou a um profeta, como Isaías, nem mesmo a um grande legislador, como Moisés, mas apenas a quem é anterior a todos eles e, além disso, não pertencente ao povo histórico de Israel, ou seja, a Adão progenitor de toda a humanidade (cf. 1Cor 15,21-22.45-47; Rm 5,12-21). Assim, com o Cristo tem lugar no homem crente uma "nova criação" (2Cor 5,17; Gl 6,15). Certamente,

---

70. Ele não utiliza nunca os títulos cristológicos, nem de mestre, nem de profeta, que, todavia, deviam pertencer à linguagem dos discípulos da primeira hora.

71. Sobre a existência de discípulos de Jesus que, todavia, não contavam a morte dele como redentora, cf. PENNA, R., *Cristologia senza morte redentrice: un filone di pensiero del giudeo-cristianesimo più antico*, in: Id., *Vangelo e inculturazione*, 680-704.

72. Cf. a exposição detalhada de SCHNABEL, E. J., *Urchristliche Mission*, 654-688; e VOUGA, F., *Il cristianesimo delle origini*, 36-52 e 88-95; GNILKA, J., *I primi cristiani. Origini e inizio della chiesa*, Brescia, Paideia, 2000, 322-335.

Paulo não tem uma ideia gnóstica de Jesus, como se fosse um revelador angélico que não tivesse nada a dividir com este mundo caduco e com os altos e baixos da história; ao contrário, ele sabe muito bem que Jesus é descendente de Abraão (cf. Gl 3,16), pois foi precisamente o povo de Israel que deu origem ao "Cristo segundo a carne" (Rm 9,4).

Mas os horizontes desse judeu anômalo que é Paulo vão muito além de Israel: a ele interessa o homem como tal, a prescindir de qualquer distinção, ou, pior ainda, contraposição cultural e religiosa. Confessa-o aos romanos: "Sou devedor aos gregos como aos bárbaros, às pessoas cultas como às ignorantes" (1,14); e, ao escrever aos coríntios, admite:

> Eu estive com os judeus como um judeu, para ganhar os judeus; com os que estão sujeitos à lei, como se eu o estivesse [...]; com os que são sem lei como se eu fosse sem lei [...]. E tudo isso eu o faço por causa do Evangelho, para dele participar (1Cor 9,20-23).

Antes, se há uma preferência, ela é pelos gentios, ou seja, por aqueles que eram tradicionalmente cortados fora da típica consciência de Israel sobre a própria eleição distintiva: "Digo-vos, pois, a vós, pagãos, na medida mesma em que eu sou apóstolo dos pagãos, manifesto a glória do meu ministério, na esperança de excitar o ciúme dos que são do meu sangue e de salvar alguns deles" (Rm 11,13-14). Nessa última frase seria descabido perceber uma sombra, mínima que fosse, de antijudaísmo, pois logo depois Paulo define "santas as primícias e a raiz", sobre as quais estão fundados os gentios convertidos à fé cristã e, "frutífera" a oliveira sobre a qual, "contrariamente à natureza", é enxertada a oliveira "selvagem" dos próprios gentios crentes (Rm 11,16-24)[73]. Nessas declarações não se pode, de modo algum, entrever o desejo de um proselitismo a todo custo, talvez um fim em si mesmo; mas o que há é o entusiasmo de quem "vive para Cristo" (Fl 1,21), pois foi "alcançado" por ele (Fl 3,12), "é constrangido pelo seu amor" (2Cor 5,14) e se sentiria um traidor se não o anunciasse aos quatro ventos (cf. 1Cor 9,16-17; Fl 1,18). Nem se pode falar de fanatismo, que, quando muito, diferenciou a fase pré-cristã da sua vida; como cristão, porém, ele exorta a "não ter pretensões a grandezas", a "não retribuir a ninguém o mal

---

73. Cf. maiores aprofundamentos in: PENNA, R., *Lettera ai romani*, Bologna, EDB, 2010, 751-770 (com outra bibliografia).

pelo mal" a "viver em paz com todos" (Rm 12,16-18), a "examinar tudo com discernimento e conservar o que é bom" (1Ts 5,21), em resumo, pensar grande: "Tudo o que há de verdadeiro, tudo o que há de nobre, justo, puro, digno de ser amado, de ser honrado, o que se chama virtude, o que merece elogio, ponde-o no vosso pensamento" (Fl 4,8).

Mas eis que se apresenta a pergunta: o que significa Jesus Cristo para Paulo? Em síntese e num nível superficial, poderíamos dizer que representava a superação da desigualdade entre judeus e gentios: não no sentido da eliminação da peculiaridade de Israel, mas no sentido de uma equiparação dos segundos com os primeiros. Toda a atividade missionária de Paulo, que, com toda verossimilhança, não haveria sem a sua adesão à fé cristã[74], consistiu exatamente nisto: em eliminar a distância que separava os gentios dos judeus, considerados, todavia, como o povo da aliança com Deus, a fim haver a inclusão também dos "outros", os "diferentes", os "distantes"[75]. Mas o princípio inspirador do seu compromisso não era mais só o desejo de proporcionar a Israel "prosélitos" provenientes dos gentios, acolhidos com base na observância da mesma *Torá* divina[76]: era, porém, a pessoa viva de Jesus Cristo, enquanto considerado mediador não mais da revelação de uma nova lei imposta ao homem, mas de uma graça, ou seja, de um favor divino, que incluía os gentios, antes mesmo e até prescindindo de todo critério legalista ou moral. O judeu Paulo podia até considerar a lei mosaica como uma graça concedida por Deus a Israel (cf. Dt 4,7-8.37-40; Br 3,27–4,4), ou como alguma coisa consequente em relação ao favor fundamental da libertação do Egito, sobre a qual, aliás se baseava

---

74. Com toda probabilidade, ele teria permanecido confinado na terra de Israel (ou teria voltado a Tarso?), talvez como mestre de uma vida "ortodoxa", conforme as regras da *Torá*; é provavelmente a isso que se refere em Gálatas 5,11, onde admite ter "pregado a circuncisão", quando ainda não era cristão; um possível modelo de uma atividade dirigida aos gentios poderia ser dada pelo mercador Eleazar da época claudiana, que só ocasionalmente ensinou a *Torá* ao pagão Izate, rei da Adiabena (cf. FLÁVIO JOSEFO, *Ant.* 20,43).

75. "A quintessência do evangelho de Paulo está na aceitação dos 'outros', no seu caso os gentios, como eles são [...]. Há aqui uma profunda mensagem para os cristãos de hoje, que enfrentam o desafio de redefinir sua identidade perante 'outros' nesta cada vez mais pluralística e pós-moderna aldeia global" (CHUN PARK, E., *Either Jew or Gentile. Paul's Unfolding Theology of Inclusivity*, Louisville-London, Westminster J. K. Press, 2003, IX).

76. Cf. WANDER, B., *Timorati di Dio e simpatizzanti. Studio sull'ambiente pagano delle sinagoghe della diaspora*, Cinisello Balsamo, San Paolo, 2002.

a legitimidade de própria lei[77]; mas o cristão Paulo considera agora que com a oferta total da vida feita por Cristo e com a sua ressurreição, a graça de Deus não só não passa mais pelos mandamentos e preceitos, mas supera também de longe a ideia de libertação (nacional e política) conexa com o antigo êxodo; antes, se ela constituía o fundamento da *Torá*, agora, com a morte e ressurreição de Cristo, o fundamento mudou e, portanto, a sua substituição mantém também alguma coisa no lugar da lei. Segundo ele, portanto, o homem pode, agora, ser considerado "justo" (ou seja, santo) aos olhos de Deus, não mais com base no que o próprio homem possa fazer moralmente justo em conformidade com os ditames da lei (as "obras"), mas com base na simples aceitação por fé do evento da morte e ressurreição enquanto válido para todos os homens e para cada indivíduo em particular. E se a lei mosaica não é mais o critério distintivo da revelação de Deus e da identidade religiosa do homem, então o acesso a Deus (ao Deus de Israel!) não está mais reservado aos judeus, mas está aberto também a todos os gentios. Assim a batalha de Paulo torna-se uma batalha em favor da inclusão.

Cristo e/ou a *Torá*

Definitivamente, o evangelho e a missionariedade de Paulo explicam-se somente com base em precisas premissas quer cristológicas, quer também judaicas. As premissas cristológicas sã as mais decisivas: elas consistem não tanto em dever obedecer a uma ordem missionária do Jesus terreno, visto que em suas cartas Paulo nunca cita nenhuma palavra do Jesus terreno sobre a necessidade da missão, mas, sim, no fato de ter-se dado conta do alcance irresistível da fé no Cristo crucificado e ressuscitado, que num salto supera toda divisão e nivela todos os homens num pé de igualdade. As premissas judaicas são de vários gêneros: embora o judaísmo da época não ateste a prática de nenhuma prática de propaganda missionária oficial[78], é inegável, todavia, que

---

77. Cf. aprofundamentos desse aspecto in: SANDERS, E. P., *Paolo e il giudaismo palestinese. Studio comparativo su modelli di religione*, Brescia, Paideia, 1986, 133-136 (sobre o rabinismo), 382 ss. (sobre Qumran).

78. Entre os estudos sobre o assunto, alguns são fortemente negativos (cf. GOODMAN, M., *Mission and Conversion. Proselytizing in the Religious History of the Roman Empire*, Oxford, Clarendon Press, 1994; SCHNABEL, E. J., *Urchristliche Mission*, 94-175), enquanto

ele praticava de diferentes formas seu dever de ser "entre todos os povos, um reino de sacerdotes e uma nação santa" (Ex 19,5-6), não só com o testemunho de uma ética rigorosa, mas também com a oração pelos gentios, com a sua vida litúrgica e com uma explícita apologética verbal[79]. A própria questão fundamental referente aos gentios e à sua sorte não se explica senão com base numa perspectiva judaica. Pois bem. Paulo movimenta-se em duas linhas ideais em relação a Israel: em consonância com ele, continua a conceber o *status* próprio desse povo e a firmeza da sua função histórico-salvífica, além do fato de se exprimir com os cânones da sua cultura, seja no que se refere à polêmica anti-idolátrica própria do judaísmo da época e, em especial, da diáspora egípcio-alexandrina (cf. Rm 1,18-32; 1Ts 1,9), seja no que se refere ao próprio fundamental conceito de "justiça", ou seja, do que fundamenta o *status* de aceitação do homem por parte de Deus, embora o Paulo cristão oponha a fé às obras[80]; em dissonância com ele, empenha-se num projeto de superação da distância dos gentios, que Israel, porém, com ciúme, nutria para salvaguardar a própria identidade nacional e religiosa[81].

---

outros defendem posições mais atenuadas (cf. Felman, L. H., *Jew and Gentile in the Ancient World: Attitudes and Interactions from Alexander to Justinian*, Princeton, Princeton University Press, 1993, especialmente 288-341; Goldenberg, R., *The Nations that Know Thee Not. Ancient Jewish Attitudes Toward Other Religions*, Sheffield, Academic Press, 1997; Liebeschuetz, W., L'influenza del giudaismo sui non-ebrei nel periodo imperiale, in: Lewin, A. (org.), *Gli ebrei nell'impero romano*, Firenze, Giuntina, 2001, 143-159).

79. Cf. as interessantes conclusões de Dickson, J. P., *Mission-Commitment in Ancient Judaism and in the Pauline Communities*, Tübingen, Mohr, 2003. Eloquente é a passagem de Fílon de Alexandria, *Spec. leg.* 1,320-323, em que se convida os judeus a não se comportarem como os iniciados aos mistérios gregos, fechados na escuridão, mas a fazerem o bem a todos os homens "em plena praça pública".

80. Cf. Seifrid, M. A., *Justification by Faith: The Origin and Development of a Central Pauline Theme*, Leiden, Brill, 1992, especialmente 78-135; Carson, D. A.; O'Brien P. T.; Seifrid, M. A. (ed.), *Justification and Variegated Nomism*, v. I, The Complexities of Second Temple Judaism, Tübingen, Mohr, 2001.

81. Símbolo eloquente era a inscrição grega posta em Jerusalém na área templar entre o pátio dos gentios e os mais internos, reservados aos israelitas, onde se lia: "Nenhum estrangeiro penetre além da balaústra e da cerca que circunda o *hierón*; quem for preso em flagrante será causa a si mesmo da morte que disso se seguirá" (*OGIS* 598); cf. também *Carta de Aristeias* 139 (século II a.C.): Moisés "nos cercou com uma trincheira intransponível e com muros de ferro, para que não nos misturássemos minimamente com os outros povos".

Portanto, Paulo cultiva duas atitudes aparentemente irreconciliáveis que constituem o paradoxo fundamental do seu pensamento. De um lado, continua a se considerar pessoalmente parte de Israel, suportando até várias oposições provenientes dessa parte e mantendo firme a típica fé judaica na salvação escatológica daquele povo[82]. De outro, considera que agora é Cristo e não mais a *Torá* que dá configuração à nova comunidade dos eleitos de Deus. Nisso ele se distingue de outros setores do cristianismo primitivo, cuja maior parte, sobretudo em Jerusalém, considerava que Cristo e a *Torá* fossem mutuamente compatíveis, como Tiago abertamente lhe manifesta (cf. At 21,20); ele, porém, considerou os dois polos substancialmente em antítese e, por isso, incompatíveis. Também para ele não haveria nenhuma tensão, se os últimos tempos tivessem se imposto definitivamente no domingo da Páscoa: na inauguração do *éschaton* a *Torá* teria normalmente terminado o seu papel, de modo que a função da *Torá* e do messias teriam sido complementares. Mas o anúncio cristão proclamava um messias aparecido antes da manifestação escatológica do reino de Deus, propondo assim, no perdurar da história, uma justificação e, portanto, uma salvação do homem dependentes essencialmente da aceitação daquele Cristo e daquele pertencimento à comunidade que o confessava messias e Senhor[83]. Dessas premissas Paulo tirou as consequências mais lógicas ou, pelo menos, as mais precisas, de modo que, para ele, vale agora o princípio segundo qual "o fim da lei é Cristo" (Rm 10,4) e, por isso, "se alguém está em Cristo, é uma nova criatura. O mundo antigo passou, eis que aí está uma realidade nova" (2Cor 5,17). E assim, embora se considerando um judeu em Cristo, ele acabou por tornar inimigas as simpatias da maior parte do seu próprio povo, seja do que não tinha aceitado a identificação de Jesus com o Cristo, seja também daquele que tinha acolhido essa identificação e a proclamava. O fato de ele, apesar de tudo, não ter diminuído as próprias convicções, não só demonstra a força do impacto que a figura de Jesus Cristo exerceu em seu ânimo (cf. Gl 1,8: "Se alguém, mesmo nós ou um anjo do céu, vos anunciasse um evangelho diferente daquele que nós vos anunciamos, seja anátema") como representou a confirmação de que havia começado uma nova

---

82. Cf. as palavras por ele pronunciadas aos judeus de Roma, quando ali chegou prisioneiro: "É por causa da esperança de Israel que eu carrego estas cadeias" (At 28,20).

83. Cf. DAVIS, S. K., *The Antithesis of the Ages. Paul's Reconfiguration of Torah*, Washington, The Catholic Biblical Association of America, 2002.

hermenêutica do anúncio cristão, que resiste a todo adestramento devocional ou, pior, moralista.

A comunidade dos crentes em Cristo

A originalidade da posição de Paulo a respeito da cristologia e da soteriologia e, consequentemente, da reconsideração da relação com a fé do povo de Israel comportou uma reconfiguração até de como entender a comunidade dos novos crentes. Esses últimos não são nunca chamados por Paulo de discípulos nem de cristãos, mas apenas de "irmãos" (112 vezes nas suas cartas autênticas) e, conforme o caso, de "santos" (25 vezes): duas alcunhas que põem em destaque respectivamente a dimensão familiar da nova comunidade (quanto às suas relações internas) e a sagrada da sua distinção do mundo (quanto às suas relações com o exterior)[84]. Essa última designação, na verdade, implica também, a montante, uma dimensão que não é só de sociologia religiosa, mas, mais ainda, de ontologia pessoal. Com efeito, é justamente o conceito de santidade que marca agora o cristão em relação a qualquer outra concepção de tipo moral. E é sempre surpreendente observar que, escrevendo aos coríntios e apesar desses últimos não serem, na verdade, segundo os nossos cânones, "nada santos" (cf. suas divisões, a prática da prostituição, as irregularidades matrimoniais, os conflitos entre consciências fortes e fracas, as tensões entre carismas), ele os chama, todavia, de "santos por vocação" (1Cor 1,2; 6,11) ou, simplesmente, de "santos" (2Cor 1,1). O motivo é que os batizados não se dão por si mesmos a própria santidade, construindo-a com os próprios esforços morais, mas são "santificados" (1Cor 1,2) por graça de Deus, ou seja, eles, para usar uma linguagem do apóstolo, são santificados, perdoados, redimidos, libertados, reconciliados por um puro dom divino, o qual, justamente enquanto dom, não depende de nenhum condicionamento moral (cf. Rm 3,21-31). Somente com base nisso é que se compreendem as exortações até insistentes à santidade (cf. 1Cor 6,9-10; Fl 2,14-15; 1Ts 4,3-8) ou as solicitações a uma vida moralmente pura; elas tendem a comprometer os destinatários não a se "fazerem santos", mas a manter um nível de irrepreensibilidade moral que seja adequado, em homogeneidade com a dimensão de santidade já presente neles por pura graça de Deus.

---

84. Outras alcunhas são: descendência de Abraão, herdeiros, eleitos, filhos de Deus.

Daí se compreende também a original definição da comunidade cristã como "templo de Deus" (1Cor 3,16 s.; 2Cor 6,16; cf. Rm 8,9). Entre os autores das origens cristãs, Paulo é o único a utilizar essa imagem, da qual, aliás, se têm ecos muitos parciais em outros textos[85], especialmente nos manuscritos de Qumran[86]. Superando toda ideia pagã de religiosidade ligada a um espaço físico-arquitetônico, isento de forças negativas e, portanto, privilegiado pelo encontro com o divino, a metáfora reconhece à Igreja como grupo humano de crentes as mesmas características de pureza que proporcionam uma imediata união com Deus. A imagem se insere na mais ampla, de origem israelita, e, portanto, menos original, de povo de Deus, como se pode deduzir claramente da associação dele nesta passagem: "Nós somos o templo do Deus vivo, como disse Deus: No meio deles eu habitarei e andarei: eu serei o seu Deus e eles serão o meu povo" (2Cor 6,16, com citação de Lv 26,11)[87]. Ainda mais original é a definição, somente paulina, da Igreja como "corpo de Cristo" (cf. 1Cor 12,28), a qual se entende do melhor modo não como associação de pessoas que, unidas, formam um corpo social pertencente a Cristo-cabeça, mas como ampliação "mística" do corpo individual do próprio Cristo, de modo que o corpo de Cristo preexiste à Igreja, a qual não o forma, mas nele é simplesmente inserida, incorporada[88].

Projeção para o futuro

Uma última questão diz respeito à espera do iminente fim do mundo (com a parusia de Cristo). É verdade que ele une todas as cartas autênticas de Paulo, da primeira (cf. 1Ts 4,15: "Nós os vivos, que houvermos ficado até a vinda

---

85. Cf. 1 Pedro 2,4-5, onde os cristãos são chamados de "pedras vivas" edificadas sobre a pedra angular, que é Cristo.

86. Em 1QS VIII 5, o Conselho da comunidade é chamado de *bêt qôdesh l*ᵉ*yisrael* (literalmente, "casa santa de para Israel"), que se pôde traduzir explicitamente como "templo para Israel" (MARTONE, C., *La Regola della Comunità. Edizione critica*, Torino, Zamorani, 1995, 128), tanto mais que é a própria comunidade que é definida "habitação do Santo dos santos" (VIII 8) e que a sua função é a sacerdotal "de expiação em favor do país" (VIII 6).

87. Para um exato enfoque do conceito paulino de povo de Deus com respeito a outras metáforas eclesiológicas mais determinantes, cf. ALETTI, J.-N., Le statut de l'Eglise dans les lettres pauliniennes. Réflexions sur quelques paradoxes, *Biblica*, v. 83 (2002) 153-174.

88. Cf. PENNA, R., La chiesa come corpo di Cristo secondo Paolo. Metafora sociale-comunitaria o individuale-cristologica?, in: Id., *Paolo e la chiesa di Roma*, 209-224; Id., *Divenire e natura della chiesa. Da Paolo alla tradizione paolina*, ibid., 225-239.

do Senhor") até a última (cf. Rm 13,11: "Hoje, com efeito, a salvação está mais próxima de nós do que no momento em que abraçamos a fé"). De outra parte, ao contrário da escatologia judaica, que estava e está exclusivamente orientada para o futuro, a cristã afirma, surpreendentemente, o paradoxo de que o *éschaton* já começou: não que essa nova consciência tenha se afirmado com Paulo, pois, provavelmente, já era clara com Jesus de Nazaré (cf. Mc 1,15: "Cumpriu-se o tempo") e devia também pertencer às bases da fé da Igreja pós-pascal (cf. At 2,17: "Acontecerá nos últimos dias, diz Deus, que eu derramarei o meu Espírito sobre toda carne", com referência ao que ocorreu em Pentecostes). Mas, embora não seja lícito duvidar que os textos que se referem a esses dois momentos históricos pré-paulinos nos reproduzam a substância das coisas, eles, todavia, são de redação tardia, já carregados, certamente, de uma fé cristã maciçamente expressa num período seguinte[89]. Nas cartas paulinas, porém, temos a possibilidade de perceber essa fé nos termos mais antigos e autênticos, quase *in statu nascendi*, como se constata sobretudo em duas passagens diferentes: em Gálatas 4,4 ("Ao *chegar a plenitude dos tempos*, Deus enviou o seu Filho, nascido de mulher e sujeito à lei, para pagar a alforria daqueles que estão sujeitos à lei") e em 1 Coríntios 10,11 (onde, recamando em contraponto a vida moral dos cristãos em relação às experiências negativas dos judeus no deserto do êxodo, o apóstolo escreve: "Esses fatos lhes aconteciam para servir de exemplo e foram postos por escrito para instruir a nós, *a quem coube o fim dos tempos*").

Alguns estudiosos observam com razão a diferença entre a filosofia grega e São Paulo, diferença essa que consiste no fato de que, enquanto a primeira se interessa pela imortalidade da alma, o segundo, na realidade, tem mais interesse na imortalidade do corpo[90]; além disso, é preciso esclarecer que a ideia de uma tensão da história para um seu cumprimento meta-histórico é, quando muito, de matriz bíblica, não grega, certamente. Mas se no campo cristão houve uma atenuação em esperar o fim, ela se constata melhor na passagem

---

89. Isso é evidente ao máximo no quarto evangelho, onde Jesus diz: "Aquele que ouve a minha palavra e crê naquele que me enviou tem a vida eterna; ele não vem a juízo, mas (já) passou da morte para a vida" (Jo 5,24). Mas o tema percorre transversalmente todo o Novo Testamento, como se pode constatar também em Efésios 1,10; Hebreus 1,1-2; 9,26; 1 Pedro 1,20; Apocalipse 4,21b; 5,5.

90. Cf. MATAND BULEMBAT, J.-B., *Noyau et enjeux de l'eschatologie paulinienne: De l'apocalyptique juive et de l'eschatologie hellénistique dans quelques argumentations de l'apôtre Paul*, Berlin-New York, de Gruyter, 1997, 281, nota 64.

entre as cartas autênticas de Paulo e as da tradição paulina seguinte. Assim em 2 Tessalonicenses 2,2 se lê uma explícita admoestação: "não vos perturbeis [...] acreditando que o dia do Senhor chegou", enquanto em Colossenses e em Efésios o interesse predominante diz respeito ao atual senhorio de Cristo no plano tanto cósmico quanto eclesial, e nas cartas pastorais tardias é até mesmo o ordenamento eclesiástico interno que se torna centro emergente de atenção.

Um adiamento desse gênero somente nas cartas autênticas do apóstolo não me parece que possa ser documentado com suficiente segurança. É claro, porém, que em Paulo os dois momentos do "estar com Cristo", quer logo depois da morte (cf. Fl 1,21), quer no fim dos tempos (cf. 1Ts 4,17), coexistem sem que se perceba algum contraste a respeito. Evidentemente, ele não está preocupado em fazer uma apresentação sistemática do seu pensamento. O único fator resolutivo é dado pela referência a Cristo, ou seja, pelo fato de a existência do cristão ter somente nele a sua razão de ser, e a respeito Paulo está seguro de que não esmorecerá, pois "nem a morte nem a vida [...], nada poderá separar-nos do amor de Deus manifestado em Jesus Cristo nosso Senhor" (Rm 8,38-39) e "se vivemos, vivemos para o Senhor; se morremos, morremos para o Senhor" (Rm 14,8).

A posição de Paulo, além disso, deveria ser julgada dentro do mais amplo movimento do pensamento que caracterizou a escatologia cristã entre os séculos I e II. A tese de uma mudança de perspectiva, ou seja, de uma cada vez mais aguda helenização (segundo as velhas teorias de Loisy e de von Harnack) choca-se com o testemunho oposto de muitos textos. Com efeito, pode-se constatar que o interesse pela escatologia futura e até pela linguagem apocalíptica, pelo menos em alguns setores da Igreja, é ainda mais alto depois de Paulo. Provam-no com suficiente clareza o Apocalipse de João, as cartas de Pedro e de Judas, e os sucessivos apocalipses apócrifos cristãos (de Paulo, de Pedro, para não mencionar o *Pastor* de Hermas); até a pós-paulina carta de Tiago sabe que "a vinda do Senhor está próxima" (Tg 5,8). O fenômeno é paralelo à retomada da apocalíptica no campo judaico entre os séculos I e II (como testemunham os apócrifos *4 Esdras*, *2 Baruc*, *Apocalipse de Abraão*). Portanto, o juízo sobre uma mudança de interesse deveria ser, todavia, muito mais circunspecto do que com frequência acontece[91].

---

91. Para outros desenvolvimentos sobre o tema, cf. PENNA, R., Aspetti originali dell'escatologia paolina: tradizione e novità, in: Id., *Vangelo e inculturazione*, 581-611; Id., *Pienezza del tempo e teologia della storia*, ibid., 729-745.

Os componentes helenísticos

Na história da pesquisa sobre as relações entre Paulo e o helenismo ficou célebre o que teve ocasião de escrever de modo irônico Albert Schweitzer, em 1930, a propósito da inutilidade de recorrer ao helenismo para explicar o pensamento do apóstolo; esse último, com efeito, seria compreensível somente com base na escatologia judaica: "Aqueles que se cansam por explicá-lo com base no helenismo são semelhantes a quem quer transportar, de longe, a água em regadores furados, para irrigar um jardim ao lado de um riacho". Prescindindo da metáfora, ele considerava que, embora seja indiscutível a possibilidade de que Paulo, junto com a língua grega, tenha assumido ideias helenísticas, todavia, "a maior parte do que até agora foi adotado pela literatura grega para explicar o mundo conceitual de Paulo não lançou sobre ele a luz que se esperava"[92]. Schweitzer escrevia essas palavras a propósito, especificamente, da mística paulina, que, precisamente, segundo ele, encontraria a sua substância apenas no conceito de uma escatologia já realizada mediante a participação do cristão em Cristo ressuscitado. Suas palavras são tanto mais singulares quanto provêm do período da *religionsgeschichtliche Schule*, que tinha repetidamente tentado explicar o melhor das origens cristãs e em especial do paulinismo, ao recorrer sobretudo ao helenismo e a seu enorme patrimônio cultural e religioso, chegando a desvios sincretistas[93].

Desde então, porém, a pesquisa fez grandes progressos, no plano quer de um maior conhecimento das fontes, quer da aplicação a elas de uma metodologia adequada e, consequentemente, de uma maior cautela em tirar conclusões. De fato, várias publicações hoje têm interesse numa específica comparação entre Paulo e o mundo greco-romano, produzindo interessantes documentações

---

92. SCHWEITZER, A., *Die Mystik des Apostels Paulus*, Tübingen, Mohr, ²1954, 140 e 138.
93. Em geral, cf. KÜMMEL, W. G., *Das Neue Testament. Geschichte der Forschung seiner Probleme*, Freiburg-München, K. Alber, ²1970, 310-357 [1. ed. 1958]. Além disso, entre as produções daquela época, dever-se-iam acrescentar, no âmbito alemão, ANRICH, G., *Das antike Mysterienwesen in seinem Einfluss auf das Christentum*, Göttingen, Vandenhoeck, 1894; e, no âmbito italiano, MACCHIORO, V., *Orfismo e paolinismo*, Montevarchi, Cultura moderna, 1922.

no plano tanto geral[94] quanto particular[95]. Uma publicação recente enumera até 236 textos paulinos que implicariam em outros tantos paralelismos com fontes pagãs, embora, às vezes, as coincidências sejam um tanto forçadas[96].

Esclarecimentos metodológicos

Daqui em diante levam-se em consideração somente as cartas paulinas, cuja autenticidade não é posta em discussão. Excluo, porém, da pesquisa algumas temáticas que, embora tenham um equivalente no ambiente helenístico da época e sejam, por isso, dignas de uma específica comparação, pertencem mais à periferia do pensamento paulino, porquanto dizem respeito, respectivamente, ao aspecto linguístico-literário dos escritos e ao sociocultural das comunidades paulinas. O primeiro desses setores examina os aspectos formais do discurso paulino, ou seja, o tipo de língua grega empregado pelo apóstolo[97] e, sobretudo, a eventual assunção de elementos próprios da retórica clássica[98]

---

94. Cf. HUGEDÉ, N., *Saint Paul et la culture grecque*, Genève-Paris, Labor et Fides, 1966; YAMAUCHI, E. M., s.v. Ellenismo, in: PENNA, R. (org.) et al. *Dizionario di Paolo e delle sue Lettere*, Cinisello Balsamo, San Paolo, 2000, 528-536; ENGEBERG-PEDERSEN, T., (ed.), *Paul Beyond the Judaism/Hellenism Divide*, Louisville, Westminster, 2001; SAMPLEY, J. P., *Paul in the Greco-Roman World. A Handbook*, Herrisburg-London-New York, Trinity Press, 2003.

95. Cf., por exemplo, WAGNER, G., *Pauline Baptism and The Pagan Mysteries. The Problem of the Pauline Doctrine of Baptism in Romans VI.1-11, in the Light of its Religio-Historical "Parallels"*, Edinburgh-London, Oliver & Boyd, 1967; ROSSANO, P., Morale ellenistica e morale paolina, in: *Fondamenti Biblici della teologia morale. Atti della XXII settimana biblica*, Brescia, Paideia, 1973, 173-185; WEDDERBURN, A. J. M., The Soteriology of the Mysteries and Pauline Baptismal Theology, *Novum Testamentum*, v. 29 (1987) 53-72; DOWNING, F. G., *Cynics, Paul and the Pauline Churches*, London-New York, Routledge, 1988; GLAD, C. E., Paul and Philodemus. Adaptability in Epicurean and Early Christian Psychagogy, in: *Novum Testamentum*, supl. 81, Leiden-New York, Brill, 1995; ENGEBERG-PEDERSEN, T., *Paul and the Stoics*, Edinburgh, T&T Clark, 2000; DU TOIT, A., Paulus Oecumenicus: Interculturality in the Shaping of Paul's Theology, *New Testament Studies*, v. 35 (2009) 121-143 (restrito aos temas da *cháris* e da *ekklesía*).

96. Cf. EVANS, C. A., Paul and the Pagans, in: PORTER, S. E. (ed.), *Paul: Jew, Greek, and Roman*, Leiden-Boston, Brill, 2008, 117-139 (além disso, calculam-se também vinte e duas passagens em At).

97. Cf., por exemplo, NORDEN, E., *La prosa d'arte antica*, I, 508-519.

98. Veja-se em especial PITTA, A., Sistemi argomentativi e topologie ellenistiche nelle Lettere paoline, *Ricerche storico-bibliche*, v. 23, n. 2 (2011) 43-90. Além disso, KENNEDY,

(com presumível particular referência ao gênero da diatribe)[99]. O outro setor ocupa-se do confronto das Igrejas paulinas com as associações religiosas ou com as escolas filosóficas da época[100], porquanto o fenômeno é, precisamente, constatável nas cartas[101].

Procederei não pelo exame de específicos textos paulinos[102], mas pela comparação de temas e de conceitos do apóstolo que apresentam evidentes paralelismos com análogos temas e conceitos próprios do helenismo. Com efeito, sem ignorar que o mundo cultural do primeiro período imperial inclui necessariamente também a latinidade, enquanto dependente justamente da cultura

---

G. A., *Classical Rhetoric and Its Christian and Secular Tradition from Ancient to Modern Times*, Chapel Hill (NC), University of North Carolina, 1980; Id., *New Testament Interpretation through Rhetorical Criticism*, Chapel Hill-London, University of North Carolina, 1984; PORTER, S. E.; OLBRICHT, T. H. (ed.), Rhetoric and the New Testament: Essays from the 1992 Heidelberg Conference, *Journal for the Study of the New Testament*, supl. 90 (1993); ANDERSON, R. D., *Ancient Rhetorical Theory and Paul*, Kampen, Pharos, 1996; ALETTI, J.-N., Paul et la rhétorique. Etat de la question et propositions, in: SCHLOSSER, J. (dir.), *Paul de Tarse. Congrès de l'ACFEB (Strasbourg, 1995)*, Paris, 1996, 27-50; PORTER, S. E.; STAMPS, D. L. (ed.), The Rhetorical Interpretation of Scripture. Essays from the 1996 Malibu Conference, *Journal for the Study of the New Testament*, Supl. 180 (1999); PENNA, R., La questione della *dispositio rhetorica* nella Lettera di Paolo ai Romani: confronto con la Lettera 7 di Platone e la Lettera 95 di Seneca, *Biblica*, v. 84 (2003), 61-88; LAMPE, P., Rhetorische Analyse paulinischer Texte – Quo vadit?, in: SÄNGER, D.; KONRADT, M. (ed.), *Das Gesetz im frühen Judentum und im Neuen Testament*, Göttingen, Vandenhoeck, 2006, 170-190.

99. Cf. STOWERS, S. K., *The Diatribe and Paul's Letter to the Romans*, Chico (CA), Scholars, 1981; SONG, CH., *Reading Romans as a Diatribe*, New York-Berna, Lang, 2004.

100. Cf. em especial KLOPPENBORG, J. S.; WILSON, S. G. (ed.), *Voluntary Associations in the Graeco-Romans World*, London, Routledge, 1996; EGELHAAF-GAISER, U.; SCHÄFER, A. (ed.), *Religiöse Vereine in der römischen Antike*, Tübingen, Mohr, 2002; HARLAND, P. A., *Associations, Synagogues, and Congregations: Claiming a Place in Ancient Mediterranean Society*, Minneapolis, Fortress, 2003; PENNA, R., Chiese domestiche e culti privati pagani alle origini del cristianesimo. Un confronto, in: Id., *Vangelo e inculturazione*, 746-770; Id., La casa come ambito cultuale nelle chiese paoline, in: Id., *Paolo e la chiesa di Roma*, 186-208.

101. A esse âmbito podemos associar um aspecto que também deixarei de lado, ou seja, a titulação própria dos responsáveis das comunidades cristãs (*proistámenos, epíscopos, diákonos, prostátes*), porquanto ela tem um correspondente no grego. Cf. CLARKE, A. D., *A Pauline Theology of Church Leaders*, London-New York, T&T Clark, 2008, 42-78.

102. Assim procede, porém, a monografia de ENGBERG-PEDERSEN, T., *Paul and the Stoics*, Edinburgh, T&T Clark, 2000.

grega[103], se levarmos em conta o que um filósofo judeu, como Fílon de Alexandria, escreve de Otaviano Augusto, que "aumentou a Hélade com muitas outras Hélades"[104], é com o helenismo que é possível a referência e comparação.

Deixo, porém, de lado uma série de vocábulos importantes, com os relativos conceitos, que, por serem desprovidos de um equivalente termo hebraico, explicam-se apenas com base no léxico grego[105]. Levo em consideração, porém, alguns elementos conteudistas do pensamento paulino, enquanto oferecem suficientes sugestões de pesquisa em relação a dois setores da filosofia e da religião. Pode bem acontecer, decerto, que os elementos da doutrina paulina sejam mediados pelo judaísmo e pelas suas múltiplas facetas (inclusive a do judaísmo helenístico)[106]. Um exemplo típico é o tema do conhecimento natural de Deus em Romanos 1,19-20: ele é certamente redutível a um princípio da filosofia grega (que vai, pelo menos, de Platão a Dião de Prusa), mas chega a Paulo mediado por uma reflexão própria do judaísmo helenístico (cf. Sb 13 e Fílon de Alexandria)[107].

Apesar de Paulo equiparar de modo polêmico a *sophía* ("sabedoria") dos gregos com a *mōrí* ("loucura") (cf. 1Cor 1,22-24), isso ocorre somente a propósito do anúncio da cruz de Cristo e do seu significado[108].

---

103. Cf. também WALLACE, R.; WILLIAMS, W., *The Three Worlds of Paul of Tarsus*, London, Routledge, 1994.

104. FÍLON DE ALEXANDRIA, *Leg. ad C.*, 146-147.

105. Apresento a respeito uma simples relação: *egkráteia* (Gl 5,23), *euschemosýne* (1Cor 12,23), *paidagogós* (1Cor 4,15; Gl 3,24.25), *parousía* (em sentido histórico biográfico: 1Cor 16,17; 2Cor 7,6.7; 10,10; Fl 1,26; 2,12; e em sentido cristo-escatológico: 1Cor 15,23; 1Ts 2,19; 3,13; 4,15; 5,23), *políteuma* (Fl 3,20), *prokope* (Fl 1,12.25), *syneídesis* (Rm 2,15; 9,1; 13,5; 1Cor 8,7.10.12; 10,25.27.28.29; 2Cor 1,12; 4,2; 5,11), *hyiothesía* (Rm 8,15.23; 9,4; Gl 4,5). Assim, os vocábulos de âmbito esportivo: *agon* (Fl 1,30; 1Ts 2,2), *brabeîon* (1Cor 9,24; Fl 3,14), *pykteúo* (1Cor 9,26), *stádion* (1Cor 9,24), *stéfanos* (1Cor 9,25; Fl 4,1; 1Ts 2,19), *synathléo* (Fl 1,27; 4,3), *trécho* (Rm 9,16; 1Cor 9,24.26; Gl 2,2; 5,7; Fl 2,16). Esses vocábulos ou estão ausentes na versão dos Setenta ou são raramente atestados.

106. Cf. HENGEL, M.; SCHWENER, A. M., *Paul Between Damascus and Antioch. The Unknown Years*, London, SCM Press, 282-283.

107. Cf. PENNA, R., *Lettera ai Romani*, 97-102.

108. De resto, a confissão de Deus como único verdadeiro sábio (cf. 1Cor 1,19-20; Rm 16,27) é reportada, nada mais, nada menos, que a Sócrates, segundo o qual, em confronto com a sabedoria divina, "a sabedoria humana vale pouco ou nada" (PLATÃO, *Apol.* 23a).

O condicionamento cultural de Tarso

Já para o seu nascimento em Tarso, na Cilícia, e diferentemente, portanto, de Jesus, que estava ligado ao pequeno lugarejo galileu de Nazaré[109], Paulo devia ser dotado de uma estrutura mental tendencialmente aberta ao patrimônio ideal do helenismo. A importância cultural de Tarso, com efeito, gozava de uma notável fama, como atesta o geógrafo Estrabão (*circa* 63 a.C.-21 d.C.):

> É tanta a paixão que têm aqueles homens [de Tarso] pela filosofia e por qualquer outra formação enciclopédica que até supera a de Atenas, Alexandria e qualquer outro lugar em que surgem escolas e diatribes de filósofos. Mas difere delas, porque todos os estudantes são do lugar e os estrangeiros não vêm facilmente. Além disso, os autóctones não ficam na pátria, mas vão para o exterior para se aperfeiçoarem e, depois, lá se estabelecem de bom grado, enquanto somente poucos voltam à pátria[110].

A afirmação sobre o fato de que os estrangeiros não iam com facilidade para lá deve ser temperada pela informação que temos sobre o célebre filósofo itinerante Apolônio de Tiana (*circa* 10-95 d.C.), que foi para Tarso ainda jovem para a própria formação intelectual[111]. O próprio Estrabão nos transmite um farto elenco de filósofos de Tarso, sobretudo estoicos[112], um dos quais foi até preceptor de Otaviano Augusto. A sua importância, e não é insignificante, é indicada pelo fato de que, como já lembrado, Cícero, em 52-51 a.C., lá permaneceu por um ano como procônsul da Cilícia[113], e de que Antônio para lá foi

---

Sobre a tradição socrática em Paulo, cf. BETZ, H. D., *Der Apostel Paulus und die sokratische Tradition*, Tübingen, Mohr, 1972 (limitado essencialmente ao uso da ironia).

109. Sobre o baixo perfil da cultura helenística na Galileia na época de Jesus, cf. HORSLEY, R. A., *Galilea. Storia, politica, popolazione*, Brescia, Paideia, 2006 [1. ed. 1995], 313-333; CHANCEY, M. A., *Greco-Roman Culture and the Galilee of Jesus*, Cambridge, University Press, 2005.

110. ESTRABÃO, *Geogr.* 14,5,13. Estrabão acrescenta que Roma está cheia de eruditos provenientes dessa cidade (cf. 14,5,15).

111. Cf. FILOSTRATO, *Vida de Apolônio de Tiana* 1,7.

112. Cf. *Geogr.* 14,5,14-15 (= Antípatro; Arquedemos; Nestor; 2 de nome Atenodoro; Plutíades; Diógenes, Artemidoro; Diodoro; Dionísides). Cf. ADINOLFI, M., Tarso, patria di Stoici, in: Id., *Ellenismo e bibbia. Saggi storici ed esegetici*, Roma, Antonianum, 1991, 145-186.

113. Cf. PLUTARCO, *Vit. Cic.* 36.

depois da vitória de Filipe na Macedônia, em 42 a.C., e no ano seguinte justamente lá o encontrou Cleópatra[114]. Outras informações sobre a dimensão cultural da cidade chegam-nos pelo filósofo eclético pouco posterior ao próprio Paulo, Dião de Prusa ou Dião Crisóstomo (*circa* 45-115 d.C.), que ali esteve por duas vezes, e fez dois importantes discursos[115].

O conceito grego de "inculturação"

O apóstolo praticou amplamente o princípio da adaptabilidade ou condescendência cultural, que hoje chamamos de inculturação (cf. 1Cor 9,19-23)[116] e que pertence ao conceito de *sygkatábasis* ("condescendência, adaptação", em latim *condescensio*), próprio da tradição grega[117]. Embora esclarecendo que essa prática não deve ser identificada com o caráter do *kólax* ("adulador"), condenado por muitos escritores gregos, ela deve ser praticada com prudência, como se lê em Epiteto:

> Quem entra com frequência em contato com os outros [...] deverá necessariamente ou se igualar a eles (*exomoiothênai*) ou os transportar para o próprio nível (*metatheînai epí tá autoû*). De fato, se se põe um carvão meio

---

114. Cf. Id., *Vit. Ant.* 25-27.
115. São a *Tarsica prior* e *Tarsica secunda* (= *Or.* 33 e 34). Cf. Penna, R., Le Notizie di Dione di Prusa su Tarso e il loro interesse per le Lettere di S. Paolo, in: Id., *Vangelo e inculturazione*, 255-274. Precisamente de Dião de Prusa temos a informação de uma festa que se realizava em Tarso em honra do deus local Sandon, identificado segundo a *interpretatio graeca* com Héracles (cf. *Or.* 33,46-47). Mas já está superada a tese de quem quis ver naquele deus e naquela festa um motivo de influência sobre a cristologia paulina (assim Böhlig, H., *Die Geisteskultur von Tarsos im augusteischen Zeitalter mit Berücksichtigung der paulinischen Schriften*, Göttingen, Vandenhoeck, 1913); para a crítica, cf. Penna, R., Le Notizie di Dione di Prusa su Tarso e il loro interesse per le Lettere di S. Paolo, 267-269; além disso, Hengel, M.; Schwemer, A. M., *Paul Between Damascus and Antioch*, 167-171 (*Pagan and Philosophical-rhetorical influences on Paul?*).
116. Cf. Penna, R., Cultura/Acculturazione, in: *Temi Teologici della Bibbia*, Cinesello Balsamo, San Paolo, 2010, 279-288.
117. Cf. Mitchell, M. M., Pauline Accomodation and "Condescension" (synkatábasis): 1Cor 9:19-23 and the History of Influence, in: Engeberg-Pedersen, T. (ed.), *Paul Beyond the Judaism/Hellenism Divide*, 197-214; Glad, C. E., Paul and Adaptability, in: Sampley, J. P., *Paul in the Greco-Roman World*, 17-41; Glad, C. E., *Paul and Philodemus*, 185-332.

apagado perto de um que arde, ou aquele apagará o último ou esse último inflamará o primeiro [...]. Como, pois, o risco é alto, é preciso ser muito circunspecto ao condescender (*eulabôs deî sygkathíesthai*) com semelhantes relações[118].

Ela era aplicada, não só na retórica, mas, sobretudo, a quem de uma classe social alta se inclinava na direção de quem estava mais abaixo. Uma sua especificação diz respeito à condescendência divina, como se lê em Fílon de Alexandria a propósito do sonho de Jacó numa escada com os anjos que subiam e desciam (cf. Gn 28,12-13): "Sobem e descem as palavras divinas: quando sobem levam a alma consigo [...], quando descem o fazem para condescender (*sygkatabaínontes*), com amor e misericórdia, em relação a nosso gênero"[119]. Sobre a adaptação de Paulo, segundo 1 Coríntios 9,19-23, assim escreverá Clemente de Alexandria:

> Aquele que condescende com essa adaptação para a salvação do próximo (só e exclusivamente pela salvação daqueles aos quais se adapta) não usa de nenhum fingimento [...], não sofre nenhum constrangimento. Somente pelo bem do próximo é que fará certas coisas, que jamais faria *a priori* senão por amor a ele; isso como exemplo para os que são capazes de os suceder na tarefa de educador, amigo dos homens e amigo de Deus; isso para mostrar a verdade das suas palavras, para tornar ativo o amor para com o Senhor[120].

Não é, pois, de espantar se o apóstolo praticou uma *synkatábasis* até no plano cultural, com a assunção de determinados conceitos do mundo grego, ao qual pertenciam os seus destinatários. Podemos constatar isso em relação quer ao estoicismo, quer a temas de várias naturezas, quer, provavelmente, também ao âmbito propriamente religioso.

---

118. Epiteto, *Diatr.* 3,16,1-3; em 2,9,19-22, ele identifica o judeu com quem não renuncia às próprias convicções.

119. *Somn.* 1,147. Fílon de Alexandria emprega também o termo *eterómorfos* para indicar as diferentes manifestações de Deus, que conversa com os homens como um amigo com amigos (cf. *De somn.* 1,232-233).

120. Clemente de Alexandria, *Stromata* 7,9 (53,4-5).

Paulo e o estoicismo

São mais de um os sinais de alguns ecos da filosofia estoica nas cartas de Paulo[121]. Os princípios dessa escola, com efeito, por sua natureza, não estão longe de alguns elementos próprios do cristianismo, se levarmos em consideração apenas o que escreve Sêneca: "Nenhuma escola é mais benévola e gentil, nenhuma mais amante dos homens e mais atenta ao bem comum, de modo que seu objeto declarado é de ser de utilidade e ajuda e de considerar não apenas o interesse individual, mas o interesse de cada um e de todos" (*Clem.* 2,5,2-3). Decerto, temos de dizer claramente que Paulo não é de modo algum um representante do estoicismo, e um pequeno, mas significativo indício dessa diferença se vê no seu uso quase inexistente do conceito de *areté* ("virtude"), que ele emprega uma única vez (em Fl 4,8), num texto, aliás, formulado em termos axiomáticos, enquanto o estoicismo já com Zenão de Cítio a exalta até como "sumo bem"[122].

Vejamos mais em pormenor, sem presumir sermos exaustivos[123], alguns pontos que de fato constituem um terreno comum entre as duas partes.

Em primeiro lugar, lembro os textos nos quais o apóstolo define a comunidade cristã e, sobretudo, os próprios cristãos, individualmente, como

---

121. Na perspectiva histórica podem ser inseridos elementos do cinismo; com efeito, embora levando em consideração que "os cínicos desempenhavam suas atividades nas vielas e pelos caminhos do campo, como pregadores e consoladores dos membros das classes inferiores […], o que eles difundiam como 'filosofia cínica' não era, na realidade, senão um estoicismo mais grosseiro […]. De resto, as diferenças tendiam com muito mais facilidade a serem dissipadas, enquanto também alguns estoicos se sentiam chamados a dar assistência aos infelizes e aos oprimidos […]. Epiteto transfigurava o Cínico ideal num enviado de Deus" (POHLENZ, M., *La Stoa. Storia di un movimento spirituale*, Milano, Bompiani, 2005, 583-584). Cf. DOWNING, F. G., *Cynics, paul and the Pauline Churches. Cynics and Christian Origins II*, London, Routledge, 1998; ENGBERG-PEDERSEN, T., *Paul and the Stoics*; Id., Stoicism in Philippians, in: Id., *Paul in His Hellenistic Context*, 256-290; THORSTEINSSON, R. M., Paul and Roman Stoicism: Romans 12 and Contemporary Stoic Ethics, *Journal for the Study of the New Testament*, v. 29 (2006) 139-161, especialmente 147-159.

122. Em *SVF* I,47,187; cf. a sua identificação com a felicidade em *SVF* I,47,189; também Crisipo em *SVF* III,16,66.

123. Por exemplo, sobre o conceito tipicamente estoico da indiferença (embora em Paulo falte o léxico específico), cf. DEMING, W., Paul and indifferent things, in: SEMPLEY, J. P., *Paul in the Greco-Roman world*, 384-403; sobre o seu valor no estoicismo, cf. POHLENZ, M., *La Stoa. Storia di un movimento spirituale*, 245-249.

templo-habitação de Deus (cf. 1Cor 6,19). É verdade que a imagem do templo aplicada à comunidade inteira (cf. 1Cor 3,16.17b) não é estoica, encontrando-se, porém, em Qumran (cf. 1QS VIII 5; XI 8 s.); propriamente estoica é, ao contrário, a ideia de uma presença ou habitação de deus ou do divino em cada um dos homens, como se lê claramente em Sêneca[124], Epiteto[125] e Marco Aurélio[126]. Obviamente, a diferença está na concepção desse hóspede interno, o qual, para os estoicos, é o *lógos* racional, ao passo que para Paulo é o Espírito Santo (cf. também 2Cor 1,22; Gl 4,6). Mas a afirmação de uma presença divina no indivíduo é totalmente análoga.

Um típico ideal estoico é a *autárcheia*, ou seja, a faculdade de dispor autonomamente de si mesmo, sem depender das circunstâncias exteriores. Paulo partilha desse ideal e o diz com clareza em 1 Tessalonicenses 4,12 ("...não tenhais precisão de ninguém.") e em Filipenses 4,11-12 ("aprendi a bastar-me a mim mesmo [*autárches eînai*] em qualquer situação. Sei viver na penúria, sei viver na abundância. Aprendi, em toda a circunstância e de todos os modos, tanto a estar saciado como a ter fome, a viver na abundância como na indigência"). Analogamente, Epiteto diz de si: "Sou uma pessoa sem casa, sem cidade, sem bens, sem escravos; o meu catre é a terra; não tenho mulher, nem filhos, nem uma casinha, mas apenas a terra, o céu e um único manto. Portanto, o que me falta?" (*Diatr.* 3,22,47). O mesmo conceito paulino é expresso por Marco Aurélio, quando afirma explicitamente ter aprendido a "ter necessidade de poucas coisas e a fazê-las sozinho" (*Medit.* 1,5)[127].

Afim a essa temática é o conceito de *hypomone*, "paciência, tolerância" (Rm 5,3.4; 8,25; 15,4.5; 2Cor 1,6; 6,4; 12,12; 1Ts 1,3), ao qual Sêneca dedicou um tratado inteiro, o *De constantia sapientis* ("a firmeza/inalterabilidade do

---

124. Cf. *Epist.* 41,1-2: "Deus está próximo de ti, está contigo, está dentro de ti [...]. Habita em nós um espírito divino, que observa e vigia o mal e o bem que fazemos".

125. Cf. *Diatr.* 1,14,14 s.: "Quando fechardes a porta e apagardes a luz, não digais nunca que estais sozinhos: na realidade, não estais, mas dentro está Deus e está o vosso demônio"; 2,8,14: "o próprio Deus, no teu íntimo, tudo observa e tudo ouve".

126. Cf. *Meditações* 3,4: "Um homem que não demora a se pôr entre os ótimos é igual a um sacerdote [...] que se dedica ao culto da divindade que está nele" (cf. 3,5: "O deus que está em ti te dirija"). Cf. também MENANDRO, *Monostichoi* 107: "A consciência é Deus para todos os mortais".

127. Mais em geral sobre a filosofia moral da época imperial, cf. MORGAN, T., *Popular Morality in the Early Roman Empire*, Cambridge, Cambridge University Press, 2007.

sábio"). Aqui o filósofo se expressa com os belíssimos acentos de um ascetismo que terá notáveis influências também na espiritualidade cristã seguinte. Lemos aí que o sábio é como uma rocha, contra a qual se quebram as ondas mais ameaçadoras, sem nenhum dano dele (cf. 3,5)[128]:

> Ele suporta qualquer coisa, como suporta o rigor do inverno, as intempéries, a febre, a doença e todas as outras circunstâncias devidas ao acaso [...]. Ele pertence à categoria dos atletas, os quais, com longo e constante exercício, conseguiram adquirir a força de resistir e de enfraquecer todo assalto inimigo (9,1.5).

Tudo isso é possível na medida em que o sábio, "fundado na razão (*ratione innixus*), passa pelas vicissitudes humanas com ânimo divino" (8,3); daí a exortação conclusiva: "Defende o lugar que a natureza te atribuiu. Tu perguntas qual é esse lugar? O de homem!" (19,4)[129]. O que distingue o apóstolo são as motivações, que não residem somente na razão, mas se fundamentam sobre os dados da fé, da assimilação a Cristo e da habitação do Espírito.

Em Romanos 1,24-31, Paulo enumera uma série de vícios considerados consequência da idolatria como desconhecimento da verdadeira identidade de Deus por parte dos homens. Por três vezes (vv. 24.26.28), ele afirma em termos repetitivos que "Deus os entregou" a uma série de paixões desonrosas, que vão da homossexualidade à falta de misericórdia. Desse modo, Deus faz um juízo sobre uma ampla variedade de pecadores. Mas o interessante é que esse juízo, longe de ser adiado para o futuro escatológico (assim em Rm 2,1-11), dá-se no fato mesmo do comportamento imoral e depravado próprio dos viciados, segundo o princípio de uma justiça imanente. Pois bem, transparece aqui um conceito tipicamente estoico, que é aquele segundo o qual assim como a virtude é prêmio a si mesma, do mesmo modo o vício é castigo a si mesmo, exatamente como lemos em Sêneca: "A máxima punição dos delitos está neles

---

128. Assim, também Marco Aurélio, segundo o qual é preciso "se assemelhar ao rochedo contra o qual se chocam continuamente as ondas e ele permanece firme e em torno dele se acalma o referver das águas" (*Meditações* 4,49).

129. Ainda mais famosa é a fórmula lapidar atribuída a Epiteto como característica de toda a moral estoica, enunciada com outra terminologia, mas de igual significado: *Substine et abstine* ("suporta e abstém-te", gr. *anéchou kaí apéchou*; AULO GÉLIO, *Noites áticas* 17,19).

mesmos" (*Epist.* 87,24)¹³⁰. Essa enunciação estoica baseia-se em premissas fundamentais, pois "a ética grega deduz a moralidade unicamente da *physis* do homem [...] e abstrai de qualquer poder superior que regule o seu agir do exterior [...]. Um Zeus que com seu decálogo crie a moralidade seria inconcebível para os helenos"¹³¹. O homem grego, com efeito, fundamenta a moralidade em nada mais senão na lei da natureza e no *lógos* inerente ao homem. O fato de Paulo em Romanos 1,24-31 não fazer nenhuma referência a um juízo divino meta-histórico, além de pôr uma questão sobre as dependências redacionais da carta, sinaliza que, pelo menos naquela seção, ele depende de um *background* cultural extrajudaico.

Também o que Paulo diz da comunidade cristã como *sôma* ("corpo") (Rm 12,4-5; 1Cor 12,27) tem claras equivalência na filosofia estoica. A definição não pertence certamente à tradição judaica, porque na ótica de Israel não se pode absolutamente falar de um "corpo do Cristo/messias" e, muito menos, de um "corpo Adonai/Jhwh"¹³². Por isso, a interrogação fundamental é se, eventualmente, existe no plano comparativo um sintagma análogo àquele. É necessário evitar os casos nos quais o conceito de corpo é utilizado apenas de forma genérica ou absoluta (por exemplo, Crisipo define "um único corpo", *hén sôma*, uma assembleia, um exército e um coro)¹³³. Ademais, podem ser levados em consideração somente aqueles casos nos quais o termo "corpo" é constituído de modo a exigir um genitivo de especificação; mas os tipos de

---

130. Sêneca continua: "Tu te enganas se remetes a punição ao carrasco ou ao cárcere: os delitos são punidos não logo depois de cometidos, mas enquanto se cometem" (*Epist.* 87,25).

131. POHLENZ, M., *La Stoa. Storia di un movimento spirituale*, 272.

132. Sobre o posterior misticismo do *Shiur qomah*, "medida do corpo" (o mais antigo manuscrito é do século X), que consiste na descrição do tamanho do "corpo do criador", de dimensões cósmicas, cf. VAN DER HORST, P., The Measurement of the Body. A Chapter in the History of Ancient Jewish Mysticism, in: VAN DER PLAS, D. (ed.), *Effigies Dei. Essays on the History of Religions*, Leiden-New York, Brill, 1987; 56-68, com tradução do texto e bibliografia.

133. *SVF* II, 124, 367. Nessa linha, cf. também o célebre dito de Sêneca a propósito da nossa inserção no mundo: "Somos todos membros de um grande corpo" (*Epist.* 95,52; cf. 92,30). A esse uso pertence também o genitivo epexegético empregado por Platão: "o corpo do universo" (*Tim.* 31b), "o corpo do cosmos" (*Tim.* 32c). Analogamente, Fílon de Alexandria afirma que o cosmos é "o maior dos corpos e contém no próprio seio a multidão dos outros corpos como seus próprios membros" (*Plant.* 7).

corpo são muitos e o estoicismo enumera mais de um deles[134]. Por isso, é preciso ainda excluir quer a referência somente ao corpo morto de uma pessoa, visto que Paulo entende ser uma entidade viva, quer o seu uso como simples perífrase para indicar alguma pessoa viva individual[135], quer também a sua associação a um termo abstrato[136]. Ao contrário, é preciso levar em consideração as designações de um conjunto, possivelmente de uma coletividade, enquanto dependente de uma pessoa precisa ou relacionada com ela. Pelo que nos é dado saber, uma construção desse gênero existe para exprimir uma dupla semântica: no plano cósmico, para indicar o universo, e no plano político, para indicar a sociedade civil. A primeira, atestada em textos órficos de não fácil datação, descreve o cosmo como um corpo imenso identificado com Zeus (cf. *Fragmentos órficos* 168,12.24: "Todas essas coisas [fogo, água, terra, ar, noite e dia] jazem no grande corpo de Zeus, [...] corpo radiante, inabalável, imenso") ou indica suas várias partes como "membros" de um deus (cf. *Hinos órficos* 11,3: aqui, depois de ter definido o deus Pan como "totalidade do mundo", definem-se o céu, o mar, a terra, o fogo como "membros do próprio Pan"; no *Hino* 66 os mesmos elementos são chamados de "membros de Hefesto")[137]. No plano político, porém, uma interessante construção análoga à paulina encontra-se num diálogo de Sêneca, no qual ele se dirige a Nero, declarando-lhe até: "Tu és a alma da tua república e ela é o teu corpo" (*Clem*. 1,5,1), onde a expressão "o teu corpo" com o adjetivo possessivo equivale, de fato, a como se tivesse o nome próprio ("o corpo de Nero"). A distinção aqui feita entre *animus* e *corpus* é, seguramente, interessante, mas o tom do conjunto é, em todo caso, celebrativo

---

134. Sêneca, seguindo a tradição estoica, identifica três tipos (*corpora continua, composita, ex distantibus*): "Alguns corpos são contínuos, como é o homem; outros, compostos, como um barco, uma casa e todos aqueles cujas partes são unidas mediante comissuras; outros são constituídos por elementos descontínuos e suas partes permanecem separadas, como um exército, um povo, o senado; com efeito, os elementos dos quais tais corpos se constituem estão unidos por lei ou por ofício, enquanto, por natureza, estão divididos e cada qual é independente" (*Epist*. 102,6).

135. Cf. Eurípedes, *Medeia* 1108: "um filho (*sôma* [...] *téknon*) chegou à flor da juventude"; Heródoto 1,32,8: "uma pessoa só (*anthrópou sôma hén*) não é realmente suficiente a si mesma".

136. Cf. "o corpo do pecado" (Rm 6,6) ou "o corpo da morte" (Rm 7,24).

137. Há quem sintetize essa concepção sob o rótulo de "Allgott als Makroanthropos", ou seja, do Deus universal como macro-homem (cf. Fischer, K. M., *Tendenz unf Absicht des Epheserbriefes*, Göttingen, Vandenhoeck, 1973, 68-75).

e encomiástico; o filósofo, com efeito, ao escrever no ano 56, quer fazer o elogio da clemência de Nero (o dos primeiros anos), que, como príncipe, "é o vínculo graças ao qual o conjunto da coisa pública permanece coeso"[138]. Uma coisa é certa: o sintagma paulino não pretende rotular nem uma dimensão cósmica nem um conjunto político e, além disso, não é nada laudatório. É, por isso, legítimo perguntar como Paulo terá chegado a uma definição tão nova e, sobretudo, o que propriamente ela significa. A esse propósito, seria certamente necessário lembrar alguns dados cristológicos típicos da fé cristã, que aqui omitimos. Em todo caso, porém, um paralelismo, pelo menos formal, com o ambiente estoico é inegável.

Resta considerar um aspecto do estoicismo em que a influência sobre Paulo é, talvez, a mais consistente. Trata-se do *universalismo* e das suas consequências sobre a concepção do homem e da sociedade. Paulo vive numa sociedade há muito globalmente marcada pelos feitos de Alexandre Magno, os quais, segundo a nobre interpretação de Plutarco, pouco posterior ao nosso apóstolo, caracterizou-se por fatores a um tempo de universalismo e de unidade irrevogavelmente introduzidos pelo macedônio no pensamento comum.

> [Alexandre], julgando ter vindo como enviado divino, harmonizador e reconciliador de todas as coisas [...], levou à unidade as coisas mais variadas, misturando como numa taça da amizade as vidas e os costumes e os matrimônios e os modos de viver; ele ordenou que todos considerassem como pátria todo o ecúmeno, [...] como consanguíneos os bons e como estrangeiros os maus, e que o grego e o bárbaro não se distinguissem nem pelo manto nem pelo escudo nem pela espada nem pela sobreveste, mas que o gênero grego se demonstrasse tal pela virtude e o bárbaro, pela maldade. [...] Ele quis tornar tudo o que existe sobre a terra submisso a uma só lei e a uma só cidade e que todos os homens se mostrassem como um só povo. A isso, aliás, ele mesmo se sujeitava. E se a divindade que tinha enviado à terra a alma de Alexandre não o tivesse chamado de volta muito cedo, uma só lei governaria todos os homens e eles olhariam para uma só norma de justiça como para uma luz comum; agora, porém, aquela parte da terra que não viu Alexandre ficou privada da luz do sol. Com efeito, o primeiro propósito da sua expedição revela-o como um filósofo, que pensa não em

---

138. No mesmo item, ao se dirigir depois a Nero, escreve: "Tu te poupas a ti mesmo, quando parece que poupas algum outro. É necessário poupar também cidadãos repreensíveis do mesmo modo como se poupam os próprios membros doentes".

proporcionar a si mesmo delícias e opulência, mas para todos os homens concórdia e paz e comunhão mútua[139].

O certo é que a ampliação do horizonte político e geográfico gerou um vivo interesse pelos povos estrangeiros, de tal modo que enfraqueceu se não mesmo eliminou a orgulhosa autoconsciência nacional que outrora, depois da guerra persa, tinha ocasionado na Grécia a drástica contraposição aos bárbaros[140]. Foi a filosofia estoica que acolheu e desenvolveu amplamente essas premissas:

> uma rápida marcha triunfal levou a Stoa a uma posição de primazia na vida espiritual do Oriente. [...] [Ela] se tornou intérprete do novo sentimento da vida helenística, proclamou a ideia de uma humanidade cujos membros são todos unidos uns aos outros por uma inclinação natural e anunciou um novo ideal, que impunha ao homem deveres em relação a seus semelhantes, mas, ao mesmo tempo, o libertava de todos os vínculos físicos e nacionais e dele fazia um ser puramente espiritual[141].

A Stoa fazia do homem parte de uma ampla comunidade supranacional, na qual dominava o simples princípio da obediência à lei natural. No âmbito judaico é sobretudo Fílon de Alexandria que demonstra maciçamente a influência de ideias estoicas, além das platônicas. Embora se debata a questão sobre se rotular o filósofo judeu como estoico, platônico, eclético ou outro[142], a

---

139. PLUTARCO, *De Alexandri Magni fortuna aut virtute* 6.8.9 (= *Mor.* 329 CD, 330 DE); cf. CANFORA, L., *Ellenismo*, Roma-Bari, Laterza, 45 s. Outro personagem muito mais próximo no tempo, César Augusto, merecia elogios análogos, que, com efeito, lhe são atribuídos por Fílon de Alexandria, por "ter acalmado e posto em harmonia todos os povos selvagens, [...] e de ter aumentado a Hélade com muitas outras Hélades, [...] fazendo-se guardião da paz etc." (FÍLON, *Leg. ad C.* 146-147).

140. Cf. WENDLAND, P., *La cultura ellenistico-romana nei suoi rapporti con giudaismo e cristianesimo*, Brescia, Paideia, 1986 [1. ed. Tübingen, 1912], 62. Cf. também HENGEL, M., *Ebrei, Greci e Barbari. Aspetti dell'ellenizzazione del giudaismo in epoca precristiana*, Brescia, Paideia, 1981, 111-136.

141. POHLENZ, M., *La Stoa. Storia di un movimento spirituale*, 535 e 565-566. Cf. também SPANNEUT, M., *Permanence du Stoicisme. De Zénon à Malraux*, Gembloux, Duculot, 1973, 110-111.

142. Cf. o bom *status quaestionis* básico traçado por ARNALDEZ, R., Introduction generale, in: Id., *De opificio mundi*, Paris, Les Belles Lettres, 1961, 70-96.

presença de teses estoicas nas suas obras é bem consistente[143]. De cunho estoico é, certamente, o que escreve a propósito do homem quando o define como "cidadão do mundo (*kosmopólitos*)", conforme a uma lei comum como vontade da natureza (*Opif.* 1).

No que diz respeito à específica doutrina do universalismo, ela pôde, certamente, ter raízes e conotações de tipo cínico[144], mas acabou por caracterizar essencialmente a escola estoica, talvez também pelo fato de que grande parte dos filósofos do Pórtico era de origem não grega. Se alguns estudiosos negam essas ideias no que se refere à Stoa Antiga de Zenão de Cítio[145], elas já são, porém, indubitavelmente, características de Crisipo e particularmente da Média Stoa de Posidônio[146]. Esse último define o cosmos como "um sistema de deuses e homens e de tudo o que acontece por obra deles"[147], de modo a

---

143. Exemplificando, pode-se acenar às seguintes noções: a função do *lógos*, a providência divina que dá uma organização finalista ao universo, o homem como microcosmos, o mundo como cidade e a sua organização como uma constituição da cidade, a teoria das paixões e das virtudes, o dever do homem de obedecer à lei racional que lhe indica o caminho da vida no exercício da virtude etc.

144. Cf. DOWNING, F. G., Cynic Preparation for Paul's Gospel for Jew and Greek, Slave and Free, Male and Female, *New Testament Studies*, v. 42 (1996) 454-462. Efetivamente, já Diógenes de Sinope, "interrogado de onde era, respondeu: *kosmopolítes*" (DIOG. L., *Vit. Phil.* 6,63). Mas sobre Aristipo de Cirene, iniciador da escola hedonística, lemos que, para não se submeter às regras da *polis* e, portanto, não partilhar posições nem de comando nem de escravidão, perseguia a plena liberdade individual por sentir-se "estrangeiro por toda parte" (XENOFONTE, *Memor.* 2,1,13).

145. Contrariamente à interpretação que, depois, Plutarco dará a respeito, a *Politeia*, de Zenão "é um modelo teórico de cidade sem barreiras que não tem nada a ver com a obra de unificação étnica projetada e, em parte, realizada por Alexandre: essa ausência de barreira não diz respeito aos homens em geral, nem, muito menos, aos povos, mas aos sábios, que dessa cidade perfeita são os únicos e verdadeiros cidadãos" (ISNARDI PARENTE, M., *Lo stoicismo ellenistico*, Roma-Bari, Laterza, 1993, 39).

146. Segundo Possidônio, existe uma *syn-géneia* entre as estirpes humanas (cf. ÉSQUILO, *Pers.* 185-186, onde a Grécia e a bárbara Ásia aprecem como uma dupla de irmãs da mesma raça), que são guiadas não tanto pela *Týche* quanto pela *Prónoia* divina; essa última faz com que os povos obscuros possam emergir da sombra para se tornarem dominadores de outros povos famosos e poderosos (como os macedônios em relação aos persas, ou como os romanos em relação à Grécia e aos reinos helenísticos): eles, assim, se fazem instrumentos e concausas do governo providencial do cosmos, que é como uma só cidade governada com sabedoria.

147. Em DIOG. L., *Vit. Phil.* 7,138.

sugerir a ideia de um *sýndesmos* ("vínculo") que liga unitariamente todos os seres entre si[148]. Até um poeta, como Meleagro de Gadara, da Transjordânia palestina (*circa* 140-70 a.C.), sabia que era totalmente indiferente a sua origem semítica: "Mesmo que eu seja um sírio, que importa? Nós habitamos o mundo, mesmo como estrangeiro, como se fosse uma única pátria"[149]. A coisa é ainda mais explícita na Stoa da época imperial e, sobretudo, em Sêneca, que mais do que todos ressaltou a igualdade entre os homens, como quando escreve que "a virtude é possível a todos, e todos por ela somos nobres" (*Epist.* 44,3). É verdade que o seu discurso a respeito é exemplificado com recurso às disparidades internas à sociedade (entre cavalheiro, liberto, escravizado: ibid. 31,11) mais do que à diversidade com os bárbaros ou entre os povos em geral. Todavia, ele fala dos homens sem nenhuma distinção, quando, perguntando-se quais normas possa fornecer para o comportamento deles, assim se exprime:

> Posso brevemente ensinar a seguinte norma à qual deve se ater o homem no cumprimento do seu dever: Tudo o que tu vês, em que está contido, a um tempo, o divino e o humano, constitui uma só coisa: somos membros de um só grande corpo. A natureza nos gerou unidos por laços de íntimo parentesco, pois somos formados dos mesmos elementos e tendemos ao mesmo fim. Ela nos inspirou um amor recíproco e nos fez sociáveis. [...] Que esteja sempre no coração e nos lábios o famoso verso: *Sou um homem e nada do que é humano considero estranho a mim*[150].

Essa temática referente ao homem como cidadão do mundo e, portanto, superior a todo particularismo de qualquer espécie, também se encontra em Epiteto e em Marco Aurélio[151].

É até muito fácil colocar na mesma linha algumas passagens das cartas paulinas, não só onde o apóstolo fala da comunidade dos batizados como único "corpo de Cristo" (cf. supra), mas, sobretudo, onde ele nega a existência de

---

148. Cf. DES PLACES, É., *Syngéneia. La parenté de l'homme avec Dieu d'Homère à la Patristique*, Paris, Klincksieck, 1964, 145-149.

149. *Anth. Graeca* VII, 417,5-6.

150. SÊNECA, L. A., *Epist.* 95,52 s. (a citação é de TERÊNCIO, *Heautontim.* 77).

151. "Tu és cidadão do mundo [...]. O todo é mais importante do que a parte, e a cidade, mais do que o cidadão" (Epiteto, *Diatr.* 2,5,26; 2,10,3-5). Marco Aurélio convida o homem a se considerar "membro" (*mélos*) e não somente "parte" (*méros*) do conjunto/*sýstema* dos seres racionais (*Meditações* 7,13).

qualquer distinção ente gregos e bárbaros (cf. Rm 1,15) ou entre judeu e grego (cf. Rm 3,9; 1Cor 13,13; Gl 3,28; Cl 3,11). O fato incontestável segundo o qual o vínculo entendido pelo apóstolo não é o da comunhão de natureza, mas o do batismo e da comum fé em Cristo mantém distante, decerto, os dois pontos de vista, sob o ângulo material, mas, formalmente, mantém-se na mesma ótica. De resto, o efetivo empenho apostólico empregado por Paulo em vasta escala demonstra com toda evidência que para ele "não há diferença" entre os homens (Rm 3,22.29; 10,12). Justamente a sua "tolerante indiferença às diferenças" é o que impressiona até alguns autores contemporâneos não crentes[152].

Conceitos de várias proveniências

Paulo demonstra conhecer alguns conceitos de caráter tipicamente helenístico, expressos não só em vocábulos isolados ou em conceitos filosóficos, mas em sintagmas diversamente construídos e, todavia, pertencentes a um modo de se exprimir propriamente grego. Enumeramos cinco deles.

O mais interessante se refere ao sentido da morte de Jesus enquanto "morto/entregue por", onde a destinação da mesma morte em Paulo é específica ou em sentido impessoal ("pelos pecados": formulação tradicional)[153] ou, frequentemente, em sentido personalista ("por nós, por mim, por todos, pelos ímpios, pelos irmãos")[154]. Pois bem, essa fórmula não encontra correspondente no Antigo Testamento e na esfera das línguas semíticas, ao passo que é frequente nos textos gregos. De fato, na Bíblia, a eventual destinação de uma morte é esclarecida com outras preposições (TM: l^e, ^cal, min; Setenta: *perí* e *diá*: seja nos textos sacrificais de Lv, seja no canto do servo de Jhwh, em Is 53), em geral sempre em sentido impessoal e não personalista. O helenismo, porém, atesta com abundância o tema de uma morte enfrentada e suportada em favor de outros e expressa com a preposição "por" (*hypér*), e a sua destinação pode

---

152. Cf. BADIOU, A., *San Paolo. La Fondazione dell'universalismo*, Napoli, Cronopio, 1999, 153.
153. Cf. 1 Coríntios 15,3; Gálatas 1,4. Cf. PENNA, R., "Morì per i nostri peccati" (1Cor 15,3b): due Categorie culturali intrecciate, in: BIANCHINI, F.; ROMANELLO, S. (org.), *Non mi vergogno del vangelo, potenza di Dio. Studi in onore di J.-N. Aletti nel suo 70º compleanno*, Roma, P&B Press, 2012, 199-219.
154. Cf. Romanos 5,6.8; 14,9; 1 Coríntios 1,13; 8,11; 2 Coríntios 5,14.15.21; Gálatas 2,21; 3,13; 1 Tessalonicenses 5,10.

ser diversamente especificada "pela cidade, pelos amigos, pela lei, pela liberdade, por todos os gregos, pela salvação, pela verdade, pelo país". Dois textos se aplicam: um de Eurípedes sobre o sacrifício de Efigênia ("Entrego de bom grado o meu corpo para ser sacrificado pela minha pátria e por toda a Hélade"; *Ifig. In Aul.* 1553-1555) e um de Epiteto sobre a amizade ("pôr-se em perigo pelo amigo e, se necessário, morrer por ele": *Diatr.* 2,7,3).

Em Romanos 2,14-15, Paulo afirma que os gentios "embora não tendo lei, são lei para si mesmos: manifestam assim que a obra da lei está escrita em seus corações". Com essas palavras o apóstolo deixa clara a referência ao tema do *nómos ágrafos*, tradicional no helenismo antigo e testemunhado num período que de Heráclito (com o conceito análogo de "harmonia invisível, melhor do que a visível": Fr. 54 D-K) e Sófocles ("leis não escritas e imutáveis dos deuses": *Antig.* 454 s.) chega pelo menos até Dião de Prusa (que contrapõe as leis positivas dos estados com "a lei da natureza": *Or.* 80,5-6)[155]. Embora não sendo, portanto, um tema exclusivo do estoicismo, o que o desenvolve é a filosofia do Pórtico[156], que fala de "lei comum", como se vê, por exemplo, no "Hino a Zeus", de Cleante[157] e em Epiteto[158], para não dizer em Cícero[159]. Do lado judaico, um papel muito importante, até no plano linguístico, foi desenvolvido por Fílon de Alexandria[160].

---

155. O mesmo Dião distingue explicitamente entre lei *ágrafos* e *éggrafos* (in: *Or.* 76,1.3).

156. Cf. KOESTER, H., Nomos physeos. The Concept of Natural Law in Greek Thought, in: NEUSNER, J. (ed.), *Religions in Antiquity*, Leiden, Brill, 1968, 521-541; MITSIS, PH., *Natural Law and Natural Right in Post-Aristotelian Philosophy: The Stoics and Their Critics*, ANRW II, 36.7, 4812-4850.

157. Cf. o v. 2 ("Zeus, princípio da natureza, que todas as coisas com lei governe") e depois os vv. 12.20.24.38.

158. A propósito do princípio segundo o qual o que é melhor deve prevalecer sobre o que é pior, ele fala, a um tempo, de "lei da natureza e de deus" (*Diatr.* 1,29,19; em 3,17,6 o mesmo princípio é definido "lei natural").

159. Cf. *De rep.* 3,22,33: "A verdadeira lei é a reta razão de acordo com a natureza, universalmente presente, estável e eterna, que convida ao dever com os seus mandamentos e afasta do mal com as suas proibições [...]. Nem podemos nos desvencilhar dessa lei por obra do senado ou do povo, nem se deve procurar outro diferente de nós que a explique ou a interprete, nem há uma lei em Roma e outra em Atenas, ou uma agora e outra no futuro, mas uma só, eterna e imutável lei será válida para todos os povos e em todos os tempos, e um só será o mestre e o guia de todos, Deus, ele que dessa lei é o autor, promulgador e aplicador"; cf. *De fin.* 1,18-19: "A lei [...] é a força da natureza".

160. O Alexandrino emprega os sintagmas "razão de natureza" (*De Jos.* 29), "ordenamento da natureza" (ibid., 30), "reta razão da natureza" (ibid., 31).

Em Romanos 7,19, servindo-se de um "eu" retoricamente configurável como *fictio/enallage personae*, Paulo escreve: "Não faço o bem que quero, e faço o mal que não quero". Como fundo, pode-se perceber a discussão sobre *akrasía* ("intemperança"), própria de quem não sabe dominar a si mesmo, à qual Aristóteles dedica todo o livro 7 da sua *Ética a Nicômaco* (cf. 7,1,1145b: "O incontinente, por causa da paixão, faz ações, embora sabendo que são más"). Mas o verdadeiro *topos* a que se reduz o texto paulino começa com o texto clássico de uma tragédia do século V a.C., a *Medeia*, de Eurípedes, no qual a heroína estrangeira, traída pelo marido Jasão, faz-se violência para matar com retaliação seus dois filhos e exclama: "Sou vencida pelos males e entendo o mal que estou por fazer, mas a cólera é mais forte do que a minha vontade, ela é a causa dos piores males entre os mortais"[161]. Também Platão afirma repetidamente que os homens, embora conhecendo o bem, fazem o mal e dá como motivo o simples fato de que o bem não está pronto para vencer o mal (cf. *Protag.* 352d.355a-d), de modo que "a alma tiranizada não fará de modo algum o que quer, mas sempre, arrastada com violência por um aguilhão, estará cheia de perturbação e de remorso" (*Rep.* 577e). A figura de Medeia torna-se, pois, um arquétipo, sobretudo na literatura (cf. OVÍDIO, *Metam.* 7,21: "Vejo as melhores coisas e as aprovo, mas sigo as piores [*video meliora proboque, deteriora sequor*]"; SÊNECA, *Fedra* 604 s.: "Embora o sabendo, a minha alma vai em direção ao precipício e em vão procura bons conselhos [...]. O que pode a razão fazer? Vende e reina a louca paixão, e um deus poderoso subjuga toda a mente [...]. Chamo como testemunhas todos vós, ó Celestes, que eu não quero o que quero"). Também no estoicismo da época imperial encontra-se a mesma temática; sobretudo em Epiteto reemerge o intelectualismo ético de Sócrates aplicado a Medeia: "Ela considerou mais vantajoso ceder à cólera e se vingar do esposo que salvar os filhos [...]. Mostra-lhe claramente que se enganou e não o fará" (*Diatr.* 1,28,7-8); "Como quem peca não quer pecar, mas fazer o que é certo, é claro que não faz o que quer" (ibid., 2,26,1-5).

---

161. *Med.* 1077-1080. O próprio Eurípedes, em outra tragédia e em termos mais moralistas, confessa por boca de Fedra: "Já em outras vezes, nas longas noites, eu refletia como se corrompe a vida dos homens. E me parece que eles fazem as coisas piores não por predisposição natural, pois muitos têm o intelecto sadio. Mas para mim as coisas são assim: nós aprendemos e conhecemos o bem, mas não nos empenhamos em praticá-lo, ou por preguiça ou porque se antepõem ao bem outros prazeres" (*Hippol.* 375-382).

Uma difusa presença de pressuposições helenísticas encontra-se também na passagem de 2 Coríntios 4,7-5,10 no plano de concepções antropológicas[162]. À parte a imagem do "vaso" (cf. 4,7: "Este tesouro, nós o carregamos em vasos de argila"), que pertence mais à Bíblia grega e pressupõe a ideia hebraica de Deus como oleiro[163], Paulo recorre a quatro imagens que têm claras ascendências gregas. A primeira diz respeito à distinção entre "o homem exterior em nós" e "o interior". Vê-se, no fundo, uma perspectiva platônica[164] que se encontra particularmente na passagem da *República* 9,589a-b ("o homem interior deve ter o máximo domínio do ser humano"), mas, depois, atestada em várias outras fontes[165]. A segunda diz respeito à imagem da casa (*oikía*), que a montante pode encontrar a ideia platônica da morte como *metoíkesis* ("mudança de casa, transporte") (*Apol.* 40c), assim como Fílon de Alexandria considera precisamente o corpo como *oikía* da alma[166]. A essa imagem pertence também a, afim, de tenda (*skênos*), igualmente bem atestada no helenismo pagão, bem como na bíblica. Uma terceira imagem é a do exílio. Sócrates já falava da própria morte como "emigração" (PLATÃO, *Fed.* 67), embora o conceito seja atestado não só em Plutarco (cf. *De facie* 943C), mas, sobretudo, em Fílon de Alexandria[167]. Uma última imagem antropológica usada por Paulo é a do contraste vestido-nudez. Empédocles já falava da carne como "reves-

---

162. Cf. PENNA, R., Sofferenze apostoliche, antropologia ed escatologia in 2Cor 4,7-5,10, in: Id., *L'apostolo Paolo. Studi di esegesi e teologia*, Cinisello Balsamo, San Paolo, 1991, 269-298, especialmente 281-288; AUNE, D. E., Anthropological Duality in the Eschatology of 2 Corinthians 4:16-5:10, in: ENGBERG-PEDERSEN, T., *Paul Beyond the Judaism/Hellenism Divide*, 215-239; e a exegese de PITTA, A., *La seconda Lettera ai Corinzi*, Roma, Borla, 2006, 211-251.

163. Cf., todavia, Cícero: "O corpo é como um vaso ou um recipiente da alma" (*Tusc.* 1,22,52).

164. Cf. HECKEL, T. K., *Der Innere Mensch. Die paulinische Verarbeitung eines platonischen Motivs*, Tübingen, Mohr, 1993.

165. Cf. FÍLON DE ALEXANDRIA, *Det. pot. ins.* 22s.; *Agr.* 8.108 etc.; EPITETO, *Diatr.* 2,7,3; 2,8,14; 3,3,13; além disso, *Corpus Hermeticum* 1,15; PLOTINO, *Enn.* 3,2,15.

166. Cf. *Det. pot. ins.* 33; *Praem.* 120; *Omn. prob. lib.* 111; em *Virt.* 77 a morte é chamada de *apoikía*. Veja-se também a ideia contrária, segundo a qual o corpo não é uma verdadeira casa, mas uma *aliena domus* (CÍCERO, *Tusc.* 1,22,51; e *Senect.* 23,84; SÊNECA, *Epist.* 65,21), pois a verdadeira casa é o céu depois da morte (cf. CÍCERO, *Tusc.* 1,22,51; *Divin.* 1,25,53).

167. Cf. *Rer. div. her.* 82.276; *Somn.* 1,180-181; *Conf.* 76-82.

timento" (fr. 126 D-K), mas a ideia torna-se evidente em Platão (cf. *Gorg.* 523 c-d sobre o juízo divino: agora os vivos estão "vestidos", mas, depois, ficarão "nus") e se encontrará em Sêneca (cf. *Epist.* 92,13; 102,25). Para um juízo sobre esses vários débitos paulinos em relação ao helenismo é preciso reconhecer que eles são mais de linguagem do que de substância. Duas diferenças, com efeito, devem ser indicadas: de uma parte, Paulo nesse discurso antropológico não emprega nunca o binômio antitético corpo-alma, evitando assim o típico dualismo platônico; de outra, consequentemente, ele jamais deprecia o corpo; tanto que o conceito de "imortalidade" (*athanasía*) é por ele paradoxalmente empregado justamente e somente a propósito do corpo (1Cor 15,53.54).

O eco de um *background* grego pode ser percebido também na afirmação de Filipenses 2,6-7, onde, na celebração hínica de Jesus Cristo, se fala de uma mudança de *morfe*, da de Deus para a de escravizado[168]. A afirmação se compreende melhor ao termos presente um assunto fundamental da filosofia grega, com o qual o nosso texto se vê em antítese. Encontra-se ele claramente expresso numa página célebre da *República*, de Platão, onde se polemiza contra os mitos e os mitógrafos, os quais descrevem as várias metamorfoses dos deuses, desonrando-os.

> Crês tu que o deus seja um charlatão capaz de aparecer como quiser, segundo aspectos diversos, mudando a sua aparência de muitas formas? Ou crês que seja simples e não fuja absolutamente nunca do seu aspecto? [...] A divindade e o que lhe diz respeito gozam em tudo e por tudo da condição melhor [...]. Consequentemente, o deus será o ser menos sujeito a assumir muitos semblantes [...]. Quando muito, muda a si mesmo para aquilo que é melhor e mais belo ainda [...]. Parece-te que alguém, não importa se deus ou homem, possa se tornar pior por sua vontade? É impossível! Por isso, é também impossível que um deus queira mudar a si mesmo; ao contrário, tendo o mais alto grau de beleza e de virtude, cada um deles continua sempre absolutamente na própria forma (380d-381c).

Platão prossegue, desaprovando as narrativas dos poetas, especialmente de Homero e de Ésquilo, e recomenda às mães que não se deixem influenciar

---

168. Cf. PENNA, R., Dalla forma di Dio alla forma di schiavo: due Categorie culturali sullo sfondo di Fil 2,6-7, in: GRASSO, S.; MANICARDI, E. (org.), *"Generati da una parola di verità" (Gc. 1,18). Scritti in onore di Rinaldo Fabris nel suo 70° compleanno*, Bologna, EDB, 2006, 279-287.

por eles na educação das crianças. Naturalmente, essa ideia da divindade coincide com o que Platão pensa e escreve também alhures sobre a absoluta imutabilidade deles. No *Timeu*, com efeito, a propósito das expressões temporais do verbo ser, ele escreve: "O *Era* e o *Será* são formas geradas no tempo, que nós inconscientemente referimos equivocadamente ao ser eterno. De fato, nós dizemos que ele *Era* e que *É* e que *Será*, e, todavia, somente o *É* lhe convém realmente, enquanto o *Era* e o *Será* devem ser ditos do que é gerado no tempo" (37e-38a). Nessa linha põe-se também a doutrina aristotélica da divindade entendida como motor "imóvel, impassível e inalterável", *akíneton, apathes, annaloíoton* (cf. *Metafisica* L [XII], 6-7,1071b-1073a). Ao contrário, Homero faz Odisseu dizer, ao voltar para Atenas: "É difícil, ó deusa, reconhecer-te quando te encontra um mortal, embora seja muito sábio: tu, com efeito, te tornas semelhante a qualquer um" (*Od.* 13, 312-313). De sua parte, Eurípedes faz Dioniso dizer: "Mudei a minha forma, da de um deus em uma humana/mortal [...]. Tenho um aspecto mortal depois de uma mudança, e mudei a minha forma na da natureza de um homem" (*Bacc.* 4 e 53-54)[169].

Pois bem, Filipenses 2,6-7 põe-se diretamente em rota de colisão com a supracitada concepção filosófica da divindade, pois se encontra, paradoxalmente, na linha mitológica, que a filosofia combatia. O fato de falar até de uma *kénosis* daquele que era "em forma de deus" não tem nenhuma comparação linguística possível. O gnosticismo seguinte, quando muito, falará da divindade como pertencente à esfera da "plenitude" (*pleroma*) e deste mundo inferior como de um "vazio" (*kénoma*)[170]. Mas que a divindade tenha se esvaziado não se lê em nenhuma parte. Decerto, a afirmação "ele se esvaziou" deve ser lida como uma metáfora, seja pelo particular contexto celebrativo e não narrativo, seja pelo pano de fundo de um uso imaginoso do verbo *kenoûn*, como se encontra no grego dos Setenta (cf., por exemplo, Rt 1,21, onde Noemi exclama: "Parti com as mãos cheias, e o Senhor me fez voltar de mãos vazias", ou seja, humilhada). Em todo caso, isso não enfraquece a densidade extrema

---

169. Ainda mais eloquente é o caso de Apolo contado pelo mesmo poeta no *Alceste* desde o seu *incipit*, no qual o deus lembra ter feito o papel de vaqueiro, por um ano, a serviço de Admeto, rei de Feras, na Tessália, obrigado pelo pai Zeus, que o tinha expulsado do céu.

170. Cf. RUDOLPH, K., *La gnosi. Natura e storia di una religione tardoantica*, Brescia, Paideia, 2000, 117-141.

da asserção e o escândalo que devia suscitar em leitores ou ouvintes mais refinados. Talvez seja para atenuar semelhante impressão que Orígenes, retomando a categoria platônica da imutabilidade, justificará a mudança ocorrida em Cristo:

> Por seu amor pelos homens "esvaziou-se a si mesmo" [...]. Nenhuma mudança houve nele, da excelência à extrema pequenez: como é possível, com efeito, que seja extrema pequenez a bondade e o amor pelos homens? (*Contra Celso* 4,15).

Resta o fato da afinidade do nosso texto com a mitologia. Isso não deve surpreender muito; antes, a constatação é interessante e fecunda. A fé cristã, com efeito, não tem de proclamar uma verdade abstrata sobre a natureza da divindade ou do ser em si, mas tem essencialmente alguma coisa a *contar*. A sua profissão de fé está mais próxima da narração do que da filosofia. Lembremos, aliás, que o termo *mythos* em grego significa fundamentalmente "narração"[171]. Na verdade, a narração do evangelho cristão não diz respeito, por sua vez, a alguma mera verdade sapiencial, universal e desencarnada, mas, ao contrário, concentra-se num personagem histórico enquanto protagonista de eventos únicos em seu gênero, que devem ser narrados, ainda que interpretados. Em linguagem joanina, a história de Jesus é a de uma "encarnação". Analogamente, a passagem de Filipenses 2,6-7, no início, interessa-se pelo estádio pré-histórico de Jesus Cristo, ou melhor, da sua passagem de uma condição de existência (*morfe*) a uma outra. A pessoa e a história de Jesus são assim interpretadas em sentido cristológico, ao dizer que aquele que se fez obediente "até a morte e morte de cruz" estava, inicialmente, numa condição totalmente outra, divina, à qual, inopinadamente, renunciou, para assumir uma condição de servo. Em tudo isso, a categoria da mitologia funciona como um puro meio expressivo, que evidencia uma analogia baseada numa comparação cultural, ainda que no plano de conteúdo totalmente divergente.

Por último, deve-se observar o texto de Filipenses 2,17, onde Paulo enuncia a possibilidade de "o seu sangue ser derramado em libação no sacrifício da

---

171. Em geral, cf. VERNANT, J.-P., *Mito e pensiero presso i Greci. Studi di psicologia storica*, Torino, Einaudi, 2001. Para um bom enfoque da discussão a respeito, cf. BETORI, G., Mito, in: ROSSANO, P.; RAVASI, G.; GIRLANDA, A. (org.), *Nuovo dizionario di teologia biblica*, Cinisello Balsamo, San Paolo, 1988, 993-1012.

fé" de Filipos. Como foi demonstrado[172], a metáfora se refere não aos sofrimentos apostólicos de Paulo suportados em vida (especialmente na prisão), mas à perspectiva dramática de uma morte iminente. Pois bem, enquanto o verbo *spéndomai*, em latim *libare*, que é de âmbito cultual ("derramamento de líquidos [óleo ou vinho ou água] em honra de um Deus"), nunca é utilizado para designar a libação do sangue, nas vinte e uma ocorrências do grego da versão dos Setenta, ele o é, porém, em alguns textos da literatura grega e latina[173]. Por isso, o *mori lucrum* de Paulo representa um caso análogo, motivado não certamente pelo desprezo da vida ou pela insuportabilidade dos sofrimentos sofridos, mas pelo desejo de estar com Cristo e pela utilidade que a sua morte pode ter para a fé dos filipenses.

Analogias com os cultos mistéricos?

A pergunta diz respeito à possibilidade de identificar em Paulo eventuais consonâncias até no âmbito da linguagem religiosa. Ao mesmo tempo, ela quer prestar homenagem às muitas perplexidades que os estudiosos apresentam nesse setor. De fato, é verdade que nos mistérios pagãos

> não há nada tão sonoramente explícito como as passagens do Novo Testamento, especialmente em São Paulo e no Evangelho de João, referentes ao morrer com Cristo e ao renascimento espiritual. Não há ainda nenhuma prova de caráter histórico-filosófico de que tais passagens provenham diretamente dos mistérios pagãos[174].

---

172. Cf. PITTA, A., Quale tipo di "libagione" in Fil 2,17: ministerialità o tanatologia? in: CIOLA, N; PULCINELLI, G. (org.), *Nuovo Testamento: teologia in dialogo culturale. Scritti in onore di Romano Penna nem suo 70º compleanno*, Bologna, EDB, 2008, 305-315.

173. Entram aqui na contagem Pausânias, em *Perieg.* 8,2,3 (onde Licão liba Zeus com o sangue de uma criança sacrificada) e Tácito, em *Annali* XVI,35,1-2 (onde se descreve o suicídio que, por ordem de Nero, o cônsul Trásea Peto comete, o qual com o seu sangue liba Júpiter Libertador); análogo é o caso do suicídio de Sêneca, que, porém, liba com a água quente da sua banheira, embora como alusão ao valor sacrifical da própria morte (cf. TÁCITO, *Annali* XV,64,3-4).

174. BURKERT, W., *Antichi culti misterici*, Roma-Bari, Laterza, 1989, 134. Contra essas conclusões muito prudentes, para não dizer negativas, não valem as afirmações maximalistas e preconcebidas de MACCOBY, H., *Paul and Hellenism*, London-Philadelphia, 1991, segundo quem sobretudo a ideia de uma salvação proporcionada por "um deus descido à terra e morto com violência" (p. 183) afastaria irremediavelmente Paulo do judaísmo.

Todavia, e em princípio, não é preciso deixar-se cegar apressadamente por preocupações apologéticas[175]; é importante, porém, considerar com objetiva honestidade os textos e os temas relativos ao assunto. Certamente não se trata apenas do binômio morrer-renascer/ressurgir. Por exemplo, quando Paulo escreve que "no céu ou na terra [...], há vários deuses e vários senhores" (1Cor 8,5), não se pode deixar de pensar que ele tivesse presente, além do culto supracitado a propósito de Tarso, a multiplicidade dos outros cultos helenísticos da época. Verdade é que ele conhecia melhor do que nós as expressões da religiosidade greco-romana, e se em Romanos 2,22 censura o judeu por "pilhar os templos" é porque demonstra pelo menos um respeito formal pelos lugares de culto pagãos[176]. De resto, é interessante observar que o apóstolo polemiza muito mais contra a lei mosaica (a que dedica amplas argumentações) do que contra a religiosidade pagã (somente em Rm 1,18-23).

Dois aspectos da questão merecem atenção para tentar formular pelo menos uma hipótese sobre Paulo.

Tradição e novidade

Como sabemos, os cultos mistéricos da época helenística[177] voltam-se a satisfazer a necessidade de uma religiosidade pessoal (sobre eles veja-se o

---

175. Até um apologista como Justino não tinha escrúpulo de afirmar: "Quando nós dizemos que o *Lógos*, que é o primogênito de Deus, Jesus Cristo, o nosso mestre, foi gerado sem conúbio e que foi crucificado, morreu, ressuscitou e subiu ao céu, não trazemos nenhuma novidade com relação aos que, entre vós, são chamados filhos de Zeus" (*I Apol.* 21,1; ele, porém, está pronto a afirmar as exceções, como em 55,1 sobre a crucifixão).

176. Fílon de Alexandria e Flávio Josefo fazem valer o texto de Êxodo 22,27 segundo a versão grega dos Setenta, que, diferentemente do hebraico ("Não insultes a Deus"), traz, curiosamente, o plural: "Não insultarás os deuses". Fílon, embora constatando com desgosto que o mundo conhecido está cheio de ídolos de madeira e de pedra, afirma: "Devemos nos abster de os insultar, para que não aconteça que os seguidores de Moisés tomem o hábito de tratar com leviandade o nome 'deus' em geral, sendo ele um título digno do mais alto respeito e amor" (*Mos.* 2,205; cf. 2,203-205; *Spec. leg.* 1,53). Flávio Josefo escreve explicitamente: "Que ninguém insulte os deuses venerados pelas outras cidades, nem roube nos templos dos outros, nem apanhe um tesouro que tenha sido dedicado no nome de algum deus" (*Ant.* 4,207; cf. *C. Ap.* 2,237).

177. Veja-se a respeito uma excelente exposição em TURCAN, R., *Les cultes orientaux dans le monde romain*, Paris, Les Belles Lettres, 1989.

capítulo 2). A hipótese que, com toda circunspecção, se poderia formular a propósito de Paulo é que o apóstolo tenha se comportado em relação a Israel de modo análogo ao iniciador de um novo culto de dimensões mais acessíveis e mais universais do que a consolidada religião israelita previsse ou permitisse. Quero dizer que os cultos mistéricos podem ter tido influência sobre ele, se não no pormenor dos seus componentes constitutivos, pelo menos na sua característica fundamental de alternativa ao tradicional fixismo do culto citadino oficial. Cumont, no clássico estudo sobre as religiões orientais no império romano, ao se perguntar sobre os possíveis vários motivos da propagação delas, já observava sabiamente, aliás, que "o conservadorismo carrega sempre em si mesmo um germe de morte, pois todas as coisas estão submetidas a uma contínua mudança"[178]. A fé cristã, que, segundo a hermenêutica paulina era entendida como anticultualista por sua interioridade e universalmente acessível pela sua simplicidade, pode ter exercido, talvez de modo inconsciente, em Paulo o papel de uma alternativa ao quadro religioso consolidado pela tradição. E é bem essa a censura que, segundo Lucas, o judeu-cristão Tiago dirige ao apóstolo, quando esse último chega a Jerusalém no fim da terceira viagem missionária:

> Eles estão a par de boatos que correm a teu respeito: o teu ensinamento induziria todos os judeus, que vivem entre os pagãos, a abandoarem Moisés; tu lhes dirias que não mais circuncidem os seus filhos e não sigam mais as normas (At 21,21).

Que o apóstolo assim se comportasse em relação aos judeus é, com certeza, discutível, e os comentaristas o fazem notar, mas que ele adotasse essa liberdade em relação aos gentios está fora de dúvida.

A comunhão com o deus cultual[179]

Ponto de referência para esta parte do discurso é a figura de Dioniso como deus do vinho e do êxtase vinculado à ebriedade[180]. Deixamos de lado

---

178. CUMONT, F., *Les religions orientales dans le paganisme romain*, Paris, Librairie orientaliste P. Geuthner, ⁵1963, 32.
179. Desenvolvimentos mais amplos em PENNA, R., Il vino e le sue metafore nella grecità classica, nell'Israele antico, e nel Nuovo Testamento, in: Id., *Vangelo e inculturazione*, 145-179, especialmente 168-177.
180. Cf., por exemplo, BURKERT, W., *I Greci*, v. II, Milano, Jaca Book, 1983, 238-239; JEANMAIRE, H., *Dioniso. Religione e cultura in Grecia*, Torino, Einaudi, 1972, 16-19;

aqui a mitologia das suas origens e, em particular, a história da sua "paixão"[181]. O que interessa observar, em primeiro lugar, é o fenômeno de certa *identificação* entre o deus e o seu iniciado[182]. Com efeito, *bákchos*, embora sendo de etimologia incerta, não é apenas um epíteto de deus (Cf. SÓFOCLES, *Édipo rei* 211), mas se torna também um adjetivo próprio daquele que "é arrebatado" pelo deus (cf. HERÓDOTO, 4,79,1-4). Platão menciona como conhecido e difundido o dito segundo o qual "muitos são os que carregam o tirso, mas poucos são *bákchoi*" (*Fed.* 69C), para dizer que ocorre, sim, uma excitação vinda do alto, mas que, por isso, os felizardos são assimilados à divindade (tanto que no além "habitarão com os deuses" e não "na lama").

Em segundo lugar, destaquemos nesse gênero de religião a típica importância do *vinho*, que até chega a ser comparado ao *sangue*. Se na Bíblia o vinho é descrito imaginosamente como "sangue da uva" (Gn 49,11; Sr 39,26), alhures, no helenismo pagão, a metáfora é levada muito além, a ponto de o designar como "sangue de Baco" (assim o poeta ditirâmbico do V-VI século a.C., Timóteo, fr. 4). A mesma assimilação está implícita no verso de Eurípedes, em que se afirma por metonímia que Dioniso "se tornou um deus que se derrama em libação aos outros deuses" (*Bacc.* 284)[183]. A respeito desse tipo de identificação Cícero fará ironia, julgando irracional considerar "deus" a substância material

---

KERÉNYI, K., *Dionysos. Archetypal Image of Indestructible Life*, London, Bollingen, 1976. Decerto, a experiência dionisíaca vai bem além do simples aspecto alcoólico e pode ser totalmente independente dele, tanto que a *mania* ("loucura") se torna um estado conseguível por si mesmo, celebrado por Platão como desejável exaltação divina. Além disso, deve-se reconhecer que o êxtase dionisíaco não é normalmente um fenômeno individual, mas coletivo, que se propaga como por contágio.

181. Cf. a propósito o bom tratamento de JEANMAIRE, H., *Dioniso*, 371-389, "Os mitos da invenção do vinho soam, porém, lúgubres e sinistros: Ícaro, que foi o primeiro na Ática a aprender do próprio deus a arte da cultura das videiras e da pisa, foi morto porque os camponeses acreditaram estarem sendo envenenados; sua filha Erígone, depois de longas buscas, encontrou o cadáver do pai num poço e se enforcou. Morte do pai e sacrifício de moças lançam sombras sobre o prazer do vinho" (BURKERT, W., *I greci*, II, 241).

182. "Quem se abandona a esse deus deve correr o risco de perder a própria identidade burguesa e 'ser louco' [...]. Durante essa metamorfose, adorador e deus – caso absolutamente extraordinário no complexo da religião grega – fundem-se um no outro: Ambos são chamados de 'Baco'" (BURKERT, W., *I greci*, II, 238).

183. Do mesmo modo, Eurípedes faz Odisseu dizer que dera de beber a Polifemo o próprio deus Baco (cf. *Cicl.* 519 s.); cf. também PLATÃO, *Leg.* 773d.

com que nos alimentamos[184]. Além disso, temos de constatar a presença do vinho como parte integrante do concreto desenvolvimento do culto dionisíaco, como ocorre nas várias festas dedicadas ao deus[185].

Mas se passarmos ao Novo Testamento, nele encontramos a explícita declaração paulina segundo a qual a elevação do cálice de vinho na ceia eucarística constitui uma *koinonía* ("comunhão") com o sangue de Cristo (1Cor 10,16a). No centro da frase há a indubitável afirmação de uma particularíssima união com Cristo e com o seu sangue, que constitui o dado essencial do ato realizado. Pois bem, como uma formulação dessas é exclusiva de Paulo e não se encontra em outra parte no Novo Testamento, põe-se, inevitavelmente, um problema: de onde poderá o apóstolo ter tirado semelhante concepção? Decerto, damos como óbvio que na base do texto paulino haja a tradição protocristã a respeito das palavras de Jesus sobre o cálice durante a última ceia (cf. 1Cor 11,23-26), nas qual, porém, não se fala de *koinonía*.

A esta altura, poder-se-ia fazer uma digressão sobre a origem do vinho como ingrediente da celebração da Páscoa judaica. Como se sabe, o relato bíblico da ceia pascal contém somente acenos ao cordeiro e aos ázimos, mas não ao vinho (cf. Ex 12). Põe-se, portanto, o problema de saber quando ele terá feito o seu ingresso na celebração pascal. O célebre "papiro pascal" de Elefantina, datado no ano V de Dario II (ou seja, em 419-418 a.C.), entre as várias prescrições, fala também em "não beber" nos sete dias dos ázimos. O texto mais antigo que se pode citar a respeito remonta ao fim do século II a.C. e é *Jubileus* 49,6 ("E todo Israel estava a comer carne da Páscoa e a beber vinho, a louvar, celebrar e bendizer ao Senhor", com referência à Páscoa do êxodo). Mesmo

---

184. Cf. CÍCERO, M. T., *Nat. deor.* 3,41: "Quando chamamos o trigo de Ceres e o vinho de Liber [nome latino de Dioniso], usamos uma imagem difusa. Ou, talvez, pensas que alguém seja tão irracional a ponto de acreditar que o que o nutre seja um deus?". Mas também Propércio escreve que vive o resto dos seus dias graças a ele e por ele (cf. 3,17,19-20).

185. Isso acontece quer nas Dionisíacas rústicas ou camponesas (cf. ARISTÓFANES, *Acarn.* 247-283), quer nas Dionisíacas citadinas (as Linhas e as Antestérias). Quanto aos santuários de Dioniso, porém, só esporadicamente é que algum deles reclama fenômenos prodigiosos que têm a ver com o vinho. O mais curioso é o caso de um templo em Élida, a respeito do qual se conta que na vigília da festa se punham nele três recipientes vazios, os quais, na manhã seguinte, eram encontrados cheios de vinho (cf. NOETZEL, H., *Christus und Dionysos. Bemerkungen zum religionsgeschichtlichen Hintergrund von Johannes 2,1-11*, Stuttgart, Calwer, 1960, especialmente 22-38).

Fílon de Alexandria fará a respeito um aceno muito vago, quando escreve que na ceia pascal os comensais se purificaram anteriormente, "pois eles se encontram lá não como em outros banquetes para satisfazer o ventre com vinho e pratos, mas para praticar um costume ancestral com orações e hinos" (*Spec. leg.* 2,148). Mas Flávio Josefo não faz nenhuma alusão a isso (cf. *Ant.* 2,311-313; 3,248-251). Além disso, tanto os *targumim* sobre Êxodo 12 quanto o antigo *midrash Mek. Ex.* sobre o rito pascal discorrem somente sobre o comer e nunca sobre o beber. A prescrição ritual propriamente dita de beber vinho na festa da Páscoa encontra apenas mais tarde na *Mishná* (cf. *m. Pes.* 10,1: "Na vigília da Páscoa, desde quando se aproxima o tempo de oferecer o sacrifício vespertino, não é mais permitido comer até se fazer noite; e também o mais pobre de Israel não deve comer até que seja posto a comer acostado; e não deve ter menos do que quatro cálices de vinho, mesmo que seja dos que se alimentam com a tigela dos pobres"); todavia, também aqui os três ingredientes principais do banquete pascal são considerados ser o cordeiro, os ázimos e as ervas amargas (cf. ibid., 10,5); portanto, não o vinho, apesar de sua relativa quantidade[186]. Quanto ao significado desse último, ele consiste seguramente no fato de que o vinho é sinal de festa, pois, habitualmente, era bebido somente em circunstâncias totalmente particulares.

Mas isso não basta ainda para responder exaustivamente à nossa pergunta, visto que Jesus não fala de *koinonía*. Com efeito, deve ser ainda buscada a possível pré-compreensão que pode ter fornecido ao apóstolo o módulo interpretativo da celebração eucarística e ter assim permitido conceber e, sobretudo, formular desse modo a realidade de uma comunhão "vertical" (e não só "horizontal") entre os comensais. Então o discurso não diz respeito somente ao vinho, mas também ao pão (cf. 1Cor 10,16b) e até a toda a ceia. Não é por acaso, com efeito, que ela é definida como *kyriakón deîpnon* ("ceia do Senhor") (1Cor 11,20), porquanto se trata de uma refeição que não somente é contraposta à de cada um (cf. 1Cor 11,21), mas, sobretudo, é determinada pelo próprio

---

186. A explicação mais comum dos quatro cálices é a que os põe em relação com os quatro verbos de Êxodo 6,6-7, que contêm outras tantas promessas: do êxodo ("Eu vos farei sair das corveias do Egito"), da proteção ("Libertar-vos-ei da sua escravidão"), da redenção ("Eu vos reivindicarei com poder e autoridade") e da predileção ("Tomar-vos-ei como meu povo"). Outras explicações são lembradas por Klein, I., *A Guide to Jewish Religious Practice*, New York, 1979, 122.

Senhor, quer enquanto é preparada por ele ou em seu nome, quer enquanto está sob o domínio da sua presença.

Então, a resposta pode ser de dois tipos, de acordo com os dois diferentes âmbitos religioso-culturais que podem ser percebidos no pano de fundo do texto. Em primeiro lugar, pode-se tentar uma referência ao fundo bíblico-veterotestamentário. De fato, Paulo, depois da citação acima referida, continua assim: "Vede os filhos de Israel: os que comem as vítimas sacrificadas não estão porventura em comunhão com o altar?" (cf. 1Cor 10,18); e não pode senão se tratar de uma alusão ao chamado "sacrifício de comunhão", descrito no livro do Levítico (cf. Lv 3; 7,11-36)[187]. Mas a esse propósito é preciso observar duas coisas. Uma é que, segundo o texto bíblico, esse sacrifício não implica nenhuma união mística com Deus, pois se trata apenas de comer "diante do Senhor" (cf. Dt 27,7) e não "com" ele[188]. A segunda é que nesses sacrifícios, embora centrados necessariamente no sangue (cf. Lv 7,14), não somente o sangue não é e não pode ser bebido[189], mas ele nem tem nada a ver com o vinho, que, de fato, é totalmente excluído dos sacrifícios[190].

Consequentemente, em segundo lugar, prospecta-se a possibilidade de ver um elemento de condicionamento cultural da concepção paulina justa-

---

187. Cf. CARDELLINI, I., *I sacrifici dell'Antica Alleanza. Tipologie, Rituali, Celebrazioni*, Cinisello Balsamo, San Paolo, 2001, 63-87.

188. Uma concepção mística do sacrifício em Israel deve ser decididamente negada: cf. MILGROM, J., *Leviticus 1-16*, New York-London, Doubleday, 1991, 221 (cf. 217-225: *excursus* sobre o "sacrifício de comunhão", traduzido para o inglês como "well-being offering"). Fílon de Alexandria, quando fala em geral dos sacerdotes, que não têm parte no território como as outras tribos (cf. Dt 18,1-2), diz que eles "se tornam participantes com Deus (*koinonoí theoû*) das ofertas que lhe são consagradas em agradecimento" (*Spec. leg.* 1,131); todavia, quando se alonga na explicação especificamente dos sacrifícios de comunhão (cf. ibid., 1,212-225), ele afirma que eles, por pertencerem agora àquele ao qual a vítima foi oferecida, são por ele generosamente doados ao convidado, que se torna, por isso, "partícipe e comensal do altar" (ibid., 1,221).

189. Cf. a explícita proibição formulada no Levítico 17,10-16 (cf. 1,5): "Se um homem que faz parte da casa de Israel ou dos migrantes que aí moram consumir sangue, voltar-me-ei contra o que tiver consumido o sangue, para cortá-lo do meio do se povo" (17,10).

190. A respeito, existe, de fato, uma precisa proibição aos sacerdotes no Levítico 10,9 (cf. Ez 44,21). Todavia, em *Jubileus* 7,5-6 diz-se que Noé, depois de ter colhido o fruto da vinha plantada depois do dilúvio e durante o sucessivo sacrifício, "aspergiu o vinho sobre o fogo" que queimava a vítima e, depois, "bebeu, ele e seus filhos, com alegria, daquele vinho".

mente sobre o pano de fundo grego[191] e, em particular, nas celebrações de Dioniso. Tenhamos como ponto de referência apenas o tema da recíproca identificação mediada pelo vinho[192]. Ora, temos de admitir, na verdade, que dos textos referentes ao culto de Dioniso não se extrai o específico vocabulário da *koinonía*[193]. Quando muito, pode provir para Paulo da concepção dos cultos mistéricos em geral, nos quais é bem atestado[194]. A ciência religionista elaborou a respeito um vocabulário específico, no qual sobressaem os termos de *theophagía* ("manducação do deus") e de *theoxenía* ("ter o deus como hóspede"), mas não existe um vocábulo que soe como *theoposía*, ou seja, que exprima diretamente a ideia de uma comunhão com a divindade por meio do ato

---

191. Já "em Homero os sacrifícios são banquetes festivos, do qual tomam parte os deuses (cf. *Odisseia* 3,51 ss.; 8,76; *Ilíada* 1,67.423 ss.; 9,535; PAUSÂNIAS 4,27,1 s.). Homem e deus se tornam companheiros de refeição e de mesa" (HAUCK, F., koinōnós, in: *GLNT* V,699).

192. Não levo em consideração aqui a tese órfico-dionisíaca sobre a superação do limite entre o humano e o divino com base no mito antropogônico órfico, que faz nascer o gênero humano do que restou dos Titãs incinerados por Zeus por terem dilacerado Dioniso-Zagreus (sobre o que se modelou o rito do *diasparagmós* [dilaceração de uma vítima viva] e da *homophaghía* [manducação da carne crua da vítima-deus]) Cf. JEANMAIRE, H., *Dioniso*, 249-267; KLAUCK, H.-J., *Herrenmahl und hellenistischer Kult. Eine religionsgeschichtliche Untersuchung zum ersten Korintherbrief*, München i.W., Aschendorff, 1982, 109-112; SABBATUCCI, D., *Saggio sul misticismo greco*, Roma, Ateneo, 1979, 116-126.

193. O texto de Plutarco, *Thes.* 23, no qual se diz que na festa das Oscofórias (procissões com ramos de videira) também algumas mulheres "participam do sacrifício", não vem realmente ao nosso caso, pois se trata de simples participação física de algumas delas na solenidade.

194. A respeito, podem-se citar o culto de Zeus Panamaros com o banquete em sua honra – por isso, se fala de "mesa comum" e de "comunhão das coisas santas" (veja-se o texto in: PENNA, R., *L'ambiente storico-culturale delle origini cristiane. Una documentazione ragionata*, Bologna, EDB, ⁶2012, 154-155) –, e, sobretudo, o banquete em honra de Serápis, um deus de quem Élio Aristides escreve: "Somente com esse deus é que os homens entram em verdadeira comunhão (*koinonoûsin* [...] *ten akribê koinonían*), convidando-o a seu lar e reconhecendo-lhe o lugar de convidado e, a um tempo, de dono da casa; tanto que, enquanto outros deuses participam cada qual em banquetes diferentes, ele, em vez disso, participa de todos, ocupando a função de simposiarca em meio àqueles que sempre se reúnem em seu nome". Além disso, segundo Platão, os sacrifícios (enquanto compreendem também refeições cultuais) são definidos com base em "uma comunhão mútua (*koinonía* [...] *prós allelous*) entre os deuses e os homens" (*Symp.* 188b-c). Cf. também KLAUCK, H.-J., *Herrenmahl und hellenistischer Kult*, 260 s. (cf. 265 s.: "Um encontro do cristianismo primitivo com os cultos mistéricos é possível e até totalmente verossímil").

de beber. Tudo isso deve nos acautelar contra inflar os dados de comparação à nossa disposição (até porque nem Paulo nem outros nas origens do cristianismo falam de uma manducação de deus!). Todavia, como vimos, o deus grego do vinho é celebrado não apenas no plano de composições poéticas, mas também e sobretudo no plano cultual.

Por isso, honestamente, temos de constatar que o único paralelismo possível com o conceito paulino da comunhão com Cristo mediante o vinho, mudado para seu sangue, encontra-se precisamente na tradição grega sobre Dioniso, que pode muito bem ter funcionado como uma providencial *praeparatio evangelica*, embora devendo esclarecer que "o problema da gênese da noção de *koinonía* não deve ser confundido com o da sua originalidade teológica"[195]. A respeito desse tipo de correlação pode ser muito interessante lembrar também um apócrifo judaico, certamente retocado por mãos cristãs, que nos oferece uma original especulação sobre a videira e seu fruto. Trata-se de *3 Baruc* (ou *Apocalipse grego de Baruc*), datável nos primeiros dois séculos da nossa era.

Segundo esse livro, a árvore com a qual Adão e Eva pecaram era a videira, e o diabo invejoso por meio dela ("a sua videira") os enganou; por isso, Deus, irado, amaldiçoou a videira e o diabo (cf. 4,8). A Baruc, que justamente pergunta como então ela seja de tão grande uso, o *angelus interpres* dá esta explicação: quando houve o dilúvio, as águas chegaram até o Paraíso e destruíram todas as plantas; mas Deus removeu de lá o broto da videira e o levou. Passado o dilúvio, Noé descobriu a planta e não sabia o que fazer com ela; quando o costumeiro anjo lhe explicou todas as coisas, ele se perguntou: "Se Adão por seu meio foi destruído, encontrarei também eu a ira de Deus por meio dela?" (4,13), e implorou a Deus por quarenta dias para saber o que deveria fazer com ela. Então Deus lhe enviou o anjo Sarasael, o qual assim lhe falou: "Levanta-te, Noé, e planta o broto, pois assim diz o Senhor: 'A sua amargura será transformada em doçura, e a sua maldição tornar-se-á uma bênção, e o seu fruto se tornará o *sangue de Deus* (*genesetai haîma theoû*), e como a raça dos homens foi condenada por seu meio, assim por meio de Jesus Cristo Emanuel com ele receberão o convite e o ingresso ao Paraíso'" (4,15).

---

195. Bori, P. C., *KOINONIA. L'idea della comunione nell'ecclesiologia recente e nel Nuovo Testamento*, Brescia, Paideia, 1972, 107. Cf. também Franco, E., *Comunione e Partecipazione. La koinônia nell'epistolario paolino*, Brescia, Morcelliana, 1986, especialmente 249-289.

Como se observará, a mão cristã é evidente, embora intervenha sobre um fundo certamente judaico. Mas o que é mais surpreendente é a designação do fruto da videira, ou seja, do vinho como "sangue de Deus". A alusão à eucaristia, embora não mais especificada, deveria estar fora de qualquer dúvida; mas, em todo caso, a qualificação é totalmente original e, segundo me parece, privada de qualquer comparação, se não precisamente (quando muito) com a tradição grega sobre a celebração do vinho em relação a Dioniso-Baco. Com efeito, a expressão é excessiva até para um cristão, que, quando muito, fala do "sangue de Cristo", mas não "de Deus". Em todo caso, o vinho é apresentado aqui positivamente não por si mesmo, mas somente pela dimensão que podemos definir como "sacramental". É como se disséssemos que o novo deus, cujo vinho agora é sangue, não deve ser mais identificado com Dioniso, mas com "Jesus Cristo Emanuel".

Conclusão

Do que dissemos, conclui-se que a expressão de Schweitzer, citada acima, deve ser redimensionada ou até corrigida, pois, na realidade, ao lado do jardim do pensamento de Paulo, corre não somente o riacho do judaísmo, mas também o do helenismo, nada distante!

Certamente, há temáticas paulinas, absolutamente centrais no pensamento de Paulo, que não têm débito algum em relação ao helenismo: assim é não só para as premissas judaicas do monoteísmo, do messianismo e do recurso exclusivo às escrituras de Israel[196], para tudo o que diz respeito à justificação pela fé sem as obras da lei, a ressurreição de Jesus e também toda a temática referente à escatologia. Aliás, há também alguma coisa que não deve nada nem aos judeus nem aos gregos, como a ideia da revelação do poder de Deus na impotência da cruz, que é escândalo para uns e loucura para outros (cf. 1Cor 1,18-25).

---

196. É sempre surpreendente constatar que Paulo, diferentemente de Fílon de Alexandria, jamais recorre a textos da literatura grega. A única exceção, de 1 Coríntios 15,33 ("As más companhias corrompem os bons costumes"), que é provável provir da *Taide*, de Menandro (fr. 218), não basta para afirmar uma dependência daquela literatura por parte de Paulo, levando-se em consideração que o dito tinha assumido um valor proverbial (cf. também Diodoro Sículo 16,54,4; Fílon de Alexandria, *Det. Pot.* 38).

Mas não se deve subestimar o fato de que o apóstolo se demonstra sensível ao ambiente greco-romano no qual prevalentemente vive e age, servindo-se de algumas suas categorias para se expressar. Poder-se-á dizer que os laços com o helenismo se situam mais no plano da linguagem e que são, afinal, marginais no quadro do pensamento paulino. Resta o fato de que, como o próprio apóstolo admite, além de ser judeu com os judeus, fez-se "com os que são sem lei como se fosse sem lei" (1Cor 9,21), como se dissesse ter-se feito "grego com os gregos".

A história do pensamento cristão continuará nessa linha em forma também mais maciça, como se verá, por exemplo, a partir de São Justino (com o conceito de *lógos spermatikós*) até, pelo menos, São Basílio (com o *Discurso aos jovens sobre a cultura helena*). O certo é que, embora sem ceder a formas de sincretismo helenizante, e contrariamente ao que julgava Tertuliano[197], "entre Atenas e Jerusalém" há mais coisas em comum do que estamos previamente dispostos a pensar.

---

197. Cf. TERTULIANO, *De praescriptione haereticorum* 7 ("O que tem a ver Atenas com Jerusalém, a Academia com a Igreja?"). Cf. em geral COLLINS, J. J., *Between Athens and Jerusalem: Jewish Identity in the Hellenistic Diaspora*, New York, Crossroad, 1983; REYNOLDS, J. M., *When Athens Met Jerusalem: An Introduction to Classical and Christian Thought*, Downers Grove (IL), InterVarsity Press, 2009.

8
O "joanismo"

Rinaldo Fabris

O termo "joanismo" é um neologismo criado pelos estudiosos para indicar um grupo de escritos do Novo Testamento atribuídos tradicionalmente ao apóstolo João. Em termos técnicos, trata-se de um fenômeno histórico, literário e teológico relativo ao quarto evangelho (= QE), a três cartas católicas (1, 2 e 3Jo) e ao *Apocalipse* (Ap)[1]. Apesar de algumas vozes dissidentes sobre o Apocalipse, esses cinco escritos são considerados canônicos desde o século II da nossa era, ou seja, inspirados por Deus e credenciados para a fé cristã. A partir do fim do século XVIII, começa-se a discutir a respeito da origem e da formação dos escritos joaninos, de sua recíproca relação com os outros escritos do cânone cristão. Com a aplicação do método histórico-crítico no estudo dos textos do Novo Testamento, tem início também o debate sobre a aceitação e interpretação do *corpus* joanino na Igreja primitiva.

Entrelaçados a esses problemas existem as questões e as hipóteses sobre o "discípulo amado", mencionado na segunda parte do QE, sobre o papel de um ou de mais autores, para explicar a origem e a formação dos diversos escritos joaninos. Nos últimos decênios, teve um notável incremento a pesquisa sobre a situação vital da comunidade e do ambiente religioso e cultural

---

1. Uma definição precisa sobre o "joanismo" encontra-se na introdução de R. Penna no Congresso de estudos neotestamentários, realizado em Prato (14-16 de setembro de 1989) sobre Il giovannismo alle origini cristiane, *Ricerche storico-bibliche*, v. III, n. 2 (1991) 5-175; DESTRO, A.; PESCE, M., *Come nasce una religione. Antropologia ed esegesi del vangelo di Giovanni*, Roma-Bari, Laterza, 2000, falam de "joanismos" no plural.

chamado "escola" ou tradição joanina. Nos estudos das origens cristãs foi se desenvolvendo também a pesquisa sobre a aceitação do QE e da 1 João nos escritos apostólicos, seja nos escritos apostólicos, seja nos textos apócrifos, sobretudo nos de caráter "gnóstico".

O joanismo e o quarto evangelho

A "questão joanina", como é chamada numa publicação de Martin Hengel, começa com Irineu de Lião, morto depois de 200 d.C., com a idade de 70 anos[2]. Originário da Ásia Menor, provavelmente de Esmirna, o bispo de Lião escreve uma obra polêmica contra os gnósticos, em cinco livros, chamada em latim *Adversus Haereses* ("Contra as heresias"). No início do livro terceiro, onde Irineu se propõe confutar as heresias gnósticas com base nas Escrituras, ele escreve que "o Senhor de todas as coisas deu, com efeito, aos seus apóstolos o poder de anunciar o evangelho; por meio deles, nós conhecemos a verdade, ou seja, o autêntico ensinamento do filho de Deus" (*Contra as heresias* III,1). Para o bispo de Lião é fundamental que os quatro evangelhos sejam de origem apostólica. Ele afirma que, depois da pregação inicial do evangelho de Deus por parte dos apóstolos, Mateus, apóstolo, publicou para os judeus uma forma escrita do evangelho; Marcos, discípulo de Pedro, transmitiu por escrito sua pregação; Lucas, companheiro de Paulo, deixou num livro o evangelho pregado pelo apóstolo; "enfim, João, o discípulo do Senhor, justamente aquele que tinha repousado a cabeça sobre seu peito, publicou também ele um evangelho, enquanto estava em Éfeso, na Ásia" (*Contra as heresias* III,1,1). Até que ponto é confiável o testemunho de Irineu, preocupado em pôr os quatro evangelhos sob a autoridade dos apóstolos, para confutar os gnósticos? Essa interrogação atinge de modo direto o QE, utilizado pelos gnósticos, como se pode ver no apócrifo de João e no comentário gnóstico de Heraclião, citado e criticado por Orígenes no seu comentário ao QE. A leitura do texto do QE levanta muitas dúvidas a respeito da teoria de Irineu sobre a origem apostólica dele e sobre a identificação de João apóstolo com o "discípulo amado".

---

2. HENGEL, M., *La questione giovannea*, Brescia, Paideia, 1998 [1. ed. 1992].

Para quem e com que finalidade foi escrito o quarto evangelho?

A primeira coisa que salta aos olhos na leitura do QE é a sua dupla conclusão, que levanta o problema da origem, da finalidade e dos destinatários do livro. No capítulo 20, o relato do encontro de Jesus ressuscitado com Tomé, um dos doze, termina com a "bem-aventurança" para "aqueles que não viram e, contudo, creram" (Jo 20,29). A seguir, o autor conclui, dizendo: "Jesus operou ante os olhos de seus discípulos muitos sinais que não estão consignados neste livro. Estes foram escritos para que creiais que Jesus é o Cristo, o Filho de Deus, e para que, crendo, tenhais vida em seu nome" (Jo 20,30-31). Depois dessa nota editorial sobre o livro dos sinais, relata-se uma terceira manifestação de Jesus ressuscitado a sete discípulos no lago de Tiberíades, no contexto de uma pesca extraordinária. A seguir, depois da refeição com pão e peixes à margem do lago, relata-se um diálogo entre Jesus e Simão Pedro, no qual o Senhor ressuscitado reabilita o discípulo que, na noite da prisão, o negara por três vezes e lhe confia a missão de apascentar o seu rebanho. No fim, anuncia-lhe que o seguirá no caminho do martírio (Jo 21,19). A essa altura, Pedro se volta e vê que os seguia "o discípulo que Jesus amava, aquele que, no decorrer da refeição, se inclinara sobre o seu peito e dissera: 'Senhor, quem é que vai te entregar?'" (Jo 21,20). Pedro gostaria de saber qual seria o destino daquele discípulo. Mas Jesus lhe renova o pedido de o seguir, sem se preocupar com o discípulo, para o qual ele havia disposto que permanecesse "até que eu venha". Numa nota se esclarece o sentido da palavra do Senhor sobre o discípulo. Enquanto na comunidade dos "irmãos" se difundira o boato de que aquele discípulo não morreria, quem escreve preocupa-se em interpretar as palavras de Jesus: "não lhe dissera que não morreria", mas que permaneceria até que ele, Jesus, viesse (Jo 21,22-23).

Sobre a figura e sobre o papel do discípulo acrescenta-se uma segunda conclusão, em que se diz: "É este discípulo que testemunha essas coisas e as escreveu, e nós sabemos que o seu testemunho é conforme à verdade" (Jo 21,24). Ao discípulo testemunha é atribuída a redação do QE. Nesse sentido se interpreta a palavra do Senhor sobre o destino do "discípulo" que "permanece" até a sua vinda, enquanto "testemunha essas coisas e as escreve" (Jo 21,24a). O porta-voz do grupo, que garante a verdade do testemunho abalizado do discípulo, encerra o livro com uma hipérbole: "Jesus fez ainda muitas outras coisas: se as escrevessem uma a uma, o mundo inteiro não poderia, penso eu, conter os livros que se escreveriam" (Jo 21,25). Com essa frase, o autor de João 21,24-25 relê a primeira conclusão do livro, em que se afirma que foram postos por escrito alguns dos muitos sinais realizados por Jesus na presença dos seus discípulos (Jo 20,30). Entre os muitos "sinais" realizados por Jesus e atestados pelos seus discípulos, foram escolhidos alguns com essa perspectiva: "para que creiais que Jesus é o Cristo, o Filho de Deus, e para que, crendo, tenhais vida em seu nome" (Jo 20,31).

Para determinar quem são os destinatários e qual é a finalidade do livro dos sinais não basta uma das possíveis leituras do verbo *pistéuein*, "crer" – *pistéu(s)ete*, "vos torneis crentes (creiais)", conjuntivo aoristo ou presente – mas se deve levar em conta o conjunto do escrito, onde os sinais realizados por Jesus são postos em relação com o processo de fé. Ambas as formas do verbo *pistéuein* são bem atestadas na tradição manuscritas de João 20,31. O conjuntivo aoristo *hina pistéusete*, "a fim de que vos torneis crentes" poderia fazer pensar que os destinatários não fossem crentes, não importa se de origem hebraica ou grega. A leitura da forma do verbo no presente *pistéuete*, "a fim de que creiais" – ou "continueis a crer" – sugere, porém, a ideia de que se trata de cristãos que devem ser corroborados na sua fé em Jesus Cristo, filho de Deus.

A oscilação da tradição manuscrita entre o conjuntivo aoristo e presente do verbo *pistéuein* aparece também na frase com a qual se comenta o golpe de lança no lado de Jesus morto na cruz: "O que viu deu testemunho, e o seu testemunho é conforme à verdade, a fim de que vós também creiais" (Jo 19,35). O contexto aqui sugere que se trata da interpretação da morte de Jesus na perspectiva da comunidade crente. Aquele que viu é o discípulo amado, presente à morte de Jesus e à cena do golpe de lança que lhe abre o lado, do qual sai sangue e água. Como confirmação da verdade desse testemunho, citam-se dois textos bíblicos, introduzidos com a fórmula de cumprimento: "tudo isso aconteceu para que se cumprisse a Escritura" (Jo 19,36). A citação de cumprimento para introduzir os textos bíblicos encontra-se somente na segunda parte do QE, a partir do capítulo 13, onde, por cinco vezes, aparece também o discípulo que Jesus amava. O seu papel é apresentado em termos análogos em João 19,35 e em João 21,24, embora quem escreve a conclusão do epílogo – João 21,24-25 – não seja mais o discípulo testemunha, mas aquele que se faz porta-voz do grupo editorial.

Os destinatários do capítulo 21, que se fecha com uma nova conclusão, são os "irmãos". Com esse tratamento são chamados os discípulos, aos quais Maria de Magdala deve levar o anúncio de Jesus ressuscitado: "Vai ter com meus irmãos" (Jo 20,17-18). No "discurso de adeus", os discípulos são os que "creram" em Jesus como enviado do pai (Jo 17,6-8). Ele deu a conhecer o nome do pai aos homens que "do mundo" lhe dera. Com essa expressão o autor do QE designa aqueles que acolheram a palavra de Jesus. Na conclusão, porém, do livro dos sinais se diz: "Embora tivesse operado diante deles tantos sinais, eles não acreditavam nele" (Jo 12,37). Portanto, o QE foi escrito para aqueles que creem, para dar sustento à fé deles em Jesus Cristo, filho de Deus. Eles são diferentes e contrapostos aos que não creem. O livro se apresenta como um documento digno de crédito, fundamentado numa tradição e que se reporta a um "discípulo" qualificado e estimado entre os redatores e os destinatários do próprio evangelho.

Quem é o discípulo amado?

Com a expressão "o discípulo que Jesus amava", designa-se, no QE, uma figura anônima que aparece em alguns momentos da história da paixão, morte e ressurreição de Jesus. Para entender o seu papel na perspectiva do QE é decisivo o fato de que Jesus o "ama". A sua identidade depende dessa relação com Jesus, que está na base do seu testemunho autêntico e permanente na comunidade joanina. Com o léxico do amor define-se o estatuto dos discípulos de Jesus e se apresenta a identidade deles. Na frase solene com a qual se abre o relato da paixão e morte de Jesus, os discípulos são chamados de "os seus": "Antes da festa da Páscoa, sabendo Jesus que a sua hora tinha chegado, a hora de passar deste mundo para o Pai, ele, que amara os seus que estavam no mundo, amou-os até o extremo" (Jo 13,1). No chamado "discurso de adeus", ao comentar a semelhança da videira e dos ramos, Jesus diz aos discípulos: "Eis o meu mandamento: amai-vos uns aos outros como eu vos amei. Ninguém tem maior amor do que aquele que se despoja da vida por aquele a quem ama. Vós sois meus amigos se fizerdes o que eu vos mando" (Jo 15,12-14). Os discípulos são aqueles que partilham do destino de Jesus e prolongam sua missão. Graças ao espírito de verdade, o Paráclito, que ele enviará como dom do pai, eles darão testemunho dele, porque estiveram com ele "desde o começo" (Jo 15,26-27).

O discípulo amado é o protótipo dos discípulos, no qual os leitores do evangelho são convidados a se reconhecer. Todavia, a idealização do discípulo não anula a sua realidade histórica. Para o autor do QE o discípulo é a fonte e a garantia da tradição abalizada e segura sobre a qual se fundamenta o documento escrito dos sinais realizados por Jesus. Em alguns casos, o discípulo amado é posto em relação com Simão Pedro. Durante a última ceia com os discípulos, Jesus anuncia que um deles o trairia. Então Simão Pedro pede ao discípulo que Jesus amava e que estava sentado ao lado do mestre que perguntasse quem seria o traidor (Jo 13,21-24). Pedro não fala diretamente com Jesus, mas somente por meio do discípulo amado. No relato da visita ao sepulcro vazio de Jesus, o discípulo que Jesus amava chega primeiro, mas espera que chegue Simão Pedro para entrar também ele no sepulcro. Pedro vê as faixas ali deitadas e o pano que cobrira a cabeça enrolado à parte. Somente do discípulo amado é que se diz que "viu e creu" (Jo 20,8). Também no relato da pesca extraordinária no lago de Genesaré, depois da ressurreição, somente o discípulo amado é que reconhece o Senhor (Jo 21,7). Essa comparação entre os dois discípulos é a tentativa de unir a tradição da comunidade joanina com outra e diferente instância abalizada da tradição de Jesus representada por Pedro. Com efeito, o discípulo não somente não é nunca mencionado quando se fala do grupo dos doze, como não é nunca chamado de "apóstolo". Em outras palavras, o seu papel, com relação a Pedro, representante e porta-voz dos doze, não é de concorrência, mas complementar.

Em torno da figura do discípulo amado desenvolve-se o chamado "joanismo", uma vez que é identificado com João apóstolo, filho de Zebedeu. Essa é uma identificação tradicional, porque do século II até inícios do século XIX é partilhada por diversos ambientes cristãos e por todas as Igrejas. A sobreposição de João apóstolo ao discípulo amado fundamenta-se no fato de que o autor do Apocalipse se chama João, o "profeta" e "testemunha", encarregado pelo Senhor de escrever às Igrejas da Ásia. Isso permite dar um nome e um rosto ao anônimo discípulo de quem se fala na segunda parte do QE.

Em meados do século XIX, começa-se a pensar que o discípulo seja originário de Jerusalém e de estirpe sacerdotal, distinto do grupo dos doze. Alguns afirmam que o fundador da escola e autor do QE seja o discípulo do Senhor ou o presbítero de que fala Pápias de Hierápolis[3]. Outros o identificam com Lázaro, com João Marcos, com André, Tomé ou Natanael, com Maria Madalena e com outros personagens do QE[4]. Para alguns autores o discípulo

---

3. Pápias de Hierápolis, *Esposizione degli oracoli del Signore. I frammenti. Introduzione, testo, traduzione e note di Enrico Norelli*, Milano, Paoline, 2005, fragm. 5,1-17.

4. Bauckham, R., The Beloved Disciple as Ideal Author, *Journal for the Study of the New Testament*, v. 49 (1993) 21-44; Id., *Jesus and the Eyewitnesses: The Gospel as Eyewitness*

amado não seria um personagem real, mas uma figura ideal, o representante da orientação profética e carismática da Igreja, em antítese com a institucional, que remonta a Pedro. Sem negar a realidade histórica do discípulo, a sua designação como discípulo amado por Jesus chama a atenção sobre seu papel em relação à comunidade joanina. É uma figura real e ideal, histórica e simbólica, ao mesmo tempo, enquanto representa um elo na cadeia de transmissão do testemunho de Jesus[5]. Como nos textos dignos de crédito da tradição bíblica, o discípulo amado deve permanecer anônimo. Ele é o porta-voz da perspectiva do evangelista e do redator final do QE.

As "fontes" do quarto evangelho

Sob o ponto de vista do léxico e do estilo, o texto do QE é unitário e coerente. Essa constatação depõe a favor da hipótese de que ele seja o produto de

---

Testimony, Grand Rapids, Eerdmans, 2006 (o discípulo amado é uma testemunha ocular, identificado com o presbítero João, de quem fala Pápias de Hierápolis); CHARLESWORTH, J. H., *The Beloved Disciple: Whose Witness Validates the Gospel of John?*, Valley Forge (PA), Trinity, 1995 (o discípulo amado é Tomé); RESE, M., Das Selbstzeugnis des Johannesevangeliums über seinen Verfasser, *Ephemerides Theologicae Lovenienses*, v. 72 (1996) 75-111; HENGEL, M., *La questione giovannea* (o autor do QE é o presbítero de quem fala Pápias); CATCHPOLE, D., The Beloved Disciple and Nathanael, in: ROWLAND, C. et al. (ed.), *Understanding, Studying and Reading. Essays in Honour of J. Ashton*, Sheffield, Academic, 1998, 69-92; WINDAY, J., Le disciple que Jésus aimait. Pour une vision élargie du problème, *Revue Biblique*, v. 105 (1998) 70-75; SCHNEIDERS, S. M., "Because of the Woman's Testimony": Reexamining the Issue of Authorship in the Fourth Gospel, *New Testament Studies*, v. 44 (1998) 513-535 (o discípulo amado é Maria Madalena); JACKSON, H. M., Ancient Self-Referential Conventions and Their Implications for the Authorship and Integrity of the Gospel of John, *Journal of Theological Studies*, v. 50 (1999) 1-34; MONTAGUE, G. T., *The Vision of the Beloved disciple. Meeting Jesus in the Gospel of John*, New York, Alba House, 2000; GILLÉRON, B., *Le disciple que Jésus aimait. Témoin d'un avenir pour le christianisme (Jean 13-17)*, Poliez-le-Grand-Paris, Editions du Moulin-Desclée de Brouwer, 2000; PHILIPS, J., *The Disciple Whom Jesus Loved*, La Grange (IL), Philips, 2000; REINHARTZ, A., *Befriending the Beloved Disciple. A Jewish Reading of the Gospel of John*, New York-London, Continuum, 2000; DAVIS, S. C. R. M., The Identity of the Disciple whom Jesus Loved, *Expository Times*, v. 113 (2002) 230-231; LINCOLN, A. T., The Beloved disciple as Eyewitness and the Fourth Gospel as Witness, *Journal for the Study of the New Testament*, v. 85 (2002) 3-26; Id., *The Gospel According to St. John*, Peabody-London-New York, Continuum, 2005 (o discípulo amado é um expediente literário para dar credibilidade e significado ao relato).

5. THEOBALD, M., *Das Evangelium nach Johannes: Kapitel 1-12*, Regensburg, F. Pustet, 2009, 89-92.

um só autor. Todavia, revelam-se incoerências na composição, além de fraturas na conexão das várias seções do livro; isso sugere a hipótese de que o texto atual seja o ponto de chegada de um processo de formação em várias fases, entrelaçadas com a história da comunidade joanina. No início desse processo, haveria um escrito formado pela reunião de relatos de milagres, afim à tradição dos evangelhos sinóticos. A ele teria se juntado um segundo estrato elaborado sobre o esquema do calendário das festas hebraicas, do qual faz parte também o relato da paixão. Ele teria sido integrado com acréscimos derivados dos evangelhos sinóticos. Esse segundo estrato com uma intenção didática – os chamados "discursos" – tem um forte acento cristológico e uma escatologia caracterizada pelas contraposições éticas e cosmológicas. Jesus Cristo se apresenta como o "filho" enviado pelo pai, com as típicas fórmulas de autoapresentação: "Eu sou...". Nos discursos predominam as antíteses entre luz e trevas, alto e baixo, vida e morte[6]. Outros recorrem à hipótese das "fontes", as quais teriam sido reelaboradas pelo evangelista com a intervenção final de um redator. A hipótese que encontra maior consenso é a da utilização da "fonte dos sinais", enquanto para os discursos e o relato da paixão faz-se apelo a uma tradição bem próxima da que está na base dos evangelhos sinóticos[7]. Em todo caso, a pesquisa sobre o "joanismo" se entrelaça com a pesquisa sobre a comunidade joanina em que nasceu e amadureceu o QE.

A "comunidade" joanina

Para reconstruir o perfil e a situação vital da comunidade joanina, utilizam-se algumas orientações tiradas do QE. Os autores que recorrem a uma aproximação histórico-sociológica falam de "escola" joanina[8]. O sujeito "nós"

---

6. BOISMARD, M.-É.; LAMOUILLE, A., *Synopse des quatre Evangiles*, t. III, *Evangile de Jean*, Paris, Cerf, 1977 escandem o processo de formação do QE em quatro etapas; BROWN, R. E., *The Community of the Beloved Disciple. The Life, Loves and Hates of an Individual Church in New Testament*, New York-Toronto-London, Ramsey-Paulist-Chapman, 1979 (trad. it.: *La comunità del discepolo prediletto*, Assisi, Cittadella, 1982) propõe cinco fases da pré-história do evangelho joanino.
7. VAN BELLE, G., *The Signs Source in the Fourth Gospel; Historical Survey and Critical Evaluation of the Semeia Hypothesis*, Leuven, Leuven University Press-Peeters, 1994; cf. THEOBALD, M., *Das Evangelium nach Johannes*, 30-44.
8. MALINA, B. J., John's. The Maverick Christian Group: The Evidence of Sociolinguistics, *Biblical Theology Bulletin*, v. 24 (1994) 167-182; ZUMSTEIN, J., Zur Geschichte

que toma a palavra no prólogo (Jo 1,14.16) e no epílogo (Jo 21,24) poderia ser identificado com um grupo que se dirige a um círculo mais amplo representado pelo "vós" da primeira conclusão do livro (Jo 20,31; cf. 19,36). O sujeito plural é empregado também quando um só fala em nome do grupo (Jo 6,68-69). Por sua vez, a testemunha que se faz avalista da tradição e à qual é atribuída a redação do evangelho apresenta-se como sujeito singular diante de um grupo de crentes (Jo 19,35).

Outros textos confirmam esse quadro das relações entre um grupo ativo que remonta ao discípulo testemunha e um círculo mais amplo dos discípulos que se fundamenta na palavra ou no testemunho dos primeiros (Jo 17,20; 15,27). As imagens do pastor, do rebanho e das ovelhas, da videira e dos ramos orientam para a ideia de uma comunidade de crentes marcada pelo mandamento do amor recíproco (Jo 13,34-35). A unidade delas, modelada e fundada na que existe entre Jesus e o pai, é um desafio para o mundo, chamado a reconhecer que Jesus é o enviado de Deus (Jo 17,21.23). No capítulo 17 do evangelho joanino reflete-se a consciência de uma comunidade bem definida diante dos estranhos. Também o confronto com as cartas do *corpus* joanino confirma a presença de uma comunidade crente no pano de fundo do QE.

Com base no QE é difícil traçar o perfil preciso dessa comunidade e reconstruir sua história[9]. Encontra certo consenso a ideia de que a comunidade joanina nasça do embate com o ambiente judaico. O neologismo *aposynágogos*,

---

des johanneischen Christentums, *Theologische Literaturzeitung*, v. 122 (1997) 417-428; MARCATO, G., Ricerche sulla "Scuola Giovannea", *Angelicum*, v. 75 (1998) 305-331; VON WAHLDE, U. C., Community in Conflict: The History and Social Context of the Johannine Community, in: KINGSBURY, J. D., *Gospel Interpretation: Narrative-critical and Social-scientifical Approaches*, Harrisburg (PA), Trinity, 1997, 222-233; cf. *Interpretation*, v. 49 (1995) 379-389; SEGOVIA, F. F., "What is John?", 2. *Literary and Social Readings of the Fourth Gospel*, Atlanta (GA), Scholars, 1998; KENNEY, G. C., *Leadership in John: An Analysis of the Situation and Strategy of the Gospel and the Epistles of John*, Lanham-New York-Oxford, University Press of America, 2000; TIWALD, M., Der Jünger, der bleibt bis zum kommen des Herrn. Eine textpragmatische Verortung der "Johanneischen Schule", *Protokolle zur Bibel*, v. 10 (2001) 1-32.

9. MUNRO, W., The Pharisee and the Samaritan in John: Polar or Parallel? *Catholic Biblical Quarterly*, v. 57 (1995) 710-728; ZUMSTEIN, J., Zur Geschichte des johanneischen Christentums?, *Theologische Literaturzeitung*, v. 122 (1997) 417-428; WENHAM, D., The Enigma of the Fourth Gospel: Another Look, in: ROWLAND, C. et al., *Understanding, Studying and Reading*, 102-128; cf. *Tyndale Bulletin*, v. 48 (1997) 149-178; KENNEY, G. C.,

"excluído da sinagoga", recorrente em três textos (Jo 9,22; 12,42; 16,2) é um eco da exclusão dos crentes em Cristo por parte da sinagoga e das consequentes medidas repressivas contra os propagadores cristãos. Na comunidade afastada pela sinagoga elabora-se uma cristologia elevada: reconhece-se que Jesus Cristo é o filho de Deus e o filho do homem transcendente. A comunidade cristã joanina contrapõe-se ao "mundo" judaico, embora alguns judeu-cristãos permaneçam *in incognito* no âmbito da sinagoga (cf. Jo 8,31).

O exegeta americano Raymond E. Brown, que comentou o evangelho e as cartas de João, tenta reconstruir a história da comunidade joanina até o limiar do século II, depois da redação das cartas joaninas. Ao grupo originário dos judeu-cristãos, que reconhecem em Jesus o messias davídico, acrescenta-se um grupo contrário ao culto templar de Jerusalém. Esse fato favorece o afluxo dos samaritanos. A elaboração de uma cristologia elevada provoca a ruptura com a sinagoga e fortes tensões internas. O ingresso na comunidade de não judeus – gregos convertidos – dá impulso ao debate sobre a identidade de Jesus Cristo, que, afinal, provoca a secessão de um grupo. A comunidade residual é a que se reconhece no testemunho abalizado do discípulo. À parte o conflito com o ambiente da sinagoga e as tensões dentro da comunidade cristã, essa reconstrução é muito hipotética[10]. Por sua vez, o modelo da "escola" joanina explica alguns aspectos da figura digna de crédito e do papel ativo do discípulo testemunha da tradição de Jesus, mas não dá atenção a outros elementos qualificadores e diferentes da experiência cristã joanina centrada na fé em Jesus, o Cristo e filho de Deus.

Nos discursos do QE, sobretudo no "discurso de adeus", o autor dirige-se aos que já são iniciados na fé em Jesus Cristo. Entre os muitos sinais realizados por Jesus, ele escolhe alguns para dar sustento ao caminho de fé deles, oferecendo a oportunidade de defender as razões da própria escolha no confronto com outras orientações, quer dentro, quer fora da comunidade. A apresentação de Jesus, reconhecido e proclamado Cristo e filho de Deus, faz entrever uma frente interna formada pelos que não partilham dessa posição. Ainda que na comunidade do QE não se fale de separação ou de cisma como

---

Leadership in John; LEVIELS, X., Juifs et Grecs dans la communauté johannique, *Biblica*, v. 82 (2001) 51-78.

10. BROWN, R. E.; MOLONEY, F. J. (ed.), *An Introduction to the Gospel of John*, New York, Doubleday, 2003, 69-78.

na primeira e segunda carta, percebem-se nela os pródromos. Tem-se uma confirmação disso nos textos do QE em que repete com insistência o convite a "permanecer" (*ménein*) na fé em Jesus (Jo 8,31.35 15,4.10). Na mesma perspectiva situam-se as palavras de Jesus, sobretudo na oração que fecha o "discurso de adeus", onde ele pede ao pai que os discípulos e os futuros crentes "sejam um" (Jo 17,11.21.22).

Na frente externa há o conflito com o mundo judaico que se reporta às autoridades e à instituição sinagogal. Os frequentes e amplos debates de Jesus com os judeus sobre o significado e o valor dos seus sinais e das suas obras podem ser interpretados sobre o fundo do confronto polêmico ou apologético da comunidade joanina com o ambiente da sinagoga. Os membros da comunidade são predominantemente judeu-cristãos, abertos ao modo de pensar e de se exprimir da cultura greco-helenística, que se encontra sobretudo na diáspora judaica. De outra parte, a polêmica antijudaica do QE exclui a hipótese de que o autor queria estabelecer um diálogo com movimentos e grupos marginais ou sectários dentro ou ao lado do judaísmo tradicional, como os samaritanos, os essênios ou os qumrânicos e os seguidores de João Batista. Sob esse ponto de vista, vale a pena esclarecer qual é o ambiente religioso e cultural em que nasceu e amadureceu o QE.

O ambiente religioso e cultural

O autor do QE escreve em grego, num estilo repetitivo, simples e substancialmente correto. Prefere a parataxe, com frequentes casos de assíndeto. Alguns nomes próprios e termos hebraicos ou aramaicos – *Kephâs, Messias, Rabbouni* – são traduzidos para o grego. Esses dados lexicais e estilísticos fazem pensar num ambiente de origem palestina. Mas eles poderiam ser também o vestígio deixado pelas tradições empregadas para a redação do evangelho. De outra parte, quem fala ou escreve sobre eventos ambientados na terra de Israel e entre os judeus harmoniza a sua linguagem com aquele contexto cultural.

A mesma coisa vale para a relação do QE com a Bíblia hebraica. O autor cita dezoito textos bíblicos numa forma correspondente à versão grega dos Setenta, mas também afim ao texto hebraico e às versões aramaicas. Interpreta o texto bíblico servindo-se das regras hermenêuticas em uso no ambiente judaico, mas as coloca na sua perspectiva essencialmente cristológica. Isso lhe permite reler o Antigo Testamento como profecia que chega a cumprimento em Jesus Cristo. Várias vezes, sobretudo no relato da paixão, introduz os textos bíblicos com a fórmula "de sorte que se cumpriu a palavra" (Jo 12,38; 13,18; 19,24.36). Diante desse modo de ler os textos bíblicos, é legítima a hipótese de que o autor se dirija a uma comunidade na qual o seu método exegético e a sua orientação hermenêutica sejam partilhadas.

A relação do QE com o ambiente judaico coloca-se no contexto do século I d.C., em que há uma troca entre cultura judaica e greco-helenística não só na diáspora, mas também na terra de Israel. O QE tem uma afinidade com o ambiente judaico palestino atestado na literatura rabínica seguinte. Destacam-se também algumas convergências com expressões e concepções presentes nos documentos de Qumran, mas com diferentes ênfases. Algumas antíteses que ocorrem no QE não se encontram nos textos de Qumran e vice-versa. Fala-se no QE de "filhos da luz", que, porém, jamais são contrapostos aos "filhos das trevas", como nos textos qumrânicos. A concepção dualista do QE remete não só ao ambiente qumrânico como também aos textos apócrifos judaicos de caráter apocalíptico (*1 Enoc, 2 Baruc, 4 Esdras*). Mediante esse ambiente judaico, múltiplo e cheio de ornamentos, explicam-se algumas correspondências lexicais e temáticas do QE com Fílon de Alexandria e, em geral, com a cultura helenística.

A relação do QE com o judaísmo tem também aspectos conflitantes, como aparece do uso da expressão *hoi Ioudaîoi*, "os judeus", que ocorre umas setenta vezes. Em nome da fidelidade à *Torá*, "os judeus" se opõem a Jesus ou aos seus discípulos. Como a categoria "o mundo", também a dos judeus é ambivalente, ou seja, tem conotações positivas ou negativas segundo os contextos. Jesus, que pede de beber à samaritana, é um "judeu" (Jo 4,9). No diálogo sobre a questão do templo e do culto, Jesus diz à mulher samaritana: "A salvação vem dos judeus" (Jo 4,22). Todavia, ele mantém distância do judaísmo, porque fala da "vossa" ou da lei "deles" (Jo 7,19; 8,17; 10,34; 15,25).

Nessas expressões reflete-se o processo de separação da instituição hebraica por parte da comunidade joanina, tendo como pano de fundo o conflito entre Jesus e as autoridades judaicas, que culmina na sua condenação à morte. Por sua vez, a relação entre a comunidade joanina e o ambiente judaico insere-se no contexto do debate intrajudaico após o desastre de 70 d.C., quando se põe o problema da identidade judaica, da reconstrução do Templo e da restauração de Israel. Não se pode excluir que nessa relação conflitante entre a comunidade joanina e o judaísmo haja também alguns casos de judeu-cristãos que não têm a coragem de romper com o ambiente de origem e voltam ao âmbito da comunidade hebraica[11]. De outra parte, ainda que o QE não possa ser considerado um escrito "missionário" em relação aos judeus, ele mantém aberto, todavia, o diálogo com alguns representantes do ambiente judaico. A figura de Nicodemos, um fariseu e "um dos chefes dos judeus", representa esse ambiente favorável ao confronto com o movimento dos seguidores de Jesus Cristo (Jo 3,1).

A situação vital interna da comunidade joanina reflete-se nos textos do QE que falam da relação dos discípulos com Jesus e entre eles. No "discurso de adeus" põe-se o acento na unidade dos discípulos diante da ameaça do mundo. Esse fato poderia estar ligado às tensões internas entre os diversos grupos, não somente por sua matriz étnico-religiosa – judeus, joanitas, samaritanos e gregos –, mas também por sua diferente orientação cristológica e eclesial. Até a apresentação da figura abalizada do discípulo amado nos momentos estratégicos do relato da paixão, morte e ressurreição de Jesus, numa relação dialética com Simão Pedro, pode refletir o confronto entre as diversas posições dentro da comunidade joanina e dela em relação às outras comunidades cristãs. É nesse horizonte que se coloca o confronto entre o QE e os evangelhos sinóticos.

O autor do quarto evangelho conhece e usa os evangelhos sinóticos?

Segundo Clemente de Alexandria, o autor do QE escreve um evangelho espiritual (*pneumatikón*) para integrar a apresentação dos eventos materiais (*somatiká*) feita pelos evangelhos sinóticos[12]. Na época moderna essa posição é radicalizada a ponto de considerar que o autor tenha escrito o seu evangelho para suplantar os outros. Por volta do fim dos anos trinta do século XX, porém, amadurece a hipótese de que o autor do QE, sem conhecer os sinóticos, tenha composto o seu evangelho de modo autônomo. Na continuação do debate, alguns afirmam, outros negam o conhecimento e a utilização dos evangelhos sinóticos por parte do autor do QE[13]. Não falta quem, como Neirynck, afirme

---

11. LINGAD, C. G., *The Problems of Jewish Christians in the Johannine Community*, Roma, Pontificia Università Gregoriana, 2001.
12. CLEMENTE, Hypotypóseis, in: EUSÉBIO, *História eclesiástica*, VI,14,7.
13. Segundo NEYREY, J. H., *The Gospel of John*, Cambridge-New York, Cambridge University Press, 2007, 4-5, o autor do QE conhece a tradição sinótica e o material sobre

que o autor do QE tenha utilizado diretamente um ou outro dos primeiros três evangelhos.

Com base nas semelhanças e diferenças entre o QE e os três sinóticos, Rudolf Schnackenburg relaciona sete relatos joaninos análogos aos que estão nos evangelhos sinóticos. Ele releva pelo menos uma dezena de pormenores que estariam bem próximos da obra lucana. Enfim, afirma que no relato da paixão e ressurreição o QE tem singulares afinidades com os evangelhos de Mateus e de Lucas. No que diz respeito ao material discursivo, Schnackenburg registra dezesseis *lógia* ("sentenças") do evangelho de João que encontram uma correspondência nos evangelhos sinóticos sob o perfil formal e de conteúdo, enquanto outros vinte se referem à tradição sinótica. Cinco das dezoito citações do Antigo Testamento em João correspondem às citadas nos evangelhos sinóticos, embora estejam inseridas num contexto diferente e, muitas vezes, formuladas de outro modo.

Enfim, deve-se destacar a convergência entre o QE e os evangelhos sinóticos sobre algumas expressões e figuras simbólicas: o esposo, os amigos do esposo, o pai e o filho, o pastor e o rebanho, o grão semeado, a vinha, o vento, a lâmpada, o caminho na noite. O que é reconhecido como material afim aos evangelhos sinóticos no QE é colocado e interpretado numa perspectiva cristológica própria. Portanto, o autor do QE não depende literariamente dos evangelhos sinóticos, mas de uma tradição comum que ele pressupõe conhecida de seus leitores[14].

O joanismo além do cânone

Os escritos joaninos, em particular o QE, são relidos e reescritos em alguns ambientes cristãos que se ressentem da influência gnóstica[15]. A história

---

Jesus; já para THEOBALD, M., *Das evangelium nach Johannes*, 76-81, o QE é absolutamente autônomo e independente, porque não conhece nem usa os sinóticos ou o material sinótico; quer ser um livro único e absoluto em relação a Jesus.

14. Segundo LINCOLN, A. T., *The Gospel According to St. John*, 26-38, o QE não conhece nem utiliza os sinóticos, mas pressupõe o conhecimento da tradição – oral e escrita – dos evangelhos sinóticos e faz um uso criativo e livre do material sinótico (*logia* e relatos).

15. NAGEL, T., *Die Rezeption des Johannesevangeliums Im 2. Jahrhundert. Studien zur vorirenäischen Aneignung und Auslegung des vierten Evangeliums in christlicher und*

do acolhimento do QE insere-se no contexto do sincretismo helenístico oriental, para onde confluem diversas correntes filosóficas, como o neoplatonismo e as especulações religiosas de tipo iniciático, como o hermetismo. No *Corpus Hermeticum*, em particular no *Tratado* XIII, os textos em que se fala da regeneração lembram análogos temas joaninos: *lógos*, luz, verdade, conhecer, ver. No QE, porém, faltam os temas e os vocábulos específicos do hermetismo – *noûs* (intelecto), *heirmaménē* (destino), *athanasía* (imortalidade), *agnóia* (ignorância) – conexos com a filosofia estoica e o dualismo neoplatônico. Essas afinidades entre o QE e os textos herméticos podem ser explicados com base no comum ambiente religioso cultural. Além disso, pode-se pensar que os textos herméticos, que remontavam ao século II d.C., se ressintam de uma tendência polêmica anticristã. Nesse contexto coloca-se o debate sobre a relação entre o QE e o gnosticismo.

Um evangelho "gnóstico"?

A partir do século II d.C. é que se tem uma documentação segura sobre o gnosticismo como sistema de pensamento e organização eclesial. Para o século I, pode-se falar de "pré-gnose" ou de tendências gnósticas ou gnosticante. Além disso, a documentação disponível, mesmo depois das descobertas de Nag Hammadi, diz respeito a um gnosticismo de matriz cristã[16]. Permanecem, pois, em aberto muitas perguntas sobre a existência de uma pré-gnose cristã ou não e sobre a relação do QE com esse ambiente no plano de tradições, fontes e redação[17]. A pesquisa sobre a relação entre o QE e o gnosticismo pode

---

christlich-gnostischer Literatur, Leipzig, Evangelische Verlagsanstalt, 2000; KEALY, S. P., *John's Gospel and the History of Biblical Interpretation*, Lewiston (NY)-Queenston-Lampeter, Mellen, 2002, 2 v.

16. Em 1945, perto da pequena cidade de Nag Hammadi, conhecida na antiguidade como Chenoboskion, perto da vila de Al-Qasr, a 450 km do Cairo, foram encontrados numa jarra 13 códices em papiro, contendo 52 textos gnósticos completos e fragmentários, três escritos do *Corpus Hermeticum* e um texto de Platão (paráfrase da *República*). Grande parte dos textos, que remontam ao século IV, é uma tradução em copto de originais gregos dos séculos II-III.

17. RUFF, P.-Y., Gnosticisme et Johannisme; des réseaux de témoins sans église?, *Études théologiques et religieuses*, v. 68 (1993) 25-41; LOGAN, A. H. B., John and the Gnostics: The Significance of the Apocryphon of John for the Debate about the Origins of the

se limitar ao confronto com as *Odes de Salomão* e os textos gnósticos de Nag Hammadi. Duas dezenas de textos do QE mostram uma afinidade lexical e temática com as *Odes de Salomão*. Entre eles ressalte-se o papel da palavra criadora, a "água viva", símbolo da revelação e do espírito, dom de Deus. Não é possível concluir se as *Odes de Salomão* dependem do QE ou vice-versa. A sintonia entre as duas séries de textos pode ser bem explicada pela referência ao comum ambiente religioso e cultural dos respectivos autores.

No que diz respeito à relação entre o QE e os documentos da biblioteca de Nag Hammadi, devem ser destacados pelo menos quatro textos gnósticos que remontam ao século II: evangelho de verdade, apócrifo de João – três códices –, o evangelho de Tomé e o evangelho de Filipe. As correspondências entre o QE e os textos gnósticos levam-nos a algumas expressões e temas relativos à revelação e à salvação. Nos textos gnósticos essas temáticas, com a respectiva formulação, estão inseridas no sistema gnóstico, que se apoia no dualismo a respeito da origem e do destino dos salvados. No evangelho do Salvador, um texto fragmentário copto do século V-VI, que poderia remontar a um original grego dos séculos II-III, e algumas expressões, mescladas a sentenças de caráter gnóstico, são retomadas pelos capítulos XIII-XVII do QE[18]. A explicação mais plausível é que se trate de uma releitura do texto joanino num ambiente influenciado por tendências gnósticas.

O interesse pelo QE nos ambientes gnósticos é atestado pelo comentário de Heraclião – da escola de Valentino –, conhecido pelas citações de Clemente de Alexandria e, sobretudo, pelas referidas por Orígenes no seu comentário ao evangelho de João. A Ptolomeu, da escola gnóstica valentiniana, é atribuído um breve comentário ao prólogo de João (IRINEU, *Contra as heresias* I,8,5-6). Também os *Atos de João*, conhecidos no século IV sob o nome de certo Leucio

---

Johannine Literature, in: PORTER, S. E.; EVANS, C. A. (ed.), *The Johannine Writings*, Sheffield, Sheffield Academic Press, 1995, 109-137.

18. SCHENKE, H.-M., Das sogenannte "Unbekannte Berliner Evangelium", *Zeitschrift für Antikes Christentum*, v. 2 (1998) 199-213; HEDRICK, CH. W.; MIRECKI, P. A., *Gospel of the Savior. A New Ancient Gospel*, Santa Rosa (CA), Polebridge Press, 1999; EMMEL, S., The Recently Published Gospel of the Savior ("Unbekanntes Berliner Evangelium"): Righting the Order of Pages and Events, *Harvard Theological Review*, v. 95 (2002) 45-72; PLISCH, U.-K., *Verborgene Worte Jesu. Verworfene Evangelien. Apokalyphe Schriften des frühen Christentums*, Berlin, Evangelische Haupt-Bibelgesellschaft und von Carnsteinsche Bibelanstalt, 2002, 27-34.

Carino, poderiam derivar do ambiente gnóstico. Nesse apócrifo, que talvez remonte ao século II, a atividade taumatúrgica de João e a sua pregação são ambientadas em Éfeso. Isso é um estímulo a uma pesquisa sobre o joanismo nas Igrejas da Ásia.

Quem é "João" de Éfeso?

Entre os séculos II e III, no contexto da polêmica contra os montanistas e os quartodecimanos, que se remetiam ao QE, desdobra-se um debate sobre a atribuição do QE e dos outros escritos do *corpus* joanino ao apóstolo. O escritor romano Gaio, em polêmica com o montanista Próculo, atribui o QE e o Apocalipse ao ebionita Cerinto, enquanto Hipólito Romano escreve uma obra contra Gaio em defesa do evangelho e do Apocalipse de João. Dessas obras polêmicas conservam-se somente poucos fragmentos nas citações de Eusébio de Cesareia. Epifânio de Salamina, no século IV, associa Gaio aos chamados "a-lógos", negadores do *lógos*, "verbo/razão" (EPIFÂNIO, *Panarion* 51,3.1-6).

Por volta do fim do século II, fala-se no *Cânone de Muratori* da origem do QE nestes termos:

> João, um dos discípulos, exortado por seus condiscípulos e bispos, disse: "Jejuai comigo hoje e nestes três dias, e qualquer coisa que for revelada a um de nós deverá ser narrada uns aos outros". Naquela mesma noite foi revelado a André, um dos apóstolos, que João devia escrever tudo em seu nome e todos os outros deviam verificar sua exatidão (*Enchiridion Biblicum* 2).

A intervenção de André, "um dos apóstolos", serve para dar crédito ao QE, ligando-o à tradição dos outros apóstolos.

No prólogo antimarcionita, escrito em grego por volta da metade do século II, talvez em Roma, faz-se de Pápias um discípulo de João apóstolo, o qual lhe teria ditado o evangelho. Pápias de Hierápolis é a testemunha da tradição joanina na Igreja da Ásia Menor. Também o que diz Ireneu sobre João deriva de Pápias. Com base nos fragmentos referidos por Ireneu e por Eusébio de Cesareia, pode-se reconstruir a tradição joanina na Ásia. Pápias fala de sete "discípulos do Senhor", entre os quais está João, junto com André, Pedro, Filipe, Tomé, Tiago e Mateus. Mas o bispo de Hierápolis conhece também outros dois discípulos de nome Aristião e João, chamado "o presbítero" (EUSÉBIO,

História eclesiástica III,39.3-4). Eusébio considera que Pápias terá confundido o apóstolo João com "o presbítero" (EUSÉBIO, *História eclesiástica* III,39,6).

Na realidade, Pápias não diz nada sobre a origem joanina do QE (cf. EUSÉBIO, *História eclesiástica* III,39,15-16). Irineu, porém, escreve que "João, o discípulo do Senhor, justamente aquele que tinha repousado a cabeça sobre seu peito, publicou também ele um evangelho, enquanto estava em Éfeso, na Ásia" (IRINEU, *Contra as heresias* III,1,1). O mesmo Irineu diz que todos os presbíteros da Ásia estiveram em contato com João, "discípulo do Senhor", que teria vivido na Ásia até os tempos de Trajano (IRINEU, *Contra as heresias*, II,22,5; cf. EUSÉBIO, *História eclesiástica* III,23,31). Na carta escrita a Florino, para subtraí-lo à influência de Valentino, em Roma, Irineu lembra o que o bispo de Esmirna, Policarpo, dizia à multidão "quando falava das suas relações com João e os outros que tinham visto o Senhor" (EUSÉBIO, *História eclesiástica* V,20,46). Como Irineu depende de Pápias, é provável que também ele confunda a figura de João apóstolo com a do presbítero João. Com efeito, quando Irineu fala de João, chama-o, como Pápias, de discípulo do Senhor e o associa "àqueles que viram o Senhor". Em polêmica com os heréticos, que se referem a uma tradição própria, Irineu pretende confirmar a tradição da Igreja que, numa cadeia de continuidade, vai dos apóstolos aos presbíteros.

A presença da tradição joanina em Éfeso é atestada no fim do século II por Polícrates, bispo da cidade. Quando escreve ao papa Vítor sobre a questão da data de celebração da Páscoa, cita, entre as autoridades da Ásia, também João, "que se reclinou sobre o peito do Senhor, tornou-se sacerdote, carregou o *pétalon*, foi mártir e mestre e jaz em Éfeso" (EUSÉBIO, *História eclesiástica* III,30,3). Todavia, Polícrates não chama João de apóstolo, nem o coloca no grupo dos doze. Atribui-lhe, porém, a dignidade sacerdotal, quando diz que portou o *pétalon*, ou seja, a lâmina de ouro, sinal da consagração do sumo sacerdote (Ex 28,36-38; 39,30).

Essa imagem de João sacerdote pode derivar do texto de João 18,15-16, no qual se diz que o outro discípulo, que permite que Pedro entre no pátio do palácio de Anás-Caifás, era "conhecido" do sumo sacerdote. Portanto, na Igreja da Ásia e em especial em Éfeso, desenvolve-se uma tradição sobre a figura e sobre o papel de João, autor do QE, que vai de Pápias de Hierápolis a Policarpo, de Irineu de Esmirna até Polícrates de Éfeso. Pápias, que não conheceu diretamente João, fala de dois personagens chamados João, um discípulo do Senhor e um presbítero. Em todo caso, a João, confundido com o presbítero, é atribuído o QE e ao presbítero, o Apocalipse. Dada a relação do QE com o Apocalipse, endereçado às Igrejas da Ásia que se reportam a Éfeso, tende-se a colocar a origem do evangelho joanino no ambiente efesino.

Três cartas sob o nome de João

No cânone dos escritos cristãos, além do QE, outros três são tradicionalmente atribuídos a João. A primeira carta (1Jo), conhecida e citada pelos escritores cristãos dos séculos II-III, é atribuída por Dionísio de Alexandria ao apóstolo, enquanto o Apocalipse seria obra de outro autor (EUSÉBIO, *História eclesiástica* VII,25,7-26). No século IV, todas as três cartas são reconhecidas como apostólicas e canônicas, embora, segundo Jerônimo, alguns atribuam 2 e 3 João a um presbítero distinto do apóstolo. O confronto desses três escritos entre si e com o QE põe alguns problemas a respeito de sua origem joanina e o contexto vital em que foram produzidos. A dificuldade da comparação depende do fato de que se trata de textos diferentes por amplidão, gênero literário e destinatários. Sob o perfil literário, são mais homogêneas as duas breves cartas 2 e 3 João, a ponto de se tender a atribuir 2 João à obra de um falsário, o qual teria reescrito 3 João. Para colocar os três escritos no bojo do "joanismo", levo em consideração o gênero literário, a relação recíproca das três cartas e sua relação com o QE.

Uma "homilia" e duas cartas

Em 2 João e em 3 João encontram-se a típica forma e a estrutura do gênero epistolar: emitente, destinatários e saudação final. 1 João, porém, não tem esses elementos epistolares. No prólogo toma a palavra um grupo, "nós", que se dirige a um genérico "vós", deixado no vago. A saudação final está totalmente ausente. A situação do diálogo epistolar é indeterminada, embora no decorrer do escrito o autor acene várias vezes ao fato de que "escreve" ou "escreveu". Mas serve mais para estabelecer o contato com os leitores do que para evocar a relação entre o emitente e os destinatários de uma carta. A hipótese de que se trate de uma "homilia" ou discurso enviado em forma de carta a um grupo de cristãos ou a diferentes comunidades corresponde aos dados do texto. A moldura é constituída pelo prólogo, ao qual corresponde o epílogo (1Jo 1,1-4; 5,13.21). A parte central segue um desenvolvimento afim a um discurso de exortação. Segundo Giorgio Giurisato, 1 João faz parte do gênero literário da "última cria", que compreende três elementos: a citação de uma sentença, atribuída a um autor, a elaboração mediante várias formas argumentativas e, enfim, a exortação aplicativa. 1 João seria "uma ordenada coleção de sete crias, encerradas por um prólogo e um epílogo"[19].

Enquanto os dois escritos menores são breves cartas enviadas a destinatários distantes ou separados do emitente, que intervém para resolver algumas questões de caráter doutrinal e prático-organizativo, a 1 João se assemelha a uma coleção de instruções e de exortações dirigidas a um grupo de cristãos que fazem parte da sua comunidade. Em alguns momentos o autor abre um "debate" com os "adversários" para deixar em alerta os leitores. Em outros casos, encontram-se diversos elementos tradicionais, como profissões de fé em Jesus Cristo e em Deus, fórmulas litúrgicas e trechos de catequese. Em resumo, a 1 João é um discurso enviado por escrito a grupos de cristãos para esclarecer e aprofundar as razões da fé deles e premuni-los em relação aos "adversários", negadores da fé em Jesus Cristo filho de Deus.

A quem são dirigidas?

Para reconstruir o ambiente dos três escritos, pode-se partir da segunda e da terceira cartas. Na segunda, o emitente, "o presbítero/ancião", dirige-se a uma Igreja local, chamada metaforicamente "Senhora eleita" e "aos seus filhos" (2Jo 1.5). A terceira carta é endereçada a Gaio, um cristão estimado e exemplar. No primeiro caso, o autor põe em alerta os destinatários em relação a uma crise interna: "Muitos sedutores espalharam-se no mundo: eles não professam a fé na vinda de Jesus Cristo na carne. Eis o sedutor, o anticristo!" (2Jo 7). O autor convida os cristãos a interromper toda relação com os que não professam a fé íntegra em Jesus Cristo, recusando recebê-los em casa e negando-lhes a saudação eclesial (2Jo 10-11). Na terceira carta, porém, são abordadas as relações entre as Igrejas ou os grupos cristãos. Um certo Diótrefes, personagem eminente na comunidade cristã, não quer acolher "os irmãos" – cristãos – missionários itinerantes e impede de o fazer aqueles que querem acolhê-los e os expulsa da Igreja (3Jo 9-10).

---

19. GIURISATO, G., *Struttura e teologia della 1 Gv. Analisi letteraria e retorica, contenuto teologico*, Roma, Editrice Pontificio Istituto Biblico, 1998, 287.

Na primeira carta, muito mais ampla, a preocupação imediata do autor é de exortar e de encorajar os destinatários cristãos à perseverança na fé genuína: "Eu vos escrevi tudo isso para que tendes a fé no nome do Filho de Deus" (1Jo 5,13). O tom polêmico de algumas seções pressupõe o embate com uma frente adversária. É difícil fazer uma imagem precisa desses adversários, porque o autor, supondo que os seus interlocutores já os conheçam, traça o perfil deles somente com acenos e alusões para podê-los desmascarar e refutar[20].

Levando em consideração as referências esparsas no escrito, pode-se traçar um quadro aproximativo da orientação teórica e das posições práticas dos dissidentes. O autor os designa de diversos modos: "anticristos" (1Jo 2,18-22; 4,3; cf. 2Jo 7), "mentirosos" (1Jo 2,22), "sedutores" (2Jo 7), "falsos profetas" (1Jo 4,4). Os adversários não pertencem mais à comunidade, porque a abandonaram. Isso confirma que eles provêm da frente antitética à comunidade dos crentes, chamada "o mundo" (1Jo 2,19; 4,5). Todavia, os "cismáticos" representam ainda um perigo, porque a propaganda deles exerce certa influência sobre os fiéis, aos quais é endereçada a carta-homilia.

Sob o perfil da fé cristã tradicional – Jesus Cristo, filho de Deus e salvador dos homens –, os adversários negam a real humanidade de Jesus Cristo, "vindo na carne" e, portanto, a eficácia da sua morte – "sangue" – para o perdão dos pecados (1Jo 1,6-8.10; 2,22-23; 4,2-4.10; cf. 2Jo 7). Como consequência dessa visão redutiva da fé cristã, descuidam da observância dos mandamentos, sobretudo do mandamento do amor fraterno (1Jo 2,3-4.9-11; 3,11-18.22-24; 4,20)[21]. A pretensão deles de serem perfeitos leva-os a subavaliar as exigências éticas da fé cristã e a experiência da vida eclesial (1Jo 2,13-14; 3,2-23.18-19; 4,17). Apelando para o papel do espírito, consideram-se "pneumáticos", profetas e mestres eminentes (1Jo 4,1.6). Enfim, o grupo dos dissidentes julga que a escatologia está realizada: consideram-se já chegados à salvação final e pretendem ter garantia dela[22].

Com base nesses dados da carta, é difícil identificar os adversários com os grupos gnósticos, conhecidos pelos escritos do século II, ou com os de

---

20. SCHMID, H., *Gegner im 1. Johannesbrief? Zu Konstruktion und Selbstreferenz im johanneischen Sinnsystem*, Stuttgart, Kohlhammer, 2002.
21. KENNEY, G. C., *The Relation of Christology to Ethics in the First Epistle of John*, Lanham-New York-Oxford, University Press of America, 2000.
22. BEUTLER, J., *Die Johannesbriefe*, Regensburg, F. Pustet, 2000.

tendências docetistas denunciados e combatidos por Inácio de Antioquia nas suas cartas no início do século I. Certamente, os adversários privilegiam, em sua experiência religiosa, o conhecimento de Deus e tendem a remover a real humanidade de Jesus. No século II, esses grupos heréticos são bem definidos, enquanto na comunidade das cartas joaninas não são ainda claramente identificáveis. O autor se reporta à fé cristológica tradicional, documentada e conhecida no QE, para pôr em evidência os riscos de uma falsa fé em Jesus Cristo, que tem as suas consequências no plano da vida ética e eclesial.

Confronto entre as cartas e o quarto evangelho

O confronto da primeira carta com o QE é facilitado pela sua relativa amplidão com relação às outras duas. No plano do léxico e dos temas, 1 João tem evidentes afinidades com o evangelho atribuído a João. No prólogo da carta, Jesus Cristo é identificado com o *lógos*, a "palavra", embora seja ela especificada como a "palavra da vida" (1Jo 1,1d). Jesus Cristo é o "unigênito", filho de Deus e "o salvador" do mundo enviado pelo pai (1Jo 4,9b.14). No discurso parenético o autor de 1 João fala de "mandamento novo", para indicar a mensagem que está na origem e fundamento da comunidade de crentes e se concentra no amor dos irmãos (1Jo 2,7-9; cf. 2Jo 5-6). Em 1 João encontra-se a categoria "o mundo", para indicar o âmbito negativo, contraponto àquele em que se manifesta e opera o pai (1Jo 2,15-16). Quem segue a lógica do mundo está sob a ação do "espírito do anticristo", "espírito de sedução", antitético ao "espírito da verdade" (1Jo 4,3.6). São recorrentes também as antíteses joaninas luz/trevas, amor-amar/ódio-odiar (1Jo 1,5-6; 2,8-11).

No confronto entre 1 João e o QE emergem também algumas diferenças que não dependem apenas do diferente gênero literário – evangelho-"biografia" narrativa e carta-homilia – mas também da diversidade do léxico e dos temas tratados. Nas três cartas, sobretudo em 1 João, aparecem cerca de quarenta termos e expressões que não se encontram no QE. E vice-versa: alguns termos fundamentais do QE, como glória, juízo, lei, discípulo(s) não têm correspondentes nas cartas. Enfim, observa-se que os mesmos termos ou temas que ocorrem nas cartas e no QE assumem conotações ou acentuações diferentes. Por exemplo, o epíteto "paráclito" em 1 João é referido a Jesus Cristo no seu papel de intercessor junto ao pai, enquanto no QE é atribuído ao espírito de verdade ou espírito santo (1Jo 2,1).

As cartas, como o QE, afundam suas raízes no ambiente religioso e cultural do Antigo Testamento e do judaísmo. Do Antigo Testamento provém o tema do mandamento novo, que lembra a "nova aliança" do livro de Jeremias 31,33. A categoria do espírito e a imagem da unção interior evocam os textos do livro de Ezequiel 36,26-28 sobre a ação interior do espírito de Deus. Também o tema do conhecimento de Deus se une à tradição que remonta aos profetas Oseias e Jeremias. Nas três cartas, diferentemente do QE, não há explícitas citações do Antigo Testamento. Alguns termos e temas das cartas têm analogias com as que estão presentes nos escritos de Qumran. A antítese luz/trevas e a doutrina dos dois espíritos encontram correspondência nos textos da comunidade qumrânica. A insistência de 1 João sobre a "comunhão" lembra a ideia do *jaḥad* qumrânico. O autor de 1 João conhece a interpretação judaica da história de Caim, considerado "filho do maligno" (1Jo 3,12; cf. Jo 8,44). A novidade e a continuidade entre os diversos escritos da tradição joanina são constituídas pela figura do papel de Jesus Cristo, revelador do amor e da vontade de Deus. Portanto, o confronto entre as cartas e o QE põe o problema do autor ou dos autores desses diversos escritos.

João é o "presbítero"?

1 João é um escrito anônimo. Já nas segunda e terceira cartas o emitente se apresenta como "o presbítero", que escreve a uma comunidade ou a outro cristão chamado Gaio (2Jo 1; 3Jo 1). Também na primeira carta, por trás do sujeito plural "nós" do prólogo – 1 João 1,1-4 – e de outras seções, está um cristão eminente que se dirige a outros cristãos mediante o escrito (cf. 1Jo 2,12.13.14; 5,13). Do conjunto do texto não emergem outros particulares para poder identificar esse personagem que se identifica com o grupo "nós". Com base nas afinidades lexicais, estilísticas e temáticas com as outras duas cartas, pode-se pensar que se trate do mesmo autor, o presbítero, que se apresenta como o intérprete abalizado e legítimo de uma tradição. Com relação a Demétrio, que o autor elogia e recomenda como figura exemplar aos seus destinatários, afirma: "Quanto a Demétrio, todos dão bom testemunho dele. A própria verdade testemunha em favor dele. E nós também lhe prestamos nosso testemunho, e sabes que nosso testemunho é verdadeiro" (3Jo 12; cf. Jo 19,35). Ele se dirige aos outros responsáveis de comunidade, anunciando a sua visita ou inspeção para estabelecer o que várias vezes chama de "a verdade" ou "a doutrina de Cristo",

a palavra anunciada desde o início. Esse intérprete abalizado da tradição não pode ser o apóstolo João, porque seria incompreensível o silêncio sobre o título "apóstolo", que lhe daria um prestígio único e indiscutível. Com efeito, a sua autoridade é contestada por um dirigente da Igreja à qual enviou uma carta (cf. 3Jo 9-10). Trata-se do mesmo autor do QE?

O autor das três cartas é o porta-voz de um grupo que se considera sucessor legítimo e intérprete respeitável da tradição (1Jo 1,1-4; 5,13; 3Jo 12). Nas duas breves cartas enviadas a uma única comunidade ou a um responsável – Gaio –, reivindica o direito de intervir junto aos que partilham da mesma orientação doutrinal. A relação lexical e temática das três cartas – em particular de 1 João – com o QE torna plausível a hipótese de que se trate de escritos pertencentes à mesma tradição joanina. Como o QE remonta a um discípulo digno de crédito e fiador da tradição de Jesus – "o discípulo que Jesus amava" (Jo 21,24-25) –, também as três cartas derivam de um presbítero, porta-voz da tradição que está na origem da comunidade joanina. Como conclusão, as cartas se situam na tradição joanina, mas com outra perspectiva ou preocupação, determinada pela nova e diferente situação eclesial por causa da dissidência interna.

O joanismo no Apocalipse

No caso do Apocalipse, pode-se falar de modo próprio e direto de "joanismo", porque o autor se apresenta, por quatro vezes, com o nome próprio de João (Ap 1,1c.4a.9a; 22,8a). Sob o perfil literário, o texto tem uma moldura de caráter epistolar: cabeçalho e conclusão. Na primeira seção reúnem-se sete cartas enviadas às Igrejas da Ásia (Ap 2,1–3,22). A análise dessas cartas, confrontadas com a segunda parte do livro (Ap 4,1–22,5), permite reconstruir a situação vital do ambiente em que o autor escreveu. Como se diz no prólogo do livro, o autor transmite a revelação do desígnio salvífico de Deus a respeito da história humana por meio de Jesus Cristo. A revelação de Deus é feita a João para confortar e apoiar a fidelidade e a perseverança dos fiéis que vivem na provação.

A revelação feita ao servo de Deus João é definida "palavra de Deus", "testemunho de Jesus Cristo" e "profecia", que ele comunica aos fiéis por meio de um escrito a ser lido e escutado. O autor, com efeito, imagina alguém que lê e um grupo que escuta. Em todo caso, o objetivo do processo de revelação e de comunicação é decididamente parenético e prático, como aparece do duplo macarismo – bem-aventurança – do prólogo e do epílogo: "Feliz o que lê e felizes os que escutam as palavras da profecia, se guardarem o que nela está escrito" (Ap 1,3ab; cf. 22,7).

Quem é o "profeta" João?

Na visão inicial, o autor se apresenta nestes termos: "Eu, João, vosso irmão e companheiro na tribulação, na realeza e na perseverança em Jesus" (Ap 1,9a). No prólogo, o nome João é acompanhado da alcunha "servo", encarregado por Deus de tornar conhecido "a seus servos" as coisas que devem acontecer em breve (Ap 1,1; cf. 22,6). Nesse caso, como na continuação do texto, o termo "servo(s)", retomado pela tradição bíblica, designa quem faz parte da comunidade dos fiéis. Do mesmo modo se poderia entender a alcunha "irmão" em Apocalipse 1,9a, se não estivesse seguido de "companheiro na tribulação", com o qual se ressalta a partilha do destino comum de prova para a fé. Com efeito, esclarece-se que ele se encontra na ilha de Patmos "por causa da palavra de Deus e do testemunho que tinham dado". Na continuação do livro com essas expressões, indica-se o estatuto dos fiéis que enfrentam o martírio (Ap 6,9; 12,17; 20,4).

No Apocalipse a alcunha *adelphós*, "irmão", ocorre duas vezes no plural, para indicar os mártires (Ap 6,11; 12,10). Em outros dois textos, junto com o vocábulo "companheiro de serviço", é posto na boca do anjo intérprete que recusa e contesta a adoração por parte de João: "Sou um companheiro de serviço – *syndoûlos* –, teu e dos teus irmãos que guardam o testemunho de Jesus" (Ap 19,10). Nesse caso, a *martyría* de Jesus é explicitamente identificada com "o espírito de profecia". Na segunda cena, o anjo repete: "Sou um companheiro de serviço, teu e dos teus irmãos, os profetas, e dos que guardam as palavras deste livro" (Ap 22,9).

Desse último texto conclui-se que os "profetas" formam um grupo particular ao qual pertence o autor, diferente dos que se empenham em pôr em prática as palavras da revelação de Deus. Essa distinção é confirmada pelo uso da alcunha "profetas" no Apocalipse, em que são chamados de "servos de Deus", aos quais ele comunicou o alegre anúncio do cumprimento do seu mistério (Ap 7,10; cf. 11,18). Eles são diferentes dos santos e dos apóstolos (Ap 11,18; 16,6; 18,22). Em última análise, o autor do Apocalipse, que se apresenta com o nome de João, pertence ao grupo dos profetas inspirados por Deus. Ele tem consciência de ter sido encarregado de comunicar aos outros fiéis aquilo que lhe fora revelado por Deus (Ap 22,6).

Na tradição, embora não de modo unânime, João é identificado com João, filho de Zebedeu, do grupo dos doze apóstolos. Em polêmica com os milenaristas, Dionísio de Alexandria contesta essa identificação (EUSÉBIO, *História eclesiástica* VII,25,1). Na realidade, o autor, que se coloca no grupo dos profetas, não se atribui nunca o título e o papel de "apóstolo", que ele projeta na visão da cidade santa, a nova Jerusalém que desce do céu (Ap 21,14). Fala-se aqui dos "doze apóstolos do Cordeiro", postos em relação com as doze tribos de Israel. "João", portanto, como ocorre em geral na tradição apocalíptica, é um pseudônimo. A escolha desse nome poderia ser posta em relação com a figura de um João conhecido na tradição das Igrejas da Ásia, onde está ambientada a redação do Apocalipse. Charles Homer Giblin afirma que João é o presbítero que escreve as três cartas joaninas[23]. Mas, sob o ponto de vista estilístico, literário e teológico, a identificação do autor do Apocalipse com o autor das cartas joaninas encontra muitas dificuldades, pelo menos tantas quantas a da sua identificação com o autor do QE[24]. Antes de abordar esse problema é oportuno reconstruir a situação vital das Igrejas do Apocalipse.

O risco do compromisso nas Igrejas da Ásia

Os destinatários do Apocalipse são os cristãos das Igrejas da Ásia (Ap 1,4). João se dá conta de que um grave perigo ameaça essas Igrejas, que correm o risco de esmorecer na fé no Deus único e em Jesus Cristo, porque alguns cristãos e responsáveis de comunidades propõem um compromisso com a cultura idolátrica do ambiente e com o culto imperial. Além disso, em nome de uma "gnose" esotérica, alguns são tentados a se abandonarem à libertinagem ética e ao sincretismo religioso (idolatria)[25].

---

23. GIBLIN, C. H., *Apocalisse*, Bologna, Dehoniane, 1993, 18, de uma parte, afirma que, contrariamente à prática do gênero apocalíptico, o autor do Apocalipse "escreve em seu próprio nome" e, de outra, identifica João com "o ancião das cartas joaninas" (p. 36).

24. HEINZE, A., *Johannesapokalypse und johanneische Schriften. Forschungs-und traditionsgeschichtliche Untersuchungen*, Stuttgart-Berlin-Köln, Kohlhammer, 1998.

25. BIGUZZI, G., *I settenari nella struttura dell'Apocalisse. Analisi, storia della ricerca, interpretazione*, Bologna, Dehoniane, 1995.

Por encargo de Jesus Cristo ressuscitado o autor envia sete cartas às Igrejas da Ásia para pô-las de sobreaviso perante esse perigo. As cartas são endereçadas aos anjos das respectivas Igrejas, que eles representam. O recurso a essa ficção literária permite ao autor colocar na boca de Jesus Cristo, o Senhor que tem plena autoridade sobre as Igrejas, as palavras de elogio ou de censura, o anúncio do prêmio ou da condenação, a denúncia do perigo de apostasia e o apelo à conversão. A situação de cada uma das Igrejas é variada. Algumas são fiéis, ainda que em conflito com a comunidade hebraica e com minorias dissidentes (Esmirna). Outras estão gravemente divididas internamente (Tiatira). Em algumas, os fiéis, sobre os quais João pode contar, são um pequeno resto (Sardes). Sobre outras está iminente a ruína, caso não se convertam (Laodiceia).

João toma posição contra aqueles a quem ele chama de "os nicolaítas" (Ap 2,6.15). Outro grupo visado são os seguidores da autodenominada profetiza Jezabel de Tiatira (Ap 2,20). O ponto contrastante diz respeito à participação nos banquetes sagrados nos quais se comem os *eidolóthyta*, "carnes sacrificadas aos ídolos" (Ap 2,15.20). Junto com a denúncia de comer os idolotitos, o autor condena também a *porneía*, "fornicação" (Ap 2,14.20). Como em alguns textos dos profetas bíblicos, a *porneía* pode ser sinônimo de idolatria e de apostasia. Não se pode excluir que ela implique também a acusação de libertinagem sexual. Esse risco de desvio, embora ambientado em Pérgamo e em Tiatira, é conhecido também nas outras Igrejas, porque o que Cristo está por fazer com Jezabel, com seus amantes e com seus filhos abrirá os olhos a "todas as Igrejas" (Ap 2,23). O convite à conversão dirigido à Igreja de Pérgamo dá a entender que os nicolaítas estão no seio da comunidade. Com efeito, o Cristo voltará contra eles a espada da sua boca, se a comunidade não se converter (Ap 2,16).

O autor condena as "obras" dos nicolaítas (Ap 2,6.22.23). Mas a prática deles baseia-se numa teorização, como se deduz do vocábulo *didache*, "doutrina", referido aos idolotitos e à *porneía* (Ap 2,15.24). A ideologia dos nicolaítas pode ser deduzida da pretensão dos seguidores de Jezabel de "sondar as profundezas de Satanás" (Ap 2,24). Os que possuem esse conhecimento do adversário de Deus têm também seu domínio. Em outras palavras, os seguidores de Jezabel reivindicam um conhecimento esotérico para justificar o próprio comportamento sem escrúpulos em relação ao mundo da idolatria e da libertinagem sexual[26].

---

26. Segundo alguns autores, a questão dos idolotitos nas Igrejas da Ásia lembra o assunto abordado por Paulo em 1 Coríntios 8,1–11,1. Para BOXALL, I., "For Paul" or "For

Diante dessa ameaça, o autor faz uma escolha de campo sem compromissos. Os nicolaítas devem ser odiados e combatidos (Ap 2,6.16.21-23). No fundo dessa contraposição está a condenação sem apelo do culto idolátrico, que percorre toda a segunda parte do Apocalipse. Em relação ao culto idolátrico imperial, o autor propõe uma resistência até o fim, até mesmo a custo do martírio (Ap 13,10). A ruptura com a prática idolátrica tem aspectos também sociais e econômicos. Alguns casos de perseguição que se manifestam nas Igrejas da Ásia podem ser a consequência dessa escolha radical[27].

Para impor a sua linha, João tende a desacreditar o adversário, a convencer os indecisos e a confirmar os fiéis. Na carta à Igreja de Éfeso, onde pode contar com o consenso da maioria, ele denuncia os "malvados" que se dizem "apóstolos e não o são" (Ap 2,2). Já na Igreja de Tiatira, onde a frente dos adversários é forte, o autor desmonta a honorabilidade de Jezabel, que se diz "profetisa" (Ap 2,20)[28]. Nesse caso, João reivindica a sua autoridade eclesial em relação à pseudoprofetisa. Ele coloca a sua autoridade em sintonia com a de Jesus Cristo, emitente das cartas, que condena o adversário e promete a salvação escatológica aos fiéis[29].

Cephas"? The Book of Revelation and Early Asian Christianity, in: ROWLAND, C. et al., *Understanding, Studying and Reading*, 198-218, os nicolaítas e os seguidores de Jezabel seriam cristãos paulinos assemelhados ao ambiente pagão; cf. LUPIERI, E., *L'Apocalisse di Giovanni*, Milano, Mondadori, 1999, 128-130. Embora se encontrem analogias entre as duas situações, o teor e o contexto da intervenção de Paulo excluem que na crise das Igrejas da Ásia haja um eco da sua polêmica contra os entusiastas ou libertinos de Corinto. BIGUZZI, G., *I settenari*, 318-319, ressalta as possíveis convergências e divergências entre o Apocalipse e o texto de Paulo; TAEGER, J., Begründetes Schweigen. Paulus und paulinische Tradition in der Johannesapokalypse, in: TROWITZSCH M., (ed.), *Paulus, Apostel Jesu Christi*, Tübingen, Mohr Siebeck, 1998, 187-204, dá destaque ao contraste com a visão teológica de Paulo.

27. Segundo ROYALTY, R. M., *The Streets of Heaven: The Ideology of Wealth in the Apocalypse of John*, Macon (GA), Mercer University Press, 1998, as Igrejas do Apocalipse estão em conflito com a cultura greco-romana dominante.

28. Para NORELLI, E., Une prophétesse contestée: Jézabel (Ap 2,20-23), *Bulletin du Centre Protestant d'Études*, v. 5 (1998) 29 ss., remonta a Jezabel um grupo de cristãos integrados na sociedade e na cultura dominante.

29. Segundo DUFF, P. B., *Who Rides the Beast? Prophetic Rivalry and the Rhetoric of Crisis in the Churches of the Apocalyps*, Oxford-New York, Oxford University Press, 2001, o autor do Apocalipse usa a retórica para responder à crise de liderança no interior das Igrejas da Ásia.

Outro aspecto da crise das Igrejas da Ásia é representado pela relação dos cristãos com os judeus em Esmirna e em Filadélfia. Em dois textos se fala de "sinagoga de Satanás" em relação aos judeus, com os quais a comunidade cristã está em conflito ou concorrência (Ap 2,9; 3,9). Em ambos os contextos, como no caso dos falsos apóstolos cristãos, se diz que os adversários se proclamam judeus, mas não o são. A designação "sinagoga de Satanás" faz parte da estratégia retórica do autor, que tende a desqualificar a frente adversária. Os judeus usurpam um estatuto e um papel que cabe aos cristãos. Eles pertencem ao âmbito de ação do adversário como os partidários do culto idolátrico (cf. Ap 2,13)[30].

Do evangelho ao Apocalipse

Alguns autores pensam que o Apocalipse e o QE, como as três cartas, tenham sido amadurecidos na escola joanina, porque, embora na diversidade de sua formulação literária, têm um fundo teológico comum inegável. No que, de modo particular, diz respeito à relação entre o QE e o Apocalipse, reconhece-se que há muitos pontos de contato. Tende-se também a ver um processo evolutivo que parte do evangelho e desemboca no Apocalipse[31]. Para outros a terminologia teológica do Apocalipse alinha-se com frequência com o evangelho de João, mostrando assim uma afinidade ideal, mas de vez em quando dele se afasta, aproximando-se da terminologia paulina. Edmondo Lupieri traz o exemplo do termo *hypomonê*, "constância", que no Novo Testamento aparece com grande frequência no epistolário paulino – 18 vezes –, ausente no QE, mas presente – 7 vezes – no Apocalipse. Não obstante as supracitadas afinidades teológicas, ele afirma que, sob o ponto de vista estilístico e linguístico, quem escreveu o Apocalipse não pode ter escrito também o QE[32].

Como confirmação dessa posição, pode-se analisar a figura e o papel do cordeiro. O termo *arníon*, "cordeiro", aparece 29 vezes no Apocalipse e duas

---

30. HIRSCHBERG, P., *Das eschatologische Israel. Untersuchungen zum Gottesvolkverständnis in der Johannesoffenbarung*, Neukirchen-Vluyn, Neukirchener, 1999; LAMBRECHT, J., Jewish Slander: A Note on Revelation 2,9-10, *Ephemerides Theologicae Lovanienses*, v. 75 (1999) 421-429.

31. VANNI, U., Il libro dell'Apocalisse, in: *Nuovo Dizionario di Teologia Biblica*, Cinisello Balsamo, Paoline, 1988, 89.

32. LUPIERI, E., *L'Apocalisse di Giovanni*, LXVI.

vezes no QE (Jo 1,20.35). Em ambas as obras, o cordeiro tem um valor cristológico, mas com uma perspectiva diferente. No evangelho a expressão "cordeiro de Deus", colocada na boca da testemunha João, está em relação com a eliminação do pecado do mundo, o batismo no espírito santo e o título "filho de Deus" (Jo 1,29-35). No Apocalipse, o vocábulo *arníon*, que, filologicamente, poderia ter o mesmo significado de *ámnos* do evangelho, tem outra conotação. O cordeiro morto, mas vivo, é o protagonista do juízo de Deus sobre a história humana; é o combatente vitorioso contra as forças coligadas do mal até o seu aniquilamento. O mesmo discurso vale para a figura e a expressão "*lógos* de Deus", de Apocalipse 19,13, que remete ao *lógos* do prólogo do evangelho e ao "*lógos* da vida" de 1 João. A identidade ou a afinidade lexical escondem um diferente enfoque cristológico. Em última análise, se o *Apocalipse* nasceu e amadureceu no chamado "círculo joanino" ou na tradição joanina, deriva de um autor diferente do autor do QE[33].

O autor do Apocalipse é um judeu-cristão que conhece o hebraico bíblico, embora escreva em grego. Relê os textos bíblicos do Antigo Testamento e os da literatura apocalíptica apócrifa. No texto atual se encontram cerca de 500 alusões ao Antigo Testamento, mas sem citações explícitas[34]. Sob esse perfil, ele se afasta da personalidade do autor do QE. Tem outra estatura até a respeito do autor das cartas joaninas, com as quais conserva certa afinidade lexical e temática. Em resumo, a consonância do Apocalipse com o QE, de uma parte, e com a cartas joaninas, de outra, explica-se com a referência à mesma tradição, ou seja, o "joanismo" ambientado na Igreja efesina.

---

33. SMALLEY, S. S., *Thunder and Love: John's Revelation Community*, Milton Keynes, Word, 1994.

34. MOYSE, S., *The Old Testament in the Book of Revelation*, Sheffield, Sheffield Academic Press, 1995.

9

A passagem do século I ao século II

Enrico Norelli

Depois dos apóstolos

É sempre arriscado definir uma "passagem". Cada época é de transição e no caso do cristianismo as datas absolutas dos séculos I e II (de resto, introduzidas muito mais tarde!) não ajudam em quase nada. É verdade, porém, que entre aqueles dois séculos deram-se transformações de grande importância e foram estabelecidas as bases de outras. Trata-se, grosso modo, da primeira geração cristã posterior à geração dos discípulos diretos de Jesus. Ela estava espremida entre a necessidade de admitir que o retorno do Senhor não tinha ocorrido tão depressa como se acreditava e o desaparecimento das testemunhas diretas e dignas de crédito que tinham até então dado sentido àquela espera. Era preciso contar com os meios para enfrentar, a um tempo, ambos os aspectos dessa situação. Além disso, no início desse período, a feroz repressão da revolta judaica por parte dos romanos com a destruição do Templo de Jerusalém, em 70, não provocou somente uma profunda crise no judaísmo não cristão, mas interpelou os cristãos sobre a relação deles com as instituições fundamentais daquele mundo ao qual Jesus e os seus primeiros discípulos tinham pertencido. Naquela época, a maior parte dos cristãos já era de não judeus, mas foi necessário lidar ainda com a tradição da qual provinha a fé em Jesus, sem cortar as próprias raízes, que nela afundavam. Procuraremos descobrir, essencialmente por meio dos textos, alguns processos postos em prática para desatar esse nó de problemas, que deram lugar depois, a partir dos anos 130-140 (mas jamais se podem traçar divisões nítidas), a outros problemas não menos graves, cuja solução, porém, se tornou possível somente pelas opções que foram feitas no período anterior. A nossa atenção concentrar-se-á, portanto, de modo aproximativo, sobre o período compreendido entre o fim dos anos sessenta até aproximadamente 140[1]; nem poderemos abordar todos os textos que conhecemos e que remontam àquela época, mas tentaremos passar em revista os mais significativos.

Pedro e Paulo, provavelmente, morrem em Roma no breve, mas violento massacre de cristãos, apontados por Nero como bodes expiatórios do terrível incêndio de julho de 64. Sobre o destino dos outros componentes do grupo dos doze, escolhido por Jesus, não sabemos nada de historicamente confiável, salvo de Tiago de Zebedeu, que foi morto, por volta de 43, por ordem de Herodes Agripa I, rei da Judeia e da Samaria (At 12,2). Os outros não tinham, decerto, permanecido por muito tempo em Jerusalém. O livro dos Atos dos Apóstolos, escrito, talvez, por volta do ano 90, apresenta-os como um colégio que dirige ainda por um bom tempo, depois da ascensão de Jesus, a comunidade de Jerusalém; quando, com verossimilhança em 48-49, Paulo e Barnabé foram a Jerusalém para discutir se deviam impor ou não a observância da lei aos não judeus que tinham acredito em Jesus, a comunidade, segundo os Atos dos Apóstolos, era dirigida pelos apóstolos (para o autor, idênticos aos doze), bem como pelos presbíteros e por Tiago, o irmão de Jesus (At 15). Mas, segundo o relato de Paulo na carta aos gálatas, escrita provavelmente em 55-56 (em todo caso, não mais tarde), na mesma circunstância, a comunidade de Jerusalém era governada por três personagens, chamados "colunas": Tiago o irmão de Jesus, Pedro e João de Zebedeu (Gl 2,9). Os doze já tinham, portanto, se dispersado; com toda probabilidade, tinham partido em missão. Sem dúvida, durante a vida deles já se contavam nas comunidades cristãs o que eles faziam (para Paulo e Pedro isso é atestado em Gl 2,7-8, para Paulo também em Gl 1,23-24), mas o que nos consta (em geral, somente em parte) são os "atos" de cada um dos apóstolos, compostos a partir dos séculos II e III, que narram a atividade missionária e a morte deles. Eles reúnem em certa medida tradições anteriores, mas no conjunto são, certamente, lendárias e não podemos nos fundamentar nelas para reconstruir de modo confiável o destino dos discípulos de Jesus. A partir da segunda metade do século II, encontramos notícias de João de

---

1. O nosso ponto de chegada corresponde, pois, aos primeiros anos que se seguiram à segunda guerra judaica, de 132-135, que marcaram a divisão definitiva entre cristianismo e judaísmo.

Zebedeu, o qual teria evangelizado a Ásia Menor e teria morrido em Éfeso em idade bem avançada, sob o imperador Trajano (98-117)[2]; mas restam vestígios de outra tradição segundo a qual teria sido martirizado bem mais cedo[3]. Com eventual – e duvidosa – exceção de João, os doze desapareceram e, provavelmente, foram mortos, o mais tardar nos anos sessenta. Também Tiago, o irmão do Senhor, líder dos judeus observantes que tinham crido em Jesus, foi morto em Jerusalém a mando do sumo sacerdote Anás ben Anás, em 62[4]. Alguns discípulos de Jesus, naturalmente, terão vivido por mais tempo[5]. Mas na tradição sobre Jesus figuravam como herdeiros do seu ministério os doze[6] ou o irmão Tiago[7].

A partir do fim dos anos sessenta, portanto, as comunidades cristãs devem ter começado a perceber que estava ocorrendo uma reviravolta imprevista

---

2. Atestam-no os apócrifos *Atos de João*, do fim do século II ou início do III; Irineu de Lião, *Contra as heresias* II,22,5; III,3,4 (por volta de 180); Polícrates de Éfeso na carta a Vítor de Roma (por volta de 180), citada por Eusébio de Cesareia, *História eclesiástica* III,31,3; Tertuliano, *A alma* 50 (por volta de 210) e, depois, muitos outros.

3. Assim, uma informação, proveniente verossimilmente da perdida *História eclesiástica*, de Filipe de Side (escrita por volta de 434-439), que cita como fonte Pápias de Hierápolis (o qual escreveu por volta de 115); o dado se encontra em outras fontes. A autenticidade é muito discutida, mas não é fácil explicar como possa ter nascido tardiamente tal tradição incompatível com a que se impôs pelo fim do século II, segundo a qual João escreveu o Apocalipse e o evangelho já muito idoso.

4. Flávio Josefo, *Antiguidades judaicas* 20,200; uma versão judeu-cristã romanceada da morte de Tiago está em Hegésipo (por volta de 180), citado por Eusébio, *História eclesiástica* II,23,11-18.

5. Ao que parece, Pápias de Hierápolis pôde ainda ouvir algum deles, se Eusébio de Cesareia tiver razão quando afirma que fora discípulo de Aristião e do presbítero João, "discípulo do Senhor" (*História eclesiástica* III,39,7, cf. III,39,4); isso pode ter ocorrido por volta de 80.

6. Isso vale para ambas as fontes mais antigas, independentes entre si: o evangelho de Marcos (3,14 etc.) e a fonte das palavras de Jesus, chamada Q (Lc 22,29-30 // Mt 19,28).

7. Os familiares de Jesus tinham sido cautelosos, senão negativos, em relação a seu ministério: Marcos 3,31-35; João 7,5. Mas a tradição recebida de Paulo já conhecia uma manifestação do ressuscitado a Tiago (1Cor 15,7; cf. o fragmento do evangelho dos hebreus citado por Jerônimo, *Os homens ilustres* 2), o qual gozou de uma autoridade que se reflete ainda na produção pseudoclementina (redação originária: século III), no evangelho de Tomé 12 e em diversos escritos gnósticos que levam seu nome. Gálatas 2,9 parece atestar uma espécie de compromisso entre dois critérios de sucessão de Jesus, o familiar e o carismático: das três "colunas", uma delas pertence ao primeiro, duas ao segundo.

e repleta de consequências, a qual exigia uma reestruturação do sistema. Tinha-se, antes, esperado um rápido retorno de Cristo para o juízo, o fim deste mundo e a instauração do reino de Deus; por volta de 51, Paulo estava certo de que ele e a maior parte dos cristãos de Tessalônica estariam ainda vivos naquela ocasião (1Ts 4,15) e, ainda que alguns anos depois, na prisão, não excluísse morrer antes (Fl 1,20-25), não se tinha realmente a perspectiva, certamente ainda nos anos cinquenta, da possibilidade de que a geração dos discípulos diretos estaria desaparecida antes da parusia do Senhor. Não que Paulo, quando fundava as suas comunidades, não as organizasse para durarem por certo tempo; ao contrário, previa para elas um itinerário de crescimento, de "criancinhas", "carnais" a "espirituais", do leite ao alimento sólido, à "sabedoria" dos "perfeitos" (1Cor 2,6; 3,1-3)[8]. Mas nada em suas cartas indica que tal crescimento devesse continuar para além da geração presente.

Ora, nos anos sessenta, o desaparecimento dos grandes personagens da primeira geração, antes que chegasse o dia do juízo, provoca em muitos uma crise. Alguns têm a firme ideia de que a primeira geração não deve desaparecer sem que se verifique o fim do mundo. Essa atitude reflete-se na palavra posta na boca de Jesus, em Marcos 9,1: "Na verdade, eu vos digo. Dentre os que aqui estão, alguns não morrerão antes de ver o Reinado de Deus vindo com poder"; dez ou vinte anos depois, ou seja, por volta dos anos 80-90, Mateus (16,28) e Lucas (9,27) sentem que devem ainda repeti-la tal e qual. O discurso escatológico de Jesus, como se apresenta em Marcos 13, posiciona-se contra os que viam na revolta judaica de 66-70 o sinal do fim do mundo (Mc 13,5: "Tomai cuidado para que ninguém vos induza em erro"; 13,7: "mas ainda não será o fim"). Ao mesmo tempo, porém, anuncia para depois daquela desolação (13,24) o fim verdadeiro e confirma que "esta geração não passará sem que tudo isso aconteça" (13,30), ainda que esclarecendo "mas este dia e esta hora, ninguém os conhece, nem os anjos do céu, nem o Filho, ninguém, senão o Pai" (13,32). Hegésipo, por sua vez, ao escrever, por volta de 180, menciona uma tradição judeu-cristã que via no assédio e na destruição de Jerusalém a punição divina pela morte de Tiago o irmão de Jesus (cf. EUSÉBIO, *História eclesiástica*, II,23,18); se essa tradição, na origem, interpretava aquela destruição como sinal

---

8. Cf. a respeito PESCE, M., *Le due fasi della predicazione di Paolo. Dall'evangelizzazione alla guida delle comunità*, Bologna, EDB, 1994.

do fim do mundo – analogamente ao que faziam os grupos contra ao quais polemiza Marcos –, teríamos aqui um testemunho da vontade de não fazer durar o mundo para além da geração das testemunhas. É mais certo que vá nesse sentido uma tradição colhida ao mesmo tempo pela *Ascensão de Isaías* (o mais tardar, no início do século II) e pelo *Apocalipse de Pedro* (anos 132-135), segundo a qual o martírio de Pedro, em Roma, tinha marcado o início do tempo escatológico[9]. Naturalmente, o futuro não pertencia a essa ilusão, mas aos que – e eram a grande maioria – ajustavam os instrumentos para permitir que as comunidades dos crentes em Jesus sobrevivessem ao ocaso da primeira geração. Procuraremos compreender, embora de modo rápido, como deferentes tipos de textos contribuíram para realizar essa transformação, a qual deu ao cristianismo as estruturas fundamentais que lhe permitiram atravessar séculos.

Não poderemos proceder de modo cronológico totalmente linear, porque deveremos abordar textos que pertencem ao mesmo gênero e desempenham funções análogas, para depois, talvez, voltar atrás e retomar outro caminho. O fulcro do nosso estudo permanecerá, porém, em grande parte, o que delineamos aqui.

As cartas dos anos 60-140

As cartas pseudopaulinas

Paulo é o único personagem da primeira geração cristã do qual sabemos que escreveu. As suas cartas eram endereçadas – somente com exceção da carta aos romanos – a comunidades por ele fundadas; quando estava longe delas, escrevia cartas a elas para pedir e dar notícias, para tomar uma posição em circunstâncias de crise, para responder a perguntas e, como vimos, para guiar o crescimento delas. Em muitas de suas cartas aparecem como emitentes também os nomes de colaboradores seus (1Ts, 1 e 2Cor, Fl etc.), que eram bem conhecidos pelas comunidades e que Paulo empregava como seus representantes. Nessa colaboração os estudiosos modernos viram os inícios de uma espécie de escola de Paulo, que se desenvolverá nas comunidades nas quais permaneceu

---

9. *Ascensão de Isaías* 4,3; *Apocalipse de Pedro*, fragmento Rainer; cf. NORELLI, E., Situation des apocryphes pétriniens, *Apocrypha*, v. 2 (1991) 31-83, especialmente 36-41. Sobre essas duas obras, cf. infra, p. 394-398.

por muito tempo, em especial em Éfeso, onde a Igreja não tinha sido fundada por ele, mas que lhe serviu como centro missionário e onde ele permaneceu por anos. Naquelas comunidades conservavam-se também as cartas de Paulo, disponíveis para ulteriores reflexões[10]. O desaparecimento de Paulo tornava necessário continuar a sua obra e guiar as comunidades sem trair a herança do apóstolo e em nome da sua autoridade. Nas escolas filosóficas da antiguidade era corrente que os sucessores do fundador continuassem a compor obras sob o seu nome, o que demonstrava a vontade deles de lhe ser fiel e isso não era considerado como moralmente reprovável, mas como um sinal até de humildade, porque os vários autores não procuravam pôr em evidência o próprio nome para substituir o do fundador. O fenômeno da "pseudoepigrafia" já era, portanto, difuso. É assim que os colaboradores de Paulo, e depois os seus sucessores, continuaram a escrever cartas em nome do apóstolo, para continuar a obra em circunstâncias novas. Sem querer examinar em detalhe as cartas pseudopaulinas e sem nos determos nos argumentos que tornam muito provável sua não autenticidade, evoquemos suas intenções.

A segunda carta aos tessalonicenses adota a moldura epistolar da primeira (os emitentes são os mesmos) e dela retoma a estrutura e muito material; mas a seção 2,1-12 não tem paralelo em 1 Tessalonicenses e constitui claramente a nova comunicação que o autor quer fazer aceitar. Enquanto na 1 Tessalonicenses Paulo tinha anunciado o retorno de Cristo como iminente, 2 Tessalonicenses opõe-se justamente aos que, na comunidade, apoiam essa tese: o autor ressalta que não se viram ainda os sinais que devem preceder a parusia e, em particular, a manifestação do "homem da impiedade" que se sentará no Templo e se fará proclamar Deus. "Paulo" afirma que essas pessoas se baseiam numa sua suposta carta; pode se tratar de uma falsidade perdida, mas também de 1 Tessalonicenses, que o autor da 2 Tessalonicenses considera mal interpretada por eles. De fato, aos que julgam sólida de modo literal uma instrução dada por Paulo em outras circunstâncias, o autor quer opor um modo de ver que considera fiel ao pensamento de Paulo, desde que se leve em consideração as circunstâncias mudadas, ou seja, do atraso da parusia. Gerd Theissen pensa que o autor possa ter retomado aqui uma correção já feita oralmente por

---

10. Também a formação da coleção das cartas de Paulo, que se realizou progressivamente mediante a reunião de coleções parciais, pertence ao período que estamos analisando, mas não podemos tratar dela aqui.

Paulo aos tessalonicenses por ocasião da sua segunda visita àquela comunidade, ocorrida depois do envio da 1 Tessalonicenses[11].

A carta aos colossenses, porém, não toma posição a respeito de uma específica carta de Paulo, mas, com base no ensinamento do apóstolo, ataca uma filosofia que venerava os "elementos do mundo" entendidos como potências angélicas e propunha a abstenção de certos alimentos, propugnando práticas ascéticas e a observância de certos dias particulares. O autor opõe a tal concepção a primazia cósmica de Cristo, o qual é mediador da criação, à qual pertencem aquelas potências, de modo que, por meio da cruz, aniquilou as forças delas. Trata-se, portanto, de uma revisão da teologia paulina da cruz numa perspectiva cósmica; um afastamento de Paulo é visível na afirmação de que os batizados morreram e já ressurgiram com Cristo (2,12-13; 3,1), enquanto para Paulo eles morreram com Cristo, mas a ressurreição deles pertence ao futuro (Rm 6,4-5.8). Essa carta assume a moldura epistolar da carta paulina aos filipenses.

A carta aos efésios é uma espécie de nova edição da carta aos colossenses, da qual omite a polêmica para se concentrar na apresentação da fé em Cristo como solução de um problema amplamente sentido na época helenística e romana. A zona inferior do universo, habitada pelos seres humanos, era concebida como dominada por potências espirituais malvadas que tinham sede no firmamento e no ar, e a salvação consistia em se subtrair a esse domínio. Ora, segundo a carta, o pertencimento do crente à Igreja insere-o num corpo cuja cabeça, Cristo, se encontra no céu; é ele que fornece a "armadura" que protege contra as potências (6,10-17). Há aqui um prolongamento da reflexão paulina sobre a comunidade como corpo de Cristo (1Cor 12,12-27); trata-se agora, porém, da Igreja cósmica e não da comunidade local e, além disso, Paulo não tinha apresentado Cristo como a cabeça da Igreja.

As duas cartas a Timóteo e a carta a Tito foram claramente escritas ao mesmo tempo e já conhecem, portanto, a prática da coleção de cartas paulinas. Elas utilizam um léxico caro à teologia helenística, mas estranho às cartas autênticas de Paulo (Deus ou Cristo como "salvador", Deus como "dono"); insistem em doutrina, discursos, palavras "sadias" e recomendam uma doutrina

---

11. THEISSEN, G., *Das Neue Testament*, München, Beck, 2002, 86 (trad. it.: Roma, Carocci, 2003); em geral Theissen considera que certa quantidade de material compreendido nas pseudopaulinas possa provir do ensinamento oral de Paulo.

considerada como um complexo bem determinado, passagens todas elas estranhas a Paulo. Enquanto, segundo a carta aos romanos, a força do pecado impede de seguir a lei, na 1 Timóteo 1,8-11 a lei serve para evitar o mal e para orientar ao bem, de modo que não serve a quem não é justo, mas nada indica a impossibilidade de segui-la. O modelo que agora é adotado pela comunidade é o da família, onde ao pai (na Igreja: ao bispo) cabe um poder superior ao de todos os outros, e onde as mulheres em especial têm uma posição decididamente subordinada; em todo caso, não devem ensinar, mas apenas se casar e gerar filhos. O respeito, na Igreja, a uma ordem que corresponda à ordem social geralmente reconhecida é uma das maiores preocupações das pastorais; elas apresentam uma Igreja consciente de ser visível de fora e preocupada em ser crível, tranquilizando os que poderiam pensar que os cristãos são subversivos ou imorais (1Tm 3,7). O retorno de Cristo não desaparece do horizonte, mas a comunidade se instala no mundo para uma duração indeterminada. Entre as cartas pseudopaulinas, as pastorais são as que mais se afastam da posição de Paulo; com verossimilhança, elas transmitem tradições e posições ligadas mais a Timóteo e a Tito do que ao próprio Paulo.

Deve ser considerada à parte a carta aos hebreus, sem endereço inicial, mas que contém no fim saudações (13,18-25) nas quais o autor declara que se encontrará com Timóteo e com ele irá ao encontro dos destinatários. Alguns pensam que se trate de um dado real: o autor e os seus destinatários conheciam realmente Timóteo; para outros, é uma maneira velada e elegante de sugerir que a carta é de Paulo, sem o afirmar explicitamente. Ela, todavia, não é, decerto, escrita por ele, porque é muito diferente das suas cartas, no estilo e na teologia; deram-se conta disso os antigos, os quais discutiram muito, sobretudo no cristianismo do Ocidente, sobre sua autenticidade; de fato, as resistências opostas à carta eram amplamente causadas pela sua recusa de uma segunda penitência, que pareceu, depois, como inaceitável[12]. O autor, todavia, é um forte teólogo; o núcleo do seu discurso está na interpretação da obra

---

12. No fim, prevalece a autoridade de Jerônimo em favor da autenticidade. A admissão da carta no *corpus* paulino levava-o ao número simbólico de 14 cartas, ou seja, 2 vezes 7. Para o autor do *Fragmento de Muratori* (uma discussão dos textos cristãos a serem considerados normativos, escrita provavelmente por volta de 200), o fato de Paulo ter escrito a sete Igrejas simbolizava a destinação universal das suas cartas, embora elas tivessem sido inicialmente compostas para Igrejas particulares; ele fazia valer em sentido análogo também

de Cristo como sacerdócio. Ele pressupõe a preexistência de Jesus e lê a sua história segundo o esquema do abaixamento e da elevação seguinte, combinando-o com a noção da morte expiatória. Deus conferiu a Jesus a dignidade de filho, elevando-o, na ressurreição, acima dos anjos e introduzindo-o a seu lado. Tendo se tornado como os humanos, o filho pode fazer o papel de grande sacerdote em suas relações com Deus; ele é infinitamente superior a Moisés, que teve a função, também ele, de mediador, mas como servidor e não como filho. No grande ritual expiatório do *Yom Kipur*, o grande sacerdote entrava no Santo dos santos do Templo de Jerusalém e o aspergia com sangue; agora, Cristo, espargindo o seu sangue, entrou no santuário celeste "uma vez por todas" (10,1-18). Enquanto o sacrifício da antiga aliança devia se repetir a cada ano e a lei não era capaz de levar à perfeição quem oferecia sacrifícios, Cristo, sentado à direita de Deus, leva à perfeição quem foi santificado por ele. Isso torna definitivamente superado o culto da antiga aliança, que não tem mais razão de ser. Segue-se, porém, aliás, que, dado que não haverá mais nenhum outro sacrifício pelo pecado, é preciso evitar de pecar depois do batismo que nos fez participar dos efeitos do sacrifício de Cristo, porque não há meios para cancelar os novos pecados (10,19-39); essa doutrina será modificada depois pela admissão de uma segunda (e última) penitência anunciada pelo *Pastor de Hermas* (cf. infra, p. 399-400). Embora, em teoria, a posição da carta aos hebreus sobre a penitência pudesse valer por tempo indeterminado, ela, na prática, não podia resistir ao passar do tempo e à difusão do cristianismo. No conjunto, como Paulo tinha feito de Cristo o fim da lei (Rm 10,4), assim o autor faz dela o fim do culto, de um culto que ao longo de toda a história de Israel jamais pudera conseguir o efeito de eliminar definitivamente o pecado. Ao mesmo tempo, a carta aos hebreus faz do cristianismo uma verdadeira religião, com o seu templo (o universo no seu todo), o seu sacerdote (Cristo) e o seu sacrifício. Também os crentes participam do sacerdócio de Cristo e estão destinados a entrar, como ele, no Santo dos santos celeste; até então, porém, erram na vida, como Israel no deserto, sujeitos aos perigos e às tentações (3,10-19).

---

as sete mensagens do Apocalipse. Pensemos também nas sete cartas chamadas católicas e nas sete cartas de Inácio de Antioquia, sobre as quais voltaremos infra, p. 355-358.

As cartas "católicas" (exceto 1, 2 e 3Jo)

À coleção das cartas de Paulo juntou-se no Novo Testamento uma coleção de sete cartas tradicionalmente chamadas de "católicas", ou seja, universais, porquanto não dirigidas a uma Igreja precisa, o que, aliás, não é verdade para 2 e 3 João. Remetendo às assim chamadas cartas de João no capítulo 8, limitamo-nos aqui a poucas palavras sobrea as outras quatro. Elas se apresentam como escritas por personagens eminentes da primeira geração: um dos doze, Pedro, e dois irmãos de Jesus, Tiago e Judas. Na realidade, com muita certeza são pseudoepigráficas e compostas algum tempo depois da morte de Paulo e de seus supostos autores. É interessante que todas (de maneira menos clara para Judas) estejam em relação com as cartas de Paulo, das quais, evidentemente, conhecem coleções (isso é explícito para 2Pd).

O Tiago que escreve "às doze tribos que vivem na dispersão" (Tg 1,1) é o irmão de Jesus, chefe dos judeu-cristãos de Jerusalém, de quem se falou acima. Um centro de gravidade do escrito é a polêmica sobre a fé e as obras (2,14-26); a mesma antítese fé/obras e a discussão sobre a figura de Abrão provam que é efetivamente Paulo o alvo e, ademais, Tiago 2,19 parece aludir a Romanos 3,30. Ao mesmo tempo, a imagem da "somente a fé" que a carta oferece não é, na verdade, a de Paulo, para quem a fé não é a crença de que há um só Deus, mas a adesão a Cristo como aquele que realiza a justificação do pecador. De outra parte, falta em Tiago um tema essencial para o discurso de Paulo sobre a fé, ou seja, a questão da lei; a carta parece escrita numa época em que o problema da observância da lei por parte dos crentes em Jesus não se põe mais nos mesmos termos da época de Paulo. Ela polemiza, talvez, contra os resultados extremos do paulinismo, mas procura também corrigir uma imagem do judeu-cristianismo que podia ter sido provocada pelas cartas de Paulo. Se a carta insiste sobre a necessidade das obras, não é para contestar a da fé, mas para relançar uma compreensão da fé (corrente na aceitação da figura de Abraão no judaísmo) em que ela é inseparável das obras, é fé operante. Somente pelas obras é que se poderá evitar de privilegiar os ricos na comunidade e praticar a misericórdia (2,1-13); e quem é sábio da verdadeira sabedoria deverá demonstrá-la mediante as suas obras (3,13–4,12). A carta parece representar, portanto, uma tentativa de bloquear desvios do paulinismo que se seguiram à morte do apóstolo, repropondo um modelo judeu-cristão como fundamento de uma ética para a comunidade. A carta menciona Jesus somente em 1,1 e em 2,1, mas está embebida de referências implícitas às suas palavras. Jesus aparece aqui não tanto como o redentor mediante a sua morte e sua ressurreição, quanto como o mestre de uma sabedoria que permite viver em conformidade com a vontade de Deus na comunidade dos crentes.

Também a primeira carta de Pedro se apresenta como uma espécie de circular endereçada aos crentes em Jesus que vivem na dispersão numa série de regiões da Ásia Menor. Embora figure como escrita por Pedro, a carta exibe numerosos contatos com a correspondência de Paulo: os destinatários pertencem, em boa parte, à área da missão paulina; o escriba Silvano (5,12) é um colaborador de Paulo; em 2,24 e em 3,18 encontra-se uma doutrina da justificação muito rara nos primeiros textos cristãos fora das cartas de Paulo. Mas, também aqui, se cala sobre a questão da lei, o que a remete para uma época de composição posterior à de Paulo e de Pedro. A carta se dirige a crentes que se encontram numa situação de marginalização e de discriminação por parte de seu ambiente e os convida a responder com seu bom comportamento às acusações de serem malfeitores, seguindo assim o exemplo dos sofrimentos de Cristo. Pressupõe-se a visibilidade da comunidade aos olhos de não crentes, mas a solução não está em se conformar aos critérios da sociedade, mas em manter viva a espera escatológica (4,7); os sofrimentos presentes constituem o momento em que se inicia o juízo, a começar pela "casa de Deus" (4,17). É necessário, porém, dar bom testemunho diante do mundo, para que os caluniadores fiquem confundidos; o comportamento particular dos cristãos deve, portanto, sacudir o mundo para fazê-lo vacilar em suas seguranças. Além disso, a carta exorta, como Paulo (Rm 13,1-7), a se submeter às autoridades, sem, porém, considerá-las mais que instituições humanas (2,13-17): essa passagem corrige, de fato, Paulo, o qual tinha ressaltado que as autoridades são estabelecidas por Deus e tinha proibido resistir a elas, um elemento que 1 Pedro eliminou.

O autor da breve carta de Judas apresenta-se como o irmão de Tiago e, portanto, também de Jesus; essa carta pode, com efeito, provir de ambientes judeu-cristãos que se sentem ligados à família de Jesus. Está radicada em tradições judaicas que remontam a ambientes que não conseguiram impor seus textos (que ficaram excluídos do cânone), mas exerceram notável influência, como a literatura com o nome de Henoc (cf. Jd 6.13.14) ou de Moisés (cf. Jd 9). Ela polemiza contra pessoas pertencentes às comunidades cristãs, nas quais introduzem divisões. A descrição delas é muito vaga: parece que praticam experiências estáticas (8) e se consideram superiores aos anjos (8.10); talvez não deem valor à matéria e ao corpo, considerando a ética sexual como indiferente aos fins da salvação (7.8.10.16.23; mas é preciso que se pergunte quanto essas acusações de imoralidade sejam convencionais). Trata-se de ambientes paulinos extremistas? A convicção da superioridade dos crentes sobre as potências angélicas estava, todavia, presente no âmbito paulino; poderia se tratar de atitudes fundamentadas na ideia de que Cristo derrotara as potências e que não se deve venerá-las, uma posição semelhante à defendida na carta aos colossenses (1,16; 2,18).

A carta de Judas foi utilizada pela segunda carta de Pedro, cujo objetivo principal é de confirmar a espera do retorno de Cristo, contra muitos que zombam desse retorno, devido ao atraso. "Pedro" afirma que ele próprio garante isso, uma vez que viu a glória de Cristo por ocasião da transfiguração (1,12-18). Decerto, pode parecer que a parusia se faça esperar, mas é preciso considerar que aos olhos do Senhor mil anos são como um dia (3,8; cf. Sl 90,4) e que ele testa a paciência, desejando que todos se convertam e se salvem (3,9). Também Paulo se expressou no mesmo sentido em todas as suas cartas; todavia, há nelas passagens difíceis, cujo sentido alguns desvirtuam (3,9-10). O autor conhece, portanto, uma coleção das cartas de Paulo e combate os que, baseando-se nelas, consideram que Paulo tivesse anunciado a parusia como iminente. De fato, trata-se de uma correção a Paulo, necessária, dado o atraso da parusia; mas Paulo já representa uma autoridade, de modo que "Pedro" deve afirmar que a espera do retorno próximo de Cristo é somente uma interpretação errônea das suas palavras.

Todas essas cartas pseudoepigráficas, que fazem parte do Novo Testamento, têm a intenção, pois, de administrar a autoridade apostólica numa época na qual os apóstolos não existem mais, mas continua necessária a referência ao testemunho deles. De modo totalmente particular, trata-se da herança de Paulo, não somente nas cartas que provêm dos círculos diretamente influenciados por ele e que trazem o seu nome, mas também nas que se referem a outras tradições teológicas e que figuram como escritas por outros personagens da era apostólica. O fato de Paulo ter escrito cartas induziu alguns de seus discípulos diretos ou indiretos a continuar essa prática; de outra parte, era inevitável tomar posição com respeito às cartas de Paulo, pois essas cartas circulavam e continuavam a fazer ouvir a voz do apóstolo – diferentemente dos outros apóstolos e missionários, os quais não tinham deixado escritos –, mesmo para quem pretendia harmonizar certas correntes do paulinismo com perspectivas teológicas diferentes. Em um e em outro campo, como vimos, o atraso da parusia tinha exigido uma correção de fato da posição do apóstolo. Tinha-se estendido também um véu sobre certos resultados radicais do pensamento de Paulo (a liberdade da lei, a igualdade dos crentes), para impor às comunidades um respeito da ordem constituída que – decerto, com custo muito alto em termos teológicos e eclesiológicos e com a adoção de modelos francamente autoritários – lhes permitia se consolidar e enfrentar uma existência no mundo por tempo indeterminado.

A carta de Clemente de Roma aos coríntios

Antes de passar para outros gêneros literários, podemos acenar aqui a outras cartas escritas no período que nos interessa. Diferentemente das anteriores, elas não são pseudoepigráficas, mas levam o nome de seus autores, indivíduos ou comunidades. Esse fato já é significativo: trata-se de comunidades ou de pessoas que, por sua posição, julgam ter suficiente autoridade para serem ouvidas por seus destinatários. A carta de Clemente de Roma aos coríntios não traz, de fato, o nome desse personagem, mas se apresenta como enviada pela Igreja de Roma à de Corinto. Já Hegésipo, por volta de 180, atribui a carta a Clemente e a declara escrita durante a perseguição de Domiciano (95-96, cf. EUSÉBIO, *História eclesiástica* III,16; IV,22,1); Irineu a menciona como uma carta da Igreja de Roma, escrita no tempo de Clemente, terceiro sucessor dos apóstolos na cátedra episcopal da cidade (*Contra as heresias* III,3,3); Clemente de Alexandria cita-a várias vezes, como obra quer de Clemente, quer da comunidade romana. A tradição seguinte viu em Clemente um discípulo de Pedro que o teria sucedido (para alguns diretamente, para outros, não) como bispo de Roma. Na realidade, na época da carta não havia um único bispo em Roma, mas um colégio de presbíteros[13]; Clemente pode ter sido um deles, talvez redator material da carta; o *Pastor* de Hermas menciona um Clemente encarregado de enviar documentos de Roma a outras Igrejas e, se o dado é confiável, poderia se tratar da mesma pessoa. Em todo caso, as suas relações com Pedro, ampliadas por toda uma literatura posterior sob o nome de Clemente, são legendárias.

---

13. Cf., infra, p. 399-400, a propósito do *Pastor* de Hermas.

A carta (conservada, aliás, num manuscrito do Novo Testamento do século V depois do livro do Apocalipse, o que atesta uma consideração quase canônica) tem o objetivo de tomar posição num conflito que estourou na comunidade de Corinto, onde os presbíteros/bispos que governavam a Igreja foram depostos, sem serem acusados (pelo menos segundo a nossa carta) de culpa alguma em particular (44,3-6; 47,6). A carta toma decidida posição em favor dos presbíteros depostos e exorta a reintegrá-los em suas funções. Ela minimiza o número dos responsáveis (47,6), mas parece claro que a maioria da comunidade aceitou a deposição. Não conhecemos as razões dela; a carta fala de ciúme e de inveja, mas isso reflete naturalmente apenas uma estratégia retórica. Pensou-se em motivações doutrinais: um partido de tendência gnóstica, herdeiro das posições combatidas por Paulo nas suas cartas aos coríntios, teria se rebelado contra uma direção partidária de uma "ortodoxia" que agradava Roma. Todavia, a carta não deixa transparecer conflitos no plano doutrinal e exorta os responsáveis a se exilarem em Corinto, granjeando assim glória e uma honrosa acolhida junto a todas as outras comunidades (54,1-4), o que dificilmente teria sido dito a "heréticos". Talvez seja melhor pensar numa tentativa de abolição da estrutura presbiteral[14]; nesse caso, deve-se pensar que ela seria considerada por Roma como avalista de uma atitude filorromana. Em todo caso, essa longa carta atesta a vontade e a capacidade da comunidade romana de intervir nos negócios internos de outras Igrejas para nelas criar ou manter condições que considerasse de acordo com os próprios interesses. Ao mesmo tempo, a linguagem e o tamanho das argumentações – se assim podem ser chamados – demonstram que semelhante direito de intervenção não era de modo algum reconhecido em Roma.

Um aspecto interessante do documento é o olhar que nos permite lançar à comunidade romana no fim do século I: encontramos aí um cristianismo que se remete a Paulo, mas que o acolhe dentro das categorias do judaísmo não cristão; assim a carta articula fé e obras de maneira fundamentalmente paulina (32,4-33,1), atribui a justificação por fé não a Cristo, mas às origens do mundo, e interpreta Abraão (e os outros patriarcas) como exemplo não de fé sem as obras, mas de obras de justiça praticadas pela fé (31), o que se situa na linha

---

14. Com LINDEMANN, A., Die Clemensbriefe, in: *Handbuch zum Neuen Testament*, v. 17 (1992).

da aceitação de Abraão no judaísmo. O horizonte escatológico é fraquíssimo na carta; a longa oração final (59,2-61,3), que certamente provém da liturgia da Igreja romana, está toda voltada a pedir a proteção de Deus no presente e não menciona de modo algum a espera do retorno de Cristo.

As cartas de Inácio de Antioquia

Para outra área e para outro clima cultural e teológico nos levam as cartas de Inácio, mencionado por Eusébio de Cesareia (*História eclesiástica* III,36,5-11) como segundo sucessor de Pedro como bispo de Antioquia, na época de Trajano (98-117): Inácio, preso, foi conduzido a Roma para lá sofrer o martírio e, atravessando a Ásia Menor, encontrou representantes de comunidades cristãs da região e escreveu sete cartas, a seis Igrejas (Éfeso, Magnésia, Trales, Roma, Filadélfia e Esmirna) e ao bispo de Esmirna, Policarpo. Desse último foi-nos conservada uma carta à comunidade de Filipos (resultante, talvez, da união de duas missivas), a qual já atesta a constituição de uma coleção de cartas de Inácio. Essa coleção nos foi transmitida em três recensões de diversos tamanhos. Na segunda metade do século XIX, os argumentos de alguns estudiosos a favor da autenticidade da recensão intermédia reuniram um consenso que foi novamente desafiado faz alguns decênios, em particular por estudiosos que consideram a coleção em seu todo como uma falsidade e a datam na segunda metade do século II. O debate segue em andamento; parece-nos que as probabilidades estejam ainda a favor da autenticidade da recensão intermédia, a ser datada, pois, em 115, aproximadamente.

As cartas de Inácio entram em polêmica contra grupos cristãos presentes, ao que parece, tanto em Antioquia quanto nas Igrejas da Ásia Menor; ele lhes censura quer a negação da realidade da carne de Cristo e, portanto, da sua morte e ressurreição, quer uma atitude judaizante que se caracterizaria sobretudo na observação do sábado. Isso provocou fortes discussões para estabelecer se se trataria de duas tendências diferentes (alguns pensaram até em três – a terceira seria um movimento de resistência contra a autoridade do bispo), ou de uma só, uma espécie de protognosticismo judaizante. Julgo que se trate essencialmente de docetas (numa época em que não se pode ainda falar de gnosticismo) e que as acusações de judaizar façam parte da estratégia retórica de Inácio; em Antioquia, a contraposição entre cristianismo e judaísmo foi precoce (cf. At 11,26) e, aos olhos dos outros cristãos, grupos podiam ser desqualificados como desvirtuados e tachados como judaizantes. Julgo também que esses círculos estavam próximos das posições representadas pelos ambientes proféticos nos quais nasceu a *Ascensão de Isaías*, de que falaremos mais adiante[15]. De fato, parece que sejam carismáticos, os quais se vangloriavam de conhecer as coisas celestes, as hierarquias dos anjos e dos principados (*Tralianos* 5,1-2; *Esmirnenses* 6,1), talvez depois de experiências estáticas; desprezam o bispo que "se cala" (durante a liturgia), ou seja, que não se expressa de modo inspirado (*Efésios* 6,1; *Filadélfos* 1,1). Rejeitam a autoridade do bispo, contestam os presbíteros, não respeitam os diáconos (*Esmirnenses* 8,1; *Tralianos* 2,3) e se enchem de um orgulho (*Tralianos* 7,1) que provém de seu posto (*Esmirnenses* 6,1): esse posto, que não é de bispo nem de presbítero nem de diácono, pode ser o de profeta. Além disso, *Filipenses* 8,2 revoca uma discussão entre Inácio e alguns deles, na qual eles tinham declarado que não aceitavam o conteúdo do anúncio cristão se não podiam justificá-lo com base nos "arquivos", ou seja, sem dúvida, o Antigo Testamento; quando Inácio tinha rebatido que o objeto da discussão se encontrava nas Escrituras, eles tinham respondido: "É isso que está em discussão". Eles, enfim, pretendem que todo enunciado cristológico seja justificado mediante uma exegese das Escrituras e se veem, evidentemente, num conflito hermenêutico com Inácio, o qual acaba respondendo: "Para mim, os arquivos são Jesus Cristo", assumindo a profissão de fé cristológica como critério de interpretação das Escrituras. De fato, Inácio, em suas cartas, refere-se muito pouco ao Antigo Testamento (alude somente a alguns versículos sapienciais), provavelmente também porque, precisamente, tem como adversários hábeis exegetas. Todas essas passagens se encontram no *Ascensão de Isaías*. Além disso, os adversários não participam da eucaristia celebrada pelo bispo (*Esmirnenses* 7,1), porque, verossimilmente, ela pressupõe a fé na realidade da humanidade de Cristo.

Percebe-se uma situação em que coexistem diversos grupos eclesiais, com teologias e práticas diferentes; uma figura episcopal emerge e agrega em torno de si uma boa parte dessas comunidades, enquanto outras recusam-se

---

15. Para a argumentação relativa a essas duas questões, cf., respectivamente, NORELLI, E., Ignazio di Antiochia combatte veramente dei cristiani giudaizzanti?, in: FILORAMO, G.; GIANOTTO, C. (org.), *Nuove prospettive sul giudeocristianesimo. Atti del colloquio di Torino, 4-5 novembre 1999*, Brescia, Paideia, 2001, 220-264; Id., *L'Ascensione di Isaia. Studi su un apocrifo al Crocevia dei cristianesimi*, Bologna, EDB, 1994, 271-275.

a reconhecer a sua autoridade e a se conformar ao modelo teológico e eclesiológico que ele procura impor. A sua tendência é, então, a de excluí-los do reconhecimento de verdadeiros cristãos; mas se vê que ele está ainda lutando e a sua autoridade não se consolidara, embora a certa altura possa ter escrito que voltara a paz à Igreja de Antioquia (*Filadélfos* 10,1), o que significa, sem dúvida, que a situação fora resolvida no sentido por ele auspiciado. Ao comunicar o assunto a Policarpo, instou-o, todavia, a enviar para lá uma delegação composta de pessoas de confiança e ativas (*Policarpo* 7,1-2), certamente para manter sob controle a situação. Enfim, o processo de consolidação do poder episcopal já está bastante avançado, mais, por exemplo, do que em Roma, onde o monoepiscopado se afirmará somente nos últimos decênios do século II. Não é de espantar que a unidade seja o tema fundamental da eclesiologia de Inácio, que se constrói sobre a analogia com a monarquia de Deus: como há um só Deus, assim há um só bispo, imagem do pai (*Tralianos* 3,1), que está no lugar de Deus (*Magnésios* 6,1). Também a cristologia está fundada na noção de unidade: a que existe entre a real divindade e a real humanidade de Jesus (*Efésios* 7,2; *Policarpo* 3,2).

Depois de Paulo, Inácio é a primeira personalidade cristã que conhecemos diretamente. O seu estilo é apaixonado e o seu pensamento é sustentado por uma mística do martírio, que lhe permitirá unir-se a Cristo (é o tema da sua carta aos romanos). Trata-se de verdadeiras cartas, ditadas por uma situação contingente, mas – como ressaltou William Schoedel – há nelas também uma estratégia "construída", na qual o martírio de Inácio é apresentado como a prova que a sua posição é a certa nos conflitos que o opõem aos negadores da real humanidade de Cristo. A espera escatológica não desapareceu, naturalmente, do horizonte de Inácio (cf., por exemplo, *Policarpo* 3,2), mas é suplantada por uma mística eclesiológica e sacramental (a eucaristia celebrada pelo bispo como sinal da unidade), centrada no presente (cf. também *Esmirnenses* 4,1: "a Paixão, que é a nossa ressurreição").

Quanto à relação com a era apostólica, ela não é pensada em termos de continuidade ou de descontinuidade na linha temporal; a fidelidade a Cristo e aos apóstolos não é garantida por uma tradição que permita remontar até eles, mas se tem quando a estrutura da autoridade na Igreja presente corresponde ao modelo das relações de autoridade que envolvem Jesus e os apóstolos. O bispo ocupa o lugar de Deus, os presbíteros, o do colégio dos apóstolos, e aos diáconos é confiado o serviço de Jesus Cristo (*Magnésios* 6,1); como o Senhor não fez nada sem o pai, nem por si mesmo, nem mediante os apóstolos, assim os destinatários de Inácio não devem fazer nada sem o bispo e os presbíteros (ibid., 7,1); Inácio recomenda estar submisso ao bispo e uns aos outros, como Jesus Cristo foi submisso, segundo a carne (ou seja, na sua existência terrena) ao pai, e os apóstolos, a Cristo, ao pai e ao espírito, de modo que haja unidade carnal e espiritual (ibid., 13,2); e numerosas outras passagens vão nesse sentido. Naturalmente, a relação entre Jesus e os apóstolos é relida a partir da exigência da unidade e da centralização no presente; em todo caso, mais que o início de uma história, ela se torna um modelo atemporal. No presente, as instituições que governam a comunidade representam Deus, Jesus e os apóstolos (cf. também *Esmirnenses* 8,1); portanto, o problema do fim da era apostólica não se põe, porque a obediência ao bispo, aos presbíteros e aos diáconos implica e manifesta a obediência a Deus, a Jesus e aos apóstolos.

A redação dos evangelhos

O que houve com a transmissão da mensagem de Jesus e sobre ele quando não existiam mais os apóstolos que ele próprio tinha encarregado de transmiti-la? Durante os primeiros decênios, não se anunciava Jesus com relatos ordenados de sua vida, ou até mesmo só da sua atividade pública. Havia breves e densos enunciados que exprimiam em poucas palavras o essencial da fé e que serviam como fórmulas batismais ou litúrgicas como sínteses da mensagem cristã, como confissão diante das autoridades (por exemplo, 1Ts 4,14: "Jesus morreu e ressuscitou") ou, mais pormenorizadamente, como a fórmula sobre a morte, ressurreição e aparições de Jesus (1Cor 15,3-7). E havia palavras de Jesus transmitidas fora de qualquer contexto narrativo, como mostra, ainda nos primeiros decênios do século II, a coleção contida na *Didaqué* 1,3[16], ou, às vezes, numa sutil moldura narrativa; constituíam-se coleções, como era a fonte utilizada por Mateus e Lucas (designada pelos modernos com a sigla Q), que remonta, o mais tardar, aos anos cinquenta, ou como o evangelho de Tomé. Havia apenas um único longo complexo narrativo, formado, com toda probabilidade, muitíssimo cedo, ou seja, a história da paixão[17]. Isso se explica com

---

16. Sobre ela e sobre a obra que a contém, cf. infra, p. 388-390.
17. Não contida, de outra parte, nas coleções de palavras de Jesus acima mencionadas.

exigências apologéticas: ninguém esperava um messias derrotado, e os primeiros discípulos tiveram de narrar a paixão para demonstrar que estava prevista no plano de Deus para a salvação dos seres humanos. E o fizeram inserindo, aliás, uma série de referências a textos das Escrituras, que vinham assim entendidos como profecias relativas àquele destino de Jesus. Desse modo, os acontecimentos da paixão eram inseridos na história das relações entre Deus e Israel, como uma espécie de ponto de chegada. De outa parte, embora o pertencimento da paixão à história deste mundo fosse importante, não implicava, porém, de per si, o interesse por uma história de Jesus. Ora, foi precisamente esta que veio à tona a partir do fim dos anos sessenta.

Marcos e a invenção do evangelho como livro

Pelo que podemos ver, o primeiro a conceber uma narração orgânica das atividades de Jesus foi o autor do livro que a tradição, o mais tardar pelos inícios do século II[18], atribui a Marcos. A própria tradição faz desse personagem um colaborador de Pedro na sua missão, verossimilmente em relação com o "Marcos, meu filho" mencionado na primeira carta de Pedro (5,13), que se apresenta como escrita em Roma; esse personagem parece ter pertencido, porém, originariamente, ao *entourage* de Paulo, como mostra Filêmon 24 (e Cl 4,10-11, pseudopaulino); com efeito ele é encontrado no livro dos Atos dos Apóstolos como João chamado Marcos, filho de certa Maria e proprietário de uma casa em Jerusalém (At 12,12), bem como acompanhado por Paulo e Barnabé na missão (At 12,25; 13,5.13; 15,37-39). Certamente, porém, o autor do evangelho não é palestino, porque tem um conhecimento confuso da geografia da terra de Israel e, além disso, explica a seus leitores usos judaicos com o tom de um não judeu. Portanto, ou se sabia que o autor do livro se chamava Marcos e ele foi identificado com o colaborador dos apóstolos, ou a obra era anônima e ela foi posta sob o nome de um colaborador dos apóstolos: em ambos os casos, quis-se legitimar o evangelho, afirmando que o seu conteúdo era garantido pela autoridade de Pedro[19]. Marcos escreve por volta de 70, porque

---

18. O testemunho mais antigo é o de um "presbítero" (João?) citado por Pápias de Hierápolis, por volta de 115 (Eusébio, *História eclesiástica* III,39,15).

19. Essa intenção será expressa explicitamente nas tradições do século II sobre Marcos como "intérprete de Pedro" (Pápias, Irineu etc.) e sobre a aprovação do evangelho

o discurso escatológico de Jesus no capítulo 13 mostra que o autor conhece a guerra judaica que explodiu em 66 e alude à destruição do Templo, que, efetivamente, se deu no ano 70; mas é difícil estabelecer se a apresenta como já ocorrida ou como uma perspectiva iminente, que ele anuncia com uma linguagem apocalíptica tradicional.

Marcos tinha, portanto, à disposição o relato da paixão e um material feito de pequenas unidades: palavras de Jesus e relato sobre ele. Partes limitadas desse material já podiam constituir pequenas coleções; por exemplo, as parábolas do capítulo 4, ou, segundo alguns, o discurso escatológico do capítulo 13, que, porém, apresenta fortemente os sinais da redação do evangelista. Foi, todavia, esse último que deve ter elaborado uma moldura cronológica e geográfica para nela inserir o material à disposição, como mostram os elementos de conexão e articulação, claramente artificiais. Historicamente, Jesus, decerto, atuou na Galileia e, depois, foi para Jerusalém, onde foi preso e executado. Marcos mantém esse quadro geral, mas o organiza segundo uma leitura teológica da história de Jesus. A sua construção estruturou-se em três grandes fases. Primeiro, numa série de deslocamentos que têm como centro a Galileia, delineiam-se os diversos aspectos da sua pessoa: no batismo é declarado filho de Deus, anuncia o reino, chama os discípulos, manifesta a sua autoridade no ensinamento e nas curas e exorcismos; essa parte (1,1–8,26) fecha-se com a cura do cego de nascimento, episódio emblemático da atividade libertadora de Jesus. A transição para a segunda parte (que vai de 8,27 a 10,52) é construída por um episódio material e idealmente central, o reconhecimento de Jesus como messias por parte de Pedro em Cesareia de Filipe. Essa seção faz da pessoa de Jesus um campo de fortíssimas tensões: de uma parte, a proclamação messiânica e a transfiguração e, de outra, três anúncios da paixão e morte, acompanhados da exigência, pelos discípulos, de seguir o destino de humilhação e morte do mestre. Os discípulos mostram-se incapazes de compreender, mas acompanham Jesus da Galileia a Jerusalém. Com o ingresso triunfal e humilde, ao mesmo tempo, na cidade começa a terceira parte (11,1–16,8), na qual os eventos são distribuídos – decerto, artificialmente – em oito dias, até a descoberta do túmulo vazio. Jesus se desloca entre Betânia e Jerusalém, ensina no Templo e trava disputas com escribas e fariseus (seus adversários desde a

---

por parte de Pedro (tácita segundo Clemente de Alexandria, explícita segundo Eusébio de Cesareia).

Galileia); sua última palavra é o discurso sobre o fim do mundo. Depois da ceia pascal com os discípulos, Jesus é preso no Getsêmani, interrogado pelo sumo sacerdote durante uma reunião noturna do sinédrio, enviado a Pilatos, que, sob a pressão das autoridades religiosas hebraicas, o condena e o faz crucificar na sexta-feira. Passado o sábado, algumas mulheres que o tinham seguido vão ao túmulo, mas o encontram vazio e ouvem de um anjo o anúncio da sua ressurreição e o convite a irem encontrar os discípulos e lhes dizer que vão encontrar Jesus na Galileia; mas as mulheres fogem aterrorizadas e se calam. O que segue na maior parte dos manuscritos (16,9-20) – mas não em alguns dos mais antigos e importantes – contém uma série de aparições do ressuscitado e não pertencia à forma originária do evangelho, mas foi acrescentado a seguir. Muitos consideram bastante brusca e negativa a conclusão no versículo 8, com o silêncio das mulheres e pensam que teria havido originalmente outra conclusão, que logo se perdeu, ou que Marcos tivesse previsto outra, mas não tenha podido escrevê-la. Todavia, o fim, no versículo 8, não parece incoerente com a intenção que atravessa todo o evangelho.

De fato, Marcos faz que se ponha logo, a propósito de Jesus, a questão "quem é ele?" (4,41; mas cf. 1,27: "Que é isto?"). Ela é implicitamente reproposta pela autoridade com a qual Jesus fala e age. A voz divina já é uma resposta no batismo e na transfiguração: Jesus é o filho de Deus. Também os demônios o declaram como tal (3,11; 5,7). No centro do evangelho, Pedro, em nome dos discípulos, proclama que Jesus é o messias. Tudo isso é verdade, mas as designações gloriosas, para Marcos, são enganosas, porque, para serem válidas, devem ser redefinidas a partir do que parece ser seu oposto, a paixão e a crucifixão. Assim, é somente no contexto da paixão que Jesus reconhece ser o messias e o filho de Deus (14,61-62), e é somente com a sua morte que um ser humano (um pagão!) o proclama pela primeira vez como filho de Deus (15,39). Na parte que segue a confissão de Pedro, em Cesareia (8,27–9,10), o motivo da glória e o da humilhação se alternam e no espaço definido por essa polaridade se inserem as condições postas a quem quer ser discípulo: renegar a si mesmo, tomar a cruz e seguir Jesus. Quem tiver perdido a sua vida por Jesus e pelo evangelho a salvará, mas se alguém se envergonhar de Jesus, o filho do homem se envergonhará dele na sua vinda na glória (8,34-38). O tempo desse discipulado tornou-se possível e aberto pela sua paixão; não por acaso, ao responder ao sumo sacerdote, Jesus admitirá ser o messias e o filho de Deus, remetendo, ao mesmo tempo, à futura vinda do filho do homem (14,62). Entre o momento em que Jesus é messias e filho de Deus na paixão e o da vinda do filho do homem situa-se o tempo da decisão por Jesus, ao qual pertencem os leitores do evangelho.

Todo o livro é, portanto, percorrido pela pergunta sobre Jesus, a qual não é somente interna à narração, mas também e sobretudo dirigida ao leitor, que está implicado e convidado a se pronunciar; a resposta, porém, que dará não pode ser teórica, mas uma escolha de vida. Nessa perspectiva, um fim "aberto" do evangelho é coerente: o leitor não tem necessidade de ser informado sobre a manifestação de Jesus aos discípulos na Galileia, que conhece pela tradição oral e que, dentro do livro, fora anunciada por Jesus (14,28) e confirmada pelo anjo junto a túmulo (16,7). É, porém, chamado a se posicionar diante daquele sepulcro vazio, a reagir ao anúncio do anjo; não há outra demonstração da ressurreição do que a que poderá experimentar se fizer a opção de seguir Jesus, em vez de fugir para longe do túmulo com terror, como fizeram as mulheres. Deve-se observar também o início do livro: "Início do evangelho de Jesus Cristo". Até então, o termo "evangelho" era usado no singular para designar o anúncio cristão; é sempre assim que se encontra em Paulo, o qual ressalta que não pode haver senão um só (Gl 1,6-7). Parece ser esse o sentido também para Marcos, e a interpretação mais verossímil da sua expressão é que o "início do evangelho" seja toda a vida de Jesus (e, portanto, o conjunto do que é narrado no livro, o que vem antes, efetivamente, da mudança de significado do termo): dela teve início o caminho do evangelho no qual o leitor está implicado.

Em resumo: Marcos elaborou uma "história" completa de Jesus, ordenada e estruturada cronológica e espacialmente, além de plenamente inserida na "história humana", a qual é relida a partir precisamente dos acontecimentos da vida de Jesus como história sagrada. Não é por acaso que o relato tem início com a profecia sobre João Batista (1,2-3), que liga o início da história de Jesus ao passado das relações entre Deus e Israel. Ele, porém, como vimos, abre-se também à história seguinte, cuja duração para Marcos está ainda limitada a uma geração – mas que tem uma razão própria de ser – fundada pelo evento de Cristo: é o tempo do discipulado, do testemunho a ser dado ao nome de Jesus e que atrairá o ódio sobre os discípulos (13,9-13). É significativo que justamente onde se fala do fim, ele apareça como o fim do período no qual o evangelho será anunciado "a todas as nações" (13,10)[20].

---

20. Ou seja, aos não judeus: é uma confirmação da perspectiva "pagão-cristão" do autor. Essa frase confirma, além disso, a interpretação de "evangelho" em 1,1 acima mencionada.

A forma-evangelho em João e em Marcos

Seria oportuno deter-se por um tempo relativamente longo sobre o evangelho de Marcos, porque esse escrito constitui realmente uma reviravolta destinada a marcar todo o período que nos interessa aqui, mas também todo o cristianismo seguinte. A imagem do ministério de Jesus que se impôs e que ainda hoje nos parece natural é fundamentalmente a elaborada por Marcos, da qual dependem Mateus e Lucas, ainda que as desenvolvendo de modos diferentes e significativos. O evangelho mais influente na Igreja antiga foi o de Mateus, mas ele, justamente, transmitiu uma forma modificada do Jesus reconstruído de Marcos. Quanto a João – sobre o qual cf. o capítulo 8 – muito se discute sobre sua independência ou não dos evangelhos sinóticos, ou de algum deles; a opinião predominante é favorável à independência e, nesse caso, deve-se reconhecer que João criou, também ele, paralelamente a Marcos (mais tarde, porém), o evangelho narrativo, com uma estrutura fundamental que era dada pela tradição e que via no ministério de João Batista o prelúdio do de Jesus. Naturalmente, na outra extremidade da narrativa havia também aqui, obrigatoriamente, a paixão, a descoberta do túmulo vazio e as manifestações do ressuscitado (essas últimas, todavia, como já vimos, não estavam, provavelmente, em Marcos).

Mas se se lê João por si mesmo, sem nele introduzir a imagem tirada dos sinóticos, obtém-se a profunda diferença com relação a Marcos, seja na estrutura narrativa, seja na relação entre o seu retrato de Cristo e a história seguinte. Jesus se desloca várias vezes entre a Galileia e Jerusalém, e a expulsão dos mercadores do Templo é situada no início (2,14-17), como um gesto programático. Jesus é um ser preexistente no céu e a sua atividade terrena está compreendida entre a descida do céu e a subida (paixão e crucifixão são essencialmente isso). Não pratica exorcismos e não anuncia o reino, mas revela a si mesmo e a própria intimidade com o pai. Não conta parábolas, mas tem longos discursos tecidos de metáforas, que têm sempre como centro ele e a sua atividade de revelador. O último desses discursos, o que se segue à última ceia (onde não é narrada a instituição da eucaristia), é especialmente longo e constitui uma espécie de testamento que se abre sobre as vicissitudes da comunidade depois da partida de Jesus, ou seja, interpreta teologicamente a experiência presente do autor e dos seus destinatários. Ele e outros elementos no corpo do relato mostram que o evangelho não se interessa pela difusão universal da mensagem, mas pelo destino de uma comunidade de crentes bastante fechada sobre si mesma e em dificuldade diante dos "judeus", ou seja, de um ambiente judaico do qual ela própria provém, mas que não aceitou Jesus. Ela reage, desenvolvendo uma cristologia extremamente "alta", ou seja, aproximando ao máximo Jesus de Deus, o que lhes permite desenvolver uma alta estima de si e de não sucumbir à crise provinda do fato de não ser mais aceita por seu ambiente hebraico de origem; essa contraposição, que não está apenas nas ideias, mas também nas práticas, leva-a rapidamente a desenvolver uma identidade separada de "nova religião" destacada do judaísmo do qual provinha. Jesus não prega o amor do inimigo, mas o recíproco dos membros da comunidade (13,34) e o amor pelo próprio Jesus (14,21). Também aqui a sua vida está inserida na história, mas com um sentido diferente do de Marcos: o tempo anterior é a história da infidelidade de Israel e da sua incapacidade de compreender as próprias escrituras (5,45-47), o tempo seguinte é o da difícil vida interna da comunidade, que será sustentada pelo "paráclito", o espírito que Deus enviará para guiá-la em substituição a Jesus (14,26). Embora não faltem alusões ao juízo final, não há um discurso sobre os últimos tempos e sobre o fim do mundo: a perspectiva dominante é aquela segundo a qual cada um é julgado no momento em que assume posição por Jesus ou contra ele. O "mundo" de fora da comunidade não é visto como um campo de missão, mas, antes, como a parte amplamente majoritária da humanidade que Deus ama, mas que rejeitou a revelação de Jesus e, portanto, a própria salvação.

Enfim, as duas construções de uma história do ministério de Jesus realizadas por Marcos e João diferem notavelmente, mas convergem em mostrar a exigência de organizar por escrito a tradição sobre Jesus sob forma de coerentes episódios históricos para poder explicar o sentido de um presente que começa a se prolongar para além da geração dos discípulos. Os textos de Marcos e de João assumem plenamente as implicações da escritura em oposição à tradição oral; enquanto essa última não tem necessidade de organizar de maneira linear e, portanto, numa moldura espaçotemporal geral, as diversas pequenas unidades[21], que podem ser evocadas e atualizadas em qualquer

---

21. É uma exceção a história da paixão, que tem uma cronologia própria e um desenvolvimento próprio, bem como um enraizamento na história, com as suas referências a personagens e a lugares reais; todavia, ela devia ser, originalmente, muito sintética (já em Marcos muitos elementos dela são próprios do evangelista, a começar pelo conteúdo da sessão noturna do sinédrio, 14,55-64), e não conexa com a atividade anterior de Jesus.

ordem e sem contexto, o texto escrito deve definir um início e um fim entre os quais cada palavra e cada relato devem encontrar seu lugar não permutável com outros.

Uma outra forma: a coleção de sentenças de Jesus

Decerto, havia também, anteriormente, textos escritos, em especial a fonte das palavras de Jesus (Q), a qual, porém, não assumia plenamente as obrigações e as potencialidades da obra escrita; tratava-se de uma simples coleção de palavras de Jesus, não enquadradas num esquema narrativo e, pelo menos em princípio, destituídas de uma ordem fixa. Na origem, ela servia, provavelmente, como "manual" para os pregadores itinerantes, como subsídio, portanto, para uma pregação oral. Todavia, como texto escrito, ela devia fazer algumas escolhas que, de certo modo uniam o temático e o biográfico, ou seja, abria-se com o ministério de João Batista, seguia com as tentações, que eram uma espécie de programa para a pessoa e a atividade de Jesus, e se fechava com as palavras de Jesus sobre o fim do mundo. Esse esquema já era desenvolvido na missão cristã e não por acaso foi retomado também por Marcos, onde o discurso escatológico de Jesus representa as suas últimas palavras antes da paixão. Além disso, parece provável que, uma vez posta por escrito, a fonte Q tendesse e evoluir em sentido "biográfico"[22].

O gênero da coleção de sentenças de Jesus continuou com o evangelho de Tomé, do qual se conheciam somente fragmentos em grego, antes do encontro, em Nag Hammadi, no ano de 1946, do texto completo em tradução copta; ele confirma a existência de um gênero completamente diferente do evangelho narrativo. O confronto entre os fragmentos e o texto copto prova que houve diversas recensões em que a ordem dos ditos não era a mesma; aliás, é possível identificar os critérios (por exemplo, a recorrência de um termo ou de um motivo) que provocaram a reunião de pequenas séries de ditos dentro da coleção, mas não se encontrou ainda uma chave que possa explicar a ordem do conjunto (e, talvez, não haja). A coleção como a conhecemos remonta ao século II (talvez à sua primeira metade; todavia, é anterior a 200, data aproximativa do

---

22. Há numerosos estudos que tentam reconstruir várias fases redacionais sucessivas de Q; naturalmente a parte das hipóteses é, nesses casos, muito grande.

fragmento de papiro mais antigo) e, portanto, a uma época em que já se tinha tomado plenamente consciência de que o mundo continuava a durar para além da primeira geração dos crentes em Jesus. A situação do "depois de Jesus" está claramente presente (cf., por exemplo, o dito 12), mas a solução não passa de modo algum por um enquadramento de Jesus na história entre o passado de Israel e o futuro da parusia. As palavras de Jesus representam uma sabedoria atemporal mediante a qual cada um, em qualquer época, poderá se libertar do poder que o "mundo" exerce sobre ele, induzindo-o a se dispersar e, definitivamente, a se perder; a salvação consiste em se distanciar da exterioridade para se voltar sobre si mesmo e encontrar a dimensão divina do próprio eu, que permite a união com a própria origem divina. "O reino está dentro de vós e está fora de vós. Quando vos conhecerdes, então sereis conhecidos e sabereis que sois vós os filhos do pai vivo. Se, porém, não vos conhecerdes, então estareis na pobreza e sereis a pobreza" (3). O modo de chegardes a isso consiste em compreender o sentido profundo das palavras de Jesus: elas são enigmáticas porque um esforço é necessário para conseguir a sabedoria/salvação, que não está destinada a todos (trata-se de um *topos* ligado ao conceito de revelação divina na antiguidade: basta pensar nos oráculos na Grécia ou na literatura hermética). O primeiro dito do evangelho de Tomé soa assim: "E disse: Aquele que encontrar a interpretação dessas palavras não provará a morte" (1). Não se trata naturalmente da morte física, mas da perda do espírito que se dissolve no mundo, em vez de chegar até Deus; em termos existenciais, a recuperação do próprio interior, a descoberta da própria identidade divina significa uma vida autêntica.

Como se vê, a salvação não passa aqui pela morte de Cristo, nem se dá definitivamente numa futura irrupção do reino de Deus, com juízo final e ressurreição do ser humano como unidade psicossomática. Conta a história do eu, não a do mundo. Alguns estudiosos pensam que essa perspectiva sapiencial, sem espera escatológica, corresponda à mensagem originária de Jesus, mas isso parece difícil; ela pode mesmo (mas é impossível ter certeza disso) constituir uma reação à desilusão da espera do retorno de Cristo e do fim do mundo. O evangelho de Tomé compreende muitas palavras de Jesus que se encontram nos evangelhos sinóticos, mas a interpretação que aqui se dá é muito diferente: o quadro de referência está próximo daquelas que se tornarão as estruturas do pensamento fundamentais dos grupos gnósticos, os quais identificam o ser humano com o espírito divino que está nele e negam toda forma de ressurreição que não seja o despertar do espírito e a sua união à substância divina. Num texto como o evangelho de Tomé encontramos uma leitura de Jesus que não tem necessidade de contar a história do personagem, porque o que conta para a salvação não é o seu destino, mas o conteúdo da sua revelação. Também no evangelho de João o essencial para a salvação é a revelação do pai (inseparável da salvação de si mesmo) trazida por Jesus, e a sua morte não tem um valor salvífico, mas esse escrito tem bem firme a realidade da humanidade de Jesus, da sua morte e da sua ressurreição, que os gnósticos, porém, rejeitam; não é de espantar, todavia, se uma parte da comunidade joanina fizer uma cisão ligada provavelmente a uma recusa em relação à humanidade de Jesus[23].

Mateus: um evangelho para a Igreja

O modelo de Marcos, porém, é retomado por Mateus, que insere o material da fonte Q no esquema "biográfico" de Marcos, juntando-lhe tradições próprias, presentes sobretudo no início e no fim. Mateus, com efeito (capítulos 1 e 2), faz que ao ministério de João precedam uma genealogia de Jesus (Mt 1,1-17) e alguns episódios em relação a seu nascimento (o qual não é propriamente narrado). Embora semelhante opção continue objetivamente a tendência a criar uma biografia de Jesus, não é isso que Mateus pretende realizar em primeiro lugar, não só porque não há nada sobre a infância e a adolescência de Jesus (do retorno do Egito ele passa diretamente para o início de Marcos, ou seja, a João Batista e ao batismo de Jesus), mas também e sobretudo porque o que acrescenta no início é sugerido por preocupações cristológicas. A genealogia, artificialmente estruturada em três vezes quatorze gerações, quer mostrar que Jesus é descendente de Abraão (e, portanto, plenamente pertencente ao povo hebreu) e de Davi (tem, portanto, motivo para ser considerado o messias); quatorze é, além disso, o valor numérico da soma das letras que, em hebraico, formam o nome de Deus (os judeus como os gregos e, de diferente modo, os latinos usavam as letras do alfabeto também para indicar os números). Os outros relatos servem para conciliar a descendência davídica, mediante o pai, com o nascimento de Jesus de uma virgem (motivo ausente quer em Paulo, quer em Marcos) e para apresentar Jesus como aquele em quem se reúnem os grandes temas da história de Israel; como Moisés, fugiu a um massacre de crianças

---

23. Cf. supra, cap. 8.

ordenado por um rei e, como Jacó e os seus filhos, desceu ao Egito e dali saiu para ir (como Moisés como seu povo) para a terra de Israel. Mateus retoma aqui, com toda probabilidade, elaborações tradicionais nas quais se considerava, sob forma de relato, a relação entre Jesus e a história de Israel e entre a salvação trazida por Jesus e a libertação do Egito sob a guia de Moisés.

Esse fato já mostra que Mateus escreve num contexto em que – muito mais do que no de Marcos – se punha a questão sobre essa relação e em especial sobre os laços entre a mensagem de Jesus e a lei de Moisés. Não é por acaso que nos capítulos 1 e 2 se concentra a maior parte das "citações de cumprimento" características desse evangelho: breves citações das Escrituras, introduzidas por fórmulas de tipo "isso aconteceu a fim de que se cumprisse o que fora dito por meio do profeta…" e voltadas a mostrar em pormenor que os eventos da vida de Jesus tinham sido preditos pelos profetas e pertencem, pois, de pleno direito, à história da relação de Deus com Israel, da qual até representam o ápice e o cumprimento. Somente Mateus faz Jesus discutir a relação entre as suas palavras e a lei, que ele interpreta no sentido de uma continuidade: "não penseis que vim ab-rogar as Lei ou os Profetas: não vim ab-rogar, mas cumprir" (5,17). A lei está destinada a durar integralmente até o fim do mundo; o que Jesus exige é uma "justiça" (um termo-chave para Mateus) maior do que a dos escribas e dos fariseus, uma observância radical dos mandamentos. Assim, Jesus opõe o seu "mas eu vos digo" à formulação da lei antiga, para referir essa última à verdadeira vontade de Deus, nas célebres antíteses do discurso sobre a montanha (5,21-48) que vão dar na exigência de ser perfeito como o é o pai.

O discurso da montanha (5,1–7,27) é o primeiro dos cinco nos quais Mateus distribui o ensinamento de Jesus; os outros são as instruções sobre a missão (10,1-42), as parábolas (13,1-52), as regras para as relações na comunidade (18,1-35) e o discurso escatológico (24,1-25,46). Assim, Mateus conseguiu combinar o esquema espaçotemporal de Marcos com uma preocupação sistemática, o que provavelmente contribuiu para seu grande sucesso na antiguidade cristã; muitas vezes se pensou – mas a hipótese é discutida – que Mateus tenha querido contrapor os cinco discursos de Jesus aos cinco livros da lei de Moisés. Muito importante nesse evangelho é a dimensão comunitária; como vimos, consagra um capítulo inteiro às normas para a vida da comunidade e é o único evangelista a falar de "igreja", *ekklésia* (16,18; 18,17), em relação com o poder de ligar e de desligar. Esse poder é conferido em primeiro lugar a Pedro; à confissão de fé desse último, em Cesareia de Filipe, tirada de Marcos, Mateus faz seguir uma bem-aventurança pessoal dirigida a Pedro, que o constitui como fundamento da nova comunidade (o novo Israel). Certamente Pedro é a figura de referência desse evangelho, muito mais do que no caso de Marcos, que também a tradição, já o dissemos, ligava àquele apóstolo.

O evangelho termina com uma aparição de Jesus ressuscitado aos discípulos sobre um monte na Galileia; Marcos já conhecia a aparição na Galileia, mas Mateus lhe dá uma forma particularmente solene (o monte é o lugar da manifestação de Deus, do Sinai ao Tabor e, em geral, em toda a antiguidade) e nela enquadra a ordem "Ide, pois; de todas as nações fazei discípulos, batizando-as em nome do Pai e do Filho e do Espírito Santo" (28,19). Essa ordem entra em tensão com a de se limitar a Israel, dada por Jesus quando tinha enviado os discípulos durante a sua vida (10,5-6). Ulrich Luz explicou essa aparente contradição, evidentemente proposital, com uma persuasiva hipótese sobre a situação histórica do evangelho[24]. O modo como Mateus retoma a fonte Q leva-nos a pensar que ela fosse o texto de referência da sua comunidade, que se sentia, portanto, enviada a Israel (de fato, é essa a orientação de Q). Mateus conhece claramente a destruição de Jerusalém em 70 (22,7; 23,38), a qual foi lida por sua comunidade como um juízo divino sobre Israel que crucificou o messias (27,25). Esse evento deve ter sido interpretado por uma parte da comunidade como o sinal de que era necessário dirigir-se agora aos pagãos; Mateus defende essa posição e projeta para trás no relado sobre Jesus os dois momentos da missão. Um é o limitado a Israel, o outro é o aberto aos pagãos, que não implica, porém, como fora o caso de Paulo, a renúncia a exigir a observância da lei: o ressuscitado até ordena que se pregue "ensinando a guardar tudo o que vos ordenei" (28,20), inclusive a observância da lei sob a forma da "melhor justiça". Tal problema, como constatamos, não se punha de modo algum a Marcos, o qual escreve para não judeus e sob seu ponto de vista, e sem problemas faz que Jesus critique as normas de pureza alimentar contidas na lei (Mc 7,17-23).

Esse evangelho, que usa como fontes Marcos e Q e cita as Escrituras segundo a tradução grega dos Setenta, não foi, certamente, escrito por um discípulo de Jesus. O autor escreve para uma comunidade judeu-cristã, talvez

---

24. No seu comentário, LUZ, U., *Das Evangelium nach Matthäus*, Zürich-Braunschweig-Neukirchen-Vluyn, Benziger Neukirchener, 1985-2002, 4 v., em particular v. I, 61-77; Luz também sintetizou a sua tese em vários artigos.

em Antioquia da Síria ou, talvez, a leste do Jordão (cf. 19,1, que situa a Judeia para além do Jordão), a certa distância, mas não excessiva, da catástrofe de 70, aproximativamente, por volta de 80. Decerto, conhece o desaparecimento da geração apostólica, mas para ele a verdadeira cisão é representada pela guerra judaica, a qual fechou definitivamente, a seus olhos, a eleição de Israel e abriu a era de um novo Israel composto de judeus e de pagãos. Mateus mantém a frase de Marcos segundo a qual "esta geração não passará sem que tudo isso aconteça" (Mt 24,34), mas acrescenta uma divisão do tempo que se seguiu a Jesus em duas fases: a anterior à guerra judaica, caracterizada pelo anúncio a Israel, e a posterior, caracterizada pelo anuncio aos pagãos. Para Marcos, esse anúncio começou bem antes; para Mateus, evidentemente, exigirá tempo e assim, para ele, a frase, tirada de Marcos, segundo quem o fim não virá antes de o evangelho ser anunciado a todas as nações (24,14), deixa espaço para um tempo mais longo. Durante todo esse tempo, o ressuscitado estará com aqueles que se tornarão seus discípulos (28,20); é a última frase do livro, que ecoa aquela, quase no início (1,23), em que se diz que o filho de Maria será chamado de Emanuel, que significa "Deus conosco".

Lucas: o tempo da difusão do evangelho como época autônoma

De Marcos e da fonte Q e não de Mateus (se se aceita a "teoria das duas fontes") depende também o evangelho de Lucas, que introduz, porém, novidades fundamentais. Antes de tudo, esse autor elabora a sua obra em duas partes, a primeira delas – logo separada para ser reagrupada aos outros evangelhos – corresponde aos evangelhos de Marcos e de Mateus, enquanto a segunda, designada depois da separação como Atos dos Apóstolos, narra o itinerário da pregação cristã de Jerusalém a Roma. A reviravolta epocal que aqui se realiza é evidente: a era apostólica recebe uma relativa autonomia própria junto à história de Jesus. Nessa parte, os protagonistas são, antes, os doze e, em particular, Pedro, depois – a partir do capítulo 9 dos Atos dos Apóstolos e, decididamente, a partir do capítulo 13 –, Paulo, cuja atividade Lucas organiza em três viagens missionárias. A obra termina com a chegada de Paulo, prisioneiro, a Roma; perguntou-se com frequência por que Lucas não a terá levado até a morte do apóstolo (que certamente ele conhece, cf. 20,25), mas a resposta é, provavelmente, que não pretendia escrever uma biografia de Paulo, mas uma história da difusão do evangelho, tomando como pontos de partida e de chegada dois locais altamente simbólicos. Jerusalém tem para esse autor uma conotação positiva; também ele começa o evangelho com uma narração em torno do nascimento de Jesus (profundamente diferente, com exceção de poucos pontos, da de Marcos e não mais histórica do que ela), mas enquanto para Mateus Jerusalém é, nesse contexto, a cidade do rei Herodes, o inimigo de Jesus, para Lucas é a cidade em que, no Templo, ele é reconhecido por dois judeus piedosos, Simeão e Ana (2,25-38), e anunciado a todos os que "esperavam a libertação de Jerusalém" (38). É, decerto, a cidade em que Jesus é condenado e morto, mas é também aquela em que se manifesta aos discípulos depois da ressurreição (diferentemente do que consta em Marcos e em Mateus) e na qual lhes ordena que ali esperem até que recebam o espírito (24,36-49). É de Jerusalém que sobe ao céu (24,50-51; At 1,9-11) e é lá que os discípulos permanecem, frequentando assiduamente o Templo (24,52.53; At 1,15-26; 2,46 etc.). É lá que recebem o espírito e começam sua missão, é lá que se forma a primeira comunidade, modelo para todas as outras (At 2 ss.).

Trata-se de uma extrema simplificação e de distorção substancial das origens, que sabemos hoje terem sido muito mais complexas. Mas Lucas elabora uma imagem ideal do nascimento do cristianismo, que influenciou de maneira decisiva os séculos seguintes; os doze (identificados, sem dúvida, com os apóstolos, contra o que sabemos das cartas de Paulo e de outras fontes) são as testemunhas de Jesus e autênticos portadores da sua mensagem; toda a Igreja se reporta a seu grupo e eles controlam e aprovam a missão fora de Jerusalém; como vimos, Lucas os descreve como estando à frente da comunidade, mesmo num período em que sabemos das cartas de Paulo aos gálatas que as coisas andavam de outro jeito. Jerusalém representa o verdadeiro Israel, que chega a seu termo quando os judeus recusam a mensagem de Jesus. Lucas aplica à missão de Paulo fora de Israel um esquema constante: o apóstolo começa a pregar nas sinagogas, depois, diante da recusa da maior parte dos judeus, volta-se para os pagãos. E o fim do livro coincide com um colóquio entre Paulo e os representantes da comunidade hebraica de Roma, no fim do qual – pois não se convertiam – Paulo se convence da condenação definitiva deles por parte de Deus (At 28,23-28). O simbolismo da chegada do evangelho a Roma com Paulo (Lucas deixa entrever que existiam cristãos em Roma antes de Paulo, mas se cala quanto pode a respeito) é claro: ocupa o centro do império.

O universalismo da mensagem cristã é um dos temas principais de Lucas, evidente desde o evangelho: de dez leprosos curados, somente um samaritano, designado como "estrangeiro" volta para se prosternar diante de Jesus (17,11-19); nos Atos dos Apóstolos, o primeiro discurso missionário de Pedro, em Jerusalém, é ouvido por judeus de todas as línguas (2,5-13) e o espírito desce sobre os pagãos (11,44-48, no contexto de um episódio em que é revelado a Pedro que os pagãos não são impuros, mas destinatários do evangelho, segundo a vontade de Deus). Lucas põe também o acento sobre a importância universal da mensagem cristã: o nascimento de Jesus está unido a um recenseamento (não histórico) publicado pelo próprio imperador no "mundo inteiro" (Lc 2,1), e o início do ministério de João Batista é datado com um complicado sincronismo das autoridades em exercício, do imperador Tibério em diante (Lc 3,1-2). Lucas pretende elaborar uma obra apologética, mostrando que a fé em Cristo não constitui nenhum perigo para as autoridades romanas, mas é, antes, benéfica; quando elas procedem contra os apóstolos, isso ocorre, normalmente, após instigações por parte de judeus, como no caso da prisão de Paulo em Jerusalém (At 21,27-34). Compreende-se que o herói do livro é o grande apóstolo das gentes.

Como ressaltou Hans Conzelmann, cuja tese foi criticada, mas permanece substancialmente válida, Lucas, com a sua obra em duas partes, organizou a história da salvação num tríptico: o tempo de Israel, o tempo de Jesus e o tempo da Igreja. A história de Jesus torna-se, portanto, o momento central de uma história bem mais ampla que, como tem início num tempo distante (a genealogia de Jesus em Lucas remonta a Adão), está destinada a prosseguir por muito tempo depois dele. A própria separação temporal que Lucas instituiu entre ressurreição, ascensão e Pentecostes (pode-se comparar, por contraste, com João, em que Jesus aparece aos discípulos na mesma noite do dia em que foi descoberto o túmulo vazio, confere a eles o espírito e volta para junto do pai) marca o prolongamento do tempo da Igreja. A tradição (atestada a partir de IRINEU, *Contra as heresias* III,1,1) atribuiu os dois livros a Lucas, colaborador de Paulo (Fm 24; cf. Cl 4,14; 2Tm 4,11). Algumas seções dos Atos dos Apóstolos são narradas em primeira pessoa plural, o que fez pensar que o autor tivesse realmente acompanhado Paulo, mas isso é improvável, porque ele, embora conhecendo alguns temas da teologia paulina, apresenta-os de um modo muito diferente do das cartas de Paulo, que, aliás, o autor nunca menciona e das quais parece não se servir; outra hipótese é de que tenha utilizado o esquemático diário de viagem de um verdadeiro companheiro de Paulo. Mas pode se tratar de um expediente literário, não desconhecido na literatura antiga.

O autor pode ser judeu ou não, mas, em todo caso, a problemática da observância da lei, tão dramaticamente central nas cartas autênticas de Paulo, não tem para ele nenhuma importância e está completamente superada. Parece que o autor esteja informado sobre Paulo mediante fontes da Igreja de Antioquia e tradições locais das Igrejas fundadas pelo apóstolo; em todo caso, o seu Paulo é o grande missionário das tradições orais que circulavam nas comunidades cristãs e não o profundo teólogo que revelam as suas cartas. Reelaborando o discurso escatológico, Lucas menciona de maneira muito explícita o assédio e a destruição de Jerusalém (21,20-24), que para ele não têm, porém, o significado epocal que parecem ter tido para Mateus. Alguns fazem chegar a data da obra de Lucas até por volta de 125, mas uma datação por volta de 90 parece mais adequada.

No que se refere à questão que está nos servindo de fio condutor, Lucas é, entre os evangelistas, o mais consciente da necessidade de pensar teologicamente o tempo que se prolonga devido ao atraso da parusia como "tempo da Igreja", uma terceira fase, como vimos, que sucede o tempo de Jesus e que está destinada a durar. Esse autor reflete sobre o papel do cristianismo no contexto das instituições terrenas e, antecipando os apologistas do século II, propõe-se a demonstrar que as autoridades não têm nada a temer do próprio cristianismo. Assim, descreve-as sob uma luz positiva; ainda que cedam, às vezes, à pressão dos judeus contra Paulo, sabem, porém, reconhecer os seus direitos, como o tribuno que o prende, em Jerusalém (At 22,25-30); em Pafos, o governador Sérgio Paulo, "homem inteligente", está disposto a ouvir a palavra dos apóstolos, embora um mago judeu, que tem uma nefasta ascendência sobre ele, se esforce por dissuadi-lo, e Paulo o liberta enfim daquele homem (At 13,6-12). Se Lucas não mencionou a morte de Paulo em Roma, talvez seja também – além das referidas razões – porque ela fora decretada pela autoridade romana e revocá-la não teria ajudado o projeto do autor. Esse último, portanto, assume plenamente a perspectiva de uma longa duração da fé cristã, para bem além da geração apostólica, e tem a audácia de propô-la como apta, em certa medida, a colaborar com o império em manter a ordem e a paz, um projeto que será retomado em mais ampla escala pelos apologistas do século II.

De resto, Lucas é, ele próprio, um homem da terceira geração e, diferentemente dos autores dos outros evangelhos que se tornaram canônicos, declara-o explicitamente. Com efeito, antepôs à sua obra um prólogo (Lc 1,1-4) no qual explica por que decidiu compor a sua obra:

> Visto que muitos empreenderam compor uma narração dos acontecimentos realizados entre nós, segundo o que nos transmitiram aqueles que foram desde o começo testemunhas oculares e se tornaram servidores da palavra, pareceu-me bom, também a mim, depois de me ter cuidadosamente informado de tudo a partir das origens, escrever para ti uma narração ordenada, excelentíssimo Teófilo, a fim de que possas verificar a solidez dos ensinamentos que recebeste.

Decerto, o aceno a tentativas anteriores e a sugestão, explícita ou implícita, de que eram insuficientes era um *topos* dos prólogos de obras com intenção de narrar eventos passados, bem como a garantia de que o autor tinha se informado a partir de fontes escritas e orais. Mas o que interessa aqui é observar que Lucas não só não se apresenta como testemunha ocular, mas põe entre si e os eventos certa distância – na qual ocuparam espaço diversos outros escritos – e se apresenta como informado (não pelo apóstolo Paulo, mas) por uma tradição (o verbo *paradídomi* é técnico) que remontava ao conjunto dos que foram testemunhas oculares. Lucas quer realizar em certa medida o papel de historiador, narrando eventos agora bastante distantes no tempo; sobretudo, assume plenamente o próprio pertencimento a uma era pós-apostólica e escreve para atender às exigências dela, para a qual não prevê um fim próximo[25].

Outras histórias de Jesus: os evangelhos judeu-cristãos

Detivemo-nos sobre os evangelhos sinóticos e sobre o de Tomé porque eles se prestam bem a ilustrar soluções diferentes aos problemas postos desde o fim da era apostólica; essas soluções são propostas não como tais, mas sob a forma de leituras diversas dos acontecimentos da vida de Jesus. Mas esses escritos não são os únicos nos quais se procurou reunir o material sobre Jesus sob forma de narração continuada do seu ministério e, para alguns, das circunstâncias do seu nascimento. De que modo, precisamente, o termo "evangelho" passou a designar os livros que continham tais narrações não sabemos; vimos suas premissas em Marcos 1,1, mas esse evangelista não chama ainda a sua obra de evangelho. O primeiro testemunho claro está em Justino mártir, o

---

25. Provavelmente, o fato mesmo de se posicionar como historiador implica a espera de um longo futuro, porque os historiadores, a partir de Tucídides, escreviam para os pósteros.

qual, por volta de 155, narra na sua *Apologia* a instituição da eucaristia, afirmando que a tinham referido "os apóstolos nas memórias provenientes deles, que são chamados evangelhos" (*I Apologia* 66,3); o termo se encontra no singular, mas claramente referido a um texto escrito, no seu *Diálogo com o judeu Trifão*, composto alguns anos depois (10,2; 100,1). Mas sabemos que já por volta de 140 Marcião de Sinope – que fez uma leitura "herética" da mensagem cristã, fundada na distinção entre o Deus de Israel e o pai de Jesus – interpretava as referências de Paulo a "o meu evangelho" como alusões a um mesmo escrito, que para Marcião se identificava com o evangelho de Lucas (por ele, porém, não atribuído a esse personagem). Como Marcião rejeitava qualquer outro escrito cristão fora das dez cartas de Paulo e daquele evangelho, é possível que Justino, que escreveu um tratado (hoje perdido) contra ele, tenha tomado dele o uso do termo para designar os escritos que continham a tradição sobre Jesus, insistindo, porém, na pluralidade deles e no seu valor como "memórias" dos apóstolos, quando Marcião recusava-se a reconhecer autoridade aos discípulos de Jesus diferentes de Paulo, afirmando que não tinham entendido a sua mensagem e o tinham confundido com a revelação do Deus de Israel. Discute-se sobre o número dos evangelhos que Justino conhecia; parece que teria utilizado Marcos, Mateus e Lucas, enquanto para João a questão é bem menos certa. Não há indícios de que tenha se referido a evangelhos que se tornaram apócrifos; mas ainda que tenha usado os quatro que ficaram no Novo Testamento, parece anacrônico atribuir-lhes, como fazem alguns, a adesão a um "cânone" dos quatro evangelhos. Decerto, na época em que ele escrevia circulavam diversos outros, os quais, ao não se tornarem canônicos, foram perdidos, exceto alguns fragmentos citados por escritores eclesiásticos ou medievais, ou encontrados, na era moderna, nos papiros egípcios.

Conhecemos de citações alguns evangelhos compostos e usados em comunidades judeu-cristãs, mas nem sequer seu número e seus nomes são seguros. Há boas razões para distinguir três deles: dos nazarenos, dos ebionitas e dos hebreus[26]. O primeiro devia ser uma versão aramaica, ampliada e modificada, do evangelho de Mateus. Ele fazia Jesus insistir sobre a exigência das

---

26. Podem-se ler os fragmentos em tradução italiana – distribuídos, porém, diferentemente de como nos parece aconselhável – in: ERBETTA, M., *Gli apocrifi del Nuovo Testamento*, v. I, *Vangeli. 1: Scritti affini ai vangeli canonici, composizioni gnostiche, materiale illustrativo*, Casale Monferrato, Marietti, 1975, 111-136. Para uma introdução e um

obras, com atenção ao conforto dos pobres. Assim, por exemplo, o episódio do jovem rico que interroga Jesus sobre o que fazer para ser perfeito e, depois, vai embora porque não quer se desfazer dos seus bens (Mt 19,16-24 e paralelos) tornava-se aqui um diálogo entre Jesus e dois ricos, dos quais nos foi transmitida somente a passagem relativa ao segundo, correspondente ao que se encontra nos sinóticos. Depois que Jesus o exortou a vender os seus bens,

> o rico começou a coçar a cabeça e ficou aborrecido. E o Senhor lhe disse: "Como podes dizer: Cumpri a Lei e os profetas? Na Lei, com efeito, está escrito: amarás o teu próximo como a ti mesmo; e eis que muitos dos teus irmãos, filhos de Abraão, estão cobertos de esterco e morrem de fome e a tua casa está cheia de muitos bens, mas de lá não sai absolutamente nada para eles"[27].

E o homem da mão paralisada que Jesus cura (Mt 12,9-14) era, no evangelho dos nazarenos, "descrito como um pedreiro, o qual implora ajuda com estas palavras: 'Eu era pedreiro, procurava viver das minhas mãos; suplico-te, Jesus, que me restituas a saúde, para que não deva mendigar com vergonha a comida'"[28].

Outra imagem de Jesus e da sua mensagem era veiculada pelo evangelho dos ebionitas, do qual o escritor anti-herético Epifânio de Salamina nos transmitiu um punhado de fragmentos na sua obra *Panarion* (contra as doenças representadas pelas heresias), escrita por volta de 377; tanto ele como, duzentos anos antes, Ireneu afirma que os ebionitas o chamavam de evangelho segundo Mateus. Os ebionitas (de *ebion* = pobre) eram uma corrente judeu-cristã que, aliás, rejeitava a concepção virginal de Jesus, defendia a observância da lei, exceto os sacrifícios cruentos, considerados acréscimos posteriores, e praticava um regime vegetariano; todas essas características aparecem nos fragmentos conservados; por exemplo, João Batista não come gafanhotos, mas frituras, e Jesus recusa comer carne por ocasião da ceia da Páscoa.

---

repertório dos fragmentos, cf. o nosso capítulo em MORESCHINI, C.; NORELLI, E., *Storia della letteratura cristiana antica greca e latina*, v. I, Brescia, Morcelliana, 1995, 101-110.

27. O fragmento está conservado em latim por ORÍGENES, *Comentário a Mateus, Commentariorum series* 15,14.

28. Fragmento conservado em latim por JERÔNIMO, *Comentário a Mateus* 12,13. No contexto, Jerônimo, de maneira bem confusa, afirma que esse evangelho era usado por nazarenos e ebionitas e que era definido por muitos como o autêntico evangelho de Mateus.

Quanto ao evangelho dos hebreus, a ele pertence o relato acima mencionado sobre a manifestação de Jesus ressuscitado a Tiago, que parece, portanto, ter sido a autoridade de referência da obra e do grupo que a lia. Compreendia também o relato do batismo de Jesus, no qual Jesus era apresentado pela voz celeste como aquele sobre o qual o espírito santo encontrava o seu repouso definitivo, depois de ter descido provisoriamente sobre os profetas[29]; a relação entre Jesus e Deus era, portanto, interpretada seguindo uma linha cara à teologia sapiencial de Israel, segundo a qual a Sabedoria de Deus tinha migrado de geração em geração passando pelas almas dos profetas e dos amigos de Deus (Sb 7,27), ou tinha procurado seu repouso em todos os povos antes de o encontrar em Israel (Sr 24,7). Nesse fragmento e num outro, Jesus é designado como filho do espírito santo; no segundo fragmento, o espírito é definido como sua mãe[30], evidentemente sob a influência do gênero feminino do termo "espírito" em hebraico. Trata-se de um esboço de teologia trinitária concebida como relação ente o pai, a mãe (= o espírito) e o filho, e que se encontra em certos sistemas gnósticos do século II. Dois fragmentos citados por Jerônimo, mas cuja atribuição a esse evangelho não é segura, insistem sobre o amor fraterno. Segundo um, Jesus afirma: "E não fiqueis nunca alegres, se não tiverdes olhado o vosso irmão com amor"; segundo o outro, entre os responsáveis pelos pecados mais graves figura "aquele que tiver contristado o espírito do seu irmão"[31]. Se essas passagens pertenciam a esse evangelho, parece que ele era usado numa comunidade bastante voltada sobre si mesma (de certo modo, como a comunidade joanina); a importância do tema do "repouso" poderia deixar pensar na prática de um itinerário sapiencial de procura da quietude interior. Mas se trata, naturalmente, de hipóteses.

Esses diferentes evangelhos nasceram entre o fim do século I e o fim do século II e atestam certa dependência dos evangelhos que depois se tornaram canônicos, sobretudo de Mateus, que, como vimos, é um evangelho judeu-cristão, porquanto afirma a observância da lei, embora do modo radical exigido por Jesus. Depois da catástrofe de 70 e, mais ainda, depois da de 135, o judeu-cristianismo palestino tornou-se marginal no âmbito do cristianismo,

---

29. O fragmento é transmitido em latim por JERÔNIMO, *Comentário a Isaías* 4, sobre Isaías 11,2.
30. ORÍGENES, *Comentário a João* 2,12; *Homilias sobre Jeremias* 15,4 e algumas passagens de Jerônimo.
31. Respectivamente, em Jerônimo, *Comentário a Efésios* 5,4; *Comentário a Isaías* 18,7.

que era agora, em sua maioria, de origem pagã. O problema da observância das normas rituais e alimentares da lei tinha sido candente na época de Paulo e continuou a ser atual por certo tempo em algumas regiões, sobretudo na Palestina e na Síria; ocupava ainda Mateus nos anos oitenta, mas não mais Marcos por volta de 70, na área pagão-cristã. No século II estava superado por quase toda parte. Além disso, os grupos representados por esses evangelhos tinham conservado, como em parte acenamos, algumas concepções cristológicas e trinitárias que pareceram logo superadas pela evolução da teologia; isso vale em especial para o modo como representavam a relação entre o divino e o humano em Cristo. Por volta de 180, Irineu de Lião, na sua obra anti-herética voltada prioritariamente contra os grupos gnósticos, insere, de fato, entre os heréticos também os ebionitas, acusando-os de considerar Jesus como um mero homem; a definição do espaço da "ortodoxia" realiza-se mediante delimitação e exclusão, nas duas vertentes da adoção em forma extrema de categorias de pensamento grego (evidente nos sistemas gnósticos) e da manutenção de concepções tradicionais no judaísmo.

Outras "memórias" de Jesus: o evangelho dos egípcios e o evangelho de Pedro

Os processos ligados entre si da exclusão dos "heréticos" e da definição de uma coleção normativa de escritos cristãos, que se realizaram em grande parte no século II (embora o encerramento propriamente dito de um cânone bíblico cristão não tenha tido lugar até o século IV), produziram a perda dos evangelhos e dos outros escritos não declarados legítimos. Restam-nos, tão somente, fragmentos, salvos de maneira mais ou menos casual, que nos permitem entrever outras formas de cristianismo ainda vivas na época que estamos considerando, mas destinadas a logo se eclipsar. É conveniente lembrar aqui rapidamente apenas alguns textos que, com toda probabilidade, se situam antes da metade do século II (do evangelho de Tomé já falamos acima) e que – diferentemente dos três evangelhos judeu-cristãos apresentados anteriormente – não parecem ter narrado todo o ministério de Jesus; não adotavam, portanto, a acepção de "evangelho" que devia se tornar corrente. Do evangelho dos egípcios[32] restam algumas citações nos *Stromata*, de Clemente de

---

32. Tradução italiana em ERBETTA, M., *Gli apocrifi del Nuovo Testamento*, v. I, 147-152.

Alexandria: tratava-se, ao que parece, de um diálogo entre Jesus e Salomé (que poderia ser a mulher nomeada em Mc 15,40 entre as que assistem à crucifixão de Jesus). Se o diálogo cobria toda a obra, tratar-se-ia de um gênero literário capaz de comunicar revelações (pensemos, por exemplo, na literatura hermética), retomado no cristianismo para apresentar determinadas doutrinas como revelações feitas por Jesus ressuscitado a determinados discípulos; não sabemos, porém, se o diálogo do evangelho dos egípcios terá tido lugar antes ou depois da ressurreição. Em todo caso, trata-se de uma doutrina claramente encratista, na qual Jesus condiciona a salvação ao abandono da atividade sexual e da geração (as "obras da mulher") que perpetua o poder da morte: o reino chegará "quando os dois se tornarem um e o homem com a mulher não serão nem machos nem fêmeas"[33].

Totalmente diferente é o evangelho de Pedro, uma parte do qual foi encontrada no Egito, em 1886-1887; ela conta a paixão de Jesus (o fragmento inicia quando Pilatos lava as mãos), a sua crucifixão, a ressurreição e se interrompe quando está por começar uma aparição do ressuscitado aos discípulos no lago de Tiberíades[34]. A narração é feita por Pedro em primeira pessoa. É improvável que a obra narrasse todo o ministério de Jesus; limitava-se, talvez, à paixão. De um documento citado por Eusébio de Cesareia (*História eclesiástica* VI,12,3-6) sabemos que era lido na liturgia por um grupo de cristãos de Rosso, perto de Antioquia, até que o bispo Serapião retirou a permissão, nos últimos anos do século II; a obra pode remontar à metade do mesmo século. Depois da sua publicação, discutiu-se longamente sobre a sua relação com os evangelhos que se tornaram canônicos; inicialmente, pareceu estabelecido que dependia deles, mas o debate reacendeu nos últimos decênios. Provavelmente, o autor conhece os evangelhos que passaram depois a fazer parte do Novo Testamento, mas faz deles um uso muito livre, combinando-os com outras tradições. Sobretudo, a

---

33. CLEMENTE DE ALEXANDRIA, *Stromata* III,13,92. Que o que deve chegar seja o reino deduz-se não da citação de Clemente, mas do uso da mesma palavra de Jesus na homilia da metade do século II chamada *Segunda carta de Clemente de Roma aos coríntios* (sem referência ao evangelho dos egípcios), onde o dito é interpretado de modo diferente. Trata-se, provavelmente, de uma palavra que circulava autonomamente e que pôde ser retomada em contextos diversos, com diferentes interpretações; encontram-se outras formas no evangelho de Tomé 22 e 37.

34. Nova tradução italiana com introdução e amplo comentário: MARA, M. G., *Il Vangelo di Pietro*, Bologna, EDB, 2002.

narração está tecida de referências mais ou menos implícitas a textos do Antigo Testamento, que o autor, evidentemente, considerava como profecias da paixão. Em outros termos, chega aqui ao ápice um processo já perceptível nos evangelhos que se tornaram canônicos (acenei a isso anteriormente): tendia-se assim a contar a paixão, mostrando que ela tinha sido predita nas Escrituras proféticas; no evangelho de Pedro as supostas profecias dominam decididamente sobre as lembranças históricas e condicionam inteiramente a narração. De resto, o autor não tem ideia de como as coisas realmente se passavam na Jerusalém daquela época; basta mencionar que faz retirar Pilatos do processo – sem dúvida convencido da inocência de Jesus – e faz condenar e crucificar esse último por Herodes e pelos "seus juízes". Com efeito, outra característica significativa desse escrito é a atribuição aos judeus de toda a responsabilidade da morte de Jesus (o povo, todavia, se arrepende depois da sua morte, mas não os chefes); também aqui é levado a cumprimento um processo já iniciado nos evangelhos, depois canonizados, que tendia a minimizar a responsabilidade dos romanos para aumentar a dos judeus[35].

Interpretação das Escrituras, antijudaísmo e identidade cristã

Os dois aspectos a que demos tanto destaque no evangelho de Pedro estão ligados: os judeus crucificaram Jesus porque não compreenderam que as Escrituras falavam dele. Convém que nos detenhamos um pouco sobre esse tema, porque ele é importante para separar o cristianismo do judaísmo e para precisar a identidade cristã também mediante a polêmica antijudaica, um

---

35. Marcos dá destaque à pressão dos sumos sacerdotes e da multidão e afirma que Pilatos condenou Jesus para os agradar (14,10-15); Mateus faz a mulher de Pilatos declarar que Jesus é um justo (27,19) e faz Pilatos dizer que ele não fizera mal algum (27,23); enfim, representa Pilatos a lavar as mãos, para declarar a sua própria inocência em relação àquele sangue (27,24), enquanto todo o povo aceita aos gritos que assumem a responsabilidade (27,25; Mateus alude aqui à punição divina mostrada na destruição de Jerusalém em 70); Lucas faz Pilatos declarar por três vezes que ele não encontra nenhuma culpa em Jesus (23,4.14-15.22); o mesmo faz João (18,38; 19,4.6), que leva Pilatos a envidar vários esforços para salvar Jesus (19,12 etc.), faz o próprio Jesus declarar que outros são mais responsáveis que ele, Pilatos (19,11) e o faz ceder somente diante da chantagem política (19,12.15). O evangelho de Pedro dá o último passo, eliminando totalmente Pilatos da cena da condenação de Jesus; tendo lavado as mãos, Pilatos deixa o tribunal.

processo que conhece os seus momentos decisivos justamente no período por nós considerado. Podemos exemplificar, partindo de um versículo do evangelho de Pedro. Os judeus fazem Jesus crucificado beber uma mistura de fel e vinagre, para aumentar cruelmente a sua sede, e o narrador comenta: "E cumpriram tudo e acabaram por acumular os pecados sobre a cabeça deles" (17). Ora, em Marcos 15,23 é oferecido a Jesus, antes da crucifixão, vinho misturado com mirra, para atenuar o sofrimento; em Marcos 15,36 um dos presentes leva até Jesus um caniço com uma esponja embebida de vinagre. Retomando o primeiro episódio, Mateus 27,34 substitui a mirra por fel e acrescenta que Jesus apenas provou, mas não quis beber; o segundo tem um paralelo em João 19,28-30, onde é Jesus que diz ter sede "para que a Escritura se cumprisse" e, depois de ter bebido, declara "tudo está consumado" e morre. Mirra e fel aparecem juntas na versão grega dos Setenta do Salmo 69,22 (Setenta: 68,22), onde o justo perseguido afirma: "E me deram fel como alimento e para minha sede me deram a beber vinagre". Esse salmo foi aplicado como profecia à paixão de Jesus. Evidentemente, Mateus e João, independentemente um do outro, apresentaram cada um dos dois momentos da paixão em que é dado a beber a Jesus como cumprimento de uma das duas partes do versículo (que em si representam um paralelismo com variação, típico da poesia semítica); em particular, Mateus – separando-se de Marcos – faz Jesus beber um pouco de fel porque isso realiza literalmente o salmo. O evangelho de Pedro não depende, sob esse ponto, de nenhum dos evangelhos canônicos, mas remonta diretamente ao salmo, cuja realização narra de modo diferente deles: fel e vinagre são aqui oferecidos juntos. Além disso, atribui ao gesto uma motivação coerente com a sua ideia da responsabilidade dos judeus na morte de Jesus. Embora se trate do cumprimento do mesmo versículo bíblico, portanto, a perspectiva é profundamente diferente. Em João, Jesus (como sempre nesse evangelho), senhor dos eventos da sua paixão, realiza ele próprio esse cumprimento, o qual corresponde ao cumprimento da salvação dos futuros crentes. No evangelho de Pedro, porém, são os judeus que cumprem as Escrituras e esse cumprimento coincide com o auge dos pecados deles. Em outras palavras, a compreensão do sentido das profecias revela aqui, em primeiro lugar, a condenação dos judeus; pouco depois, quando descerem as trevas, eles compreenderão, muito tarde, o mal que fizeram sozinhos e começarão a bater no peito, vendo se aproximar "o juízo e o fim de Jerusalém" (25), alusão à ideia (já atestada em Mt 27,25) de que a destruição de Jerusalém em 70 é a punição deles pela morte de Jesus.

O evangelho de Pedro põe, portanto, em prática uma convicção dos primeiros crentes em Jesus, ou seja, que as Escrituras de Israel falavam de Jesus e, mais precisamente, continham uma série de profecias referentes à sua vida. Como os judeus que não tinham aceitado crer em Jesus não tinham reconhecido esse fato, isso significa que não compreendiam o verdadeiro significado da revelação que lhes fora feita e que, portanto, as Escrituras pertenciam, na realidade, aos cristãos. De fato, havia em Israel, na época das origens cristãs, diversas "chaves de leitura" da Escritura. Os fariseus, por exemplo, punham acento na observância da lei e consideravam que os profetas (termo que compreendia também aqueles que nós chamamos de livros históricos) eram essencialmente intérpretes dela. Outras correntes, como a atestada por uma vasta literatura conexa com o nome do patriarca Henoc (Gn 5,24), atribuíam à lei uma importância muito menor. Em Qumran, insistia-se sobre a observância da lei (com modalidades diferentes das predominantes em Jerusalém), mas se valorizavam os escritos dos profetas, nos quais percebiam predições dos eventos relativos à seita qumrânica e a seu papel nos últimos tempos do mundo. Em Alexandria, Fílon elaborava uma grande reinterpretação alegórica da lei de Moisés, para eliminar os antropomorfismos e os outros elementos que podiam parecer inadequados a uma religião elevada e para mostrar que ela devia ser aceita por um público sensível à reflexão filosófica. Os crentes em Jesus, de sua parte, releram as Escrituras a partir da convicção de que Jesus representava o ponto para o qual elas estavam orientadas, de resto – como em parte já referimos –, com substanciais diferenças entre os vários grupos; uma leitura que privilegiava, naquelas Escrituras, a profecia sobre a lei e considerava os próprios livros da lei essencialmente como profecia.

Essa convicção se expressou, pelo menos de maneira geral, desde logo, como mostra a fórmula pré-paulina citada por Paulo em 1 Coríntios 15,3-7, segundo a qual "Cristo morreu por nossos pecados, segundo as Escrituras. Foi sepultado, ressuscitou ao terceiro dia, segundo as Escrituras". O próprio Paulo interpreta determinados textos em referência a Cristo e aos crentes nele (por exemplo, 1Cor 10,1-11; Gl 4,22-31). No período que estamos considerando, a procura de "profecias" relativas a Cristo tornou-se sistemática; lembramos acima as "citações de cumprimento", certamente elaboradas por estudiosos da comunidade de Mateus, e se pode seguir o processo através dos evangelhos; os discursos que Lucas põe na boca dos protagonistas dos Atos dos Apóstolos contêm amplo material nesse sentido. Como já observamos, a história da paixão foi um lugar privilegiado para essa operação, que até se estendeu amplamente para além dela. Essa importância da paixão se vê ainda em algumas listas dos momentos da vida de Jesus preditos nas Escrituras, inclusive em textos datáveis entre os séculos I e II. Isso já se deduz do evangelho de Lucas, no qual o ressuscitado, manifestando-se aos discípulos, mostra-lhes que está se cumprindo o que ele já havia anunciado durante a sua vida:

> "é preciso que se cumpra tudo o que foi escrito sobre mim na Lei de Moisés, nos profetas e nos Salmos". Então ele lhes abriu as Escrituras e lhes disse: "É como foi escrito: o Cristo sofrerá e ressuscitará dos mortos no terceiro dia, e em seu nome se pregará a conversão e o perdão dos pecados a todas as nações" (Lc 24,44-47).

Acrescentemos dois exemplos particularmente claros. Num dos poucos fragmentos que nos restam da *Pregação de Pedro*, uma espécie de apologia do cristianismo exposta em primeira pessoa por Pedro e composta provavelmente no Egito, por volta de 100-120, o apóstolo declara:

> Nós [= os doze], tendo aberto os livros dos profetas que tínhamos, os quais mencionam o Cristo Jesus, ora em parábolas, ora em enigmas, ora explicitamente com todas as letras, encontramos a sua vinda, a sua morte, a sua cruz e todas as outras penas que os judeus lhe infligiram, a sua ressurreição, a sua ascensão ao céu, antes que Jerusalém fosse fundada, como todas essas coisas tinham sido escritas, o que ele devia sofrer e o que acontecerá depois dele (in: CLEMENTE DE ALEXANDRIA, *Stromata* VI,15,128,1-2).

Mais ou menos na mesma época, o autor da *Ascensão de Isaías* – sobre a qual teremos ocasião de voltar – escreve que pelo profeta Isaías fora profetizada a descida de Cristo do céu:

> Assim como a forma na qual devia se transformar, a forma de um homem, e a perseguição que devia sofrer e as penas que deviam lhe infligir os filhos de Israel, a vinda dos seus doze discípulos e o ensinamento; e que, antes do sábado, seria crucificado no madeiro, com homens malfeitores; e que seria sepultado num túmulo, e os doze que estariam com ele ficariam escandalizados dele; e, também, os guardas que guardariam o túmulo etc. (3,13-14).

Comum a ambos os textos é a centralidade dos livros proféticos, embora os "livros dos profetas", na *Pregação de Pedro*, pudessem designar, nesse caso, o conjunto das Escrituras, consideradas precisamente como profecia de Cristo;

em todas as duas enumerações, a paixão ocupa um lugar relevante, em particular na *Ascensão de Isaías*. Isso é tanto mais significativo quanto ela não tem destaque no conjunto dessa obra; trata-se, portanto, de um dado tradicional, o que não significa que o autor da obra não pensasse numa bem precisa lista de *testimonia*[36] bíblicos para cada um dos pontos elencados. Com efeito, pouco depois, o próprio autor fornece uma lista bastante singular, aliás, dos livros que continham as profecias sobre Jesus (4,19-22); trata-se essencialmente dos salmos, dos profetas e de alguns livros sapienciais, enquanto a *Torá* notabiliza-se pela ausência deles.

A passagem da *Pregação de Pedro* é, pois, de grande interesse, porquanto deixa entrever, dentro da comunidade, uma prática desenvolvida e formalizada de procura daqueles textos. Com toda probabilidade, a iniciativa ali descrita ocorre depois da ressurreição; o sentido cristológico das Escrituras se compreende, portanto, a partir dela, como em Lucas, mas aqui se apresenta sob um ângulo diferente: não é o Senhor que as explica, mas os discípulos que as examinam. "Abrir os livros" tinha, sem dúvida, se tornado um termo técnico nesse sentido; em Lucas 4,17 é usado quando Jesus, na sinagoga de Nazaré, abre o rolo de Isaías e refere a si mesmo o texto de Isaías 61,1-2, ou seja, funcionando como modelo da análoga atividade por parte dos seus discípulos depois da sua partida. A mesma coisa vale para "encontrar", usado para outro fragmento da *Pregação* para introduzir um *testimonium* (in: CLEMENTE DE ALEXANDRIA *Stromata* VI,41,5). Além disso, as supostas profecias são classificadas segundo o gênero delas: podem falar de Cristo em parábolas, em enigmas ou de maneira clara. Sem nos determos aqui sobre a questão da eventual destinação entre as primeiras duas modalidades[37], parece claro que essa passagem faz dos apóstolos o modelo de uma atividade que tinha efetivamente espaço dentro da comunidade onde nasce a *Pregação de Pedro* e em muitas outras: "escribas" cristãos examinavam sistematicamente as Escrituras para nelas encontrar profecias de Cristo e elaboravam técnicas hermenêuticas para a interpretação das que consideravam profecias de algum modo ocultas. Essa técnica podia se

---

36. É o termo técnico usado no antigo cristianismo latino – e retomado pelos modernos – para designar as passagens veterotestamentárias adotadas como profecias de Cristo.

37. Podia haver uma base bíblica até por esse vocabulário; cf. Números 12,8, que, decerto, é pressuposto por Paulo em 1 Coríntios 13,12. Todavia, "falar em enigma" é uma locução frequente; por exemplo, em Plutarco de Queroneia, em oposição a "falar claramente".

tornar complexa, combinando, por exemplo, entre elas duas ou mais passagens bíblicas diferentes que eram entendidas como referidas ao mesmo evento e, às vezes, criando *ex novo* supostos *testimonia* bíblicos a partir de sugestões dadas por diversos lugares das Escrituras; temos exemplos disso justamente da época que nos interessa aqui[38].

O empenho nesse trabalho é compreensível quando se pensa que estava em jogo a identidade mesma das comunidades cristãs. Depois do ano 70, o judaísmo palestino se reconstituiu, com a permissão dos romanos, em torno da academia de Yavne, e começou a se restringir ao rabinismo, o qual constituiu a lei como centro absoluto e desenvolveu e, mais tarde, codificou e "canonizou" na *Mishná* as próprias normas relativas à observância dela. A preocupação de unificar as observâncias, bem como o processo que levou progressivamente o judaísmo rabínico ao fechamento de um cânone de escrituras devem ter levado os emissários de Yavne, portadores das normas ditadas pelos sábios, a criticar a posição e a atividade dos judeus que tinham acreditado na messianidade de Jesus e que desempenhavam missão com base nela. Não houve, porém, um decreto formal em relação a eles; por volta de 90, segundo o testemunho posterior do *Talmud* da Babilônia (*Berakot* 28b-29a), foi acrescentada às dezoito bênçãos uma maldição contra os *minîm* (heréticos), que pretendia, porém, atingir todas as tendências diferentes da dos rabinos e não exclusivamente, ou mesmo predominantemente, os crentes em Jesus. Somente pelo final do século II é que foi acrescentada a menção dos *nozrîm*, ou seja, dos judeu-cristãos. Todavia, esses últimos podiam, decerto, se sentir atingidos e marginalizados, e certamente deve ter havido conflitos locais, como atestam, por volta do fim do século I, o evangelho de João, que alude por três vezes à expulsão dos crentes em Jesus das sinagogas (9,22; 12,42; 16,2) e o Apocalipse, que nos deixa divisar conflitos com "aqueles que se dizem judeus a não o são" (2,9; 3,9: para o

---

38. JUSTINO, *Diálogo com Trifão* 72,1-73,1 cita quatro passagens que, segundo ele, os judeus eliminaram das escrituras porque tinham reconhecido nelas profecias de Cristo; duas delas estão ausentes do texto bíblico, uma é brevíssima interpolação no Salmo 96,10, a quarta é Jeremias 11,19, que, na realidade, não falta em nenhuma Bíblia por nós conhecida. Justino usou aqui, aparentemente, uma coleção preexistente de *testimonia*. Como introdução ao assunto, cf., em italiano, NORELLI, E., Il dibattito con il giudaismo nel II secolo. "Testimonia"; Barnaba; Giustino, in: Id. (org.), *L'uso della Bibbia nel cristianesimo antico*, v. I, Bologna, EDB, 1993, 199-233.

autor, os verdadeiros judeus são, evidentemente, aqueles que creem em Jesus). Nessa situação, os crentes em Jesus deviam elaborar estratégias de compensação, entre as quais, precisamente, a demonstração de que eram eles, e não os outros judeus, que estavam em consonância com a revelação nas Escrituras de Israel; o evangelho de João projeta essa posição na vida de Jesus (por exemplo, 5,39.45-46).

As Escrituras como alegoria e prefiguração. A *Carta de Barnabé*

De outra parte, as Escrituras de Israel eram necessárias como horizonte de compreensão e de legitimação de Jesus também para os cristãos não provenientes do judaísmo; o único que teve a audácia de abandonar radicalmente isso foi Marcião, por volta de 140, mas a sua tentativa foi rejeitada violentamente. Os cristãos tinham, pois, necessidade de afirmar que a única leitura legítima das Escrituras de Israel era aquela segundo a qual elas remetiam inteiramente ao ponto culminante e decisivo da ação de Deus para a salvação dos humanos, que era a história vivida por Jesus de Nazaré. E uma vez que, como vimos, se afirmou rapidamente, fora de grupos cada vez mais minoritários, a convicção de que os cristãos não deviam mais observar a lei de Moisés, exceto os preceitos fundamentais que se resumiam no decálogo[39], sustentava-se que os judeus não tinham entendido nem mesmo isso e que permaneciam prisioneiros de uma espécie de relações entre Deus e Israel que não tinha mais nenhum sentido. Os preceitos rituais e alimentares deviam ser entendidos em sentido alegórico, seja como símbolos ou figuras do Cristo, seja como prescrições de ordem ético-espiritual.

Uma forma radical dessa posição encontra-se na chamada *Carta de Barnabé* – um tratado, na verdade – que a tradição, a partir de Clemente de Alexandria, atribuiu ao missionário judeu-cristão companheiro de Paulo, mas que parece ter sido composto na primeira metade do século II, talvez na Síria-Palestina, talvez no Egito[40]. Ele se constitui, essencialmente, sobre a exegese de

---

39. E não tanto, aliás, porque fosse parte da lei do Sinai, mas porque correspondia à lei da natureza.

40. Edição crítica com tradução, introdução e comentário de Scorza Barcellona, F., *Epistola di Barnaba*, Torino, SEI, 1975, de onde tiro a tradução.

textos bíblicos numa perspectiva violentamente antijudaica. Diversas seções são dedicadas à polêmica anticultual: 2-3 contra os sacrifícios e o jejum; 9-10 contra a circuncisão e as observâncias alimentares; 15-16 sobre o sábado e o Templo. Outras partes querem demonstrar que a aliança divina não é para os judeus, mas para os cristãos, ou desenvolver tipologias cristológicas, relativas em especial à paixão e à cruz, mas também ao batismo e ao perdão dos pecados. Segundo o autor, Deus tinha oferecido aos judeus a aliança por meio de Moisés, mas eles logo a perderam, porque Moisés, ao descer do monte, encontrou-os a adorar o bezerro de ouro, jogou fora as tábuas "e a aliança deles foi quebrada, a fim de que a de Jesus, o Amado, fosse selada nos nossos corações na esperança da fé nele" (4,8). A aliança, assim, passou aos crentes em Jesus.

Os judeus não compreenderam que a lei ritual não devia nunca ser entendida literalmente, mas sempre teve um sentido espiritual. Esse é, por exemplo, o caso da circuncisão: de uma parte ela tem um sentido espiritual, porque a verdadeira circuncisão é a dos ouvidos, abertos à escuta da palavra e da fé. Barnabé prova-o com numerosas citações dos profetas e dos salmos, derrubando, na prática, as relações reais: os escritos usavam metaforicamente o termo circuncisão, a partir da circuncisão real da carne; o Pseudo-Barnabé assume como primário aquele sentido metafórico e como secundário o literal, declarando que os judeus não aplicaram corretamente o mandamento, "porque um anjo mau os enganava" (9,4). Portanto, eles sempre estiveram sujeitos à influência do diabo. De outra parte, a circuncisão é também uma prefiguração de Cristo; com efeito, segundo Gênesis 14,14; 17,23.27, Abraão circuncidou 318 servos da sua casa. Ora, em grego o número 18 se escreve *IE* ($I = 10$, $E = 8$), ou seja, as primeiras duas letras do nome de Jesus em grego, e 300 se escreve T, que é o símbolo da cruz. Trata-se, naturalmente, de argumentos que não têm para nós nenhuma força de persuasão, mas o essencial é perceber o motivo inspirador: a religião de Israel, como conjunto não só de crenças, mas também e mais de práticas, foi liquidada retrospectivamente, porque estava fundada desde o início num diabólico engano, enquanto a verdadeira história sagrada sempre foi a dos cristãos. Outros, como Justino mártir, adotarão posições menos extremistas, afirmando que as prescrições cultuais foram efetivamente válidas, mas somente por certo tempo e depois de Jesus não têm mais outro valor do que o de prefiguração de Cristo e da Igreja.

Os cristãos como povo novo. Novas práticas: a *Didaqué*

A reflexão sobre a identidade cristã vai dar, nos primeiros decênios do século II, na afirmação da distinção dos judeus e cristãos como de dois povos diferentes. A *Pregação de Pedro*, citada acima, faz dos cristãos um componente autônomo da humanidade, reestruturando a divisão em gregos e bárbaros, tradicional na cultura grega e já modificada pelos judeus em judeus, gregos e bárbaros. Agora os cristãos são convidados a venerar Deus não à moda dos gregos, nem à moda dos judeus: "Uma aliança nova, ele a estabeleceu para nós, porque as [práticas] dos gregos e dos judeus envelheceram; somos nós que o veneramos de maneira nova, segundo um terceiro tipo, [nós] cristãos" (CLEMENTE DE ALEXANDRIA, *Stromata* VI,5,41,5-6). Em vez de "conforme um terceiro tipo [de adoração]", a expressão *tritôi génei* poderia ser traduzida, talvez melhor, por "enquanto terceira raça", ou seja, não se trataria somente de um novo culto, mas também de um novo povo que o celebra, cujo ato de nascimento é marcado pela nova aliança no sangue do Cristo, que substitui a aliança do Sinai. A noção de nova aliança, que remonta a Paulo, fundamenta agora a de um novo povo, conforme o horizonte bíblico, que via no êxodo e na aliança do Sinai o ato de nascimento do povo de Israel. Em todo caso, os judeus, nesse escrito, são subestimados como aqueles que, ao crerem ser os únicos a conhecer a Deus, não o conhecem, na realidade, porque prestam culto aos anjos, aos meses e à lua. Alguns anos mais tarde, o apologista Aristides de Atenas retomará a teoria das três raças, fundamentando-se também ele na religião para distinguir claramente três povos diferentes. O retrato absolutamente arbitrário do culto judaico delineado aqui lembra-nos quanto as práticas cultuais podem ser importantes para definir a identidade, tanto mais quando se procura remover a consciência da proximidade que nos liga ao outro em oposição ao qual procuramos nos definir.

Esse fato permite compreender prescrições aparentemente estranhas, como a contida na *Didaqué*, um manual para a comunidade, composto verossimilmente em ambientes rurais da Síria nos primeiros decênios do século II[41]: "os vossos jejuns não ocorram contemporaneamente com os dos hipócritas

---

41. Edição, tradução, ampla introdução e comentário de VISONÀ, G. (org.), *Didaché. Insegnamento degli apostoli*, Cinisello Balsamo, Paoline, 2000. A obra, da qual se conhecia apenas o título, foi encontrada em 1873 num manuscrito do século XI, em Jerusalém;

[ou seja, dos judeus]; eles, com efeito, jejuam no segundo e no quinto dia da semana; quanto a vós, jejuai no quarto dia e no dia da preparação" (8,1). O que aparentemente é uma modesta diferença é percebido como um ponto de referência importante da identidade, e com razão, porque torna a diferença material e imediatamente visível, reforçando o sentimento de identidade do grupo cristão em torno de uma prática coletiva clara e precisa que permite o reconhecimento dos adeptos, remetendo, ao mesmo tempo, aos mitos fundadores do grupo (jejua-se no dia da paixão de Jesus); ela favorece assim a coesão do grupo, reforçada pelo sentimento da contraposição ao outro grupo do qual mais se deve diferenciar.

Todavia, a *Didaqué* – obra composta que reúne e elabora documentos preexistentes – está profundamente enraizada na tradição judaica. É constituída por cerca de um terço da retomada de um tratado sobre as "duas vias", a da vida (fundada no amor de Deus e do próximo) e a da morte (ilustrada por um catálogo de vícios a serem evitados). Esse tratado foi reproduzido também na *Carta de Barnabé* (18-20) e em outros escritos dos séculos II e III e está fundamentado num desaparecido tratado judaico não cristão de ética, influenciado por uma tradição dualista que se encontra em Qumran (*Regra da comunidade* III 3-IV 26), tradição ainda evidente em Barnabé – onde as duas vias estão sob o governo de dois anjos, um bom e outro mau – muito enfraquecida, porém, na *Didaqué*. Essa última inseriu no tratado uma coleção de palavras de Jesus, não caracterizadas, porém, como tais (1,3-5). A tendência de utilizar em âmbito cristão esse escrito judaico mostra a proximidade da ética judaica à cristã. Isso não está em contradição com o virulento antijudaísmo de Barnabé nem com a vontade da *Didaqué* de fazer diferença entre a prática da comunidade cristã e a da comunidade judaica; ao contrário, onde as raízes culturais são as mesmas é mais forte a exigência de sublinhar as diferenças, sobretudo na prática, o que torna reconhecível, de fora, um grupo em relação ao outro.

Ao tratado das duas vias a *Didaqué* acrescenta instruções para o culto (7-10), valiosas para o nosso conhecimento das primeiras liturgias cristãs (contêm, aliás, uma versão do pai-nosso próxima à de Mt 6,9-13, mas não idêntica e provavelmente não dependente dela) e questões de disciplina eclesiástica

---

a ela se juntam alguns fragmentos em grego e em copto e algumas paráfrases em coleções litúrgico-canônicas antigas.

(11–15). Nessa seção ditam-se regras para diversos ministérios: o capítulo 11 refere-se a uma estrutura arcaica, na qual aparecem apenas apóstolos e profetas (duas categorias já mencionadas, junto com os didáscalos ou mestres, por Paulo, 1Cor 12,29; cf. At 13,1 para a comunidade helenística de Antioquia) e dita normas para discernir entre verdadeiros e falsos profetas. Tratava-se de um problema real, porque, se se admitia que o profeta era inspirado por Deus, não respeitar os seus enunciados era considerado um pecado contra o espírito, mas, de outra parte, podia ser fácil passar por inspirado e adquirir influência nas comunidades; um dos critérios sugeridos pela *Didaqué* é que o verdadeiro profeta não procura tirar proveito à custa da comunidade. Os capítulos 12-15 prescrevem, porém, regras para pôr à prova os profetas que querem se estabelecer numa comunidade (aparentemente, provindo de outra, mais do que abandonando um estatuto anterior de itinerante, como, em geral, se pensou); faltam aqui os apóstolos, enquanto se juntam os didáscalos; no capítulo 15, improvisamente, as comunidades são exortadas a elegerem para si bispos e diáconos e a honrá-los, porque desempenham as funções dos profetas e dos didáscalos. Essa situação traz problemas complexos em relação aos estratos de composição da obra; em todo caso, ela documenta a transição de uma época na qual dominam nas comunidades os ministérios carismáticos a outra em que se reduz o número dos profetas e as comunidades se dotam de dirigentes não carismáticos (que, aliás, podem ser mais bem controlados). O último capítulo (16), infelizmente sem a parte final, trata do crescimento da falsa profecia, da corrupção e do ódio nos últimos tempos, da chegada do "sedutor do mundo" (uma figura de anticristo) e do retorno do Senhor sobre as nuvens do céu. Esse quadro é introduzido pela exortação a vigiar "porque não sabeis a hora em que o Senhor nosso vem" (16,1) e a se reunir com frequência (exortação que se encontra em Barnabé e em outros escritos da época) para ser perfeito no momento do fim. A *Didaqué* pretende, portanto, manter, como fundamento da vida litúrgica e ética da Igreja, o horizonte da espera do retorno próximo de Cristo. O material aqui utilizado está próximo do discurso escatológico de Jesus nos evangelhos sinóticos, em particular na versão de Mateus 24 e não parece depender desse último, mas provir de um mesmo ambiente. A *Didaqué* prevê a possibilidade de uma duração da Igreja no tempo, mas exorta a viver constantemente como se "os últimos dias" (16,3) estivessem às portas.

Glória e queda dos profetas cristãos. A *Ascensão de Isaías*

A existência de profetas nas comunidades cristãs já é um fato atestado por Paulo, em particular em 1 Coríntios, onde o apóstolo dita normas para o exercício regulado da profecia, por parte de homens e de mulheres, no quadro da assembleia litúrgica. Como já observamos a propósito da *Didaqué*, a legitimação dos profetas e a autoridade que exerciam traziam problemas práticos consideráveis. Progressivamente, com os diferentes momentos nos diferentes lugares, a instituição profética acabou por desaparecer, com proveito dos ministérios não ligados a um carisma pessoal, sobre o qual a comunidade não exercia nenhum controle. Na segunda metade do século II, o montanismo, nascido na Frígia, mas amplamente difuso, representará a última chama da profecia ligada à afirmação de que a revelação estava aberta; será imediata e duramente combatido, e o fechamento do cânone ressaltará também o encerramento da revelação. Esse processo está fora dos limites temporais que estabelecemos aqui, mas no período de que estamos tratando temos um escrito proveniente de ambientes proféticos cristãos, a serem situados verossimilmente na Síria ocidental, talvez em Antioquia, na passagem do século I para o século II: a *Ascensão de Isaías*[42].

Essa obra narrativa, que se inspira na história de Isaías como é narrada no livro homônimo, nos livros dos reis e na tradição judaica, divide-se em duas partes. A primeira conta que o rei de Jerusalém, Ezequias, transmitiu ao filho Manassés a transcrição de uma visão que teve o profeta Isaías, seu amigo, na qual lhe fora revelada a impostura do diabo, que se arrogou o governo do mundo, bem como a futura descida de Cristo ao mundo para derrotá-lo. Tendo se tornado rei, Manassés apostatou, deu-se à idolatria e perseguiu os profetas que permaneceram fiéis, reunidos em torno de Isaías; mandou prender esse último e, instigado por um falso profeta samaritano de nome Bechira, condenou-o à

---

42. Conservou-se apenas um longo fragmento na língua original, o grego; o texto integral sobreviveu numa tradução em *ge'ez* (etiópico clássico), em fragmentos em latim e em copto, bem como em duas versões (latina e eslava) de uma reelaboração posterior da parte mais antiga da obra. Para os textos com tradução, introdução e comentário (que fundamenta a análise aqui suposta), cf. Bettiolo, P. et al., *Ascensio Isaiae*, Turnhout, Brepols, 1995, 2 v. (o segundo volume contém o comentário organizado pelo subscrito). Uma tradução italiana pode ser lida (além do citado livro) in: Erbetta, M., *Gli apocrifi del Nuovo Testamento*, v. III, *Lettere e apocalissi*, Casale Monferrato, Marietti, 1969, 175-204.

morte e o fez partir em dois. Nesse quadro foi evocado o conteúdo da visão de Isaías, da qual se desenvolveu a parte relativa à existência terrena do Cristo (citamos isso parcialmente pouco mais acima) e a sucessiva história da Igreja até as desgraças dos últimos tempos, com o advento do próprio diabo no papel de anticristo e, enfim, com o advento do Senhor, com o castigo dos ímpios, a destruição do mundo presente e o prêmio para os fiéis. Na segunda parte, narra-se a visão que Isaías tinha tido na casa do rei Ezequias, na presença dos profetas do seu círculo: em êxtase, fora transportado através dos sete céus sob a guia de um anjo e, no sétimo, tinha podido ver o Cristo preexistente assistir à sua futura descida ao mundo, dissimulado, para não ser reconhecido, depois aos infernos e à sucessiva subida – dessa vez em toda a sua glória – através dos sete céus, durante a qual tinha vencido os poderes do firmamento, rebeldes a Deus.

Diversos argumentos induzem a julgar que a segunda parte (os atuais capítulos 6-11) tenha sido elaborada e posta em circulação antes. Nela têm destaque o êxtase profético de Isaías, cuja verdadeira natureza é reconhecida somente pelos profetas que o circundam, o elevado estatuto reconhecido aos profetas sob o bom rei Manassés, uma cristologia fundada na preexistência celeste de Cristo e na sua transformação em homem, que não é verdadeira encarnação, na sua descida oculta às forças angélicas rebeldes, em contraste com a sua ascensão na glória. Essa parte explora tradições sobre o nascimento de Jesus e sobre a sua ressurreição, que são próximas daquelas próprias do evangelista Mateus, mas não dependem desse último, bem como de fontes comuns. Em troca, todos os desdobramentos sobre os últimos tempos, que a primeira parte apresenta como conteúdo da visão, estão aqui ausentes; de fato, a importância do fim do mundo e do juízo final é mínima aqui; o acento é posto na derrota das potências rebeldes por ocasião da ascensão do Senhor. A primeira parte, porém, desenvolve a perseguição dos profetas; acentua o caráter pessoal do diabo (enquanto a segunda parte fala essencialmente de anjos rebeldes, e só incidentalmente nomeia Satanás) e o seu poder atual neste mundo; insiste sobre a corrupção da Igreja nos últimos tempos (identificados claramente com o presente do autor), em particular sobre a extrema rarefação dos profetas e da profecia e sobre o predomínio do espírito de falsa profecia naqueles que dirigem as comunidades; a derrota dos poderes diabólicos tem aqui lugar no fim do mundo.

Parece claro que a segunda parte circulou antes de modo independente, como "manifesto" de um ambiente de profetas cristãos, os quais interpretavam textos bíblicos, em particular do livro de Isaías, como veladas profecias de Cristo e exprimiam os resultados dessa sua atividade num suposto livro esotérico de Isaías, no qual o profeta teria, porém, anunciado Cristo de maneira clara e explícita: precisamente a *Visão de Isaías*. O acento posto no início dessa parte sobre a fenomenologia e as circunstâncias do êxtase de Isaías, confrontado com textos provenientes de ambientes místicos hebraicos e de círculos proféticos montanistas, permite supor que aqueles profetas fundamentassem sua interpretação cristológica das Escrituras em experiências estáticas de viagem celeste, ou apresentassem a coisa desse modo. Eles utilizavam tradições preexistentes sobre o nascimento e a ressurreição de Jesus, mas as interpretavam no quadro de uma soteriologia indiferente à real humanidade de Jesus, porque fundada não no princípio de que ele teria redimido a humanidade por ele assumida, mas na derrota das potências rebeldes que oprimiam os humanos; a salvação era, portanto, essencialmente, o resultado de um conflito entre Deus e as potências espirituais, suas adversárias. Provavelmente, foi essa tendência do gênero que se chamará depois "doceta" (humanidade só aparente de Jesus) que provocou o ataque, contra esses círculos proféticos e contra a *Visão de Isaías* por eles apresentada, por parte de dirigentes eclesiásticos não carismáticos. A defesa dos profetas é representada pela primeira parte: eles conservam, em apêndice, o texto existente da *Visão* (capítulos 6-11 da obra atual), mas, desenvolvendo uma lenda hebraica sobre a morte de Isaías por parte do rei Manassés, narram-na como paradigma da que percebem como sua própria perseguição por parte das hierarquias eclesiásticas, designadas nessa parte como "presbíteros iníquos e pastores opressores de suas ovelhas" (3,24; a expressão parece remeter a uma estrutura ministerial de presbíteros/bispos). Além disso, dando mostra de se referir nesse contexto à visão de Isaías, completam-na, na realidade, com uma predição sobre os últimos tempos, quando, precisamente, é prenunciada a perseguição dos poucos e verdadeiros profetas que permaneceram e o iminente último assalto do diabo em pessoa, mas também o próximo retorno do Senhor, que fará triunfar aqueles que permaneceram fiéis. Essa obra parece valiosíssima, porque é quase a única em fazer ouvir diretamente a voz de um grupo profético cristão no contexto dos conflitos que levaram à vitória de outros ministérios, em particular do episcopal, e ao desaparecimento dos profetas como instituição.

É interessante observar a compreensão teológica da época, presente nas duas partes da obra. A segunda e mais antiga, como dissemos, situa o essencial da vitória de Cristo nas potências rebeldes no passado, por ocasião da sua ascensão; não se pode afirmar que elas não exerçam mais nenhuma atividade no tempo presente da Igreja, mas certamente isso não é visto como constantemente ameaçado pela pressão do demônio. Em conexão com isso, não parece uma forte espera do retorno de Cristo como libertação da pressão do mal. A era apostólica pertence ao passado, mas o tempo presente pode durar indefinidamente. Na primeira parte (escrita provavelmente alguns anos mais tarde), a ameaça a que se sentem submetidos os profetas provocou a recuperação das tradições escatológicas ligadas à espera do retorno iminente de Cristo e a concentração das entidades adversas a Deus numa potência pessoal – aqui denominada de vários modos, mas sobretudo Beliar – que o Senhor enfrentará no seu retorno. A era apostólica aparece aqui como a época de ouro das origens, pouco depois da qual começa uma irresistível decadência, descrita como o tempo em que os crentes "abandonarão a profecia dos doze apóstolos, bem como a sua fé, seu amor e sua pureza" (3,21) e como o tempo do fim. Portanto, recupera-se a espera da parusia iminente. Uma passagem não muito clara sobre a fuga para o deserto, na época do anticristo (que o autor concebe ainda como futuro, embora próximo), daqueles que tiverem permanecido "entre os numerosos fiéis e santos que viram aquele que esperavam, que foi crucificado, Jesus o Senhor Cristo" (4,13) permitiu a alguns considerar que a *Ascensão* deveria ser datada numa época em que sobrevivia ainda certo número de pessoas que podiam ter visto Jesus, ou seja, não mais tarde do que o ano 80, aproximadamente; isso não é impossível, embora, a meu ver, não seja nada certo. Nesse caso, o autor dessa parte relançaria a ideia de que o retorno de Cristo terá lugar antes que passe a geração à qual ele tinha se dirigido (cf. supra).

Os primeiros apocalipses cristãos e sua compreensão do tempo presente

A *Ascensão de Isaías* pode certamente ser definida como um apocalipse (especialmente na sua segunda parte), ou seja, um escrito em que é transmitida a um ser humano, por parte de um ser não pertencente a este mundo, uma revelação que o abre para conhecimentos inacessíveis aos puros esforços humanos, relativos a uma realidade transcendente em sentido temporal (porquanto diz respeito a uma salvação que se situa além do fim do mundo presente) e espacial (porquanto se refere a entidades pertencentes a um mundo sobrenatural e normalmente inacessível); essa revelação tem o objetivo de interpretar circunstâncias terrenas do presente à luz da dimensão transcendente, garantindo essa interpretação mediante o apelo à origem divina da revelação. Tal descrição é moderna; é desde o século XIX que os estudiosos julgaram identificar um gênero literário dos apocalipses, tomando como modelo o Apocalipse canônico e pondo-o em relação com escritos judaicos e cristãos que apresentavam características análogas. Mais recentemente, procurou-se substituir descrições baseadas em listas nas quais se misturavam elementos formais e de conteúdo – os quais nunca ocorriam todos ao mesmo tempo – por um "paradigma" como o sintetizado pouco acima[43].

Ora, é significativo que no cristianismo antigo o gênero literário dos apocalipses apareça relativamente tarde, depois das cartas e dos evangelhos, por volta do fim do século I. Mais que explicar esse fato, afirmando que os apocalipses eram um gênero pouco adequado ao cristianismo, artificialmente importado do judaísmo, convém procurar motivações ligadas às funções que esse gênero de escritos podia desenvolver. Nos apocalipses judaicos não cristãos a figura do messias, onde aparecia, era sempre esperada para o futuro e inaugurava uma época de salvação definitiva em que não havia mais lugar para as forças do mal. Quando os cristãos identificaram Jesus com o messias, esse último foi necessariamente considerado como um fenômeno do passado. Enquanto a espera de seu retorno rápido pareceu razoável, o hiato entre a vida de Jesus e o seu retorno numa função tradicionalmente messiânica não punha problemas excessivos; o período entre os dois, no qual se difundia o evangelho, podia parecer em certo sentido desprezível. Mas quando, com o passar dos decênios, os cristãos se deram conta de que a história deste mundo continuava como antes, com a ação das forças adversas a Deus e até, em muitos casos, com um aumento de sofrimentos para aqueles que deveriam ter sido os salvados pelos messias, foi necessário rever o significado do messias como fenômeno dos "últimos tempos". Se, de uma parte, não se podia renunciar a esse quadro de referência, porque ele fundamentava a compreensão de Jesus como portador da salvação, o próprio horizonte de tal discurso, de outra parte, corria o risco

---

43. Para a fonte e a citação precisa desse paradigma, devido a John J. Collins e Adela Yarbro Collins, bem como para as considerações que aqui se seguem, cf. NORELLI, E., Pertinence théologique et canonicité: les premières apocalypses chrétiennes, *Apocrypha*, v. 8 (1997) 147-164.

de ser contradito pelos fatos. Foi isso, provavelmente, que favoreceu[44] o recurso ao discurso apocalíptico. De fato, a contradição que se produzia no nível da experiência humana podia ser resolvida somente no nível de Deus, para cujo conhecimento era necessário precisamente uma revelação que ajudaria a situar o presente em relação ao passado de Jesus e a seu retorno glorioso esperado para um futuro. Como portador dessa revelação, foi muitas vezes (mas nem sempre) escolhido o próprio Jesus, que se reconheceu assim ser tanto o seu objeto quanto o seu mediador (pensemos em Ap 1,1). O núcleo gerador dos apocalipses cristãos seria, portanto, a exigência de situar o homem Jesus com respeito à obra da salvação que Deus realizara por seu meio, e a resposta passa por um esclarecimento da relação de Jesus com Deus, bem como da identidade celeste de Jesus. Naturalmente, mais os sofrimentos das comunidades se intensificavam, mais o problema – e, portanto, a necessidade de revelação – se tornava agudo; parece-me, porém, que o sofrimento seja um acelerador, não o elemento gerador, ativado mais pelo atraso da parusia. Já nos referimos ao modo, ou melhor, aos modos como as duas partes da *Ascensão de Isaías* procuram abordar a questão. Agora acenaremos brevemente à resposta fornecida por outros dois apocalipses cristãos.

Não me detenho longamente sobre o de João, que se tornou canônico; para isso remeto ao capítulo 8. Contudo, bastará lembrar que a primeira revelação nele contida diz respeito à identidade entre aquele que morreu e aquele de quem quase não se diz que ressuscitou (o Apocalipse nunca menciona diretamente a ressurreição de Jesus), mas que está vivo desde sempre no nível de Deus (1,17b-18). Na pessoa de Jesus vem a se concentrar, portanto, a contradição acima referida, relativa ao destino dos crentes no mundo; o que permite resolvê-la é precisamente esse adiamento, porque o que os crentes perseguidos são atualmente, o Cristo o foi no passado e, portanto, o que ele é atualmente, eles são destinados a sê-lo. Mas para conhecer a sua identidade presente de glorificado, que garante a salvação dos fiéis, é preciso ter acesso à revelação que permite perceber o lado oculto das coisas, a realidade como aparece sob o ponto de vista de Deus. Que essa revelação da identidade paradoxal do mártir e do

---

44. Ao lado de outras soluções, entre as quais a que ressaltava que a salvação já estava operante no presente, porque a vitória de Deus sobre os poderes já tinha sido obtida; encontramo-la na parte mais antiga da *Ascensão de Isaías*, mas os seus elementos já aparecem nas deuteropaulinas e será desenvolvida no gnosticismo.

glorificado seja fundamental para a problemática gerada pela condição atual dos crentes é o que mostra a sua repetida presença nas mensagens proféticas às sete Igrejas, as quais dizem respeito a circunstâncias concretas da vida das comunidades; por exemplo, em 2,8 (à Igreja de Esmirna) "o Primeiro e Último, o que morreu, mas voltou à vida". As revelações que constituem a continuação do Apocalipse evidenciam o papel do cordeiro, "degolado desde a criação do mundo" (13,8) – ou seja, cuja morte, *junto* com a sua glória, está inscrita desde a eternidade no plano de Deus –, na história da salvação e na sua vitória final sobre as forças do mal.

Outra solução, mas a partir da mesma problemática, é proposta por outro apocalipse cristão arcaico, o *Apocalipse de Pedro*[45]. Como mostrou Richard Bauckham, a obra foi composta em relação a perseguições sofridas pelos cristãos da Palestina que não queriam aderir à revolta messiânica de Simão bar Kosiba, e deve ser datada para antes do fim da revolta, entre 132 e 135, portanto. Ela contém duas formas sucessivas de revelação[46]. Há, inicialmente, um discurso de Jesus ressuscitado, que retoma (1,4-7) motivos do discurso escatológico nos evangelhos sinóticos, atualizando-os mediante a identificação de bar Kosiba com o anticristo esperado para ao fim dos tempos (2,1-3); a parte seguinte e bem longa dessa revelação (4–12) prediz a ressurreição, o juízo (iminente) e, sobretudo, os tormentos que esperam depois os transgressores e, em particular, os cristãos que tiverem passado para o lado de bar Kosiba, bem como os que tiverem denunciado cristãos. A segunda revelação (15–17) consiste numa visão de Moisés e de Elias com Jesus numa montanha; trata-se de uma reescrita do relato evangélico da transfiguração, voltada a consolidar nos cristãos a convicção de que o reino por eles esperado não vem com a restituição da

---

45. Está conservado em parte no original grego, mas num remanejamento secundário; a forma mais antiga está contida numa compilação em etiópico clássico; a ela se acrescenta alguns outros fragmentos mais próximos do original. Cf. a edição dos textos, com tradução, introdução e nota de MARRASSINI, P., L'Apocalisse di Pietro, in: BEYENE, Y. et al., *Etiopia e oltre. Studi in onore di Lanfranco Ricci*, Napoli, Istituto universitario orientale, 1994, 171-232. O melhor estudo é o de BAUCKHAM, R., The Apocalypse of Peter. A Jewish-Christian Apocalypse from the Time of Bar Kochba, *Apocrypha*, v. 5 (1994) 7-111. Esse escrito não deve ser confundido com o *Apocalipse de Pedro* gnóstico encontrado em Nag Hammadi.
46. Que não correspondem, porém, diferentemente da *Ascensão de Isaías*, a duas fases seguintes de composição do texto.

independência de Israel e com a reconstrução do Templo, prometidas por bar Kosiba. O texto termina com a ascensão ao céu por parte de Jesus e dos justos mortos antes de sua vinda (17,3-5); é no céu que se situa a verdadeira morada e a recompensa dos justos.

Ora, um estudo de Dennis Buchholz[47] mostrou de maneira convincente que essa obra depende de uma cristologia arcaica que vê em Jesus um homem extraordinário, elevado ao céu depois de sua morte como filho de Deus; é, enquanto tal, que voltará como messias e começará a reinar com o pai. O *Apocalipse de Pedro* não atribui importância ao Jesus "terreno", nem um alcance soteriológico à sua ressurreição; nem mesmo sua crucifixão tem valor salvífico, mas serve para qualificá-lo como messias, porque a sua cruz o precederá quando vier na sua glória. Segundo Buchholz, Jesus torna-se aqui filho de Deus somente quando a voz celeste o declara como tal, uma vez que está com Moisés e Elias, imediatamente antes da ascensão ao céu. Portanto, o conteúdo da revelação é a constituição de Jesus como filho de Deus, ou seja, a sua aquisição de uma identidade celeste; somente depois que isso ocorreu é que os justos vividos antes dele podem ter acesso ao céu, enquanto, antes, se encontravam em um lugar intermédio impreciso. Esse apocalipse, portanto, faz do homem Jesus simplesmente o lugar da designação do personagem messiânico, o qual, nessa circunstância, não exerce ainda as suas prerrogativas e, portanto, não realiza ainda a salvação, mas se limita a mostrar que é a via da justiça. A salvação, que se obtém no juízo final fundar-se-á na observância dessa justiça, não numa vitória que já teria sido obtida por Jesus em favor dos humanos. Mas a Cristo é atribuído o papel central no juízo final, no qual o critério será constituído pela adesão a ele (2,9) e a seu evangelho (1,3); ora, esse papel está ligado à sua qualidade de filho de Deus e é precisamente essa qualidade que representa o objeto da revelação contida na visão da segunda parte. Confirma-se, portanto, que a adoção do gênero literário do apocalipse é coerente com o problema de gerir o tempo presente em relação à função de um Cristo ao qual é atribuído um papel decisivo no drama da salvação, mas que está atualmente ausente entre duas presenças. Aliás, o *Apocalipse de Pedro* prevê o retorno de Cristo como iminente; será ele que derrotará bar Kosiba.

---

47. BUCHHOLZ, D. D., *Your Eyes Will Be Opened. A Study of the Greek (Ethiopic) Apocalypse of Peter*, Atlanta, Scholars Press, 1988.

Um apocalipse "diferente": o *Pastor* de Hermas

Um apocalipse de um tipo particular, porém, é o *Pastor*[48], composto por certo Hermas; segundo o *Fragmento de Muratori* – um texto que discute os livros a serem considerados normativos, datável por volta de 200 – ele o teria composto em Roma, enquanto seu irmão Pio era bispo da cidade, por volta dos anos 140-155, aproximadamente; outros pensam numa datação por volta do fim do século I. A obra, encontrada no original grego, na metade do século XIX, do qual se conhecem papiros muito antigos e numerosas traduções antigas, teve um considerável sucesso nos primeiros séculos cristãos e foi citada e comentada quase no nível das Escrituras (mas o *Fragmento de Muratori*, embora aconselhando sua leitura em particular, a exclui da leitura litúrgica); de outra parte, o fato de se encontrar, com a *Carta de Barnabé*, no fim da Bíblia grega no célebre códice Sinaítico do século IV, confirma essa sua posição quase canônica. A obra de divide em três partes: cinco visões, doze preceitos e dez semelhanças ou parábolas, que correspondem todos a revelações, postas por escrito pelo destinatário delas, Hermas. O Pastor é o anjo da guarda de Hermas, que lhe foi enviado para lhe transmitir e lhe explicar as revelações; está ausente, porém, das primeiras quatro visões, nas quais esse papel é feito por uma mulher anciã, que representa a Igreja preexistente à criação do mundo. Essa observação e diversas outras fazem pensar que Hermas tenha publicado antes as primeiras quatro visões, às quais teria acrescentado depois os preceitos e as semelhanças, fazendo-as ser precedidas pela quinta visão a título de introdução e de ligação; as semelhanças 9 e 10 têm cada uma um novo início e a nona é de exagerado tamanho, o que faz pensar que se trate de dois ulteriores apêndices. Essa hipótese, desenvolvida por Norbert Brox, parece mais honesta sobre a composição, entre as muitas que foram propostas.

O conteúdo das revelações é complexo, mas o núcleo é constituído pelo anúncio de que Deus concede uma segunda ocasião de arrependimento dos próprios pecados, depois da data do batismo; com efeito, no primeiro cristianismo era considerado impossível cancelar pecados graves cometidos depois do batismo (Hb 6,4-8; 10,26-31; 12,16-17; 1Jo 3,6). Essa revelação, comunicada na segunda visão, é retomada várias vezes na obra. Mais uma vez, encontramos

---

48. Cf. agora a tradução, introdução e comentário de DURANTE MANGONI, M. B., *Erma. Il Pastore*, Bologna, EDB, 2003.

um problema conexo com a exigência de gerir o tempo que se prolonga antes da parusia do Cristo. Enquanto ela era considerada próxima, podia ter um sentido negar a remissão dos pecados posteriores ao batismo, mas à medida que a espera ia definhando e que o cristianismo se difundia, essa atitude se torna irrealista. Hermas procura uma solução que permita manter na comunidade o rigor moral, mas sem rigorismo abstrato, e a encontra no anúncio de uma (e uma só: Semelhança 9,26,6) nova penitência. Na terceira visão Hermas assiste à construção de uma torre por parte de seus homens: trata-se dos seis primeiros anjos criados, que constroem a Igreja com diversos tipos de pedras, correspondentes aos vários tipos de crentes, entre os quais há os pecadores dispostos a fazer penitência, simbolizados por pedras provisoriamente descartadas, mas passíveis de utilização. A visão se encerra com o anúncio de uma suspensão da construção, para permitir a penitência, mas, ao mesmo tempo, com a exortação a se apressar, porque a torre estará logo terminada. Outras seções, especialmente nas parábolas, esboçam uma cristologia de tipo arcaico, bastante confusa, aliás, segundo a qual o espírito santo habitou na carne do homem Jesus, a qual lhe serviu bem para merecer, por recompensa, tornar-se a carne do filho de Deus; aparentemente, o espírito é aqui considerado idêntico ao filho pre-existente, mas a concepção não é bem clara. Se Hermas escolheu a forma do apocalipse para comunicar a sua mensagem, decerto é para legitimá-la no mais alto nível possível como comunicação divina. Deve, com efeito, fazer com que o colégio dos presbíteros que governa a Igreja (parece aqui evidente que a Igreja de Roma, nessa época, não é governada por um único bispo) aceite uma inovação de grande peso. Hermas é um profeta que pode reconhecer a autoridade dos presbíteros como superior à sua (embora considere que a mensagem divina de que é portador tenha mais autoridade do que a dos presbíteros); a estrutura dos poderes na sua comunidade, na qual o profeta faz parte de um sistema no topo do qual figuram ministérios não carismáticos, é diferente, portanto, das pressupostas pelo Apocalipse de João e pela *Ascensão de Isaías*.

Conclusão. Pápias de Hierápolis e a crise da tradição

Com Hermas, chegamos ao limite do período que nos tínhamos proposto; a partir daí, continuar-se-ão a compor obras análogas às que passamos em revista – evangelhos, atos de apóstolos, cartas, apocalipses –, mas começará sobretudo a produção, no cristianismo, de obras aparentemente de outros gêneros literários, bem conhecidos da tradição clássica, como a apologia, o comentário, o tratado doutrinal. Também tomarão forma conjuntos doutrinais que serão os primeiros a procurar pensar organicamente, em ampla escala, a teologia cristã; mas essas primeiras tentativas, devidas a Marcião e às várias correntes gnósticas, sobretudo aos valentinianos, assumirão princípios que serão considerados heréticos, em primeiro lugar a distinção do Deus criador do Deus que enviou Jesus. Depois virão as grandes sínteses não gnósticas: primeiro, a obra de Irineu de Lião, depois, mais sistemático e profundo, o tratado *Sobre os princípios*, de Orígenes de Alexandria, cuja audácia de teses desencadeará, porém, longos conflitos e acabará por fazê-lo condenar como herético no século VI. Isso não significa que se possa traçar uma fronteira clara entre o período aqui considerado e o seguinte, mas, certamente, nos anos quarenta do século II, o cristianismo já tem elaborados os instrumentos que lhe permitirão continuar a viver por um tempo indeterminado. Ocupamo-nos aqui, essencialmente, da literatura e das ideias e apenas fizemos referência às instituições, que são, todavia, de máxima importância; isso vale de modo particular para a crise dos ministérios carismáticos e a emergência do monoepiscopado, em relação com a atribuição à sucessão episcopal enquanto tal da herança do carisma apostólico. Naturalmente, esse processo passou por momentos e modos diversos: em Antioquia, a transição para o controle exercido por um único bispo sobre o conjunto dos fiéis já está bem adiantada por volta de 115, enquanto em Roma a emergência do bispo único terá lugar somente na segunda metade do século II.

Outra transformação de imenso alcance, em relação, aliás, com a anterior, é a progressiva definição de um *corpus* de escritos normativos considerados como os únicos testemunhos legítimos da pregação apostólica. O cânone será formalmente fechado somente dois séculos mais tarde, mas a partir dos últimos decênios do século I constitui-se a coleção das cartas de Paulo e, na primeira metade do século II, como se tende a crer hoje, a coleção dos quatro evangelhos, embora ela não constitua ainda um verdadeiro cânone intocável. Convém então, talvez, concluir evocando brevemente um empreendimento literário ainda orientado numa direção diferente, que não teria futuro: a *Exposição dos oráculos do Senhor*, de Pápias, bispo de Hierápolis, na Frígia, do qual não sabemos quase nada. Dessa obra em cinco livros restam escassos fragmentos transmitidos por escritores distribuídos entre os séculos II e VII e, em parte, pouco ou nada confiáveis. A data é muito discutida; alguns indícios tornam bastante verossímil pensar nos anos de 115 a 120, ou pouco mais tarde. Eusébio de Cesareia cita dele algumas passagens que deixam entrever que os "oráculos" mencionados no título eram ditos e fatos de Jesus transmitidos oralmente ou por escrito, acompanhados de tradições destinadas a ilustrá-los (entre os quais notícias sobre personagens da primeira geração cristã) e, talvez, de comentários de Pápias. Eusébio menciona, aliás, uma passagem da introdução, na qual Pápias explicava como tinha conseguido o material:

> Não hesitarei em pôr em ordem para ti, incluindo-o entre as explicações, também tudo o que, bem redigido, outrora aprendi dos presbíteros, garantindo sua verdade. Com efeito, eu não ficava satisfeito, como faz a multidão, com aqueles que falam muito, mas com aqueles que ensinam a verdade; nem com aqueles que transmitem a memória dos preceitos estranhos, mas com aqueles que transmitem a memória dos preceitos dados pelo Senhor à fé e provenientes da própria verdade. E se, por acaso, chegava alguém que tinha sido discípulo dos presbíteros, eu perguntava sobre as palavras deles, o que tinha dito André, o que dissera Pedro, ou Filipe, quais as palavras de Tomé, ou de Tiago, o que falara João ou Marcos, ou algum outro dos discípulos do Senhor, e o que Aristião e o presbítero João, discípulos do Senhor, dizem. Com efeito, eu não pensava que as coisas tiradas dos livros me ajudassem tanto quanto as coisas provenientes de uma voz viva e permanente (*História eclesiástica* III,39,3-4).

Esse trecho fez derramar rios de tinta, até em conexão com outros dois mais curtos, citados pouco depois por Eusébio e pertencentes, talvez, ao mesmo prefácio, nos quais Pápias menciona tradições relativas à origem dos evangelhos de Marcos e de Mateus. Bastará aqui dar destaque a alguns pontos. Pápias atribui as suas informações aos presbíteros, entendidos como personagens reconhecidos como portadores de uma tradição que remonta aos apóstolos (Pápias não usa esse último termo, pelo menos nos fragmentos conservados, mas apenas "discípulos do Senhor"). Ao que parece, num primeiro momento (a primeira metade da citação) houve contatos diretos com eles. Mais tarde, aproveitou por várias vezes a vinda a Hierápolis de pessoas que tinham ouvido os presbíteros e, assim, se informou sobre o que os presbíteros tinham a dizer sobre as palavras dos discípulos do Senhor; segue-se uma lista de sete nomes, todos pertencentes ao grupo dos doze. Pápias se informou também sobre as palavras de outros dois personagens, também eles designados como discípulos de Jesus, mas estranhos ao círculo dos doze e, aparentemente, ainda vivos no tempo em que Pápias se informava (note-se o presente "dizem"): Aristião e João o presbítero, que, com toda probabilidade, não se identifica com João filho de Zebedeu, mencionado na primeira lista. Eusébio informa pouco depois que na obra de Pápias liam-se tradições e narrações provenientes desses dois personagens.

Pápias, portanto, compôs uma obra que recolhia tradições sobre Jesus tiradas, de uma parte, de tradição oral transmitida de mestre a discípulo e, de outra, de textos escritos, entre os quais, certamente, os evangelhos de Marcos e de Mateus e, provavelmente, o Apocalipse, mencionado em outro fragmento. Todavia, não considerava como normativos os evangelhos de Marcos e de Mateus e até, talvez, se propunha superá-los com a própria coleção; decerto, afirma preferir a viva voz aos escritos. Isso pode parecer paradoxal, uma vez que Pápias está precisamente compondo um escrito, mas se explica ao pensar que o que a tradição oral lhe pode fornecer, segundo a sua convicção, é a garantia da autenticidade das tradições que está reunindo e que contrapõe à tagarelice dos que falam demais e aos "preceitos estranhos". Em outras palavras, Pápias vive numa época em que não somente a geração dos apóstolos desaparecera havia tempo, mas também a seguinte já chegara ao fim; constata que a tradição das palavras e dos fatos de Jesus se enriqueceu e se diversificou de modo exagerado, a ponto de ser necessário fazer uma seleção do material confiável[49]; dedica-se, pois, a reunir aquela tradição e a fixá-la por escrito, e como critério de autenticidade assume a possibilidade de atribuí-la aos apóstolos, subindo a cadeia de tradição que, de discípulo a mestre, lhe permite chegar aos presbíteros e, depois, a seus mestres, os próprios apóstolos. Ao que parece, os livros, a seu ver, não podem fornecer esse gênero de legitimação; eles chegam isolados, separados de uma transmissão sempre controlável através da cadeia dos mestres e dos discípulos. As passagens sobre Marcos e Mateus acima lembrados, com efeito, são destinados a legitimar os escritos em circulação sob o nome desses dois personagens, atribuindo o primeiro ao testemunho do apóstolo Pedro, de quem Marcos teria sido intérprete, e fazendo dos escritos que circulavam sob o

---

49. Na realidade, uma palavra de Jesus sobre a extraordinária fecundidade da terra no reino, transmitida pelos presbíteros e reproduzida por Pápias segundo Irineu de Lião (*Contra as heresias* V,33,3-4), mostra quão confiável era também a coleção de Pápias; mas, precisamente, ele deve ter aceitado a palavra na fé dos presbíteros, segundo o que foi dito acima no texto.

nome de Mateus (entre os quais, sem dúvida alguma, o evangelho que depois se tornou canônico) as traduções, imperfeitas, de uma coleção de ditos e de fatos de Jesus redigida em língua semítica pelo apóstolo Mateus. No caso de Marcos e, talvez também, no de Mateus, os esclarecimentos sobre a origem vêm de um presbítero; em outros termos, a cadeia de tradição oral pode conferir legitimidade também aos livros, coisa que eles não podem se dar sozinhos.

Na realidade, essa posição de Pápias era totalmente insuficiente; poucos anos depois, os sistemas gnósticos se referirão também eles a sucessões de mestres e de discípulos que remontavam a determinados apóstolos, para conferir credibilidade às suas doutrinas e, de outra parte, o princípio admitido por Pápias deixava a porta aberta a um crescimento indiscriminado da tradição, desde que fosse sustentado por pessoas que, de algum modo, podiam ser consideradas discípulas dos apóstolos. Tratava-se de uma solução que podia ainda parecer aceitável enquanto um único par de gerações separava dos discípulos diretos de Jesus, mas que era inadequada para um longo período. Como sabemos, o futuro pertencia a alguns escritos, já compostos na época de Pápias, que foram atribuídos a apóstolos ou a seus diretos colaboradores e que ficaram afiançados pela sucessão episcopal nas grandes Igrejas; essa (para dizer isso de modo muito simplificado) foi a solução que elaborou Irineu de Lião, por volta de 180-190, e que foi destinada a dominar os séculos seguintes. Pápias é um dos últimos representantes de uma época consciente de que o cristianismo estava destinado a durar ainda (não teria escrito cinco livros se não tivesse pensado em futuros leitores), mas não consciente ainda da necessidade de se dar instrumentos novos para que o sistema pudesse continuar a funcionar por muito tempo.

10
Unidade e diversidade no Novo Testamento: fecundidade de uma dialética

Yann Redalié

Um monólito caído do céu

De repente, vindo do céu, um monólito cinza-prata, perfeito. Abaixo, fascinados, homens pré-históricos exprimem seu espanto com gestos de entusiasmo. A cena inicial do filme de Stanley Kubrick, *2001: Uma Odisseia no Espaço*, expressa, talvez, uma nostalgia profunda da humanidade: receber de modo evidente e sem intermediários uma revelação de origem celeste, uma revelação de verdade divina.

Também o Novo Testamento, em várias passagens, refere-se a uma revelação: "Depois de ter, por muitas vezes e de muitos modos, falado outrora aos Pais, nos profetas, Deus, no período final em que estamos, falou-nos a nós num Filho" (Hb 1,1 s.); "Revelação de Jesus Cristo: Deus lha concedeu para mostrar a seus servos o que deve acontecer em breve. Ele a deu a conhecer enviando seu anjo a João, seu servo, o qual atestou como sendo Palavra e testemunho de Jesus Cristo tudo quanto viu" (Ap 1,1 s.); "Ninguém jamais viu a Deus; Deus Filho único, que está no seio do Pai, no-lo revelou" (Jo 1,18); "O que era desde o princípio, o que ouvimos, o que vimos com nossos olhos, o que contemplamos […] nós […] damos testemunho" (1Jo 1,1 s.); "Aquele que me pôs à parte desde o seio de minha mãe […] houve por bem revelar em mim o seu Filho, a fim de que eu o anuncie entre os pagãos, imediatamente, sem recorrer a nenhum conselho humano…" (Gl 1,15 s.).

Todavia, embora se trate de revelação, o Novo Testamento não é um monólito – feito de um só bloco – e não caiu do céu. Partindo da última citação, a da vocação de Paulo, nota-se que a revelação do filho ocorre com Paulo para ser anunciada. Desde então há tensão entre a origem divina do encontro, que se inscreve no plano de Deus, e a missão do apóstolo, que deve transmitir essa revelação aos gentios. Essa dualidade encontra-se no início do Apocalipse: é a João que é dado "ver" a palavra de Deus, e ele deve dar testemunho e escrever o livro. Também o autor de 1 João dará testemunho do que ouviu, viu e contemplou. A revelação não é direta, passa pelos testemunhos que a proclamam.

O evangelho é o apóstolo[1]. Essa articulação da revelação e da história é específica da fé cristã. O evangelho é evento fundador e, ao mesmo tempo, é boa-nova, mensagem pregada, narrada. Se a revelação de Deus em Cristo é evento originário, esse evangelho deve ser anunciado por enviados, testemunhas e apóstolos. Essa estrutura encontra-se, de modo diferente, por toda parte do Novo Testamento. Em João 1,18, o filho unigênito no seio do pai que o faz conhecer é o evento do evangelho, a relação do filho ao discípulo amado, expressa nos mesmos termos – inclinado "sobre o peito de Jesus" (13,25) –, que põe em movimento a responsabilidade das testemunhas, dos apóstolos. Se Paulo pede aos coríntios que o imitem é porque ele próprio é imitador de Cristo (1Cor 11,1). O evangelho e os apóstolos são o díptico proposto pela obra de Lucas (evangelho e Atos dos Apóstolos) e é também essa bipartição – os evangelhos e os apóstolos (Atos dos Apóstolos e epístolas) – que estrutura o cânone do Novo Testamento.

A diversidade e unidade no Novo Testamento respondem a essa dualidade. O Novo Testamento é plural, composto de várias vozes, de escritos diferentes entre si na forma e na intenção, tecidos de múltiplos testemunhos, dirigidos a comunidades diferentes entre si, no tempo e na geografia. Contudo, por meio dessa diversidade, dessa densidade histórica, exprime-se uma tensão que põe esses testemunhos e esses escritos numa relação de pertencimento recíproco, cada vez mais explícito nos primeiros decênios do cristianismo e reconhecido pelas diversas comunidades, até dar lugar à elaboração do cânone do Novo Testamento a partir da segunda metade do século II. Como já se vê, mediante os poucos textos supracitados, essa tensão unitária tem seu foco na investigação do mistério de Jesus Cristo, "unigênito", "seu filho" etc., sobre o evento originário revelado em Jesus de Nazaré, indicado como acesso à revelação de Deus[2].

---

1. Cf. BOVON, F., *L'évangile et l'apôtre. Le Christ inséparable de ses témoins*, Aubonne, du Moulins, 1993, 5-32.

2. Sobre a temática do presente capítulo, cf. ALETTI, J.-N., *Gesù Cristo: Unità del Nuovo Testamento?*, Roma, Borla, 1995.

"Visto que muitos empreenderam compor uma narração..."

Diversidade e unidade no prólogo de Lucas:

> Visto que muitos empreenderam compor uma narração dos acontecimentos realizados entre nós, segundo o que nos transmitiram aqueles que foram desde o começo testemunhas oculares e se tornaram servidores da palavra, pareceu-me bom, também a mim, depois de me ter cuidadosamente informado de tudo a partir das origens, escrever para ti uma narração ordenada, excelentíssimo Teófilo, a fim de que possas verificar a solidez dos ensinamentos que recebeste (Lc 1,1-4).

Densidade histórica e pluralidade, de um lado, intenção unificante, de outro, o prólogo do evangelho de Lucas, que se refere a "muitos" predecessores, oferece um bom começo dessa matéria. Pela primeira vez, nos materiais da tradição evangélica, aparece o eu do autor – "pareceu-me bom, também *a mim*" (3) – que, seguindo a tradição literária grega dos autores de obras historiográficas ou de tratados científicos, indica num prólogo[3], além da dedicatória, a intenção da obra, o método e os critérios adotados, bem como os tipos de materiais disponíveis e suscetíveis de serem usados como fontes. A obra de Lucas se apresenta como um ensinamento de segundo nível, não tanto para informar o "excelentíssimo Teófilo", que já recebera um ensinamento sobre a história de Jesus (*katechéthes*: 4), mas para confirmar a validade da pregação evangélica com uma cuidadosa pesquisa dos fatos. Trata-se de tornar seguro (*aspháleia*, "solidez", 4) o conhecimento de Teófilo, eventualmente completá-lo ou até corrigi-lo.

O prólogo evidencia cinco momentos constitutivos na formação da obra de Lucas. Antes de tudo, há os "acontecimentos realizados entre nós". A expressão usada inscreve Lucas, os seus antecessores, o seu destinatário e os seus leitores num pertencimento comum a uma tradição de fé pela qual os acontecimentos narrados são também realização da vontade de Deus. Essa tensão entre a pluralidade dos fatos e a perspectiva unificante do cumprimento, nós a encontramos nos dois momentos seguintes, os dos testemunhos das "testemunhas oculares", que depois se tornaram "servidores da palavra". Na época das

---

3. ALEXANDER, L., *The Preface to Luke's Gospel*, Cambridge-New York, Cambridge University Press, 1993.

tradições orais, os fatos visíveis e verificados em sua diversidade foram transmitidos nos diferentes momentos da comunicação apostólica e ministerial, pregação, catequese, controvérsias etc., comunicações, todavia, convergentes, porquanto transmitidas por ministros "da palavra". Depois, e é o quarto momento, Lucas cuida das redações escritas por parte dos numerosos autores que já haviam dado uma forma a esses relatos. Entre as fontes usadas por Lucas, conhecemos o evangelho de Marcos, a fonte dos ditos (dos *lógia*, identificada pela sigla Q), precisamente comum a Mateus e a Lucas, e uma ou mais fontes das quais Lucas provavelmente tira o material que lhe é próprio. Enfim, Lucas apresenta a própria redação, que coloca entre as dos seus antecessores, justificando-a como mais cuidadosa no estilo e na organização, mais completa e mais bem informada.

O prólogo reflete a tensão entre diversidade e unidade, inscrita na dualidade do evangelho e do apóstolo. De uma parte, Cristo e os apóstolos estão associados na íntima relação dos "acontecimentos realizados" com as suas "testemunhas oculares", diferentes dos crentes seguintes e, também, dos evangelistas. De outra parte, porém, se o Cristo se coloca do lado dos acontecimentos realizados, os apóstolos, que depois se tornaram "servidores da palavra", estão do lado da proclamação[4].

A diversidade caracteriza as condições do trabalho do autor. Nasce da defasagem entre os acontecimentos e os testemunhos e cresce com o afastamento no tempo. Quando Lucas põe mãos à obra, provavelmente nos últimos decênios do século I, consciente da distância que o separa dos acontecimentos que pretende contar, reconhece o valor insubstituível das testemunhas oculares, cujo testemunho foi transmitido oralmente na pregação; parece mais crítico em relação a seus "numerosos" antecessores, redatores de narrações articuladas (ou seja, escritas) e, embora se considere um colega deles, exprime a pretensão de fazer melhor e mais do que eles.

A perspectiva da unidade está, porém, presente a cada passo: os fatos foram "realizados entre nós", as promessas de Deus tornaram-se realidade na vida de Jesus, esse é o evangelho; as tradições foram transmitidas pelos ministros "da palavra". Mas Lucas, o teólogo, expressa também a problemática da unidade com as competências específicas do historiador. Terá todo o cuidado

---

4. BOVON, F., *L'évangile et l'apôtre*, 9.

em joeirar a integridade dos testemunhos, das fontes. Como garantia do seu projeto, expõe o seu método com quatro expressões (3): da origem (*ánothen*), de modo exaustivo (*pâsin*), com cuidado (*akribôs*), em ordem (*kathexês*). A precisão e a exaustividade, afiançadas pela deontologia do historiador, servem para fortificar a fé ensinada, para garanti-la com uma base sólida e confiável.

Em relação a nosso assunto, o movimento do prólogo de Lucas indica com força um programa que leva o excelentíssimo Teófilo e, com ele, todos os seus leitores, da pluralidade das narrações ("muitos", *polloi*, primeiro termo do texto grego) à solidez (*asphaléia*) do ensinamento recebido, última palavra desse prefácio.

"Muitos sinais que não estão consignados neste livro". Diversidade e unidade na conclusão do evangelho de João

Se em Lucas o "eu" do autor se encontra no início, o "vós" dos leitores, em João, é interpelado na conclusão do relato. Em duas passagens conclusivas do quarto evangelho são propostas reflexões sobre o livro que se conclui.

João 20,30-31 apresenta o evangelho a seus leitores como um livro que chama à fé e, assim fazendo, dá a vida. Assim se enuncia a intenção com a qual foi escrito o evangelho: "Jesus operou ante os olhos de seus discípulos muitos sinais que não estão consignados neste livro. Estes foram escritos para que creiais que Jesus é o Cristo, o filho de Deus, e para que, crendo, tenhais vida em seu nome". Como Lucas, o autor do quarto evangelho indica que havia muitos relatos à disposição. Diferentemente de Lucas, porém, não põe o acento no caráter exaustivo da sua obra ("muitos [...] não estão consignados neste livro"), mas, sim, no critério usado para escolher entre os sinais de Jesus aqueles mais significativos. O critério é teológico: o que leva à fé em Cristo e, consequentemente, à "vida em seu nome". Uma espécie de "cânone no cânone" guia a escolha na pluralidade e na diversidade das fontes disponíveis e dá à obra a sua unidade de intenção e ao leitor uma chave de interpretação.

O capítulo 21 do quarto evangelho é considerado pela crítica como um epílogo, acrescentado num segundo momento por um redator que propõe a respeito uma última revisão. Esse último capítulo conclui-se com uma espécie de reequilíbrio eclesiástico: depois que as comunidades joaninas entraram em relação com outras comunidades onde a figura de Pedro era central, procura-se colocar, um em relação ao outro, Pedro e o "discípulo que Jesus amava", figura de referência para o quarto evangelho[5]. De per si, a intenção é ecumênica e se coloca num esforço de unidade entre as diversas tradições do primeiro cristianismo. Depois de um último diálogo entre Jesus e Pedro a propósito desse discípulo (Jo 21,20-23), o texto prossegue:

> É este discípulo que testemunha essas coisas e as escreveu, e nós sabemos que o seu testemunho é conforme à verdade. Jesus fez ainda *muitas outras coisas*: se as escrevessem uma a uma, o mundo inteiro não poderia, penso eu, conter os livros que se escreveriam (Jo 21,24-25).

O autor se desdobra: o "segundo autor", que enuncia o "nós sabemos", exprime uma avaliação de autenticidade sobre a obra que atribui precisamente ao "discípulo que Jesus amava", o qual escreveu essas coisas. Todavia, embora o evangelista seja prestigioso, o seu texto foi reescrito para o adaptar às necessidades do momento. Temos também a ideia, já expressa antes, de que os fatos narrados no escrito constituem uma escolha operada numa massa que parece até crescer sem medidas. A necessidade de escrever, de fixar, nasce também da necessidade de limitar uma exuberância narrativa que ameaça a "verdade" do relato. Essa verdade é, aliás, garantida pela ligação com a testemunha, ele mesmo apresentado como autor do evangelho.

Diversidade na situação, unidade no projeto?

Os dois testemunhos da tradição evangélica (Lucas e João) são ricos de indicações relativas a nosso assunto. Antes de tudo, a questão da diversidade e da unidade não é apenas um questionamento moderno, nascido na esteira do movimento ecumênico, mas já foi conscientemente pensada no momento da redação dos evangelhos. O evangelho não se comunica diretamente, não há acesso imediato. Há sempre o evangelho e o apóstolo, a testemunha ocular que se torna pregador, o discípulo que Jesus amava, cujo testemunho é verdadeiro. A diversidade nasce daí, dos testemunhos, plurais porque humanos.

---

5. João 13,23-25; 19,26-27; 20,1-10; 21,2-8.20-24; cf. também 18,15 s.; 19,34b-35. O discípulo predileto ficou próximo de Jesus até o fim, foi o primeiro a reconhecer a ressurreição dele e é ele a testemunha por excelência. É considerado por muitos exegetas uma figura histórica, verossimilmente na origem da chamada "escola joanina". Cf. ZUMSTEIN, J., Il vangelo secondo Giovanni, in: MARGUERAT, D. (org.), *Introduzione al Nuovo Testamento*, Torino, Claudiana, 2004, 383.

Delineiam-se depois duas diretrizes na diversidade. Em primeiro lugar, verticalmente: segundo a distância temporal em relação aos fatos narrados (realizações, sinais), a diversidade se concretiza nas diversas etapas, fontes, redações (os diversos momentos para Lc 1,1-4; o desdobramento dos autores em Jo 21), sobre as quais se exerce o juízo da confiabilidade (verdade, certeza). E, horizontalmente, na contemporaneidade dos testemunhos e dos autores, a pluralidade cresce: os muitos narradores ativos de Lucas e o crescendo na passagem de João 20 a João 21, que marca o caráter irresistível do multiplicar-se dos relatos sobre Jesus, nem todos, porém, com o mesmo valor. Evidencia-se já a questão da limitação posta a essa exuberância, que amadurecerá com a formação do cânone. Que textos escolher? Com que critério? Ou ainda, como enquadrar o conjunto?

Quer o texto de Lucas, quer os de João constatam a pluralidade dos testemunhos como um dado de fato e miram uma perspectiva unificadora como projeto. Faz também parte do progresso o suposto reconhecimento de autoridade para a obra assim elaborada, autoridade dada pela "solidez" do ensinamento recebido (em Lc 1) ou da verdade do testemunho do discípulo que Jesus amava (em Jo 21). Em última instância, porém, o projeto unificador responde à convicção teológica da unidade originária da mensagem da revelação de Deus em Jesus Cristo. Os fatos são cumprimentos, realização da palavra de Deus, e os sinais narrados levam à fé em Cristo e à verdadeira vida.

Enfim, a observação de João 21,25 – o próprio mundo não poderia conter a multiplicidade das coisas contadas e a serem contadas sobre Cristo –, além de indicarem a multiplicação efetiva dos relatos, reflete também sobre a inexauribilidade da ação de Jesus, sobre a inadequação das representações, que o número não pode compensar. A unidade profunda do evangelho como evento de revelação de Deus não está disponível e é atingível somente por aproximações.

"Ensinando-as a guardar tudo o que vos ordenei". A trajetória de Mateus

Aos exemplos de Lucas e de João pode-se comparar o de Mateus. Como os outros, também o evangelho de Mateus reelabora certo número de tradições que já circulam na Igrejas da Síria.

A esse propósito não é inútil evocar algumas hipóteses sobre a diversidade e a pluralidade de tradições presentes num âmbito geográfico de produção

de escrituras. Para a Síria, precisamente, a crítica histórica supõe a presença de pelo menos cinco tipos de tradições[6]:
   a) tradições que transmitem a pregação de Jesus – a fonte dos "ditos" (*lógia*, Q), coleções de parábolas (Mc), elementos do discurso apocalíptico (Mc 13);
   b) tradições querigmáticas que consideram a morte e a ressurreição de Cristo como o acontecimento da salvação: ensinadas a Paulo durante suas estadas em Damasco e em Antioquia, essas tradições serão desenvolvidas nas suas cartas (por exemplo, em 1Cor 15,3-5), mas também Marcos e Mateus poderiam ter reelaborado essas tradições na redação de seus evangelhos;
   c) a crítica coloca também nessa região os círculos joaninos e o aparecimento do quarto evangelho, pelo menos nas primeiras fases da sua redação; além disso, outras duas correntes que não encontrarão seu lugar no cânone do Novo Testamento desenvolvem-se de forma semelhante na Síria;
   d) as tradições do judeu-cristianismo que darão nascimento ao evangelho dos nazarenos e ao dos ebionitas;
   e) enfim, a corrente gnóstica, que dará lugar aos *Atos de Tomé* e às *Odes de Salomão*; poder-se-ia propor uma panorâmica análoga por diversidade a propósito do Egito, da Ásia Menor, de Roma ou da Grécia.

Nesse emaranhado de tradições, Mateus retoma, em primeiro lugar, o evangelho de Marcos, que procurará integrar, indo além, coleções de palavras de Jesus, ditos (*lógia*) de forte característica escatológica. Mateus reunirá também tradições particulares sobre o nascimento e a infância de Jesus; enfim, recorrerá a um patrimônio reunido por escribas cristãos que se interessavam pelas citações do Antigo Testamento. Com o seu evangelho, Mateus formula uma síntese dessas tradições, em parte escritas, em parte orais. Produz uma nova escritura a partir de escrituras anteriores, reconhecidas e modificadas, propõe uma releitura, interpreta a tradição.

---

6. ZUMSTEIN, J., Pluralité et autorité des écrits néotestamentaires, *Lumière et Vie*, v. 171 (1985) 19-32 (agora in: Id., *Miettes exégétiques*, Genève, Labor et Fides, 1991, 385-397); KOESTER, H., *Introduction to the New Testament II. History and Literature of Early Christianity*, Berlin-New York-Philadelphia, de Gruyter-Fortress Press, 1982, 147-218.

Ora, essa nova escritura reivindica uma autoridade que o próprio evangelho formula como conclusão do seu relato, no último discurso de Jesus ressuscitado na sua aparição na Galileia. Diz Jesus:

> Toda a autoridade me foi dada no céu e sobre a terra. Ide, pois; de todas as nações fazei discípulos, batizando-as em nome do Pai e do Filho e do Espírito Santo, ensinando-as a guardar tudo o que vos ordenei. Quanto a mim, eis que eu estou convosco todos os dias, até a consumação dos tempos (Mt 28,18-20).

Nesse chamado à missão universal, o ministério missionário articula-se em duas tarefas, batizar e ensinar a observar os mandamentos de Jesus. As palavras do Jesus terreno, restituídas nos cinco discursos de Jesus no evangelho (Mt 5–7; 10; 13; 18; 24–25), tornaram-se o conteúdo do ensinamento cristão[7]. A montante, essa pregação de Jesus, referida no evangelho de Mateus, é legítima, porquanto cumpre a lei. Não se põe como alternativa à lei, mas é seu prolongamento: "Não penseis que vim ab-rogar a Lei ou os Profetas; não vim ab-rogar, mas cumprir" (Mt 5,17). A pregação de Jesus restabelece a *Torá* na sua verdade. Constitui-se assim uma cadeia unificante e abalizada: o evangelho de Mateus, tendo integrado várias tradições (unidade horizontal), reivindica a sua autoridade como ensinamento cristão, com a pretensão de comunicar o próprio ensinamento de Jesus durante o seu ministério terreno, legitimado, por sua vez, como cumprimento da lei (unidade vertical). Vejamos agora que a unificação vertical não envolve somente a verificação dos acontecimentos mediante as testemunhas, mas remonta ainda além, à precedência da antiga aliança que anunciava os cumprimentos no futuro. Mais adiante, os ensinamentos de Jesus transmitidos no evangelho de Mateus reivindicam a autoridade de serem seguidos por todos aqueles aos quais será pregado o evangelho de Jesus Cristo.

"É preciso que se cumpra tudo o que foi escrito sobre mim na Lei de Moisés, nos Profetas e nos Salmos"

Essas últimas observações sobre a respeitabilidade do ensinamento do Jesus de Mateus, fundado também no cumprimento da lei, remetem-nos a

---

7. Cf. ZUMSTEIN, J., *Pluralité*, 391-394.

uma preocupação análoga em Lucas, embora expressa de modo diferente. A unidade é unidade da palavra de Deus já expressa na lei e nos profetas e cumprida no itinerário de Jesus Cristo. Essa unificação da palavra é fortemente reivindicada no encerramento do evangelho de Lucas por meio de três episódios do capítulo 24: o túmulo vazio (1-12), Emaús (13-35) e a aparição de Jesus ressuscitado em Jerusalém (36-49).

O relato do túmulo vazio (Lc 24,1-11) permite que as mulheres sejam chamadas à realização da profecia do próprio Jesus. De fato, dizem os mensageiros, o próprio Jesus tinha anunciado a sua crucifixão e a sua ressurreição:

> "Por que procurais o vivente entre os mortos? Ele não está aqui, mas ressuscitou. *Lembrai-vos como ele vos falou quando ainda estava na Galileia*; ele dizia: 'É preciso que o Filho do Homem seja entregue nas mãos dos homes pecadores, seja crucificado e no terceiro dia, ressuscitado'". *Então elas se lembraram das suas palavras* (24,5-8).

Aos dois discípulos no caminho de Emaús, depois, "começando por Moisés e todos os profetas, ele lhes explicou em todas as Escrituras o que lhe concernia" (24,27). De modo mais completo, enfim, no episódio conclusivo do evangelho, depois que a sua presença de ressuscitado foi confirmada (Lc 24,36-43), o próprio Cristo colocará na mesma continuidade o seu anúncio de quando partilhava a vida dos discípulos ("palavras que eu vos dirigi quando ainda estava convosco") e a profecia dos profetas ("tudo o que foi escrito sobre mim"):

> Depois, disse-lhes: "Eis as palavras que eu vos dirigi quando ainda estava convosco: é preciso que se cumpra tudo o que foi escrito sobre mim na Lei de Moisés, nos Profetas e nos Salmos". Então ele lhes abriu as Escrituras e lhes disse: "É como foi escrito: o Cristo sofrerá e ressuscitará dos mortos no terceiro dia, e em seu nome se pregará a conversão e o perdão dos pecados a todas as nações, a começar por Jerusalém. E vós sois as testemunhas disso" (24,44-48).

Nessa conclusão temos uma síntese das questões postas ainda hoje à teologia do Novo Testamento. Ou seja, a relação entre Antigo e Novo Testamento, a que existe entre a pregação do Jesus histórico e o Jesus pós-pascal, entre o querigma apostólico e o Jesus da história. Lucas responde que se trata de uma única palavra que se realiza: os acontecimentos da paixão e da Páscoa são o cumprimento das profecias contidas em todas as Escrituras; o próprio Jesus, durante o seu ministério terreno, tinha anunciado que deveriam se cumprir na sua pessoa e constituem agora, assim interpretados, o conteúdo do testemunho apostólico a ser difundido a todas as gentes, a começar por Jerusalém.

"Segundo as Escrituras"

Nos últimos dois textos, como conclusão do evangelho de Mateus (capítulo 28) e do de Lucas (capítulo 24), encontramos mais uma vez a dualidade do evangelho e do apóstolo: de um lado, o Cristo ressuscitado segundo o cumprimento das promessas e, de outro, a missão de testemunho confiada aos discípulos, aos apóstolos.

O que foi dito sobre Mateus e sobre o último texto de Lucas evidencia a importância da referência ao Antigo Testamento como fator de unidade, não somente para o judeu-cristianismo, mas para todos os textos do Novo Testamento. Mateus reelabora as suas tradições por meio de uma teologia das Escrituras que se exprime não só na reivindicação do cumprimento da lei por parte de Jesus, mas também mediante as citações de cumprimento, introduzidas na maior parte das vezes com uma fórmula que ressalta sua interpretação do todo: "como está escrito", as promessas se realizaram (cf. 1,22s.; 2,5s.; 2,15.17; 3,3; 4,14; 8,17; 11,10; 12,17-21; 13,14s.; 13,35), ou por meio das figuras antigas. Como Moisés, Jesus é salvo da morte violenta que o ameaça desde o nascimento (o massacre dos inocentes), e como ele sairá do Egito e subirá o monte.

Também o autor da carta aos hebreus desenvolve uma verdadeira teologia das Escrituras, que, como vimos na primeira citação do início deste capítulo (cf. supra, p. 405), identifica a passagem da revelação de Deus na pluralidade das profecias à palavra definitiva revelada nos últimos dias mediante seu filho. Os diversos argumentos da sua exortação serão depois tratados todas as vezes a partir de textos das Escrituras (Antigo Testamento) interpretados alegoricamente[8].

Paulo não se refere ao Antigo Testamento em todas as suas leituras; ele o faz principalmente em 1 e 2 Coríntios, Gálatas 3 e 4 e, sobretudo, em Romanos 4 e 9–11. Não se contenta em citar, mas desenvolve uma interpretação

---

8. HAHN, F., Theologie des Neuen Testaments, v. II, *Die Einheit des Neuen Testaments. Thematische Darstellung*, Tübingen, Mohr Siebeck, 2002, 54s.

dos textos que se integra à sua argumentação e que, muitas vezes, constitui seu elemento de prova. Lucas, no seu evangelho, embora não desenvolva uma teologia da Escritura, inscreve o seu relato no esquema promessa-cumprimento, da pregação inaugural de Jesus em Nazaré (Lc 4,16-30) à aparição conclusiva do ressuscitado (24,44-47). Essas interpretações atravessarão também o livro dos Atos dos Apóstolos até a cena final (At 28,17-31), onde é confirmada mais uma vez a unidade da palavra. Com efeito, em contraste com os judeus que partem em discórdia entre si (*asýmphonoi*, versículo 25), Paulo pronuncia uma única palavra (*rhêma hén,* ibid.), que é, a um tempo, citação do espírito santo que fala mediante o profeta Isaías (versículos 26 s., que contêm a citação de Is 6,9-10). Seja palavra de Paulo, do espírito santo ou de Isaías, ela é única e diz a realidade prometida então e agora cumprida: a salvação de Deus é proclamada às nações[9].

Poder-se-ia prosseguir com a primeira carta de Pedro, ou com o Apocalipse de João, no qual se contam mais de quinhentas referências diretas ou indiretas ao Antigo Testamento. Podem ser citados também os relatos da paixão elaborados pelo prisma dos salmos do justo sofredor, a releitura dos cantos do servo sofredor do segundo Isaías ou dos salmos chamados messiânicos. Malgrado o anacronismo da expressão, dizer que o Antigo Testamento é a Bíblia dos primeiros cristãos[10] é lembrar o fato essencial de que o Antigo Testamento fornece, antes de tudo, aos primeiros cristãos a expressão de sua fé no Deus criador e libertador, a história do povo eleito, as profecias e a expressão das suas expectativas, uma linguagem, símbolos, um mundo para o crente. E esse enraizamento é um forte fator de unidade na interpretação do evento Jesus Cristo como revelação definitiva do Deus de Abraão, de Isaac e de Jacó.

Como vimos a propósito de Mateus e de Lucas, não são as Escrituras em si mesmas, mas as Escrituras interpretadas e lidas à luz da revelação de Jesus Cristo as que contribuem para dar aos textos do Novo Testamento seu pertencimento recíproco[11]. Os textos se submeterão a serem interpretados em sentido

---

9. Bovon, F., Il a bien parlé à vos pères, le Saint-Esprit, par le prophète Esaïe, in: Id., *L'oeuvre de Luc. Etudes d'exégèse*, Paris, Cerf, 1987, 145-153.

10. O cânone do Antigo Testamento não está ainda fixado, não existe ainda o Novo Testamento, a "lei e os profetas" é Escritura para os cristãos, mas não ainda Antigo Testamento.

11. Hahn, F., Theologie des Neuen Testaments, v. II, cap. 5, *Die Interpretatio Christiana des Alten Testaments*, 111-142; Dunn, J. D. G., Unity and Diversity in the New

cristológico. Aqueles que mais se prestam a isso serão também os mais relidos no Novo Testamento: os salmos e os profetas, em especial Isaías. As Escrituras contêm o testemunho do agir de Deus que vem, as promessas feitas estão por se cumprir e já começaram a se cumprir. Se a referência é diferente de um escrito para outro, a intenção é comum a todos os escritos do Novo Testamento.

Ainda que o evangelho nasça de modo oral

As narrações evangélicas representam as preocupações da segunda geração cristã ou da terceira, as quais reúnem tradições em parte escritas, em parte ainda orais, e as reelaboram num projeto unificador. Poderíamos deduzir do prólogo de Lucas que enquanto o acesso à vida de Jesus está garantido pela pregação e pelo testemunho dos que tinham partilhado de seu ministério na Palestina, a necessidade de um escrito que traçasse seu percurso não se tinha feito sentir, tanto mais que a primeira geração cristã esperava com impaciência o próximo retorno do Cristo para julgar o mundo. A necessidade do livro crescerá com a necessidade de enfrentar a duração e a difusão mesma da mensagem de Cristo. A duração significa distanciamento do tempo das origens. Durante os anos sessenta do século I conclui-se a época apostólica com a morte de Paulo, Tiago, Pedro e das testemunhas diretas do ministério de Jesus. Mas a duração se abre a jusante: uma vez que a parusia, ou seja, o retorno glorioso de Cristo, não acontecia tão rápido como os seguidores de Jesus esperavam, era preciso interpretar a espera desse retorno em outros termos, considerar o viver na história, elaborar a tarefa de uma missão "até as extremidades da terra".

Além disso, com os missionários a caminho pelas estradas do império, o anúncio da boa-nova de Jesus Cristo tinha se difundido de tal modo que a ligação direta com as testemunhas da primeira geração se perdera rapidamente. Não só a distância temporal, mas também a geográfica exigia outras formas de presença. Novas levas de pregadores, que jamais tinham encontrado um apóstolo, tiveram de se pôr a serviço; eles tinham necessidade de informações válidas, confiáveis, unificadas sobre a vida, a morte, a obra e o ensinamento de Jesus para alimentar a catequese, o culto, a missão.

Testament, An Inquiry into the Character of Earliest Christianity, cap. 5, *The Use of the Old Testament*, London, SCM Press, 1977, 81-102.

Verifica-se uma distância com relação à origem da vida de Jesus, vivida e partilhada diretamente, uma distância com relação a seu retorno final e glorioso, uma distância com relação ao lugar de nascimento do movimento. É preciso aprender a ser discípulo de Cristo nessa distância, é preciso fixar os testemunhos por escrito e lhes dar um significado, uma perspectiva unificadora, antes que se esvaia a sua nitidez. Os evangelistas cumpriram essa tarefa ao criarem verdadeiros livros, com uma composição do todo, embora, como vimos, tais livros tenham sido elaborados em várias etapas, reagrupando diversas coleções de relatos e de palavras; ditos do Senhor, cadeias de relatos de milagres, relações dos episódios que tinham acompanhado a morte e a ressurreição de Jesus, concatenações de textos-prova tiradas das Escrituras (o atual Antigo Testamento), que configuravam Jesus como o messias esperado.

Diversidade e unidade segundo o evangelho e o apóstolo

A esta altura do nosso percurso, vejamos como a tensão entre diversidade e unidade no Novo Testamento é uma dialética que se manifesta em torno de cada um dos polos do binômio "o evangelho e o apóstolo". Para a tarefa prática do apóstolo, da testemunha, do pregador, do autor, a diversidade reside nas condições concretas da comunicação do evangelho como mensagem, na multiplicidade dos testemunhos, em suas eventuais contradições; a unidade está no projeto dos autores e dos seus escritos, na necessidade de respeitabilidade que a eles está ligada, de autoridade necessária para a vida das comunidades.

Para o evangelho, entendido como acontecimento da revelação definitiva de Deus no ministério, na paixão e na ressurreição de Jesus de Nazaré reconhecido como Cristo, a diversidade é necessária. Os testemunhos humanos não podem ser senão parciais. A revelação não pode ser identificada completamente com nenhuma das representações, as quais permanecem como aproximações sempre limitadas. Como diz Romano Penna, a propósito do título escolhido para sua exposição da cristologia do Novo Testamento, a expressão *Os retratos originais de Jesus o Cristo* "quer exprimir a multiplicidade dos modos de aproximação à figura complexa do Nazareno"[12]. No retrato de Jesus entra a fé do crente e a subjetividade, como no caso do artista: "Isso não significa de

---

12. PENNA, R., *I ritratti originali di Gesù il Cristo. Inizi e sviluppi della cristologia neo-testamentaria*, v. 1, *Gli inizi*, Cinisello Balsamo, Paoline, 1996, 29.

modo algum cair no relativismo, mas, quando muito, afirmar a inexaurível profundidade do sujeito de que se fala, jamais totalmente atingível".

A ocasião das cartas

Se o evangelho nasce oral e o escrito chega depois, também no ministério de Paulo é assim que as coisas caminham. E aqui o escrito tem uma intenção de unidade, unidade na mensagem transmitida, que deve também garantir a unidade das comunidades destinatárias da mensagem. Paulo escreve as suas cartas (redigidas por volta dos anos cinquenta do século I) depois de vários anos de ministério. Também na relação com cada uma das comunidades isso se repete. Somente algum tempo depois da visita de fundação da comunidade, durante a qual Paulo pregou pessoalmente, é que as cartas são enviadas a Tessalônica, Corinto, Filipos, às Igrejas da Galácia. A carta é um documento secundário em relação à palavra viva: "*Vós vos lembrais*, irmãos, de nossas penas e fadigas: foi trabalhando noite e dia, para não ser dependente de nenhum de vós, que *vos anunciamos* o Evangelho de Deus" (1Ts 2,9). Paulo confia a suas cartas uma função de suplência: substituir uma presença sua, quase sempre desejada, uma visita anunciada, atrasada, impedida: "Quanto a nós, irmãos, separados de vós por algum tempo, longe dos olhos, mas não do coração, redobramos os esforços para ir ver-vos" (1Ts 2,17).

Escrever é prosseguir a própria intervenção pastoral e apostólica a distância, enfrentando as questões concretas: "Venhamos *ao que me escrevestes*. É bom..." (1Cor 7,1); "No tocante às *carnes sacrificadas aos ídolos todos*, está claro, possuímos o conhecimento..." (1Cor 8,1); "A respeito das *manifestações do Espírito*, eu não quero, irmãos..." (1Cor 12,1). Trata-se de completar, de corrigir interpretações errôneas, de tirar todas as consequências da pregação ouvida, de recolocar a vida das comunidades na coerência do evangelho anunciado. São as questões, os problemas, as tensões vividas na situação particular das comunidades na ausência do apóstolo que estimulam Paulo (e outros apóstolos) a escrever para dar respostas.

Nas cartas de Paulo, a pluralidade e a variedade se exprimem nesse caráter ocasional e visado da comunicação, não raro em situações polêmicas ou conflitantes[13]. Conflito com defensores da lei que correm o risco de dividir

---

13. TROCMÉ, E., Naissance de l'unité ecclésiale, *Lumière et Vie*, v. 103 (1971) 5-16.

as comunidades (Gl 2,3-5.12), concorrência entre facções em Corinto (1Cor 1,11 ss.; 11,18), tensões entre "fortes" e "fracos" várias vezes lembradas em relação a questões alimentares (1Cor 8,7-13; Rm 14 e 15), risco de que comunidades se afastem do apóstolo (os gálatas), conflito sobre o reconhecimento do apostolado de Paulo (2Cor 10-13): são muitas as forças centrífugas que ameaçam a sobrevivência das comunidades. Trata-se, normalmente, da situação interna de comunidades ainda novas e frágeis. Os riscos, sempre iminentes, de recair em costumes e compreensões em ligação com o paganismo de origem somam-se, porém, aos de ceder à propaganda religiosa de pregadores itinerantes concorrentes ou até adversários ou como tais considerados. Precisar, aprimorar, corrigir, exortar, confortar, encorajar, ameaçar e até indicar um limite.

Qual unidade para as comunidades paulinas?

Diversidade e unidade aparecem nas cartas de Paulo numa dinâmica ainda mais marcada e contrastada do que nos relatos evangélicos. Diante de riscos de dissolução ou de perda de identidade das comunidades, o projeto unificador propõe-se com vigor. Está certamente fundamentado na boa-nova recebida de Paulo como experiência pessoal de revelação: "Acaso não vi…" (1Cor 9,1), "também me apareceu a mim" (1Cor 15,8), "revelar em mim o seu Filho" (Gl 1,16). Ora, essa revelação levou Paulo à descoberta de que, ao se manifestar na pessoa de um crucificado – morte infamante para a antiguidade e maldita para a tradição judaica (cf. Dt 21,22-23, relido em Gl 3,13) –, Deus o reabilitou e designou como filho seu e Senhor[14]. O significado teológico do evento pascal – no qual Deus ressuscitou dos mortos aquele que estava "morto na cruz", perdendo toda dignidade – é determinante para a compreensão da relação entre Deus e os homens, e entre os homens e as mulheres que constituem a nova comunidade.

Ao reabilitar o crucificado com a sua ressurreição, Deus se revelou como um Deus que não leva em consideração aparências e qualidades. A relação correta com Deus não depende das próprias qualidades, dos pertencimentos – ser judeu e não pagão, homem e não mulher, livre e não escravizado – ou dos

---

14. Essas reflexões sobre Paulo são diretamente inspiradas por VOUGA, F., *Querelles fondatrices. Eglises des premiers temps et d'aujourd'hui*, Genève, Labor et Fides, 2003, 37-47; cf. também Id., *Une théologie du Nouveau Testament*, Genève, Labor et Fides, 2001.

próprios desempenhos, pois ninguém se tornará justo mediante as obras da lei. Estar numa correta relação com Deus é repor nele a confiança, é a fé em e de Jesus Cristo.

Manifestar que Deus não leva em consideração pertencimentos, qualidades e desempenhos já é, de certo modo, a prática de Jesus, que come e bebe com os publicanos e com os pecadores e indica nessa comensalidade sem condições a vinda da realeza de Deus: "Veio o Filho do Homem, ele come e bebe, e dizem: 'Eis um glutão e um beberrão, amigo dos coletores de impostos e dos pecadores'" (Mt 11,19 // Lc 7,34).

Ora, a unidade e a diversidade nas comunidades serão enfrentadas em coerência com essa descoberta. "De fato", diz Paulo aos gálatas, "sim, vós todos que fostes batizados em Cristo vos revestistes de Cristo. Não há mais nem judeu nem grego; já não há mais nem escravo nem homem livre, já não há mais o homem e a mulher, pois todos vós sois um só em Jesus Cristo" (Gl 3,27 s.). Paulo toma a peito os grandes pertencimentos que determinam a existência de todos, sob o ponto de vista de um judeu do século I.

Paulo não diz que não haja mais diferenças, sabe que na Igreja há judeus e pagãos, escravizados e livres, homens e mulheres e que essas diferenças podem levar a fortes tensões, mas os membros da comunidade são convidados a se acolherem como irmãs e irmãos amados e reconhecidos por Deus, independentemente de tudo o mais, sem condições. Acolhido sem condições, porém, cada qual o é tal e qual como é, judeu, grego, escravizado, livre, mulher, homem, e não lhe é pedido que mude para ser aceito.

É uma nova forma de socialidade que nasce da proclamação da cruz, da proclamação libertadora da ressurreição e da morte de Jesus. Socialidade na qual – e isso é essencial para o nosso assunto – o universalismo e o pluralismo, longe de se contraporem, revigoram-se mutuamente. Paulo exprime essas relações ao retomar e reinterpretar a metáfora do corpo (cf. 1Cor 12,1-31; Rm 12,3-8), que a ideologia política usava para afirmar a necessidade da coesão social para o bem de todos. Cada um dos membros recebeu dons que lhe são próprios (universalismo); o conjunto dos dons presentes na comunidade são obra do mesmo espírito (unidade); a diferença dos dons complementares entre si é necessária, pois de outro modo o corpo não pode funcionar (pluralismo); os membros menos privilegiados são tidos em consideração (igualdade); apóstolos, profetas, docentes exercem uma responsabilidade essencial de apelo à verdade fundamental (regra).

Somente cartas, todavia...

Embora as cartas de Paulo não tenham a intenção de fixar alguma coisa como uma orientação teológica válida para todos os tempos e todas as comunidades, o conteúdo das cartas, porém, nas quais os diversos assuntos práticos, de relação e de comportamento são cuidadosamente motivados teologicamente, transcende a circunstância particular que as fez nascer. Além disso, a preocupação de autoridade não é estranha à reflexão do apóstolo e não é sem analogia na sua elaboração com o enfoque em relevo em Lucas, Mateus ou João, que integravam "verticalmente" tradições abalizadas para propor, por sua vez, a própria obra como autoridade de referência.

Assim, por exemplo, lê-se na primeira carta aos coríntios:

> Eu vos lembro, irmãos, o Evangelho que vos anunciei, que recebestes, no qual estais firmes, e pelo qual sereis salvos se o conservardes tal qual vo-lo anunciei; caso contrário, teríeis crido em vão. *Eu vos transmiti, em primeiro lugar, o que eu mesmo recebera*: Cristo morreu por nossos pecados, segundo as Escrituras [...]; foi sepultado, ressuscitou ao terceiro dia, segundo as Escrituras (1Cor 15,1-4).

Nesses versículos, Paulo remete à sua pregação de viva voz durante a visita de fundação, a qual, por sua vez, estava lastreada numa confissão de fé que ele mesmo tinha recebido ("*Eu vos transmiti, em primeiro lugar, o que eu mesmo recebera*: Cristo..."). Essa dupla referência, porém, é o ponto de partida do seu ensinamento mais desenvolvido sobre a ressurreição (cf. 1Cor 15,1-58), em resposta à sua negação por parte de certos coríntios (cf. 1Cor 15,12). A tradição recebida e transmitida é interpretada em circunstâncias comunicativas particulares. De fato, para Paulo, a ressurreição de Jesus é a atestação de uma transformação final, pela qual Deus levará a termo a sua criação (cf. 1Cor 15,20-58)[15].

Paulo procederá assim mais de uma vez[16]. Recebe e transmite tradições como as recebeu, provavelmente das comunidades da Síria (Antioquia e Damasco) que combateu e onde se converteu. Podem ser palavras de Jesus (cf. 1Cor 7,10s.; 9,14; 11,23-25; 1Ts 4,15-17), confissões de fé, como acabamos de ver

---

15. Cf. VOUGA, F., *Une théologie*, 396 e 428s.
16. Cf. ZUNSTEIN, J., *Pluralité*, 387-389.

sobre a ressurreição (cf. 1Cor 15,3-5, mas também Rm 3,25; Gl 1,4-5; 1Ts 1,9-10), hinos (cf. Fl 2,6-11) ou tradições litúrgicas (cf. 1Cor 11,23-26). Paulo não se contenta em repetir, reinterpretar as tradições em função do seu objetivo. E o faz com uma glosa, como em Romanos 3,25-26, onde acrescenta "por meio da fé", ou em Filipenses 2,8, onde acrescenta "uma morte numa cruz"; completa uma fórmula tradicional com uma fórmula sua (Rm 1,3 s., retomado em 1,16 s.). Cria também outras formulações.

Pelo seu texto, mesmo que se trate de carta ocasional, Paulo pretende autoridade, que depende da autoridade reconhecida a seu apostolado e da sua consciência de ser portador do evangelho. Justamente o que é contestado pelos seus adversários em 2 Coríntios 10 e que Paulo, em mais de uma ocasião, reivindica vigorosamente: é "ordem do Senhor" (1Cor 7,25.40), "do Senhor" são as suas instruções (1Cor 14,37), a sua pregação é palavra de Deus: "quando recebestes a palavra de Deus que vos fazíamos ouvir, a recebestes, não como palavra humana, mas como é realmente, palavra de Deus, a qual também está atuando em vós, que credes" (1Ts 2,13)[17].

A autoridade da carta cresce com o fato de que, desde o início, as cartas do apóstolo são lidas na assembleia da comunidade, onde se liam também as Escrituras (o Antigo Testamento). Além disso, o caráter substitutivo da carta na ausência do apóstolo lhes atribui logo um grande valor. Depois as cartas circulam e o pedido à comunidade de Tessalônica de que "esta carta seja lida a todos os irmãos" (1Ts 5,27) poderia implicar a existência de mais comunidades domésticas. O próprio Paulo endereça uma carta circular às Igrejas da Galácia (cf. Gl 1,2). Logo depois, se se considera que a epístola aos colossenses foi escrita por um discípulo de Paulo, as cartas serão recopiadas e trocadas entre as comunidades: "Quando tiverdes lido a minha carta, empenhai-vos para que a leiam também na Igreja de Laodiceia. Quanto a vós, lede a que vier de Laodiceia" (Cl 4,16). As cartas, por sua vez, tornar-se-ão Escritura. Esse desenvolvimento da dinâmica unificante da herança paulina leva à formação antes das coleções do *corpus* paulino, depois à integração delas na elaboração do cânone do Novo Testamento.

---

17. Cf. METZGER, B. M., *Il canone del Nuovo Testamento*, Brescia, Paideia, 1997, 15 [1. ed. 1989].

A formação do cânone: o *Fragmento de Muratori*

Com os exemplos de Lucas, João, Mateus e Paulo, vimos que os escritores do Novo Testamento tinham de se haver com a pluralidade das tradições ou das circunstâncias e elaboravam seus escritos como um projeto unitário, fundado na convicção de fé de que a unidade originária e final estava na revelação de Deus em Jesus Cristo. Cada escrito estava destinado a desenvolver uma vida própria, dirigido a uma comunidade particular ou a um grupo de comunidades. Todavia, a dinâmica que anima o processo de canonização e que levará a uma redação de grupos de escritos reconhecidos como base sobre a qual a Igreja fixa e encontra a sua identidade já está presente na redação mesma dos evangelhos e das cartas de Paulo. Fazem escolhas nas suas fontes e nas tradições consideradas de confiança, organizam-nas, juntam-nas numa coerência abrangente (tanto na forma biográfica dos evangelhos como nas argumentações de Paulo), reivindicam autoridade para o próprio escrito, respondem – como fará o cânone do Novo Testamento – à exigência de unidade da Igreja[18].

Se se aceita o *Fragmento de Muratori* como testemunha do estado do cânone no final do século II, então ele pode servir de observatório para interrogar sobre as dinâmicas que levaram àquele ponto[19]. São nomeados quatro livros nesse elenco (1Pd, 2Pd, Tg e Hb). Numa primeira parte (linhas 1-63), o texto apresenta os escritos de indiscutível autoridade distinguidos em duas coleções, os evangelhos (1Jo está unida ao quarto evangelho) e os Atos dos Apóstolos, de um lado, e, de outro, treze epístolas de Paulo. Numa segunda

---

18. MEADE, D. G., *Pseudonymity and Canon. An Investigation into the Relationship of Authorship and Authority in Jewish and Earliest Christian Tradition*, Tübingen, Mohr, 1986; PENNA, R., Il canone del Nuovo Testamento come garanzia di unità e di pluralismo nella chiesa, *Protestantesimo*, v. 49 (1994) 297-311; METZGER, B. M., *Il canone del Nuovo Testamento*; KAESTLI, J.-D., Storia del canone del Nuovo Testamento, in: MARGUERAT, D. (org.), *Introduzione al Nuovo Testamento*, 481-507.

19. Texto latino de 85 linhas, inserido num manuscrito do século VIII, descoberto em 1740, em Milão, pelo cientista L. A. Muratori. Alguns indícios fazem propender para uma datação alta desse trecho, por volta da passagem do século II para o III. Com efeito, segundo o autor do fragmento (linhas 73-77), Pio, bispo de Roma no período de 140 a 155, viveu "muito recentemente, em nossos dias" (linha 74). A ausência da epístola aos hebreus indicaria uma Igreja do Ocidente. Recentemente, essa datação antiga foi posta em discussão, mas sem convencer. Cf. KAESTLI, J.-D., *Storia del canone*, 484 s.

parte, avalia-se certo número de escritos cujo estatuto exige discussão. Uns devem ser recusados, enquanto obras de heréticos (linhas 63-68 e 81-85), outros são de origem boa, mas se discute se dever ser lidos na assembleia pública ou reservados à leitura particular.

Quatro evangelhos

Para o nosso assunto interessa, antes de tudo, a apresentação dos quatro evangelhos. Embora o início do texto tenha sido perdido e, por isso, também as informações sobre Marcos e Mateus, a atribuição dos ordinais "terceiro" e "quarto" para os evangelhos de Lucas e de João atesta a fixação do cânone dos quatro evangelhos já naquela época, situação essa confirmada no próprio período por Irineu, Tertuliano e Clemente de Alexandria.

O reconhecimento de quatro evangelhos diferentes entre si como textos igualmente autorizados para o testemunho da vida de Jesus não era dado adquirido. Se são necessários quatro relatos, isso significa, então, que nenhum deles exprime toda a verdade sobre a vida de Jesus, que é fundamento da vida cristã[20]. Os evangelhos foram escritos para serem autossuficientes, Mateus e Lucas para substituir Marcos, não para lhes servir de complemento. Cada evangelho visava a se tornar *o* evangelho de referência para uma comunidade ou um conjunto de comunidades. A hipótese da crítica histórica é que cada evangelho fosse lido *numa* região: Mateus na Palestina e Síria, enquanto na Ásia Menor existiam grupos que liam somente João e assim para Lucas e Marcos, conforme as regiões[21]. A dialética diversidade/unidade corria dentro da redação de cada escrito. A mudança das representações, a ampliação da percepção da Igreja, é o resultado de um processo relativamente longo.

Se o prólogo de Lucas e as conclusões de João parecem testemunhar, no fim do século I, uma reação à pluralidade dos relatos e dos episódios da vida de Jesus[22], no século II a reação à multiplicação dos evangelhos toma a forma

---

20. Cf. METZGER, B. M., *Il canone del Nuovo Testamento*, 228.
21. Ibid., 229.
22. De um lado, a transmissão oral prosseguiu paralelamente com a transmissão escrita, como se deduz das citações dos primeiros padres; além disso, os evangelhos foram mais numerosos do que os quatro que conhecemos. Hoje, por exemplo, considera-se que textos como os evangelhos de Tomé (NHC II,2) ou de Pedro, o *Diálogo do Salvador* (NHC

radical da redução a um único evangelho, pelo menos em duas intervenções conhecidas. Marcião, excluído da Igreja de Roma como herético, em 144, procede por exclusão, reconhecendo o evangelho de Lucas como único evangelho. O seu critério de escolha é teológico e radical: por ser o cristianismo fundamentado numa nova revelação de um Deus de amor, pai de Jesus Cristo, diferente do Deus justo, mas vingativo do Antigo Testamento, as escrituras cristãs são incompatíveis com as hebraicas. Somente Paulo entendeu essa novidade e somente as suas epístolas e o evangelho de Lucas, depois de cuidadosa revisão de seus textos, terão lugar no cânone de Marcião.

Taciano, porém, com o seu *Diatessaron*, visivelmente redigido em Roma, em grego, por volta de 170, propunha uma harmonia dos quatro evangelhos num único relato. Esse evangelho teve um tal sucesso que acabou permanecendo como o texto oficial da Igreja da Síria por mais de dois séculos. Notar-se-á que Taciano já se vê diante dos quatro evangelhos como um conjunto a ser harmonizado[23].

As resistências à canonização dos quatro evangelhos alimentaram-se também da constatação das diferenças que os separavam, particularmente sensíveis no modo como os evangelhos começam (as genealogias diferentes, a presença ou não de relatos do nascimento de Jesus diferentes entre si etc.). O *Fragmento de Muratori* ecoa esses debates a propósito do quarto evangelho, ao qual dedica particular atenção. Além das críticas devidas à diversidade do relato de João – talvez, em parte, também por esse motivo – era preciso responder também às críticas dos antimontanistas, que, no fim do século II, atribuíam o quarto evangelho não ao apóstolo João, mas ao herético Cerinto.

> O quarto evangelho é o de João, [um] dos discípulos. Aos seus discípulos e aos bispos, que o pressionavam [a escrever], ele disse: "jejuai comigo hoje e nestes três dias, e qualquer coisa que for revelada a um de nós deverá ser narrada uns aos outros". Naquela mesma noite foi revelado a André, [um] dos apóstolos, que João devia escrever tudo em seu nome e todos os outros deviam verificar sua exatidão; assim, embora vários princípios possam ser ensinados em cada um dos livros dos evangelhos, isso, todavia, não faz

---

III,5), ou ainda a epístola apócrifa de Tiago, mantêm certas tradições muito antigas sobre Jesus que não dependem dos evangelhos canônicos.

23. Cf. METZGER, B. M., *Il canone del Nuovo Testamento*, 229; KAESTLI, J.-D., *Storia del canone*, 490 s.

diferença para a fé dos crentes, uma vez que de um único espírito supremo todas as coisas foram proclamadas em todos [os evangelhos]: com relação à natividade, à paixão, à ressurreição, à vida com os seus discípulos e à sua dupla vinda (*Fragmento de Muratori*, linhas 9-23).

Em certo sentido, a cena de verificação de João 21,24 (cf. supra, p. 409-410) ampliou-se. A redação do quarto evangelho teve lugar em circunstâncias extraordinárias; João escreveu em seu próprio nome, mas depois da verificação e aprovação dos discípulos. Não pode ser desclassificado por suas diferenças em relação aos outros evangelhos. A afirmação da unicidade do espírito em atuação nos diversos relatos apoia-se também numa proposta de leitura sintética e de harmonização do conjunto dos testemunhos[24].

No fim do século II, Ireneu de Lião se esforçará por teorizar o número quatro a partir da natureza e da história da salvação (cf. *Contra as heresias* III,11,8). Com efeito, o número quatro para os evangelhos é necessário, porque na natureza há quatro pontos cardeais, que correspondem aos quatro ventos, às quatro colunas que suportam o mundo etc.; na história da salvação há quatro alianças (Noé, Abraão, Moisés, Cristo); na profecia há quatro viventes (em Ez 1,10, retomados no Ap 4,7).

Da ocasionalidade à Escritura: a universalidade das cartas apostólicas

Se a multiplicidade das cartas não apresenta o mesmo problema dos quatro evangelhos, permanece a questão de sua ocasionalidade. Como podem cartas endereçadas a Igrejas particulares, para enfrentar problemas particulares, serem portadoras de uma mensagem com autoridade para todas as Igrejas?[25]

Concluíamos um dos itens anteriores (p. 424) constatando que, pela importância da reflexão teológica, a sua leitura na assembleia pública, a troca de cartas ou o uso da circular, muito cedo as cartas de Paulo são consideradas além de seu caráter ocasional e se tornam, por sua vez, tradição a ser aceita, Escritura.

Tendo se tornado tradição, as cartas de Paulo farão nascer outros textos para interpretá-las, para gerir sua aceitação quando as circunstâncias tiverem

---

24. Cf. KAESTLI, J.-D., *Storia del canone*, 491 s.
25. Cf. METZGER, B. M., *Il canone del Nuovo Testamento*, 229.

mudado. Nessa perspectiva inserem-se as hipóteses de uma *literatura deuteropaulina* (cf. colossenses, efésios, cartas pastorais), que teria se desenvolvido em torno de Éfeso e cujo objetivo seria conservar, transmitir e atualizar o ensinamento de Paulo. Nessa mesma direção vão as hipóteses que veem em 2 Tessalonicenses uma releitura de 1 Tessalonicenses, orientada a corrigir os possíveis equívocos criados por uma interpretação errônea sobre a espera da parusia.

Alguns indícios textuais fazem também pensar que o texto das cartas tenha sido retocado para torná-lo mais universal. Assim se explicaria a ausência de destinação geográfica nos manuscritos mais antigos de Efésios 1,1 (a carta ou a sua cópia teria sido enviada a mais destinatários) ou a expressão "com todos os que invocam em todo lugar o nome de nosso Senhor Jesus Cristo" (1Cor 1,2b), considerada por muitos como um acréscimo universalizante para ampliar o endereçamento da carta a toda a Igreja.

Alguns exegetas veem nas questões ligadas à colocação da doxologia de Romanos 16,25-27 (posta em diferentes lugares, segundo os manuscritos) no início da existência de mais de uma versão da carta aos romanos, uma das quais de forma universalizada[26].

Além desses sinais particulares, é a interpretação mesma das cartas que é modificada à medida que se universaliza seu auditório, como evidencia com clareza a segunda epístola de Pedro, um escrito tardio do Novo Testamento:

> É neste sentido que Paulo, nosso irmão e amigo, vos escreveu consoante a sabedoria que lhe foi dada. Aliás, é outrossim o que diz *em todas as suas cartas*, em que trata destes assuntos: nelas se encontram passagens difíceis, cujo sentido pessoas ignorantes e sem formação deturpam, como também fazem *com as demais Escrituras* (2Pd 3,15 s.).

Aprendemos desse texto que, no início do século II, as cartas de Paulo são conhecidas por numerosas comunidades como um conjunto coerente e já são consideradas Escrituras como outras: a interpretação delas é, porém, objeto de debate e de conflito. Ao se tornarem Escrituras, também as cartas dos apóstolos se globalizam e não são mais consideradas em sua singularidade. Assim, o autor de 2 Pedro pode se referir a Paulo como autoridade de

---

26. Ibid., 230 s.

referência na conclusão da própria carta: as suas próprias exortações estão em consonância com o ensinamento de Paulo. Não se refere a esta ou àquela carta, mas ao seu conjunto, assim como no relato de Emaús o Jesus ressuscitado lembra as Escrituras (Antigo Testamento) em seu conjunto: "E começando por Moisés e todos os profetas, ele lhes explicou em todas as Escrituras o que lhe concernia" (Lc 24,27).

Nessa linha, o *Fragmento de Muratori* indica um ponto de chegada no qual a universalização do auditório ideal das cartas se realizou. Embora o fragmento ateste um *corpus* de treze cartas de Paulo, a sua apresentação privilegia o número sete, símbolo da perfeição e da universalidade:

> O santo apóstolo, pessoalmente, seguindo o exemplo do seu predecessor João, escreve nomeadamente apenas a sete Igrejas na seguinte ordem: aos coríntios a primeira, aos efésios a segunda, aos filipenses a terceira, aos colossenses a quarta, aos gálatas a quinta, aos tessalonicenses a sexta, aos romanos a sétima. É verdade que escreve outra dirigida aos coríntios e aos tessalonicenses para admoestação, mas facilmente se reconhece que há uma só Igreja esparsa por toda a terra, porque também João, no Apocalipse, ainda que escreva a sete Igrejas, fala, todavia, a todas (*Fragmento de Muratori*, linhas 48-61).

Segue depois uma menção particular das cartas endereçadas a indivíduos (Filêmon, Tito e duas a Timóteo), consideradas sagradas pela Igreja católica enquanto regulamentam a disciplina eclesiástica (linhas 62-63).

Toda a apresentação visa à universalidade da mensagem representada pelas sete Igrejas destinatárias, confirmada pelo exemplo de João. Quando a carta aos hebreus for introduzida no cânone, o raciocínio será mantido no resultado, mas modificado no percurso: são quatorze as cartas de Paulo, ou seja, duas vezes sete!

Uma pluralidade limitada

Como se vê desse percurso, há uma dinâmica que leva à formação do cânone do Novo Testamento em meio à diversidade dos testemunhos, um impulso unitário ativo desde as primeiras redações. Além disso, a interpretação dos textos que acompanha esse movimento vai no sentido da harmonização: a tendência é para a perspectiva unificante da mensagem da Bíblia. Com a formação do cânone, a Igreja se dá um espaço de referência para esclarecer e aprofundar a própria identidade histórica e teológica. Como evidencia o *Fragmento de Muratori*, a formação do cânone neotestamentário participa da tentativa de projetar uma imagem de unidade sobre as origens do cristianismo. Esse projeto é cônsono com o que anima a reelaboração da primeira história do cristianismo, observável, por exemplo, nos Atos dos Apóstolos, que representa o período apostólico como tempo de comunhão e de harmonia. As diferenças são reduzidas a dimensões aceitáveis, as diversidades irredutíveis são esquecidas e o que não entra na unidade é objeto de exclusão, ou seja, torna-se heresia. "Porque não é oportuno que o fel se misture ao mel", diz precisamente o *Fragmento de Muratori* para justificar a exclusão de duas epístolas, aos laodicenses e aos alexandrinos, "falsificações escritas sob o nome de Paulo para [promover] a heresia de Marcião" (linhas 64-67).

Esse projeto tem o seu preço. As cartas perdem seu caráter ocasional e são feitas corresponder a situações eclesiais ou religiosas típicas ou gerais; os evangelhos terão tendência de se explicarem mutuamente num só relato, perdendo o próprio perfil e o cunho da sua narração particular[27]. A unidade corre o risco, então, de se impor de fora, da doutrina da Igreja, que chegará ao cânone como um relato e um ensinamento único, válido em qualquer circunstância.

Todavia, a diversidade dos conteúdos teológicos e das formas não foi eliminada. Certamente devemos muito à aproximação histórica e crítica à Bíblia para a redescoberta das particularidades próprias de cada escrito. A atenção reduziu-se às circunstâncias nas quais cada escrito se formou, aos lugares, aos momentos, às comunidades destinatárias, à intenção do autor, à situação comunicativa. Precisamente, a diversidade de todos esses aspectos.

O cânone exprime, a um tempo, a unidade e a diversidade do Novo Testamento e da Igreja. Uma pluralidade limitada: nem a unicidade, nem o todo. Nem redução unitária, nem dispersão no mundo das nações, mas, sim, um espaço para novas significações. Não se aceita tudo, não qualquer diversidade; o cânone indica um limite, há um *depois* que começa com os chamados padres apostólicos, há um *ao lado* para a literatura apócrifa. O cânone não impede o apócrifo, mas o situa, atribui-lhe um espaço de reconhecimento. De outro lado, a redução a um texto único, que tivesse a pretensão de ser a transcrição da palavra, levaria à ilusão de que uma única voz, uma voz humana, possa ser

---

27. Cf. PENNA, R., *Il canone del Nuovo Testamento*, 302.

a transcrição perfeita da palavra de Deus. Ao contrário, o cânone garante essa diversidade necessária[28].

A diversidade garantida

A diversidade de aproximações envolve todos os temas principais da teologia cristã: a morte e a ressurreição de Cristo, a identidade de Jesus, o reino de Deus, a vida e a fé, o pecado, a organização da Igreja, o fim dos tempos, a esperança...

Assim, se a "morte de Jesus na cruz, condenado pelo prefeito romano da época, Pôncio Pilatos, é o ponto mais seguro na pesquisa histórica"[29], as interpretações dadas pelos primeiros cristãos a essa morte são numerosas, diferentes e nem sempre compatíveis entre si. Insistiram, antes de tudo, no caráter necessário da paixão: cumprimento da Escritura e do anúncio dos profetas, a morte de Jesus insere-se no plano de Deus. São numerosas as expressões que tecem nos relatos evangélicos a trama desse plano divino: "era necessário que", "devia" etc.[30].

Uma vez inserida a morte de Jesus num plano divino *segundo as Escrituras*, procurou-se exprimir a relação entre a morte de Jesus e a vida da comunidade. A cruz é percebida como momento culminante, acontecimento que não só interpela, mas que transforma, lugar onde Deus se manifesta de uma

---

28. Cf. HAHN, F., Das Zeugnis des Neuen Testaments in seiner Vielfalt und Einheit. Zu den Grundproblemen einer neutestamentlichen Theologie, *Kerygma und Dogma*, v. 48 (2002) 240-260. Id., *Theologie des Neuen Testaments*, Tübingen, Mohr Siebeck, 2002, 2 v.; DUNN, J. D. G., *Unity and Diversity*, 386 ss.; PENNA, R., *Il canone del Nuovo Testamento*, 297-311.
29. BARBAGLIO, G., *Gesù Ebreo di Galilea. Indagine storica*, Bologna, EDB, [4]2003, 465.
30. BARTH, G., *Il significato della morte di Gesù. L'interpretazione del Nuovo Testamento*, Torino, Claudiana, 1995, 41-44 [1. ed. 1992]. Para o motivo de um plano divino, cf. Marcos 8,31. Lucas integrou o caráter necessário da morte de Jesus à ideia de história da salvação (Lc 17,25; 24,7.44.46). Cf. também João 3,14; 12,34; Atos dos Apóstolos 2,23; 3,21; 4,28; 17,3. A necessidade à qual se faz referência é de ordem divina e tem a ver com a apocalítica (cf. Dn 2,28; Mc 13,7.10; Ap 1,1; 4,1; 22,6). Para o caráter de necessidade vinculado ao motivo "segundo as Escrituras", cf. Mateus 26,54; Lucas 22,27; 24,44.46; Atos dos Apóstolos 17,2 s., mas também Marcos 9,11 s. e já nas tradições mais antigas, como 1 Coríntios 15,3 (cf. também Mc 14, 21 //; 14,49 //; Mt 26,54; Lc 24,25 s. Em Mc 14,27, citação de Zc 13,7; em Lc 22,37, citação de Is 53,12).

vez por todas diante do mundo. Se no pensamento bíblico o pecado exprime a ruptura da relação entre o humano e Deus, a morte de Jesus se torna o lugar da restauração dessa relação. Para exprimir essa realidade do *por nós* da morte de Cristo, os primeiros cristãos tomaram emprestadas imagens e metáforas do seu mundo religioso, cultual e jurídico. Por exemplo, a prática dos sacrifícios de animais, presente não somente no culto judaico e na tradição do Antigo Testamento, mas de maneira difusa nas religiões da antiguidade, representa Jesus como vítima expiatória *por muitos* (cf. Mc 14,24; Jo 1,29; 1Cor 5,7; Ef 5,2; 1Pd 1,2 etc.). Ou a realidade social da escravidão permite entender a morte do galileu como resgate *por muitos*, por nós, como preço pago pela liberdade de um escravizado num mercado (cf. Mc 10,45; Gl 3,13; 4,5 s.; 1Cor 6,19 s.; 7,22 s. etc.).

Além desses motivos, as tradições do Novo Testamento interpretam ainda a morte de Jesus como *sofrimento do justo*, seguindo os motivos dos salmos de lamentação (cf. Sl 22; 31; 34; 37; 69; 140), como *destino trágico dos profetas* (cf. Mt 5,12; Lc 6,23; Mt 23,37 // Lc 13,34), ou com o batismo mediante uma *participação da morte de Cristo* (cf. Rm 6,1-14), ou ainda como *vitória sobre as forças da morte*, como *revelação do amor de Deus*. Foi também posto o acento na *exemplaridade da morte de Jesus*, particularmente na obra de Lucas[31].

Essas imagens e tradições são igualmente aproximações, que, embora não sendo sempre compatíveis, não se excluem, servem para testemunhar, numa diversidade a ser sempre reinterpretada, um significado fundamental: a história da morte de Jesus é uma história de libertação. "O sangue derramado, o sacrifício oferecido, o cumprimento da expiação, o pagamento do resgate são outros tantos termos que indicam a passagem da culpa à reconciliação, da ruptura à comunhão, da alienação à liberdade"[32].

Embora não com uma multiplicidade tão variada, a linguagem da ressurreição não é homogênea nem unívoca. Os primeiros cristãos exprimem a ressurreição em três ou quatro registros: falam da ressurreição de Cristo como de um despertar ou de um voltar a ficar de pé, ou que a ressurreição é exaltação, ou ainda, simplesmente, vida. Essas linguagens, mais uma vez metafóricas e aproximativas, podem se completar, deixando, porém, lacunas sem respostas, abertas a significações e interpretações futuras.

---

31. Cf. BARTH, G., *Il significato della morte*, 37-152.
32. ZUMSTEIN, J., *La mort de Jésus et les témoignages du Nouveau Testament*, in: BOINNARD, Y. et al., *Mort de Jésus*, Genève, Labor et Fides, 1984, 9-28, especialmente 16.

A dupla metáfora do despertar e do ficar em pé (cf. 1Cor 15,4; 1Ts 4,14) inscreve o evento da ressurreição num eixo horizontal antes/depois e põe o acento, de um lado, no caráter de acontecimento histórico da proclamação pascal, e, de outro, no fato de que se trata de ato criador de Deus – é Deus que ressuscita Jesus. A linguagem da exaltação[33] tem origem nos salmos, onde o justo humilhado será elevado e participará da vida divina, ou nos cantos do servo do Senhor: "Eis que o meu servo terá êxito, ele será enaltecido, elevado, exaltado grandemente" (Is 52,13). A exaltação inscreve a ressurreição num eixo vertical, com a intenção de exprimir que não ser trata de um retorno à vida dos homens (como Lázaro), mas de participação eminente da própria vida de Deus (1Cor 15,42-45). Nesse sentido, a linguagem da elevação não só completa a linguagem do despertar/ficar de pé, mas evoca a autoridade de Cristo para sempre. Como linguagem litúrgica, talvez não expresse bem a passagem pela morte.

A linguagem da elevação implica uma continuidade identitária – o exaltado é o Jesus rebaixado e crucificado –, mas também uma descontinuidade qualitativa – o elevado não é mais o homem de Nazaré, mas o Senhor da criação e dos poderes. A metáfora da elevação ressalta o significado cósmico da pregação da Páscoa. A existência de cada um e o mundo de todos mudam de padrão (cf. Rm 6,1-14; Fl 2,9-11; Mt 28,18-20).

"Por que procurais o vivente entre os mortos?" (Lc 24,5)[34]; "Jesus lhe disse: 'Eu sou o caminho, a verdade e a vida; ninguém vai ao Pai senão por mim'" (Jo 14,6). Enfim, como o motivo da vida não esclarece de que qualidade é a vida ressuscitada, é usado junto e como complemento de outras metáforas.

Num estudo sobre o cânone como garantia de unidade e de pluralismo na Igreja, Romano Penna ilustrava de modo eficaz, com alguns exemplos, essas diferenças que abrem o cânone a significações novas[35]. Por exemplo, a propósito da relação entre morte e ressurreição de Cristo, há aproximações divergentes, entre as primeiras confissões de fé, que ilustram duas antigas tradições conservadas nas cartas de Paulo. Se em 1 Coríntios 15,3-5 é associada à ressurreição a morte de Cristo, à qual é dada uma dimensão soteriológica como

---

33. Cf. Atos dos Apóstolos 1,11; Efésios 1,20; Hebreus 4,14; 1 Pedro 3,21 s.; Filipenses 2,6-11.
34. Cf. Lucas 24,23; João 1,4; Romanos 14,9; Apocalipse 1,17 s.
35. Cf. PENNA, R., *Il canone del Nuovo Testamento*, 297-311.

sacrifício de expiação, em Romanos 1,3b-4a, porém, a ressurreição é posta em relação com o pertencimento à descendência davídica. A morte não tem valor soteriológico e o percurso conclui com a entronização real do ressuscitado (cf. Sl 2,7; 110,1; 1Sm 7,14-16).

A diversidade se manifesta também no modo de contar a identidade de Jesus nas narrações evangélicas[36]. Em Marcos, o mistério sobre a identidade messiânica de Jesus mantém a tensão entre o agir do poderoso taumaturgo admirado pelas multidões e o seu anúncio do messias sofredor que provoca incompreensão e rejeição. E será um pagão, executor material da morte de Jesus, que irá formular a confissão de fé que desvenda o segredo (Mc 15,39). Em contraste com esse motivo de um segredo messiânico, o quarto evangelho proclama a identidade transcendente de Jesus do prólogo (unigênito filho de Deus, que veio de um outro mundo) à confissão de Tomé ("Meu Senhor e meu Deus") que fecha a narração. As duas perspectivas cristológicas são mantidas no cânone a testemunhar a parcialidade de cada hermenêutica do evento da revelação.

Um exemplo muitas vezes apresentado como ilustrativo das divergências internas no Novo Testamento é o ensinamento da justificação em Paulo e em Tiago. Penna põe o acento na diferença de concepção do pecado na epístola de Tiago e em Paulo[37]. Em Paulo, a condição pecaminosa, "à qual o homem é vendido como escravo a prescindir de uma sua decisão responsável", precede a ação humana em geral e, em especial, toda transgressão da lei. Somente Cristo pode libertar de semelhante escravidão, resgatando-nos por meio do dom da cruz, ao qual podemos nos reportar somente pela fé. Para Tiago, porém, a fé não basta: o pecado não precede os atos, mas coincide com os próprios atos (em Tg 1,15 s., o pecado segue a concupiscência, enquanto em Rm 7,8 a precede). O homem é justificado não somente pela fé, mas também pelas obras da lei (cf. 2,24). Tiago representa uma linha judeu-cristã fiel à lei, enquanto Paulo propõe a eficácia única e suficiente da cruz de Cristo. A justiça não é redutível a categorias éticas. Hahn atenua essas contraposições, lembrando que, enquanto a questão da justificação pela fé está no centro da pregação da salvação de Paulo, ela é posta no âmbito da parênese em Tiago[38].

---

36. Ibid., 305 s.
37. Ibid., 306 s.
38. Cf. HAHN, F., *Das Zeugnis des Neuen Testaments*, 252.

A diversidade está presente também na organização das Igrejas. Centrada num único bispo, com um círculo de anciãos, assim é a Igreja de Jerusalém (At 15,4.22; 16,4), enquanto em Corinto a multiplicidade de carismas exprime a força do espírito (1Cor 12,4), sem menção de nenhuma prevalência de um único representante pessoal. O único critério de unidade da Igreja é o querigma da cruz, com a relação de *ágape* para as relações entre pessoas (1Cor 13). Poder-se-ia também acrescentar a fase de transição na qual parecem se encontrar as comunidades a que se referem as epístolas pastorais, entre uma constituição de tradição judaica, baseada no papel dos anciãos (1Tm 5,17-22 e Tt 1,5 s.), e uma que tende a se impor, girando em torno das figuras do bispo e dos diáconos (1Tm 3,1-13)[39].

Também a escatologia é um terreno de diversidade[40]. Embora igualmente interessados na história (cf. a referência aos imperadores, em Lc 2,1; 3,1; At 18,2; 25,11 s.; Ap 17,8-14), os escritos de Lucas e o Apocalipse divergem em seu modo de considerar a escatologia. Mais do que sobre o fim do mundo, Lucas focaliza a atenção sobre o itinerário individual: que fim terá cada um? O rico sem generosidade e o pobre Lázaro, o bom ladrão na cruz, ou Estêvão? A queda de Jerusalém não é mais um evento contado entre os eventos escatológicos como em Marcos e em Mateus, mas faz parte da história, distinto dos do fim (cf. Lc 19,42 ss.; 21,20-24). Se Lucas não se interessa tanto pelo fim dos impérios quanto pelas etapas da história, o Apocalipse, de João, porém, reflete em perspectiva cristológica sobre o fim global da época presente: o cordeiro degolado em pé e vitorioso sobre Satanás e, afinal, Babilônia cairá.

O espaço de um diálogo

O cristianismo vive da interpretação da revelação de Deus no acontecimento da vinda, da encarnação, da vida e da morte de Jesus Cristo[41]. Está fundamentado num evento e não numa verdade abstrata. A verdade do evangelho não se define com a formulação de um consenso, mas é objeto de um

---

39. Cf. a respeito, REDALIÉ, Y., *Paul après Paul. Le temps, le salut, la morale selon les épîtres à Timothée et à Tite*, Genève, Labor et Fides, 1994.
40. Cf. PENNA, R., *Il canone del Nuovo Testamento*, 309 s.
41. Cf. VOUGA, F., *Une théologie*, 443.

procedimento de interpretação e de uma procura em forma de diálogo aberto. A forma canônica como pluralidade limitada indica como saída para a dialética diversidade/unidade não uma síntese, um compromisso, uma harmonização, mas um espaço de confronto aberto, criador de novas significações. Com duas exigências, porém, ou seja, a fidelidade aos acontecimentos fundadores e a pertinência atual da revelação para o ouvinte-leitor, que lhe permite dizer que a revelação é para ele libertação, promessa, chamado à responsabilidade. Daí uma pluralidade legítima das interpretações da revelação.

11
A arqueologia do cristianismo primitivo

Jerome Murphy-O'Connor

A arqueologia é o estudo científico do material restante da atividade humana do passado. Em sentido estrito, a arqueologia do cristianismo das origens deveria se ocupar das estruturas e das manufaturas associadas aos primeiros dois ou três séculos do movimento de Jesus[1]. De fato, porém, nada de especificamente cristão sobrevive a esse período. *Realia* distintamente cristãos não aparecem antes do fim do século II[2]. Antes do século IV não era permitido aos cristãos ter um tipo de edifício público monumental que deixasse ruínas consideráveis. O espaço público da primeira Igreja era a casa particular, e a assembleia litúrgica não exigia uma diferenciação arquitetônica.

Portanto, a arqueologia do cristianismo primitivo deve se concentrar na cultura material daqueles lugares em que as fontes literárias nos comprovam a presença da nova religião no século I e deve se fundamentar nas ruínas escavadas que revelam a situação socioeconômica em que as diversas comunidades cristãs se enraizaram, considerando particularmente qualquer característica de um sítio que possa lançar luz sobre um texto antigo ligado àquele lugar. Em certo número de sítios maiores as escavações em andamento podem trazer ainda à luz testemunhos mais explícitos de uma presença cristã.

A ordem deste capítulo segue a expansão do cristianismo na Ásia Menor e na Europa a partir das suas origens na Terra Santa.

---

1. Para uma discussão mais aprofundada, cf. DEICHMANN, F. W., *Einführung in die Christliche Archäologie*, Darmstadt, Wissenschafliche Buchgesellschaft, 1983, 7-13.
2. Cf. SNYDER, G., *Ante Pacem. Archaeological Evidence of Church Life Before Constantine*, Macon, Mercer University Press, 1985, 2.

A Terra Santa

Certo número de argumentos sérios pode ser invocado a favor da historicidade da gruta sob a igreja da Natividade, em Belém, na qual é venerado o nascimento de Jesus. Como nenhuma gruta aparece em Lucas 2,7, ela não é uma invenção com a intenção de provar alguma coisa que seja mencionado no evangelho.

Segundo Justino mártir (100-165 d.C.), quando José não pôde encontrar um lugar na hospedaria, "ele foi até uma gruta próxima da aldeia e enquanto lá estavam Maria deu à luz o Cristo e o pôs numa manjedoura" (*Diálogo com Trifão* 78,6). Como Justino está completamente consciente do perigo de um paralelo que se fazia entre Jesus e o deus Mitra (nascido de uma pedra), é improvável que ele tenha inventado a gruta para justificar o cumprimento de Isaías 33,16 LXX ("Ele habitará em elevada caverna de pedra forte"). A sua informação deve estar baseada numa tradição específica de Belém, que Justino, enquanto nativo da Palestina (ele nascera em Flávia Neápolis, a moderna Nablus), tinha podido conhecer.

A tradição do nascimento de Jesus numa gruta era conhecida de forma independente também pelo autor anônimo do protoevangelho de Tiago (capítulos 18-19), do século II, cuja ignorância da geografia da Palestina sugere que fosse nativo do Egito ou da Síria. Ele poderia ter ouvido falar da gruta somente por parte dos viajantes que retornavam de lá.

O aceno ao fato de que a gruta tenha se tornado um ponto de peregrinação é confirmado por Orígenes (185-254 d.C.), o qual refere que "é mostrada em Belém a gruta onde ele nasceu" (*Contra Celso* 1,51). A formulação implica visitantes regulares, e o próprio Orígenes foi um deles nos anos entre 231 e 246.

A força da tradição local é confirmada pelo fato de que nenhum lugar alternativo foi escolhido quando o acesso à gruta se tornou impossível em 135, depois que Adriano incluiu a gruta no perímetro do templo de Tamuz/Adônis[3]. Uma análise da superfície mostrou que a caverna estava situada no ângulo norte-ocidental da Belém do século I[4]; de fato, era usada para estalagem

---

3. Cf. JERÔNIMO, *Cartas*, 58.
4. Cf. GUTMAN, S.; BERMAN, J., Bethléem, *Revue Biblique*, v. 77 (1970) 583-585.

e depósito entre o século I a.C. e século I d.C.⁵. Até hoje, na área de Belém usam-se grutas que se encontram em baixo ou ao lado das casas.

Em 1955, a igreja da Anunciação, em Nazaré, que remonta ao século XVIII, foi demolida para ser substituída pela igreja atual (1959-1969), que voltou à orientação leste-oeste da igreja das cruzadas, erigida depois do terremoto de 1170. Para preparar o edifício da igreja moderna, a área foi cavada por Bagatti (1955-1962), cujos trabalhos completaram a escavação de Viaud (1907-1909), revelando o desenvolvimento cronológico do sítio⁶. Vieram, assim, à luz silos e cisternas da aldeia do século I d.C. Em algum momento do século II, foi cavada uma piscina ritual na rocha, na parte de baixo. As paredes de duas cavernas vizinhas foram rebocadas e ornadas com uma cruz e textos de oração a Jesus, em língua grega. Esses textos remontam provavelmente ao início do século IV.

Com relação a Betsaida, um debate inconcludente sobre sua posição com base nas fontes literárias acabou sendo silenciado por um relatório geológico e pelas escavações. O sítio de et-Tell encontra-se hoje a certa distância do Mar da Galileia, a leste do rio Jordão. É uma consequência do terremoto de 363 d.C., que causou um forte rebaixamento do terreno a cerca de 9 km ao norte do sítio e obstruiu como um dique o rio Jordão. Quando a barragem se rompeu, desencadeou uma inundação catastrófica: o rio forçou as margens do desfiladeiro e os destroços que arrastava consigo inundaram o porto de Betsaida e levaram a borda norte do Mar da Galileia cerca de 2 km mais para o sul. Que outrora et-Tell fosse uma praia do lago confirma-se pela escavação da "Casa do pescador"⁷, um edifício de 430 m² que remonta a um período compreendido entre o século II a.C. e o século I d.C., construído em torno dos três lados de um pátio pavimentado (13,5 m x 7 m). Há quatro pequenos cômodos do lado norte, uma cozinha com dois fornos a leste e só uma grande sala ao sul. Espalhados nessas salas havia mais de 100 artigos de pesca (pesos de chumbo, ganchos, velas e agulhas de rede, pesos da rede e âncoras). É difícil evitar a conclusão

---

5. Cf. BAGATTI, B., Recenti scavi a Betlemme, *Liber Annuus*, v. 18 (1968) 181-237.

6. Cf. Id., *Gli scavi di Nazaret*, v. I, *Dalle origini al secolo XII*, Jerusalem, OFM Press, 1967; BAGATTI, B.; ALLIATA, E., *Gli scavi di Nazaret*, v. II, *Dal secolo XII ad oggi*, Jerusalem, OFM Press, 1984; ALLIATA, E., *Nazareth*, Jerusalem, OFM Press, 1995.

7. Cf. ARAV, R.; FREUD, R. (ed.), *Bethsaida: A City by the North Shore of the Sea of Galilee*, Kirsville, Truman State University Press, 1999, 2 v.

de que os proprietários da casa eram pescadores. Simão e André pertenceram a uma família dessas (cf. Mc 1,16) e, com Filipe, eram nativos de Betsaida (cf. Jo 1,44; 12,21).

Em algum momento, Simão e André foram de Betsaida para Cafarnaum (cf. Mc 1,29), que, para Jesus se tornou a "própria cidade" (Mt 9,1). Ela foi completamente escavada pelos franciscanos[8]. No conjunto, conhecido como "Casa de Pedro", foi isolado um cômodo com decoração da metade do século I d.C.[9]. Há uma só explicação para a constante veneração que a marcou: era a sala na qual Jesus, que não tinha um lugar onde repousar a cabeça (Mt 8,20), se hospedou, na casa do seu discípulo principal[10]. No século V, ela, como num relicário, foi posta numa igreja que consistia em três octógonos concêntricos. A sinagoga de basalto negro construída pelo centurião pagão (cf. Lc 7,5) foi descoberta sob a sinagoga de calcário branco dos séculos IV ou V.

De todas as cidades associadas a Jesus e a seus discípulos, aquela sobre a qual temos mais informações é Jerusalém. A ampla plataforma erigida por Herodes o Grande sobrevive ainda, e descrições detalhadas dos monumentos que a adornavam leem-se em Flávio Josefo (*Antiguidades judaicas* 15,11,380-425; *Guerra judaica* 5,5,184-247) e no tratado *Middot* da *Mishná*. Fora do muro ao norte do Templo havia um santuário de cura pagão[11], que foi a cena do milagre narrado em João 5,2-9. A piscina de Siloé, a cena de outro milagre (cf. Jo 9,11), ainda existe na zona a sudeste da cidade velha, mas não foi escavada. A oeste do Templo, à beira da escarpa, veio à luz a partir das escavações um grupo de casas do século I; a qualidade da decoração e as numerosas piscinas rituais sugerem que, talvez, elas pertencessem aos chefes dos sacerdotes de cujas famílias era escolhido o sumo sacerdote[12].

O amplo palácio de Herodes o Grande, que se tornou o pretório (cf. Jo 18,28) onde Jesus foi julgado por Pôncio Pilatos (cf. Jo 19,13), é representado

---

8. Os últimos relatórios são referidos na coleção *Cafarnao*, Jerusalem, OFM Press.
9. Cf. CORBO, V., *The House of St. Peter at Caphernaum*, Jerusalem, OFM Press, 1969.
10. Cf. STRANGE, J. F.; SHANKS, H., Has the House Where Jesus Stayed in Capernaum Been Found?, *Biblical Archaeology Review*, v. VIII, n. 6 (nov.-dez. 1982) 26. Sobre os grafitos ali encontrados, cf. TESTA, E., *Cafarnao IV: i graffiti della casa di S. Pietro*, Jerusalem, OFM Press, 1972.
11. Cf. DUPREZ, A., *Jésus et les dieux guérisseurs*, Paris, Gabalda, 1970.
12. Cf. AVIGAD, N., *Discovering Jerusalem*, Nashville, Nelson, 1980, 83-120.

pelas ruínas do pódio sobre o qual ele foi construído e pela base imensa de uma das torres[13]. Mais ao sul, na estrutura agora conhecida como o túmulo de Davi, o pavimento do século II, descoberto cerca de 70 cm abaixo da atual superfície transitável[14], pode pertencer à "pequena igreja de Deus" que, segundo Epifânio de Salamina existia no Monte Sião em 130 d.C.[15].

As escavações que acompanharam a restauração do Santo Sepulcro mostraram que a igreja fora construída sobre uma pedreira abandonada por volta de 100 a.C.[16]. Os túmulos foram cavados na parede ocidental. Um bloco proeminente da pedra inferior no lado oriental foi escolhido pelo centurião, na sexta-feira, 7 de abril de 30 d.C. como lugar da execução de Jesus. Essa localização está em perfeita harmonia com o relato da sepultura de Jesus que se lê em João 19,41-42. Adriano, em 135 d.C. aterrou a escavação, a fim de criar um fundo de sustentação para o templo capitolino[17]; esse último, por sua vez, foi demolido e escavado na rocha viva por ordem de Constantino, em 325. A descoberta de um túmulo é documentada por testemunhas oculares[18]. Com toda probabilidade, ele foi identificado como o túmulo de Cristo por causa dos grafitos[19], como o foi também o túmulo de São Pedro no Vaticano (cf. infra, p. 465-466).

---

13. Cf. GEVA, H., Excavations in the Citadel of Jerusalem, 1979-1980. Preliminary Report, *Israel Exploration Journal*, v. 33 (1983) 55-71.

14. PINKERFELD, J., *David's Tomb. Notes on the History of the Building. Preliminary Report*, in Louis Rabinowitz Fund for the Exploration of Ancient Synagogues Bulletin III, Jerusalem, Hebrew University-Department of Antiquities, 1960, 41-43.

15. Cf. o meu The Cenacle – Topographical Setting for Acts 2:44-45, in: BAUCKHAM, R. (ed.), *The Book of Acts in Its First Century Setting*, v. IV, *The Book of Acts in its Palestinian Setting*, Grand Rapids, Eerdmans, 1995, 303-322.

16. Cf. COÜASNON, C., *The Church of the Holy Sepulchre*, London, Oxford University Press, 1964, 39; CORBO, V., *Il Santo Sepolcro di Gerusalemme. Aspetti archeologici dalle origini al periodo crociato*, Jerusalem, OFM Press, 1982, 112-113 com mapas e fotos (102-109); BROSHI, M.; BARKAY, G., Excavations in the Chapel of St. Vartan in the Holy Sepulchre, *Israel Exploration Journal*, v. 35 (1985) 108-128.

17. Cf. o meu The Location of the Capitol in Aelia Capitolina, *Revue Biblique*, v. 101 (1994) 407-415.

18. Cf. EUSÉBIO, *Vida de Constantino*, 3,28; CIRILO DE ALEXANDRIA, *Catequeses*, 10,19; 13,39; 14,5.22.

19. Cf. BIDDLE, M., *The Tomb of Christ*, Stroud, Sutton Publishing, 1999, 66.

Síria

A cidade de Damasco, que Paulo conheceu, era aproximadamente tão grande quanto a Jerusalém de Herodes e se localizava na área a sudoeste da cidade moderna[20]. A fortaleza romana, no ângulo a nordeste, prendia-se a um muro de 5 km de comprimento, atravessado por oito entradas que desenhavam uma área quase retangular. Uma característica, todavia, tornava claramente diferentes as duas cidades. O lado norte de Damasco era protegido pelo rio Barada, fonte de fertilidade do oásis. A água era transportada à cidade por pelo menos dois canais principais, inclusive um aqueduto que hauria água do rio.

As ruas da cidade do século I a atravessavam segundo um modelo de gradeado, que é, aliás, perpetuado no traçado das ruas modernas, com suas *insulae* retangulares de lados desiguais. A via principal no sentido leste-oeste cortava o centro da cidade, ligando duas entradas. Com as calçadas formadas por colunatas cobertas, ela media 26 m de largura. A topografia obrigava o percurso a fazer dois leves desvios, ambos marcados por um arco situado numa intercessão maior. Durante esse período, as ruas não tinham nomes e isso tornava muito difícil encontrar alguém numa cidade. Assim, quando Lucas fala de Paulo que se hospeda em Damasco numa casa na "rua chamada 'rua Direita'" (At 9,11), isso refletiria um chiste damasceno, dado que, por definição, todas as ruas no padrão quadriculado hipodâmico eram retas. A rua principal de Damasco, porém, era em curva: daí o nome trocista.

O monumento principal era o templo de Júpiter, cujo perímetro é bem visível. O enorme espaço aberto que circunda o edifício do templo era majestoso nas suas proporções, mas os judeus, decerto, tinham, por isso, uma disfarçada satisfação pelo fato de que era ligeiramente menor do que o Templo de Jerusalém construído por Herodes o Grande. Os judeus de Damasco, todavia, não estariam orgulhosos das duas contribuições por parte de Herodes para essa cidade, ou seja, um ginásio e um teatro, ambos muito ofensivos para um judeu observante.

Paulo passou três anos de formação em Damasco (cf. Gl 1,17-18). Encontramo-lo depois em Antioquia, do Orontes, que foi a primeira cidade a enviá-lo como apóstolo (cf. At 13,1-3; 15,40). A cidade antiga, que estava entre

---

20. O melhor tratado sintético da história e arqueologia de Damasco é o de BURNS, R., *Monuments of Syria: An Historical Guide*, London-New York, Tauris, 1992, 72-108.

o rio Orontes e o monte Silpius (492 m), está hoje coberta pela moderna cidade turca de Antáquia. Todavia, as escavações dos sítios atentamente escolhidos e a fotografia aérea trouxeram à luz o plano da cidade do século I d.C.[21].

No tempo de Paulo, a cidade consistia em cinco bairros, cada um dos quais com seu muro. Isso não se devia a alguma hostilidade entre eles, mas a um modelo atentamente projetado de desenvolvimento. Quando havia necessidade de novos terrenos para uma cidade que se expandia, uma área era circundada por muros e o modelo das ruas quadriculadas era desenhado, antes que as pessoas tivessem a permissão de construir. Um aqueduto que vinha dos arredores ao jardim de Dafne, cerca de 8 km ao sul, transportava abundante água doce para a cidade. O bairro mais novo devia-se à generosidade de Marco Vipsânio Agripa (*circa* 63 a.C.-12 a.C.), genro de Augusto, que patrocinou também duas piscinas públicas, ampliou o teatro e renovou o hipódromo. No século I d.C., o número de cidadãos chegava a pelo menos 100 mil.

O orgulho da Antioquia que Paulo conheceu era devido, em parte, a Herodes o Grande. Um inteligente projetista anônimo tinha observado que aquilo de que a cidade em expansão tinha necessidade para ligar os vários bairros era uma avenida ampla de grandes proporções. Para isso, havia espaço entre a cidade original e o bairro Epifânia e podia ser prolongada mais a norte.

Uma vez conhecida a proposta, rapidamente surgiram os doadores. Herodes proveu a pavimentação marmórea para a rua inteira (3,2 km), com a largura de 9,6 m (hoje o *Kurtulus Caddesi*). Ao futuro imperador Tibério são atribuídos o pórtico, com largura de 10 m, que estava ao lado da avenida de ambos os lados, e os *tetrápylae* com cúpula em cada uma das encruzilhadas principais. O projetista era muito inteligente para construir a rua perfeitamente reta: ele lhe deu um ponto focal, uma praça oval com uma estátua de Tibério sobre uma coluna, para a qual desviou ligeiramente a direção. Danificada por um terremoto durante o reinado de Calígula (37-41), a bela rua foi submetida novamente a reforma durante o reinado de Cláudio (41-54).

Nada resta de Selêucia Piéria, o porto de Antioquia situado a cerca de 4 km ao norte da foz do Orontes. Para prevenir inundações, foi perfurado um

---

21. Para um relatório detalhado da história arqueológica de Antioquia, cf. DOWNEY, G., *A History of Antioch in Syria from Seleucus to the Arab Conquest*, Princeton, Princeton University Press, 1961. Há um mapa excelente em FINLEY, M. I. (ed.), *Atlas of Classical Archaeology*, London, Chatto and Windus, 1977, 222.

túnel de 1,4 km pelos prisioneiros judeus enviados ao norte por Tito, depois de ter sufocado a primeira revolta contra Roma (66-70)[22].

Estradas romanas

O zelo missionário da Igreja de Antioquia é claro no Novo Testamento (cf. At 13–18). Ela se convenceu de que a sua missão era levar o cristianismo para oeste. A chave para essa expansão era o sistema de estradas da Ásia Menor. Em anos recentes, essa rede foi completamente estudada, em particular por David French[23] e Stephen Mitchell[24].

A mais importante estrada na Ásia Menor era a comercial entre a costa do Mar Egeu e o rio Eufrates. As suas origens se perdem na antiguidade romana. No fim do século II a.C., o geógrafo grego Artemidoro de Éfeso registrou o traçado de toda a estrada até a Índia, com as distâncias entre as cidades mais importantes. Quando essa descrição foi retomada um século mais tarde pelo geógrafo romano Estrabão, este a chamou de "uma estrada comum (*koiné tis hodós*)" (*Geografia* XIV,2,29) porque todos a usavam[25].

Os romanos obtiveram a metade ocidental da estrada quando herdaram o reino de Átalo III de Pérgamo, por ocasião de sua morte em 133 a.C. e o transformaram na província da Ásia. Uma das maiores realizações cuidadas pelo governador Mânio Aquílio (129-126 a.C.) foi ter pavimentado os 288 km da "estrada comum" entre Éfeso e Apameia (a moderna Dinar). Essa seção costeia a margem norte do rio Meandro (hoje, rio Menderes) e atravessa a margem meridional, perto de Antioquia sobre o Meandro. No trecho até o altiplano anatólico, ela passava através da Laodiceia no vale do rio Lico, onde, nos anos futuros, nasceriam Igrejas paulinas. A partir da Apameia fazia uma

---

22. Cf. McDonagh, B., *Turkey: The Aegean and Mediterranean Coasts*, London-New York, Black-Norton, 1989, 586.

23. French, D., The Roman Road-System of Asia Minor, in: *Aufstieg und Niedergang der römischen Welt*, II,7,2, Berlin-New York, de Gryuter, 1980, 698-729; Id., *Roman Roads and Milestones of Asia Minor*, London, Oxford University Press, 1981-1988, 2 v.

24. Mitchell, S., General Index, s.v. Roads. *Anatolia. Land, Men, and Gods in Asia Minor*, Oxford, Clarendon Press, 1993.

25. A estrada é traçada em pormenor em Talbert, R. (ed.), *Barrington Atlas of the Greek and Roman World*, Princeton, Princeton University Press, 2000, mapas 61, 65, 62, 63, 66 ss.

grande curva em torno da ponta norte-ocidental do Sultan Dagh, que tinha à sua direita, até completar o seu trajeto sul-oriental em Icônio (hoje Konya). Presumivelmente, um dos sucessores de Mânio Aquílio continuou o projeto da pavimentação até Apameia.

Os viajantes provenientes de Antioquia sobre o Orontes chegariam até a "estrada comum" vindos de outra estrada que atravessava as montanhas do Amano, junto das Portas sírias, depois virava, passando pela planície da Cilícia em direção a Tarso, onde mudava para norte e passava pelas montanhas do Tauro, junto das Portas da Cilícia. Uma vez no altiplano, a estrada se voltava para o noroeste na direção de Icônio[26].

A segunda estrada era a via Sebaste, que foi completada em 6 a.C. pelo governador da Galácia, Cornuto Arrúncio Áquila, para ligar as colônias romanas além do Tauro, no altiplano anatólico[27]. Tendo sido pavimentado todo o percurso, de Comama/Colônia Júlia Augusta Prima Fida até Listra, essa estrada se situava a leste da Apameia e virava em torno do limite norte do lago Egirdir até a Antioquia da Pisídia. Tendo o Sultan Dagh à sua esquerda, em Pappa/Tiberiópolis, cortava através de uma passagem diretamente a leste em direção a Icônio e, depois, ao sul, diretamente a Listra. Duas estradas laterais ligavam a via Sebaste à "estrada comum", uma logo ao sul do lago Burdur, a outra em direção a Apameia. Isso tinha consequências práticas para a "estrada comum", que foi efetivamente abandonada entre Apameia e Icônio, porque a via Sebaste reduzia a distância entre as duas cidades, de 288 km para 248 km. A diferença equivale à caminhada de um dia (40 km), um dado importante para quem se movia a pé.

O mapa das estradas conhecidas na Ásia Menor mostra que era fácil para os primeiros missionários irem para o oeste e para o sul; chegar à Bitínia e ao Ponto (cf. 1Pd 1,1), porém, era muito mais difícil. Seria fácil chegar até Ancira (hoje, Ankara) a partir de Icônio ou de Tiana, mas de lá não havia uma boa estrada até a costa[28].

Outra estrada romana que foi de grande importância para a expansão missionária da Igreja era a via Egnácia. Construída em 130 a.C. pelo procônsul

---

26. Ibid., mapas 67 e 66.
27. O traçado dessa estrada é mencionado ibid., mapas 65, 62, 65.
28. Ibid., mapa 86.

da Macedônia, Cneu Egnácio, o seu percurso foi diligentemente estudado[29]. Ela atravessava a Grécia setentrional, desde Bizâncio, via Tessalônica, até Durazo e Apolônia, sobre o Adriático[30]. Como era muito mais fácil ir para o Ocidente por terra do que por mar, os viajantes provenientes da Ásia Menor fariam como fez Paulo (cf. At 16,11), ou seja, tomar um navio de Trôade até Neápolis (hoje, Cavala) e chegar à via Egnácia, em Filipos.

De um dos terminais ocidentais da via Egnácia era preciso um bom dia de travessia do Adriático por navio até Brindisi, término oriental da via Ápia, a estrada mais direta para Roma[31].

A Ásia Menor ocidental

Segundo Atos dos Apóstolos 13–14 poderia parecer que Antioquia da Pisídia tivesse sido o ponto mais ocidental tocado pela primeira expedição missionária provinda de Antioquia do Orontes, na Ásia Menor. Há certo sentido; ela se situava a meio caminho em direção à costa do Mar Egeu e, portanto, era um posto-chave na linha de ligação entre a Igreja-mãe na Síria e suas eventuais filhas em torno de Éfeso. A primeira visita de Paulo está narrada em Atos dos Apóstolos 13,13-52, mas ele teve de passar de novo por essa cidade no seu itinerário em direção à Galácia, no ano 46 (cf. At 16,6) e no seu percurso para Éfeso em 52 (cf. At 18,23)[32].

O sítio de Antioquia da Pisídia identifica-se com as ruínas a leste da moderna cidade de Yalvaç. Foi totalmente refundada em 25 a.C., quando o imperador Augusto a transformou em colônia romana e a povoou com veteranos

---

29. Cf. O'SULLIVAN, F., *The Egnatian Way*, Newton Abbot, David & Charles, 1972; HAMMOND, N., The Western Part of the Via Egnatia, *Journal of Roman Studies*, v. 64 (1974), 185-194.

30. O traçado está presente em TALBERT, R. (ed.), *Barrington Atlas*, mapas 49 e 51.

31. O traçado dessa estrada, descrito por Estrabão (*Geografia* VI,3,7) e Horácio (*Sátiras* 1,5), encontra-se em TALBERT, R. (ed.), *Barrington Atlas*, mapas 45 e 44. Cf. QUILICI, L.; QUILICI GIGLI, S. (org.), *La Via Appia. Iniziative e Interventi per la conoscenza e la valorizzazione da Roma a Capua*, Roma, L'Erma di Bretschneider, 2002.

32. Para a cronologia, cf. MURPHY-O'CONNOR, J., *Vita di Paolo*, Brescia, Paideia, 2003, cap. 1.

da V e VII legiões romanas[33]. Permanecem ruínas de estruturas magníficas de que foi dotada a cidade no século I d.C.

> O pódio do templo tetrastilo prostilo que domina o centro urbano era visível de várias milhas por qualquer viajante que se aproximasse da colônia, vindo do Ocidente. Foi integrado num complexo como edifício central e axialmente alinhado. Às suas costas, havia uma colunata de dois pisos que formavam um hemiciclo, metade escavado na pedra do declive e metade inteiramente por si só. O piso inferior tinha colunas dóricas e o superior, colunas jônicas; elas se combinavam e se contrapunham com a ordem coríntia do próprio templo num característico exemplo de simbolismo romano, reunindo as três ordens arquitetônicas principais do mundo grego num desenho unitário. Na frente havia uma praça aberta e ampla, aparentemente retangular, mas cujos lados, de fato, apresentavam um ligeiro estreitamento, ao se aproximar do templo, aumentando assim a imponência da perspectiva. A entrada no santuário, do lado oeste da praça, era ressaltada pelo propileu de três arcos, dedicada a Cláudio no ano 50, sendo, provavelmente, o último elemento dos edifícios centrais a ser completado, por estar no topo de uma série de doze pequenos degraus que conduziam para baixo, à colunata de Tibério[34].

Certamente, o culto do imperador era uma característica central da vida urbana.

A "estrada comum" de Antioquia da Pisídia até Éfeso passava pelo vale do rio Lico (o moderno Çürüksu), um afluente do Meandro. Lá, o discípulo de Paulo, Epafras, fundou três Igrejas: Colossos, Laodiceia e Hierápolis (cf. Cl 4,13-15). Os arqueólogos nunca trabalharam nas ruínas esparsas de Colossos. Quanto à Laodiceia conhecida de Epafras, ela foi devastada por um terremoto no ano 60, mas foi reconstruída com base em seus próprios recursos (cf. TÁCITO, *Anais* XIV,27,1). Somente a casa da fonte de Laodiceia foi escavada[35]; provavelmente datável nos inícios do século III d.C. As ruínas dos outros

---

33. Cf. LEVICK, B., *Roman Colonies in Southern Asia Minor*, Oxford, Clarendon Press, 1967, 29-41.
34. Cf. MITCHELL, S., *Anatolia*, v. I, 105-107, fig. 14-16. Para maiores detalhes, cf. MITCHELL, S.; WAELKENS, M., *Pisidian Antioch. The Site and Its Monuments*, London, Duckworth, 1998.
35. Cf. GAGNIERS, J. DES, *Laodicé du Lykos: Le nymphée. Campagnes 1961-1963*, Québec, Université de Laval, 1969.

monumentos posteriores a 60 são facilmente identificáveis[36]. O muro circunstante continha três portas. Um aqueduto, com 8 km, proveniente de Denizli, levava água para um grande reservatório fora dos muros, de onde era conduzida sob pressão para uma torre de água, no declive meridional. A riqueza da cidade é ressaltada pela presença de dois teatros, um odeão, um anfiteatro de tamanho inusitado (347 m) e um grande complexo de ginásio e balneário.

Hierápolis, junto ao rio Lico, tem vista para Laodiceia e Colossos, a partir de um declive em socalcos com altura de 90 m. A água quente saturada de minerais, que há milênios escorre pela vertente abaixo, criou uma cascata gelada e brilhante (daí o nome moderno de Pamukkale, "Castelo de algodão"). A presença de Esculápio e de Higeia em moedas de Hierápolis ressalta a propriedade medicinal das águas, que atraíam visitantes na antiguidade. Eles eram atraídos também pelas propriedades do Plutônio, ou seja, uma abertura rochosa onde uma constante atmosfera de dióxido de carbono matava qualquer animal que ali fosse lançado (cf. ESTRABÃO, *Geografia* XIII,4,14). O lugar existe ainda e um gás que dali emana interferiu na escavação do templo helenístico de Apolo, reconstruído mais tarde[37]. Nenhuma das ruínas, de fato, é datável antes do terremoto do ano 60. Algumas seções da muralha da cidade cercam um sistema de ruas de malha quadriculada. Uma seção da rua principal com colunata é visível entre a piscina sagrada e a basílica do século VI. De um lado, há um balneário magnífico e, de outro, o templo de Apolo, atrás do qual aparece um teatro do século II, com capacidade para 15 mil espectadores. O teatro helenístico é menor e se encontra fora dos muros, para o norte. A seus pés, para oeste, está o cemitério, talvez o maior da Ásia Menor, que contém cerca de 1.200 túmulos da época helenística do primeiro período cristão; cerca de 300 têm inscrições[38].

A mais antiga inscrição cristã é datável pouco antes ou pouco depois do ano 200. Como o próprio texto indica, ela foi composta por Abércio de

---

36. McDonagh, B., *Turkey*, 372-373, que sintetiza a obra de Bean, G. E., *Turkey Beyond the Meander: An Archaeological Guide*, London-Totowa, Benn-Rowman and Littefield, 1971; Yamauchi, E., *The archaeology of New Testament Cities in Western Asia Minor*, Grand Rapids, Eerdmans, 1980.

37. Cf. Verzone, P., Le campagne a Hierapolis di Frigia, *Annuario della Scuola Archeologica di Athene*, v. 23-24 (1961-1962) 633-647; v. 25-26 (1963-1964) 352-370.

38. Cf. McDonagh, B., *Turkey*, 376-381.

Hierápolis[39], que é mencionado também por Eusébio[40]. Ela foi gravada num altar que devia ornar o seu túmulo. A identificação não é explícita, mas os indícios são tão numerosos que a tornam totalmente certa[41]. A preocupação de falar somente aos iniciados contrasta vivamente com o tom explícito de um grupo de lápides, cuja maior parte provém do vale de Tembris, na Frígia centro-setentrional[42]. Datáveis na segunda metade do século III, elas se caracterizam pela fórmula "cristãos para cristãos"[43]. A mais antiga desse grupo é datada no ano 248. Uma inscrição de Uckuyu, aproximadamente seis anos anterior, diz, entre outras coisas: "Aurélio Saturnino, filho de Saturnino, um cristão, jaz aqui, depois de ter construído para si a casa eterna, enquanto estava em vida"[44]. Essa é a mais antiga atestação arqueológica do termo "cristão"[45]. Calder considerou que a explicitação fosse devida à convicção montanista, segundo a qual um cristão que vivia num Estado pagão era obrigado em quaisquer circunstâncias a proclamar a própria fé[46].

Quando a "estrada comum" deixava o vale do rio Lico, atravessava o rio Meandro e girava para oeste, ao longo das colinas do monte Messogis em direção a Éfeso. É sabido pelas cartas de Inácio de Antioquia (*circa* 35-107) que havia duas igrejas naquela estrada no início do século II, em Trales (hoje, Aydin) e em Magnésia (perto da atual Milas).

Trales é agora uma região militar fechada, mas há informações de que os arqueólogos turcos descobriram as ruínas de um estádio, de um teatro e de uma ágora[47]. Em Magnésia, podem ser vistos ainda do templo de Artêmis desenhado pelo arquiteto Hermógenes, em 130 a.C. Era menor do que a maravilha

---

39. Cf. CALDER, W. M., Early-Christian Epitaphs from Phrygia, *Anatolian Studies*, v. 5 (1955).

40. *História eclesiástica* V,16.

41. Para o texto e a tradução, cf. SNYDER, G., *Ante Pacem*, 139-140.

42. Cf. TALBERT, R. (ed.), *Barrington Atlas*, mapa 62.

43. Cf. GIBSON, E., *The "Christians for Christians" Inscriptions of Phrygia*, Missoula, Scholars Press, 1978.

44. Para o texto e a tradução dessas duas inscrições, cf. SNYDER, G., *Ante Pacem*, 136-137.

45. Cf., todavia, GUARDUCCI, M., La più antica iscrizione col nome dei cristiani, *Römische Quartalschrift*, v. 57 (1962) 116-125.

46. CALDER, W. M., *Early-Christian Epitaphs*, 30-31.

47. Cf. McDONAGH, B., *Turkey*, 354.

do mundo que era seu irmão gêmeo de Éfeso, mas superior na qualidade da sua arquitetura, segundo Estrabão (*Geografia* XIV,1,40). Um maciço propileu do lado oeste dava para a ágora, no centro da qual surgia um pequeno templo de Zeus venerado como salvador da cidade. O alargamento do rio depositou lama em toda essa área. Próximo, há um pequeno teatro (3 mil lugares), um odeão, um estádio e um ginásio[48].

De Magnésia era preciso um dia de fácil caminhada até Éfeso (4 km da moderna Selçuk), capital da província romana da Ásia[49]. Uma vez que Paulo tinha compreendido quanto era importante estar em contato com as Igrejas por ele fundadas, escolheu Éfeso como sua segunda base de longa duração (a primeira era Corinto), porque estava no centro de uma circunferência que cercava as suas Igrejas na Acaia, Macedônia e Ásia. Ele se deteve ali de julho ou agosto de 52 até setembro de 54. Autores cristãos do século II acreditavam que João, o autor do quarto evangelho, de três cartas canônicas e do Apocalipse, tivesse vivido em Éfeso nos últimos anos da sua vida. Quando Inácio de Antioquia foi levado como prisioneiro a Sardes em sua viagem para Roma (entre 98 e 117), foi visitado por uma delegação de Éfeso encabeçada pelo bispo Onésimo e enviou uma carta àquela Igreja por meio deles.

A cidade que Paulo conheceu era circundada pelos magníficos muros (com altura de 7 m, largura de 3 m e comprimento de 9 km) construídos por Lisímaco, por volta de 286 a.C. O plano quadriculado que Lisímaco preparara para a cidade não tinha sido nunca completado e o imperador Augusto tirou vantagem dessa circunstância para aumentar a própria glória. Certo número de notáveis edifícios é datado, com efeito, no reinado de Augusto[50], e eram

---

48. Ibid., 315-316.
49. Éfeso foi escavada pelo Instituto arqueológico austríaco de Viena a partir de 1895. Relatórios sobre as descobertas aparecem anualmente em *Jahreshefte des Österreichischen Archäologischen Instituts* e, em intervalos irregulares, em *Die Forschungen in Ephesus*. As inscrições aparecem na publicação de vários volumes *Inschriften von Ephesos*.
50. Cf. ALZINGER, W., *Augusteische Architektur in Ephesos*, Wien, ÖAI, 1974; KNIBBE, D.; ALZINGER, W., Ephesos vom Beginn der römischen Herrschaft in Kleinasien biz zum Ende der Principatzeit, in: *Aufstieg und Niedergang der römischen Welt*, II,7,2, Berlin-New York, de Gruyter, 1980, 815-818. O mapa da cidade referida na página 760 aparece ampliado em *Realenkyklopädie der classischen Altertumswissenschaft*, Supplementband, 12 (1970) 1584 e 1600.

uma característica dominante da cidade na época de Paulo[51]. Um complexo na parte meridional da cidade compreendia a sala da cidade, um templo duplo dedicado a Roma e a Júlio César e uma basílica aberta de 200 m de comprimento, que ocupava o lado setentrional da ágora citadina (58 m x 160 m). No centro havia um templo, enquanto no fundo, a oeste, o Ninfeu de Polião foi justaposto a uma carreira de lojas.

A rua dos Curetes (*Embolos*) estendia-se de norte a oeste, atravessando o centro de Éfeso, até a porta de Mazeu e Mitrídates, conferindo dignidade à entrada meridional da praça (ou mercado) da ágora (112 m). Lojas com profundidade de 12 m a circundavam. Uma porta semelhante do lado oeste dava acesso a uma rua reta em direção ao porto, que agora está completamente obstruído. O grande teatro com 25 mil assentos (cf. At 19,31) estava no ângulo norte-oriental da agora. O edifício sobre a colina por trás e acima dele podia ser o pretório (cf. Fl 1,13), onde Paulo escreveu as cartas aos filipenses, aos colossenses e a Filêmon. Outra rua ia do teatro ao porto.

Três aquedutos novos, a *Aqua Julia* e a *Aqua Troessitica*, para os quais contribuiu o imperador Augusto, e o aqueduto de Caio Sestílio Polião, garantiam a qualidade da vida na cidade e causaram um aumento da população[52]. Facilitaram também a construção, nos séculos I e II, de balneários com ginásios (seis são conhecidos), nos quais se concentrava a vida social da cidade romana.

O monumento mais célebre de Éfeso, em todos os tempos, era o templo de Artêmis (cf. At 19,35). Reconstruído muitas vezes, a partir da sua fundação, no século VII a.C.[53], bem cedo encontrou espaço nos primeiros elencos das sete maravilhas do mundo[54]. Como tal, foi o fascínio dos escritores da

---

51. Cf. o mapa central da Éfeso de aproximadamente 50 d.C. em MURPHY-O'CONNOR, J., *Vita di Paolo*, quadro 2.

52. Cf. ALZINGER, W., Ephesos, *Realenkyklopädie der classischen Altertumswissenschaft*, Supplementband, 12 (1970) col. 1604-1605.

53. Um esboço esquemático sobre sua história encontra-se em Estrabão (*Geografia* XIV,1,22-23), o qual, embora estivesse a par das sete maravilhas do mundo (cf. XIV,2,5; XIV,2,16; XVI,1,5; XVII,1,33), não classifica entre elas o templo de Artêmis. No início do século II a.C., todavia, Antípatro de Sidon reconheceu o orgulho do lugar (cf. *Antologia greca*, 9,58).

54. Cf. LANOWSKI, J., Weltwunder, *Realenkyklopädie der classischen Altertumswissenschaft*, Supplementband, 10 (1965) col. 1020-1030.

antiguidade, alguns dos quais se interessaram por detalhes extremamente práticos, como Plínio o Velho, o qual escreve:

> Ele foi construído em solo paludoso de modo a não ser submetido a terremotos nem ser ameaçado por afundamentos. De outra parte, para assegurar que as fundações de um edifício tão maciço não se apoiassem num fundamento oscilante e instável, elas foram escoradas por uma camada de carvão bem comprimido e outra de peles de carneiro com pelagem não tosquiada. O comprimento total do templo é de 425 pés e a sua largura, de 225 pés. Há 127 colunas, cada qual construída por um rei diferente, e de 60 pés de altura. Delas, 36 eram entalhadas com relevos, dentre os quais um de Escopas (*História natural* XXXVI,21,95).

Os peregrinos que o templo atraía em Éfeso eram um importante fator na economia da cidade (cf. At 19,23-41).

Se estruturas tão majestosas contribuíam para a identidade da cidade, elas não eram aquelas nas quais viviam os seus habitantes: as habitações particulares dizem muito mais sobre as condições nas quais Paulo trabalhou. Dois conjuntos foram escavados na vertente de Bülbül Dagh, ao sul da rua que liga a ágora comercial à ágora citadina[55]. Construídos no século I a.C., a qualidades deles era tal que estavam ainda em uso 600 anos depois, embora tenham sido restaurados várias vezes[56]. O piso do conjunto oriental expandia-se por 3.000 m^2 e era a casa de uma família muito rica[57]. Suas numerosas e espaçosas salas de recepção teriam sido uma vantagem para a nascente Igreja cristã, mas esses milionários eram raros, se é que se encontravam entre os seus membros. Essa casa estava separada da rua dos Curetes por doze lojas que davam para a rua.

Era muito mais verossímil que aqueles que hospedavam as reuniões litúrgicas da comunidade vivessem numa casa semelhante a uma das habitações de dois pavimentos do conjunto ocidental. De 380 m^2 era o rés-do-chão da casa A[58]. Da direita do vestíbulo uma porta leva à banheira romana, que esquentava também a casa. Diretamente adiante está o átrio (7,5 m x 5 m), com

---

55. Cf. o mapa em ALZINGER, W., Ephesos, *Realenkyklopädie der classischen Altertumswissenschaft*, Supplementband, 12 (1970) col. 1600.
56. Cf. ERDEMGIL, S., *The Terrace Houses in Ephesus*, Istanbul, Hitit Color, 1988.
57. Cf. KNIBBE, D.; ALZINGER, W., *Ephesos vom Beginn der römischen Herrschaft*, 824.
58. As medidas que seguem são tiradas do mapa de ERDEMGIL, S., *The Terrace Houses*, 16. São mostradas duas casas em MURPHY-O'CONNOR, J., *Vita di Paolo*, quadro 3.

seus *impluvium* (3 m x 3,75 m). Uma pequena sala lateral dá acesso à sala de jantar (3 m x 5,5 m); a cozinha está ao lado. A uma sala muito maior (6,5 m x 4,25 m) se tinha acesso direto, a partir de outro lado do átrio, por uma larga passagem com abóbodas em semicírculo.

Essas eram as salas para as visitas; ao resto da casa era proibido o acesso dos visitantes ocasionais. A medida das salas queria dizer que, tendo chegado a comunidade cristã a certa grandeza, alguma complicação seria inevitável. Quando se tornou impossível estarem todos na mesma sala, corria-se o risco de criar membros de primeira e de segunda classe, como, de fato, ocorreu em Corinto (cf. 1Cor 11,17-34), como veremos. Havia inevitavelmente uma tendência a se encontrarem entre grupos menores, como a assembleia doméstica que se reunia na casa de Prisca e Áquila (cf. 1Cor 16,19).

De Flávio Josefo (cf. *Antiguidades judaicas* 16,27-65) concluiríamos que havia uma consistente comunidade hebraica em Éfeso. Não obstante a extensão das escavações, nenhuma estrutura específica ou manufatura hebraica veio à luz até agora[59]. Encontramos a mesma situação em Corinto. Fílon de Alexandria (*Embaixada a Gaia* 281), ao mencionar separadamente a cidade numa lista de regiões, sugere que havia um número significativo de judeus em Corinto, mas isso não se confirma em nenhum vestígio do século I.

Cinco das sete Igrejas no livro do Apocalipse (cf. Ap 2,1–3,22) estão localizadas ao norte de Éfeso, ou seja, Esmirna, Pérgamo, Tiatira, Sardes e Filadélfia[60].Como duas das sete eram fundações paulinas (Éfeso e Laodiceia no vale do rio Lico), parece provável que as outras tenham se formado como resultado da ressonância missionária de Éfeso. Viajantes que tinham encontrado Paulo em Éfeso e tinham se convertido levaram o evangelho para suas cidades de origem, como Epafras tinha feito para Colossos (cf. Cl 4,12-13).

Estrabão descreve Esmirna (a moderna Izmir) como

> a mais bela cidade entre todas. Parte dela está numa montanha e é circundada por muros, mas a parte maior está na planície próxima ao porto, próxima ao templo da Mãe dos deuses e do ginásio. A divisão em ruas é inusitadamente boa, quanto possível em linhas retas que se cruzam; as ruas

---

59. Cf. Schürer, E., *The History of the Jewish People in the Age of Jesus Christ (175 bcAD 135)*, Vermes, G. et al. (ed.), Edinburgh, Clark, 1973-1987 (v. III, 22-23, 88, 129-130) (trad. it.: *Storia del popolo giudaico al tempo di Gesù Cristo*, Brescia, Paideia, 1985).

60. Cf. Talbert, R. (ed.), *Barrington Atlas*, mapa 56.

são pavimentadas com pedras e há grandes pórticos quadrangulares, com rés-do-chão e pisos superiores. Há também uma biblioteca e o *Homerium*, um pórtico quadrangular que contém um santuário e uma estátua de madeira de Homero, pois os esmirnenses se vangloriam também de uma especial pretensão em relação ao poeta.

Ele continua a observar que não havia esgotos por baixo das ruas, "mas o lixo cobria a superfície, particularmente na época das chuvas, quando toda a imundície era lançada nas ruas" (*Geografia* XIV,1,37). A única zona escavada foi a ágora (120 m x 80 m)[61]. Um grande altar de Zeus estava bem no centro. Havia pórticos dos lados oeste e norte, o segundo dos quais tinha dois armazéns, como diz Estrabão. Em outras partes há vestígios do teatro e dos aquedutos provenientes do Sul e do Leste.

Em seu trajeto em direção à costa, Inácio de Antioquia deteve-se por bom tempo em Esmirna, para escrever cartas às Igrejas de Éfeso, Magnésia, Trales e Roma. Pouco tempo depois, de Trôade escreveu uma carta aberta à comunidade de Esmirna e uma particular a seu bispo Policarpo. Pensa-se que essa última era uma iniciativa para reunir e preservar as sete cartas de Inácio[62].

Sardes (hoje, Sartmustafa) encontra-se 90 km a leste de Esmirna, no vale do Hermon. Desde 1958 foi escavada pelas universidades de Harvard e de Cornell[63]. O sítio está dividido em dois por uma rua na direção leste-oeste, acima de uma antiga rua com colunata. O lado norte era flanqueado por lojas do século IV d.C. Por trás delas há o conjunto de um ginásio, cujos vestígios remontam ao século III. Naquele século, a ala meridional foi transformada numa sinagoga com um átrio a leste e capaz de reunir mil pessoas[64]. O teatro do século I, com 20 mil assentos, estava situado ao sul da rua, sob a acrópole. O estádio estava ao lado.

---

61. Cf. McDonagh, B., *Turkey*, 237.
62. O estudo mais recente é de Hartog, P., *Polycarp and the New Testament. The Occasion, Rhetoric, Theme, and Unity of the Epistle to the Philippians and Its Allusions to New Testament Literature*, Tübingen, Mohr, 2002.
63. As relações sobre as escavações são publicadas pela Harvard University Press em duas coleções: *Archaeological Exploration of Sardis, Reports* e *Archaeological Exploration of Sardis, Monographs*.
64. Cf. Seager, A., The Building History of the Sardis Synagogue, *American Journal of Archaeology*, v. 76 (1972) 425-435.

As ruínas atravessam a rua da sinagoga e vão de 1.000 a.C. (um mercado) a 550 d.C. (a casa de um bispo). Grosso modo, o mesmo período é coberto pelas ruínas sobre a margem leste do rio Pactolo, que outrora carregava uma grande quantidade de pó de ouro, fonte da riqueza de Creso (cf. ESTRABÃO, *Geografia* XIII,4,5). As ruínas mais significativas são as de uma vivenda do século IV e de um templo de Artêmis, reconstruído duas vezes depois da fundação, por volta de 300 a.C.

Filadélfia (hoje, Alasehir) encontra-se a cerca de 55 km a leste de Sardes, na margem meridional do rio Kogamo (hoje Kocaçay), um afluente do Hermon. Nunca foi escavada, presumivelmente porque haveria pouco a ser encontrado. Estrabão anotava que estava

> sujeita a terremotos. As paredes das casas estão rachadas, tendo diferentes partes da cidade sido afetadas em diferentes momentos. Por essa razão, somente poucas pessoas vivem na cidade e a maior parte delas passam sua vida como cultivadores no campo, porque o terreno é fértil. Podemos ficar surpresos, todavia, diante dos poucos que têm afeição pelo lugar onde suas habitações são tão inseguras; e podemos nos admirar ainda mais com os que fundaram a cidade (*Geografia* XIII,4,10; cf. XII,8,18).

A Igreja de Tiatira (hoje, Akhisar) pode ter sido fundada por Lídia, uma mulher de negócios que se comportou como protetora de Paulo durante o ministério dele em Filipos (cf. At 16,14-15). A cidade encontra-se na estrada entre Sardes e Pérgamo e jamais foi explorada sistematicamente. As inscrições esparsas sobre sua superfície atestam uma ativa vida cívica do século II a.C. ao século III d.C. Elas mencionam algumas das estruturas que eram de se esperar numa cidade do período romano, como ginásios, pórticos e lojas[65].

Embora o Deutsches Archäologisches Institut, de Berlim, tenha sido ativo em Pérgamo (hoje, Bergama) desde 1878, somente cerca de 3 por cento dos 6 km² da cidade foram escavados. Todavia, o que foi trazido à luz oferece um retrato extraordinário de um dos grandes centros artísticos e intelectuais do mundo grego[66]. A sua biblioteca, de cerca de 200 mil rolos, rivalizava com a de

---

65. Cf. STAMBAUGH, J., Thyatira, in: *The Anchor Bible Dictionary*, v. VI, New York, Doubleday, 1992, 546, 6 v.

66. Relatórios regulares sobre as escavações aparecem no *Archäologischer Anzeiger*, de Berlim, e os estudos definitivos, na coleção *Altertümer von Pergamon e Pergamenische*

Alexandria. Com medo da competição, os egípcios ciumentos recusaram-se a vender papiro a Pérgamo; em resposta, ela preparou peles de animais sobre as quais escrever, criando assim o pergaminho (com origem no nome da cidade). Afinal, os egípcios venceram, porque Antônio doou a biblioteca a Cleópatra, que a transportou para Alexandria (cf. PLUTARCO, *Antônio* 58,5).

Na ponta norte da acrópole havia cinco edifícios paralelos usados para armazenar armas e prover de alimentos a cidade, em caso de assédio. A guarnição estava alojada num edifício no ângulo sudeste. Os palácios dos atálidas ocupavam o lado leste da acrópole. No centro (de norte a sul) havia o *Traianeum*, a biblioteca, o recinto sagrado de Atenas, o grande altar de Zeus (cf. Ap 2,13?), o Herôon e a ágora superior. Do lado ocidental, o teatro helenístico, com as suas 80 filas de cadeiras, descia quase verticalmente para o grande terraço, estendendo-se da ágora superior até o templo de Dioniso.

Uma antiga rua pavimentada seguia a curva do declive. A oeste havia um conjunto termal; à direita, um pequeno ginásio, lojas e tabernas. Seguia-se uma grande área edificada com os templos de Deméter e Cibele, bem como o grande conjunto de um ginásio que servia a três grupos distintos, por idade (crianças, adolescentes e jovens). Depois de ter ultrapassado certo número de casas particulares, de ricos, e depois da ágora inferior, que era consagrada ao comércio, a rua termina na entrada principal da Pérgamo helenística e romana. Essa porta em forte ângulo foi construída por Eumenes II (214-153 a.C.), quando ele ampliou os muros da cidade.

Com o advento da *pax romana*, Pérgamo pôde se expandir fora dos muros. Um grande edifício de tijolos vermelhos dedicado às divindades egípcias foi construído sobre o rio Selino (hoje, Bergama Çay) no início do século II d.C. O rio corre ainda por baixo dele num grande e duplo túnel. A oeste, havia um estádio, um anfiteatro e um teatro, de onde uma rua pavimentada e com colunatas de 820 m chegava até o Asclepieio[67]. Esse famoso centro médico rivalizava e quase que obscurecia o seu irmão gêmeo em Epidauro, na Grécia. A maior parte das ruínas visíveis data do século II d.C. A magnífica entrada

---

Forschungen. W. Radt, o arqueólogo-chefe desde 1972, escreveu um guia de valor com desenhos de uma reconstrução completa: *Pergame. Guide archéologique*, Istanbul, Ara Ofset Basimavi, ³1984. Cf. também HANSEN, E., *The Attalids of Pergamum*, Ithaca, Cornell University Press, ²1971, 234-433.

67. Cf. RADT, W., *Pergame*, 28-29, quadros 35-37.

estava ladeada à direita pela biblioteca e à esquerda pelo templo de Asclépio, além do qual estava o centro circular do tratamento médico, de onde um túnel de 80 m corria diagonalmente no meio do grande pátio. Havia lá as fontes sagradas onde era possível banhar-se e beber. O pátio era circundado por pórticos. O teatro, com 3.500 lugares, foi juntado ao pórtico setentrional. Latrinas para homens e mulheres estavam localizadas na união dos pórticos ocidentais e meridionais. Os milagres operados nesse santuário podem explicar por que o cristianismo criou raízes só de modo muito lento. A cidade já estava protegida por um deus real.

A cidade originária na acrópole estava a 400 m acima do vale do rio Caicos. Isso significa que a provisão de água era sempre um problema. Não menos do que sete aquedutos levavam água à cidade; o mais longo deles tinha 53 km de comprimento[68].

Paulo chega antes a Alexandria da Trôade em seu caminho partindo da Galácia. Naquela oportunidade, ele simplesmente tomou um navio para a Macedônia (cf. At 16,8-11). Depois de ter sido obrigado a deixar Éfeso, exerceu ali um frutuoso ministério por um tempo não especificado (cf. 2Cor 2,12-13) e voltou a visitar aquela Igreja durante o seu retorno a Jerusalém (cf. At 20,6-12). Ele foi de novo para lá numa ocasião seguinte, quando ali deixou com Carpo o seu manto, os livros e os pergaminhos (cf. 2Tm 4,13)[69]. Como observado acima, as cartas de Inácio de Antioquia às Igrejas de Filadélfia e Esmirna, bem como uma carta particular a Policarpo, bispo de Esmirna, foram escritas durante uma parada em Trôade.

No século I d.C. Trôade era "uma das cidades mais notáveis do mundo" (ESTRABÃO, *Geografia* XIII,1,26), uma colônia romana circundada por muros maciços com 8 km de comprimento. A sua localização estratégica como ponto de trânsito para o comércio entre Ásia e Europa tornou-a muito próspera. A sua população é estimada entre 30 mil e 40 mil habitantes[70]. A cidade nunca foi escavada e no período otomano foi devastada para dela retirar materiais de construção a serem usados em Istambul.

---

68. São traçados em TALBERT, R. (ed.), *Barrington Atlas*, mapa 56.
69. Para o contexto desse episódio, cf. o meu *Vita di Paolo*, 406.
70. Para mais detalhes, cf. COOK, J. M., *The Troad. An Archaeological and Topographical Study*, Oxford, Clarendon Press, 1973; HEMER, C., Alexandria Troas, *Tyndale Bulletin*, v. 26 (1975) 79-112.

Grécia

Em sua primeira viagem missionária autônoma, Paulo velejou de Trôade, através da parte mais setentrional do Mar Egeu, até Neápolis (hoje, Cavala). Dali caminhou por 15 km até Filipos. Ao longo da estrada algumas pedras miliares bilíngues o avisavam que estava chegando à *Colonia Iulia Augusta Philippensis*, de língua latina[71]. A luta entre os nativos gregos e os latinos movida pelos veteranos ali estabelecidos por Augusto depois da batalha de Filipos, em 42 a.C., é atestada por inscrições latinas escritas em caracteres gregos e por formas gregas impostas a palavras latinas[72]. Também a comunidade cristã não era exceção. Paulo usa *Philippésioi* (cf. Fl 4,15), do latim *philippenses*, mais que as formas gregas autênticas de *Philippeîs* ou *Philippênoi*.

No seu ministério, Paulo foi ajudado pelo patronato de Lídia (cf. At 16,11-40). A Igreja por ele fundada era relativamente rica e sustentou Paulo em duas ocasiões em Tessalônica (cf. Fl 4,16) e, provavelmente, também em Corinto (cf. 2Cor 11,9). Lá ele escreveu três cartas aos crentes, que agora estão combinadas numa só no Novo Testamento[73].

A cidade conhecida por Paulo era notavelmente pequena[74]. Pode ser atravessada em dez minutos. Os muros, de 3,4 km, cujo perímetro nunca foi alterado, contêm cerca de 68 hectares, que poderiam ter uma população entre 5 mil e 10 mil habitantes, trácios, gregos, macedônios e romanos. A via Egnácia (cf. supra, p. 445-446) corta o centro da área murada. Ao norte, está a acrópole com o santuário dos deuses egípcios e o teatro, com 8 mil lugares. Esparsos em toda a área há 187 relevos entalhados na pedra; a maior parte deles representa Diana. O foro estava ao lado da rua pública principal em direção ao Sul. Para além da colunata, de seu lado meridional, havia um mercado e um ginásio[75]. Todas essas estruturas devem ser datadas, provavelmente, na metade do século II d.C., mas em suas fundações sobrevivem, sem dúvida, vestígios das

---

71. Cf. PILHOFER, P., *Philippi*, v. II, *Katalog der Inschriften von Philippi*, Tübingen, Mohr, 2000, n. 34.

72. Ibid., n. 48, 302, 614.

73. Para os detalhes, cf. a minha *Vita di Paolo*, 245-249.

74. Todos os dados arqueológicos esparsos foram sintetizados por PILHOFER, P., *Philippi*, v. I, *Die erste christliche Gemeinde Europas*, Tübingen, Mohr, 1995. Um excelente sumário está em HENDRIX, H., Philippi, in: *The Anchor Bible Dictionary*, v. V, 313-317.

75. Encontra-se um mapa em FINLEY, M. I. (ed.), *Atlas of Classical Archaeology*, 176.

anteriores. O mais antigo edifício cristão identificado em Filipos é uma pequena igreja retangular do século IV dedicada a Paulo.

A etapa seguinte de Paulo na via Egnácia foi Tessalônica (hoje, Salônica), que Estrabão descreve como "uma cidade macedônia que no tempo presente é mais povoada do que qualquer outra" (*Geografia* VII,7,4). Lá, Paulo fundou uma comunidade de trabalhadores (cf. 1Ts 4,11; 2Ts 3,10-12), em oposição à comunidade burguesa de Filipos. Como o número dos convertidos aumentava, Paulo se tornou menos capaz de ganhar o necessário para viver (cf. 1Ts 2,9; 2Ts 3,8) e, assim, teve necessidade da assistência financeira dos filipenses (cf. Fl 4,16). Paulo escreve três cartas aos tessalonicenses, a primeira de Atenas e as outras duas de Corinto[76].

Embora Tessalônica fosse a capital da província romana da Macedônia desde 146 a.C., ela permaneceu como uma cidade muito mais grega do que Filipos[77]. Em Tessalônica, somente 2 por cento das inscrições estão em latim. O resultado maior das escavações foi o de mostrar que a cidade do século I era muito menor do que a bizantina e nada confirma que fosse cercada de muros. Elementos da ágora do século I foram trazidos à luz entre as ruas de Olimpo e de Filipe. O teatro combinado com o estádio deveria ser apenas ao norte da ágora. Há certamente um porto, mas a sua localização precisa permanece um mistério. A via Egnácia dava a volta por Tessalônica a oeste, de modo que seu tráfego pesado não devia atravessar a cidade.

Uma perseguição obrigou Paulo a deixar Tessalônica e ir para a Bereia (hoje, Véria), mas outra dificuldade o enviou ao Sul, para Atenas (cf. At 17,10-15). Não é claro se Paulo teve tempo para fundar uma comunidade na Bereia. Certamente a sua tentativa de o fazer em Atenas falhou (cf. At 17,16-34). Ele decidiu que Corinto podia lhe oferecer melhores oportunidades. Desempenhou ali o seu ministério por dezoito meses (cf. At 18,11), durante os quais encontrou o procônsul Galião (cf. At 18,12), que exerceu o cargo de junho de 51 a 52. É essa a data-chave na cronologia do ministério de Paulo e nos permite datar a visita de fundação de Paulo em Corinto de abril de 50 a setembro

---

76. Sobre a correspondência com os tessalonicenses, cf. a minha *Vita di Paolo*, 128-138.

77. Todos os fragmentos de informação (arqueológica, epigráfica e literária) sobre Tessalônica foram reunidos por VON BROCKE, C., *Thessaloniki. Stadt des Kassander und Gemeinde des Paulus. Eine frühe christliche Gemeinde in ihrer heidnischen Umwelt*, Tübingen, Mohr, 2001.

de 51 d.C.[78]. Ele para lá retornou para uma breve visita no verão do ano 54 e ali passou o inverno de 55-56, escrevendo a sua carta aos romanos. A duradoura existência da comunidade no fim do século I é atestada pela carta de Clemente de Roma à Igreja de Corinto.

Desde o tempo de Homero (cf. *Ilíada* 2,570), o adjetivo aplicado a Corinto era "próspera". A sua posição sobre o istmo que liga o Peloponeso ao continente grego habilitou-a a impor taxas sobre o comércio de norte a sul, de leste a oeste. Destruída pelos romanos em 146 a.C., ela foi reconstruída por Júlio César, em 44 a.C., devido às suas enormes potencialidades comerciais. A American School of Classical Studies, de Atenas, assumiu a responsabilidade do sítio, em 1896, e ali escavou a partir de então[79]. Inusitadamente, temos duas testemunhas oculares, Estrabão (*Geografia* VIII,6,20-23) e Pausânias (*Descrição da Grécia* II,1,1-5,5) que oferecem descrições pormenorizadas da Corinto dos séculos I e II d.C.[80]. Elas nos permitem dar nomes aos edifícios escavados e datados pelos arqueólogos.

Na falta de um canal, uma estrada pavimentada (o *Diolkos*) foi traçada através do istmo, no século VI a.C. e serviu até o século IX d.C. Uma bacia e 460 m de comprimento foram escavados no lado oeste. O *Diolkos* permitia aos navios leves serem rebocados de um mar ao outro. Não distante, ao sul do *Diolkos* estava Ístmia, onde a cada dois anos, na tardia primavera, celebrava-se a grande festa pan-helênica dos Jogos ístmicos. Vestígios do templo de Poseidon, um teatro e o estádio são ainda visíveis[81], e podem ser confrontados com a descrição de Pausânias (*Descrição da Grécia* II,1-2,2). Essa circunstância forneceu uma quantidade de trabalho aos fabricantes de tendas, cuja produ-

---

78. Para os pormenores, cf. o meu *Saint Paul's Corinth. Texts and Archaeology*, Collegeville, Liturgical Press, ³2002, 161-167.

79. Os relatórios preliminares aparecem no *American Journal of Archaeology* ou em *Hesperia*, os finais, na coleção intitulada *Corinth*, Princeton, American School of Classical Studies at Athens.

80. Esses textos, e outros que tratam de Corinto, são citados por extenso, comentados e coordenados com os dados arqueológicos no meu *Saint Paul's Corinth*, 3-147.

81. Cf. BRONEER, O., *Isthmia*, v. II, *Topography and Architecture*, Princeton, American School of Classical Studies at Athens, 1973. Cf. também GEBHARD, E., The Isthmian Games and the Sanctuary of Poseidon in the Early Empire, in: GREGORY, T. (ed.), *The Corinthia in the Roman Period*, Ann Arbor, University of Michigan, 1993, 78-94.

ção servia tanto aos comerciantes coríntios como aos visitantes provenientes do exterior[82].

Cencreia, o ponto oriental de Corinto, está a 4 km ao sul da Ístmia. Dois quebra-mares abraçam uma bacia de cerca de 30.000 m^2, com cerca de 700 m de cais em cujo interior havia edifícios comerciais divididos por ruas[83]. Febe era ministra da Igreja de Cencreia (cf. Rm 16,1-2). As suas atividades como protetora são ilustradas por uma inscrição encontrada em Corinto em honra de Júnia Teodora, uma matrona de renome do século I[84]. Cencreia foi o porto de partida para Paulo, quando velejou ou para Éfeso ou para o litoral do Mediterrâneo oriental.

Para descrever Corinto como ela era no ano 50 a forma mais simples é seguir Paulo numa sua imaginária caminhada de exploração da cidade, a qual deveria ser a sua residência por dezoito meses. Ele entrou pela porta sul-oriental, que o introduziu no Craneo, o bairro mais elegante, nas encostas do Acrocorinto, um maciço rochoso com 575 m de altura que era o baluarte de Corinto de tempos imemoriáveis.

Se Paulo subisse até o topo, teria encontrado lá um pequeno templo de Afrodite e uma fonte. A cidade seria vista diante dele como uma maquete. Prendia-se à montanha um muro citadino de 10 km, hoje em ruínas, que os construtores exploraram como uma pedreira. Ele fazia a delimitação de uma área de certa de 400 hectares. Para além do Craneo, onde o terreno era em nível, um dos melhores projetistas de cidades de Júlio César tinha traçado um centro urbano romano, com uma magnífica planta quadriculada, tendo como centro a ágora grega dominada pelo templo de Apolo[85]. De ambos os extremos do muro norte, sobre a escarpa, o comprimento dos muros chegava até as águas azuis do golfo de Corinto, de modo a proteger a rua que da cidade ia até

---

82. Cf. o meu Prisca and Aquila. Travelling Tent-Makers and Church-Builders, *Bible Review*, v. VIII, n. 6 (dez. 1992) 40-51.

83. Cf. SCRANTON, R. et al., *Kenchreai, Eastern Port of Corinth*, v. I, *Topography and Architecture*, Leiden, Brill, 1978.

84. A inscrição é publicada por KEARSLEY, R., Women in Public Life in the Roman East: Iunia Theodora, Claudia Metrodora and Phoebe, Benefactress of Paul, *Tyndale Bulletin*, v. 50 (1999) 18.

85. Cf. ROMANO, D., Post-146 BC Land Use in Corinth, and Planning of the Roman Colony of 44 BC, in: GREGORY, T. (ed.), *The Corinthia in the Roman Period*, 9-30.

o Lecaion, o porto ocidental de Corinto e o terceiro entre os maiores portos no mundo greco-romano.

A rua que descia para a parte de baixo, a partir do Acrocorinto era ladeada por templos, mas somente o de Deméter e de Core-Perséfone foi escavado. Paulo teria ficado muito admirado diante das dimensões da ágora, com seus 15.300 m² de espaço aberto em dois níveis.

Caminhando em direção à ágora superior, ele tinha à sua direita a estoa meridional, que continha a Câmara do conselho e, à esquerda, uma série de lojas e de pequenos templos com o *bêma* ao centro. Bem na frente, ao fundo, estava a repartição de registros e, à sua esquerda, a basílica Júlia. Depois ele chegava à fonte de Peirine. Dali podia ver, através da grande porta ornamental, a rua em direção a Lequeo. Comprimida num pequeno espaço na estoa norte-ocidental estava a basílica setentrional. A extremidade ocidental do nível inferior da ágora era marcada por uma série de pequenas estruturas, um templo de Tique, o monumento de Bábio Filino, a fonte de Poseidon e templos de Apolo e Afrodite.

Com a nossa viagem imaginária Paulo chegou à rua para o Lequeo. Ele tinha à sua esquerda a basílica setentrional e à sua direita, um mercado da carne e do peixe (cf. 1Cor 10,35) e um balneário público. Prosseguindo um pouco mais, uma virada à esquerda o levou por outro mercado de alimentos até dentro do mercado setentrional. 44 lojas protegidas por um pórtico davam para a praça. As lojas tinham uma altura uniforme de 4 m e pouco menos de profundidade. A largura variava de 2,8 m a 4 m[86]. Para Paulo ali teria sido um lugar excelente em que preparar a oficina de um fabricante de tendas.

Como Pausânias um século mais tarde, Paulo retornou para a ágora e depois para fora na rua que ia a Sicião. Primeiro, teve de parar para se refrescar na taverna no ângulo do templo do culto imperial. Depois, à sua esquerda vinha um pequeno templo, por trás do qual estava a fonte de Glauco. O templo arcaico estava à sua direita. Mais adiante, perto do teatro de 14 mil lugares, pôde caminhar sobre brilhantes letras de latão de uma inscrição no piso que dizia: "Erasto, em troca do seu cargo de edil, fez a pavimentação às suas

---

86. Cf. DE WAELE, F., The Roman Market North of the Temple at Corinth, *American Journal of Archaeology*, v. 34 (1930) 432-454.

próprias custas"[87]. Erasto viria a se tornar um membro proeminente da Igreja de Corinto (cf. Rm 16,23).

Cerca de 400 m ao norte do teatro, Paulo teria chegado a um complexo de entretenimento dentro da muralha setentrional da cidade. Uma piscina de natação com profundidade de 2 m encontrava-se no centro de um pátio circundado por paredes em três lados. Era servida pela mesma provisão de água do templo de Asclépio, cerca de 150 m a nordeste. Num nível mais baixo do templo (mas anexo a ele) três salas de refeições davam para uma pequena praça com colunatas. Era esse um dos lugares onde um convertido de Paulo podia ser visto a comer num templo de ídolos (cf. 1Cor 8,10)[88].

A arqueologia contribui também, de modo significativo para a solução de outro problema coríntio. Em 1 Coríntios 11,17-34 é evidente que alguns membros da comunidade tinham fartura de comida e de bebida, enquanto outros tinham muito pouco. Essa divisão em crentes de primeira e de segunda classe provinha necessariamente das limitações de espaço. A qualidade do mosaico do pavimento mostra que a vivenda em Anaploga (dentro dos muros da Corinto do século I) era precisamente o tipo de casa em que a classe média alta de crentes podia oferecer hospitalidade para a eucaristia. O triclínio media 5,5 m x 7,5 m, com 41,25 m² de área[89]. Era, decerto, muito pequena para acolher 40-50 membros da Igreja de Corinto. Alguns deles deviam suportar as condições menos confortáveis do átrio. Sem dúvida, o hospedeiro devia garantir que os seus amigos tivessem espaço no triclínio, enquanto o átrio seria deixado aos escravizados e a outros[90].

Roma

O testemunho mais antigo sobre a presença de cristãos em Roma remonta a 41 d.C.[91]. Naquele ano, o imperador Cláudio "expulsou de Roma os

---

87. Cf. KENT, J., *Corinth*, v. VIII, parte 3, *The Inscriptions 1926-1950*, Princeton, American School of Classical Studies at Athens, 1966, 99.
88. Cf. o meu *Saint Paul's Corinth*, 186-191.
89. Cf. MILLER, S., A mosaic Floor from a Roman Villa at Anaploga, *Hesperia*, v. 41 (1972) 332-354.
90. Para maiores detalhes, cf. *Saint Paul's Corinth*, 178-185.
91. Para essa data, cf. ibid., 152-158.

judeus que continuamente provocavam tumultos, por instigação de Cresto" (SUETÔNIO, *Cláudio* 25,3). "Cresto" era o modo como um autor pagão entendia "Cristo"[92]. Evidentemente, os missionários cristãos tinham encontrado violenta resistência quando tinham tentado pregar numa sinagoga. A comunidade dos fiéis não cresceu muito rapidamente. Quando Paulo escreveu aos romanos, em 56, dirigiu uma saudação a 26 indivíduos, 24 dos quais mencionados por nome. Além disso, ele menciona três casas-igreja e dois agrupamentos de (ex?)escravizados, que podiam ser também casas-igreja (cf. Rm 16,3-16)[93]. O tamanho dessas listas mostra que Paulo queria se dirigir a todos. Assim, pelo que podemos deduzir dessas figuras, a Igreja de Roma contava provavelmente com 50 a 100 membros. Por algum motivo, esse início escasso foi seguido por um período de crescimento explosivo. As fontes, tanto pagãs quanto cristãs, dizem-nos que pelo final do reino de Nero (54-68) cristãos – em grande número – foram mortos[94]. A comunidade romana pode ter sido dizimada, mas não foi erradicada.

É impossível delinear, ainda que em esboço, a arqueologia de Roma no espaço destas páginas. Os monumentos encontrados em outras cidades estão aqui em abundância e os edifícios imperiais são de uma quantidade sem igual alhures[95]. O que mais interessa ao estudioso do primeiro cristianismo, todavia, é o estilo de vida da Roma imperial; isso foi brilhantemente tratado por Jérôme Carcopino na sua *Vida cotidiana em Roma no apogeu do império*. O campo no qual Roma oferece uma contribuição arqueológica única é o da arte paleocristã.

Em sua tentativa de dar à Igreja de Roma uma importância doutrinal superior, Irineu de Lião (*circa* 130-200) está consciente de certo exagero ao escrever que aquela Igreja "foi fundada e organizada em Roma pelos dois apóstolos

---

92. Cf. FUCHS, H., Tacitus über die Christen, *Vigiliae christianae*, v. 4 (1950), 65-93, especialmente 71.

93. A frase *Toùs ek tôn Aristoboúlou/Narkíssou* pode ser apenas traduzida como "Os cristãos entre os escravos de Aristóbulo ou de Narciso"; assim, BLASS, F.; DEBRUNNER, A.; FUNK, R. W., *A Greek Grammar of the New Testament and Other Early Christian Literature*, Cambridge-Chicago, Cambridge University Press-University of Chicago Press, 1961, paragr. 162.165. Traduções como "Aqueles que pertencem à família de Aristóbulo/Narciso" (*Revised Standard Version, New Revised Standard Version*) deveriam ser corrigidas.

94. TÁCITO, *Anais* XV,44; *IClem* 6,1.

95. Para uma excelente introdução, cf. CLARIDGE, A., *Rome*, Oxford, Oxford University Press, 1998.

mais gloriosos, Pedro e Paulo" (*Contra as heresias* III,3,2). Paulo visitou Roma duas vezes, uma antes de sua viagem à Espanha (cf. At 28,14-31) e outra logo depois (cf. 2Tm 1,16-17; 2,9), mas o seu papel foi mínimo. No que diz respeito a Pedro, a situação foi, de modo suscito e cuidadoso, compendiada por D. W. O'Connor: "Nada pode ser determinado sobre quando ele foi a Roma, por quanto tempo ali permaneceu, ou que função ou direção – se acaso houve alguma – ele exerceu na Igreja romana"[96]. Todavia, a crônica de Eusébio menciona que Pedro e Paulo foram ambos condenados em Roma, sob Nero[97].

Nenhum culto litúrgico público dos mártires em Roma é atestado antes da metade do século III. Desde então, nenhuma tradição confiável pode ser aceita em relação ao lugar da morte e da sepultura de Pedro ou de Paulo. Supõe-se convincentemente que a veneração de Pedro e de Paulo *ad Catacumbas*, na via Ápia, tenha se originado numa revelação privada de origens suspeitas e que a Igreja romana tenha tratado com sagacidade a situação, pretendendo que os corpos tivessem sido transferidos secretamente para outras localidades, o de Pedro para a colina do Vaticano e o de Paulo para a via Ostiense[98]. Até agora nenhuma evidência arqueológica dá sustentação à tradição segundo a qual o túmulo de Paulo se encontraria sob a basílica constantiniana de São Paulo Fora dos Muros. Já para Pedro a situação é diferente. Escavações sob a basílica de São Pedro trouxeram à luz uma necrópole pagã na qual, por volta de 160, alguém erigiu uma parede de sustentação (a "parede vermelha") com um nicho curvado. Uma *aedicula* foi construída diante do nicho por volta de 200 e cerca de cinquenta anos mais tarde o espaço foi circunscrito por paredes que saem do alinhamento sobre ambos os lados da edícula[99]. A parede setentrional tinha um grafito em grego: *PETR(OS) ENI*, "Pedro está aqui"[100].

---

96. O'Connor, D. W., *Peter in Rome. The Literary, Liturgical, and Archaeological Evidence*, New York, Columbia University Press, 1969, 207. Cf. também Gnilka, J., *Pietro e Roma*, Brescia, Paideia, 2003, 103.

97. *História eclesiástica*, II,25; cf. III,1.

98. Cf. Chadwick, H., St. Peter and St. Paul in Rome: The Problem of the Memoria Apostolorum ad Catacumbas, *Journal of Theological Studies*, v. 8 (1957) 31-52.

99. Cf. Apollonj-Ghetti, B. et al., *Esplorazioni sotto la confessione di San Pietro in Vaticano*, Città del Vaticano, Libreria Editrice Vaticana, 1951; Toynbee, J.; Ward-Perkins, J., *The Shrine of St Peter and the Vatican Excavations*, London, Longmans-Green, 1956.

100. Cf. Guarducci, M., *I graffiti sotto la confessione di San Pietro*, Città del Vaticano, Libreria Editrice Vaticana, 1958, 1-3. A leitura é aceita por Snyder, G., *Ante Pacem*, 145.

O Vaticano é exemplo típico do fato de que a primeira atestação arqueológica de uma presença cristã em Roma tenha vindo da necrópole. Algumas catacumbas contêm afrescos com motivos especificamente cristãos que podem ser seguramente datados no período pré-constantiniano[101].

A catacumba de São Calisto esteve em uso do século I ao século IV. Na dupla câmara da área de Lucina há dois afrescos do início do século III[102] que representam Jonas em repouso, Daniel na fossa dos leões, o batismo de Jesus e pão, peixe e vinho (duas vezes). Em outra parte, na mesma catacumba, uma galeria contém seis pequenos cubículos (conhecidos como "as capelas do sacramento"), cinco dos quais estão decorados com afrescos do início do século III[103]. A seguir, o número entre parênteses indica quantas vezes uma cena aparece: Moisés que bate na rocha (4), o sacrifício de Isaac (1), Jonas lançado ao mar (4), Jonas lançado fora pelo peixe (2), Jonas em repouso (5), o batismo de Jesus (2), a ressurreição de Lázaro (2), uma refeição com pão, peixe e sete cestos (2), a cura do paralítico (1) e a mulher junto à fonte (1).

Um afresco do início do século III na catacumba de Domitila representa Daniel na fossa dos leões e Noé na arca[104]. Na chamada "capela grega" da catacumba de Priscila há afrescos que pintam Noé na arca, o sacrifício de Isaac, Moisés que bate na rocha, os três jovens na fornalha ardente, a acusação de Susana, Daniel e Susana, os magos que visitam Nossa Senhora e o Menino, a cura do paralítico, a ressurreição de Lázaro, uma refeição com pão e peixe[105]. As datas atribuídas a essas pinturas variam do século II ao início do século IV.

É esse, talvez, o melhor momento para mencionar outro bloco extremamente importante de afrescos do século III. Eles se encontram no batistério da casa-igreja em Dura-Europos (próximo à aldeia moderna de Slihiyeh, na Síria)[106]. Uma casa particular foi transformada num lugar de reunião cristã, por

---

101. Cf. NESTORI, A., *Repertorio topografico delle pitture delle catacombe romane*, Città del Vaticano, Libreria Editrice Vaticana, 1975.
102. Ibid., n. 1 e 2.
103. Ibid., n. 21-25.
104. Ibid., n. 4.
105. Ibid., n. 39
106. Cf. KRAELING, C., *The Excavations at Dura-Europos: Final Report*, v. VIII, parte 2, *The Christian Building*, Locust Valley, Augustin, 1967. Para um compêndio sobre as escavações do sítio, cf. VELUD, C., Histoire des recherches à Doura-Europos, *Syria*, v. 65 (1988) 164-181.

volta de 240[107]. O batistério é a única sala decorada. Um baldaquim sustentado por duas colunas estava sobre o lago na parede ocidental. A parte posterior da parede mostrava o bom pastor, com Adão e Eva num plano mais baixo, talvez um acréscimo posterior. A mulher junto à fonte e Davi e Golias aparecem no registro superior da parede meridional. A parede setentrional mostra a cura do paralítico, também com Jesus e Pedro que caminham sobre as águas próximos de um barco. No registro inferior, um grupo de mulheres está próximo de um túmulo. Num dos grafitos se lê: "Cristo Jesus esteja convosco. Lembrai-vos de Próculo"[108]. As quatro paredes da sinagoga próxima foram recobertas por cinco faixas horizontais pintadas, datadas em 250[109].

Além dos afrescos, há um número de relevos em sarcófagos do período pré-constantiniano conservados em Roma[110]. Talvez o mais antigo seja o da igreja de Santa Maria Antiga[111]. Seguindo da esquerda para a direita as cenas são: Jonas na barca, Jonas lançado fora pelo peixe, Jonas em repouso, um orante (uma figura com as mãos elevadas em oração), uma figura sentada que lê num rolo, um bom pastor e Jesus como um pequeno menino nu que é batizado por João.

O sarcófago 119 no Museu Pio-Cristão, no Vaticano, é muito mais complexo[112]. O nível mais baixo é dominado por um ciclo de Jonas completo e pormenorizado. À sua esquerda, a ressurreição de Lázaro está acima de dois homens com um cesto. À sua direita, um pastor com uma ovelha num recinto está acima de um homem com bastão que pesca com um jovem e um ganso. À sua esquerda, há um pequeno Noé numa arca com uma pomba que segura uma oliveira. Outro sarcófago no mesmo museu (n. 236), datado no início do século IV, tem uma inscrição quadrada no centro, indicando que ele pertence

---

107. Dois cômodos foram reunidos em um, para criar uma ampla sala para assembleia, mas, ao mesmo tempo, foram construídos bancos em torno dos três lados do pátio (SNYDER, G., *Ante Pacem*, 68-71). A quantidade de reuniões foi tão afetada quanto os crentes de segunda classe em Corinto (cf. supra, p. 453).
108. Para os grafitos, cf. KRAELING, C., *The Christian Building*, 89-97.
109. Cf. GATES, M., Dura-Europos. A Fortress of Syro-Mesopotamian Art, *Biblical Archaeologist*, v. 47 (1984) 166-181.
110. DEICHMANN, F.; BOVINI, G.; BRANDENBURG, H., *Repertorium der Christlich-antiken Sarkophage*, v. I, Wiesbaden, Steiner Verlag, 1967.
111. Ibid., n. 747.
112. Ibid., n. 35.

a uma Júlia Júnia Juliana[113]. À esquerda da inscrição há um bom pastor e Jonas que é lançado ao mar. Acima da barca, uma pomba com um ramo de oliveira voa em direção a Noé na arca. À direita da inscrição há uma cena pastoral com ovelha e videiras.

O Museu das Termas, em Roma, contém o sarcófago de Ertófilo, datado nos últimos trinta anos do século III[114]. O milagre dos pães e dos peixes aparece à direita da inscrição, enquanto o outro lado contém um ciclo completo de Jonas.

Esse breve exame dos mais antigos afrescos e figuras em Roma mostra que as imagens foram tiradas tanto do Antigo Testamento como do Novo. As cenas do Antigo Testamento, entre as quais a mais popular é, de longe, o ciclo de Jonas, ilustram todas o tema da libertação. Do repertório do Novo Testamento, a ressurreição de Lázaro, a cura do paralítico e a multiplicação dos pães e dos peixes descrevem claramente o mesmo tema. Aqui, porém, o agente libertador não é Deus, mas Jesus. Essa forte imagem positiva está em contraste com a outra representação, ou seja, o batismo, no qual Jesus é passivo e pequeno[115]. Em outras palavras, o retrato de Jesus proposto pela mais antiga arte cristã é o de um salvador dinâmico e jovem, precisamente o gênero de figura que dá esperança a uma Igreja nascente sacudida entre ondas de perseguição. Os primeiros três séculos foram um mundo muito diferente em relação ao simbolizado pelo barbudo e majestoso *Pantokrátor* da arte bizantina.

---

113. Ibid., n. 46.
114. Ibid., n. 778.
115. Snyder considera que o bom pastor se tornou um símbolo de Jesus apenas no período pós-constantiniano (*Ante Pacem*, 23-24). Algumas dúvidas sobre esse juízo categórico provêm do epitáfio de Abércio (cf. supra, p. 448-449) e a sua autoidentificação como "um discípulo do santo pastor" (linha 3).

Referências bibliográficas

1. As origens cristãs e o judaísmo do Segundo Templo

Na base desta obra estão fontes canônicas e não canônicas. Como os textos bíblicos são bem conhecidos e acessíveis, limito esta pequena bibliografia aos não canônicos.

Introdução à literatura intertestamentária

ARANDA PÉREZ, G.; GARCÍA MARTÍNEZ, F.; PÉREZ FERNÁNDEZ, M. *Letteratura giudaica intertestamentaria*. Brescia: Paideia, 1998.

PENNA, R. *L'ambiente storico-culturale delle origini cristiane: una documentazione ragionata*. Bologna: EDB, 1984.

Textos

GARCÍA MARTÍNEZ, F.; MARTONE, C. (org.). *Testi di Qumran*. Brescia: Paideia, 1996.

SACCHI, P. (org.). *Apocrifi dell'Antico Testamento*. Torino: UTET, 1981-1989, v. I-II. Brescia: Paideia, 1997-2000, v. III-V. 5 v.

____. (org.). *Regola della Comunità*. Brescia: Paideia, 2006.

Obras gerais sobre a história do Segundo Templo

BOCCACCINI, G. *Roots of Rabbinic Judaism: An Intellectual History from Ezekiel to Daniel*. Grand Rapids: Eerdman, 2001.

____. *Oltre l'ipotesi essenica. Lo scisma fra Qumran e il giudaismo enochico*. Brescia: Morcelliana, 2003 [1. ed. 1998].

MAIER, J. *Il giudaismo del Secondo Tempio*. Brescia: Paideia, 1991.

SACCHI, P. *Storia del Secondo Tempio; Israele fra VI secolo a.C. e I secolo d.C.*, Torino: SEI, 1994.

SCHÜRER, E. *Storia del popolo giudaico al tempo di Gesù Cristo*. Brescia: Paideia, 1985 [or. ingl. 1973. Reelaboração da obra de SCHÜRER, E. *Geschichte des jüdischen Volkes im Zeitalter Jesu Christi*. Lipsia, ²1886-1890].

SMITH, M. *Gli uomini del ritorno*. Verona: Essedue, 1984 [1. ed. 1971].

Estudos específicos

AVIGAD, N. *Corpus of West Semitic Stamp Seals*. Completado por SASS, B. Jerusalem: Israel Academy of Sciences and Humanities-Israel Exploration Society-Institute of Archaeology, 1997.

COLLINS, J. J. *Between Athens and Jerusalem; Jewish Identity in the Jewis Diaspora*. New York: Crossroad, 1983.

____. *The Scepter and the Star; The Messiahs of the Dead Sea Scrolls and Other Ancient Literature*. New York: Doubleday, 1995.

FITZMYER, J. A. *Qumran. Le domande e le risposte essenziali sui manoscritti del Mar Morto*. Brescia: Queriniana, 1994.

GNOLI, G. Presentazione della storia e identità nazionale nell'Iran antico. In: GABBA, E. (org.). *Presentazione e scrittura della storia: storiografia, epigrafi, monumenti. Atti del Convegno di Pontignano (aprile 1996)*. Como: New Press, 1999, 77-100.

HENGEL, M. *Ebrei, Greci e Barbari*. Brescia: Paideia, 1981.

____. *Judentum und Hellenismus*. Tübingen: Mohr, ²1969.

MARTONE, C. Cronologie bibliche e tradizioni testuali. *Annali di Scienze Religiose*, v. 6 (2001) 167-190.

PESCE, M. Gesù e il sacrificio ebraico. *Annali di Storia dell'Esegesi*, v. 18 (2001) 129-168.

ROSSO UBIGLI, L. La fortuna di Enoc nel giudaismo antico. *Annali di Storia dell'Esegesi*, v. 1 (1984) 153-163.

SACCHI, P. La questione di Ezra. In: *We-zo't le-Angelo. Raccolta di scritti in memoria di A. Vivian*. Bologna: Fattoadarte, 1993, 461-470.

____. Qumran e le origini cristiane. In: STRUS, A. (org.). *Tra giudaismo e cristianesimo*. Roma: LAS, 1995, 61-86.

____. *Tra giudaismo e cristianesimo. Riflessioni sul giudaismo antico e medio*. Brescia: Morcelliana, 2010.

ZURLI, E. *La giustificazione "solo per grazia" negli scritti di Qumran; analisi dell'inno finale della Regola della Comunità e degli Inni*. Napoli: Chirico, 2003.

2. O helenismo, segundo âmbito das origens cristãs

ADINOLFI, M. *Ellenismo e Bibbia. Saggi storici ed esegetici*. Roma: Dehoniane, 1991.

BIANCHI, U. *Prometeo, Orfeo, Adamo. Tematiche religiose sul destino, il male, la salvezza*. Roma: dell'Ateneo & Bizzarri, 1976.

BORGEN, F. *Early Christianity and Hellenistic Judaism*. Edinburgh: T&T Clark, 1996.

CALABI, F. *Storia del pensiero giudaico ellenistico*. Brescia: Morcelliana, 2010.

CUMONT, F. *Les religions orientales dans le paganisme romain*. Paris: Geuthner, ⁴1963.

DES PLACES, É. *Syngeneia. La parenté de l'homme avec Dieu d'Homère à la Patristique*. Paris: Klincksieck, 1964.

DODDS, E. R. *Pagani e cristiani in un'epoca di angoscia. Aspetti dell'esperienza religiosa da Marco Aurelio a Costantino*. Firenze: La Nuova Italia, 1993.

DROYSEN, J. G. *Geschichte des Hellenismus*. v. I-II. Hamburg: Perthes, 1836-1843.

FESTUGIÈRE, A.-J., *La vie spirituelle en Grèce à l'époque hellénistique*. Paris: Picard, 1977.

HARNACK, A. von. *Das Wesen des Christentums*. Stuttgart: Klotz, 1900.

HENGEL, M. *Ebrei, Greci e Barbari. Aspetti dell'ellenizzazione del giudaismo in epoca precristiana*. Brescia: Paideia, 1981.

____. *Giudaismo e ellenismo. Studi sul loro incontro, con particolare riguardo per la Palestina fino alla metà del II secolo a.C*. Brescia: Paideia, 2001.

JEANMAIRE, H. *Dioniso. Religione e cultura in Grecia*. Torino: Einaudi, 1972.

JEFFERS, J. S. *Il mondo greco-romano all'epoca del Nuovo Testamento*. Cinisello Balsamo: San Paolo, 2004.

KERÉNYI, K. *Gli dei e gli eroi della Grecia*. v. I-II. Milano: Garzanti, 1984.

LEVINE, L. I. *Judaism and Hellenism in Antiquity: Conflict or Confluence?*. Washington: University of Washington Press, 1998.

PENNA, R. *Vangelo e inculturazione. Studi sul rapporto tra rivelazione e cultura nel Nuovo Testamento*. Cinisello Balsamo: San Paolo, 2001.

____. *Gesù di Nazaret nelle culture del suo tempo*. Bologna: EDB, 2012.

POHLENZ, M. *La Stoa. Storia di un movimento spirituale*. Milano: Bompiani, 2005.

REALE, G. *Storia della filosofia antica. III. I sistemi dell'età ellenistica*. Milano: Vita e Pensiero, 1976.

SFAMENI GASPARRO, G. Dai misteri alla mistica: Semantica di una parola. In: ANCILLI, E.; PAPAROZZI, M. (org.). *La mistica, fenomenologia e riflessione teologica*. v. I. Roma: Città Nuova, 1984, 73-113.

SIMONETTI, M. *Cristianesimo e cultura greca*. Roma: Borla, 1983.

VERMASEREN, M. J. (ed.). *Die orientalischen Religionen im Römerreich*. Leiden: Brill, 1981.

VERNANT, J.-P. *Mito e pensiero presso i Greci. Studi di psicologia storica*. Torino: Einaudi, 2001.

WALBANK, F. W. *Il mondo ellenistico*. Bologna: il Mulino, 1983.

WEDDERBURN, A. J. M. The Soteriology of the Mysteries and Pauline Baptismal Theology. *Novum Testamentum*, v. 29 (1987) 53-72.

WEISS, H. F. *Frühes Christentum und Gnosis. Eine rezeptionsgeschichtliche Studie*. Tübingen: Mohr, 2008.

WENDLAND, P. *La cultura ellenistico-romana nei suoi rapporti con giudaismo e cristianesimo*. Brescia: Paideia, 1986.

3. Qumran, Jesus e as primeiras comunidades cristãs

Textos de Qumran

Apresento aqui tanto as principais traduções em italiano dos manuscritos de Qumran, quanto algumas das edições italianas dos textos originais com tradução.

GARCÍA MARTÍNES, F.; MARTONI, C. (org.), *Testi di Qumran*. Brescia: Paideia, 1996.
IBBA, G. *Il "Rotolo della Guerra". Edizione critica*. Torino: Silvio Zamorani, 1998.
____. (org.). *La Biblioteca di Qumran. Edizione bilingue dei manoscritti*. Bologna: EDB, 2013, 9 v. (ed. it. de *La Bibliotèque de Qumrân. Édition bilingue des manuscrits à l'initiative d'A. Paul dirigée par K. Berthelot, Th. Legrand et A. Paul*. Textos, tradução, introduções e notas por uma equipe internacional de pesquisadores francófonos. Paris: Cerf, 2008).
MARTONE, C. *La "Regola della Comunità". Edizione critica*. Torino: Silvio Zamorani, 1995.
SACCHI, P. *Regola della comunità*. Brescia: Paideia, 2006.
VIVIAN, A. *Il Rotolo del Tempio*. Brescia: Paideia, 1990.

Introduções

CROSS, F. M. *The Ancient Library of Qumran*. Sheffield: Sheffield Academic Press, 1995.
DAVIES, PH. R.; BROOKE, G. J.; CALLAWAY, PH. R. *The Complete World of the Dead Sea Scrolls*. London: Thames and Hudson, 2002.
DE VAUX, R. *Archaeology and the Dead Sea Scrolls*. London: Oxford University Press, 1973.
FITZMYER, J. A., *The Dead Sea Scrolls. Major Publications and Tools for Study*. (SBL Resources for Biblical Study 20). Ed. rev. Atlanta: Scholars Press, 1990.
____. *Responses to 101 Questions on the Dead Sea Scrolls*. New York: Paulist Press, 1992.
GARCÍA MARTÍNEZ, F. Qumran: le ultime scoperte e lo stato delle pubblicazioni. In: PENNA, R. (org.). *Qumran e le origini cristiane*. Atti del VI Convegno di Studi Neotestamentari (L'Aquila, 14-17 set. 1995). *Ricerche Storico Bibliche*, V. 2 (1997) 11-47.
IBBA, G. (org.). Considerazioni sull'importanza delle scoperte qumraniche. Intervista a Paolo Sacchi. *Nuova Umanità*, v. 104 (1996) 213-232.
____. *La Sapienza di Qumran*. Roma: Città Nuova, 2000.
____. *La Teologia di Qumran*. Bologna: EDB, 2002.

_____. *Qumran. Correnti del pensiero giudaico (III a.C.-I d.C.).* Roma: Carocci, 2007.

MILIK, J. T. *Dix Ans de Découvertes dans le Désert de Juda.* Paris: Cerf, 1957.

ROTH, C. *The Historical Background of the Dead Sea Scrolls.* Oxford: Basil Blackwell, 1958.

SCHIFFMAN LAWRENCE, H. *From Text to Tradition. A History of Second Temple and Rabbinic Judaism.* Hoboken (NJ): Ktav, 1991.

_____. *Reclaiming the Dead Sea Scrolls: The History of Judaism, the Background of Christianity, the Lost Library of Qumran.* Philadelphia: Jewish Publication Society, 1994.

_____. *Texts and Traditions. A Source Reader for the Student of Second Temple and Rabbinic Judaism.* Hoboken (NJ): Ktav, 1998.

SHANKS, H. *Understanding the Dead Sea Scrolls. A Reader from the Biblical Archaeology Review.* New York: Randon House, 1992.

TREVER, J. C. *The Untold Story of Qumran.* Westwood: Fleming H. Revell Company, 1965.

VANDERKAN, J. *Manoscritti del Mar Morto: il dibattito recente oltre le polemiche.* Roma: Città Nuova, 2000 [1. ed. *The Dead Sea Scrolls Today.* Grand Rapis: Eerdmans, 1994].

VERMES, G., The Present State of Dead Sea Scrolls Research. *Journal of Jewish Studies,* v. 45 (1994) 101-110.

YADIN, Y. *The Message of the Scrolls.* London: Widenfeld and Nicolson, 1957.

Estudos específicos (sobre a categoria do impuro)

Relacionam-se apenas algumas contribuições sobre o assunto.

BOOTH, R. P. *Jesus and the Laws of Purity.* Sheffield: ISOT, 1986, 55-112.

DUNN, J. D. G. Jesus and Purity: An Ongoing Debate. *New Testament Studies,* v. 48 (2002) 449-467.

HARRINGTON, H. K. *The Purity Texts.* New York: T&T Clark, 2004.

IBBA, G. *Il Vangelo di Marco e l'impuro.* Brescia: Morcelliana, 2014.

KAZEN, TH. *Jesus and Purity Halakhah. Was Jesus Indifferent to Impurity?* Stockholm: Almqvist & Wiksell, 2002.

KLAWANS, J. *Impurity and Sin in Ancient Judaism.* Oxford: Oxford University Press, 2000.

LAMBRECHT, J. Jesus and the Law: An Investigation of Mark 7.1-23. *Ephemerides Theologicae Lovanienses,* v. 53 (1977) 24-82.

NEUSNER, J. The Idea of Purity in Ancient Judaism. *Journal of the American Academy of Religion,* v. 43, n. 1 (1975) 15-26.

POORTHUIS, M. J. H. M.; SCHWARTZ, J. *Purity and Holiness. The Heritage of Leviticus.* Leiden: Brill, 2000.

SACCEHI, P. *Sacro/profano; impuro/puro nella Bibbia e dintorni.* Brescia: Morcelliana, 2007.

WATSON, A. *Leviticus in Mark: Jesus' Attitude to the Law*. In: SAWYER, J. F. A. (ed.) *Reading Leviticus. A Conversation with Mary Douglas*, Sheffield: Sheffield Academic Press, 1996, 263-271.

Estudos específicos (sobre o Templo)

Limito-me a indicar alguns textos de referência.

DIMANT, D. 4QFlorilegium and the Idea of the Community ad Temple. In: CAQUOT, A. et al. (ed.). *Hellenica et Judaica. Hommage à Valentin Nikiprowetzky*. Leuven-Paris: ז'ב-Peeters, 1986, 165-189.

DITOMMASO, L. *The Dead Sea New Jerusalem Text*. Tübingen: Mohr Siebeck, 2005 (o texto contém também uma bibliografia atualizada sobre o assunto, 195-214).

GARCÍA MARTINEZ, F. Letteratura di contenuto escatologico. In: PÉREZ, G. A. et al. *Letteratura giudaica intertestamentaria*. Brescia: Paideia, 1998, 69-70 [1. ed. *Literatura judía intertestamentaria*. Estella: Verbo Divino, 1996].

IBBA, G. Nuova Gerusalemme a Qumran. In: *Studi e Materiali di Storia delle Religioni*, v. 75, n. 1 (2009) 127-137.

NEWSOM, C. *Songs of the Sabbath Sacrifice: A Critical Edition*. Atlanta: Scholars Press, 1985.

PUECH, É. *Discoveries in the Judaean Desert*. v. XXXVII. *Textes araméens, deuxième partie: 4Q550-575, 580-582*. Oxford: Clarendon Press, 2008.

Estudos específicos (assuntos vários)

GARCÍA MARTÍNEZ, F. Qumrân Origins and Early History: A Groningen Hypothesis. *Folia Orientalia*, v. 25 (1988) 113-136.

____. Qumrân, Groningen Hypothesis. *Revue de Qumran*, v. 14 (1990) 522-541.

GARCÍA MARTÍNEZ, F.; TREBOLLE BARRERA, J. *Gli uomini di Qumran*. Brescia: Paideia, 1996 [1. ed. *Los hombres de Qumrán. Literatura, estructura social y concepciones religiosas*. Madrid: Trotta, 1993].

GOLB, N. L'origine des Manuscrits de la Mer Morte. *Annales*, v. 40 (1985) 1133-1149.

____. Who Hid the Dead Sea Scrolls? *Biblical Archaeologist*, v. 48 (1985) 68-82.

IBBA, G. Annotazioni su alcuni temi enochici a Qumran. In: HILHORST B. A. et al. (ed.), *Flores Florentino: Dead Sea Scrolls and Other Early Jewish Studies in Honour of Florentino García Martínez*. Leiden: Brill, 2007, 307-323.

O'CALLAGHAN, J. Papiros neotestamentarios en la cueva 7 de Qumràn?. *Biblica*, v. 53 (1972) 91-100.

THIEDE, C. P. 7Q – Eine Rückkehr zu den neutestamentlichen Papyrusfragmenten in der Siebten Höhle von Qumràn. *Biblica*, v. 65 (1984) 538-559.

4. O contexto político e sociocultural nas origens do cristianismo

ALFÖLDY, G. *Römische Sozialgeschichte*. Wiesbaden: Steiner, 1975.

_____. *Die Rolle des Einzelnen in der Gesellschaft des Römischen Kaiserreiches. Erwartungen und Wertmassstäbe.* Heidelberg: Carl Winter, 1980.

ALVAREZ CINEIRA, D. *Die Religionspolitik des Kaisers Claudius und die paulinische Mission.* Freiburg-Basel-Wien: Herder, 1999.

_____. El impuesto al césar (Mc 12,13-17) y la labor redaccional del evangelista. *Estudio Agustiniano*, v. 47 (2012) 449-492.

ANDO, C. *The Imperial Ideology in the Roman Empire.* Berkeley: University of California Press, 2000.

APPLEBAUM, S. Economic Life in Palestine. In: SAFRAI, S.; Stern, M. (ed.). *The Jewish People in the First Century: Historical Geography, Political History, Social, Cultural and Religious Life and Institutions.* Philadelphia: Fortress Press, 1976.

BAUMGARTEN, A. Graeco-Roman Voluntary Associations and Ancient Jewish Sects. In: GOODMAN, M. (ed.). *Jews in a Graeco-Roman World.* Oxford: Clarendon Press, 1998.

BENDEMANN, R. von; TIWALD, M. (ed.). *Das frühe Christentum und die Stadt.* Stuttgart: Kohlhammer Verlag, 2012.

FINLEY, M. I. *The Ancient Economy.* Berkeley-Los Angeles: University of California Press, 1973.

GARNSEY, P.; SALLER, R. *The Roman Empire. Economy, Society and Culture.* Berkeley-Los Angeles: University of California Press, 1987.

GUIJARRO OPORTO, S. *Fidelidades en conflicto. La ruptura con la familia por causa del discipulado y de la misión en la tradición sinóptica.* Salamanca: Universidad Pontificia, 1998.

HAMEL, G. *Poverty and Charity in Roman Palestine: First Three Centuries.* Berkeley: University of California Press, 1990.

LACEY, W. K. *The Family in Classical Greece.* Ithaca (NY): Cornell University Press, 1984.

LENSKI, G. *Poder y privilegio. Teoría de la estratificación social.* Barcelona: Paidós, 1998.

LIEBESCHUETZ, J. H. W. G. *Continuity and Change in Roman Religion.* Oxford: Clarendon Press, ²1996.

MALINA, B. J. *El mundo del Nuevo Testamento. Perspectiva desde la antropologia cultural.* Estella: Verbo Divino, 1995.

MOXNES, H. *Poner a Jesus en su lugar. Una visión radical del grupo familiar y el reino de Dios.* Estella: Verbo Divino, 2005.

PRICE, S. R. F. The Place of Religion: Rome in the Early Empire. In: BOWMAN, A. H. et al. (ed.), *The Cambridge Ancient History. X: The Augustan Empire.* Cambridge: University Press, ²2004, 58-94.

STEGEMANN, E. W.; STEGEMANN, W. *Urchristliche Sozialgeschichte. Die Anfänge im Judentum und die Christusgemeinden in der mediterranen Welt.* Stuttgart-Berlin-Köln: Kohlhammer, 1995.

WENGST, K. *Pax Romana. Anspruch und Wirklichkeit. Erfahrung und Wahrnehmungen des Friedens bei Jesu und im Urchristentum*. München: Kaiser Verlag, 1986.

ZNKER, P. *The Power of Images in the Age of Augustus*. Ann Arbor: University Michigan Press, 1998.

5. Jesus de Nazaré: a vida e as obras

APPLEBAUM, A. Economic Life in Palestine. In: SAFRAI, S.; STERN, M. (ed.), *The Jewish People in the First Century*. Assen: Van Gorcum, 1976, 631-700.

BARBAGLIO, G. *Gesù ebreo di Galilea*. Bologna: EDB, ⁴2003.

BARDET, S. *Le Testimonium Flavianum. Examen historique, considérations historiographiques*. Paris: Cerf, 2002.

BECKER, J. *Johannes der Taüfer und Jesus von Nazareth*. Neukirchen: Neukirchener Verlag, 1972.

BOVON, F. *Les derniers jours de Jésus*. Neuchâtel: Delachaux et Niestlé, 1974.

CHARLESWORTH, J. H.; POKORNY, P. (ed.). *Jesus Research: An International Perspective*. Grand Rapids: Eerdmans, 2009.

CROSSAN, J. D. *The Historical Jesus: The Life of a Mediterranean Peasant*. San Francisco: HarperSanFrancisco, 1991.

DOWNING, F. G. *Christ and the Cynics: Jesus and Other Radical Preachers in First Century Tradition*. Sheffield: Sheffield Academic Press, 1988.

DUBOIS, J.-D. *Jésus apocryphe*. Paris: Mame/Desclée, 2011.

DUMAIS, M. *Le Sermon sur la montagne. Etat de la recherche. Interprétation. Bibliographie*. Paris: Letouzey et Ané, 1995.

ERBETTA, M. *Gli Apocrifi del Nuovo Testamento. I.1, Vangeli. Scritti affini ai vangeli Canonici. Composizioni gnostiche. Materiale illustrativo*; I.2, *Vangeli. Infanzia e passione di Cristo. Assunzione di Maria*; II, Atti e leggende; III, Lettere e apocalissi. Torino: Marietti, 1966-1981.

FLUSSER, D., *Gesù*. Brescia: Morcelliana, 1997 [1. ed. *Jesus in Selbstzeugnissen und Bilddokumenten*. Reinbek: Rowohlt, 1968; ed. rev. ingl. *Jesus*. Jerusalem: Magnes Press, 1997].

FREYNE, S., *Galilee: From Alexander the Great to Hadrian 323 BCE to 135 CE*. Edinburgh: T&T Clark, ²1998.

____. *Jesus: A Jewish Galilean*. London: Continuum, 2004.

FUSCO, V. La quête du Jésus historique. Bilan et perspectives. In: MARGUERAT, D. et al. (ed.). *Jésus de Nazareth. Nouvelles approches d'une énigme*. Genève: Labor et Fides, 1998, 25-57 (reed. 2003).

GNILKA, J. *Jesus von Nazareth*. Freiburg: Herder, 1990.

GRAPPE, C. Jésus: Messie prétendu ou Messie prétendant? In: MARGUERAT, D. et al. (ed.). *Jésus de Nazareth. Nouvelles approches d'une énigme*. Genève: Labor et Fides, 269-291 (reed. 2003).

HENGEL, M. *La crucifixion*. Paris: Cerf, 1981 (trad. it. *Crocifissione ed espiazione*. Brescia: Paideia, 1988).

HOLMÉN, T.; PORTER, S. E. (ed.). *Handbook for the Study of the Historical Jesus*. Leiden: Brill, 2010, 4 v.

HORSLEY, R. A. *Galilee: History, Politics, People*. Valley Forge: Trinity Press International, 1995.

JAFFÉ, D. L'identification de Jésus au modèle du Hasid charismatique galiléen. Les thèses de Geza Vermes et de Shmuel Safrai revisitées. *New Testament Studies*, v. 55 (2009) 218-246.

JEREMIAS, J. *Neotestamentliche Theologie*. v. I, *Die Verkündigung Jesu*. Gütersloh: Gütersloher, 1971 (trad. it. *Teologia del Nuovo Testamento*. v. I, *La predicazione di Gesù*. Brescia: Paideia, 1976).

KAESTLI, J.-D. L'utilisation de l'Évangile de Thomas dans la recherche actuelle sur les paroles de Jésus. In: MARGUERAT, D. et al. (ed.). *Jésus de Nazareth. Nouvelles approches d'une énigme*. Genève: Labor et Fides, 1998, 373-395 (reed. 2003).

KÄSERMANN, E. Das Problem des historischen Jesus. In: *Exegetische Versuche und Besinnungen*. v. I. Göttingen: Vandenhoeck und Ruprecht, 1964, 187-214.

KLAUSNER, J. *Jésus de Nazareth. Son temps, sa vie, sa doctrine*. Paris: Payot, 1933.

LACOSTE, J. Y. Miracle. In: ___ (ed.). *Dictionnaire critique de théologie*. Paris: PUF, 1998, 737-742.

LEVINE, A. J. et al. (ed.). *The Historical Jesus in Context*. Princeton: Princeton University Press, 2006.

LUZ, U. Das Gesetz im Frühjudentum; Das Neue Testament. In: SMEND, R.; LUZ, U. *Gesetz*. Stuttgart: Kohlhammer, 1981, 61-64.

___. *Das Evangelium nach Matthäus (Mt 1-7)*. Düsseldorf-Neukirchen: Benziger/Neukirchener, ⁵2002.

MARGUERAT, D. Jésus et la Loi dans la mémoire des premiers chrétiens. In: MARGUERAT, D.; ZUMSTEIN, J. (ed.). *La mémoire et le temps. Mélanges P. Bonnard*. Genève: Labor et Fides, 1991, 55-74.

___. La "Troisième Quête" du Jésus de l'histoire. *Recherches de Science religieuse*, v. 87 (1999) 397-421 (reed. in MARGUERAT, D. *L'aube du christianisme*. Paris-Genève: Bayard/Labor et Fides, 111-136).

___. Jésus le sage et Jésus le prophète. In: MAYEUR, J.-M. et al. (ed.). *Histoire du christianisme*. v. I, *Le nouveau peuple (des origines à 250)*. Paris: Desclée, 2000, 7-58 (reed. in MARGUERAT, D. *L'aube du christianisme*. Paris-Genève: Bayard/Labor et Fides, 2008, 19-79).

MARKSCHIES, C.; SCHRÖTER, J. (ed.). *Antike christliche Apokryphen in deutscher Übersetzung*. v. I.1. Tübingen: Mohr Siebeck, 2012.

MARTINI, C. M. Il silenzio dei testimoni non cristiani su Gesù. *La Civiltà Cattolica*, v. 113 (1962) 341-349.

MEIER, J. P. *A Marginal Jew: Rethinking the Historical Jesus*. v. I. New York: Doubleday, 1991 (trad. it. *Un ebreo marginale. Ripensare il Gesù storico*. v. I. Brescia: Queriniana, 2001).

MERKLEIN, H. *Jesu von der Botschaft Gottesherrschaft*. Stuttgart: KBW, 1983.

MORALDI, L. (org.). *I manoscritti di Qumran*. Torino: UTET, 1971.

____. *Apocrifi del Nuovo Testamento*. Torino: UTET, 1975, 2 v.

MURPHY, C. M. *John the Baptist: Prophet of Purity for a New Age*. Collegeville: Liturgical Press, 2003.

MUSSIES, G. The Date of Jesus' Birth. *Journal for the Study of Judaism*, v. 29 (1998) 416-437.

NORELLI, E. Le Papyrus Egerton 2 et sa localisation dans la tradition sur Jésus. Nouvel examen du fragment 1. In: MARGUERAT, D. et al. (ed.). *Jésus de Nazareth. Nouvelles approches d'une énigme*. Genève: Labor et Fides, 1998, 397-435 (reed. 2003).

PAUL, A. *Le monde des Juifs à l'heure de Jésus*. Paris: Desclée, 1981 (trad. it. *Il mondo ebraico al tempo di Gesù*. Roma: Borla, 1983).

PERROT, C. *Jésus*. Paris: PUF, 1998.

PINES, S. *An Arabic Version of the Testimonium Flavianum and its Implications*. Jerusalem: The Israel Academy of Sciences and Humanities, 1971.

PUECH, E. *La croyance des Esséniens en la vie future: immortalité, résurrection, vie éternelle?*. v. II. Paris: Gabalda, 1993.

RICHES, J. K. *The World of Jesus: First Century Judaism in Crisis*. Cambridge: Cambridge University Press, 1990 (reimpr. 1991).

ROBINSON, J. M. et al. (ed.). *The Critical Edition of Q*. Leuven: Peeters, 2000.

ROCHAIS, G. L'influence de quelques idées-forces de l'apocalyptique sur certains mouvements messianiques et prophétiques populaires juifs du 1er siècle. In: MARGUERAT, D. et al. (ed.). *Jésus de Nazareth. Nouvelles approches d'une énigme*. Genève: Labor et Fides, 1998, 177-208 (reed. 2003).

SANDERS, E. P. *Jesus and Judaism*. London: SCM, 1985 (trad. it. *Gesù e il giudaismo*. Genova: Marietti, 1992).

____. *Judaism: Practice and Belief, 62 BCE-66 CE*. London-Philadelphia: SCM Press/Trinity Press, 1992, 149-169 (trad. it. *Il giudaismo. Fede e prassi, 63 a.C.-66 d.C.* Brescia: Morcelliana, 1999).

SCHLOSSER, J. *Jésus de Nazareth*. Paris: Noesis, 1999 (reed. Paris: Agnès Viénot, ²2002).

SCHMIDT, K. L. *Der Rahmen der Geschichte Jesu*. Darmstadt: Wissenschaftliche Buchgesellschaft, 1969 [1. ed. 1919].

SCHWARTZ, D. R. *Agrippa I: The Last King of Judea*. Tübingen: Mohr, 1990.

SCHWARTZER, A. *Le secret historique de la vie de Jésus*. Paris: Albin Michel, 1961 [1. ed. 1901].

SIMONETTI, M. (org.). Giuseppe Flavio. *Storia dei Giudei. Da Alessandro Magno a Nerone (Antichità giudaiche, XII-XX)*. Milano: Mondadori, 2002.

STANTON, G. N. *Parole d'Evangile? Un éclairage nouveau sur Jésus et les évangiles.* Maris-Montréal: Cerf/Novalis, 1995 [1. ed. *Gospel Truth? New Light on Jesus and the Gospels.* Harrisburg: Trinity Press International, 1995]. (Trad. it. *La verità del vangelo. Dalle recenti scoperte nuova luce su Gesù e i vangeli.* Cinisello Balsamo: San Paolo, 1998).

THEISSEN, G. Jésus et la crise sociale de son temps. In: MARGUERAT, D. et al. (ed.). *Jésus de Nazareth. Nouvelles approches d'une énigme.* Genève: Labor et Fides, 1998, 125-155 (reed. 2003).

THEISSEN G.; MERZ, A. *Der historische Jesus. Ein Lehrbuch.* Göttingen: Vandenhoeck & Ruprecht, 1996 (trad. it. *Il Gesù storico. Un manuale.* Brescia: Queriniana, ²2003).

THEISSEN, G.; WINTER, D. *The Quest for the Plausible Jesus: The Question of Criteria.* Louisville: Westminster John Knox, 2002 (1. ed. *Die Kriterienfrage in der Jesusforschung. Vom Differenzkriterium zum Plausibilitätskriterium.* Göttingen: Vandenhoeck & Ruprecht, 1997).

THOMA, C. Jésus dans la polémique juive de l'Antiquité tardive et du Moyen Age. In: MARGUERAT, D. et al. (ed.). *Jésus de Nazareth. Nouvelles approches d'une énigme.* Genève: Labor et Fides, 1998, 477-487 (reed. 2003).

VERMES, G. *Jesus the Jew: A Historian's Reading of the Gospel.* London: SCM, 1983.

VITUCCI, G. (org.). Giuseppe Flavio, *La guerra giudaica.* Milano: Fondazione Lorenzo Valla/Mondadori, 1974, 2 v.

VOORST, R. E. VAN. *Jesus outside the New Testament.* Grand Rapids: Eerdmans, 2001 (trad. it. *Gesù nelle fonti extrabibliche.* Cinisello Balsamo: San Paolo, 2004).

WEBB, R. L. *John the Baptizer and Prophet: A Socio-Historical Study.* Sheffield: JSOT Press, 1991.

6. O movimento de Jesus entre a Páscoa e a missão de Paulo

Fontes

CIRILLO, L.; SCHNEIDER, A. (ed.). Roman Pseudo-clémentin – Reconnaissances. In: GEOLTRAIN, P.; KAESTLI, J.-D. (dir.). *Ecrits apocryphes chrétiens.* t. II. Paris: Gallimard, 2005, 1591-2003.

CLAVET, M.-A. et al. (ed.). Roman Pseudo-clémentin – Homélies. In: GEOLTRAIN, P.; KAESTLI, J.-D. (dir.). *Ecrits apocryphes chrétiens.* t. II. Paris: Gallimar, 1193-1589.

GROSSO, M. (org.). *Vangelo secondo Tommaso.* Roma: Carocci, 2011.

LAYTON, B. (ed.). Nag Hammadi Codex II,2-7, together with XII,2, Brit. Lib. Or. 4296 (1), and P. Oxy. 1, 654, 655, With Contributions by Many Scholars. v. I. *Gospel According to Thomas, Gospel According to Philip, Hypostasis of the Archons, and Indexes.* Leiden: Brill, 1989 (ed. do texto copto e dos fragmentos gregos, com tradução para o inglês).

Novum Testamentum graece, post Eberhard et Erwin Nestle editione vicesima septima revisa communiter ediderunt Barbara et Kurt Aland et al.; apparatum criticum novis curis elaboraverunt Barbara et Kurt Aland una cum Instituto Studiorum Textus Novi Testamenti Monasterii Westphaliae. Stuttgart: Deutsche Bibelgesellschaft, 1993.

ROBINSON, J. M. et al. (ed.). *The Critical Edition of Q. Synopsis, Including the Gospels of Matthew and Luke, Mark and Thomas with English, German, and French Translations of Q and Thomas*. Leuven: Peeters, 2000.

VISONÀ, G. (org.). *Didaché. Insegnamento degli apostoli*. Milano: Paoline, 2000.

Estudos

AGUIRRE, R. (ed.). *Así empezó el cristianismo*. Estella: Verbo Divino, 2010.

BARRETT, CH. K. *Atti degli apostoli*. ZORODDU, D. (org.). Brescia: Paideia, 2005, 2 v.

BERGER, K., *Theologiegeschichte des Urchristentums*. Tübingen: Francke, ²1995.

BARNABÉ, C.; GIL, C. (ed.). *Reimaginando los orígenes del cristianismo. Relevancia social y ecclesial de los estudios sobre orígenes del cristianismo. Libro homenaje a Rafael Aguirre en su 65 cumpleaños*. Estella: Verbo Divino, 2008.

BLANCHETIÈRE, F. *Enquête sur les origines juives du mouvement chrétien (30-135)*. Paris: Cerf, 2001.

BODINGER, M. Les "Hébreux" et les "Hellénistes" dans le livre des "Actes des apôtres". *Henoch*, v. 19 (1997) 39-58.

BROWN, R. E. *La concezione verginale e la risurrezione corporea di Gesù*. Brescia: Queriniana, 1977.

CHIALÀ, S. *Il libro delle parabole di Enoc*. Brescia: Paideia, 1997.

CHILTON, B.; EVANS, C. A. (ed.). *James the Just & Christian Origins*. Leiden: Brill, 1999.

CHILTON, B.; NEUSNER, J. (ed.). *The Brother of Jesus. James the Just and His Mission*. Louisville: Westminster, 2001.

COLPE, C. *Die erste urchristliche Generation*. v. 1. Die älteste judenchristliche Gemeinde, in *Die Anfänge des Christentums. Alte Welt und Neue Hoffnung*. Stuttgart: Kohlhammer, 1987, 59-79.

DOWNING, F. G. *Christ and the Cynics. Jesus and Other Radical Preachers in First Century Tradition*. Sheffield: Sheffield Academic Press, 1988.

____. *Cynics and Christian Origins*. Edinburgh: Clark, 1992.

FUSCO, V. *Le prime comunità cristiane. Tradizioni e tendenze nel cristianesimo delle origini*. Bologna: EDB, 1995.

GAGER, J. G. *Kingdom and Community: The Social World of Early Christianity*. Englewood Cliffs: Prentice Hall, 1975.

GIANOTTO, C. Alcune riflessioni a proposito di "Recognitiones" I,27-71: la storia della salvezza. In: MIMOUNI, S. C.; STANLEY JONES, F. (ed.). *Le judéo-christianisme dans tous ses états. Actes du Colloque de Jérusalem, 6-10 juillet 1998*. Paris: Cerf, 2001, 213-230.

____. Giacomo e la comunità cristiana di Gerusalemme. *Ricerche storico-bibliche*, v. 2 (2001) 83-101.

____. Giacomo e il giudeocristianesimo antico. In: FILORAMO, G.; GIANOTTO, C. (org.). *Verus Israel. Nuove prospettive sul giudeocristianesimo. Atti del Colloquio di Torino, 4-5 novembre 1999*. Brescia: Paideia, 2001, 108-119.

____. *I vangeli apocrifi*. Bologna: il Mulino, 2009.

____. (org.). *Ebrei credenti in Gesù. Le testimonianze degli autori antichi*. Milano: Paoline, 2012.

____. *Giacomo, fratello di Gesù*. Bologna: il Mulino, 2013.

GOGUEL, M. *La Naissance du christianisme*. Paris: Payor, 1955.

GRAF, F. W.; WIEGAND, K. (ed.). *Die Anfänge des Christentums*. Frankfurt: Fischer, 2009.

GUIJARRO OPORTO, S. *Fidelidades en conflicto. La ruptura con la familia por causa del discipulado y de la misión en la tradición sinóptica*. Salamanca: Universidad Pontificia, 1998.

HAHN, F. *Christologische Hoheitstitel*. Göttingen: Vandenhoeck und Ruprecht, ⁵1995.

HALL, R. G. Circumcision. In: *The Anchor Bible Dictionary*. v. I. New York: Doubleday, 1992, 1025-1031, 6 v.

HARTMANN, L. Baptism. In: *The Anchor Bible Dictionary*. v. I. New York: Doubleday, 1992, 583-594, 6 v.

HENGEL, M. Jakobus der Herrenbruder – der erste 'Papst'? In: GRÄSSER., E.; MERK, O. (ed.). *Glaube und Eschatologie: Festschrift für W. G. Kümmel zum 80. Geburtstag*. Tübingen: Mohr, 1985, 71-104.

HILL, C. C. *Hellenists and Hebrews. Reappraising Division within the Earliest Church*. Minneapolis: Fortress Press, 1992.

KLIJN, A. F. J. *Jewish-christian Gospel Tradition*. Leiden: Brill, 1992.

KLOPPENBORG, J. S. *The Formation of Q. Trajectories in Ancient Wisdom Collection*. Philadelphia: Fortress Press, 1987.

____. Literary Convention, Self-Evidence and the Social History of the Q People. *Semeia*, v. 55 (1991) 77-102.

____. The Sayings Gospel Q: Recent Opinion on the People behind the Document. *Currents in Research: Biblical Studies*, v. 1 (1993) 9-34.

KOESTER, H. *Einführung in das Neue Testament im Rahmen der Religionsgeschichte und Kulturgeschichte der hellenistischen und römischen Zeit*. Berlin-New York: de Gruyter, 1980.

____. *Ancient Christian Gospels. Their History and Development*. London-Philadelphia: SCM Press/Trinity, 1990.

LÜDEMANN, G. *Paulus, der Heidenapostel. v. II. Antipaulinismus im frühen Christentum*. Göttingen: Vandenhoeck und Ruprecht, 1983.

MEYER, D. *Ursprung und anfänge des Christentums*. Stuttgart: Cotta, 1921-1023.

MIMOUNI, S. C. Aux origines du rituel d'adhésion au mouvement chrétien. In: VANNIER, M.-A. et al. (ed.). *Anthropos laïkos. Mélanges Alexandre Faivre à l'occasion de ses 30 ans d'enseignement*. Freiburg: Editions Universitaires, 2000, 179-190.

____. *La circoncision dans le monde judéen aux époques grecque et romaine. Histoire d'un conflit interne au judaïsme*. Paris-Leuven: Peeters, 2007.

NEYREY, J. H. (ed.). *The Social World of Luke-Acts. Models for Interpretation*. Peabody: Hendrickson, 1991.

NODET, E.; TAYLOR, J. *Essai sur les origines du christianisme*. Paris: Cerf, 1998.

NORELLI, E. La famiglia di Gesù: Introduzione metodologica sulle fonti. In: *La famiglia di Gesù. "Ecco di fuori tua madre e i tuoi fratelli". Atti del seminario inveranle Vicenza, 30 gennaio-1 frebbraio 2004*. Settimello: Biblia. Associazione di cultura biblica, 2005.

PAINTER, J. *Just James. The Brother of Jesus in History and Tradition*. Columbia: The University of South Carolina Press, 1997.

PATTERSON, S. J. *The Gospel of Thomas and Jesus*. Sonoma: Polebridge, 1993.

PATTERSON S. J. et al. *The Fifth Gospel. The Gospel of Thomas Comes of Age*. Harrisburg: Trinity Press, 1998.

PENNA, R. *I ritratti originali di Gesù il Cristo. Inizi e sviluppi della cristologia neotestamentaria*. v. I, *Gli inizi*; v. II, *Gli sviluppi*. Cinisello Balsamo: San Paolo, 1996-1999.

____. Cristologia senza morte redentrice: un filone di pensiero del giudeocristianesimo più antico. In: FILORAMO, G., GIANOTTO, C. (org.). *Verus Israel. Nuove prospettive sul giudeocristianesimo. Atti del Colloquio di Torino, 4-5 novembre 1999*. Brescia: Paideia, 2001, 68-94.

____. *Vangelo e inculturazione. Studi sul rapporto tra rivelazione e cultura nel Nuovo Testamento*. Cinisello Balsamo: San Paolo, 2001.

____. *Le prime comunità cristiane. Persone, tempi, luoghi, forme, credenze*. Roma: Carocci, 2011.

____. *La fede cristiana alle sue origini*. Cinisello Balsamo: San Paolo, 2013.

PESCE, M. Sul concetto di giudeo-cristianesimo. In: PITTA, A. (org.). *Il giudeocristianesimo nel I e II sec. d.C.* Bologna: EDB, 2003, 21-44.

____. *Da Gesù al cristianesimo*. Brescia: Morcelliana, 2011.

PETERSON, E. Christianus. In: ____. *Frühkirche, Judentum und Gnosis*. Freiburg: Herder, 1959, 64-87.

SACCHI, P. *L'apocalittica giudaica e la sua storia*. Brescia: Paideia, 1990.

SANDERS, E. P. *Gesù. La verità storica*. Milano: Mondadori, 1995.

SCHENKE, L. *Die Urgemeinde. Geschichtliche und theologische Entwicklung*. Stuttgart: Kohlhamer, 1990.

SCHLUCHTER, W. *Religion und Lebensführung*. v. II. *Studien zu Max Webers Religions-und Herrschaftstheologie*. Frankfurt a.M.: Suhrkamp, 1988.

SCHNABEL, E. J. *Urchristliche Mission*. Wuppertal: Brockhaus, 2002.

SCHNEIDER, G. *Gli Atti degli Apostoli*. Brescia: Paideia, 1985, 2 v.

SCROGGS, R. The Earliest Christian Communities as Sectarian Movements. In: NEUSNER, J. (ed.). *Christianity, Judaism and Other Graeco-Roman Cults. Festschrift Morton Smith*. v. II. Leiden: Brill, 1975, 1-23.

STANLEY JONES, F. *An Ancient Jewish Christian Source on the History of Christianity – Pseudo-Clementine Recognitions 1,27-71*, Atlanta: Scholars Press, 1995.

STEGEMANN, E. W.; STEGEMANN, W. *Storia sociale del cristianesimo primitivo. Gli inizi nel giudaismo e le comunità cristiane nel mondo mediterraneo*. Bologna: EDB, 1998.

THEISSEN, G. *Die Religion der ersten Christen. Eine Theorie des Urchristentums*. Guetersloh: Kaiser, 2000.

____. *Die Jesusbewegung. Sozialgeschichte einer Revolution der Werte*. Gütersloh: Gütersloher, 2004.

TROCME, E. Les premières communautés: de Jérusalem à Antioche. In: MAYEUR, J.-M. et al. (ed.). *Histoire du Christianisme*. v. I. PIÉTRI, L. (ed.). *Le nouveau peuple (des origines à 250)*. Paris: Desclée, 2000, 61-95.

WANDER, B. *Gottesfürchtige und Sympathisanten. Studien zum heidnischen Umfeld der Diasporasynagogen*. Tübingen: Mohr, 1998.

WEBER, M. *Economia e società*. Milano: Comunità, 1974.

WEHNERT, J. *Die Reinheit des "christlichen Gottesvolkes" aus Juden und Heiden. Studien zum historischen und theologischen Hintergrund des sogenannten Aposteldekrets*. Göttingen: Vandenhoeck und Ruprecht, 1997.

7. Paulo de Tarso, o imprevisto

ALETTI, J.-N. Le statut de l'Eglise dans les lettres paulinienne. Réflexions sur quelques paradoxes. *Biblica*, v. 83 (2002) 153-174.

ARZT-GRABNER, P. *Philemon*. Göttingen: Vandenhoeck und Ruprecht, 2003.

BARBAGLIO, G. *Paolo di Tarso e le origini cristiane*. Assisi: Cittadella, 1985.

BARRETT, C. K. *The Acts of the Apostles*. II (International Critical Commentary). Edinburgh: T&T Clark, 1998.

BAUM, A. D. *Pseudepigraphie und literarische Fälschung im frühen Christentum*. Tübingen: Mohr, 2001.

BENOIT, P. L'évolution du langage apocalyptique dans le corpus paulinien. In: *Apocalypses et théologie de l'espérance: ACFEB, Congrès de Toulouse 1975*. Paris: Cerf, 1977, 299-335.

BROWN, R. E. *Introduzione al Nuovo Testamento*. Brescia: Queriniana, 2001.

BROWN, R. E.; MEIER, J. P. *Antiochia e Roma, chiese-madri della cattolicità antica*. Assisi: Cittadella, 1987.

CARSON, D. A. et al. (ed.). *Justification and Variegated Nomism*. v. I. *The Complexities of Second Temple Judaism*. Tübingen: Mohr, 2001.

CHEVALIER, J.; GHEERBRANT, A. *Dizionario dei simboli*. v. I. Milano: Rizzoli, 1988.

CHUN PARK, E. *Either Jew or Gentile. Paul's Unfolding Theology of Inclusivity*. Louisville-London: Westminster John Knox Press, 2003.

CIRILLO, L. L'antipaolinismo nelle Pseudoclementine. *Ricerche storico-bibliche*, v. I, n. 2 (1989) 121-137.

COLLINS, J. J. *The Scepter and the Star; The Messiahs of the Dead Sea Scrolls and Other Ancient Literature*. New York: Doubleday, 1995.

COLLINS, R. F. *Letters That Paul Did Not Write*. Wilmington: Glazier, 1988.

DAVIS, S. K. *The Antithesis of the Ages. Paul's Reconfiguration of Torah*. Washington: The Catholic Biblical Association of America, 2002.

DEISSMANN, A. *Licht vom Osten*. Tübingen: Mohr, 1908 (^{4}1923).

DE SAUSSURE, F. *Corso di linguistica generale*. Roma-Bari: Laterza, 1987 [1. ed. 1922].

DICKSON, J. P. *Mission-Commitment in Ancient Judaism and in the Pauline Communities*. Tübingen, Mohr, 2003.

DIETZFELBINGER, C. *Die Berufung des Paulus als Ursprung seiner Theologie*. Neukirchen-Vluyn: Neukirchener, 1985.

DONALDSON, T. L. *Paul and the Gentile. Remapping the Apostle's Convictional World*. Minneapolis: Fortress Press, 1997.

DUNN, J. D. G. *The Cambridge Companion to St Paul*. Cambridge: Cambridge University Press, 2003.

ENGBERG-PEDERSEN, T. (ed.). *Paul in His Hellenistic Contest*. Edinburgh: T&T Clark, 1994.

FELDMAN, L. H. *Jew and Gentile in the Ancient World: Attitudes and Interactions from Alexander to Justinian*. Princeton: Princeton University Press, 1993.

FUNK, R. W. The Apostolic Parousia: Form and Significance. In: FARMER, W. R. et al. (ed.). *Christian History and Interpretation: Studies Presented to J. Knox*. Cambridge: Cambridge University Press, 1967, 249-268.

FURNISH, V. P. On Putting Paul in His Place. *Journal of Biblical Literature*, v. 113, n. 1 (1994) 3-17.

GNILKA, J. *I primi cristiani. Origini e inizio della chiesa*. Brescia: Paideia, 2000.

GOLDENBERG, R. *The Nations that Know Thee Not. Ancient Jewish Attitudes Toward Other Religions*. Sheffield: Sheffield Academic Press, 1997.

GOODMAN, M. *Mission and Conversion. Proselytizing in the Religious History of the Roman Empire*. Oxford: Clarendon Press, 1994.

HENGEL, M. *Il Paolo precristiano*. Brescia: Paideia, 1992.

____. Zwischen Jesus und Paulus. Die "Hellenisten", die "Sieben" und Stephanus (Apg 6, 1-15; 7, 54-8, 3). *Zeitschrift für Theologie und Kirche*, v. 72 (1975) 151-206.

HENGEL, M.; SCHWEMER, A. M. *Paul between Damascus and Antioch. The Unknown Years*. London: SCM Press, 1997.

JUNG, F. *Soter. Studien zur Rezeption eines hellenistischen Ehrentitels im Neuen Testament*. München: Aschendorff, 2002.

KIM, S. *The Origin of Paul's Gospel*. Tübingen: Mohr, 1981.

____. *Paul and the New Perspective. Second Thoughts in the Origin of Paul's Gospel*. Grand-Rapids-Cambridge: Eeerdmans, 2002.

KUSS, O. *Paolo. La funzione dell'Apostolo nello sviluppo teologico della chiesa primitiva*. Cinesello Balsamo: Paideia, 1974.

LAMPE, P. Paulus – Zeltmacher. *Biblische Zeitschrift*, v. 32 (1987) 256-261.

LEGASSE, S. *Stephanos*. Paris: Cerf, 1992.

LIEBESCHUETZ, W. L'influenza del giudaismo sui non-ebrei nel periodo imperiale. In: LEWIN, A. (org.). *Gli ebrei nell'impero romano*. Firenze: Giuntina, 2001, 143-159.

LONA, H. E. *Der erste Clemensbrief*. Göttingen: Vandenhoeck und Ruprecht, 1998.

MALHERBE, A. J. *Ancient Epistolary Theorists*. Atlanta: Scholars Press, 1988.

MARCHESELLI-CASALE, C. *Le Lettere pastorali*. Bologna: EDB, 1995.

MARGUERAT, D. *Paul de Tarse. Un homme aux prises avec Dieu*. Paris: du Moulin, 1999.

MATAND BULEMBAT, J.-B. *Noyau et enjeux de l'eschatologie paulinienne: de l'apocalyptique juive et de l'eschatologie hellénistique dans quelques argumentations de l'apôtre Paul*. Berlin-New York: de Gruyter, 1997.

MCKNIGHT, S. *A Light Among the Gentiles. Jewish Missionary Activity in the Second Temple Period*. Minneapolis: Fortress Press, 1991.

MEISSNER, S. *Die Heimholung des Ketzers. Studien zur jüdischen Auseinendersetzung mit Paulus*. Tübingen: Mohr, 1996.

MIEGGE, G. *Lutero giovane*. Milano: Feltrinelli, 1964.

NEWMAN, C. C. *Paul's Glory-Christology*. Leiden: Brill, 1992.

NIETZSCHE, F. *L'Anticristo. Maledizione del cristianesimo*. Milano: Adelphi, 1977.

NORDEN, E. *La prosa d'arte antica, dal VI secolo all'età della rinascenza*. Roma: Salerno, 1986 [1. ed. 1898; ³1915].

OEGEMA, G. S. *The Anointed and His People. Messianic Expectations from the Maccabees to Bar Kochba*. Sheffield: Sheffield Academic Press, 1998.

PENNA, R. *L'ambiente storico-culturale delle origini cristiane. Una documentazione ragionata*. Bologna: EDB, ⁴2000.

____. La chiesa come corpo di Cristo secondo S. Paolo: metafora sociale-comunitaria o individuale-cristologica? *Lateranum*, v. 68 (2002) 243-257.

____. Cristologia senza morte redentrice: un filone di pensiero del giudeocristianesimo più antico. In: FILORAMO, G., GIANOTTO, C. (org.). *Verus Israel. Nuove prospettive sul giudeocristianesimo. Atti del Colloquio di Torino, 4-5 novembre 1999*. Brescia: Paideia, 2001, 68-94.

____. *Paolo di Tarso. Un cristianesimo possibile*. Cinisello Balsamo: Paoline, ³2000.

____. La questione della dispositio rhetorica nella Lettera di Paolo ai Romani: confronto con la Lettera 7 di Platone e la Lettera 95 di Seneca. *Biblica*, v. 84 (2003) 61-88.

____. *Saint Paul, Pasteur et penseur: une théologie greffée sur la vie*.

____. *Vangelo e inculturazione. Studi sul rapporto tra rivelazione e cultura nel Nuovo Testamento.* Cinisello Balsamo: Paoline, 2001.

PITTA, A. *Lettera ai Galati.* Bologna: EDB, 1996.

PLEVNIK, J. The Center of Pauline Theology. *The Catholic Biblical Quarterly,* v. 51, n. 3 (1989) 461-478.

RÄISÄNEN, H. The "Hellenists" – A Bridge Between Jesus and Paul?. In: ____. *The Torah and Christ.* Helsinki: Raamattutalo, 1986, 242-306.

REED, J. T. The Epistle. In: PORTER, S. E. (ed.). *Handbook of Classical Rhetoric in the Hellenistic Period 330 BC-AD 400.* Leiden: Brill, 1997, 171-193.

REICHARDT, M. *Psychologische Erklärung der paulinischen Damaskusvision?.* Stuttgart: Katholisches Bibelwerk, 1999.

RICHARDS, E. R. *The Secretary in the Letters of Paul.* Tübingem: Mohr, 1991.

RIESNER, R. *Die Frühzeit des Apostels Paulus. Studien zur Chronologie, Missionsstrategie und Theologie.* Tübingen: Mohr, 1994.

RINALDI, G. Procurator Felix. Note prosopografiche in margine ad una rilettura di At 24. *Rivista biblica,* v. 39 (1991) 423-466.

ROLLER, O. *Das Formular der paulinischen Briefe. Ein Beitrag zur Lehre vom antiken Briefe.* Stuttgart: Kohlhammer, 1933.

SAMPLEY, J. P. *Paul in the Greco-Roman World.* Harrisburg-London-New York: Trinity Press, 2003.

ROSSÉ, G. *Atti degli Apostoli. Commento esegetico e teologico.* Roma: Città Nuova, 1998.

SANDERS, E. P. *Paolo e il giudaismo palestinese. Studio comparativo su modelli di religione.* Brescia: Paideia, 1986.

SCARPAT, G. Le Lettere nell'antichità. In: RINALDI, G.; DE BENEDETTI, P. (org.). *Introduzione al Nuovo Testamento.* Brescia: Morcelliana, ²1971, 844-861.

SCHMELLER, T. *Schulen im Neuen Testament? Zur Stellung des Urchristentums in der Bildungswelt seiner Zeit.* Freiburg-Basel-Wien: Herder, 2001.

SCHNABEL, E. J. *Urchristliche Mission.* Wupperal: Brockhaus, 2002.

SCHNELLE, U. *Wandlungen im paulinischen Denken.* Stuttgart: Katholisches Bibelwerk, 1989.

SCHOLEM, G. *Le grandi correnti della mistica ebraica.* Genova: Il Melangolo, 1986.

SCHWEITZER, A. *Die Mystik des Apostels Paulus.* Tübingen: Mohr, 1930.

SEGAL, A. F. *Paul the Convert. The Apostolate and Apostasy of Saul the Pharisee.* New Haven-London: Yale University Press, 1990.

SEIFRID, M. A. *Justification by Faith: The Origin and Development of a Central Pauline Theme.* Leiden: Brill, 1992.

STENDAHL, K. *Paolo tra ebrei e pagani.* Torino: Claudiana, 1995.

STIREWALT, M. L. *Studies in Ancient Greek Epistolography.* Atlanta: Scholars Press, 1993.

STOWERS, S. K. *Letter Writing in Greco-Roman Antiquity.* Philadelphia: Westminster Press, 1986.

STUHENBERG, P. F. Proselyte. In: *The Anchor Bible Dictionary.* v. V. New York: Doubleday, 1992, 503-505, 6 v.

SUHL, A. *Paulus und seine Briefe. Ein Beitrag zur paulinischen Chronologie.* Gütersloh: Gütersloher, 1975.

TAJRA, H. W. *The Martyrdon of St. Paul.* Tübingen: Mohr, 1994.

THEISSEN, G. *Psychologische Aspekte paulinischer Theologie.* Göttingen: Vandenhoeck und Ruprecht, 1983.

VOUGA, F. *Il cristianesimo delle origini: scritti, protagonisti, dibattiti.* Torino: Claudiana, 2001.

WALLACE, R.; WILLIAMS, W. *The Three Worlds of Paul of Tarsus.* London: Routledge, 1994.

WANDER, B. *Timorati di Dio e simpatizzanti. Studio sull'ambiente pagano delle sinagoghe della diaspora.* Cinisello Balsamo: Paoline, 2002.

WEISER, A. *Der zweite Brief an Timotheus.* Zürich-Neukirchen: Benziger/Neukirchener, 2003.

WHITE, J. L. *Light from Ancient Letters.* Philadelphia: Fortress Press, 1986.

WILD, J. P. The tarsikarios, a Roman Linen-Weaver in Egypt. In: BIBAW, J. (ed.). *Hommages à Marcel Renard.* v. II. Bruxelles: Latomus, 1969, 810-809.

WILL, E.; ORRIEUX, C. *"Prosélytisme juif?" Histoire d'une erreur.* Paris: Les Belles Lettres, 1992.

WREDE, W. *Paulus.* Halle: 1904 (= RENGSTORF, K. H. (ed.). *Das Paulusbild in der neueren deutschen Forschung.* Darmstadt: Wissenschafliche Buchgesellschaft, 1969, 1-97).

8. O "joanismo"

GHIBERTI, G. et al. *L'opera giovannea.* Leumann-Torino: ElleDiCi, 2003 (com bibliografia sobre os escritos joaninos atualizada, sobretudo pelos títulos em língua italiana).

O quarto evangelho

ASHTON, J. *Understanding the Fourth Gospel.* Oxford: Clarendon, 1991, ²1993 (trad. it. *Comprendere il Quarto Vangelo*, Città del Vaticano: Libreria Editrice Vaticana, 2000).

BARRETT, C. K. *The Gospel according to St. John. An Introduction with Commentary and Notes on the Greek Text.* London: SPCK, 1970, ²1976; Philadelphia: Westminster Press, ²1978.

BARTOLOMÉ, J. J. *Cuarto Evangelio. Cartas de Juan. Introducción y comentario.* Madrid: CCS, 2002.

BECK, D. R. *The Discipleship Paradigm. Readers and Anonymous Characters in the Fourth Gospel.* Leiden: Brill, 1997, 27.

BERGER, K. *Im Anfang war Johannes. Datierung und Theologie des vierten Evangeliums*. Stuttgart: Quell, 1997.

BERNARD, J. H. *A Critical and Exegetical Commentary on the Gospel according to St. John, 1-2* (International Critical Commentary). Edinburgh: Clark, 1928, ²1976.

BOISMARD, M.-É.; LAMOUILLE, A. *L'Évangile de Jean. Synopse des quatre Évangiles*. v. III. Paris: Cerf, 1977.

BROWN, R. E. *The Community of the Beloved Disciple. The Life, Loves and Hates of an Individual Church in New Testament*. New York-Toronto-London: Ramsey/Paulist/Chapman, 1979 (trad. it. *La comunità del discepolo prediletto*. Assisi: Cittadella, 1982).

____. *The Gospel according to John. 1. I-XII; 2. XIII-XXI*. Garden City: Doubleday, 1966-1970. (trad. it. *Giovanni. Commento al vangelo spirituale*. Assisi: Cittadella, ³1991).

____. MOLONEY, F. J. (ed.). *An Introduction to the Gospel of John*. New York: Doubleday, 2003.

BULTMANN, R. *Das Evangelium des Johannes*. Göttingen: Vandenhoeck und Ruprecht, 1941, ²⁰1985.

CULLMANN, O. *Der Johanneische Kreis. Sein Platz im Spätjudentum, in der Jüngerschaft Jesu und im Urchristentum. Zum Ursprung des Johannesevangeliums*. Tübingen: Mohr Siebek, 1975 (trad. it. *Origine e ambiente dell'evangelo secondo Giovanni*. Torino: Marietti, 1975).

CULPEPPER, R. A. *The Johannine School. A Evaluation of the Johannine-School Hypothesis Based on an Investigation of Ancient School*. Missoula: Scholars, 1975.

____. *Anatomy of the Fourth Gospel. A Study in Literary Design*. Philadelphia: Fortress Press, 1983.

DODD, C. H. *The Interpretation of the Fourth Gospel*. Cambridge: Cambridge University Press, 1953, ²1965 (trad. it. *L'interpretazione del Quarto Vangelo*. Brescia: Paideia, 1974).

____. *Historical Tradition in the Fourth Gospel*. Cambridge: Cambridge University Press, 1963 (trad. it. *La tradizione storica nel Quarto Vangelo*. Brescia: Paideia, 1983).

FABBRIS, R. *Giovanni*. Roma: Borla, ²2003.

FORTUNA, R. T. *The Gospel of Signs and Its Predecessor. From Narrative Source to the Present Gospel*. Edinburgh, 1988.

GARCÍA MORENO, A. *Introducción al mistero. Evangelio de San Juan*. Pamplona: Eunate, 1997.

____. *Jesús el Nazareno, el rey de los Judíos. Estudios de Cristología Joánica*. Pamplona: Ediciones Univesidad de Navarra, 2000.

GRELOT, P. *Les Juifs dans l'Évangile de Jean. Enquête historique et réflexion théologique*. Paris: Gabalda, 1995.

HAENCHEN, E.; BUSSE, U. von. (ed.). *Das Johannesevangelium. Ein Kommentar aus den nachgelassenen Manuskripten*. Tübingen: Mohr Siebeck, 1980.

HENGEL, M., *The Johannine Question*. London-Philadelphia: SCM Press/Trinity, 1989.

____. *Die johanneische Frage. Ein Losungsversuch (mit einem Beitrag von J. Frey)*. Tübingen: Mohr Siebeck, 1993 (trad. it. *La questione giovannea*. Brescia: Paideia, 1998).

HOSKYNS, E. C.; DAVEY, F. N. (ed.). *The Fourth Gospel*. London: Faber and Faber, 1940.

KAESTLI, J. D. et al. *La Communauté johannique et son histoire*. Genève: Labor et Fides, 1990.

KÜGLER, J. *Der Jünger, den Jesus liebte. Literarische theologische und historische Untersuchungen zu einer Schlüsselgestalt johanneischer Theologie und Geschichte. Mit einem Exkurs über die Brotrede im Joh 6*. Stuttgart: Katholisches Bibelwerk, 1988.

KYSAR, R. *John*. Minneapolis: Augsburg Publishing House, 1986 (trad. it. *Giovanni. Il Vangelo indomabile*. Torino: Claudiana, 2000).

LAGRANGE, M. J. *Évangile selon Saint Jean*. Paris: Gabalda, 1926, ^{4}1927.

LÉON-DUFOUR, X. *Lecture de l'Évangile selon Jean 1-4*. Paris: Seuil, 1987-1996 (trad. it. *Lettura dell'Evangelo secondo Giovanni*. v. I, Gv 1-4; v. II, Gv 5-12; v. III, Gv 13-17; v. IV, Gv 18-21. Cinisello Balsamo: Paoline, 1990-1998).

LOISY, A. *Le Quatrième Évangile*. Paris: Alphonse Picar et fils, 1903, ^{2}1921.

LÓPEZ FERNÁNDEZ, E. *El mondo joánico. Introducción al Cuarto Evangelio*. Oviedo: Lux, 1998.

MALINA, B. J.; ROHRBAUGH, R. L. *Social Science Commentary on the Gospel of John*. Minneapolis: Fortress Press, 1998.

MANNUCCI, V. *Il Vangelo narrante. Introduzione all'arte narrativa del Quarto Vangelo*. Bologna: EDB, 1993.

MARCHADOUR, A. (ed.). *Origine et postérité de l'évangile de Jean*. Paris: Cerf, 1990.

MARTYN, J. L. *History and Theology in the Fourth Gospel*. Nashville: Abingdon, 1976, ^{2}1979.

____. *The Gospel of John in Christian History. Essays for Interpreters*. New York-Toronto: Ramsey/Paulist, 1978.

MATEOS, J.; BARRETO, J. *El Evangelio de Juan. Análisis lingüístico y comentario exegético*. Madrid: Cristianidad, 1979 (trad. it. *Il vangelo di Giovanni. Analisi linguistica e commento esegetico*. Assisi: Cittadella, 1982).

MOLONEY, F. J. *The Gospel of John*. Collegeville: Liturgical, 1998.

NEIRYNCK, F. John and the Synoptics. In: DE JONG, M. et al. *L'Évangile de Jean*, Gembloux: Duculot, 1977, 73-105.

NORDSIECK, R. *Johannes: zur Frage nach Verfasser und Entstehung des vierten Evangeliums. Ein neuer Versuch*. Neukirchen-Vluyn: Neukirchener, 1998.

RIDDERBOS, H. N. *The Gospel according to John. A Theological Commentary*. Grand Rapids: Eerdmans, 1997.

RUCKSTUHL, E. *Die literarische Einheit des Johannesevangeliums. Der gegenwärtige Stand der einschlägigen Forschungen*. Freiburg-Göttingen: Universität Verlag/ Vandenhoeck und Ruprecht, 1987.

SCHNACKENBURG, R. *Das Johannesevangelium, I-IV*. Freiburg-Basel-Wien: Herder, 1965-1984, Herders Theologische Kommentar zum Neuen Testament, 4,14. (trad. it. *Il vangelo di Giovanni*, Brescia: Paideia, 1973-1987, 4 v.).

SCHNELLE, U. *Das Evangelium nach Johannes*. Leipzig: Evangelische Verlagsanstalt, 1998.

SCHOLTISSEK, K. Johannes auslegen. I. Forschungsgeschichtliche und methodische Reflexionen. *Studien zum Neuen Testament und seiner Umwelt*, v. 24 (1999) 35-84.

____. Johannes auslegen. II. Methodische, hermeneutische und einleitungs-wissenschaftliche Reflexionen. *Studien zum Neuen Testament und seiner Umwelt*, v. 25 (2000) 98-140.

SCHULZ, H. J. *Wie entstand das Johannesevangelium? Neue Erkenntnisse zur Motivgeschichte, Verfasserschaft und Datierung*. Wien: Wiener Katholischen Akademie, 1998.

SCHWANK, B. *Evangelium nach Johannes*. St. Ottilien: Eos Verlag, 1996.

SEGALLA, G. *Giovanni*. Roma: Paoline, 1976, ⁹1998.

SEGOVIA, F. F. (ed.). *"What is John?". 1. Readers and Readings of the Fourth Gospel*. Atlanta: Scholars Press, 1996.

____. *"What is John?". 2. Literary and Social Reading of the Fourth Gospel*. Atlanta: Scholars Press, 1998.

SIMOENS, Y. *Selon Jean. 1. Une traduction; 2-3. Une interprétation*. Bruges: Institut d'Études Théologiques, 1997, (trad. it. *Secondo Giovanni. Una traduzione e una interpretazione*. Bologna: EDB, 2000).

SMITH, D. M. *John among the Gospels. The Relationship in Twentieth Century Research*. Minneapolis: Fortress Press, 1992.

____. *The Theology of the Gospel of John*. Cambridge-New York: Cambridge University Press, 1995 (trad. it. *La teologia del vangelo di Giovanni*. Brescia: Paideia, 1998).

VAN BELLE, G. *Les parenthèses dans l'évangile de Jean. Aperçu historique et classification. Texte grec de Jean*. Leuven: Peeters, 1985.

____. *Johannine Bibliography 1966-1985. A Cumulative Bibliography on the Fourth Gospel*. Leuven: Peeters, 1988.

____. *The Signs Sources in the Fourth Gospel. Historical Survey and Critical Evaluation of the Semeia Hypothesis*. Leuven: Peeters, 1994.

WENGST, K. *Bedrängte Gemeinde und verherrlichter Christus. Der historische Ort des Johannesevangeliums als Schlüssel zu seiner Interpretation*. Neukirchen-Vluyn: Neudirchener, 1981, ²1983.

WESTCOTT, B. F. *The Gospel according to St. John*. London: Clark, 1881; Grand Rapids: Eerdemans, 1981.

WILCKENS, U. *Das Evangelium Nach Johannes*. Göttingen: Vandenhoeck und Ruprecht, 1998, ²2000 (trad. it. *Il Vangelo secondo Giovanni*. Brescia: Paideia, 2002).
ZUMSTEIN, J. *Kreative Erinnerung. Relecture und Auslegung in Johannesevangelium*. Zürich: Pano, 1999.

As cartas de João (1, 2 e 3Jo)

BEAUTLER, J. *Die Johannesbriefe*. Regensburg: Pustet, 2000.
BROWN, R. E. *The Epistles of John*. Garden City: Doubleday, 1982 (trad. it. *Le Lettere di Giovanni*, Assisi: Cittadella, 1986).
BURGE, G. M. *The Letters of John*. Grand Rapids: Zondervan, 1996.
GIURISATO, G. *Struttura e teologia della prima Lettera di Giovanni. Analisi letteraria e retorica, contenuto teologico*. Roma: Pontificio Istituto Biblico, 1998.
GRIFFITH, T. *Keep Yourselves from Idols. A New Look at John*. London-New York: Sheffield Academic Press, 2002.
JOHNSON, T. F. *1, 2, and 3 John*. Peabody: Hendrickson, 1993.
KENNEY, G. C. *The Relation of Christology to Ethics in the First Epistle of John*. Lanham-New York-Oxford: University Press of America, 2000.
KLAUCK, H.-J. *Der erste Johannesbrief. Der zweite und dritte Johannesbrief*. Zürich-Neukirchen-Vluyn: Benziger/Neukirchener, 1991-1992.
KRUSE, C. G. *The Letters of John*. Grand Rapids: Eerdmans, 2000.
LEUTZSCH, M. *Die Bewährung der Wahrheit. Der dritte Johannesbrief als Dokument unchristlichen Alltags*. Trier: Wissenschaftlicher, 1994.
LOADER, W. *The Johannine Epistles*. London-Valley Forge: Epworth/Trinity Press International, 1992.
PAINTER, J. *1, 2, and 3 John*. Collegeville: Liturgical Press, 2002.
RENSBERGER, D. *1 John, 2 John, 3 John*. Nashville: Abingdon, 1997.
____. *The Epistles of John*. Louisville: Westminster John Knox, 2001.
SCHMID, H. *Gegner im 1. Johannesbrief? Zu Konstruktion und Selbstreferenz im johanneischen Sinnsystem*. Stuttgart: Kohlhammer, 2002.
SCHNACKENBURG. R. *Die Johannesbriefe*. Freiburg im Brisgau: Herder, 1984 (trad. ingl. *The Johannine Epistles. Introduction and Commentary*. New York: Crossroad, 1992).
THOMPSON, M. M. *1-3 John*. Downers Grove-Leicester: InterVarsity Press, 1992.
VOGLER, W. *Die Briefe des Johannes*. Leipzig: Evangelische Verlagsanstalt, 1993.
VOUGA, F. *Die Johannesbriefe*. Tübingen: Mohr Siebeck, 1990.

Apocalipse

AUNE, D. E. *Revelation*. Nashville-Waco: Nelson Word, 1997-1998.
BARKER, M. *The Revelation of Jesus Christ*. Edinburgh: Clark, 2000.
BAUCKHAM, R. *The Theology of the Book of Revelation*. Cambridge-New York: Cambridge University Press, 1993 (trad. it. *La teologia dell'Apocalisse*. Brescia: Paideia, 1994).

BEALE, G. K. *The Book of Revelation. A Commentary on the Greek Text*. Grand Rapids-Carlisle: Eerdmans/Paternoster Press, 1999.

BIGUZZI, G. *I settenari nella struttura dell'Apocalisse. Analisi, storia della ricerca, interpretazione*. Bologna: EDB, 1996.

BUCHANAN, G. W. *The Book of Revelation. Its Introduction and Prophecy*. Lewston-Queenston-Lampeter: Mellen, 1993.

CORSANI, B. *L'Apocalisse e l'apocalittica del Nuovo Testamento*. Bologna: EDB, 1997.

CORSINI, E. *L'Apocalisse prima e dopo*. Torino: SEI, 1981.

COTHENET, É. *Le message de l'Apocalypse*. Paris: Mame-Plon, 1995 (trad. it. *Il messagio dell'Apocalisse*. Leumann-Torino: ElleDiCi, 1997).

COURT, J. LM. *The Book of Revelation and the Johannine Apocalyptic Tradition*. Sheffield: Sheffield Academic Press, 2000.

DUFF, P. B. *Who Rides the Beast? Prophetic Rivalry and the Rhetoric of Crisis in the Churches of the Apocalypse*. Oxford-New York: Oxford University Press, 2001.

FRIESEN, S. J. *Imperial Cults and the Apocalypse of John. Reading Revelation in the Ruins*. Oxford-New York: Oxford University Press, 2001.

GARROW, A. J. P. *Revelation*. London-New York: Routledge, 1997.

GIBLIN, H. C. *L'Apocalisse*. Bologna: EDB, 1993.

GIESEN, H. *Die Offenbarung des Johannes*. Regensburg: Pustet, 1997.

____. *Studien zur Johannesapokalypse*. Stuttgart: Katholisches Bibelwerk, 2000.

HEINZE, A. *Johannesapokalypse und johanneische Schriften. Forschungs-und traditionsgeschichtliche Untersuchungen*. Stuttgart-Berlin-Köln: Kohlhammer, 1998.

HEMER, C. J. *The Letters to the Seven Churches of Asia in Their Local Setting*. Grand Rapids-Livonia: Eerdmans/Dove Booksellers, 2001.

HIRSCHBERG, P. *Das eschatologische Israel. Untersuchungen zum Gottesvolkverständnis in der Johannesoffenbarung*. Neukirchen-Vluyn: Neukirchner, 1999.

KNIGHT, J. *Revelation*. Sheffield: Sheffield Academic Press, 1999.

KOESTER, C. R. *Revelation and the End of All Things*. Grand Rapids-Cambridge: Eerdmans, 2001.

KRAFT, H. *Die Bilder der Offenbarung des Johannes*. Frankfurt a.M.-Berlin-Berna: Lang, 1994.

LUPIERI, E. *L'apocalisse di Giovanni*. Milano: Mondadori, 1999.

MALINA, B. J. *On the Genre and Message of Revelation Star Visions and Sky Journeys*. Peabody: Hendrickson, 1995.

MALINA, B. J.; PILCH, J. J. *Social-Science Commentary on the Book of Revelation*. Minneapolis: Fortress Press, 2000.

MAXWELL, M. *Revelation*. New York-London: Doubleday, 1998.

MCKENZIE, R. K. *The Author of the Apocalypse. A Review of the Prevailing Hypothesis of Jewish-Christian Authorship*. Lewston-Queenston-Lampeter: Mellen, 1997.

METZGER, B. M. *Breaking the Code. Understanding the Book of Revelation*. Nashville: Abingdon, 1993.

MICHAELIS, J. R. *Revelation*. Downers Grove-Leicester: InterVarsity Press, 1997.

MOUNCE, R. H. *The Book of Revelation*. Grand Rapids-Cambridge: Eerdmans, 1998.
MOYSE, S. *The Old Testament in the Book of Revelation*. Sheffield: Sheffield Academic Press, 1995.
MURPHY, F. J. *Fallen Is Babylon. The Revelation of John*. Harrisburg: Trinity Press International, 1998.
OSBORNE, G. R. *Revelation*. Grand Rapids: Baker, 2002.
PIKAZA IBARRONDO, X. (comp.). *El libro del Apocalipsis*. Estella: Verbo Divino, 2000.
____. *Apocalisse*. Roma: Borla, 2001.
PISANO, O. *La radice e la stirpe di David. Salmi davidici nel libro dell'Apocalisse*. Roma: Pontificia Università gregoriana, 2002.
PRIGENT, P. *L'Apocalisse di San Giovanni*. Roma: Borla, 1985.
____. *L'Apocalypse*, Paris: Cerf, 1998.
____. *Commentary on the Apocalypse of St. John*. Tübingen: Mohr Siebeck, 2001.
____. *Les secrets de l'Apocalypse. Mystique, ésotérisme et apocalypse*. Paris: Cerf, 2002.
RESSEGUIE, J. L. *Revelation Unsealed. A Narrative Critical Approach to John's Apocalypse*. Leiden: Brill, 1998.
REINER, U. *Das Tier auf dem Kaiserthron? Eine Untersuchung zur Offenbarung des Johannes als historischer Quelle*. Stuttgart: Teubner, 1998.
RISSI, M. *Die Hure Babylon und die Verführung der Heiligen. Eine Studie zur Apokalypse des Johannes*. Stuttgart: Kohlhammer, 1995.
ROLOFF, J. *The Revelation of John. A Continental Commentary*. Minneapolis: Fortress Press, 1993.
SCHÜSSLER FIORENZA, E. *The Book of Revelation. Justice and Judgment*. Minneapolis: Fortress Press, ²1998 (trad. it. *Apocalisse. Visione di un mondo giusto*. Brescia: Queriniana, 1994).
THOMPSON, L. L. *The Book of Revelation. Apocalypse and Empire*. New York-Oxford: Oxford University Press, 1997.
____. *Revelation*. Naschville: Abingdon, 1998.
VANNI, U. *L'Apocalisse. Ermeneutica, esegesi e teologia*. Bologna: EDB, 1988.
YEATTS, J. R. *Revelation*, Scottdale-Waterloo: Herald, 2003.

9. A passagem do século I ao século II

Seria simplesmente insensato pensar em oferecer ainda que fosse uma simples seleção da imensa quantidade de comentários aos escritos tratados na presente contribuição, sobretudo dos que passaram a fazer parte do Novo Testamento. Em italiano, ótimos comentários de especialistas estão disponíveis em várias coleções, entre as quais destaco particularmente o *Commentario teologico del Nuovo Testamento*, Brescia, Paideia (traduções do alemão) e os *Scritti delle origini cristiane*, Bolonha, EDB (comentários recentes, compostos especialmente para essa coleção por estudiosos italianos; compreende também escritos que não entraram para o cânone). Nesta nota bibliográfica retomo as obras indicadas nas notas e acrescento um número limitado de estudos gerais, os quais fornecem bibliografia adicional.

AGUIRRE, R. (ed.). *Así empezó el cristianismo*. Estella: Verbo Divino, 2010.

AUNE, D. E. *The New Testament in Its Literary Environment*. Philadelphia: Westminster Press, 1987.

BAGATTI, B. *Alle origini della chiesa*. v. I. *Le comunità giudeo-cristiane*; v. II. *Le comunità gentilo-cristiane*. Città del Vaticano: Libreria Editrice Vaticana, 1981-1982.

BAUCKHAM, R. *Jude and the Relatives of Jesus in the Early Church*. London-New York: T&T Clark International, 1990.

____. The Apocalypse of Peter. A Jewish-Christian Apocalypse from the Time of Bar Kochba. In: ____. *The Fate of the Dead. Studies on the Jewish and Christian Apocalypses*. Atlanta: Society of Biblical Literature, ²2009, 160-258 [1. ed. *Apocrypha*, v. 5 (1994) 7-111].

BETTIOLO, P. et al. *Ascensio Isaiae*. Turnhout: Brepols, 1995, 2 v.

BOVON, F. *L'oeuvre de Luc. Études d'exégèse et de théologie*. Paris: Cerf, 1987.

BROWN, R. E.; MEIER, J. P. *Antioch and Rome. New Testament Cradles of Catholic Christianity*. New York-Toronto: Ramsey/Paulist, 1982.

BUCHHOLZ, D. D. *Your Eyes Will Be Opened. A Study of the Greek (Ethiopic) Apocalypse of Peter*. Atlanta: Scholars Press, 1988.

CAMBE, M. *Kerygma Petri. Textus et commentarius*. Turnhout: Brepols, 2003.

CAMPENHAUSEN, H. von. *Die Entstehung der christlichen Bibel*. Tübingen: Mohr, 1968.

CIRILLO, L. I vangeli giudeo-cristiani. In: NORELLI, E. (org.). *La Bibbia nell'antichità cristiana*. v. I. *Da Gesù a Origene*. Bologna: EDB, 1993, 257-318.

DANIÉLOU, J. *La teologia del giudeo-cristianesimo*. Bologna: Il Mulino, 1974.

DESTRO, A.; PESCE, M. *Antropologia delle origini cristiane*. Roma-Bari: Laterza, 1995.

____. *Forme culturali del cristianesimo nascente*. Brescia: Morcelliana, 2005.

DURANTE MANGONI, M. B. *Erma. Il Pastore*. Bologna: EDB, 2003.

ERBETTA, M. *Gli apocrifi del Nuovo Testamento*. Casale Monferrato: Marietti, 1966-1981, 3 v.

____. *Lettera di Giacomo. Introduzione, versione, commento*. Bologna: EDB, 2004.

FAIVRE, A. *Chrétiens et églises: des identités en construction. Acteurs, structures, frontières du champ religieux chrétien*. Paris: Cerf, 2011.

GIANOTTO, C. *Ebrei credenti in Gesù. Le testimonianze degli autori antichi*. Milano: Paoline, 2012.

____. *Giacomo, fratello di Gesù*. Bologna: il Mulino, 2013.

GUIDA, A.; NORELLI, E. (org.). *Un altro Gesù? I vangeli apocrifi, il Gesù storico e il cristianesimo delle origini*. Trapani: Il pozzo di Giacobbe, 2009.

FABRIS, R. *La tradizione paolina*. Bologna: EDB, 1995.

KAESTLI, J.-D. Mémoire et pseudépigraphie dans le christianisme de l'âge post-apostolique. *Revue de Théologie et de Philosophie*, v. 125 (1993) 41-63.

LINDEMANN, A. *Die Clemensbriefe*. Tübingen: Mohr, 1992.

LUOMANEN, P. *Recovering Jewish-Christian Sects and Gospels*. Leiden: Brill, 2012.

LUZ, U. *Das Evangelium nach Matthäus*. Zürich-Braunschweig-Neukirchen-Vluyn: Benziger Neukirchener, 1985-2002, 4 v.

MARA, M. G. *Il Vangelo di Pietro*. Bologna: EDB, 2002.

MARKSCHIES, C; SCHRÖTER, J. (ed.). *Antike christliche Apokryphen in deutscher Übersetzung. 1. Band: Evangelien und Verwandtes*. Tübingen: Mohr Siebeck, 2012, 2 v.

MARRASSINI, P. L'Apocalisse di Pietro. In: BEYENE, Y. et al. *Etiopia e Oltre. Studi in onore di Lanfranco Ricci*. Napoli: Istituto Universitario Orientale, 1994, 171-232.

MEYERS, E. M.; STRANGE, J. F. *Archaeology, the Rabbis, and Early Christianity*. Nashville: Abingdon, 1981 (trad. fr. *Les rabbins et les premiers chrétiens. Archéologie et histoire*. Paris: Cerf, 1984).

MORESCHINI, C.; NORELLI, E. *Storia della letteratura cristiana antica greca e latina*. v. I. Brescia: Morcelliana, 1995.

MOULE, C. F. D. *The Birth of the New Testament*. London: Black, ³1981.

NORELLI, E. Situation des apocryphes pétriniens. *Apocrypha*, v. 2 (1991) 31-83.

____. (org.). *La Bibbia nell'antichità cristiana*. v. I. *Da Gesù a Origene*. Bologna: EDB, 1993.

____. *L'Ascensione di Isaia. Studi su un apocrifo al Crocevia dei cristianesimi*. Bologna: EDB, 1994.

____. Pertinence théologique et canonicité: les premières apocalypses chrétiennes. *Apocrypha*, v. 8 (1997) 147-164.

____. Ignazio di Antiochia combatte veramente dei cristiani giudaizzanti? In: FILORAMO, G.; GIANOTTO, C. (org.). *Verus Israel. Nuove prospettive sul giudeocristianesimo. Atti del colloquio di Torino, 4-5 novembre 1999*. Brescia: Paideia, 2001.

____. *Papia di Hierapolis. Esposizione degli oracoli del Signore*. Milano: Paoline, 2005.

____. Sulle origini della raccolta delle Lettere Cattoliche. *Rivista biblica*, v. 59 (2011) 453-521.

____. *Ignazio di Antiochia. Lettere*. Milano: Paoline, 2014.

PENNA, R. *Le prime comunità cristiane. Persone, tempi, luoghi*. Roma: Carocci, 2011.

PESCE, M. *Le due fasi della predicazione di Paolo. Dall'evangelizzazione alla guida delle comunità*. Bologna: EDB, 1994.

POUDERON, B. (ed.). *Histoire de la littérature grecque chrétienne*. Paris: Cerf, 2013, v. 2: POUDERON B.; NORELLI. E. (resp.). *De Paul apôtre à Irénée de Lyon*.

PRINZIVALLI, E.; SIMONETTI, M. *Seguendo Gesù. Testi cristiani delle origini*. v. I. Milano: Fondazione Lorenzo Valla/Mondadori, 2010.

REDALIE, Y. *Paul après Paul. Le temps, le salut, la morale selon les épîtres à Timothée et à Tite*. Genève: Labor et Fides, 1994.

SCHLOSSER, J. (ed.). *The Catholic Epistles and the Tradition*. Leuven: Leuven University Press/Uitgeverij Peeters, 2004.

SCHOEDEL, W. R. *Ignatius of Antioch*. Philadelphia: Fortress Press, 1985.

SCORZA BARCELLONA, F. *Epistola di Barnaba*. Torino: SEI, 1975.

SEGALLA, G. *Evangelo e Vangeli. Quattro evangelisti, quattro Vangeli, quattro destinatari*. Bologna: EDB, 1993.

THEISSEN, G. *Das Neuen Testament*. München: Beck, 2002 (trad. it. Roma: Carocci, 2003).

___. *Die Religion der ersten Christen. Eine Theorie des Urchristentums*. Gütersloh-Kaiser, Gütersloher, ²2001.

VISONÀ, G. (org.). *Didaché. Insegnamento degli apoltoli*. Cinisello Balsamo: Paoline, 2000.

VOUGA, F. *Il cristianesimo delle origini*. Torino: Claudiana, 2001.

10. Unidade e diversidade no Novo Testamento: fecundidade de uma dialética

ALETTI, J.-N. *Gesù Cristo: Unità del Nuovo Testamento?*. Roma: Borla, 1995.

ALEXANDER LOVEDAY, C. A. *The Preface to Luke's Gospel*. Cambridge: Cambridge University Press, 1993.

BALLA, P. *Challenges to New Testament Theology*. Tübingen: Mohr, 1997.

BARTH, G. *Il significato della morte di Gesù. L'interpretazione del Nuovo Testamento*. Torino: Claudiana, 1995 [1. ed. 1992].

BAUER, W.; STRECKER, G. von (org.). *Rechtgläubigkeit und Ketzerei im ältesten Christentum*. Tübingen: Mohr, ²1964, (trad. ingl. *Orthodoxy and Heresy in Earliest Christianity*, Philadelphia: Fortress Press, 1971).

BERGER, K. *Theologiegeschichte des Urchristentums*. Tübingen-Basel: Franche, ²1995.

BOERS, H. *What Is New Testament Theology? The Rise of Criticism and the Problem of a Theology of the New Testament*. Philadelphia: Fortress Press, 1979.

BOVON, F. *L'évangile et l'apôtre. Le Christ inséparable de ses témoins*. Aubonne: du Moulins, 1993.

BROWN, R. E. *Le Chiese degli Apostoli: indagine esegetica sulle origini dell'ecclesiologia*. Casale Monferrato: Piemme, 1992.

BULTMANN, R. *Teologia del Nuovo Testamento*. Brescia: Queriniana, 1985.

CAMPENHAUSEN, H. von. *Die Enstehung der christlichen Bibel*. Tübingen: Mohr, 1968.

CHILDS, B. S. *The New Testament as Canon: An Introduction*. London: SCM Press, 1984.

CONZELMANN, H. *Teologia del Nuovo Testamento*. Brescia: Paideia, 1991 [ed. orig. ⁴1987].

CULLMANN, O. *L'unità attraverso la diversità*. Brescia: Queriniana, 1987 [1. ed. 1986].

DUNN, J. D. G. *Unity and Diversity in the New Testament. An Inquiry into the Character of Earliest Christianity*. London: SCM Press, 1977.
FUSCO, V. *Le prime comunità cristiane. Tradizioni e tendenze nel cristianesimo delle origini*. Bologna: EDB, 1997.
GISEL, P. *La croyance incarnée. Tradition, Ecriture, Canon, Dogme*. Genève: Labor et Fides, 1986.
HAHN, F. *Theologie des Neuen Testaments*. v. I. *Die Vielfalt des Neuen Testaments. Theologiegeschichte des Urchristentums*; v. II: *Die Einheit des Neuen Testaments. Thematische Darstellung*. Tübingen: Mohr Siebeck, 2002.
____. Das Zeugnis des Neuen Testaments in seiner Vielfalt und Einheit. Zu den Grundproblemen einer neutestamentlichen Theologie. *Kerygma und Dogma*, v. 48 (2002) 240-260.
HENGEL, M. *Studies in Early Christology*. Edinburgh: Clark, 1995.
HILL, C. C. *Hellenists and Hebrews. Reappraising Division within the Earliest Church*. Minneapolis: Fortress Press, 1992.
KAESTLI, J.-D. Storia del canone del Nuovo Testamento. In: MARGUERAT, D. (org.). *Introduzione al Nuovo Testamento*. Torino: Claudiana, 2004, 481-507.
KÄSEMANN, E. Unité et diversité dans l'ecclésiologie du Nouveau Testament. *Études théologiques et religieuses*, v. 41 (1966) 253-258.
____. *Das Neue Testament als Kanon. Dokumentation und kritische Analyse zur gegenwärtigen Diskussion*. Göttingen: Vandenhoeck und Ruprecht, 1970.
KOESTER, H. *Introduction to the New Testament II. History and Literature of Early Christianity*. Berlin-New York-Philadelphia: de Gruyter/Fortress Press, 1982.
____. *Ancient Christian Gospels. Their History and Development*. London-Philadelphia: SCM Press/Trinity, 1990.
KOESTER, H.; BOVON, F. *Genèse de l'Ecriture chrétienne*. Turnhout: Brépols, 1991.
KOESTER, H.; ROBINSON, J. M. *Trajectories through Early Christianity*. Philadelphia: Fortress Press, 1971.
LAMARCHE, P. Hypothèses à propos des divergences théologiques dans le Nouveau Testament. In: *Le canon des Ecritures. Etudes historiques, exégétiques et systématiques*. Paris: Cerf, 1990, 441-491.
LOHSE, E. *Die Vielfalt des Neuen Testaments. Exegetische Studien zur Theologie des Neuen Testaments II*. Göttingen: Vandenhoeck und Ruprecht, 1982.
____. *Compendio di teologia del Nuovo Testamento*. Brescia: Queriniana, 1987 [1. ed. 1984].
MARGUERAT, D. (org.). *Introduzione al Nuovo Testamento*. Torino: Claudiana, 2004.
MEADE D. G. *Pseudonymity and Canon. An Investigation into the Relationship of Authorship and Authority in Jewish and Earliest Christian Tradition*. Tübingen: Mohr, 1986.
METZGER, B. M. *Il canone del Nuovo Testamento*. Brescia: Paideia, 1997 [1. ed. 1989].

PENNA, R. *Il canone del Nuovo Testamento come garanzia di unità e di pluralismo nella chiesa. Protestantesimo*, v. 49 (1994) 297-311.

___. *I ritratti originali di Gesù il Cristo. Inizi e sviluppi della cristologia neotestamentaria.* v. I. *Gli inizi*; v. II. *Gli sviluppi*. Cinisello Balsamo: Paoline, 1996-1999.

PESCE, M. La trasformazione dei documenti religiosi: dagli scritti protocristiani al canone neotestamentario. *Vetera Christianorum*, v. 26 (1989) 307-326.

RÄISÄNEN, H. *Beyond New Testament Theology: A Story and a Programme.* London: SCM Press, 1990.

REUMANN, J. *Variety and Unity in New Testament Thought.* Oxford-New York: Oxford University Press, 1991.

RIESENFELD, H. *Unité et diversité dans le Nouveau Testament.* Paris: Cerf, 1979.

ROLOFF, J. *Die Kirche im Neuen Testament.* Göttingen: Vandenhoeck und Ruprecht, 1993.

THEISSEN, G. *Gesù e il suo movimento. Analisi sociologica della comunità cristiana primitiva.* Torino: Claudiana, 1979 [1. ed. 1977].

___. *La religione dei primi cristiani.* Torino: Claudiana, 2004 [1. ed. 2000].

TROCME, E. Naissance de l'unité ecclésiale. *Lumière et Vie*, v. 3 (1971) 5-16.

TUCKETT, C. M. *Q and the History of Early Christianity.* Edinburgh: Clark, 1996.

VOUGA, F. *Une théologie du Nouveau Testament.* Genève: Labor et Fides, 2001.

___. *Querelles fondatrices. Eglises des premiers temps et d'aujourd'hui.* Genève: Labor et Fides, 2003.

___. *A l'aube du christianisme une surprenante diversité.* Aubonne: du Moulin, 1986.

ZUMSTEIN, J. Pluralité et autorité des écrits néotestamentaires. *Lumière et Vie*, v. 171 (1985) 19-32 (agora in: ___. *Miettes exégétiques*. Genève: Labor et Fides, 1991, 385-397).

11. A arqueologia do cristianismo primitivo

ALLIATA, E. *Nazareth.* Jerusalem: Franciscan Printing Press, 1995.

ALZINGER, W. *Augusteische Architektur in Ephesos.* Wien: ÖAI, 1974.

APOLLONJ-GHETTI, B. (et al.). *Esplorazioni sotto la confessione di San Pietro in Vaticano.* Città del Vaticano: Libreria Editrice Vaticana, 1951.

ARAV, R.; FREUD, R. (ed.). *Bethsaida: A City by the North Shore of the Sea of Galilee.* Kirksville: Truman State University Press, 1999, 2 v.

BAGATTI, B. *Gli scavi di Nazaret.* v. I. *Dalle origini al secolo XII.* Jerusalem: Franciscan Printing Press, 1967.

BAGATTI, B; ALLIATA, E. *Gli scavi di Nazaret.* v. II. *Dal secolo XII ad oggi.* Jerusalem: Franciscan Printing Press, 1984.

BIDDLE, M. *The Tomb of Christ.* Stroud: Sutton Publishing, 1999.

BROCKE, C. von. *Thessaloniki. Stadt des Kassander und Gemeinde des Paulus. Eine frühe christliche Gemeinde in ihrer heidnischen Umwelt.* Tübingen: Mohr, 2001.

BURNS, R. *Monuments of Syria: An Historical Guide.* London-New York: Tauris, 1992.

CLARIDGE, A. *Rome*. Oxford: Oxford University Press, 1998.
COOK, J. M. *The Troad. An Archaeological and Topographical Study.* Oxford: Clarendon Press, 1973.
CORBO, V. *The House of St. Peter at Caphernaum.* Jerusalem: Franciscan Printing Press, 1969.
___. *Il Santo Sepolcro di Gerusalemme. Aspetti archeologici dalle origini al periodo crociato.* Jerusalem: Franciscan Printing Press, 1982.
COÜASNON, C. *The Church of the Holy Sepulchre.* London: Oxford University Press, 1974.
DEICHMANN, F. W. *Einführung in die Christliche Archäologie.* Darmstadt: Wissenschaftliche Buchgesellschaft, 1983.
DES GAGNIERS, J. *Laodicé du Lykos: Le nymphée. Campagnes 1961-1963.* Québec: Université de Laval, 1969.
DOWNEY, G. *A History of Antioch in Syria from Seleucus to the Arab Conquest.* Princeton: Princeton University Press, 1961.
ERDEMGIL, S. *The Terrace Houses in Ephesus.* Istanbul: Hitit Color, 1988.
FINLEY, M. I. (ed.). *Atlas of Classical Archaeology.* London: Chatto and Windus, 1977.
GUARDUCCI, M. *I graffiti sotto la confessione di San Pietro.* Città del Vaticano: Libreria Editrice Vaticana, 1958.
LEVICK, B. *Roman Colonies in Southern Asia Minor.* Oxford: Clarendon Press, 1967.
MCDONAGH, B. *Turkey: The Aegean and Mediterranean Coasts.* London-New York: Black/Norton, 1989.
MITCHELL, S.; WAELKENS, M. *Pisidian Antioch. The Site and Its Monuments.* London: Duckworth, 1998.
MURPHY-O'CONNOR, J. *Saint Paul's Corinth. Texts and Archaeology.* Collegeville: Liturgical Press, ³2002.
NESTORI, A. *Repertorio topografico delle pitture delle catacombe romane.* Città del Vaticano: Libreria Editrice Vaticana, 1975.
O'CONNOR, D. W. *Peter in Rome. The Literary, Liturgical, and Archaeological Evidence.* New York: Columbia University Press, 1969.
O'SULLIVAN, F. *The Egnatian Way.* Newton Abbot: David & Charles, 1972.
RADT, W. *Pergame. Guide archéologique.* Istanbul: Ara Ofset Basimavi, ³1984.
SNYDER, G. *Ante Pacem. Archaeological Evidence of Church Life before Constantine.* Macon: Mercer University Press, 1985.
TESTA, E. *Cafarnao IV: i graffiti della casa di S. Pietro.* Jerusalem: OFM Press, 1972.
TOYNBEE, J.; WARD-PERKINS, J. *The Shrine of St Peter and the Vatican Excavations.* London: Longmans/Green, 1956.
YAMAUCHI, E. *The Archaeology of New Testament Cities in Western Asia Minor.* Grand Rapids: Eerdmans, 1980.

Índice de nomes

Adinolfi, M. 57, 281
Aletti, J.-N. 274, 279, 293, 406
Alexander, L. 407
Alföldy, G. 127
Allegro, J. M. 89, 91, 97
Alliata, E. 439
Allison, D. C. 156
Álvarez Cineira, D. 101, 106, 134
Alzinger, W. 450-452
Ancilli, E. 67
Anderson, R. D. 279
Ando, C. 103
Apollonj-Ghetti, B. 465
Applebaum, S. 135, 159
Arav, R. 439
Arzt-Grabner, P. 241
Attridge, H. 99
Avigad, N. 20, 440

Badiou, A. 293
Bagatti, B. 439
Baillet, M. 93, 98
Balz, H. 211
Barbaglio, G. 139, 140, 201, 431
Barclay, J. M. G. 62
Bardet, S. 145

Barkay, G. 441
Barrett, C. K. 195, 250
Barth, G. 431, 432
Bartolomei, M. C. 64
Bauckham, R. 316, 397, 441
Baum, A. D. 254
Baumgarten, A. 108
Bean, G. E. 448
Beard, M. 105
Becker, J. 165, 264
Beker, J. C. 264
Bendemann, R. von 120
Benoit, P. 266
Berman, J. 438
Betori, G. 299
Bettiolo, P. 391
Betz, H. D. 72, 75, 281
Beutler, J. 211, 331
Beyene, Y. 397
Bianchi, U. 67, 69, 80
Bianchini, F. 293
Bibaw, J. 242
Biddle, M. 441
Biguzzi, G. 336, 338
Billerbeck, P. 52
Black, M. 61, 444

Blanchetière, F. 234, 235
Blass, F. 464
Bloch, R. 71
Boccaccini, G. 29
Bodinger, M. 224
Böhlig, H. 282
Boinnard, Y. 432
Boismard, M. É. 318
Bonsirven, J. 167
Booth, R. P. 86
Borgen, P. 62
Bori, P. C. 308
Böttrich, C. 63
Bousset, W. 66
Bovini, G. 467
Bovon, F. 189, 406, 408, 416
Bowman, A. K. 103, 105
Boxall, I. 337
Brandenburg, H. 467
Brocke, C. von 459
Broneer, O. 460
Broshi, M. 441
Brown, R. E. 197, 222, 254, 264, 318, 320
Brox, N. 399
Buchholz, D. D. 398
Bultmann, R. 264
Buonaiuti, E. 66
Burkert, W. 67, 300, 302, 303
Burns, R. 442

Calabi, F. 63
Calder, W. M. 449
Campos Santiago, J. 17
Canfora, L. 59, 290
Caquot, A. 98
Carcopino, J. 464
Cardellini, I. 306
Carson, D. A. 271
Catchpole, D. 317
Cerfaux, L. 264

Chadwick, H. 465
Champlin, E. 103, 105
Chancey, M. A. 281
Charlesworth, J. H. 34, 140, 317
Chiala, S. 226
Chilton, B. 167, 211, 222
Chirassi Colombo, I. 71
Chun Park, E. 369
Ciola, N. 300
Cirillo, L. 479, 484, 494
Claridge, A. 464
Clarke, A. D. 279
Clemen, C. 66
Cohen, A. 51
Collins, A. Y. 395
Collins, J. J. 29, 36, 265, 310, 395
Collins, R. F. 254
Colpe, C. 196, 235
Conzelmann, H. 372
Cook, J. M. 457
Corbo, V. 440, 441
Costanza, S. 70
Coüasnon, C. 441
Courcelle, P. 72
Crossan, J. D. 156, 163
Cumont, F. 67, 79, 302

Davis, S. C. R. M. 317
Davis, S. K. 272
De Benedetti, P. 252
Debrunner, A. 464
DeConick, A. D. 209
Deichmann, F. W. 437, 467
Deissmann, A. 66, 74, 255
Deming, W. 284
Des Gagniers, J. 447
Des Places, É. 58, 292
Destro, A. 311
Dettwiler, A. 253
De Waele, F. 462

Dickson, J. P. 271
Dietzfelbinger, C. 266
Dimant, D. 93, 98
DiTommaso, L. 98
Dodds, E. R. 74, 81
Donini, A. 66
Downey, G. 443
Downing, F. G. 163, 205, 278, 284, 291
Droysen, J. G. 59
Dubois, J.-D. 148
Duff, P. B. 338
Dumais, M. 177
Dunn, J. D. G. 64, 86, 264, 416, 431
Duprez, A. 72, 440
Durante Mangoni, M. B. 399
Du Toit, A. 278

Egelhaaf-Gaiser, U. 279
Emmel, S. 326
Engeberg-Pedersen, T. 278, 282
Erbetta, M. 147, 375, 378, 391
Erdemgil, S. 452
Eshel, E. 95
Evans, C. A. 211, 222, 278, 326

Fabre, P. 57
Farmer, W. R. 256
Feldman, L. H. 62
Ferguson, J. 57, 68
Fernández, M. P. 98
Festugière, A.-J. 57, 59, 68, 72
Filoramo, G. 80, 81, 356
Finley, M. I. 120, 443, 458
Firpo, G. 59
Fischer, K. M. 288
Flusser, D. 163
Franco, E. 308
French, D. 444
Freud, R. 439
Freyne, S. 160

Fuchs, H. 464
Funk, R. W. 256, 464
Fusco, V. 140, 208, 226, 228
Fusella, L. 46

Gabba, E. 19
Gager, J. G. 198
García Martínez, F. 92, 94, 95, 98, 99, 169
Garnsey, P. 110
Gates, M. 467
Gebhard, E. 460
Gentile, P. 66
Geoltrain, P. 216
Geva, H. 441
Gianotto, C. 64, 195, 211, 214, 216, 223, 240, 356
Giblin, C. H. 336
Gibson, E. 449
Gigante, M. 77
Gilléron, B. 317
Girlanda, A. 299
Giurisato, G. 330
Glad, C. E. 278, 282
Gnilka, J. 176, 267, 465
Gnoli, G. 19
Goldenberg, R. 271
Goodman, M. 108, 270
Goulder, M. 230
Grant, R. M. 80
Grappe, C. 184
Grässer, E. 221
Grasso, S. 297
Gregory, T. 460, 461
Griffith, G. T. 59, 69
Grosso, M. 148, 197
Guarducci, M. 449, 465
Guijarro Oporto, S. 114, 205
Gutman, S. 438

Hahn, F. 203, 415, 416, 431, 434

Hall, R. G. 231
Hamel, G. H. 137
Hansen, E. 456
Hanson, K. C. 137
Harland, A. 279
Harnack, A. von 64, 276
Harrington, H. K. 86
Hartman, L. 236
Hauck, F. 307
Heckel, T. K. 296
Hedrick, C. W. 326
Heinze, A. 336
Hemer, C. 457
Hendrix, H. 458
Hengel, M. 39, 59, 61, 62, 191, 221, 243, 280, 282, 290, 312, 317
Herzer, J. 63
Hilhorst, B. A. 92
Hill, C. C. 224
Hirschberg, P. 339
Hoffmann, P. 147
Holmén, T. 140
Horsley, R. A. 158, 281
Horst, P. van der 287
Hübner, H. 264
Hugedé, N. 278

Ibba, G. 83, 86, 91, 93, 99, 100
Isnardi Parente, M. 291

Jackson, H. M. 317
Jaffé, D. 163
Jagu, A. 65
Jeanmaire, H. 69, 70, 302, 303, 307
Jeffers, J. S. 57
Jeremias, J. 151
Jonas, H. 80
Jossa, G. 64
Jung, F. 266
Junod, E. 192

Kaestli, J.-D. 148, 216, 253, 424, 426, 427
Käsemann, E. 152, 264
Kazen, T. 86
Kealy, S. P. 325
Kearsley, R. 461
Kennedy, G. A. 278
Kenney, G. C. 319, 331
Kent, J. 463
Kerényi, K. 67, 303
Kim, S. 266
Kingsbury, J. D. 319
Kirk, G. S. 67
Klauck, H.-J. 65, 70, 307
Klausner, J. 186
Klawans, J. 86
Klein, I. 305
Klijn, A. F. J. 213
Kloppenborg, J. S. 147, 208, 279
Knibbe, D. 405, 452
Koester, H. 197, 294, 412
Konradt, M. 279
Kraeling, C. 466, 467
Kraus Reggiani, C. 63
Kümmel, W. G. 221, 277
Kuss, O. 240, 258

Lacey, W. K. 115
Lacoste, J. Y. 169
Lambrecht, J. 86, 339
Lamouille, A. 318
Lampe, P. 241, 279
Lanowski, J. 451
Layton, B. 209
Lemaire, A. 20
Lenski, G. 132
Levick, B. 447
Leviels, X. 320
Levine, A. J. 156
Levine, L. I. 62
Lewin, A. 271

Lieberman, S. 61
Liebeschuetz, J. H. W. G. 105, 271
Lincoln, A. T. 317, 324
Lindemann, A. 354
Lingad, C. G. 323
Lintott, A. 103, 105
Lipp, W. 199
Logan, A. H. B. 80, 325
Loisy, A. F. 66, 276
Lona, H. E. 251
Luck, G. 75
Lüdemann, G. 195, 212, 218, 233
Lupieri, E. 338, 339
Luz, U. 173, 177, 369

Macchioro, V. 277
Maccoby, H. 300
Magris, A. 75, 80
Malherbe, A. J. 254
Malina, B. 108, 318
Manicardi, E. 297
Mara, M. G. 379
Marcato, G. 319
Marcheselli-Casale, C. 251
Marguerat, D. 139, 140, 143, 148, 160, 171, 172, 184, 239, 253, 410, 424
Markschies, C. 141
Marrassini, P. 397
Martini, C. M. 142
Martone, C. 19, 27, 87, 94, 169, 274
Matand Bulembat, J.-B. 275
Mayeur, J.-M. 140, 196
McDonagh, B. 444, 448, 449, 454
McKnight, S. 222
McLachlan Wilson, R. 80
Meade, D. G. 424
Meier, J. P. 141, 144, 151, 264
Meissner, S. 240
Merk, O. 221
Merklein, H. 177

Merz, A. 140, 160, 201, 227
Metzger, B. M. 423-427
Meyer, E. 219
Miegge, G. 259
Milgrom, J. 306
Milik, J. T. 98
Millar, F. 61
Miller, S. 463
Mimouni, S. C. 231
Mirecki, P. A. 326
Mitchell, M. M. 282
Mitchell, S. 444, 447
Mitsis, P. 294
Moloney, F. J. 320
Momigliano, A. 59
Montague, G. T. 317
Moraldi, L. 148, 165
Moreschini, C. 376
Morgan, T. 77, 285
Moule, C. F. D. 256
Moxnes, H. 114
Moyse, S. 340
Munro, W. 319
Muratori, L. A. 424
Murphy, C. M. 165
Murphy-O'Connor, J. 437, 446, 451, 452
Mussies, G. 154

Nagel, T. 324
Neirynck, F. 323
Nestori, A. 466
Neusner, J. 86, 197, 211, 294
Newman, C. C. 245
Newsom, C. 95
Neyrey, J. H. 323
Nickelsburg, G. W. E. 29
Nicosia, S. 73
Niebuhr, R. R. 256
Nietzsche, F. 240
Nilsson, M. P. 66, 77

Nitzan, B. 93
Nock, A. D. 69, 77
Nodet, E. 236
Noetzel, H. 304
Norden, E. 257, 278
Norelli, E. 140, 143, 148, 160, 171, 184, 316, 338, 341, 345, 356, 376, 385, 395
North, J. 105

Oakman, D. E. 137
O'Brien, P. T. 271
O'Callaghan, J. 84
O'Connor, D. W. 465
Oegema, G. S. 265
Olbricht, T. H. 279
Omodeo, A. 66
O'Sullivan, F. 446
Overbeck, F. 240

Padovese, L. 76
Painter, J. 211, 213, 218
Paparozzi, M. 67
Pastor Julián, V. 17
Patterson, S. J. 209
Paul, A. 156
Penna, A. 26
Penna, R. 57, 58, 63, 64, 67, 69, 73, 76, 78, 202, 203, 208, 223, 226, 239-242, 247, 248, 253, 254, 256, 261, 266-268, 274, 276, 278-280, 282, 293, 296, 297, 300, 302, 307, 311, 418, 424, 430, 431, 433-435
Pérez, G. A. 98
Perrot, C. 165
Pesce, D. 77
Pesce, M. 44, 234, 311, 344
Peterson, E. 234
Philips, J. 317
Pilhofer, P. 458
Pines, S. 145

Pinkerfeld, J. 441
Pitta, A. 234, 261, 278, 296, 300
Plas, D. van der 287
Plevnik, J. 264
Plisch, U.-K. 326
Poffet, J. M. 140, 143, 148, 160, 171, 184
Pohlenz, M. 65, 284, 287, 290
Pokorny, P. 140
Poorthuis, J. H. M. 86
Porter, S. E. 140, 261, 278, 279, 326
Price, S. 105
Puech, E. 92, 98, 100, 169
Pulcinelli, G. 300

Quilici, L. 446
Quilici Gigli, S. 446

Radt, W. 456
Rappaport, U. 93
Ravasi, G. 299
Reale, G. 76
Redalié, Y. 405, 435
Reed, J. T. 261
Reichardt, M. 246
Reimarus, H. S. 140
Reinhartz, A. 317
Reitzenstein, R. 66
Rese, M. 317
Reynolds, J. M. 310
Rich, J. 120
Richards, E. R. 252, 255
Riches, J. K. 160
Riesner, R. 243
Rinaldi, G. 250, 252
Ringgren, H. 211
Robinson, J. M. 147, 208
Rochais, G. 170
Rofé, A. 52
Roller, O. 252
Romanello, S. 293

Romano, D. 461
Rossano, P. 278, 299
Rosso Ubigli, L. 37
Rowland, C. 317, 319, 338
Royalty, R. M. 338
Rudolph, K. 80, 298
Ruff, P.-Y. 325
Runia, D. T. 63

Sabbatucci, D. 67, 307
Sacchi, P. 13, 17, 20, 29, 83, 86, 87, 90, 92, 203, 226
Safrai, S. 135, 159, 163
Saller, R. 110
Sampley, J. P. 278, 282
Sanders, E. P. 136, 137, 159, 182, 200, 264, 270
Sanders, J. A. 88
Sänger, D. 279
Sass, B. 20
Saussure, F. de 256
Sawyer, J. F. A. 86
Scarpat, G. 252
Schäfer, A. 279
Schäfer, P. 63
Scheid, J. 71
Schenke, H.-M. 326
Schenke, L. 196, 203, 205, 220, 226
Schlosser, J. 172, 279
Schluchter, W. 198
Schmeller, T. 255
Schmid, H. 331
Schmidt, K. L. 150
Schnabel, E. J. 267, 270
Schnackenburg, R. 264, 324
Schneider, G. 211
Schneiders, S. M. 317
Schnelle, U. 266
Schoedel, W. 357
Scholem, G. 245

Schröter, J. 141
Schürer, E. 49, 61, 453
Schwartz, D. R. 157
Schwartz, J. 86
Schweitzer, A. 187, 261, 264, 277, 309
Schwemer, A. M. 243, 282
Scorza Barcellona, F. 386
Scranton, R. 461
Scroggs, R. 197
Seager, A. 454
Segal, A. F. 240, 245, 253
Segovia, F. F. 319
Seifrid, M. A. 271
Sfameni Gasparro, G. 67, 68
Shanks, H. 440
Simonetti, M. 64, 145
Smalley, S. S. 340
Smend, R. 173, 177
Smith, M. 20
Snyder, G. 437, 449, 465, 467, 468
Soden, H. von 211
Song, C. 279
Spanneut, M. 65, 290
Stambaugh, J. 455
Stamps, D. L. 279
Stanley Jones, F. 216
Stanton, G. N. 141
Stegemann, E. W. 127, 128, 198, 199, 204
Stegemann, W. 127, 128, 198, 199, 204
Stendahl, K. 264
Stern, M. 135, 159
Stirewalt, M. L. 254
Storoni Mazzolani, L. 75
Stowers, S. K. 252, 279
Strack, H. L. 52
Strange, J. F. 440
Suhl, A. 250

Taeger, J. 338
Tajra, H. W. 251

Talbert, R. 444, 446, 449, 453, 457
Tarn, W. 59, 69
Taylor, J. 236
Tcherikover, V. 61
Testa, E. 440
Theissen, G. 140, 145, 151, 160, 197, 198, 201, 206, 227, 245, 346, 347
Theobald, M. 317, 318, 324
Thiede, C. P. 84
Thom, J. C. 58
Thoma, C. 143, 144
Thorsteinsson, R. M. 284
Tigchelaar, E. J. C. 92, 95, 99
Tiwald, M. 120, 319
Tov, E. 99
Townend, G. 103
Toynbee, J. 465
Trocmé, E. 196, 220, 419
Tröger, K. W. 81
Turcan, R. 67, 301

Uhlig, S. 34

Van Belle, G. 318
Van Voorst, R. E. 141
Vanni, U. 339
Vannier, M.-A. 231
Velud, C. 466
Vermaseren, M. J. 67
Vermes, G. 61, 163, 203, 453
Vernant, J.-P. 67, 299
Verzone, P. 448
Visonà, G. 207, 237, 388
Vitucci, G. 158
Vivian, A. 99
Vouga, F. 196, 220, 226, 227, 267, 420, 422, 435

Waelkens, M. 447
Wagner, G. 65, 278
Wahlde, U. C. von 319
Walbank, F. W. 59, 74, 75
Wallace, R. 280
Wallace-Hadrill, A. 120
Wander, B. 228, 269
Ward-Perkins, J. 465
Washburn, D. L. 87
Watson, A. 86, 264
Webb, R. L. 165
Weber, M. 120, 198
Wedderburn, A. J. M. 65, 80, 278
Wehnert, J. 230, 232
Weiser, A. 251
Weiss, H.-F. 81
Wendland, P. 59, 290
Wengst, K. 104
Wenham, D. 319
White, J. L. 254
Wilckens, U. 264
Wild, J. P. 242
Williams, W. 280
Wilson, S. G. 279
Winday, J. 317
Winter, D. 127, 151
Woude, A. S. van der 95, 99
Wrede, W. 259, 264

Yamauchi, E. M. 278, 448

Zaccagnini, C. 19
Zanker, P. 103
Zumstein, J. 172, 318, 319, 410, 412, 413, 432
Zurli, E. 45

Os autores

DAVID ÁLVAREZ CINEIRA é diplomado em Filologia alemã pela Universidade de Valladolid e em Sagrada Escritura pelo Pontifício Instituto Bíblico, de Roma, além de ser doutor em Teologia pela Universidade de Würzburg (Alemanha). Desde 1995, ensina Novo Testamento no Estudio Teológico Agustiniano de Valladolid (Espanha). É secretário da Associação Bíblica Espanhola. Sua pesquisa concentra-se em São Paulo e nas origens do cristianismo.

RINALDO FABRIS ensinou Exegese do Novo Testamento no Studio Teologico di Udine, afiliado à Faculdade Teológica do Triveneto. Foi diretor da *Rivista Biblica Italiana* e presidente da Associação Bíblica Italiana. Desde 1975 até hoje publicou mais de trinta estudos e comentários aos livros bíblicos do Novo Testamento (especialmente sobre Mt, At, Jo, Fl, Hb, Tg). É colaborador de revistas e de dicionários de caráter bíblico.

CLAUDIO GIANOTTO ensina História do cristianismo e das igrejas no Departamento de Estudos históricos da Universidade de Turim. Estudou em especial o gnosticismo e o maniqueísmo, as relações entre judeus e cristãos nos primeiros séculos, a literatura cristã apócrifa. Entre as suas publicações mais recentes estão: *L'enigma Gesù* (com E. Norelli, M. Pesce e E. Prinzivalli [org.], Carocci, 2008); *I vangeli apocrifi* (il Mulino, 2009); *Ebrei credenti in Gesù. Le testimonianze degli autori antichi* (Paoline, 2012); *Giacomo, fratello di Gesù* (il Mulino, 1013).

GIOVANNI IBBA ensina hebraico bíblico e matérias referentes à literatura bíblica e apócrifa na Faculdade Teológica da Itália Central e no Instituto Superior de Ciências Religiosas de Florença. É secretário da revista *Henoch* e escreveu, entre outros, *La Teologia di Qumran* (EDB, 2002) e *Il vangelo di Marco e l'impuro* (Morcelliana, 2014). Foi organizador do livro do Êxodo na *La Bibbia dei Settanta. I. Pentateuco* (Morcelliana, 2012).

Está organizando a edição italiana, em 9 volumes, de *La Biblioteca di Qumran. Edizione bilingue dei manoscritti*.

DANIEL MARGUERAT é professor honorário de Novo Testamento na Universidade de Lausanne (Suíça). É professor convidado em numerosas universidades e institutos de estudos, é autor de muitas obras, entre as quais: *Il Dio dei primi cristiani* (Borla, 2011); *Gli Atti degli apostoli. I (1-12)* (Dohoniane, 2011); *Per leggere i Racconti Biblici* (com Yvan Bourquin, Borla, ²2011); *Il primo cristianesimo. Rileggere il libro degli Atti* (Claudiana, 2012); *Chi ha fondato il cristianesimo?* (com Éric Junod, Dehoniane, 2012); *Sapori del racconto biblico. Una nuova guida a testi millenari* (com André Wénin, Dehoniane, 2013).

JEROME MURPHY-O'CONNOR, OP, foi docente de Novo Testamento na École Biblique, de Jerusalém, e recebeu títulos *honoris causa* na Irlanda, USA e Austrália. Escreveu, entre outros: *The Holy Land: An Oxford Archaeological Guide from Earliest Times to 1700* (1980; trad. it. EDB, 1996); *Paul: A Critical Life* (Oxford University Press, 1996; trad. it. Paideia, 2003); *Jesus and Paul: Parallel Lives* (St Paul Publications, 2007; trad. it. San Paolo, 2008).

ENRICO NORELLI ensina História do Cristianismo das origens na Faculté autonome de théologie protestante, da Universidade de Genebra. Ocupa-se sobretudo com literatura apócrifa cristã, judaísmo e cristianismo, história da exegese cristã antiga. Ele é codiretor das coleções *Letteratura cristiana antica* (Morcelliana, Brescia), *Poche Apocryphes* (Brepols, Turnhour), *Christianismes antiques* (Labor et Fides, Genève) e faz parte do comitê de direção da *Rivista di storia del cristianesimo*. Entre as suas publicações recentes estão: *Marie des apocryphes. Enquête sur la mère de Jésus dans le christianisme antique* (Labor et Fides, 2009) e *La nascita del cristianesimo* (il Mulino), 2014.

ROMANO PENNA é professor emérito de Novo Testamento na Universidade Lateranense, convidado à Universidade de Urbino e ao Studium Biblicum, de Jerusalém. Estudioso de Paulo de Tarso e da inculturação do primeiro cristianismo, publicou, entre outros: *L'ambiente storico-culturale delle origini cristiane* (EDB, ⁶2012), um amplo comentário à paulina *Lettera ai Romani* (EDB, 2010), *I ritratti originali di Gesù il Cristo* (San Paolo, ⁴2010 e ³2011, 2 v.) e *Le prime comunità cristiane* (Carocci, 2011).

YANN REDALIÉ é professor de Novo Testamento na Faculdade Valdense de Teologia, em Roma. Os seus campos de pesquisa são a tradição paulina, a didática do Novo Testamento, a narração bíblica. Publicou: *Paul après Paul. Le temps, le salut, la morale selon les épîtres à Timothée et à Tite* (Labor et Fides, 1994); *I vangeli. Variazioni lungo il racconto. Unità e diversità nel Nuovo Testamento* (Claudiana, 2011); *La deuxième épître aux Thessaloniciens* (Labor et Fides, 2011).

PAOLO SACCHI é docente emérito de Filologia bíblica, Hebraico e Aramaico na Universidade de Turim, fundador da Revista *Henoch* e da Associação italiana para o estudo do judaísmo. Os seus interesses de pesquisa concentraram-se nos textos de Qumran, nos apócrifos do AT e no ambiente do NT, com especial atenção à figura de Jesus. É curador e, em parte, autor da edição dos apócrifos do AT, diretor e, em parte, autor de *La Bibbia dei Settanta*. Entre as suas publicações mais recentes estão: *Regola della Comunità* (Paideia, 2006); *Sacro/profano; impuro/puro nella Bibbia e dintorni* (Morcelliana, 2007); *Introduzione agli apocrifi dell'Antico Testamento* (Morcelliana, 2011).

Edições Loyola

editoração impressão acabamento
Rua 1822 nº 341 – Ipiranga
04216-000 São Paulo, SP
T 55 11 3385 8500/8501, 2063 4275
www.loyola.com.br